复旦中文学术丛刊

贞石詮唐

陈尚君 ◎ 著

復旦大學出版社

　　陈尚君，1952年生。复旦大学中文系教授、中国古代文学研究中心主任、中国唐代文学学会会长。治学遵循传统，长于文献考据，对中国中古文献有较全面的把握，对唐五代基本文献建设用力甚勤。著有《全唐诗补编》《全唐文补编》《旧五代史新辑会证》及论文集《唐代文学丛考》《陈尚君自选集》《汉唐文学与文献论考》《敬畏传统》等。主持修订本《旧五代史》《新五代史》。发表论文及各类文章逾三百篇。

目 录

自序 ……………………………………………………… 1

新出石刻与唐代文学研究 ………………………………… 1
新出石刻与唐代文史研究 ………………………………… 26

石刻所见玄宗朝的政治与文学 …………………………… 38
唐代的亡妻与亡妾墓志 …………………………………… 59
唐代翰林学士文献拾零 …………………………………… 90
石刻所见唐人著述辑考 …………………………………… 138
《新唐书·宰相世系表》订补二则 ………………………… 157
贞石证五代史 ……………………………………………… 169
陈寅恪先生唐史研究中的石刻文献利用 ………………… 186

跋王之涣祖父王德表、妻李氏墓志 ……………………… 193
新出高慈夫妇墓志与唐女书家房璘妻高氏之家世 ……… 200
《郑虔墓志》考释 …………………………………………… 207
《殷亮墓志》考镜 …………………………………………… 233
杜佑以妾为妻之真相 ……………………………………… 259
《本事诗》作者孟启家世生平考 …………………………… 271
《才调集》编选者韦縠家世考 ……………………………… 286
石刻所见唐代诗人资料零札 ……………………………… 292

贞石偶得 ·················· 308
 法宣其人 ·················· 308
 《陆让碑》撰人 ·················· 309
 唐诗人二李昂 ·················· 310
 韦应物一家墓志的学术价值 ·················· 312
 《安禄山事迹》的成书年代 ·················· 314
 郑嵎家世 ·················· 315
 王仁裕碑 ·················· 316
 《集古录》及跋尾之成书 ·················· 318
 正定巨碑考实 ·················· 320
 《钓矶立谈》作者考 ·················· 324
 述《篆云楼金石文编》 ·················· 326

石刻文献述要 ·················· 327
影印清吴式芬稿本《舆地金石目》《贞石待访录》解题 ·················· 335
影印清王仁俊稿本《金石三编》解题 ·················· 342
评张沛《昭陵碑石》 ·················· 347
评吴钢主编《全唐文补遗》一、二辑 ·················· 353
评吴钢主编《全唐文补遗·千唐志斋新藏专辑》 ·················· 358
气贺泽保规《新版唐代墓志所在总合目录》出版以来新发表唐代墓志
 述评 ·················· 368
《洛阳新获七朝墓志》新见文献述评 ·················· 387
《大唐西市博物馆藏墓志》初读述感 ·················· 407
户崎哲彦教授桂林石刻研究著作两种评价 ·················· 423
李鸣《回忆张钫先生文选集》序 ·················· 430

长沙窑唐诗书后 ·················· 435
从长沙窑瓷器题诗看唐诗在唐代下层社会的流行 ·················· 440

自　　序

　　石刻之学，昉自北宋欧阳修，积平生所得金石逾千品，所撰《集古录跋尾》屡言石刻可见古今政事之兴衰，可知历代文章之演变，可观汉晋以来书迹之风韵，可为考订文史典籍之佐证，鸿论博稽，诚为有识。继起者赵明诚所得更倍之，所述尤重金石考史一途，为学亦更为细密。欧之所见，今知其目者约存十之七八，赵之所见，则《金石录》前十卷记载全备，二家所见而存于今者，约仅十之二三。至南宋而为显学，若《通志·金石略》《隶释》《宝刻丛编》《宝刻类编》《舆地纪胜》诸书记录汉唐石刻，较欧、赵又复倍之，存于今者亦寥寥。亡失之多，学者每为浩叹。多年前因辑补唐文，同时作《唐文待访目》，逐一记录宋人所见而今不存者，凡数千篇，记录虽详略不同，足资考证者实多，正不必因原石不存而轻弃也。

　　所幸贞石不朽，幽隧难掩，百年沧桑，刊布尤富。自清中叶以降，尤以王昶、陆增祥、端方、罗振玉、张钫、李根源等前辈积累自富，刊世亦亟，遂使贞珉秘拓，化身千百，得为一般学子所知，弥可珍贵。近三十年则因科学考古，规模基建，以及民间私掘等故，仅墓志一项刊布即逾八千方之多。虽其间多干犯国禁，破毁旧藏，天人共怒，学者不齿，守护文化，打击犯罪，是有司之责，亦全社会当关注者。唯收拾零残，存留记录，则有识者之努力又何可轻忽。不幸之幸，今可见之唐石居然数倍于欧赵之所得，其于唐一代文史研究之意义，实在是极其巨大。前辈尝言，唐以前文献太少，学术之纠纷终难得定谳；唐以后文献太多，学者以一生之力难以通治一代，唯唐代不多不少，为治学之最佳试验田。此不多不少之文献，百年来更得敦煌文书、域外典籍、释道二藏以及石刻文献无数新见资料之滋润，所取得之成就，正所谓日新而月异，有天地翻覆之气象。专治唐一代之学者如陈寅恪、岑仲勉、严耕望、黄永年、张广达、傅璇琮、陶敏等成就卓著，皆凭藉对存世典籍、新见文献之全面掌握与参互发明。厕身于此一时代而专治有唐如我,庆慰何如!

早年读岑仲勉先生《元和姓纂四校记》《唐史余渖》《唐人行第录》诸书,深佩其广引石刻以纠订遗史阙文,搜罗既博,考订尤密,私心颇向往之。至1985年见文物出版社影印张钫旧藏《千唐志斋藏志》,亟购一册,且即据以订正《新唐书·宰相世系表》之失,为我治唐石刻之起步。匆匆不觉已近三十年,所撰长短文字约得数十篇,或据以考史,或藉以补诗,考人物得前所未知,稽典籍亦收获颇丰。时风所及,不甘寂寞,偶或论及政事得失,闺帏隐情,世家谱系,名人轶事,幸亦能发明一二。其他论述偶或引及者,尚不在此数。

适陈引驰教授主系政,有《复旦中文学术丛刊》之规划,知我留连唐石刻多年,乃嘱编次。遂清点旧文,粗成此编,略作铨次,分为五列。其一通述石刻文献之研究意义,其二据石刻考订文史而能淹贯一代者,其三以个案研究为主,其四为书序书评及综述,末以长沙窑瓷器题诗二篇附录。短札而不能轻弃者,亦总题《贞石偶得》附入。所收诸文,均存发表时旧貌,其有误失须订正、新石可补充、重见宜删削、议论欠周允处,为精力所限,不能一一是正,幸祈读者谅之。责编宋文涛多有匡正,老友徐俊惠赐题签,心存感铭,谨致谢忱。

甲午仲秋,陈尚君谨述。

新出石刻与唐代文学研究

二十世纪的中国唐代研究，因为大批新文献的发掘利用而取得了令世人瞩目的巨大成就。新文献中首屈一指的当然要数敦煌文献，敦煌学已成为国际汉学界的显学，为大家所熟知。其次就是石刻文献。由于大规模基本建设和科学考古的展开，新发现的石刻数量极其巨大，总数也达数万件，其中有刻石文字的超过万件，所涉内容极其丰富。唐石研究汇考在清中后期到民国初年曾形成一个高潮，但随着现代考古学的兴起，学者的研究兴趣更多地转入上古先秦考古，传统金石学虽仍有延传，但已不再居于中心位置。无论从数量和质量上来说，新出石刻都远远超过了清人所见，但就系统研究的成绩来说，则还显得很不够。最近十多年间，这一状况已逐渐有所改变，但仍远逊于敦煌研究的深入充分。近年，一些唐研究学者已注意到，由于大宗的敦煌遗书已全部发表，有关研究已做得很充分，不太可能再有大的突破，而尚未充分发掘的唐代石刻文献，其中包含了唐代社会文化各方面的丰富资讯，可望成为唐研究的新热点。对此我深表赞同。今年四月，我在美国普林斯顿大学召开的唐史新概念国际研讨会上，作了《新出石刻与唐研究》的特别报告，主要谈石刻对唐史研究的意义。今天我想借这个机会，谈谈石刻之于唐代文学研究的意义。

一、近二十年唐代石刻的影印和整理

宋代金石学兴盛，宋人见到并留下记录的唐代石刻超过三千品，可惜不曾有人像洪适编《隶释》汇录汉碑文字那样汇录唐石文字，宋人得见的唐代石刻十之八九没有存留下来。清中叶以后唐石研究渐成风气，存世的专著超过百种，以王昶《金石萃编》和陆增祥《八琼室金石补正》为集大成之作，陆书名气稍逊于王书,但就学术质量来说,则要好得多。

二十世纪上半叶唐代石刻的汇录,以端方《匋斋藏石记》(商务印书馆1911年石印本)、罗振玉编印《冢墓遗文》系列(均有罗氏自刊本)和张钫编《千唐志斋藏志》(仅以拓本流传)最为大宗,存录唐墓志总数超过两千多方。四十年代到七十年代末,相对来说缺乏有规模的建树,只有两种《长安城郊隋唐墓》可以一提。学者要利用石刻文献,只能从几个大图书馆中翻检拓片,很不方便。从八十年代中期以来,这一状况发生了很大改变,首先是旧辑、旧藏石刻拓本的集中汇印,先由文物出版社影印了张钫《千唐志斋藏志》(1984),收唐志达一千二百多方;齐鲁书社又影印李根源《曲石精庐藏唐墓志》(1986),篇幅不大,颇存精品,泉男生和王之涣二志尤受学者重视;稍后出版的《北京图书馆藏历代石刻拓本汇编》(中州古籍出版社,1989年),唐五代部分有二十多册,占全书约一半,收唐代各类石刻拓本超过三千种;台湾毛汉光编《唐代墓志铭汇编附考》从1985年开始出版,每册一百件,到1994年出至第十八册(中研院历史语言研究所专刊第81种)而中辍,仅收录到开元十五年。该书兼收石刻和典籍中的唐墓志,采用拓本影印,附录文和考释,录文除据拓本外,又据前人校录和有关文献予以校订,考释则备录前贤研究意见,复援据史籍作出考按,在同类各书中体例最称善备。上述诸书所收,均为1949年前所出石刻,多有重出,但所据拓本不同,可以互校。毛汉光所录有十多方为他书所未见。

汇聚前人的石学著作的工作也应提及。台湾学者编《石刻史料新编》,已出一至三编九十册(新文丰出版公司,1977—1986年),将历代石学著作,包括方志中的石刻部分影印汇为一编,虽编辑略显粗糙,却是方便学人的无量功德之举。中国国家图书馆金石组编《历代石刻史料汇编》(北京图书馆出版社,2000年)较前书篇幅稍小,重要诸书均收录,也便于检用,惟按时期编录,将前贤各书割裂剪接,于已用之书也颇多挂漏,未能臻善。

1949年以后新出碑志的汇辑校录工作,到90年代才得以系统出版。天津古籍出版社1991年出版的《隋唐五代墓志汇编》多达三十册,其中陕西四册大多为新出墓志,洛阳卷多达十五册,除收录了前述《千唐》《曲石》和罗录各书的拓本外,也包括了部分五十年代以来的新出墓志,另外如山西、江苏、北京各册也颇多新品。洛阳市文物工作队编《洛阳出土历代墓志辑绳》（中国社会科学出版社，1991年）虽仍以旧志为主，也包含了一定数量的新志，只是此书由于发行面较窄，不为一般学者所知。稍后的《洛阳新获墓志》（文物出版社，1996年）则收录了到九十年代中期的新见墓志，体例也更为严谨，录文和考释都颇见工力。《洛阳新获墓志续编》也已编成，收唐代墓志二百六十多方，不久应可出版（见《华夏考古》2000年第3期李献奇《唐中眷裴氏墓志丛释》）。张沛编次的《昭陵碑石》（三秦出版社，1993年），汇聚了昭陵博物馆几十年来的工作业绩，包括了一大批唐初名臣懿戚的碑志，分量大大超过了罗振玉的《昭陵碑录》，只是该书的大碑拓本缩得太小，无法辨识，录文又未充分吸取以前学者的成绩，稍有缺憾。中国文物研究所与地方文物研究所合作编纂的《新中国出土墓志》，已出《河南》第一册（文物出版社，1994年）、《陕西》第一册（文物出版社，2000年）和《重庆》册（文物出版社，2002年）。此套书以各省市、县为单元收录新出历代墓志，唐代约占三分之一左右，包括图版与录文、考释，说明出土时地，编次较为科学。此外，各种文物考古学杂志也发表了大量的唐墓发掘报告和唐石发现消息，各地方文物博物部门还有一批未经整理发表的碑志，一些私人收藏家也颇有特藏，河南、陕西农户家中也时有收存。此外，近十多年间也颇有一些碑石流落海外。较著名的如数年前台湾大学叶国良教授在台北一古玩店中发现《兔园策府》作者杜嗣先的墓志，即具有极高的学术价值。香港中文大学文物馆藏马克麟撰《唐正议大夫试大著作上柱国太原王府君（洛客）墓志铭》（《书法丛刊》2002年第3期刊拓本），载有一段王勃的逸事："八岁能属文，十一通经史。……时有同郡王子安者，文场之宗匠也，力拔今古，气罩诗学，吮其润者浮天而涸流，闻其风者抟扶而飙起。君常与其朋游焉，不应州郡宾命，乃同隐于黄颊山谷，后又游白鹿山，每以松壑通云，樵歌扪月，□行山溜乳精，苏门长啸，有松石意，无宦游情。"王洛客字炅，延和元年卒时年六十四，推其生年，仅比王勃年长两岁。两位年轻才俊的同游经过，在史籍中没有留下任何记载，无疑是很有意义的。

此外，一些稀见珍拓的发表和古籍稿本的影印，也提供了一批珍贵文献。前者如隆尧《光业寺碑》完拓的发表，为陈寅恪先生所未见。此碑为开元十三年(725)象城尉杨晋撰,叙赵州象城县僧民为玄宗八代祖宣皇帝、七代祖光皇帝陵园修福田而重饰光业寺事。陈寅恪先生撰《唐代政治史述论稿》以及《李唐氏族推测》等三文,其中有关李唐出赵郡李氏之推断,学者认为其因得引证《光业寺碑》而得定案。但陈先生仅据史语所藏拓及《畿辅通志》摘出数语,并不完整,此碑全文近三千字,包含唐初各帝崇祀事实。后者如上海图书馆藏陆增祥《八琼室金石补正续编》稿本,颇多清代稀见石刻的录文,《续修四库全书》史部目录类据以影印,甚可重视。台湾影印《石刻史料新编》时也收录了一批清人稿本。据了解,中国各图书馆尚有一批类似稿本未经整理刊布,如复旦大学图书馆即存有《篆云楼金石文编》一百卷,分地域记录全国的石刻。

据石刻录文的著作,当首推周绍良等编《唐代墓志汇编》(上海古籍出版社,1992年),全书录墓志三千六百七十六方,既包括宋以来的各种传世墓志,也包含了1983年以前的各种公私藏拓和已发表的石刻录文。该书按照石刻原件录文,十分忠实,且附有很细致的人名索引,极便读者。近出的《唐代墓志汇编续集》(上海古籍出版社,2001年)继承了前编的体例,续收墓志一千五百六十四件,绝大多数是五十年代以来的新出土者,弥足珍贵,只是《续集》的校录质量明显逊于前编,与前编重复和本编重复的墓志即达数十篇。吴钢主编《全唐文补遗》七册(三秦出版社,1994—2000年),存文约四千二百篇,几乎全取石刻,墓志约占十之九五,与上述周编颇多重复,但包含了数量可观的陕西新出石刻,于《隋唐五代墓志汇编》新见石刻也作了很认真的校录,值得重视。唯此书体例,系取《全唐文》未收者,但随得随刊,编次无序,既不循《全唐文》旧例,又不存石刻原貌,不说明录文来源,各册自成单元,利用颇不便。近出的《全唐文新编》(吉林文史出版社,2001年),主要是将《全唐文》与上述三书拼合而成,没有新品增加。不久可出版的拙辑《全唐文补编》,主要致力于传世典籍中唐文的采辑,石刻仅录四部典籍、佛道二藏和地方性文献中所保存的,也有一定数量。

日本学者气贺泽保规编《唐代墓志所在总合目录》(汲古书院,1997年),按照墓志刻石时间为序,编录十种专书中收录唐墓志的情况,其中《石刻题跋索引》可作为二十世纪四十年代以前编录唐墓志诸书的总汇,另九种为《北京图书馆藏历代石刻拓本汇编》、《唐代墓志铭汇编附考》、《千唐志斋藏志》、《唐宋墓志：远东学院藏拓片图录》(香港中文大学出版社,1981年)、《隋唐五代墓志汇编》、《曲石精庐藏唐墓志》、《洛阳出土历代墓志辑绳》、《唐代墓志汇编》和《新中国出土墓志·河南卷》。该书逐篇说明见于何书何页,甚便学者利用。

二、新出石刻与文学文献考订

金石学兴起于北宋,从欧阳修开始,就强调石刻可以正史传之阙误,可以知时政之得失,可以见文风之迁变,可以观书迹之精妙。后世的金石学家虽派别众多,但就治学的格局而言,并没有超过这一范围。中国近二十年唐代文学研究中的主流学派,试图从唐文学的基本文献建设入手,弄清唐代文学发展变化的全部真相,从作家生平交游、作品收集辨析、著作真伪流传,乃至所涉事件始末,皆求梳理清楚,再作系统深入的研究。唐代诗人大多生活在社会中下层,他们在文学活动中涉及大量著名或不太著名的人物,重要或不太重要的事件,众所周知或不太为人所知的制度习俗,写下有名或不太有名的作品,要将这些全部弄清,仅凭几种最重要的史书传记,显然很不够。传统的唐诗研究,多信用史传笔记及《唐诗纪事》《唐才子传》等书所载诗人逸事,近年的研究,则深受陈寅恪、岑仲勉治史方法的影响,追求广泛、全面地占有文献,考订中注意史料的主次源流,强调作者本人作品更为可信,史书、方志、石刻、缙绅录中的记载,常比诗话、笔记的记载更为可靠。其中利用得最充分、最有资于理清事实真相的,当首推碑志石刻。碑志石刻虽为特殊原因而作,且普遍有颂谀虚饰的倾向,但其提供了某一特殊事件或人物的详尽原始记录,只要谨慎地加以鉴别,其可信度显然高出许多源出传闻或多次转写的存世文献。

新出碑志本身就是文学作品。二十世纪出土的唐石刻,仅墓志一体,即可在陆心源《唐文拾遗》《唐文续拾》两书以后,再补录唐文约五千篇,约相当于《全唐文》所收唐文的四分之一左右,其中包括了近千名知名和不知名作者的文章,其中唐五代重要文士如令狐德棻、上官仪、许敬宗、李义府、郭正一、李俨、杜嗣先、崔融、徐彦伯、卢藏用、李峤、岑羲、郑愔、李乂、韦承庆、崔沔、贾曾、卢僎、崔湜、薛稷、徐安贞、富嘉谟、吴少微、僧湛然、苏颋、贺知章、韦述、毋煚、郑虔、陶翰、姚崇、张九龄、苏预、颜真卿、徐浩、柳识、李华、萧颖士、柳芳、徐浩、吕温、吴武陵、崔群、令狐楚、宋申锡、李德裕、赵璘、南卓、裴度、郑畋、杨凝式、和凝等，都补充了新的文章。有许多著名诗人如李颀、韦应物、卢纶、陈上美、狄归昌、翁承赞、卢汝弼等，以往仅以诗为世所知者，以前没有文章留存，由他们撰文的墓志出土，弥可珍贵，当然会引起学者的莫大兴趣。张说、张九龄、吕温、韩愈、柳宗元等撰文的碑志，虽已收入其各自文集，但以石本与集本比读，均有较大的不同。其中除有集本传写错误的原因，重要的恐还在于集本所据应为作者的存稿，志主家人在刻石埋铭的过程中，不免还会有增改和润饰，并不全照撰文者的原稿。以下试举1987年河南巩县出土柳宗元撰《唐朗州员外司户薛君妻崔氏墓志》（《新中国出土墓志·河南卷》）为例，校以《柳河东集》卷十三所收该墓志，可以看到许多的异文：

唐朗州员外（集缺员外二字）司户薛君妻崔氏墓志
唐故（集缺故字）永州刺史博陵崔简女，讳蹈规，字履恒（以上六字，集仅作讳媛），嫁为朗州员外司户河东薛巽妻。三岁知让，五岁知戒，七岁能女事，善笔札，读书通古今，其暇则鸣丝桐、讽诗骚以为娱。始简以文雅清秀重于（集下有当字）世，其后（集下有病惑二字）得罪投驩州，诸女蓬垢涕号。蹈规（集缺蹈规二字），柳氏出也，以叔舅宗元（集缺宗元二字）命归于薛。惟恭柔专勤，以为妇妻，恩其故他姬子，杂己子，造次莫能辨，无忮忌之行，无犯迕之气，一亩之宅，言笑不闻于邻。元和十三（集作二）年五月二十八日，既乳，病肝气逆乘（集缺乘字）肺，牵拘左腋，巫医不能已。期月之日，洁服饬容而终，享年三十一，归于薛凡七岁也。十月甲子（以上十六字，集作年若干某月日六字），迁柩于路（集作洛）。其明年二月癸酉（以上七字，集作某月日）祔于墓，在北邙山南，洛水东。巽始以（集缺以字）佐河北军食有劳，未及录，会其长以罪闻，因从贬。更大赦，方北迁，而其室已祸。巽之考曰大理司直仲卿，祖曰太子右赞善大夫环,曾祖曰平舒令煜,高祖曰工部尚书真藏。简之父曰大理司直晔,祖曰太常寺大乐丞(以上六字,集作某官二字)鲵。唐兴,中书侍郎平章(以上六字,集作中书令三字)仁师议刑不孥,其五(集作二)世大父也。巽之他姬子,丈夫子曰老老(集缺一老字),女子子(集缺一子字)曰张婆,妻之子,女子曰陀罗尼,丈夫子曰那罗延(三字集作某),实后子。铭曰:翼翼仁师,惟仁之硕,一言刑轻,绵载二百。其庆中缺,曾玄不绩,简之温文,亦绍其直(集作卒昏以易)。七男三女,八我之出,仍祸六稔,数存如没。宜福而灾,伊谁云恤?惟薛之妇,德良才全(集作伎),邻无言闻,臧获以虔。推仁抚庶,孩不异怜,兄公是怡(集作怙),夫属衍(集作忻)然。髧髧栽栽,笾豆维嘉,烝尝宾燕,其羞孔多。有苾有严,神飨斯何?奚仲仲虺,胡祐(集作佑)不遐,高曾祖考,胡蝦之讹?淑人不居,谁任于家?书铭告哀,以寘岩阿。

分析两种文本的差异,有关崔氏名字、其先人任官及丧事年月的增改,显然因柳宗元原文有缺项而由崔氏家人上石时补入。集云崔简因"病惑得罪","病惑"二字可能因崔家人以为不妥而删去。"亦绍其直"与"卒昏以易"的差别,或亦属同样原因。十三年与十二年的不同,五世与二世的不同,应该是集本传刻之误,应予订正。清代学者凡遇石刻与传本不同时,一般都云当以石刻为正,其实是应区别对待的。同时出土有崔氏夫薛巽墓志,述其仕历和贬官原委较详,可为研读此篇柳文提供有益的佐证。

碑志石刻包含了大量社会民俗、道德信仰、宗法礼仪、婚姻继承、族聚迁徙等方面的丰富资讯,值得作多层面的探讨。碑志所记载的唐代人事关系和科举、历官、从业、年寿方面的内容,也因其文体的特殊性而包含了大量正史中所难以备载的珍贵记录,这些虽都属于历史学或社会学研究的范围,对文学研究也很有意义。这里重点还是讲石刻对研究诗人生平和研读作品的重要价值。

有诗篇传世的作者本人的碑志,新发现的已超过五十多篇,其中包括李密、杨恭仁、李贤、薛元超、韦承庆、严识玄、武懿宗、豆卢钦望、杨再思、韦希损、王无竞、崔泰之、张鹫、张说、张九龄、郭虚己、李邕、王之涣、蔡希周、赵冬曦、神会、李峰(神道碑)、郭虚己、陈希烈、高力士(墓志及神道碑)、崔沔、元德秀、吕渭、白敏中、杨汉公、谢迢、杨宇、杨牢、张晔、李郃、王涣、王镕、王仁裕(神道碑)等著名或不太著名的作者。

  而大量碑志中所提供的可资考证作者世系、生平、交游和作品系年的线索，更是所在多有，值得学者作仔细的推求。八十年代初郁贤皓用北京图书馆藏石刻考证李白生平，周勋初用《千唐志斋藏石》和《芒洛冢墓遗文》所收高偘后人墓志，弄清了高适的家室世系，傅璇琮《唐代诗人丛考》据《王之涣墓志》所载其生平经历，判定薛用弱《集异记》所载广为后人称道的旗亭听诗故事，实为虚构的伪事，都是很突出的例证。以后傅璇琮主编《唐才子传校笺》和《唐五代文学编年史》，周祖譔主编《中国文学家大辞典·唐五代卷》，基本弄清了全部唐五代文学家的生平经历和创作年代，于各类石刻文献的利用极其充分。

  这里想先讲到与杜甫研究有关石刻的发现情况。清末在西安发现的因为父寻仇而死的杜甫叔父《杜并墓志》，无疑是杜甫家世研究极堪珍视的文献。近代以来，虽然没有杜甫家人或其本人撰文的墓志出土，但与其有密切交往人物的相关碑志，已发现有十多通，不乏可资考订其作品和生平的重要线索。杜甫最密切的朋友苏源明(苏预)，杜甫称其"前后百卷文，枕藉皆禁脔"(《八哀诗》)，韩愈视为唐初以来最重要的文士之一(《送孟东野序》)，但留传下来的只有《唐文粹》收录的两篇诗序。近年在洛阳出土了其撰文的《管元惠碑》，在陕西出土了《大唐故左威卫将军赠陈留郡太守高府君(元珪)墓志》(《唐代墓志汇编续集》天宝一一八)，后者作于天宝十五载苏源明任国子司业时，由顾诫奢书，正是杜甫与其来往密切时，也为杜甫晚年诗《送顾八分文学适洪吉州》追述早年同醉长安之事增一佐证。同时，我很怀疑杜甫《故武卫将军挽词三首》就是悼高元珪之作，武卫二字很可能是后人避后周郭威讳所改，当然这仅属推测。

  杜甫最为人传诵的作品《奉赠韦左丞丈二十二韵》是写给尚书左丞韦济的。南宋黄鹤注此诗："公以天宝六载应诏赴彀下，为李林甫见阻，由是退下。诗云：'主上顷见征，青冥却垂翅。'当是七载所作。"只是推测，但后世多沿其说。据西安所出韦述撰《韦济墓志》(《唐代墓志汇编续集》天宝〇九九),韦济于天宝七载转河南尹,九载迁尚书左丞,十二载出为冯翊太守。杜甫此诗应作于九载以后的一二年间。

杜甫大历五年避臧玠之乱出奔衡州,是投奔衡州刺史阳济的。《千唐志斋藏志》收《阳济墓志》云:"出为潭州刺史,转衡州刺史。遇观察使被害,公以贼臣逆子,罪之大者,遂率部兵,遽临叛境。俄辛京杲至,靖谮害能,贬抚州司马。"从阳济由潭州转刺衡州的经历看,应是大历四年夏湖南观察使治所从衡州迁往潭州的时期,其职务应是与韦之晋交接的,杜甫有可能在当时已与其相识,并成为第二年遇乱南奔的原因之一。杜甫《入衡州》诗云:"中有古刺史,盛才冠岩廊。扶颠待柱石,独坐飞风霜。昨者间琼树,高谈随羽觞。无论再缱绻,已是安苍黄。"《舟中苦热遣怀奉呈阳中丞通简台省诸公》:"中丞连帅职,封内权得按。身当问罪先,县实诸侯半。士卒既辑睦,启行促精悍。""似闻上游兵,稍逼长沙馆。邻好彼克修,天机自明断。南图卷云水,北拱戴霄汉。美名光史臣,长策何壮观。"(均见《杜诗详注》卷二三)均与墓志所述阳济出兵进逼长沙叛军的记载一致。《旧唐书·代宗纪》载辛京杲出镇湖南是五月癸未事,阳济被贬的原因,墓志只提供了一种说法,不排除阳济有夺取长沙地盘的考虑,其被贬估计即五六月间事,杜甫的再南下耒阳,是否与此有关,是值得进一步研究的。

《游仙窟》作者张鷟(文成)晚年得罪流贬岭南,唐末莫休符《桂林风土记》曾略记狱事端委。《洛阳新获墓志》所收河南伊川1977年出土徐浩撰《张庭珪墓志》中,有"其详刑也,免张文成于殊死,谏张真楷于极法,回九重之听,进谠议焉"数句,为了解其晚年陷狱及流贬岭南的缘由,提供了可贵的记录。顺便提到,《四库存目丛书》影印陕西文管会藏旧抄晏殊《类要》,引有李吉甫《类表》残文,其中有张鷟《谢流表》一段云:"特蒙免死,配流岭南,秦谍再苏,陈焦重活。往前之命,父母所生;此后之年,天恩所赐。"这些都证明要处死张鷟的决定由玄宗作出,而因为张庭珪等的力谏,方得免死贬流。

盛唐诗人李颀的生平资料不多,傅璇琮先生《唐代诗人丛考》推定其应卒于天宝十二载《河岳英灵集》结集以前,而其作品的下限只到天宝六载为止。《隋唐五代墓志汇编·洛阳卷》收其天宝十载六月撰《故广陵郡六合县丞赵公墓志》,署"前汲郡新乡县尉赵郡李颀撰",可知其十载还在世。

1992年后在陕西长安韦曲先后发现了著名诗人卢纶父母、其弟卢绶夫妇四方墓志,即卢之翰撰《唐魏郡临黄县尉卢之翰妻京兆韦氏墓志铭》、卢纶撰《唐魏州临黄县尉范阳卢府君玄堂记》、卢简辞撰《大唐故卢府君墓志铭》、卢简求撰《唐故河中府宝鼎县尉卢府君张夫人墓志铭》,分别收入《全唐文补遗》第七册和第三册。据这四方墓志,可以排出卢纶一家从北魏以来的谱系,其五世祖卢羽客(存诗一首,《全唐诗》误作虞羽客,《乐府诗集》不误)"以五言诗光融当时",对卢纶影响尤大。其父卢之翰明经登第,官魏郡临黄县尉约在天宝间。至德二载(757)卒,年四十一。之翰妻韦氏为博州刺史韦渐之女,十五岁嫁之翰,生一子,十九岁卒,时为天宝四载(745)。从志文内容分析,韦氏应即卢纶的生母,卢纶生年应该在天宝元年至四载间,以元年(742)的可能为大。前人引以考定其生于天宝七载的长诗中"禀命孤且贱,少为病所婴。八岁始读书,四方遂有兵",正述其幼失母,十多岁亡父,八岁有兵当指天宝四边战事。如此,其诗集多处提到的至德间所作诗也可得到解释。其弟媳张氏的父亲是德宗时以尚书左仆射任邠宁节度使的张献甫,卢纶的名篇《和张仆射塞下曲》,可能即在张献甫幕下所作。由于这四方墓志的出土,最近二十年争议较多的卢纶生平家世情况,大多已可作结论。

著名长诗《津阳门诗》作者郑嵎,以往仅据晁公武《郡斋读书志》卷四中和辛文房《唐才子传》卷六的记载,知道他字宾先(一作宾光),大中五年进士。其诗后世虽曾单刻为一卷,其实均出《唐诗纪事》卷六二,并无别集流传。《千唐志斋藏志》收李述撰《唐故颍州颍上县令李府君夫人荥阳郑氏合祔玄堂志》:"有弟曰嵎,少耽经史,长而能文,举进士高第,历名使幕扬州大都督府参军;堂叔碣,亦以进士擢第,殿中侍御史,累佐盛府,并为时彦,必振大名。"可据知他的仕历和当时名声,且据此志可了解其家世渊源。

刘蕡大和二年应诏策试贤良论宦官事,是晚唐政治史和文学史上的重大事件,刘蕡后来的贬官因与李商隐的江乡之游密切相关而成为学界讨论的一个热点。十年前,因北京图书馆藏刘蕡子《刘理墓志》的发表而解决了刘蕡终官澧州的问题。近年在河南偃师出土的李鄂撰《唐故贺州刺史李府君(郃)墓志铭》(见中国社会科学院考古研究所编《偃师杏园唐墓》,科学出版社,2001年),所涉史实更为重大:

廿七年,举进士,文压流辈,敌乞避路。再试京兆府,以殊等荐。会礼部题目有家讳,其日径出。主司留试不得。明年就试,主司考第擢居第一。后应能直言极谏,天子读其策,诏在三等。时友生刘蕡对诏,尽所欲言,乞上放左右贵幸,复家人指役。自艰难已来,左右贵幸主禁中事者,皆立使目,权势日大,近者耳目相接,无所经怪。蕡一旦独轩讦当世难发事,时俗骇动,蓁口诼讪。考司虑不合旨,即罢去。然蕡策高甚,人间喧然传写,不旬日,满京师,稍稍入左右贵幸耳。左右意不平,欲害蕡者绝多,语颇漏泄。府君虑祸卒起不可解,欲发其事,俾阴毒不能中,乃亟上疏言蕡策可用,乞以第以官让蕡,冀上知其事本末,即蕡得不死。疏奏,天子以为于古未有,召丞相问:"宜何如?"宰相奏不可许,由此上尽知蕡策中语,蕡祸卒解,府君犹左授河南府参军。

《旧唐书·文苑传》全收刘蕡对策,并称考官"以为汉之晁、董无以过之",又云:"言论激切,士林感动。时登科者二十二人,而中官当途,考官不敢留蕡在籍中,物论喧然不平之,守道正人,传读其文,至有相对垂泣者。谏官、御史扼腕愤发,而执政之臣从而弭之,以避黄门之怨。唯登科人李郃谓人曰:'刘蕡不第,我辈登科,实厚颜矣!'请以所授官让蕡。事虽不行,人士多之。"《李郃墓志》所载,显然更为具体充实,宦官欲加害刘蕡,李郃上疏以将事实公诸朝廷,引起文宗和宰相的普遍关注。其中"上尽知蕡策中语"一句尤为重要,为甘露事件的发生预埋了伏笔。

这里还可以提到唐末不太知名的两位作者杨牢、杨宇的作品和生平考辨。《全唐诗》卷五六四仅收杨牢诗《奉酬于中丞登越王楼见寄之什》《赠舍弟》二首和四段残句,小传云:"杨牢,字松年,弘农人。父从田弘正死于赵军,牢走常山二千里,号伏叛垒,求尸归葬,衔哀雨血,时称孝童。年十八,登大中二年进士第,最有诗名。"小传的依据是《新唐书·李甘传》和《唐语林》卷三的逸事,前人对此似从未有过怀疑。《赠舍弟》一诗,出自《才调集》卷九,此集《四部丛刊》本作杨宇,《四库》本作杨牢,前人也仅以文字传误视之。《千唐志斋藏志》中收有杨牢撰文的《杨宇墓志》,又有李纫撰文的《杨牢墓志》(《唐代墓志汇编》所录有夺文,此据《隋唐五代墓志汇编》收拓本),

可知杨牢、杨宇本为兄弟,《全唐诗》误将两人诗合为一人诗。又《杨牢墓志》载其大中十二年死于河南县令任上,年五十七,可知《全唐诗》所云年十八,登大中二年进士第,《唐语林》所云死于青州幕,全属误记,不足凭信。

三、新出石刻的文学研究意义

杨殿珣《石刻题跋索引》将历代石刻分为墓碑、墓志、造像记、刻经、诗词、题名和杂刻七类。唐代新出石刻中,诗词仅偶有发现,如滁州琅琊山发现过李幼卿摩崖诗刻;造像记发现很多,但内容都是祈福去灾之类,简单而多重复;刻经的大宗当然是佛经,房山石经的出土和回埋都曾引起广泛关注,新发现经幢也有一定数量,此外孟蜀石经的残石也时有发见,但这些与唐文学研究关系似乎都不大;杂刻中如杨晋《大唐帝陵光业寺大佛堂之碑》、僧澈《大唐咸通启送岐阳真身志文》、郑璘《唐重修内侍省碑》(均见《全唐文补遗》第一册),均是关涉唐史重大史实的记录,文学上也不无意义,只是数量上并不太多。出土数量多,且于唐文学研究意义重要的,当数墓碑和墓志两类。以下试分六点述之。

甲、丧挽文学研究

丧挽文化在重视礼仪的中国古代一直占有重要地位,由此而形成的丧挽文学,或称饰终文学,可包括十多种不同体式的文学作品,如挽诗、哀辞、祭文、行状、神道碑、墓碣、墓志、塔铭、谥议、哀册、谥册等,内容也极其丰富。在这些作品中,挽诗、哀辞、祭文等较多地是表达个人或群体对死者的祭悼追怀之情,各家文集中多有保存,刻石的不多。哀册、谥册等仅限于帝后、太子等,已出土十多件玉册,多已散落残缺,完整的文字不多。历代对丧葬规格都有严格规定,唐代规定三品以上官员才能于墓前立神道碑。半个世纪以来新发现的神道碑虽仅二十多通,因多属显宦而有特殊的意义。墓碣是墓前的较小石碑,可说是墓碑的变体,新见的很少。塔铭是僧塔的刻石,在应用物件和刻石方式上与墓志完全不同,但就实质来说,应出一源,部分墓志专书兼取塔铭,并无不妥。墓志占了新出丧挽石刻的百分之九十五,包括旧志,已发表的数量超过五千五百方。

墓志一体,最早似可追溯到秦代的刑徒砖。现能见到的东汉墓志,均仅记死者姓名字里和死期享年,一两句话而已。西晋墓志在文体上已趋成熟,但南京一带出土的东晋王谢名人墓志,大多刻石粗糙,志文内容也较简率,可知时人对其还不重视。南朝禁止埋铭,出土的很少。北朝埋石蔚为风气,元魏诸王所出尤多,书写和制作都很讲究,但文章全不署名,行文风格也较单调,文学上的意义远不及书法史上的意义重大。北朝后期到隋代,一些知名文人参与墓志写作,墓志的文学气味越来越重,篇幅开始扩大。唐初以后,建碑埋铭风气愈演愈烈,名宦显要当然认真操办,连一些无名宫人、乡间村妪,也无不"式刊贞石,以备陵谷",成为全社会共同的趋好。

唐代前期碑志,墓碑多署撰书者姓名,墓志则仅有极少数著名作者有署名。到武后时期署名逐渐增多,玄宗以后,则大多数墓志均具署撰书者的姓名,可见风气的转变。碑版文在唐宋时期的文人创作中,具有极其重要的位置,许多一流文人都以很大的精力从事此方面的写作。从昭陵所存三十多通大碑和近年新出的几十方墓志中,不难看出一位作者要胜任地写出那样的作品,必须具备很强的驾驭文章的才能。昭陵碑志的主人都是唐初的名臣懿戚,许多人一生的经历和建树都很不平凡,且经历了隋唐之际的世变和唐初以来的复杂政争,死后得陪葬昭陵,官营丧事,碑志作者要写出其平生业绩和宦绩,加以议论和颂扬,又要始终注意官方的立场和丧家的要求,还要尽量为死者讳,文章则要写得典雅淳正,不失分寸,要做好是非常艰难的,要求秉笔者具有叙事、议论、文采三方面的综合才能。史载崔融因撰武后哀册文用思过度而死,正足显示饰终文章写成的不易。

从大量发掘的唐墓和出土的唐墓志显示,唐代官宦士人家庭,死者入葬埋铭是非常普遍的现象。这一风气也影响到部分庶民阶层,以及经济文化相对较落后的南方和四裔民族,尽管这以后几方面的所出相对还较少,制作也较粗糙。由于社会对墓志的要求量太大,凡能秉笔之士,几乎都曾参与这方面的写作。出土墓志基本包括了各种社会地位的作者的作品,作者与志主的关系,也囊括了社会上的所有各种人事联系,这对研究唐代各社会层面的文学写作状况,无疑是很有意义的。

中国古代各体文学普遍具有社会应用功能，即便以抒情为主的诗歌，也是社会交际中必不可少的一种文体。应用文体必然有其程式化的特征，碑志在这方面尤为显著。清人曾作过多种墓志释例的著作，例举魏晋南北朝以来墓志的作法，当时所见有限，不免多有挂漏。唐代新出墓志显示，因为社会需求量太大，在书仪一类应用文体范本著作通行的同时，碑志也有一定的范本为一般作者所参考，唐墓志甚至出现过多次不同志主的墓志，而志文大致相同，仅姓名生平稍有差别，著名的渤海贞惠、贞孝两公主墓志就属如此。当然，不少作者在程式规范中也在努力寻求创新，下面可有许多例子提到。著名作者的所作在当时就能产生巨大的影响，又有机会收入文集流传后世，死者因此而得垂名长久，因而许多丧家宁可出重金也要请名家执笔，李邕、韩愈等人都曾因广收润笔而遭致非议。新出墓志中有数量极其巨大的名家作品发现，也可证明这一点。

应用文学的研究应是文学研究的一个重要课题，丧挽文学在其中具有特殊的意义。数量可观的出土碑志为这方面的研究提供了充足的资料，应引起学者更多的关注。

乙、传记文学研究

由于史学的发达，中国历代作家都很重视传记写作。从《史记》开始的史传传统绵历千年而不断，各时期又各有新的体式出现。在魏晋南北朝别传的繁荣以后，唐代可以提到的，应是僧传、杂传和碑志。唐代僧传有多种名著留存。杂传的写作当时也极有可称，如《张中丞传》《郭汾阳家传》《邺侯家传》都有很高的成就，可惜都失传了，留下来的几种相对稍弱。从传记文学要求真实而生动地写出人物的性格命运的评价标准来说，以饰终颂德为主要责任的碑志，其篇幅既限定在方石之内，其内容又必须记录死者的家世、经历及后事，带有普遍的先天缺憾，就大多数墓志来说，叙事仅略存梗概，行文循通行的套路，其本身的文学价值是不高的，最多只能显示社会普遍对这一体传记的重视，这是毋庸讳言的事实。从中国传统的史传写作来说，用简洁的叙述交待传主一生的经历，寓评议于叙述中，传人物性格于片言只语的记录中，从大多数碑志来说，沿袭了这一传统，虽无创新，大致尽责。

　　作者自撰及为亲人撰写的碑志，文学价值要稍高于其他作品。新出唐人自撰墓志，仅有谢观和崔慎由的两种，都很有特色。谢观唐末以赋而知名，墓志述其能文、好道、为官的经历，于求道有成的表述较为自得。崔慎由于宣宗时入相，墓志直白地叙述家世和历官，不作任何的自许，后云："效不焯于时，行不超于人，而入升钧台，出奉藩寄，备践华显，仅二十载，其为幸也，不亦久且甚耶。"（《全唐文补遗》第四辑）体类冯道的《长乐老自叙》，但无后者的自我夸耀，是较清醒官员的自叙。已见唐代亡妻亡妾墓志，约近一百方，亡女墓志约存二十多方，孝子为父母撰写的碑志数量更多，出于兄弟、侄甥、翁婿等亲属所撰者为数也不少。这类碑志也注重死者宦绩的表述，但更多地是从亲情的立场来记述死者的生平，记录死者平日的行为和言论，并将作者失去亲人的伤感心情写入碑志中，具有一定的感染力。其中数量巨大的女性墓志，可以填补唐代女性传记相对较少的缺憾。

　　唐初碑志严格用骈体文写作，显得很沉闷。武后时已开始变化，一是改变常用的套式，如佚名撰《柳怀素墓志》（《唐代墓志汇编续集》延载〇〇一）仿赋体，通篇以陆沉王孙与当途公子的对话来记录和评述死者的一生，显得独具一格（《全唐文补遗》第五辑误以作者为王孙）；另一方面则是以史传的写法融入碑志，如乾陵出土崔融撰《薛元超墓志》见（《乾陵稽古》，又见《唐代墓志汇编续集》垂拱〇〇三），仅略存骈意，通篇均用史传笔法写其历官，且穿插大量君臣遇合的谈话和事迹，是可以作文学传记来读的。

　　中唐以后墓志中，更多地增加了细节的表述和描摹。韩愈《唐故殿中少监马君墓志》生动传神地描写马君幼年时的容貌，《试大理评事王君墓志铭》中穿插了一大段王适假托文书以求婚侯氏的有趣故事，都是以前文章家经常提到的佳话。这时期出现了一批篇幅超过三千字的长篇碑志，记事更注重用具体的谈话和故事来展现人物的性格和能力。如魏博节度使《何弘敬墓志》（《唐代墓志汇编续集》咸通〇三二），志文录武宗君臣决策讨泽潞、何弘敬治军讨叛及其丧事处置，录谈话达十多处，显得很特别。《杨汉公墓志》（《唐代墓志汇编续集》咸通〇〇八）中的以下一段，很像是笔记小说中的文字：

> 又选授鄠县尉。京兆尹始见公，谓之曰："闻名久矣，何相见之晚也。"且曰："邑中有滞狱，假公之平心高见，为我鞫之。"到县领狱，则邑民煞妻事。初，邑民之妻以岁首归省其父母，逾期不返。邑民疑之。及归，醉而杀之。夜奔告于里尹曰："妻风恙，自以刃断其喉死矣。"里尹执之诣县，桎梏而鞫焉。讯问百端，妻自刑无疑者。而妻之父母冤之，哭诉不已。四年，狱不决。公既领事，即时客系，而去其械。间数日，引问曰："死者何所指？"曰："东。"又数日，引问曰："自刑者刃之靶何向？"曰："南。"又数日，引问曰："死者仰耶？覆耶？"曰："仰。"又数日，引问曰："死者所用之手左耶？右耶？"曰："右。"即诘之曰："是则果非自刑也。如尔之说，即刃之靶当在北矣。"民扣头曰："死罪，实某煞之，不敢隐。"遂以具狱，正其刑名矣。

这样的叙述，应该见于《折狱龟鉴》一类的公案故事中，在墓志中不嫌繁复地加以叙述，作者显然认为这个故事最能体现志主的断事能力。一些短篇的墓志中，也有生动的描写。如《张晔墓志》（《唐代墓志汇编》咸通〇八五）的志主是一位久困科场的诗人，墓志主要写两位名人对张晔的奖掖，所录淮南太守杨戴文云：

> 张氏子用古调诗应进士举。大中十三年，余为监察御史，自台暮归，门者执一轴曰："张某文也。"阅于灯下，第二篇云《寄征衣》："开箱整霞绮，欲制万里衣。愁剪鸳鸯破，恐为相背飞。"余遂矍然掩卷，不知所以为激叹之词，乃自疚曰："余为诗未尝有此一句，中第二纪，为明时御史，张氏子尚困于尘垒，犹是相校，得无愧于心乎！"

这是唐进士行卷的很生动的记录。杨戴对张的赏识，并由此而真诚自责，也实属难得。这位杨戴是以"到处逢人说项斯"而传为佳话的杨敬之之子。父子都乐于荐贤，可说是一脉相承。

丙、文体变化研究

唐代碑志文数量巨大,出土地域广阔,其志主和作者包括了社会各阶层的人士,覆盖面很宽。同时,还具有以下特征:一是程式化的叙述文,要在一篇文章中交待死者的家世仕历、品行建树、死期后事及家人的悼念追思,志文要写得准确简明而得体、言辞感人而真切,即一篇文章中应包含叙事、议论、抒情三方面内容;二是大都有明确具体的撰文刻石的时间和地点;三是出土碑志得以面世,具有普遍的偶然性,不是人为选择的结果。指出这几点的意义,是要说明碑志融合了常用文体的多项要素,作者必然选用自己擅长,又是当时通行而最适合表述的文体来写作,同时,出土碑志没有经过选择,没有被当时人或后来人从文章优劣或文风偏好等方面做过遴选,它所体现的是唐代社会各层面上通用的书面文体的原始状况,又可以按具体的年月和地域作出准确的统计分析。因此,用出土碑志分析唐代文体迁变的真实过程,是很有说服力的。

以下根据两种编年的唐墓志集《唐代墓志汇编》和《唐代墓志汇编续集》所收出土墓志,分八个时期分析从初唐到中唐前期墓志中所显示的文体变化情况。我将这些墓志粗略地分为五体,第一体是全循骈文的规范,除对事实的叙述外,凡涉议论、赞扬、感叹等,全以骈文出之;第二体仍较多地保留骈文的文句,骈句中已多杂散句,骈句中不尽用典;第三体虽仍有不少骈文中常见的四六句型,偶亦有骈体的对句出现,主体已属散体而非骈体;第四体已全属散体,没有骈文的句式;第五体是较简单的志文,仅有志题,或仅略述死者简况,没有议论和感慨,与此处说的文体变化无关。

时　期	存墓志总数	第一体	第二体	第三体	第四体	第五体
高祖太宗时 (618—649)	318	166	37	8	3	82
高宗时 (650—683)	1151	589	457	37	4 (伪志1)	64
武后时 (684—704)	597	271	268	56	4	18

续 表

时　期	存墓志总数	第一体	第二体	第三体	第四体	第五体
神龙先天间（705—712）	201	45	78	57	12	9
玄宗开元间（713—741）	729	55	424	166	61	23
玄宗天宝间（742—756）	388	26	122	113	84	3
肃代两朝（756—779）	205	6	43	103	49	4
德宗时（780—805）	187	0	38	82	87	0

二书的高祖、太宗、高宗三朝，收入一百多方高昌砖志，多数很简单，太宗时全无骈迹，高宗时有骈句的出现，但较简单。从上表中可以看出，唐初纯用散体的很少，列入第三体的作品，多数是较下层人士和文化落后地区的。武后时期已经展示出变化的迹像，其特征一是在骈体与散体的交叉使用中，叙事的成分明显增多，二是虽还保留以四六字句居多的骈文句式，但用典以喻事的比例明显减少。玄宗时期文体取向已发生明显的逆转，全循骈体的作品已很少为作者所采用，仍保留的骈体句式也较以往简脱明畅。天宝以后，散体已逐渐占据主流位置。从这一点上来看，殷璠在《河岳英灵集》序中所说景云、开元间诗风的变化，与文体的变化是基本同步的。以往许多学者都认为，中唐古文运动的提出，是反对骈文，倡导散行的古文。以上分析证明，这一说法并不完全符合历史的真相。韩柳开始古文写作时，骈文的影响已大大消退，散行的古文在文章气格上来说还稍弱，韩柳提出复古的口号，以儒家道统和秦汉文章来振拔文格士风，其意义在此。

同时也应提及，中唐以后韩愈后学的奇崛文风，在唐墓志中也有体现，大约有二十多篇，从数量上看，并未形成太大的影响。温李段"三十六体"出现后，晚唐碑志中的骈意比中唐时略有增加，但影响也很有限。

丁、家族文学研究

唐代社会阶层前后变动很大,军功贵族与文学才俊都有机会从下层进入权力中心,但就总的方面来说,六朝以来形成的世家大族仍保持着强大的社会优势,形成以家族为单元的文化群体。聚族而葬正是这一文化现象的集中体现,也是世族增强族群凝聚力的重要途径。许多世族人物客死异乡,其家人或后人即使经历再多的艰难困厄,也要让先人遗骸归葬故里。洛阳北邙山一带的大批家族墓群,就是这样形成起来的。清以前石刻大多出于偶然发现,近代以来则因大规模基本建设的展开和科学考古的实施,形成有规模有计划的墓群发掘,得以有机会成批出土同属一家族的墓志石刻。其中出土墓志较多的文学世家,就有江夏李氏、上党苗氏、逍遥房韦氏、范阳卢氏(卢思道后人)、中眷裴氏、襄阳张氏、乐安孙氏等。在此仅举乐安孙氏为例。孙氏为北魏儒臣孙惠蔚的后人,唐初没有显宦,但以文学儒业传家。武后时孙嘉之登进士第,官至宋州司马,渐为知名。其子孙逖开元初先后应哲人奇士举和文藻宏丽科登第,开元二十二、二十三年以考功员外郎知贡举,拔杜鸿渐、颜真卿、李华、萧颖士登第,后任中书舍人掌纶多年,史家许其"自开元已来""为王言之最"。近代以来,孙氏后人墓志出土超过三十方,具见下表(名后加●者有墓志出土,世系仅显示志主在家族中的位置,不全部记录有关谱系):

一代	二代	三 代	四 代	五代	六代
嘉之	逖	□(太常寺主簿)●			
		宿	公器	筥●	
				简●	景裕●
					徽 妻韦氏●
				说●	
				幼实●	
		成●	女●		

续　表

一代	二代	三代	四代	五代	六代
			审象●		
			微仲	方绍●	
		逿　会	仕竭	嗣初●	
			公乂●	瑝●	拙●
				女●	
		遘	起● 妻李氏● 继裴氏	景商●	备●
				向	俩●
					女●
				澥	女●
			女●		
		女●			
	造 妻李氏●	婴●	女●		

从这些墓志中可以看到，在孙逖以后，这个家族中有九人登进士第，有四人中制举，有四人曾任中书舍人，有七人官至显宦，直到五代时，还有孙拙以文学知名而掌制。在这批墓志中，多数属孙氏族人所撰写，志文中对从孙嘉之、孙逖以来以文学显达的家族历史，不厌其烦地重述，显示了这一家族对此的自豪和荣耀。新出墓志中类似的家族群还很多，值得注意。

还应说到的是，一些知名文人的墓志，其实也是伴随着家族墓志同时被发现的。如《曲石精庐藏唐墓志》中的《王之涣墓志》，曾引起学界的较多关注，同时所出其祖父王德表、祖母薛氏、妻李氏墓志，因另存于《千唐志斋藏志》而不为世人所知，这几方墓志显示王德表精研儒、佛、道三家典籍，有文集传世，薛氏志由著名文士薛稷撰写，李氏志则可知王之涣婚姻和仕宦的具体细节，都是很有价值的记录。

戊、女性文学研究

记载女性事迹的碑志约占全部碑志的三分之一左右,且其中不乏身份特殊的人物,如唐太宗的妃子已有三人墓志出土,唐代公主墓志已出土二十多方,其他妇女从显宦名相到一般平民都有,可藉此了解各阶层妇女的生活和生存状况。不少碑志中提及女性的文学才能,如郭正一《大唐临川郡长公主墓志铭》:"惟公主幼而聪敏,志识明慧,雅好经书,尤善词笔。至于繁弦促管之妙,鏧□组紃之工,爰在□□,咸推绝美。……所撰文笔及手写佛经,又画佛像等,并流行于代。"这是公主而能文者。谢承昭撰《唐秘书省欧阳正字故夫人陈郡谢氏墓志铭》,是难得见到的女诗人墓志:"夫人姓谢氏,讳迢,字升之……夫人生秉雍和,长而柔顺,组紃之暇,雅好诗书。九岁善属文,尝赋《寓题》诗云:'永夜一台月,高秋千户砧。'其才思清巧,多有祖姑道韫之风,颇为亲族之所称叹。"其父谢观和夫欧阳琳皆有文名,可惜谢迢的诗仅存墓志中提到的两句。在数以千计的唐碑志中,女性撰文的碑志数量却出奇地少。新出者有两方,一是宋若宪大和三年撰《田法师玄堂志》(《隋唐五代墓志汇编·陕西卷》),宋氏三姐妹是中唐著名的才女,贞元间选入宫,此志署"从母内学士宋若宪撰",应为其晚年所作。另一方见下文。

亡妻墓志,存世文献保存下来的只有很少的几篇,出土石刻中仅我所见者,已超过五十方,甚为可观。其中约三分之二是文武宣懿四朝的作品,原因很难解释,只能说是当时流行。亡妻墓志的志主,仅见一位年过六十,多数都是二三十岁死于疾病或产难,其夫官位也未达,墓志中常有很沉痛的表述,所谓"贫贱夫妇百事哀",可得充分的印证。在唐墓志中,是值得重视的一批作品。有几位作者后来很有名,如被武后所杀的宰相裴炎,撰妻刘氏墓志时官仅为监察御史,诗人郭密之、卢纶的父亲卢之翰也各有所作。与此相对应的亡夫墓志,则极为少见。清代曾出土唐初周氏为夫曹因所撰墓志(见《古志石华》卷六),虽简而颇得要旨。偃师新出《李全礼墓志》,署"妻荥阳郑氏慈柔撰",在唐志中极为罕见,且文辞典雅,情感真切,仅节录末段如下:"公无副二,嫡子早亡。奠马引前,孝妇轮后,白日西下,寒云东征,呜呼哀哉,葬我良人于此下!铭曰:大夫薨矣,东门为丘。筘箫启路,驷马嘶愁。

钟鸣表贵,星应列侯。朱缨耀阙,白杨风秋。泉扉一掩,逝水长流。父兮子兮,两坟仝兮。邙兮洛兮,孤云悠悠。"郑氏墓志亦同时出土,不称名,于其才德仅用"德为世范,才为女师"一句套话带过,颇可玩味。(均见前引《偃师杏园唐墓》)

从女性社会学的角度来看,唐志中的宫女和妾两类身份的女性墓志尤堪重视。

现能见到的隋唐宫女墓志超过一百方,除前述《唐代墓志汇编》正续编所收外,在赵万里《汉魏南北朝墓志集释》和三秦出版社出版《咸阳碑石》(1992)中,也颇多收录。这批墓志全无作者署名,应均属内学士的程式之作。志题均署"某品宫人墓志",大多以"宫人不知何许人也"开始,讲几句美貌才性,然后即是死亡年月和几句哀挽的套话。这批墓志从另一个侧面反映了宫女生活和命运的孤寂落寞,对读解唐人写宫女生活的诗歌是有意义的。张令晖《室人太原王氏墓志铭》,是现能见到的唯一一篇放出嫁人宫女的墓志:"年符二八,名入宫闱。彩袖香裾,频升桂殿;清歌妙舞,常踏花筵。及夫恩命许归,礼嫔吾室。"张令晖的官职是"宁远将军守右司御率",属中级军官,据此可知《本事诗》所云放宫女以嫁边军,是确有之事。

妾的墓志,翁育瑄《唐代官人阶级的婚姻形态》附表三《妾の墓志一览》(《东洋学报》2001年第9期)罗列了三十方,多数也出于其夫主的手笔。除五方出于传世唐集,其余均见出土石刻。翁氏未见的,似还有《大唐邠王故细人渤海郡高氏墓志之铭》等几方,宣宗撰文的才人仇氏墓志,严格说也是妾志。与亡妻墓志重在表彰其相夫教子的道德操行有所不同,亡妾志则多直接写其美貌色艺,如李德裕《滑州瑶台观女真徐氏墓志铭》(《唐代墓志汇编》附索引误将其称为李德裕妻)云:"惟尔有绝代之姿,掩于群萃……若芙蓉之出苹萍……如昌花之秀深泽……固不与时芳并艳,俗态争妍。"刘异《唐张氏墓志》称"张氏者,号三英,许人也。家为乐工,系许乐府籍"。为刘"纳而贮于别馆",并称"张氏明眸巧笑,知音声"。李从质《故妓人清河张氏墓志》:"妓人张氏,世良家也。年二十归于我。色艳体闲,代无罕比,温柔淑愿,雅静沉妍。"这些描写,在亡妻墓志中是绝对找不到的。

源匡秀《有唐吴兴沈氏墓志铭》(《洛阳出土历代墓志辑绳》第 703 页)似是现知唐代唯一的妓女墓志,也是表达爱情最为真挚动情的一篇,全录如下:

> 吴兴沈子柔,洛阳青楼之美丽也。居留府官籍,名冠于辈流间,为从事柱史源匡秀所瞩殊厚。子柔幼字小娇,凡洛阳风流贵人,博雅名士,每千金就聘,必问达辛勤,品流高卑,议不降志。居思恭里。实刘媪所生,有弟有姨,皆亲骨肉。善晓音律,妙攻弦歌,敏慧自天,孝慈成性。咸通寅年,年多疫疠,里社比屋,人无吉全。子柔一日晏寝香闺,扶衾见接,饫展欢密,倏然吁嗟曰:"妾幸辱郎之顾厚矣,保郎之信坚矣,然也妾自度所赋无几,甚疑旬朔与疠疫随波。虽问卜可禳,虑不能脱。"余只谓抚讯多阕,怨兴是词。时属物景喧秾,栏花竞发,余因召同舍毕来醉欢。俄而未及浃旬,青衣告疾,雷奔电掣,火裂风吹,医救不及,奄忽长逝。呜呼!天植万物,物固有尤,况乎人之最灵,得不自知生死。所恨者贻情爱于后人,便销魂于触响。空虞陵谷,乃作铭云:丽如花而少如水,生何来而去何自?火燃我爱爱不销,刀断我情情不已。虽分生死,难坼因缘,刻书贞铭,吉安下泉。咸通十一年五月三日,匡秀撰并书。

沈氏的身份,似至死还只是一位青楼妓女,名系东京留守府官籍。虽然多有风流贵人来聘,但始终未曾许人。前引翁育瑄文将其列为源匡秀的妾,恐非是。源匡秀应是鲜卑后裔的一位贵公子,虽对沈一往情深,但到沈病危时,还与同舍买酒寻欢。尽管如此,他对沈的情感确是出于真诚的,墓志中生死不移的爱情表述,在唐诗中也不多见。其亲自撰文书写刻石,也出于同样的真情。沈氏的命运,与《北里志》中的王团儿、颜令宾很接近,这篇墓志放在《北里志》也非常妥帖。

己、地域文学研究

石刻是分地域出土的,其足以显示各地文学写作的状况,道理甚明。现能见到的碑志,十之七八出土于两京一带,本属文化的中心区域,地域意义不大。江南因为地势卑湿,保存下来的石刻并不多,但有些特殊形制的墓志,如陶制和瓦罐形的,颇可玩味。上海、厦门、广州、虔州等地,近年偶有唐志发现,对地方历史的研究意义特别重大。有大批碑志出土而对地方文学研究有重要意义的,我认为还是河北地区。

安史之乱以后的河北三镇,在中晚唐政治上处于相对隔绝和独立的状态,陈寅恪先生指出失意文士常去河北以寻求发展,典籍中保存的河北三镇的本身文件并不太多,文学作品更少。清代学者对河北石刻的整理卓有建树,沈涛《常山贞石志》尤有名。近代以来河北出土石刻有重要价值的,当然首推房山石经,已有影印的《房山石经》和《房山石经题记汇编》两书。其次是《隋唐五代墓志汇编》中的河北、北京两卷,所收安史乱后的中晚唐墓志达一百多方,大多出于当地文士之手。仅从拓片的形制来说,这两卷墓志的周遭纹饰,志文书写多用行楷,都可明显看出和中原不同的文化取向。相比较来说,河北墓志的文辞逊于中原所出,稍显浅率,可以反映当地文士的一般水准。值得特别提到的是,河北陆续发现的巨大碑石很多,1973年在大名出土的咸通间魏博节度使何弘敬墓志,长宽均近二米,是唐志中十分罕见的大石。同年在正定出土的大中间成德节度使王元逵的墓志,也达长宽各一百五十多厘米。相形之下,昭陵所出唐初妃王将相墓志中最大的一方,也不超过长宽一百二十厘米,大中间宰相白敏中的墓志也仅九十八厘米见方,河北节帅的跋扈可见一斑。前年在正定出土的巨大残碑,最大的一块虽尚不及全碑的五分之一,但已大到高二百一十厘米,宽一百四十厘米,厚九十厘米,其规模可以想见。据我所考,此碑应即《册府元龟》卷八二〇所载后晋天福二年太子宾客任赞撰文的《安重荣德政碑》,几年后安重荣谋反被杀,碑也遭砸碎。此外,影印天一阁藏明《大名府志》存有著名诗人公乘亿撰写的《罗让碑》,长达三千多字(《全唐文》所收仅二百多字),详细记载了昭宗文德间魏博军乱,罗绍威乘乱控制军镇的过程。这些大碑多数出于依附河北军阀的著名文士之手,文学价值和历史价值都很高。

2002年11月21日于东京早稻田大学奉仕园

(2002年12月在日本早稻田大学中国学会演讲。刊逢甲大学中国文学系主编《六朝隋唐学术研讨会论文集》,文史哲出版社,2004年。佐藤浩一日译本收入早稻田大学《中国文学研究》第28期,2002年)

新出石刻与唐代文史研究

宋代金石学兴盛，宋人见到并留下记录的唐代石刻超过三千品，可惜没有人像洪适编《隶释》汇录汉碑文字那样汇录唐石文字，宋人得见的唐代石刻十之八九没有存留下来。唐石研究汇考在清后期到民国初年曾形成一个高潮，但随着现代考古学的兴起，学者的研究兴趣更多地转入上古先秦考古，传统金石学虽仍有所延传，但已不再居于中心位置。尽管二十世纪大规模基本建设和科学考古的展开，新发现的碑志石刻无论从数量和质量上来说都远远超过了清人所见，但就系统研究的成绩来说，则还显得很不够。这一状况，近二十年间已有明显的转变。以下谨就所知，分三部分予以介绍。需要说明的是，石刻的出土时间千差万别，很难划出明确的时限，本文的介绍以最近二十年间新出土或新发表的为主，不少近代出土的碑石因近年发表始为世人所知，本文也略有所涉及。

一、近二十年唐代石刻的影印和整理

二十世纪上半叶唐代石刻的汇录，以端方《匋斋藏石记》（商务印书馆1911年石印本）、罗振玉编印《冢墓遗文》系列（均有罗氏自刊本）和张钫编《千唐志斋藏志》（仅以拓本流传）最为大宗，存录唐墓志两千多方。四十年代到七十年代末，相对来说缺乏有规模的建树，只有两种《长安城郊隋唐墓》可以一提。学者研究中要利用石刻文献，只能从几个大图书馆中翻检拓片，很不方便。从八十年代中期以来，这一状况发生了很大改变，首先是旧辑、旧藏石刻拓本的集中汇印，先由文物出版社影印了张钫《千唐志斋藏志》，收唐志达一千二百多方；齐鲁书社又影印李根源《曲石精庐藏唐墓志》，篇幅不大，颇存精品，泉男生和王之涣二志尤受学者重视；稍后出版的《北京图书馆藏历代石刻拓本汇编》(中州古籍出版社,1989年),唐五代部分有二十多册,占全书约一半,收唐代各类石刻拓本超过三千种;台湾毛汉光编《唐代墓志铭汇编附考》从1985年开始出版,到1994年出齐十八册(中研院历史语言研究所专刊第81种),采用拓本影印,附录文和考释,体例甚善。上述诸书所收,均为1949年前所出石刻,多有重出,但所据拓本不同,可以互校,毛汉光所录有几十方为他书所未见。另《石刻史料新编》一至三编的影印,将历代石学著作,包括方志中的石刻部分汇为一编,虽编辑略显粗糙,却是方便学人的无量功德之作。

1949年以后新出碑志的汇辑校录工作,到九十年代才得以系统出版。天津古籍出版社1991年出版的《隋唐五代墓志汇编》多达三十册,其中陕西四册大多为新出墓志,洛阳卷多达十五册,除收录了前述《千唐》《曲石》和罗录各书的拓本外,也包括了部分五十年代以来的新出墓志,另外如山西、江苏、北京各册也颇多新品。洛阳市文物工作队编《洛阳出土历代墓志辑绳》(中国社会科学出版社,1991年)也包含了数量可观的新志,只是此书由于发行面较窄,不为一般学者所知。稍后的《洛阳新获墓志》(文物出版社,1996年)则收录了到九十年代中期的新见墓志,体例也更为严谨,录文和考释都颇见工力。张沛编次的《昭陵碑石》(三秦出版社,1993年),汇聚了昭陵博物馆几十年来的工作业绩,包括了一大批唐初名臣懿戚的碑志,分量大大超过了罗振玉的《昭陵碑录》,只是该书的大碑拓本缩得太小,无法辨识,录文又未充分吸取以前学者的成绩,稍有缺憾。中国文物研究所与地方文物研究所合作编纂的《新中国出土墓志》,已出《河南》第一册(文物出版社,1994年)和《陕西》第一册(文物出版社,2000年),此书按各省市、县为单元收录新出历代墓志,唐代约占三分之一左右,包括图版与录文、考释,说明出土时地,编次较为科学。此外,各种文物考古学杂志也发表了大量的唐墓发掘报告和唐石发现消息。一些稀见珍拓的发表和古籍稿本的影印,也提供了一批珍贵文献,前者如隆尧《光业寺碑》完拓的发表,为陈寅恪先生所未见,后者如上海图书馆藏陆增祥《八琼室金石补正续编》(收入《续修四库全书》史部目录类),颇多清代稀见石刻的录文。

据石刻录文的著作,当首推周绍良等编《唐代墓志汇编》(上海古籍出版社,1992年),全书录墓志三千六百七十六方,既包括宋以来的各种传世墓志,也包含了1983年以前的各种公私藏拓和已发表的石刻录文。该书按照石刻原件录文,十分忠实,且附有很细致的人名索引,极便读者。近出的《唐代墓志汇编续集》(上海古籍出版社,2001年)继承了前编的体例,续收墓志一千五百六十四件,绝大多数是五十年代以来的新出土者。吴钢主编《全唐文补遗》七册(三秦出版社,1994—2000年),存文约四千二百篇,几乎全取石刻,墓志约占十之九五,与上述周编颇多重复,但包含了数量可观的陕西新出石刻,于《隋唐五代墓志汇编》新见石刻也作了很认真的校录,值得重视。唯此书体例,系取《全唐文》未收者,但随得随刊,编次无序,既不循《全唐文》旧例,又不存石刻原貌,不说明录文来源,各册自成单元,利用颇不便。近出的《全唐文新编》,主要是将《全唐文》与上述三书拼合而成,新品不多。不久可出版的拙辑《全唐文补编》,主要致力于传世典籍中唐文的采辑,石刻仅录四部典籍、佛道二藏和地方性文献中所保存的,也有一定数量。

二、新出石刻与唐代文史研究

今人利用传世石刻和新出碑志,在唐代文史研究的许多领域作出了非常杰出的研究,其范围可涉及唐代政治、社会、军事、思想、民族、宗教、文学、语言等方面,是我所没有能力作全面介绍的。以下仅就我所了解且与新出石刻有较大关系的几个方面,略作评述。

A. 补订史传

这是宋、清两代学者讲得很多的话题,新出石刻以墓志和神道碑两部分最为丰富,有不少名宦碑志,可补订史传的记载极其丰富,有关碑志出土的发掘报告和研究考释,也大多从这方面着眼,在此可以不必多谈。仅举两例。《昭陵碑石》收碑志,比《昭陵碑录》多出周护、李孟常、吴黑闼和李承乾四种存文较完好的碑,另多出近四十种新出墓志,其中包括太宗的乳母、贵妃、子女十多人,陪葬名臣近二十人,还有妻从夫葬、子孙随葬的墓志十多种,都是罗振玉不及见到的,可补充史实处甚多。已出两《唐书》有传人物的碑志,已超过一百多种,其中近年新出的即有李密、杨恭仁、窦诞、唐俭、程知节、李勣、李谨行、薛元超、韦承庆、倪若水、李畅、赵冬曦、元德秀、韦济、马炫、吕渭、孙简、柏元封、契苾通、白敏中、杨汉公等人墓志。应该指出的是,前人虽然讲了很多以石证史的话题,但所作研究都是就石刻本身提出的,至今未有人对两《唐书》哪些部分已为石刻证明有误作出总结。

B. 文学研究

近二十年唐代文学研究中的主流学派,试图从唐文学的基本文献建设入手,试图弄清唐代文学发展变化的全部真相,从作家生平交游、作品收集辨析、著作真伪流传,乃至所涉事件始末,皆求梳理清楚,再作系统深入的研究。唐代诗人大多生活在社会中下层,他们在文学活动中涉及大量著名或不太著名的人物,重要或不太重要的事件,众所周知或不太为人所知的制度习俗,写下有名或不太有名的作品,要将这些全部弄清,仅凭几种最重要的史书传记,显然很不够。传统的唐诗研究,多信用史传笔记及《唐诗纪事》《唐才子传》等书所载诗人逸事,近年的研究,则深受陈寅恪、岑仲勉治史方法的影响,追求广泛、全面地占有文献,考订中注意史料的主次源流,强调作者本人作品最为可信,史书、方志、石刻、缙绅录中的记载,常比诗话、笔记的记载更为可靠。其中利用得最充分、最有资于理清事实真相的,当首推碑志石刻。碑志石刻虽为特殊原因而作,且普遍有颂谀虚饰的倾向,但其提供了某一特殊事件或人物的详尽原始记录,只要谨慎地加以鉴别,其可信度显然高出许多源出传闻或多次转写的存世文献。新出碑志本身就是文学作品,仅墓志一体可补《全唐文》的就不下四千篇,其中包括了近千名知名和不知名作者的文章,有许多著名诗人文士,以前没有文章留存,当然会引起学者的莫大兴趣。仅有诗篇传世的作者本人的墓志,即已超过五十多篇,而大量碑志中所提供的可资考证作者世系、生平、交游和作品系年的线索,更是所在多有,值得学者作仔细的推求。八十年代初郁贤皓用北京图书馆藏石刻考证李白生平,周勋初用《千唐志斋藏石》和《芒洛冢墓遗文》所收高偁后人墓志,弄清了高适的家室世系,都是很突出的例证。以后傅璇琮主编《唐才子传校笺》和《唐五代文学编年史》,周祖譔主编《中国文学家大辞典·唐五代卷》,基本弄清了全部唐五代文学家的生平经历和创作年代,于各类石刻文献的利用极其充分。新见石刻使许多传闻和疑案得以廓清。早的如旗亭听诗的故事,因王之涣墓志的发现而可以判定为伪事;新近在陕西长安韦曲先后发现了著名诗人卢纶父母、其弟卢绶夫妇四方墓志,其中其母韦氏墓志由其父卢之翰撰书,其父墓志则由卢纶本人撰写,最近二十年争议较多的卢纶生平家世情况,大多已可作结论,四方墓志记及的卢纶世系、外家、交往及仕历情况,也有资于对其作品的深入读解。

C. 姓氏录、职官录、登科录的补订

以上三类著作的笺注和编纂,因涉及大量极具体的人事史实,石刻文献历来很受重视。唐代缙绅谱系,以《元和姓纂》最重要,《新唐书·宰相世系表》可补充前书裴、李、王、张、崔、卢、薛、郑、杨等主干部分已失传的大姓谱系,宋人邓名世的《古今姓氏书辩证》可作少量补充,李唐宗室世系则仅《新唐书·宗室世系表》一份谱录。岑仲勉《元和姓纂四校记》是近代史学名作,其凭记忆对唐代人事的详密稽考至今仍不失为有用的工具书,但其对石刻的利用仅截止于四十年代中期,新整理本仅梳理误失,并未作新的补订。赵超集注《新唐书宰相世系表集校》用石刻则截止于八十年代中期,许多新材料仍未用到。《新唐书·宗室世系表》则至今未有人着手笺证,李氏先世十五房和宗室四十一房至今还有不少问题悬而未决。陈寅恪《唐代政治史述论稿》曾引隆平(今河北隆尧)《光业寺碑》推测李唐当出赵郡李氏,但所据史语所藏拓和《畿辅通志》存文残缺颇甚,故仅引录数语。近年《文物》据当地善拓及方志所引,发表了近三千字的全碑,知陈引仅为仪凤中上尊号的一节,碑述贞观至开元间公私奉陵事实极详,最可注意。唐代职官录,现已形成系列,劳格、赵钺的《郎官石柱题名考》、《御史台精舍题名考》太早,且罗列而别择不精,可补充的很多,岑仲勉对前书的补订远还不够充分。岑氏的翰林二考,相对较为严密,新出石刻偶有可补,数量很有限。严耕望《唐仆尚丞郎表》所考人物均极重要,已初备规模,唯当时得见的石刻尚未充分援用,新出部分可作补订的就更多了。郁贤皓《唐刺史考》在续作大量补订后,已出新版的《唐刺史考全编》,重视新出石刻的搜罗引用是其特色。他的

《唐九卿考》不久可完成,另张忱石多年前已着手作右司郎官、中书舍人的稽考,至今尚未完成。徐松《登科记考》和《唐两京城坊考》二书,近年据新出石刻订补的论文和著作非常多,颇多重复,前书科举应试者和及第者在名实的甄别上看法还很不统一,误补的例子很多,后者则将新出碑志中所见坊里名一律抄录补出,不区分主次,与徐书原例已有很大不同。

D. 宦官政治研究

唐代宦官干政专政,是唐史学者研究很多的课题。有关的记载虽多,出于宦官叙述或代为宦官叙述的,并不太多,石刻文献在一定程度上可以弥补这一缺憾。唐前期宦官神道碑,旧传只有昭陵的张阿难碑,五十年代在陕西长安出土的李愍碑、八十年代在泰陵出土的高力士碑,补充了这一不足。高力士在玄宗朝最得宠信,是宦官干政风气变化的关键人物,其墓志近年也已面世,均值得重视。西安十多年前发现的《唐重修内侍省碑》,详细记录了昭宗乾宁三年(896)至光化二年(899)内侍省在经历战乱后重新大修的情况,其中提到内侍省的衙署设置云:"内则内园、客省、尚食、飞龙、弓箭、染房、武德留后、大盈、琼林、如京、营幕等司,并命妇院、高品、内养两院;外则太仓庄宅、左右三军、威远、教坊、鸿胪、牛羊等司,并国计库、司天台。"无疑是非常珍贵的记录,已引起较多学者的关注。

今能见到的宦官及其家人墓志,初步统计有八十七方,其中清代得见的仅十二方,其他均为近代以来新出,近五十年出土者超过五十方。从时代分期来说,玄宗以前的仅见四方;玄肃时期得见十三方,以杨思勖、高力士二人最为知名;代宗至敬宗时期六十多年,存十七方,以德宗时的护军中尉杨志廉和宪宗时的内侍知省事李辅光最重要;文宗到昭宗中期,约七十多年,存志达五十二方,包括了担任各种职务的内官,其中有监军十多人,护军中尉刘弘规、梁守谦等,内枢密使吴承泌等;五代仅见张居翰一方,为后唐的重臣,情况较特殊。后期的宦官及其家人墓志,多属大志,多请名家撰文和书丹,刻石华丽,显示出宦官的富有和权势。

此外,为宦官控制的神策军将佐墓志,近年新见者也已超过二十方,时代主要集中在德宗后期至懿宗中期的七十年间,对研究神策军的建置和权势，以及宦官对其的控制非常珍贵。其中最大的一方是穆宗至文宗时掌左神策军的何文哲墓志，志文长达三千多字，所涉宦官废立内幕极可玩味。

E. 河北三镇研究

安史之乱以后的河北三镇，在中晚唐政治上处于相对隔绝和独立的状态，陈寅恪指出失意文士常去河北以寻求发展，史籍中保存的河北三镇的本身文件并不太多。清代学者对河北石刻的整理卓有建树，沈涛《常山贞石志》尤有名。近代以来河北出土石刻有重要价值的，当然首推房山石经，从已影印的《房山石经》和《房山石经题记汇编》两书中，不仅可资了解当时幽州一带佛教兴盛的状况，也保留了历任节帅及其文武下属和士商民众崇佛刻经的原委，题名中有关民间结社情况的记录，已引起学者的关注。其次是《隋唐五代墓志汇编》中的河北、北京两卷，所收以中晚唐墓志为多，包括各层次文武官员的生平任职经历。仅从拓片的形制来说，这两卷墓志的周遭纹饰，志文书写多用行楷，都可明显看出和中原不同的文化取向。这些墓志中的记录，对考察河北三镇的施政方式和官员构成，都很有意义。河北卷所收1973年在大名出土的咸通间魏博节度使何弘敬墓志，长宽均近二米，是唐志中十分罕见的大石。同年在正定出土的大中间成德节度使王元逵的墓志，稍小，也达长宽各一百五十多厘米。其实，昭陵所出唐初妃王将相墓志中最大的一方，也不超过长宽一百二十厘米，大中间宰相白敏中的墓志也仅九十八厘米见方，河北节帅的跋扈，于此可见一斑。前年在正定出土的巨大残碑，曾被称为当年中国考古十大发现之一，最大的一块虽尚不及全碑的五分之一，但已大到高二百一十厘米，宽一百四十厘米，厚九十厘米，其规模可以想见。此碑应即《册府元龟》卷八百二十所载后晋天福二年（937）安重荣任成德节度使期间，晋高祖敕准建立的由太子宾客任赞撰文的《安重荣德政碑》，几年后安重荣谋反被杀，碑也遭砸碎。

顺便提出，旧传石刻而不甚为学者注意的，可以举到影天一阁藏明《大名府志》所存公乘亿撰《罗让碑》，长达三千多字。罗让是魏博节度使罗绍威的父亲，此碑关于其本人生平的记载并没有多少实质意义，但详细记载了昭宗文德间魏博军乱，乐彦祯父子被杀，罗绍威乘乱控制军镇的过程，具有极高的史料价值。另《光绪重修曲阳县志》和《八琼室金石补正续编》所收曲阳文庙和王子寺石刻,也保留了唐、梁之间镇定王氏父子的为政记录。

F. 五代十国史研究

五代十国石刻,近年出土颇多,仅以两《五代史》有传人物来说,就有李克用、王处直、谢彦璋、戴思远、张居翰、张文宝、李德休、安重荣、孙汉韶、张虔钊、苏逢吉、梁汉颙、李重俊、冯晖、王审知等人碑志已发表,加上早年出土的孔谦、毛璋、西方邺、王廷胤、宋彦筠、赵凤、王守恩、孙汉筠等人墓志,清代已传的王镕、葛从周、冯行袭、李存进、王建立、罗周敬、相里金、史匡翰、景范、王仁裕及吴越三主碑志,五代重要人物的碑志已有近四十种,只是清代以来曾有记录的刘郛、张承业、李克让等碑至今下落不明。

李克用墓志的出土对五代史研究意义极其重大。由著名诗人兼李氏父子主要辅弼卢汝弼撰文的该志,写于李克用去世后不久,最能反映当时李氏政权的实际情况。志中可资研究的线索极其丰富,不能备举,就大端说,克用先世作四代祖益度、曾祖思葛,与史不同,祖执仪,史均作执宜;其家室,作长刘氏,少陈氏,皆无子,次则为庄宗母曹室,叙述也很特别;其子嗣,则称义儿李嗣昭为"嗣王之兄","王之元子",足能反映掌握昭义军权的李嗣昭在当时举足轻重的地位;志中没有提到克用早年战死的长子落落,但列庄宗的亲弟达二十三人之多,远远超出两《五代史》的记载,且姓名次第与史书能合榫的很少。

其他五代碑志,较有价值的可举出下面几方:王处直镇定州多年、墓志对其反覆于梁唐间有所讳避,但称王郁为其长子,称王都为楚国夫人卜氏所生次子,与史籍称其为养子记载不同;张居翰是后唐著名宦官,墓志叙其天祐初出使燕王刘仁恭始末甚详,为史籍所不备;孔谦长期为庄宗的理财大臣,明宗即位后将其处死,萧希甫所撰墓志,在其未获昭雪的情况下出于激愤而作,全出直叙,不作文饰,在唐志中极其罕见,所述梁唐长期争战时期孔谦对唐军后勤供给的巨大贡献,尤堪重视;冯晖在五代后期任灵武节度使十四年,死后由其子继任直到宋初,其墓志对研究其间的朔方史事极为重要,已有人据以考证冯晖身后诸子的争夺,虽仅属推测,确值得深究。顺便还想提到《千唐志斋藏志》中的一方不太为人重视的宋铎墓志,志主仅是后梁的一名中层军将,但所附其《历任记》则记录极详细,对研究后梁军制极有用。

十国的考古发现,先前以前蜀王建永陵和南唐二主陵最为世人关注,近年则以孟知祥和陵与王审知夫妇墓志的发现最为重要。和陵发掘已完成,只是材料尚未全部发表,已发表的孟知祥妻福庆长公主墓志不仅可确定其为庄宗长姊,解决了五代史书中争议较多的一件悬案,对了解后唐政治史和后蜀开国史也很重要。孙汉韶、张虔钊都是后蜀的重要将领,已出墓志对三人平生事迹和任职经历记载极详。前蜀新出墓志以王宗侃和晋晖两志较重要。王审知及其妻任氏墓志均为闽中著名诗人翁承赞所撰,审知志中叙其兄弟三人经营闽政始末,多可补史,所叙审知十二子的次第,对了解王氏家室情况,特别是其身后诸子相残乱闽的原委尤为重要。此外,出自另一有名文士郑昌士手笔的闽嗣王王延翰妃刘华墓志,也提供了闽与南汉联姻的重要线索。

三、唐代石刻研究的展望

石刻文献数量巨大,覆盖面很宽,多涉重要史实,虽都为特定事缘或人物而作,难免有较多的讳饰和虚夸,而这一特点,正可与传世典籍互为参证,有资历史真相的了解。已有学者断言,在今后一段时期内,石刻研究有可能成为唐研究的新热点,我颇为赞同。如果要谈今后唐代石刻研究的走向,我认为应取传统之长,具现代眼光,从基本文献建设入手,开拓研究新局面。

传统金石学的研究,到清末达到鼎盛时期,虽然在研究的视野和方法上有许多局限,但基本规范和研究方向在现在看来还不是完全没有价值的。比方清人已开始要求石刻录文应完整准确地反映原石的面貌,保留字形,注明行款,并逐种予以考证,与史册参证,说明其文献价值,又凡前人已有研究题跋者,尽量吸取,不没前人功绩,这在今人和今后的研究中,也仍然值得效仿承继。

已出版的唐代石刻影印本和校录本,已可在一定程度上满足学者研究的需求,但就石刻文本研究校录方面来说,仍存在许多方面的问题,应引起学者的重视。新出土墓志的校录，因原石保存完好，拓本清晰，校录主要在文字的辨识，较易做好。稍早些出土的墓志，就稍复杂一些。比如《千唐志斋藏志》，当年张氏分拓若干本分售于公私各馆，同时所拓各本就有相当差异，将文物版《千唐志斋藏志》和《隋唐五代墓志汇编》所收拓本逐一比对，就不难发现许多此缺彼存的情况。据郭玉堂所录的千唐藏石目录，有一些作者、书者的记载是今传本所看不到的，原因在于传拓本或周边缺拓，或拓录有精粗之分，也有因原石入壁而造成的人为覆盖。就现能见到的《唐代墓志汇编》正续集、《全唐文补遗》和毛汉光书的录文来说，都是十分严肃认真的，足以信从，其中毛汉光将拓本与录文并列，最便读者。但诸书大多仅据一种拓本录文，在原石文字有残缺或不易辨识时，径以空框来标识，似不及罗振玉编《冢墓遗文》和《昭陵碑录》时残缺字和不识字均照原形摹出的稳妥。碑刻的校录就比墓志复杂得多。《昭陵碑石》可能是近年唐碑校录方面做得很好的一本书，但对前代的拓本和校录本未充分利用，仍留下很大的缺憾。以《姜遐碑》为例，此碑在明中期断折，上半截埋入土中，明清人仅得见下半截，拓本和录文极多，差别很大，罗振玉《昭陵碑录》的前后两本因所得拓本不同而有很大差异，早于罗氏的各家录文在总体上说不如罗本，但部分文字有比罗本佳胜处，比方《全唐文》，昭陵诸碑录文多数很差，有几种稍特别，《姜遐碑》是其一。埋入土中的上截碑七十年代出土，存字较完好，但较早在《考古与文物》上发表的孙迟录文和《昭陵碑石》张沛录文，下半碑录文均远未臻善。如果与敦煌遗书的校录作一比较的话，多数墓志的校录比较简单，辨识也不太难，但一批最有价值的大碑的辨识和校录，则比敦煌遗书要复杂得多。在原石漫漶、拓本多歧、校录纷乱的情况下，像昭陵诸碑要求写定使学界满意的文本，是非常难以实现的，只能做到相对较好。

其次，石刻文本太多，前人宝重古物，不加区别，一律全录，堆砌罗列，常使学者如入十里雾中，取舍为难。宋人编《琬琰集》、清人编《碑传集》，选取最重要人物的碑志以成编，最便学者采用。前述真正值得汇聚众拓、精校成编的，主要也仅限于一批名臣或有特殊研究价值的碑石。就此来说，编一部精心校勘的《唐五代碑传集》，还是现实而有意义的。

从宋代欧、赵开始，石刻研究的基本方法就是个案研究，逐篇题跋，《金石萃编》开始汇聚题跋，较便学者。二十世纪出土唐碑刻太多，个案研究是相对滞后的。毛汉光的考释基本皆限于上半世纪的出品，新志仅《昭陵碑石》《洛阳新获墓志》《新中国出土墓志》等有逐篇考释，至今未有研究考释的仍占绝大部分。几种大型影印本仅有简单的交待，且有许多缺漏和失误。这一类型工作，仍希望有人来做。对已有分散的考释，也应作必要的汇编。同时，对出土石刻的出土时地，也应作系统的记录和说明。近年由各地文物考古部门发掘和征集的碑石，这方面做得较仔细，但近代由碑帖商贾传售的石本，近几十年因盗墓和文物走私而传出来的石刻，要完全弄清来源就非常困难。数年前台湾大学叶国良教授在台北古玩店中发现《兔园策府》作者杜嗣先的墓志，就是很突出的例子。

石刻著作和题跋的工具书，在容媛和杨殿珣以后，仅有各种馆藏和地方的编录。北京大学已着手编撰唐代墓志目录，按年代为序记载各志在各书中拓本影印和校录考释的情况。笔者在十多年前作唐文补录时，作有《唐文待访目》一稿，记录历史上曾有记载而后无文字留存的篇目，总数达数千篇，主要是宋至清末出土的未传石刻。当然仅此还很不够。今后若有条件，应对宋以来石刻研究的各类专著作详密的索引，可包括出土时地、形制、撰书者、原文全文检索及各款石刻的研究史。

由于石刻拓本和录文的大量汇录出版，石刻文献的利用对一般学者来说已不是非常困难的事情，相信在今后的一段时期里，系统宏通地把握石刻文献，将可以作出许多杰出的研究。从文学来说，唐人对碑版文的写作是倾注了极大心血的，但今人似还很少从文章学的角度对此作系统深入的阐释。碑志的出土数量大，分布于各时期，出土又带有很大的偶然性，没有经过人为的选择，其中最能看出唐代各时期文风的实际情况。碑志是丧葬文化的产物，其中包含了大量社会民俗、道德信仰、宗法礼仪、婚姻继承、族聚迁徙等方面的丰富信息，值得作多层面的探讨。碑志所记载的唐代人事关系和科举、历官、从业、年寿方面的内容，也因其文体的特殊性而包含了大量正史中所难以备载的珍贵记录，为从事多方面的研究提供了丰饶的宝藏。比方唐代各大家族的谱系，已可利用石刻和《元和姓纂》等书，作新的全面的勾稽;唐五代职官的研究,也可从石刻中发现大量正史职官志缺载或误记的内容。

2002年4月11日于沪寓

(2002年4月美国普林斯顿大学东亚系唐史研究新概念学术会议论文。收入《敬畏传统》,复旦大学出版社,2011年)

石刻所见玄宗朝的政治与文学

唐玄宗在位的开元、天宝年间,是唐王朝最鼎盛的时期,也是唐文学最繁荣的时期。他与杨贵妃的恋情,更为后世所广传,演为凄绝千古的情艳故事。唐玄宗时期的政治与文学,前人已作过汗牛充栋的研究,已很难有新的突破。本文只是注意到,前人的研究所依据的史籍和笔记,记录虽全面系统,但不免多由稍后的史官撰写,表达后人的立场和见解,笔记传闻尤有失实处。数量巨大的石刻,虽是为了具体的某事某人而作,但多能记录当时的实况。近几十年新发现的石刻为数众多,其中传达的资讯极其丰富。本文即列举若干大端之问题,揭示石刻对有关史事的记录,并稍作分析,希望对有关学者的研究有所裨益。

一、神龙、先天间的政局

从神龙元年(705)初武后退位,到先天二年(713)太平公主覆亡,是唐代政局最波谲云诡的几年。这一时期的重要人物如崔玄暐①、武懿宗②、李多祚③等墓志都已出土,颇有可补史缺处。就玄宗发动唐隆政变的背景来说,值得重视的是韦皇后弟韦洞④、韦泚⑤两方墓志。两人都在韦后早年落难时死去,当时都还年少,本身无事迹可称道,但在神龙复辟后,韦洞赠淮阳郡王,韦泚赠上蔡郡王。同时,其兄韦洵赠汝南郡王,其父韦玄贞先赠上洛

---
① 周绍良等编《唐代墓志汇编》,上海古籍出版社,1992年,开元026。
② 吴钢主编《全唐文补遗》第二辑,三秦出版社,1995年,第14页。
③ 《考古》1999年第12期刊拓本。
④ 《文物》1959年第7期刊拓本,又周绍良等编《唐代墓志汇编》景龙011。
⑤ 吴钢主编《全唐文补遗》第三辑,三秦出版社,1996年,第39页。

郡王,谥献惠,仅隔一月,又赠沣国王,谥献。这可看出韦家的僭越,但在当时异姓封王较宽滥,也属多见不惊的事。两方墓志的形制规模,都比曾任皇太子而获昭雪重葬的章怀太子李贤墓志要大得多,显见韦家势力已压倒李家。墓志中称韦后为顺天翊圣皇后,与中宗并称二圣,称韦氏兄弟所葬处为"先陵",已在昭示新的女皇时代即将到来。其他石刻中可以举出的迹象有,与韦家沾亲带故者多因懿戚承恩①,一时假修佛道、滥度僧尼达两万多人②,并征良家女设"皇后斋郎"③,获鹿本愿寺造幢题名,也有对"应天神龙皇帝、顺天翊圣皇后"的祝愿④,等等。

时任潞州司马的唐玄宗李隆基发起的诛灭韦氏集团的行动,《旧唐书·玄宗纪》称是与太平公主谋,"公主喜,以子崇简从。上乃与崇简、朝邑尉刘幽求、长上折冲麻嗣宗、押万骑果毅葛福顺、李仙凫、宝昌寺僧普润等定策"。《资治通鉴》卷二百九提到的参加者还有苑总监钟绍京、尚衣奉御王崇晔等,麻嗣宗官则为利仁府折冲。举兵的过程,史书记载较详细。有二十多方墓志涉及这次举事,多数石刻都称发生于"唐元年六月二十日",还称参与者为"唐元功臣"。所谓"唐元年"或"唐元",都是唐隆元年的略称,避玄宗讳而改。唐隆是韦后毒死中宗后扶立的小皇帝李重茂即位所改年号,玄宗时避讳省"隆"字。这次事变,应该称为唐隆政变。政变主要策划者之一、太平公主之子薛崇简的墓志,近年已经出土,收藏于西安碑林,题作《大唐故袁州别驾薛府君墓志铭》⑤,述政变过程云:

> 属乱逆潜(僭)阶,奸回密构,国步盈食蹯之虐,皇舆罹辅袴之灾。虺蜴充于阙庭,枭镜(獍)生于宫掖。皇上振不世之略,靳滔天之凶,忠实义形,谋惟契叶,佐沧海于荧爝之坠,助泰山于卵毂之场。大憝克清,元勋允举。以功封立节郡王、食邑三千户、上柱国。

---

① 周绍良等编《唐代墓志汇编》景龙 019《裴觉墓志》。
② 周绍良等编《唐代墓志汇编》开元 127《贺兰务温墓志》。
③ 周绍良、赵超主编《唐代墓志汇编续集》,上海古籍出版社,2001 年,天宝 108《郑氏墓志》。
④ (清)陆增祥《八琼室金石补正》卷四六,文物出版社,1981 年影印希古楼刊本。
⑤ 高峡主编《西安碑林全集》卷七八,广东经济出版社、海天出版社,1999 年。

所述形势的危峻,其与玄宗的精诚合作,应是可信的。在太平覆亡后,他也被贬逐。崇简叔薛儆,也是睿宗之婿,时任太常丞,也"长策潜辅"①,参加了事件的谋划。

玄宗对唐隆政变的参与人员,赐功臣号,死后多由集贤院学士撰写墓志,都属恩例。参与者,史书只提到有苑内工匠、万骑和羽林。见于石刻的近二十位政变参与人员,其基本情况列表于下②:

姓名	年龄	父职	本人职位	政变中作用	政变后授官	出处
李仪凤	不详	不仕	无	广奋骏勇,辅卫珍凶	历职辕门	《墓志》开元231
王崇礼	38	不仕	无	当侍从北宫,申威奋武,挥戈电转,跃马云屯	松州牛头镇副	《墓志》开元340
李仁德	38	不仕	无	奔走电击,手刃枭獍(獍)	右屯卫翊府中郎将	《八琼室金石补正》卷五四
白知礼	37	不仕	不详	穷穴诛鉏。荷戈卫主,骖乘翼圣	原州彭阳府左果毅都尉	《墓志》开元415、529(二志有异,取后志)
高德	35	仗内侍卫	无	从安区寓,立乎大功	平州白杨镇将	《墓志》天宝008
薛义	33	不仕	少习戎旅	不详	绛郡长柞府左果毅	《墓志》天宝145
刘玄豹	42	宋州医博士	无	公时首唱,实在其中	资州夷牢镇副	《墓志》天宝249
张安生	27	不仕	无	提一剑而直入,扫九重以殄谧	果毅	《墓志》天宝264

---

① 王光庭《薛儆墓志铭》,《文物季刊》1997年第3期刊拓本。吴钢主编《全唐文补遗》第七辑,三秦出版社,2000年,第37页。

② 所注出处,墓志指《唐代墓志汇编》,《续集》指《唐代墓志汇编续集》。

石刻所见玄宗朝的政治与文学

续　表

姓　名	年龄	父职	本人职位	政变中作用	政变后授官	出　　处
张登山	45	穆州司马	无	献策金门	宁州静难府左果毅	《墓志》天宝270
茹义恩	32	不仕	无	附时而举,潜识归真	岐州三交府左果毅	《续集》开元090
雍智云	37	不仕	无	功参拨乱	静州烈山镇将	《续集》开元176
史思礼	43	不仕	无	戮褒姒于周京,斩吕禄于汉阙	平阳郡仁寿府左果毅都尉	《续集》天宝019
朱君同	不详	不仕	不详	不详	绛郡新田府都尉	《续集》天宝038
万　行	22	不仕	无	骖乘代邸而诛诸吕	河东寿贵府果毅	《续集》天宝046
李忠义	43	不仕	无	羽翼圣谋	阳城郡延俊府别将	《续集》天宝051
屈元寿	34	不仕	无	辅成大业,篡立元勋	洋川郡上川戍主	《续集》天宝062
王守节	36	不仕	无	戡难奉主	上党郡从善府别将	《续集》天宝087
何　德	27	不仕	无	身扞帝座之尊,首扫后宫之孽,率兹左袒,引以静驱	延安郡敦化府果毅	《续集》天宝094
李　怀	33	不仕	无	告难皇邸,翦除无遗,国祚中兴,实赖先觉	右卫扶风郡积善府左果毅	《全唐文补遗》第一辑第156页

从此表可以看出,参加唐隆政变的人员,很少世家子弟,父祖任官者也很少,本人也多无官守。从姓氏来看,有多位是鲜卑后人和西域胡人。从年龄看,仅有三人是二十多岁,大多是三十、四十多岁的中年人,并不是有些史书所说的市井少年。其中只有王崇礼可能是锺绍京所率的丁匠。政变后对有关人员的奖官,大多是远离京城的军府的中下级军职,其原因当在多数参与者应属市井民间的人物,原无职级,稍作奖励就行。从这些参加者的地位来分析,玄宗当时在民间虽得到较多的支援,但对守卫宫城的羽林军并没有多少实质的掌握,他的举兵,从力量对比来看,确实是非常冒险的。对于助他起家的这批唐元功臣,玄宗是非常感念的,他在位期间颁布的诏书中,多次提及对诸人的特别恩奖。这次政变中守卫宫廷而被杀者,也有一方墓志出土,是任"左金吾卫郎将押北门"的裴昭①。

玄宗即位后,大权为其姑太平公主所控制,直到先天二年(713)铲除太平公主及其党羽,始得亲政。此事最初由刘幽求提出。《旧唐书·刘幽求传》载,"幽求乃与右羽林将军张暐请以羽林兵诛之","暐又泄其谋于侍御史邓光宾",事情败露而导致刘幽求、张暐被贬逐。当事人邓光宾墓志已出土②,所述过程与史书不同:"先天初,归妹窃权……公义形于色,奋不顾身,与左丞相刘幽求等同心戮力,以辅一人,廷奏奸谋,反为太平公主所伺,言且不密,君几失臣,遂谪居幽州。"认为邓是预谋者之一,但廷奏言事,反泄漏了机密,差点导致玄宗的倾危。从事件后邓虽得改职,但始终没有入朝,也没有超过事前的职位,玄宗似乎并不视其为功臣,对其泄漏机密而导致危局,并没有完全地原谅。另事变当时任都苑总监的范安及墓志③,称"公推忠奉国,徇义忘身,始预经纶之期,遂偶元亨之会"。知道他参加了这一事件的谋划。《封祯墓志》云:"今上翦除凶悖之夕,擢授御史中丞,与大夫东平毕构连制,夜拜明朝,急于用贤。"④是玄宗在事变的同时立即拔擢了一批主要官员,迅速稳定了局势。

---

① 周绍良等编《唐代墓志汇编》景云018。
② 周绍良等编《唐代墓志汇编》开元195。
③ 周绍良、赵超主编《唐代墓志汇编续集》开元178。
④ 吴钢主编《全唐文补遗》第四辑,三秦出版社,1997年,第16页。

二、吏治和教化

玄宗在位以后励精图治,其重要举措就是选用贤相,广开言路,重视吏治,重视教化。在数量巨大的开天墓志中,大多提到朝廷和地方官员的政绩,提到玄宗多次自择地方官,当面戒谕,并随时派员到各地采访监察,将整肃吏治作为治国的首要大事。这里仅举一例。开元二十四年(736),他自择县令一百六十三人,作《令长新戒》赐之,要求各县皆刻于县署。此戒宋代尚多有存者,欧阳修、赵明诚、王象之等即收有河内、虞城、氾水、穰(南阳)、舞阳、房子、赤水等九县刻石①。《金石续编》卷七录陕西大荔石刻云:

> 我求令长,保乂下人。人之所为,必有所因。侵渔浸广,赋役不均。使夫离散,莫保其身。征诸善(善字据《玉海》卷三一补)理,寄尔良臣。与之革故,政在惟新。调风变俗,背伪归真。教先为富,惠恤于贫。无大无小,以躬以亲。青旌(《玉海》作责躬)劝农,其惟在勤。墨绶行令,孰不攸遵。曷云被之,我泽如春。

《金石录》又有开元二十六年六月《诫牧宰敕》,山东临沂近年发现张九龄起草的《敕处分县令》石碑②,也是同时奉诏所刻。这些刻石,记录了玄宗整肃吏治的举措,可说是达成开天盛世的重要原因。后世流传很广的孟蜀后主《颁令箴》"尔俸尔禄,民脂民膏"③的名篇,是受玄宗此作启发而写。

放宫人是历代帝王的重要德政,玄宗时有多次记录,《本事诗》还有一段宫人在军衣中写诗传情,玄宗发现后放宫女以嫁边军的故事。张令晖《室人太原王氏墓志铭》④所写其妻,就是一位出嫁军人的宫女:"年符二八,名入

---

① 《集古录跋尾》卷六、《金石录》卷九、《舆地碑目》卷四。
② 《考古》1986 年第 1 期所刊《山东临沂市发现唐代石碑》。
③ (宋)王明清《挥麈余话》卷一引《野人闲话》。
④ 周绍良、赵超主编《唐代墓志汇编续集》开元168。

宫闱。彩袖香裾,频升桂殿;清歌妙舞,常踏花筵。及夫思命许归,礼嫔吾室。"张令晖的官职是"宁远将军守右司御率",属中级军官,可知《本事诗》所云是确有之事。

玄宗重视教化,其教化要旨可说是三教并重,尤喜道教。玄宗时文禁松弛,文人活跃,与这种多元选择直接有关。

历代帝王都重视以儒学为立国之本,玄宗也不例外。他于开元十年(722)亲自为《孝经》作注,"颁于天下及国子学"①。他在往泰山封禅时,专门去曲阜孔宅亲设祭奠。开元二十七年(739)封孔子为文宣王。现在曲阜所存《修孔子庙碑》②,西安碑林所存《石台孝经》③,就是一系列尊儒行动的遗存物。在敦煌遗书中,还有用《孝经注》改写的通俗歌词,知当时民间流传很广。

禅宗在玄宗时完成北宗禅向南宗禅的过渡,北宗名僧神秀④、义福⑤都有碑传世,被称为南宗七祖的神会塔铭⑥也已发现,受到禅宗史研究者的充分重视。玄宗在开元二十三年(735)作《金刚经》注,也"诏颁天下,普令宣讲"⑦。后世的《金刚经集注》中有玄宗注,佛典和敦煌遗书中且有唐僧人据玄宗注所作的疏和宣演,但该书始终没有单行本的原书留存。七十年代对房山云居寺雷音洞埋藏石经进行清理后,发现天宝元年(742)刻石的《御注金刚般若波罗密经》,首有序,为他书所不载,末附诏有"颁示天下"语⑧。这一孤本的发现,玄宗所注三经终于都有了完本。

在三教中,玄宗最热心倡导的当然是道教。他在位四十多年,有一系列大规模的崇道活动。他前期最信道士叶法善,为其父祖都赠官褒封,有李邕

---

① 《唐会要》卷三六。
② (清)王昶《金石萃编》卷七二,影印嘉庆十年经训堂刊本。
③ (清)王昶《金石萃编》卷八七。又日本二玄社1973年影印本。
④ (清)陆增祥《八琼室金石补正》卷五〇,文物出版社,1981年影印希古楼刊本。
⑤ (清)陆增祥《八琼室金石补正》卷五五。
⑥ 周绍良、赵超主编《唐代墓志汇编续集》永泰002。
⑦ 《宋高僧传》卷二四。
⑧ 吴梦麟《房山石经本唐玄宗注〈金刚经〉整理记》,刊《世界宗教研究》1982年第2期。

所撰《叶有道碑》①和《叶慧明碑》②可证。叶法善死后,他又亲制《叶真人碑》③,当时也曾刻石,只是石本未见流传。后期与茅山道士李玄靖有很密切的交往,数次相邀入京论道,先后致李的诗书即达十五道之多,颜真卿《有唐茅山玄靖先生广陵李君碑铭》④于此记载颇详。贞元十四年(798)由道士包无际刻于茅山,原石已亡⑤,幸赖元人刘大彬《茅山志》卷三全录了这些赠诗和书札。在注儒、佛二经的同时,他也为老子《道德经》作注,要求"天下诸观并令开讲"⑥,又要求"各州于一大观勒石"⑦。现存开元二十六年(738)田仁琬刻河北易县龙兴观《道德经》幢,题"太上玄元皇帝《道德经》,大唐开元神武皇帝注"⑧。另邢台龙兴观经幢立于次年。河南鹿邑县太清宫,清代尚存《开元神武皇帝道德经注碑》⑨,今不知存否。据今枝二郎《敦煌本玄宗皇帝注老子资料的意义》⑩所考,《道德经注》二卷,《疏》八卷,是由左常侍崔沔和道士王虚真、赵仙甫参议编修,开元二十三年(735)弘布天下。他崇道的另一重要事件,是于天宝元年(742)给老子加尊号,又封庄子为南华真人,列子为冲虚真人,文子为通玄真人,庚桑子为洞灵真人。今陕西周至楼观台,尚存《褒封四子诏》石刻。

  玄宗时道教石刻众多,在此不能一一介绍。在此只提一下在陕西睿宗桥陵所存《大唐故金仙长公主神道碑》⑪和近年新发现的《大唐故金仙长公主志石铭》⑫。金仙公主是玄宗的第八妹,《志石铭》且由与其同时就道而名气更大的妹妹玉贞公主所书。志载其"年十八入道,廿三受法",碑云"丙午

---

① (清)王昶《金石萃编》卷七一。
② (清)陆耀遹《金石续编》卷六,影印同治双白燕堂刊本。
③ 《道藏》本《叶真人传》。
④ (清)王昶《金石萃编》卷一〇〇。原石已残毁,有宋拓留存。
⑤ (清)杨世沅《句容金石记》卷三。
⑥ 陈垣《道家金石略》据艺风堂藏拓录易州《道德经》碑附敕。
⑦ 《册府元龟》卷五一。
⑧ (清)王昶《金石萃编》卷八三。
⑨ 《光绪鹿邑县志》卷十下。
⑩ 收入《敦煌和中国道教》,大东出版社,1983年。
⑪ (清)王昶《金石萃编》卷八四。
⑫ 周绍良、赵超主编《唐代墓志汇编续集》开元145;《全唐文补遗》第一辑,三秦出版社,1994年,第135页。

(706)之岁度为女道士",入道在玄宗即位前,知并非受玄宗即位后崇道的影响。玄宗即位后"于京都双建道馆",即供金仙、玉贞二公主修道之用。石刻叙其修道过程甚详。玉贞公主,《新唐书》和李白诗都作玉真公主,而其自书则作玉贞,应予重视。西安另出有《唐故九华观书□师藏形记》①,志主是睿宗的外孙女,蔡国公主之女,"以总发之年,爰归我族大鸿胪卿讳偁,即玉真长公主之次子也"。玉真公主年轻时就为女道士,史书上并无其出嫁招驸马的记录。联系李白诗《玉真公主别馆苦雨赠卫尉张卿》②来看,张偁的父亲可能就是这位卫尉张卿。唐代女道士的生活,据此也可推见一斑。

石刻资料显示,在玄宗以前,太宗的妹夫封言道、王之涣的祖父王德表都曾注过《孝经》《金刚经》《道德经》三书,玄宗的做法不是首创,但影响则极其深远。对三教中最普及而有代表性的著作,作晓畅明白而权威的解释,让一般民众知所依皈,是玄宗实施教化的重要手段。

开元十三年(725)玄宗封禅泰山是治世告成的大事,他亲书的焜煜辉煌的《纪泰山铭》至今还只字无损地保留在泰山之巅。被玄宗称为"为苍生祈福,更无秘请"③的封禅玉牒,1928 年被国民革命军马步芳部在泰安车站附近偶然发现,其文云:

> 维开元十三年岁次乙丑十一月辛巳朔十一日辛卯,嗣天子臣隆基,敢昭告于皇帝祇:臣嗣守鸿名,膺兹丕运,率循地义,以为人极,夙夜祇若,祈未敢康。赖坤元降灵,锡之景佑,资植庶类,屡惟丰年,或展时巡,报功厚载。敢以玉帛牺斋,粢盛庶品,备兹瘞礼,式表至诚,睿宗大圣真皇帝配神作主。尚飨!④

此玉牒可视为开元之治最珍贵的实物,原物今存台北故宫。上述牒文也赖著名学者邓之诚的抄录始得为世所知。

---

① 周绍良、赵超主编《唐代墓志汇编续集》永贞 001。
② 《李太白文集》卷七。
③ 《唐会要》卷八。
④ 邓之诚《骨董续记》卷一,《骨董琐记全编》,中国书店出版社,1991 年,第 284 页。

三、宦官干政

宦官干政是唐代政治史上的重大问题。从昭陵所存《张阿难碑》①、陕西所出《李憨碑》②来看，唐初的宦官已参与军事，被太宗视为"爪牙心膂"，只是对朝政还很少直接发表意见。玄宗可能是从唐隆政变成功中体会到加强内府实力的重要，即位不久，就"大求少年以备内职"③。在开元前期，宦官已形成可观的势力。洛阳龙门的《大唐内侍省功德之碑》④，由玄宗御书，高力士领衔，有一百零六位宦官具名，其事由虽仅为在龙门造无量寿佛像，但那么多宦官联合行动，且由皇帝亲书，确实是一次非同小可的事情。宦官的活动空间，也有很大拓宽。如内谒者监王义仁，既曾"往聘西境"，又曾任"东北军和国使"⑤，作为皇帝的使节出使。虢国公杨思勖是玄宗时宦官中地位仅次于高力士的大阉，《旧唐书·宦官传》首列其传。西安出土的他的墓志称其"七总戎律，一勘内难，鹰扬五岭，武镇六州，斩节二十万，京观八十一，可谓禁暴戢兵，保大定功者也"。并详细记录他在眉州、山州、五溪、邕府等地的平叛功绩⑥。这显示玄宗已较多地用宦官来控制军队，平定地方叛乱，宦官在政治生活中的作用已日益显要。

玄宗时最重要的宦官当然是高力士。玄宗发动政变，他就"攀龙附凤，公实亲焉"，玄宗在位到退位的近半个世纪，他始终在玄宗身边，是事实上的内相。玄宗宫内的很多秘事，也多是他晚年传出，至少在今人编的《开元天宝遗事十种》中，《高力士外传》和《次柳氏旧闻》两书，都源于他的叙述。泰陵所立代宗时潘炎撰《高力士》碑，清代仅存上半截，《金石萃编》卷一百所

---

① （清）王昶《金石萃编》卷五八。
② 《文物》1963年第6期刊李子春《唐李憨碑考证》，吴钢主编《全唐文补遗》第一辑，第17页。
③ 《常无逸碑》，吴钢主编《全唐文补遗》第三辑，三秦出版社，1996年，第13页。
④ （清）王昶《金石萃编》卷八四、（清）陆增祥《八琼室金石补正》卷三二。
⑤ 周绍良、赵超主编《唐代墓志汇编续集》开元121。
⑥ 邢璹《大唐故骠骑大将军杨公志铭》，刊《唐长安城郊隋唐墓》，文物出版社，1965年；又周绍良等编《唐代墓志汇编》开元515。

录，缺误尤多。二十多年前此碑的下半截被发现，经拼合大致能恢复全碑①；近年其墓已经发掘，有完整的墓志出土②。此外，他的生父冯君衡③、养父高延福④、其兄高元珪⑤的墓志也已出土，这批资料为研究高力士，研究玄宗时的宦官政治，提供了许多极其珍贵的线索。

碑志所述高力士生平，从大端来说，与史书基本一致，所涉细节问题，则出入颇多。他原为岭南冯氏的后人，但其祖父是冯盎三子中的哪一位，则碑志本身就有很大的出入。张说开元十七年（729）应其请为其父冯君衡作墓志，说君衡是恩州刺史智垈子，稍后作神道碑，又说是高州刺史智㦿子。谭其骧教授认为因他早年入宫，对家世缺乏了解，后来仅靠失散二十多年的生母和二兄回忆，难免有出入⑥。是合适的解释。但他认为当以智㦿为是，则未必允当，新见的高力士碑志，都作智垈，似较可靠。碑志说其本名元一，史书不载。力士改姓高的缘由，碑志均叙为武后所赐，与另一说武后以其为高延福嗣子相通。但高元珪墓志又说元珪武后时避祸改姓高氏，则似改姓在兄弟离散以前。其名力士的由来，《旧唐书》本传说"与同类金刚"同时入宫，为入宫前名。高力士墓志则云其善射，"百发皆中，因是有力士之称"，神道碑特别说到他随侍三山宫时曾一箭射落双雕。墓志说力士卒年七十三，有"嗣子正议大夫、前将作少监、上柱国、渤海郡开国公承悦"，又有"养子内给事承信等"，都不见于史书。碑志叙述他在平定王鉷之乱时击鼓以控制乱势，在蜀中平南营之叛，也是珍贵的记录。碑志因以颂德为主，对其干政之事，多有讳言，但也有较客观的表述："公左右明主，垂五十年，布四海之宏纲，承九重之密旨，造膝之议，削稿之书，不可得而知也。"

应该说，高力士因他与玄宗之间特殊的私人关系，参与了大量国事的抉择，他与玄宗之间的私下议论，别人无从了解，史书记录下来的，多有善举，

---

① 吴钢主编《全唐文补遗》第一辑，第35页。
② 吴钢主编《全唐文补遗》第七辑，第59页。
③ 周绍良、赵超主编《唐代墓志汇编续集》开元092、《碑林集刊》第三辑（陕西人民美术出版社,1995年）。
④ 周绍良等编《唐代墓志汇编》开元187。
⑤ 吴钢主编《全唐文补遗》第三辑，第12页。
⑥ 谭其骧《自汉至唐海南岛的政治历史地理》，载《历史研究》1988年第5期。

在一定程度上可以说,开天致治,他也有特殊的贡献。从他开始,宦官日益左右中央政治,造成非常严重的后果。

四、四 边 战 事

玄宗时四边战事频仍,但从大端来说,则开元时和多于战,天宝时战多于和。开元间玄宗较用心于与边蕃结好。清末在今蒙古境内发现的由玄宗"御制御书"的《阙特勤碑》,称颂回纥"爱待朕躬,结为父子,使寇虐不作,弓矢载櫜,尔无我虞,我无尔诈"①,就是这方面努力的体现。开天间的重要边将,已出土王忠嗣②、高耀③、郭英奇④、郭虚己⑤、裴佃先⑥等人的碑志,其他中下层军将的材料更多,可资研究的问题也极多,在此仅举与高适有关的几种石刻为例。

高适《燕歌行》,一般认为是因感张守珪事而作,现张守珪及其子张献诚、孙张任墓志都已出土,可资研究的线索很多。张守珪墓志由中书舍人达奚珣撰写,其中述其与叛奚和契丹作战过程云:

> 公始至幽府,属降奚叛亡,遂乃精选骁雄,分命追捕,左萦右拂,斩首擒生,林胡奋气,由是遁迹。加镇军大将军、右羽林大将军。而渠帅可突于素蕴狼心,怛于狡计,凭险恃众,比角举尾。公于是乎练刚日,戒元戎,节钺生风,戈矛竟野,观兵营府,颂言征之。仍令辩士,示以祸福。网罗已合,飞走无从,丧其精魄,失其举措。帐下之士,斩之以降,并奚王屈烈、蕃酋怒厥娘等同日枭首。扬清庙之神谋,扫赤山之祲气,树澹

---

① 李文田《和林金石录》,上虞罗氏校刻本。
② (清)王昶《金石萃编》卷一百。
③ 周绍良、赵超主编《唐代墓志汇编续集》建中008。
④ 吴钢主编《全唐文补遗》第六辑,三秦出版社,1999年,第83页;高峡主编《西安碑林全集》卷一九六,广东经济出版社、海天出版社,1999年。
⑤ 《文物》2000年第10期刊拓本。
⑥ 《唐研究》第六辑刊录文。

林之旗鼓,颂狄羚于公卿,自李牧以来,未之有也。①

这一大段的叙述,从事实到文句与《燕歌行》都有不少近似处,尽管墓志以颂德为主,诗以讽谕为主,放在一起比读,有资于对诗歌作出允恰的评判。

高适后去陇右哥舒翰的幕府,哥舒翰因对吐蕃石堡大捷而名振一时。《陇右金石录》有甘肃临潭石刻《石堡战楼颂》,作于天宝八载(749)七月,即石堡大捷的次月,其中述祝捷情景云:"览是之劳,乐斯兼情,羽觞肆陈,金管合奏,词客侍坐,剑人高歌,苍茫翠微(下缺)。"高适即可能是其中的一员。顺便说到,中国学者最近从新出版的俄藏敦煌遗书中整理出《赤须将军歌》残诗一首,其首数句云:"赤须将军着铁衣,向□□□□□。□□□剑殷血污,拂却人头不知数。天子遥闻□□□,□□□□□□宫。入门拜首骐骥殿,圣主临轩问征战。"据考,这位赤须将军就是高适的府主哥舒翰②。

五、杨贵妃事证

现仍立于陕西凤翔境内的杨国忠为其父而立的《杨珣碑》③,是一块对研究天宝后期政治以及杨氏家世都极重要的石刻。此碑立于天宝十二载(753)八月,即杨任相仅九个月之际,题作《□□武部尚书郑国公碑铭》,署"御制御书,皇太子臣亨奉敕题额"。玄宗父子一起为杨国忠称扬父德,很不平常。此前权相李林甫柄政近二十年,屡兴大狱,数次危及太子李亨的地位,李白、杜甫均极敬重的文学家李邕被杖杀的事件,一般认为即是李打击太子集团的结果。李林甫的另一手段,则是扩大边将的势力以自重,安禄山因此而独领三镇。杨国忠在李去世后的第五天领右相,显然缘于特殊的人际关系。他所做的第一件事,就是清算李林甫,替玄宗父子,特别是太子李

---

① 此据《唐研究》第五卷刊《唐张守珪墓志浅释》的录文。《全唐文补遗》第六辑第62页所录文缺误较多。
② 府宪展《〈赤须将军歌〉初探》,首都师范大学《纪念敦煌藏经洞发现一百周年国际学术研讨会议论文初编》列印稿,另参徐俊见示据《俄藏敦煌文献》第十七册第360页重录诗。
③ 清王昶《金石萃编》卷八九。

亨出了恶气。碑云："我有社稷,尔能卫之。我有廊庙,尔能宰之。叶和九功,九功惟序；平章百姓,百姓昭明。"这些语句透出玄宗对杨的充分信任,杨任相之初与太子李亨的关系也算是融洽的。

《杨珣碑》对其先人的叙述,也提供了理清杨氏世系的重要线索。碑云："曾祖汪,随国子祭酒、吏部尚书。""大父令本,库部郎中、□沂□三郡守。""考志谦,青城令。"杨汪,《隋书》卷五六有传,虽称为弘农华阴人,但从其曾祖杨顺时已"徙居河东"。汪父琛,官仪同三司。杨汪的子嗣,《隋书》未及。唐初墓志中,有三方杨家的墓志。一是《唐故玄武丞杨君墓志铭》,志主为汪子仁方,字怀则,贞观十九年任梓州玄武丞,二十三年卒,年五十八。此志述杨琛官为"周使持节和、叠、始三州刺史,互乡公"。第二方缺题,志主为杨基,字政本,官至幽州范阳令,贞观二十二年卒,年五十,应为仁方之弟。此志述杨琛官与前志同,另述"曾祖忻,魏鸿胪卿,汾、隰二州刺史,林虑郡公"。第三方为《大唐故幽州范阳县令杨府君夫人韦氏墓志铭》,其夫即杨基,但称为"杨汪第五子幽州范阳县令政本",知其以字行。对照《杨珣碑》,可知仁方、政本、令本为兄弟,只是不知道令本在兄弟中的排序。《旧唐书》卷五一《玄宗杨贵妃传》载其"高祖令本,金州刺史；父玄琰,蜀州司户。妃早孤,养于叔父河南府士曹玄璬"。其得宠后,"父玄琰,累赠太尉、齐国公,母封凉国夫人；叔玄珪光禄卿；再从兄铦,鸿胪卿；锜,侍御史,尚武惠妃女太华公主"。如果《旧唐书》所载可靠,即不难发现,杨国忠以令本为曾祖,而贵妃则以令本为高祖,相隔一辈,即贵妃并不是国忠的从祖妹,国忠则是贵妃的从叔了。当以《新唐书》卷七六《杨贵妃传》所云"隋梁郡通守汪四世孙"为是,令本应是其曾祖。贵妃之祖,《新唐书·宰相世系表》作志谦,而以国忠为友谅孙,则与《杨珣碑》所云国忠祖为同一人,这显然与各种史书的记载有出入。岑仲勉《唐史余沈》卷二认为《新表》中志谦一辈错位,贵妃祖或应为友谅。今暂从其说。至于杨顺以上,《新表》以为出北魏杨播之后,现陕西咸阳已出土杨播家族墓志十多方,尚无从确证,暂不取。

此外,有大和七年《杨迥墓志》①,记其曾祖为玄珪,祖为杨锜,父为光禄

---

① 周绍良等编《唐代墓志汇编》大和076。

卿杨晅,迪官太府寺主簿,其弟杨逍则任司农寺丞。这是中唐后杨氏后人仅见的记录。

综合此节所述,可排列杨氏世系如下:

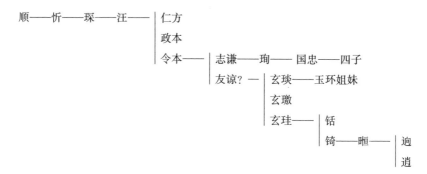

杨贵妃的原夫寿王李瑁,多年前也有一方相关墓志出土,是其于丁酉岁,也就是马嵬之变的第二年,为去世的第六女清源县主所亲书的墓志①。我们藉此可以见到这位与杨玉环曾有结发之好的窝囊的男人的书迹。

本文写作中,曾力图希望在石刻中找到马嵬之变参与者的资料,但很遗憾,只找到两名可能在马嵬的肃宗元随功臣的资料,无助于对杨贵妃之死的考察。即使在高力士的碑志中,对此也回避不谈。这从另一方面证明,这次导致杨贵妃死亡,并促使玄宗、肃宗父子分手的重大事件,后来并没有像唐元功臣那样予以封赏,参与者也不将此作为光荣的历史来加以叙述,这和后来人的乐于艳谈形成鲜明反差。

近几十年间,陕西、河南的文物考古队对西安、洛阳的唐代遗址进行了大范围的发掘和研究,成绩卓著,许多都与玄宗一朝的政治、文学有密切关系。比如西安东北郊的大明宫,是玄宗君臣议政的主要场所。1957年开始,中国科学院考古所对其进行了多次发掘,大致弄清了大明宫宫城的范围和位置,发现著名的丹凤门、玄武门门址保存尚好,据以绘出了平面和剖面图。麟德殿的台基和殿础都相当完整,可据以看出该殿的大致轮廓②。八十年代又有作古建筑的学者对该殿原貌做了推定和图绘,可据以想见这座

---

① 《隋唐五代墓志汇编·陕西卷》,天津古籍出版社,1991年影印本,第一册,第147页。
② 中国科学院考古研究所《唐长安大明宫》,科学出版社,1959年。

唐宫最重要建筑的雄姿。最近十年间最重要的发掘,则是临潼华清宫遗址的发掘。玄宗在位的四十多年,几乎每年冬初都在此居住,少则几十天,长则一直住到次年春天。他与杨贵妃的许多故事,都是在这里发生的。华清宫遗址的发掘由陕西省文物管理委员会组织唐华清宫考古队,从1982年到1995年,进行了长达十四年的发掘,弄清了唐华清宫的结构布局,清理了御汤、老君殿、朝元阁、梨园等宫内重要建筑遗址,其中骊山北麓的一处遗址,很可能就是长生殿的遗址。梨园东半部发掘相当充分,发现其结构极其特殊,外边回廊周环,内部则分成形制不同的室,发掘报告推测应该是梨园弟子的寝所。待发掘的西庭院据推测应为表演场所,面积约超过400平方米。已发掘的汤池有星辰汤、尚食汤、太子汤、莲花汤、海棠汤、宜春汤等八处,其中莲花汤和海棠汤可以确认是唐玄宗和杨贵妃使用的。莲花汤又名九龙殿御汤,发掘出的汤池殿遗址面积约276平方米,汤池则为横长椭圆形的青石砌两层台式,东西长约10.6米,南北宽约6米。海棠汤又名芙蓉汤、贵妃汤,殿址规模约为莲花汤的一半,是用青石砌成的海棠花状的两层台式池,东西长3.6米,南北宽2.9米,也比莲花汤小得多,但小巧玲珑,非常独特(见文末附平面图)。发掘时,在北墙基发现一楷书的"杨"字,发掘报告认为是石工知为杨贵妃所用的戏作。这两个汤池都有很好的供水和排水设施,也许是因为这一缘故,两池经历宋元明清都还在使用,莲花汤从明代起,更作为民众沐浴的混池,一直用到1960年①。这两个汤池的发掘,为研读有关作品提供了实物参照,现已整饬开放,供游人观览。

六、安史之乱和伪燕文献

安史之乱绵历八年,涉及大半个中国,成为唐由盛转衰的转捩点。平叛过程,史籍记录颇详,重要将领也多有碑志留存。在此则拟从另一个角度提出问题。现有的所有涉及安史之乱的史料,都是站在唐王朝的立场上写的,

---

① 本段据陕西省文物事业管理局、骆希哲编著《唐华清宫》(文物出版社,1998年),张铁宁《唐华清宫汤池遗址建筑复原》(《文物》1995年第11期),葛承雍《唐华清宫沐浴汤池建筑考述》(《唐研究》第二辑,北京大学出版社,1996年)。

从现代学术研究的要求来说，这样重大事件的另一方，居然全无自身文献，不能不说是很大的缺憾。在出土石刻中，现能见到二十七方用安史叛方建立的伪燕朝纪年的墓志，均收入《唐代墓志汇编》和《唐代墓志汇编续集》，稍可补文献的不足。这批石刻大多是唐的士民迫于伪燕朝的形势而采用其年号，所述内容大多与燕政权无关，从中只能看到燕的势力所控制的范围和地域。署名大里（理）评事石镇撰的《大燕游击将军守左威卫朔府左郎将员外置同正员内供奉上柱国赐紫金鱼袋曹公故夫人康氏墓志铭》，可能是唯一伪燕官员家人的墓志，其中云："嗣子彦瓌，卓立杰出，挺生天姿。宿昔龙潜，早预纪纲之仆；今承凤诏，忽如环列之尹。陪游清切，伏奏明光，玉墀衔圣主之恩，金印表□公之德。"①可据知燕未改唐朝官制，燕的将领已沉浸于新朝君臣关系的喜悦之中。此志作者石镇，在房山云居寺碑刻中也有他的文章，应是幽燕的文人，随叛军南下洛阳。

1966 年春在北京西郊丰台唐墓附近发现三枚玉册，1981 年对此墓作了发掘，虽毁坏严重，仍先后发现玉册四十四枚，经拼合，为哀册、谥册各一套，从而确证此墓是安史之乱魁首史思明的墓，而且是按照帝陵的规格建造的。其中哀册有云"昭武皇帝崩于洛阳宫玉芝西阶"，"付以大业"，"帝朝义孝乃因心，亲惟□□"，"唐有异端，谗人罔极"。谥册有云："□□□定，天下知归。""王业艰难，雄图克移，乾坤改色。""备经夷险，振旅耀威。""熊罴十万，所向倒戈。"②这是现能见到的伪燕朝的唯一官方文字。史思明谥昭武皇帝，他书未载。昭武皇帝是十六国时后燕慕容熙用过的谥号，伪燕当以其后继者自处。《旧唐书》本传载史思明被史朝义缢杀于柳泉驿，而此作死于洛阳宫，有所不同，可能是史朝义的掩饰。史载朝义杀父后，一直被困于洛阳，直到败死，现在却看到了他为史思明隆重营葬。从玉册对其战绩大肆颂扬来看，史朝义并不承认其弑父行为，可能也藉此以笼络其父的旧部。

安史时期，有一大批天宝名臣陷伪任官而身败名裂，其中陈希烈的墓志③已经出土，达悉珣有几种石刻出土，除前面提到的张守珪墓志外，还有

---

① 周绍良、赵超主编《唐代墓志汇编续集》圣武 003。
② 《考古》1978 年第 4 期、1991 年第 9 期《北京丰台唐史思明墓》。
③ 周绍良、赵超主编《唐代墓志汇编续集》永泰 003。

写于天宝间的《东渭桥记》,对研究两京间的交通很重要。

七、文人事迹及作品

石刻对盛唐文学研究的价值,可讲的很多,今人利用的也很多,在此仅略举要点。

发现一批重要作者的墓志。三十年代王之涣墓志的发现,曾引起很多学者的关注。同时出土的李邕及其家族墓志,意义也很重要。继六十年代初张九龄墓志①在广东发现后,近年又在洛阳发现了张说的墓志②。这两位都是开元名相和文学宗匠。其他玄宗时诗人碑志发现的还有崔沔、韦希损、王无竞、崔泰之、张轸、郭虚己、韦济、蔡希周、赵冬曦、神会、李峰(神道碑)、陈希烈、元德秀等。

为重要作者补充了新的作品。如贺知章,名声大而传世文章很少,已有四方他撰文的墓志被发现。杜甫两位关系最好的朋友,郑虔曾被玄宗赞为"三绝",苏源明被韩愈在《送孟东野序》中认为是唐代最重要的文士,两人存世作品都很少,现各可补见两篇碑志,弥足珍贵。类似情况很多,不一一例举。

可资生平考订。盛唐诗人李颀的生平资料不多,傅璇琮先生《唐代诗人丛考》推定其应卒于天宝十二载《河岳英灵集》结集以前,而其作品的下限只到天宝六载为止。《隋唐五代墓志汇编·洛阳卷》收其天宝十载六月撰《故广陵郡六合县丞赵公墓志》,署"前汲郡新乡县尉赵郡李颀撰",可知其十载还在世。志主是其内兄,墓志也提供了了解李颀家室情况的重要线索。再如山西临晋王颜撰《王卓碑》③,指出唐人冒认显姓的现象,特别揭出张说越认范阳、王维兄弟越认琅琊,对考订诸人的谱系,了解唐代士人多冒郡望的通习,也很重要。

---

① 《文物》1961年第6期刊拓本。
② 《文物》2000年第11期刊拓本。
③ (清)胡聘之《山右石刻丛编》(影印光绪刻本)卷八《王卓碑》。

揭示了以往不为人知的重要作者。贺知章撰《郑绩墓志》①,记其使吐蕃撰《柘州记》一卷,综理群书著《新文类聚》一百卷,依《春秋》作《甲子纪》七十篇,掌地图撰《古今录》二百卷,另有文集五十卷,有藏书一万卷。数量如此巨大的著作和藏书,无一传世,且不见任何一书著录。

文学群体的记载。如《蔡希周墓志》②,较多地记录了开天间丹阳诗人间的交往,可与殷璠《丹阳集》残文比读。《李琚墓志》③则记录了他在洛阳与冯用之、韩景宣、刘晏、王端等文人之间的来往。

家族文学研究。近代以来的石刻,因多为大规模基建和系统发掘而出土,许多墓志都是家族成系列出土的。盛唐作者中,如王之涣墓志出土时,其祖父墓和其妻墓志也同时出土。长安发现卢纶家族墓志,包括他父母和弟卢绶夫妇的四方墓志。开元间因主持贡举放颜真卿、萧颖士等及第而名盛一时的孙逖,本人墓志虽无发现,但其子孙的墓志已发现三十多方,可以看到这个以文学名家的家族,从武后时期一直到五代中期两个半世纪的发展史。

八、开天杂史作者事证

现存十多种开元天宝杂史,是研究这一时期政治、文学的最重要依据。有些作者,如写《次柳氏旧闻》的李德裕,传记资料极多,虽然在其洛阳家族墓中出土了一批墓志,涉及大量重要史事,但对研究开天史则意义不大。有些作者传记资料很少,或其著作曾有争议,石刻的新资料更显可贵。下面略举几例。

《高力士外传》作者郭湜,过去仅据书前原署知他大历中任大理司直。现据其为其兄郭邕所撰墓志④,知他是太原人,大历四年(769)任登封县令,

---

① 吴钢主编《全唐文补遗》第一辑,第116页。
② 吴钢主编《全唐文补遗》第六辑,第74页。
③ 周绍良等编《唐代墓志汇编》天宝124。
④ 吴钢主编《全唐文补遗》第四辑,三秦出版社,1997年,第56页。

又据北京图书馆藏《李华墓志》①，知他大历十三年(778)任吏部员外郎。

《安禄山事迹》是记录安史之乱的存世唯一专书，署华阴县尉姚汝能撰，但前人始终未能确定姚为何时人。陕西出土会昌五年(845)《赵文信墓志》②，署"乡贡进士姚汝能撰"，据此可知姚任华阴尉应为此若干年后事，《安禄山事迹》的成书，距安史之乱已近百年。

郑嵎著名长诗《津阳门诗》有大量自注，其价值不亚于几种杂史。以往仅据晁公武《郡斋读书志》卷四中和辛文房《唐才子传》卷六的记载，知道郑嵎字宾先(一作宾光)，大中五年进士。其诗后世虽曾单刻为一卷，其实均出《唐诗纪事》卷六二，并无别集流传。李述撰《唐故颍州颍上县令李府君夫人荥阳郑氏合祔玄堂志》："有弟曰嵎，少耽经史，长而能文，举进士高第，历名使幕扬州大都督府参军；堂叔碣，亦以进士擢第，殿中侍御史，累佐盛府，并为时彦，必振大名。"③可知道他的仕历和当时名声，且据此志可了解其家世渊源。

王仁裕《开元天宝遗事》是记录玄宗时期逸事的很重要著作，但因所记不尽为史实，前人或疑为伪书，对此，《四库提要》已有所澄清。该书在中国的传本，没有序与后记。日本所存宽永十六年(1639)刊本，末有绍定戊子(1228)陆子适(当即陆游之子陆子遹)题记，可信出于宋刊本。卷首有王仁裕自序，为中国传本所无，录如下：

> 仁裕破蜀之年，入见于明天子，假途秦地，振旆镐都，有唐之遗风，明皇之故迹，尽举目而可观也。因得询求事实，采摭民言，开元天宝之中，影响如数百件，去凡削鄙，集异编奇，总成一卷，凡一百五十九条，皆前书之所不载也，目之曰《开元天宝遗事》。虽不助于风教，亦可资于谈柄，通识之士，谅无诮焉。

---

① 《北京图书馆藏历代石刻拓本汇编》，中州古籍出版社，1989年影印本，第二十七册，第159页。
② 周绍良、赵超主编《唐代墓志汇编续集》会昌017。
③ 张钫《千唐志斋藏志》，文物出版社，1984年，第1130页。

晁公武《郡斋读书志》卷九云："蜀亡，仁裕至镐京，采摭民言，得开元天宝遗事一百五十九条。"即节引此序，可证此序不伪。两《五代史》都有王仁裕传，《旧五代史》本传残缺过甚，《新五代史》本传叙及其在西京王思同幕下事，也较简略。《陇右金石录·宋上》收宋初名臣李昉撰写《王仁裕神道碑》，叙其生平颇详，足补史传的不足。碑叙王归唐后，先任雄武军节度判官，罢职退归，为"南梁主帅王公思同以旧知之故，逼而起之"，后又随王思同至长安，"洎居守镐京，参赞留务"。用语与前录序可以印证。王思同迁西京留守是长兴四年(933)八月事，至次年四月因抗距潞王被杀。《开元天宝遗事》应即写于这一时期。神道碑列举王氏平生著作达十多种，不及此书。中国所存此书各本，均仅存一百四十六则，与和刻本一致，已稍有残缺。

2003年1月于东京早稻田奉仕园

（2003年2月在日本九州大学中国学会演讲。刊九州大学《中国文学论集》32号，2003年。收入《朱东润先生诞辰110周年纪念论文集》，上海古籍出版社，2006年）

唐代的亡妻与亡妾墓志

本文研究唐人亲自执笔为其妻或妾撰写的墓志。亡妻的提法偶亦见于托人撰写的墓志中，多数情况下则是夫君指称的专利。亡妾的说法则不见于墓志的正式表达中，是从亡妻的提法延伸出来。

墓志在东汉出现时，仅记死者姓名字里和死期享年，很简单。西晋时墓志文体已趋成熟，后南朝禁止埋铭，北朝则蔚为风气，现在能见到的唐以前的一千多方墓志，大多是北朝、隋代的作品。虽已有一些知名文人参与墓志写作，但迄今还没有见到由配偶亲自执笔撰写的墓志。唐代传世文集中，为配偶撰写的墓志也很少，所知亡妻墓志，只有柳宗元为其妻杨氏所写的一篇，亡妾的墓志，也仅有元稹和沈亚之的两篇。宋以后地下稍有出土，数量仍不多。近代以来因大规模基本建设和科学考古的实施，形成有规模有计划的墓群发掘，得以有机会成批出土同属一家族的墓志石刻，由配偶亲笔撰写的墓志也颇有发现。据本文附表所作的不完全统计，今得见的亡妻墓志已达八十七篇，亡妾墓志也有近二十篇，数量均很可观。这些墓志因出于最亲近的配偶之手，对妻妾的描述和评价都出自平日的感受，所述丧妻之恸也出于切身的情感，对了解唐人的家庭生活、夫妻关系及情感表达方式，都有特殊的意义。同时，这些墓志都是偶然出土于地下，没有经过人为的选择，作者未必有很高的文学素养和造诣，反映的是唐代应用文学的原生面貌。

这些墓志的文献著录和所记人事情况，可分别见本文末所附的《亡妻墓志一览》《亡妾墓志一览》两表。为避免行文繁复，特将两表中的墓志作了编号，引用文字时，仅附注墓志的编号，不再逐一说明篇名和出处。

一、亡妻墓志的分析

  墓志是盖棺论定的文字,要表彰死者,称其盛德,且要取信于世人,所以多请名家文士执笔。由配偶亲自秉笔撰写墓志的原因,据作者的自述,多以为夫妻间事,请他人则难于征实,只有自作才能曲尽端委:

    夫叙述闺壸,贵乎摭实,假于他手,或虑非宜。乃课虚拙,冀申琴瑟之情;盛美奉扬,用慰泉台之容。(妻57)

也有藉此而写出遭际坎坷的冤愤之情:

    余尚忍叙而铭,盖欲备写冤恨。(妻64)

也有因家贫无力请人而自作:

    惟夫人之淑问德状,宜其文士发辉铭志,岂伊荒浅窃叙述哉!然而家无货贿,不足以请托。(妻45)

  但从多数的墓志来看,作者本人就是能文之士,其亲自执笔撰写妻妾墓志,更多地还是出于亲情,表达哀思,以尽对死者的责任。
  亡妻墓志也和其他的墓志一样,是为丧葬而作的应用文章,即便出于亲夫之手,也不可避免地具有程式化的特征。其基本结构大致可以分为四节,即先叙妻的简历和家世,次叙其道德操行,再述亡故及丧葬事宜,最后表达作者和家人对死者的悼念。
  亡妻墓志中的多数,首先是对其家族的夸荣。唐代承六朝的余绪,士族仍占社会政治生活的主导地位,婚姻崇尚门第,重视郡望,讲究先人的官勋,是非常普遍的现象。与其他各类墓志一样,亡妻墓志大多对妻族的门第及其父祖的功业,都很有兴致作充分的表述,不厌其繁。如果妻室的近亲旁枝有显要人物，常也会特别说明，增加荣光。卢韬为其妻郑氏所撰墓志，最具典型。郑氏的祖父是宪宗朝宰相郑絪，其父郑祗德也数领节钺，门第很显赫。其外族李氏，外曾祖李揆是肃宗朝宰相，被肃宗称为"门第人物文章，皆当代所推"（《旧唐书》卷一二六《李揆传》）。有这样的妻族背景，卢韬深以为荣，在全文两千字的篇幅中，用了约五分之二的篇幅来介绍其妻的内外先辈。可能是妻族可讲的东西实在太多，卢韬写罢上述文字仍意犹未尽，接着又用五百多言介绍妻兄郑颢，讲这位宣宗朝驸马的仕宦经历和政绩为人，如说郑颢领户部职后，"公戚戚不乐，始三日，有吏捧牒至，公谛之曰：'和籴军储五十万，责效在旬朔，愿得吏以委之。'公以简支颐，熟视其吏曰：'非予所能也。'亟拜诏，乞守闲职"（妻70）。无疑是很好的文字，可见郑颢的为人，也具史料价值，但这一切与其妻有何关系呢？大约作者沉浸在妻族的荣耀中，无法自已。读到后面，才知道在郑氏病中，郑颢为其以多金请国医造门疗疾，万寿公主又亲自视疾浣洗。这些以表彰家族荣誉为重点的墓志，对考订唐人世系，补充史实，当然很有价值，但要据以了解其夫妻之情，则无甚意义，只能据以判断其对妻族荣誉的重视，远超过对其妻本人的关心。

其次则是对亡妻品德才能的赞颂，以及夫妻间共同生活的记录。每一篇亡妻墓志都谈到其品德才能，有不少共同点，其要旨，大约可用下面两段话来概括：

> 为子、为妇、为妻、为母之道，可谓备矣。（妻51）
> 动静可法，夫人之德也；矜和而庄，夫人之容也；择词而说，夫人之言也；肃于梁（粱）盛，夫人之功也。（妻13）

为子是指出嫁前于父母尽孝道，为妇则是既嫁后对公婆尽妇道。由于唐代士族大家族聚居的情况较普遍，媳妇婚后侍奉公婆的责任，有时比对夫对子更为重要。为妻、为母之道，都能理解，不必解释。而德、容、言、功，历来是妇女的所谓四德。"动静可法"，是说其行为遵循礼法的规范；"矜和而庄"，则是平时的容貌应矜持祥和而不失庄重；"择词而说"，则是言谈慎重，不随便议论；"肃于粱（粱）盛"，则是指祭祀物品，都整肃洁净，进而可包含对家庭事务,管理得法而有条理。亡妻墓志大多从这几方面展开。

对妻德的颂扬,集中于上述的几点。前面提到的卢辂为妻郑氏作长达两千字的墓志,讲到郑氏德性的,还不到一百字,不妨抄录于下:

> 辂素贫贱,夫人地称德门,而生实贵胄。辂常虑以蔬粝为慊,夫人饲糠粃如御珍羞,衣坏缯如袭纨绮。夫人奉祭祀、忧婚嫁如不及。愚有二孤侄,皆夫人之属配,其德亦勤矣。辂族大,其内外之亲,夫人奉之而未尝懈于色。辂退而自省曰:"庸何德以堪之。"(妻70)

所述蔬粝糠粃,显然是夸张了,但所涉的安贫而不怨,奉祭祀、忧婚嫁如不及,侍奉内外亲尽责,也是其他墓志常提到的。从本文附表中可以看出,亡妻多数死于二十或三十多岁,其夫官位尚低,家境相对贫寒,所谓"贫贱夫妻百事哀"(元稹诗《遣悲怀》),墓志中对此常有很动情的叙说。如崔隋述妻赵氏:"夫人神清骨羸,少以女工奉长上,无夙夜。洎嫁,贫不展。无何,中其疾于屈伸俛仰之间,凡六年,滋极。"(妻59)是述妻因贫而致疾。"余贫居伊洛十有余年,夫人服补缀之衣,食藜藿之馔,怡然终日,不使余有愧色也。"(妻57)则是处贫而怡然,且不使夫感到愧疚。其次则是随夫不辞艰难,这里举随夫从军的一例:

> 纪公(此篇纪公自撰而用第三人称行文)尝以忠勤,趋侍双节,后因烽燧,出总偏兵,汗马行边,戎衣逐戍。清河(指张氏)随夫所涉,无往不臻,霜节凌秋,芳诚贯日,誓艰虞而不挠,将白首以同归。(妻60)

在夫家显荣之时,能无骄色,在遭遇家难时,则能"涉历危苦,未尝倦容"(妻68)。这是李德裕之子李烨对其妻的称许。张滂则叙述在他因直言得罪而南贬后,其妻郭仪表示"夫刚则直,朝刻不容,远谪炎荒,我来随从",在夫君困厄之时挺身相随,不幸死于炎荒(妻36)。此外,许多墓志还以"不妒"称颂妻德,即妻对夫的婚外性行为应能默认、宽容、接受甚至支持,后文再作详细讨论。

由于娶妻的原则是在德而不在貌,重礼而兼及情,世家官宦人家墓志中,对亡妻的容貌,很少具体地描摹,对夫妻间的亲密之情,也很少直率地表达,最多是用一些"于飞好合"(妻33)、"巫山彩云"(妻28)、"高唐雨绝"(妻16)之类的典故词语,含蓄地表达夫妻情好。所能看到的,倒是几方没有显赫家世或官位的作者,有较坦率的表白。天宝间没有任官的车谔,在写到其同样没有家族荣耀可夸扬的亡妻侯氏时,有一段具体称述:"我视之如鸳如鸾,璇姿玉秀,手如荑黄,其智如泉,其贞如松。"(妻26)另一位无官职的武季元写道:"适武氏之门,未逾一岁;结恩情之好,有若百年。"(妻43)唐末明州人王弘达则称其妻"性同白玉,行比青莲,似镜无尘,如松凌汉"(妻87)。官职是"宁远将军守右司御率"的张令晖,仅属中级军官,一般也未必有世家背景。他的夫人是玄宗放出嫁人的宫女,他对夫人的这段经历颇感光彩,在墓志中写道:"年符二八,召入宫闱。彩袖香裾,频升桂殿;清歌妙舞,常踏花筵。及夫恩命许归,礼嫔吾室。""昔年歌舞人所羡。"并一再陈述伉俪情重(妻19)。

至于说到言,最特别的是刘应道对其妻闻喜县主李婉顺才学的叙述,说她"少而志学,及长逾勤",还属常例,下面说到她"历代之事,其如抵掌","诸子群言,鲜或遗略","及陈兴废,叙通塞,商榷人物,综核名理,抗论发辞,莫不穷其指要,实有大丈夫之致,岂儿妇人之流欤!"确实是一位非凡的女人。了解到这位李婉顺是玄武门之变的失败者、唐太宗李世民的兄长李建成的第二个女儿,对此也就可以完全理解了,如果她的父亲是胜利者,此女必不可免地也会走到台前,在政治大舞台上表演一番。然而事实不是这样,她作为罪人之女,得保首领,已属幸运,她的弘论,只能与她"屯否相属"的夫君在帘儿下面私语,而"与朋类常谈,未尝及乎经史,不有切问,终日如愚",全如木讷而无知的妇人(妻3)。唐代皇族中,越是接近权力中心的人物,越是忌讳扬才露己,议论兴亡,太宗时魏王泰因此而被废,玄宗兄弟的合欢大被只是假象,诸王的沉迷乐舞而绝不涉经史政事,才是确保兄弟和睦的根本。李婉顺的慷慨议论于私房,终日如愚以对朋类,也算是韬晦求生存之道。刘应道的记述,让我们知道了这位奇女子的另一面。

关于女功,许多墓志讲到其妻善自饰,善理家务,等等,较为琐细。其中有一位还特别说到太太的领导能力:"督驭僚仆,能以毅训。"能像将军一样地管理下属仆人,给以坚定而严格的教训。所幸她的这一能力仅对仆隶,对夫君绝无河东狮态,这不由让其夫对其妻的多方面性格心怀敬佩:

> 予尝窃曰:柔和婉嫕,明顺肤敏,谅从天假矣,则又何执性固节,督驭毅训能兼之耶?噫!束身冕绂者,苟生于一代,禀是操,亦足为贞独之士矣,矧闺帷之内,能剸是心哉!(妻73)

妻子的才艺,也有一些墓志提到。以下是卢之翰为其妻韦氏所写墓志中的一节:

> 况承训通乎坟典,博艺擅于丝桐,经目而奥理必精,历耳而巧音无隐。缣缃尺素,风烟变态于笔端;彩绣丹青,花蕊自成于意匠。(妻21)

说她读了许多典籍,能领会深奥的道理,通晓音乐,听过的乐曲的细小变化,都能辨析清楚;尤工绘画,山水和花草都能表现生动,各有意境。应该指出,韦氏是唐代著名诗人卢纶的生母,虽然她去世的时候卢纶大约仅三四岁,但她良好的艺术感觉和禀赋,显然在儿子身上得到了充分的传续。

再次是有关妻室亡故及丧事的交待。这是墓志中必不可少的内容,不必作太多的讨论。由于当时医疗水平落后,女性死于疾病,特别是产难的颇为多见,在墓志中多有反映。唐代妇女信佛好道者较普遍,墓志中多有称述,并常因此而引出天不佑善、祈福无应的慨叹。在这里要特别提到的是唐末诗人杨牢对其亡妻郑琼的描写:

> 然性本悲怯,每自疑不寿,固云:"吾年七岁,时在京城中,有以《周易》过门者,先夫人为吾筮之,遇《乾》之《剥》,以□之寿不能过三十。"繇是以佛、道二教,恳苦求助。因衣黄食蔬,三元斋戒,讽黄老《道德经》。余日,则以《金刚》《药师》《楞伽》《思益》为常业,日不下数万字。晦朔又以缗钱购禽飞,或沉饭饱鱼腹。以是恳急,因致愁惑。又恶闻哭

声及不吉□语,常令小儿持笔题其户牖□壁之上,为大吉长寿字,每一览之则暂喜,如远客得家信。庚申年春,夫人尝得疾,服药未效,因自以《焦氏易林》筮之,遇《中孚》辞,既恐惑,因多恶梦,既踰年而终。(妻53)

仅因七岁时的一次占筮,郑琼的一生似乎始终生活在死亡的恐惧中,她生存的全部目的就是为了祈福求寿。杨牢将她生活中的一系列细节都记录下来,将一个悲怯愁苦而常做恶梦的女子写入墓志,可说是别具特色的记录。郑琼死于三十三岁,也算祈福得报了。另一篇写到其妻临终前的从容旷达:

一日,告余以寿夭阴定,非人能易,勿药俟命,鼓盆当师。即命女奴发奁箧,视衣服首饰之具曰:"斯可送矣,幸无枉费。"一子曰翁儿,年始五岁,抚之曰:"愿以此故,无远吾门。"余惊且摧,其色不挠,是何旷达明决之如是。翌日卧食,奄然而往。(妻49)

墓志最后一段,总是表达作者的伤恸和悼念。对亡妻的悼念,古人作品中出现最多的场景是往日同栖之处和妻的墓地,也就是宋人贺铸词所述的"旧栖新垄两依依"。《诗经·王风·大车》已有"榖则异室,死则同穴。谓予不信,有如皦日"的悼亡妻的名句。"旧栖"的情结,大约以潘岳的《悼亡诗三首》(《文选》卷二三)为开创,对后世影响也最大,录第一首于下:

荏苒冬春谢,寒暑忽流易。之子归穷泉,重壤永幽隔。私怀谁克从,淹留亦何益。僶俛恭朝命,回心反初役。望庐思其人,入室想所历。帏屏无髣髴,翰墨有余迹。流芳未及歇,遗挂犹在壁。怅恍如或存,周惶忡惊惕。如彼翰林鸟,双栖一朝只。如彼游川鱼,比目中路析。春风缘隙来,晨溜承檐滴。寝息何时忘,沉忧日盈积。庶几有时衰,庄缶犹可击。

潘岳在三首诗中反复倾诉的是,时光流易,与妻已阴阳两隔,望见居室即想见其人,室中的一切都引起睹物思人的深切悲痛,第一首写到帏屏、翰墨、遗挂,第二首写枕席长簟,朗月清风,沉浸于往日共同生活的追忆中,以当时的温馨与眼前的落寞作比,申述亡妻后的巨大悲伤。虽然唐人亡妻墓志中不断用到安仁悼亡的典实,但潘岳《悼亡》着重写夫妻之情的表述并没有得到延续,高湜甚至认为:"安仁之《悼亡》,征其微旨,不过闺房之爱耳。"(妻77)尽管可以指出墓志着重于表彰妇德,与诗歌的抒发情怀有所不同,但由夫亲自执笔的亡妻墓志,仍尽量回避"闺房之爱",感情的表述不免有所局限,常常直接用大量极端的辞语来表达亡妻之恸:

  痛何言哉。痛何言哉!……刳心剖骨,曷云其极。(妻42)
  上天不仁,丧我令室。痛摧心骨,触目难任。君之神明,知余恸绝。(妻57)
  夫妻义重,琴瑟情深。刀割其胃,火烧其心。愁气比线,忆泪如霖。(妻22)
  夫人向隙,我岂永年!(妻73)
  抚膺长号,销形陨魄。冤肠茧束,愤臆蜂交。一恸徒兴,百生莫赎。(妻73)

"衰草香魂,斜阳日暮"(妻1)之类面对新垄的伤感就大量集中于各家的表述中,下面所录墓志中插进的一诗,可作代表:

  邙山垒垒谁家坟,刻石昭昭闕斯文。君见垄头悬苦月,岂知泉下瘗行云。(妻10)

描摹妻卒后亲人及子女的伤恸,是亡妻墓志中常见的表达情感的方式:

  每闻高堂伤哭,则忍哀泣谏,俯仰强容,左右未暇,傍视孩稚,涕泪自惊。(妻64)

自述妻亡后,在长辈伤心时,强忍以劝谏,但看到幼孩,又不觉泪如雨下,将感情表述得较有层次。诉述伤感的同时,许多作者感愤于"德善无征"(妻64),佛道和上苍都太不公平。当然也有效仿庄子妻亡鼓盆而歌,以强自宽慰的:

  早晏同涂,修短恒分,有何忧喜于其间哉!……悲幽明之永别,顾夭寿之终齐。(妻6)
  修短不我与,空悲未得从。铭曰:异室同穴兮诗,有修有短兮时。各随化以待尽,权刻石而志之。(妻32)

前一段的作者是唐初曾写过果报小说集《冥报拾遗》的郎余令,对生死的参悟高出于时人。后一段则出于代、德间稍有文名而存世作品不多的张少悌手笔。

二、亡妾墓志的分析

  妾的本意是从事贱役的女子,汉人释为接,指"以贱见接幸也"(刘熙《释名》),即与君子有接(性合)而无其位(夫妻名分)者。先秦时多与媵并提,地位比媵更低。媵在中古以后的汉地,原意的姐妹陪嫁已逐渐消失,时有妻亡而再娶其妹,稍存遗意,下文提到的皇甫炜先后娶白敏中二女,后周世宗、南唐后主也都有这段经历。代之的是妻的丫环陪嫁,一直延续到近代,梁启超的妾王氏即是。民族地区以妹媵妻之习保留到很晚,中国家喻户晓的一首新疆民歌唱道:"你要是嫁人,不要嫁给别人,一定要嫁给我。带上你的嫁妆,带着你的妹妹,赶着马车来。"就透露了这一风习。唐代士人纳妾情况较普遍,《唐律疏议》虽规定"娶妾仍立婚契",但夫与妾的关系绝不是对等的夫妻关系,而是主奴关系,妾以夫为主人,以正妻为主母,地位仅比奴婢稍高些而已。
  士人为其妾撰写墓志,不太寻常,分析原因,一是对妾的宠喜,二是应妾生子女的要求,三是妾因夫主始终未婚,虽无其名而事实处于主妇的地位。

亡妾墓志中对妾的称谓,称"侧室"(妾16)、"别室"(妾18)是就其地位而言,称"女母"(妾14)、"儿母"(妾12、妾13)则仅从子女的立场来指呼,或者径呼为"美人"(妾2)、"妓人"(妾15)。王的侍妾则称为"细人"(妾1),即次妃之意。其中被称为妓人的是李从质的妾张氏,从二十岁归李,死时已五十一岁,仍以妓人呼之,其地位可以想见。士人在妾志中或不署名,或仅署职位,并不像妻志中自称"夫"。亡妾墓志对与妾的主从关系,都不作掩饰,常见的表达是"以才惠归我"(妾6),"年二十归于我"(妾15),"纳而贮于别馆"(妾19),"项主章氏十有二载"(妾7)。明确自己是妾的主人,妾是"我"的从属物。

虽然《唐律》规定"妾者,娶良人为之",出生于世家而为妾者很少,其中多数"不知其氏族所兴","不生朱门"(妾11)。出身于"妓肆"(妾8)、"乐工"(妾19),或称为良家女。仅见一位"父为神策大校"(妾16),一位之父"少从军职",辞去后"贸香药于都市"(妾17),可知当时的军人、商贩社会地位都不高。《云溪友议》中有一则有名的故事,说李翱在潭州席上见舞柘枝者,知道是名臣韦夏卿爱姬所生之女而沦落风尘者,遂于宾榻中选士人而嫁之。其中当然有私谊的缘故,也包括世家女不应为妓妾的因素。

与亡妻墓志重在表彰其知书达礼、相夫教子的道德操行有所不同,亡妾墓志则多直接写其美貌色艺:

> 天生丽容……粉黛不足增其美。(妾1)
> 惟尔有绝代之姿,掩于群萃……若芙蓉之出苹萍……如昌花之秀深泽……固不与时芳并艳,俗态争妍。(妾6)
> 张氏明眸巧笑,知音声。(妾19)
> 色艳体闲,代无罕比,温柔淑愿,雅静沉妍。(妾15)
> 以色以艺□妓于我。(妾13)

对妾的品行才能的描写,提到最多的是乐舞:

> 少以乐艺方进余门。(妾8)

唐代的亡妻与亡妾墓志

> 妙通音乐,曲尽其妙,兼甚工巧。(妾13)
> 习歌舞艺,颇得出蓝之妙。(妾14)
> 礼法天传,女工神授,弦管草隶,辈流罕比。(妾7)
> 家为乐工,系许乐府籍。伯姊季妹及英,悉歌舞縻于部内。(妾19)

沈亚之对其妾卢金兰的乐舞师承和才艺,有较具体的叙述:

> 其母以昭华父殁而生,私怜之,独得纵所欲,欲学伎,即令从师舍。岁余,为《绿腰》《玉树》之舞,故衣制大袂长裾,作新眉愁嚬,顶鬟为娥丛小鬟。(妾4)

甚至直接写其床帏之宠:

> 年十有六,遂归于我。既美于色,又贤于德,飞鸣锵锵,言笑晏晏,所以恃宠于枕席,承恩于帷房,将如夫人,其兆已见。(妾2)

这些描写,在亡妻墓志中是不容易找到的。

因为妻有其位而备于礼,既是家族荣耀的象征,是道德礼仪的楷模,而妾则出身卑微,仅以色艺事人,大致可以借用前人论词的话来概括,即妻庄而妾艳,在家庭中分别担负各自的角色。从唐人墓志中,还很难深入地了解他们私人生活的具体状况,但可以有充分的理由相信,男子的性需求更多地会在妾的一方得到满足。这里举一个近世较极端的例子。民国初年的大总统袁世凯有一妻九妾,包括一位朝鲜公主,但据他的女儿回忆,袁与他的正妻每日相敬如宾,袁每天早晨都到妻的住处问候,夫妻间"大人好"、"太太好"地寒暄一番,礼数很周到,但袁婚后几十年,几乎从来没有在正妻房中过宿(见《八十三天皇帝梦》,文史资料出版社,1983年)。唐人是否也有如此者,不知道。

宣宗撰文的《故南安郡夫人赠才人仇氏墓志铭》,是很特殊的一篇。现知唐五代皇帝为后妃写的碑诔文字,似只有多情的南唐后主李煜有一些,而墓志则仅此一篇。仇氏生前仅封南安郡夫人，死后方赠才人，在后宫地位并不高。宣宗云其"初以才貌选充后宫。吾擢居宠遇，行止侍随，贞孝罕俦，懿范殊古"。仇氏二十四岁逝去，已为宣宗生一男一女。宣宗述哀感云："吾怀伤叹，加以涕零，感想恸之，哀尔长往。"（妾10）通篇自称吾而不用朕，讲宠爱而不轻薄，述伤感而动真情，与他的臣僚对妾的轻狂大不相同。史籍中对宣宗的特异处颇有称述，这篇墓志也显示出他的不同凡响。

对妾亡后的伤感，多数墓志有表述，但远不及妻志的强烈，且较多地借子女之口来诉说。只有李德裕讲到自己百年以后将与亡妾同穴而葬，属于很特殊的例子。不过他在伤感的同时也没有忘却自己的身份和彼此的主奴关系，对亡妾提出了死后的责任："为吾驱蝼蚁而拂埃尘。"（妾5）

元稹《葬安氏志》对妾的地位和处境充满真切的同情，是亡妾墓志中值得重视的一篇：

> 大都女子由人者也，虽妻人之家，常自不得舒释，况不得为人之妻者，则又闺祎不得专妒于其夫，使令不得专命于其外，己子不得以尊卑长幼之序加于人，疑似逼侧，以居其身，其常也。况予贫，性复事外，不甚知其家之无，苟视其头面无蓬垢，语言不以饥寒告，斯已矣。今视其箧笥无盈余之帛，无成袭之衣，无帛里之衾，予虽贫，不使其若是，可也。彼不言而予不察耳，以至于其生也不足如此，而其死也大哀哉！（妾3）

据卞孝萱先生研究，元稹本人即是老夫少妾的所生子，幼年时即因父死而母卑，为其年长近三十岁的兄嫂所欺凌，养成了敏感而又急切进取的性格。他放弃多情而缺乏政治奥援的"崔莺莺"而选择与显宦韦夏卿之女韦丛结婚，也与此有关。他对安氏不幸的同情，感觉自己本来可以为她做得更好一些，并进而表达对为人妻、为人妾者不得自专命运的议论，也与他本人的经历有关。

三、墓志中所见的妻妾关系

虽然在北魏时期曾有过二妻并尊的情况，吐鲁番出土户籍中也有二妻或三妻的记录,但从墓志记录的内容来看,这一现象很少见。虽然当时一夫多妻(严格说应称一夫一妻多妾)是普遍的情况,但妾在家中的地位很低,男性墓志中在列举家人的时候,只提妻室和子女,一般不提到妾侍,就可证明。

这里可以先以唐思礼家庭情况来作些分析。唐曾为他的两位妻子王氏和俞氏写过墓志,他本人的墓志也已出土,由"前守池州青阳县尉赵远"撰写,题作《唐故银青光禄大夫检校太子宾客前杭州长史兼监察御史上柱国唐公墓志铭》(《全唐文补遗》第三册第271页),从墓志中知道他字子敬,先世不仕,其父唐贤始入仕,官至和州长史。他卒于咸通十二年(871),年五十二,当生于元和十五年(820)。他先以小吏求进,一直到三十六岁才"释褐授录事京兆府",以后先后任遂州都督府司马、河中节度押衙、宣武都头兵马使,官至杭州长史,属于中层官员。前妻王太真,父为申州司仓参军,与唐地位相当。王十七岁出嫁,咸通三年(862)死时年二十三,知其生于开成五年(840),成婚在大中十年(856),当时唐思礼三十七岁,即其释褐后的第二年。继室俞氏,江夏人,墓志没有说明其父祖的职位,死于咸通十一年(870),年三十,是生于会昌元年(841)。三方墓志中可以提出讨论的有以下三点。

一是夫妻的年龄差异。唐的两任妻室,都比他小二十多岁。另如皇甫炜娶白敏中长女为妻,五年后妻亡,他再诉于白敏中,白允以小女续配,于大中十年(856)再婚,这一年,皇甫炜四十四岁,白氏仅仅十七岁,他在白氏墓志中即写道:"我与夫人,齿发相悬。夫人向陨,我岂永年。"(妻71)如对夫妇墓志多作些排比,相信这不是罕见之例。应该说,老夫少妻是中国古人婚姻中很多见的现像,可以举出许多例证。在此要顺便指出的是,中国历史上许多名人可信是老夫少妻所生(有的还可能是少妾所生),大约可以从孔夫子一直数到胡适之,唐宋著名文人中,则元稹、韩愈、欧阳修都是。其中可能有遗传的原因,更重要的原因可能还在于,母亲地位低,其子在大家庭中常处于被歧视的地位,容易形成敏锐善感的性格。此外,老夫少妻婚姻中,老夫常先去世,留下少妻幼子艰难度日,上述三人中,韩愈生母的身份至今仍不甚明了,他是由兄嫂带大的,欧阳修则由母亲郑氏抚养。

其二,《王太真墓志》云:"又有女奴,每许侍余之栉,以己之珍玩之物,婢自选以宠遇之,其宽容柔顺恤下如此也。"(妻76)所谓"每许侍余之栉",是说其妻容忍甚至鼓励他与女奴保持性接触的一种含蓄说法。这就涉及性观念较开放的唐代士人除妻、妾、妓以外的第四类性伴,即家奴中的女奴。唐代士人家中蓄奴的风气很盛,敦煌、吐鲁番发现的奴婢买卖文书可以证明,家奴的人身权利是完全从属于主家的,可以买卖赠与,必须服劳主家指定的事役。性事虽然没有明文的规定,相信是非常广泛地存在着的。被后世尊称为"药王"的唐初名医孙思邈在所著《千金要方》中,专列《房室养生》一节,说明选买女奴应如何观其体形、骨格,与何种女子性合可以养生,这位名医显然也是将女奴当作药物来看待。只是在墓志中自夸与女奴的性事,仅见此一例。

三是妻与非妻所生子的胤嗣问题。《王太真墓志》云:

> 夫人来归余室,周七年矣。或曰:"嗣事甚严,宜有冢子。"于是祈拜佛前,志求嫡续,精恳既坚,果遂至愿,以咸通三年十一月十六日初夜,娩一男孩,夫人喜色盈溢。及二更,不育。夫人方在蓐中,而伤惜之情,不觉涕下。三更,夫人无疾,冥然而终于河中府官舍。(妻76)

此时,唐思礼已有一个七岁的庶子,王太真听从他人"嗣事甚严,宜有冢子"的建议,祈佛有应而诞一男孩,当晚就告夭亡,王也伤感而死。从墓志的叙述看,应该是母子皆死于产难。唐再娶俞氏,仍无出。《唐思礼墓志》对此的表述是:"娶王氏、俞氏,皆早亡,无嗣。有男子二人:曰丑谨、道儿。"明确有庶子而无嗣,这种表述应予注意。唐代对嫡庶有很明确的限定,虽然在多数情况下,庶子也有机会承嗣,玄宗先后所立太子,就都是妃所生。如果庶子不能承嗣,就不能解释古人常用求子嗣为理由以纳妾的现象。但严格说来,嫡子在继承顺序上居于绝对优先的位置,庶子常常只有在没有嫡子的情况下才有机会承嗣,而唐思礼的两位庶子,则是在没有嫡子的状况下也没有得到承嗣的资格,比较特殊。

古人称赞贤妻的德行中很重要的一条,就是不妒,也就是应容忍和支持夫君纳妾。从这一点延伸开来,则是对夫君与妾所生子女应乐于接纳,视同己出。从大量妻妾墓志中稍加分析,可以看到唐人纳妾的方式有若干种。

一是在婚前蓄妾,并生有子女:

> 先时师正有男有女,及夫人归,爱抚若己出,有幼者留其母,长之育之,懿慈仁如是。(妻45)

> 予(归仁晦)以开成元年纳支氏以备纫针之役,由是育五男二女。二子少女不幸早世。予□以礼娶郑夫人,而支氏以□乞归养于其父母家,至是□卒。(妾12)

> 余(庾游方)有女一人,曰婉子,年十四,抚字甚备,无异己出。(妻64)

> 绍(卢绍)未婚前有两男一女,皆已成人。(妻70)

王师正在迎娶夫人房敬以前,有多名妾侍,房敬对诸子爱同己出,对原有的侍妾仅让幼孩之母留下,让王师正感德无已。"有幼者留其母"一句所包含的另一层意思则是,凡子女已长大者,则其母当出之。归仁晦纳支氏在开成元年(836),支氏为他生了五男二女,在其家约十五年,但在他礼娶郑妻后,支氏事实上是被送回了父母家,不久死去,只是在支氏所生诸子"以母子之私情"恳请下,才为其处理丧事,但没有表示任何的哀挽之意。

二是在婚后纳妾。又可以分几种类型。最常见的是在妻室允许的情况下纳妾,甚至是妻室主动为其觅妾,就像清人沈复《浮生六记》卷一中所述他那位稍有些龃龉而善解夫意的娇妻陈氏所做的那样。在妻妾共处的大家庭中,妾始终处于卑位,即便受宠于一时,即便承恩于夫主,仍可能被主母所驱逐。还应该提到邠王守礼的细人高氏的命运。这篇墓志由邠王书,虽署是"洛阳县乡贡进士王蕃奉教撰",但多以邠王第一人称叙述,直接表达的是邠王的感受。邠王是章怀太子李贤之子,史称其"多宠嬖,不修风教"(《旧唐书》卷八六《高宗中宗诸子传》)。墓志称高氏"天生丽容……粉黛不足增其美"。"年十八……归于我",后即叙其得宠及因此而引起的议论:

> 自结缡朱邸,甫艳青春,一偶坐于筐床,便假词于同輦。乃退而称

曰:"女谒上僭,则粢盛不修,冒宠专房,则胤嗣不广。"于是奉元妃以肃敬,睦诸下以柔谦,淑慎其身,先人后己。……固辞恩幸,退处幽闲。悟泡幻之有为,遂虔诚于妙观。萦针缉缕,错综真容,日居月诸,服勤无倦。(妾1)

这里显然有许多讳词,事实的真相可能应该是,高氏因年轻美貌而获专房之宠,因此而引起元妃以下对"女谒上僭"的不满,高氏在众议纷纭中只能退而"先人后己",再退而专心修佛,服勤无倦。其结局,似仍不能见容于郯府,墓志所述是"观伯姊于莱夷,别爱男于都辇",是以合适的理由离开,甚至可能被驱逐,最后客死于莱州。

瞒着妻子在外别馆藏美的也颇有其人。前文说到元稹妾安仙嫔即属此类状况。以下是诗人杨牢的交待:

牢年三十,在洛阳,尝于外有子,既龀,夫人未之名,一旦为侍婢失语所漏,方甚愧恐。夫人曰:"久以君无男,用忧几成病,今则且愈当贺,奈何愧为?"因以锦缯二幅赏侍儿能言,不弃隔我子于外,蚤令知母恩。内此婢,遂收养之。(妻53)

杨牢夫妇墓志都已出土,可以知道他三十岁在洛阳的私情发生于与郑琼成婚后的第四年,且曾隐瞒多年,仅因偶然的侍婢失语才暴露,郑的宽恕显然超出了杨牢的预期。

第三种情况是在妻亡后纳妾,中唐大文学家柳宗元就是这样。柳宗元的婚姻,是其年幼时父亲柳镇与好友杨凭的一段戏言而决定。杨氏有足疾而多病,柳宗元称其"事太夫人备敬养之道,敦睦夫党,致肃雍之美,主中馈,佐蒸尝,怵惕之义,表于宗门"。只说她孝于舅姑,敦睦夫族,尽主妇之职,至于夫妇之情,没有着一字加以叙述。虽然用了"悼恸之怀,曷月而已矣,哀夫"(妻37)以表达亡妻之恸,也只是文章应有之意,并不足以显示夫妇感情之深。杨氏去世时,柳宗元仅二十六岁,其后二十年,他没有再娶,据他在书信中所述"荒陬中少士人女子,无与为婚,世亦不肯与罪大者亲昵"(《柳河东集》卷三十《寄许京兆孟容书》)。其女和娘于元和五年(810)死于永州,年十岁,即生于杨氏去世的两年后,称"其母微也",知为其妻服丧期间纳妾所生(同前卷一三《下殇女子墓砖记》)。而据韩愈撰《柳子厚墓志铭》(《昌黎文集》卷三三),他去世时有"子男二人,长曰周六,始四岁,季曰周七,子厚卒乃生。女子三人,皆幼",都是在南方纳妾所生。

第四种情况是仅纳妾而终身未娶妻者,如柳知微《唐故颍川陈氏墓记》:

> 余以位卑禄薄,未及婚娶,家事细大,悉皆委之。尔能尽力,靡不躬亲,致使春秋祭祀,无所缺遗,微尔之助,瞖不及此。(妾9)

柳知微没有娶妻,陈兰英以妾的身份主管家中大小之事,但没有资格参加祭祀,只能助柳做好春秋祭祀的准备,其地位并不因柳未娶而有所变化。按照《唐律·户婚律》的规定,妻妾不得互易其位,"诸以妻为妾、以婢为妻者,徒二年。以妾及客女为妻,以婢为妾者,徒一年半,各还正之"。虽然史籍记载中亦有婢妾为妻的记录,都受到当时舆论的一致谴责。在现能见到的唐石刻中,鲜有妾正为妻的记录,当然也可能是为尊者讳,不提卑微时事。

四、附说亡夫墓志与亡妓墓志

在较多地谈过夫为妻妾撰写的墓志后,最后想顺便介绍一下由妻执笔的亡夫墓志和目前仅见的一方亡妓墓志。亡夫墓志极为少见,至今仅见三篇,显示在男性主导的社会中由女性执笔还很少为人们所接受。只是这三篇都写得不错,可以看到唐代女性的才华及其对夫的叙述。源匡秀为其钟爱的妓女沈子柔所写墓志,虽没有名分上的关系,对爱情的表述却是最直接而热烈的,可以与上述有名分联系的墓志作一比读。

南宋庆元间在江西上饶曾发现周氏撰写的曹因墓志,原石和拓本都没有留存下来,著名学者洪迈激赏其"妇人能文达理如此",在《容斋五笔》卷二抄录该志:

君姓曹，名因，字鄙夫，世为鄱阳人。祖父皆仕于唐高祖之朝，惟公三举不第，居家以礼义自守。及卒于长安之道，朝廷公卿，乡邻耆旧，无不太息。惟予独不然，谓其母曰："家有南亩，足以养其亲；室有遗文，足以训其子。肖形天地间，范围阴阳内，死生聚散，特世态耳，何忧喜之有哉！"予姓周氏，公之妻室也，归公八载，恩义有夺。故赠之铭曰：其生也天，其死也天，苟达此理，哀复何言！

可以相信洪迈在录入时有所节写或改写，因"唐高祖之朝"不符合唐人的表达习惯，墓志中也没有具体年月。周氏显然是一位出生南方的通文女子，未必有显赫的家世背景，她把庄子鼓盆而歌的高论融入墓志，且表达了因夫三举不第、奔竞道途而于己"恩义有夺"的情绪，确很难得。

民国初在洛阳出土的《大唐故左威卫仓曹参军庐江郡何府君墓志铭》（《芒洛冢墓遗文》卷中），署"妻陇西辛氏撰"。其夫何简先世数代不仕，到他才以进士及第而入仕，但官位不显。辛氏称其不重金玉积聚，而以忠信多闻为志，是恰当的称扬。述其丧夫之痛云："身欲随没，幼小不可再孤，一哭之哀，君其知否？"行文简净而极哀恸之致。

近年在河南偃师新出《大唐故游击将军河南府轩辕府折冲都尉兼横海军副使上柱国赵郡李府君（全礼）墓志铭》，署"妻荥阳郑氏慈柔撰"，叙其夫一生经历和功业，特别是担任玄宗封禅泰山时的勾画使和领兵出燕山退敌两节，都很生动。写其夫形貌为："公身长六尺四寸，素肤青髭。"写其夫性格云："公性好朋友，门多食客，家无余产，尽以济人。""自登执位，澹泊无为，行不逾矩，素俭有节。"都很具体而恰当。末段和铭词写送葬和哀感，文辞典雅，情感真切，足可讽诵：

公无副二，嫡子早亡。奠马引前，孝妇轮后，白日西下，寒云东征，呜呼哀哉，葬我良人于此下！铭曰："大夫薨矣，东门为丘。笳箫启路，驷马嘶愁。钟鸣表贵，星应列侯。朱缨耀阙，白杨风秋。泉扉一掩，逝水长流。父兮子兮，两坟垒兮。邙兮洛兮，孤云悠悠。"

唐代的亡妻与亡妾墓志

值得玩味的是,郑氏墓志亦同时出土,不称名,于其才德仅用"德为世范,才为女师"一句带过,这位才女显然是被世人忽略了的(以上二墓志见《偃师杏园唐墓》第288、291页,科学出版社,2001年)。

源匡秀《有唐吴兴沈氏墓志铭》(《洛阳出土历代墓志辑绳》第703页)全文如下:

> 吴兴沈子柔,洛阳青楼之美丽也。居留府官籍,名冠于辈流间,为从事柱史源匡秀所瞩殊厚。子柔幼字小娇,凡洛阳风流贵人,博雅名士,每千金就聘,必问达辛勤,品流高卑,议不降志。居思恭里。实刘媪所生,有弟有姨,皆亲骨肉。善晓音律,妙攻弦歌,敏慧自天,孝慈成性。咸通寅年,年多疫疠,里社比屋,人无吉全。子柔一日晏寝香闺,扶衾见接,饫展欢密,倏然吁嗟曰:"妾幸辱郎之顾厚矣,保郎之信坚矣,然也妾自度所赋无几,甚疑旬朔与疠疫随波。虽问卜可禳,虑不能脱。"余只谓抚讯多阙,怨兴是词。时属物景喧秋,栏花竞发,余因召同舍毕来醉欢。俄而未及浃旬,青衣告疾,雷奔电掣,火裂风摧,医救不施,奄忽长逝。呜呼!天植万物,物固有尤,况乎人之最灵,得不自知生死。所恨者贻情爱于后人,便销魂于触响。空虞陵谷,乃作铭云:丽如花而少如水,生何来而去何自?火燃我爱爱不销,刀断我情情不已。虽分生死,难坼因缘,刻书贞铭,吉安下泉。咸通十一年五月三日,匡秀撰并书。

沈氏的身份,似至死还只是一位名系东京留守府官籍的青楼妓女,虽然多有风流贵人来聘,但始终未曾许人。源匡秀也仅自述为"所瞩甚厚",而未说"归于我",从"扶衾见接"、"青衣告疾"等句分析,她始终仍居青楼,未曾脱籍。翁育瑄《唐代における官人阶级の婚姻形态》附表三《妾の墓志一览》(《东洋学报》2001年第9期)将其列为源匡秀的妾,恐非是。源匡秀应是鲜卑后裔的一位贵公子,虽对沈一往情深,但到沈病危时,还与同舍买酒寻欢。尽管如此,他对沈的情感确是出于真诚,墓志中坦率而热忱的爱情表述,"火燃我爱爱不销,刀断我情情不已"两句对爱情的坚定誓言,"虽分生死,难坼因缘"所述生死不变的情感,比本文前面列举的大量妻妾墓志更为坦率而炽烈。多年前,中国现代著名女词人沈祖棻教授在评述柳永、晏几道、周邦彦词的时候,就讲到古人的婚姻更多地是考虑祭祀、继嗣和门当户对,夫妻之间有名分而未必有感情,真正的爱情常常存在于婚姻之外(见其所著《唐宋词赏析》第51—69页、126—132页,河北教育出版社,2000年)。从源匡秀的这方墓志中,可得到进一步的证明。唐代写爱情的传奇小说,其女主人公也多数是妾,可以从这方墓志看出共通点。

2003年1月于东京早稻田奉仕园
2005年11月修订于上海武川路寓所

附录一　　　　　　　　　　亡妻墓志一览

序号	志题	志主	卒年	享寿	葬年	作者即其夫	出处
1	大唐薛王友行珍州荣德县丞杜君故妻博陵崔氏墓志铭	崔素	657	24	657	杜询	补遗三360、北图一三42、汇考四326、汇编北京一50、墓志显庆043
2	大唐监察御史裴炎故妻刘氏墓志	刘氏	660	34	660	裴炎	补遗三18
3	大唐刘应道妻故闻喜县主墓志	李婉顺	661	40	661	刘应道●	补遗三18、汇编陕西三56
4	大唐河东柳尚远妻宇文夫人墓志铭	宇文氏	665	19	665	柳尚远	补遗四364、北图一四153、汇考六577、唐宋125、汇编洛阳四205、墓志麟德056
5	大唐前安州都督府参军元琰妻韦□墓志铭	韦金	683	25	683	元琰	补遗二5、汇编陕西三97
6	朝散大夫行著作佐郎中山郎余令妻赵国李道真之墓	李道真	687	44	687	郎余令	补遗三471、北图一七64、汇编洛阳六142、墓志垂拱037

续 表

序号	志题	志主	卒年	享寿	葬年	作者即其夫	出处
7	唐故淮南大长公主墓志铭	李澄霞	689	69	690	封言道●	碑林集刊第三辑（陕西人民美术出版社，1995年10月），西安碑林全集卷196
8	大周朝请郎行戎州南溪县丞上护军王恩惠妻清河孟夫人墓志铭	孟大乘	695	59	695	王恩惠	补遗二337、北图一八61、汇考一二1170、千唐425、汇编洛阳七53、墓志证圣012
9	大周前益州什邡萧主簿夫人卢氏墓志铭	卢婉	696	32	696	萧寡无	补遗七18
10	大唐太原王君故夫人赵郡李氏墓志铭	李清禅	707	25	707	王昕	补遗六368、北图二十47、汇考一五1425、唐宋255、汇编洛阳八91、辑绳440、墓志神龙046
11	缺题	任氏	707	40	707	严某	补遗五289、汇考一五1426、汇编陕西一86、墓志神龙047
12	直秘书省□□□□□□玄堂志	贾氏	710	29	710	韦某	补遗五300、汇编陕西三135
13	大唐王屋县丞白知新妻荥阳郑氏墓志铭	郑叔	711	40	711	白知新●	补遗六33、北图二十133、毛一六1511、唐宋262、汇编洛阳八158、墓志景云021
14	缺题	阎氏	711	41	?	姬晏	补遗五302、北图二十119、汇考一六1502、汇编洛阳八151、墓志景云011
15	缺题	朱氏	718	?	?	李彦枚	续集开元023

续 表

序号	志题	志主	卒年	享寿	葬年	作者即其夫	出处
16	大唐前益州成都县尉朱守臣故夫人高氏墓志铭	高嫔	723	37	723	朱守臣	补遗二 456、北图二二 37、汇考一八 1704、千唐 634、汇编洛阳 110、墓志开元 181
17	大唐怀州司户参军陈氏故贾夫人墓志铭	贾氏	731	30	731	陈利见	补遗三 63、北图二三 51、汇编洛阳十 24、墓志开元 325
18	唐故彭城县君刘氏墓志铭	刘茂	733	34	736	韦济●	补遗二 20、陕西三 160、续集开元 143
19	室人太原王氏墓志铭	王仁淑	739	26	739	张令晖	补遗一 141、汇编陕西三 168
20	大唐右卫仓曹参军摄监察御史太原郭密之故妻京兆韦氏墓志铭	韦氏	745	28	746	郭密之●	补遗四 42、北图二五 114、汇编洛阳一一 80、辑绳 543、墓志天宝 098
21	唐魏郡临黄县尉卢之翰妻京兆韦氏墓志铭	韦氏	745	19	745	卢之翰●	补遗七 51
22	大唐故李夫人墓志铭	李氏	749	41	749	牟知损	补遗六 438、续集天宝 52
23	唐故河东裴氏夫人墓志铭	裴氏	749	?	749	王阒	续集天宝 54、补遗六 438
24	大唐西河郡平遥县尉慕容故夫人源氏墓志铭	源氏	750	27	750	慕容	补遗二 546、北图二六 27、千唐 854、汇编洛阳一一 135、墓志天宝 163
25	顺节夫人墓志铭	李氏	751	35	752	张之绪	补遗一 179、北图二六 58、千唐 870、汇编洛阳一一 174、墓志天宝 200

续　表

序号	志　题	志主	卒年	享寿	葬年	作者即其夫	出　处
26	亡妻侯氏墓志铭	侯氏	753	56	753	车谔	补遗一180、北图二六82、千唐880、汇编洛阳一一191、墓志天宝218
27	大唐前延王府户曹参军李瑶故妻京兆韦夫人墓志之铭	韦氏	754	20	754	李瑶	补遗二561
28	大唐征士胡君夫人成氏墓志铭	成氏	760	39	760	胡某	补遗六450
29	前汝州司马李华亡妻太原郭夫人墓志铭	郭氏	763	36	769	李华	补遗一199、北图二七80、汇编洛阳一二37、曲石66、墓志大历013
30	大唐故陇西李夫人墓志铭	李氏	775	52	775	陈某	续集大历25、陕西一157
31	有唐永宁县尉博陵崔佚妻太原王氏墓志铭	王嫆	775	22	775	崔佚	偃师杏园唐墓（科学出版社，2001年）、补遗八84
32	大唐故彭城郡君刘氏权宁墓志铭	刘鸿	781	?	781	张少悌	补遗二29、汇编陕西四46
33	大唐河南府汜水县丞邢倨夫人景氏墓志铭	景氏	787	55	787	邢倨	补遗一215、北图二八46、千唐947、汇编洛阳一二107、墓志贞元011
34	唐试大理评事郑公故夫人范阳卢氏墓志铭	卢氏	792	?8	795	郑易	补遗一226、北图二八113、千唐960、汇编洛阳一二137、墓志贞元063
35	唐蔡州司法参军翟□晋亡妻萧氏墓志	萧十九娘	796	?	805	翟□晋	续集永贞4、汇编洛阳一二190、辑绳619

续 表

序号	志题	志主	卒年	享寿	葬年	作者即其夫	出处
36	唐前卫尉卿赐紫金鱼袋张公夫人太原郡君郭氏墓志铭	郭仪	798	4？	799	张滂●	补遗六114、北图二八149、千唐661、汇编河南87、洛阳一二154、墓志贞元091
37	亡妻弘农杨氏志	杨氏	799	23	799	柳宗元●	柳河东集卷一三、文苑英华卷九六八
38	唐朝请郎前行陕州大都督府文学李瞻亡妻兰陵萧氏墓志	萧氏	812	23	812	李瞻●	续集元和40、汇编陕西二40
39	亡妻清河崔氏墓志铭	崔氏	814	26	814	裴简	补遗一266
40	亡妻陇西董氏墓志铭	董容	814	35	816	郑镒	补遗八122、邙洛碑志三百种232
41	唐韦氏故夫人河东薛氏墓志铭	薛琰	817	22	817	韦暎	补遗七92
42	唐乡贡进士卢君夫人博陵崔氏墓志	崔煴	？	26	817	卢雄	补遗三171、北图二九119、汇编北京二50、墓志元和103
43	唐张十八娘子墓志	张十八娘	818	28	818	武季元	补遗一269、墓志元和115
44	魏氏继室范阳卢氏墓志铭	卢氏	820	24	820	魏称	补遗一276
45	大唐洛阳县尉王师正故夫人河南房氏墓志铭	房敬	822	23	822	王师正	补遗一278、北图三十17、千唐1021、汇编洛阳一三58、墓志长庆011
46	唐故乐安蒋夫人墓志铭	蒋倩	822	？	822	王高	补遗八129

续 表

序号	志　题	志主	卒年	享寿	葬年	作者即其夫	出　处
47	唐华州潼关防御判官朝请郎殿中侍御史内供奉骁骑尉赐绯鱼袋杨汉公故夫人荥阳郑氏墓志铭	郑本柔	823	32	823	杨汉公●	补遗八132、碑林集刊九16
48	右监门卫胄曹参军故夫人京兆韦氏墓铭	韦楚和	824	27	825	马文同	补遗四106
49	大唐故太原王氏夫人墓志铭	王缓	833	27	834	郑当●	补遗四137、北图三十149、汇编洛阳一三125、辑绳654、墓志大和067
50	故郑氏夫人墓志铭	郑氏	833	50	833	寇章	补遗四138、北图三十157、汇编洛阳一三128、墓志大和074
51	唐故崔夫人墓志	崔霞	837	24	838	桂休源	补遗四144、北图三一32、汇编洛阳一三148、唐宋351、辑绳662、墓志开成013
52	前大理评事薛元常妻弘农杨氏墓志	杨氏	839	?	839	薛元常	补遗四492、续集开成21、考古1990年9期
53	荥阳郑夫人墓志铭	郑琼	841	33	?	杨牢●	补遗一323、千唐1079、汇编洛阳一三173、墓志会昌005
54	唐乡贡进士陈郡殷恪妻钟陵熊夫人墓志铭	熊休	839	31	841	殷恪	补遗八161
55	唐故京兆杜氏夫人墓铭	杜絪	843	27	843	杨宇●	补遗一328、北图三一104、千唐1086、汇编洛阳一三186、墓志会昌021

续表

序号	志题	志主	卒年	享寿	葬年	作者即其夫	出处
56	故范阳汤氏夫人权厝记文	汤氏	842	40	843	李文举（鳏夫）	补遗四167、八165、汇编江苏93
57	（前缺）平阳敬氏墓志铭	敬氏	843	33	844	罗士则●	补遗三214、汇编陕西二75
58	大唐亡妻天水秦氏夫人墓志铭	秦瓈	843	27	843	冯履仁	补遗四168、北图三一105、汇编北京二93、墓志会昌024
59	唐河中晋绛慈隰等州观察支使试秘书省校书郎清河崔君妻天水赵氏墓志铭	赵氏	846	35	846	崔隋	补遗四174、北图三一151、汇编洛阳一三200、墓志会昌053
60	纪公妻张氏墓志	张氏	847	49	847	纪□	补遗七123
61	唐故荥阳郑氏夫人墓铭	郑徇	847	49	847	刘略●	补遗六159
62	故京兆韦氏夫人墓志铭	张氏	848	33	848	韦顼●	补遗一340、北图三二22、千唐1103、汇编洛阳一四12、墓志大中022
63	亡妻平昌孟氏墓志铭	孟氏	850	22	851	杨瓈	补遗七127、墓志大中051
64	庾氏妻兰陵萧氏墓志铭	萧氏	852	28	852	庾游方	补遗七128
65	郑氏夫人权厝墓志铭	郑氏	853	24	853	李君夏	补遗六166、汇编洛阳一四38、辑绳687、续集大中37
66	唐故荥阳郑夫人墓志铭	郑子章	853	23	854	卢知宗	补遗四193、北图三二98、饶359、汇编洛阳一四43、墓志大中083

唐代的亡妻与亡妾墓志

续 表

序号	志 题	志主	卒年	享寿	葬年	作者即其夫	出 处
67	唐朝议郎汉州什邡县令京兆田行源亡室陇西李氏墓志铭	李氏	854	62	854	田行源●	补遗二63、汇编陕西四138、续集大中45
	唐故颍川陈夫人墓志铭	陈氏	856	25	856	王顼	叶廷琯吹网录三
68	大唐赵郡李烨亡妻荥阳郑氏墓志	郑珍	855	29	859	李烨●	补遗四220、北图三二171、饶362、汇编洛阳一四88、墓志大中157
69	有唐卢氏故崔夫人墓铭	崔氏	857	24	857	卢缄	补遗一369、北图三二140、千唐1136、汇编洛阳一四71、墓志大中128
70	唐故范阳卢氏荥阳郑夫人墓志铭	郑氏	858	32	858	卢韶●	补遗六174、河南文物考古论集(河南人民出版社,1996年)
71	皇甫氏夫人墓铭	白氏	858	19	858	皇甫炜●	补遗七134、文物1998年第7期
72	唐姚氏故夫人扶风马氏墓志铭	马婉	858	24	858	姚潜●	补遗八194
73	唐故京兆韦夫人墓志铭	韦氏	859	31	859	孙徽	补遗七136
74	唐故范阳卢氏夫人墓志铭	卢氏	859	37	859	杨知退	补遗一418
75	唐范阳卢氏夫人墓志铭	卢氏	861	41	862	李璋	补遗一384、北图三三16、千唐1156、汇编洛阳一四101、墓志咸通014
76	亡妻太原王夫人墓志铭	王太真	862	23	863	唐思礼●	补遗三249、汇编陕西二102

续表

序号	志题	志主	卒年	享寿	葬年	作者即其夫	出处
77	亡妻荥阳郑氏夫人墓志铭	郑氏	863	35	864	高湜	补遗四205、北图三三39、汇编洛阳一四112、墓志咸通033
78	唐乡贡进士孙备夫人于氏墓志铭	于氏	865	30	865	孙备●	补遗一391、北图三三50、千唐1164、汇编洛阳一四118、墓志咸通040
79	有唐前乡贡进士崔凝亡室陇西李氏墓志铭	李氏	867	25	867	崔凝●	补遗六183、续集咸通003、考古1992年第11期
80	唐故范阳卢夫人墓志铭	卢氏	868	19	868	郑颀	补遗六183
81	亡妻北海俞氏夫人墓志铭	俞氏	870	30	870	唐思礼●	补遗三250、续集咸通071
82	唐孟氏冢妇陇西李夫人墓志铭	李琡	871	35	871	孟启	补遗八215
83	唐故河南贺兰夫人墓志铭	贺兰英	874	?	874	柳子尚（义夫）	邙洛碑志三百种277
84	亡室姑臧李氏墓志铭	李道因	876		877	崔晔	补遗一394、北图三三160、汇编洛阳一四183、曲石93、墓志乾符020
85	缺题	王循		26		李景裕	补遗二80
86	唐故清河郡张氏夫人墓志铭	张氏	892	43	892	孙珦	补遗三292、北图三四29、汇编江苏145、墓志景福001
87	唐故扶风郡马氏夫人墓铭	马氏	900	63	900	王弘达	补遗一430、续集光化002、文物1988年第12期

附录二　　　　　　　　　　亡妾墓志一览

序号	志题	志主	卒年	享寿	葬年	作者即夫主	出处
1	大唐邠王故细人渤海郡高氏墓志之铭	高淑媛	735	36	736	邠王守礼	续集开元146、补遗六58
2	大唐华原县丞王公故美人李氏墓志铭	李二娘	750	21	750	王公	续集天宝061、补遗五384、西安碑林全集卷八一
3	葬安氏志	安仙嫔				元稹	元氏长庆集卷五八、全唐文卷六六五
4	卢金兰墓志铭	卢金兰		26		沈亚之	沈下贤文集卷一一、全唐文卷七三八
5	唐故濮阳郡夫人吴氏墓志并铭	吴氏	824	30	840	杨鲁士	补遗四152、北图三一55、汇编洛阳一三158、辑绳664、墓志开成035
6	滑州瑶台观女真徐氏墓志铭	徐盼	829	23	829	李德裕	墓志大和025、北图三十95、汇编洛阳一三102、辑绳648
7	唐故章四娘墓志铭	章柔和	833	34	833	李项	续集大和043、辑绳653
8	渤海严氏墓志	严氏	833	41	834	田聿	墓志大和071、北图三十152、千唐1055、汇编洛阳一三127、
9	唐故颍川陈氏墓记	陈兰英	850	40	850	柳知微	墓志大中048、八琼室金石补正卷七五、题跋209、北图三二55、汇编北大二120

续 表

序号	志题	志主	卒年	享寿	葬年	作者即夫主	出处
10	故南安郡夫人赠才人仇氏墓志铭	仇氏	851	24	851	宣宗李忱	补遗四189、北图三二65、汇编北大二123、墓志大中055
11	唐茅山燕洞宫大洞炼师彭城刘氏墓志铭	刘致柔	849	40	852	李德裕	补遗一353、北图三二82、千唐1119、汇编洛阳一四35、墓志大中071
12	缺题	支氏	853	?	853	归仁晦	补遗七129（补题误作归仁晦妻）、墓志大中076
13	前邢州刺史李肱儿母太仪墓志	陈太仪	863	44	863	李肱	墓志咸通030、北图三三31、千唐1162、汇编洛阳一四111
14	前长安县尉杨筹女母王氏墓志	王卿云	864	?	?	杨筹	墓志咸通038、八琼室金石补正卷七六、北图三三46、汇编北京二125
15	故妓人清河张氏墓志	张氏	864	51	865	李从质	续集咸通028、北图三三49、汇编洛阳一四117、陕西二108、辑绳700
16	唐杜陵韦氏侧室李氏墓志铭	李越客	865	26	865	韦澳	续集咸通038、汇编陕西四150
17	唐故殷氏墓志	殷珪	869	?	?	韦滔	补遗六188、汇编洛阳一四150、辑绳705

续表

序号	志题	志主	卒年	享寿	葬年	作者即夫主	出处
18	唐河南府河南县尉李公别室张氏墓志铭	张留客	871	30	872	李瑠	补遗四250、北图三三117、汇编洛阳一四159、墓志咸通102
19	唐张氏墓记	张三英	873	24	873	刘异	续集咸通096、汇编河南126

说明：

一、本表所列典籍简称如下：

北图：《北京图书馆藏历代石刻拓本汇编》，中州古籍出版社1989年影印本。

汇考：毛汉光主编《唐代墓志铭汇编附考》十八册，中研院历史语言研究所专刊第81种，1985—1994年版。

千唐：张钫《千唐志斋藏志》，文物出版社1984年影印本。

辑绳：洛阳市文物工作队编《洛阳出土历代墓志辑绳》，中国社会科学出版社1991年影印本。

汇编：《隋唐五代墓志汇编》，天津古籍出版社1991年影印本。

墓志：周绍良等编《唐代墓志汇编》，上海古籍出版社1992年排印本。

续集：周绍良、赵超主编《唐代墓志汇编续集》，上海古籍出版社2001年排印本。

补遗：吴钢主编《全唐文补遗》八册，三秦出版社1994—2005年排印本。

唐宋：饶宗颐《唐宋墓志：远东学院藏拓片图录》，香港中文大学出版社1981年版。

二、所用各书，汇编按地域分卷，墓志、续集按年号顺序编号，汇考全书统一编号。简称后的汉字数指册数，阿拉伯数字指页数或编号。

三、作者即其夫墓志已出土者，在其名后加●以为标识。

（本文为2003年2月应川合康三教授之邀请，在京都大学文学部所作之学术报告。曾得到绿川英树先生和蒋维崧先生校订指正。附表中增入了其后三年发现的新资料，正文则未作大的改动。刊《中华文史论丛》2006年第2辑）

唐代翰林学士文献拾零

翰林学士始设于玄宗时，后一直为代皇帝起草文书的近臣，或参与机密，或因此而得晋身宰执，为文人之重要职位。唐人入出翰林院之始末，先因有丁居晦《重修承旨学士壁记》得初备梗概，继因岑仲勉撰《翰林学士壁记注补》和《补唐代翰林两记》而得大体昭明，近则有傅璇琮先生撰《唐翰林学士传论》（辽海出版社，2005年12月）、《唐翰林学士传论·晚唐卷》（辽海出版社，2007年11月）二书（均简称《传论》），得以溯本清源，穷尽原委，不仅将所有翰林学士之入院始末弄清楚，还从各位学士的人生经历、文学与政治活动加以清理，得以完整展示各自的成就与事功，并藉以揭示进入唐代文学最高地位的这些学士的人生道路，从多方面描述唐代文学发展的丰富成就。关于二书的成就以及学术典范意义，我已另撰文《唐代文史研究的典范著作——评傅璇琮先生〈唐翰林学士传论〉两种》予以评述，可参看。在阅读二书过程中，也发现一些新见文献和稀僻资料偶有遗漏，逐次记录，乃就所见写出，以供傅先生修订二书时参考去取。

我认识傅先生逾三十年，深为他开辟学术新路的勇气而倾倒，也为他鼓励学术争鸣、倡导学术讨论的气度所感动。记得先生主编《唐才子传校笺》出版，学者好评推崇，陶敏先生与我写出补笺，他不以为忤，积极安排出版，为后学树立人格典范。今为先生寿八十华诞，乃草成本文，虽知多为先生弃之不取者，念对学者或可有所参考，于先生或有可参酌，故冒昧写出。不敬之处，幸先生鉴谅。

北京大学历史系陈文龙君撰《晚唐翰林学士丛考——傅璇琮〈唐翰林学士传论·晚唐卷〉匡补》，我得见友人见示之电子文本，未能检到刊于何处。曾有所参考，特此说明。

一、玄宗朝学士

吕向（《唐翰林学士传论》第 188 页。以下仅注页数）

《传论》已据《宝刻类编》卷三录吕向文五篇,今知尚有开元十二年八月《唐温国寺静泰法师塔铭》,见《金石录》卷五;十八年《唐内侍省杨公碑》,见《宝刻丛编》卷七引《京兆金石录》。另《全唐文补遗·千唐志斋新藏专辑》收有天宝元年四月撰《唐故朝议郎行鲁郡兵曹参军任府君（晖）墓志铭》,署"吏部侍郎东平郡吕向撰"。其任吏部侍郎,他书不载,可能是工部前之职。

尹愔（第 192 页）

欧阳修《集古录跋尾》卷六《唐群臣请立道德经台奏答》,云"道士尹愔奏请怀州依京样摹勒石台,乃开元二十五年也"。另《长安志》卷一五引《两京道里记》云:太玄观"唐武德二年置,在骊山下。开元二十七年,以宫墙逼近,难于展敬,乃令谏议大夫道士尹愔徙之。今在宫北一里"。可补其卒前一年事迹。另尹愔道事在小说与道藏中尚多,不具列。

刘光谦（第 196 页）

宋龚明之《岳阳风土记》载:"平江有李林甫坟在九峰,刘光谦坟塔在长庆,陈希烈坟塔在惠果,陆善坟在芭蕉,徐安贞坟塔在下台,今无遗迹。但长庆有刘光谦绘像。"诸人皆天宝旧人,似并非皆岳阳人,且李林甫身后被清算,陈希烈因附逆被杀,墓志出于洛阳,陆善即陆善经,为天宝间饱学者,日本记录其著作颇多,今仅《文选集注》存其若干旧注。《新唐书·艺文志》载《礼记月令》一卷,"集贤院学士李林甫、陈希烈、徐安贞,直学士刘光谦、齐光义、陆善经,修撰官史玄晏,待制官梁令瓒等注解",此诸人皆在列。估计是有受诸臣恩惠者,南行而存诸人衣冠冢坟以为纪念。刘光谦于天宝十二载后踪迹不详,或即其家人所为欤?

张垍（第 199 页）

按张垍撰天宝三载七月《驸马都尉豆卢建碑》,欧阳修有藏,《宝刻丛编》卷八《集古录目》著录云:"《唐驸马都尉豆卢建碑》,唐卫尉卿、驸马都尉张垍撰。诸王侍书荣王府司马韩择木八分书并额。建字立言,河南人。尚玄宗女建平公主，位至太仆卿、驸马都尉。碑以天宝三年七月立。"赵明诚《金石录》卷二七为其撰跋云："右唐《豆卢建碑》云：'建其先，慕容氏前燕枝族也。九世祖苌，在魏赐姓豆卢氏，封北地王。'按《元和姓纂》云：'慕容运孙北地王精，入后魏，道武赐姓豆卢氏。精生丑，丑曾孙苌，生宁。'而《北史·宁传》云：'宁曾祖胜，以燕皇始初归魏，授长乐郡守，赐姓焉。'唐距北朝未远，氏族书完备，士大夫人人能知其得姓之自。今碑与《北史》《姓纂》所载不同如此，皆莫可考。"建尚建平公主，大约因同为驸马而撰碑。碑虽佚，主要内容则因欧、赵二人所述而得存梗概。另日本藏唐抄本《新撰类林抄》卷四存署名张垍诗《同房侍御竹园新亭与邢大判官同游》："隐隐春城东，朦胧陈近深。君子顾榛莽，兴言伤古今。决河道新流，疎径踪旧林。开亭俯川陆，时景宜招寻。肃穆逢使轩，寅犹事登临。忝游芝兰下，还对桃李阴。峰远白波来，气喧黄鸟吟。因觇歌颂作，始知经济心。灌坛县有遗风（此句衍县字），单父多鸣琴。谁得久州县，苍生怀德音。"《高常侍集》卷四、《全唐诗》卷二一二录此为高适诗，确属待酌。

张渐（第207页）

《宝刻丛编》卷八引《京兆金石录》："《唐青城县令曹琳墓志》，唐张渐撰，陈续正书，天宝六年。"另《碑林集刊》第八辑刊赵振华《韦衡墓志与盛唐马政》一文，附河南孟津2000年出土《韦衡墓志》，署"中书舍人张渐纂"，葬于天宝十三载正月，可补充张渐之文学活动。

窦华（第212页）

窦华墓志已经出土，承仇鹿鸣博士见示拓本，题作《唐故朝议大夫中书舍人翰林院学士窦府君墓志铭》，为徐浩撰文，李稷隶书。志载窦华字华，曾祖为陕州刺史德冲，祖为申、莱、邢三州刺史义节，父为仪、棣、青三州刺史、寿王府长史诚盈。华为诚盈第二子，年廿四秀才登科，历任相州安阳尉、岐州扶风、河南府阳主簿，摄洛阳尉即真，转万年丞，摄大理寺丞，充和市和籴判官，监司农出纳。丁艰后授大理丞，摄殿中侍御史，监左藏出纳。丁内忧后，迁刑部员外郎，充铸钱判官。擢兵部郎中。迁中书舍人，加翰林、集贤院学士。"属两京失守，万乘南巡，收编之将坠，望属车而不及，以奔命后期，左零陵郡司马。"至德二年闰八月十二日因病卒于合州石镜县之旅次，春秋六十有二。因为有关窦华的传记资料缺乏,故较详摘录如上。据此可知他应生于武后万岁通天元年(696),虽秀才登科,但长期担任监仓、和籴、铸钱一类事务。他在天宝后期任学士,其时翰林院、集贤院还没有清楚的分割。墓志回避了窦华依附杨国忠的事实,是此类文章的通例。《传论》因史料缺乏,从旧史认为窦华在马嵬事变后被杀。墓志则载其因随驾后期而被贬,显有讳饰。从他的贬地和卒地的地理推测,他应是在蜀中被贬。墓志载其乾元二年(759)权葬万年少陵原。

又《太平御览》卷八四九引《明皇杂录》:"天宝中,诸公主相效进食,上命中官袁思艺为检校进食使。水陆珍羞数千盘之费,尽中人十家之产。中书舍人窦华尝因退朝,遇公主进食,方列于通衢,乃传呼按辔,行于其间。宫苑小儿数百人,奋挺而前,华仅以身免。"此可补窦华轶事。另南宋尤袤《遂初堂书目》有《窦华集》,未知即此人否。

裴士淹(第216页)

《传论》提到《全唐诗补逸》卷五据《永乐大典》卷一三〇七四所补裴士淹诗《游石门洞》,认为"是否为其所作,尚待考"。按此诗即《宝刻丛编》卷一三引《诸道石刻录》所载之"唐石门山瀑布记并诗,唐窦公衡记,并裴士淹诗,并八分书。后有谢灵运、丘希范诗,并希范六代侄丹和诗,大历中陈恒赞书",诗题应作《石门山瀑布》,诗中载"登栈过崖畔,空间瞻瀑布。千龄无断绝,百尺恒奔注。高岩进似珠,半壁洒如雾。潋艳水澄澈,欹倾石回护",可以确证。另《大典》也收丘迟等诗。另裴已逸文章,《宝刻类编》卷八载广德元年撰《赠武威忠勇王李嗣业碑》,嗣业为中兴名将。又大历中撰《凤翔节度孙志直碑》,《宝刻丛编》卷一一引《集古录目》略存其梗概:"《唐凤翔节度孙志直碑》。唐礼部尚书裴士淹撰,太子少保致仕韩择木分书。孙公名志直,字无挠,河西姑臧人。后于京兆,尝为凤翔尹、陇右四镇节度,封晋昌王。罢以本官奉朝请、待制集贤院、议军国□□□□□。先自营其墓而立此碑。无所刻年月。"叶梦得《石林燕语》卷四云此碑述"待制给食入衔,此出一时权宜,后不以为常,故唐书载之不详"。为撮引碑句。近年新出,则有《隋唐五代墓志汇编》所收开元二十四年撰《大唐故云麾将军左威卫将军上柱国天兵行军副大使兼招慰三姓葛逻禄使炽俟府君(弘福)墓志铭》,署"朝散郎行长安县尉裴士淹撰",为其早年文章,也是至今其仕宦的最早记录。另关于《裴给事宅看牡丹》一诗,非裴士淹撰,考订已详,可以补充的是,《文苑英华》卷三二一作卢纶诗,《全唐诗》卷二八〇据收卢纶下。《南部新书》卷丁则作裴潾诗,《分门纂类唐歌诗》卷九五、《全唐诗》卷五〇七又作裴潾诗。裴潾、卢纶二说中,或以卢作的可能性为大。

二、肃宗朝学士

苏源明(第233页)

按苏源明撰文碑石近年颇有出土。《文物》1983年第3期刊洛阳出土《唐故中大夫福州刺史管府君神道碑》,署"左拾遗内供奉东周苏预撰",碑主管元惠卒于开元二十六年,碑则为天宝元年二月立。《隋唐五代墓志汇编》陕西卷第一册收《大唐故明威将军检校左威卫将军赠使持节陈留郡诸军事陈留郡太守上柱国高府君(元珪)墓志铭》,署"国子司业苏预撰",天宝十五载暮春三月刻石,即安史已乱后。

另《全唐文补遗·千唐志斋新藏专辑》(三秦出版社,2006年6月)发表卢季方撰《郑虔墓志》,明确记载郑虔卒于乾元二年九月二十日,年六十九,则据杜甫诗推定苏源明卒年也值得重新审核。杜甫《哭台州郑司户苏少监》:"故旧谁怜我?平生郑与苏。存亡不重见,丧乱独前途。豪俊何人在?文章扫地无。羁游万里阔,凶问一年俱。白日中原上,清秋大海隅。夜台当北斗,泉路着东吴。得罪台州去,时危弃硕儒。移官蓬阁后,谷贵没潜夫。流恸嗟何及?衔冤有是夫。道消诗发兴,心息酒为徒。许与才虽薄,追随迹未拘。班扬名甚盛,嵇阮逸相须。会取君臣合,宁诠品命殊。贤良不必展,廊庙偶然趋。胜决风尘际,功安造化炉。从容询旧学,惨澹闟阴符。摆落嫌疑久,哀伤志力输。俗依绵谷异,客对雪山孤。童稚思诸子,交期列友于。情乖清酒送,望绝抚坟呼。疟疠飡巴水,疮痍老蜀都。飘零迷哭处,天地日榛芜。"此诗不载宋本《杜工部集》,至蔡梦弼《杜工部草堂诗笺》卷四〇云为蜀中员安宇所收。其诗并哭二人,属苏者包括"白日中原上"、"夜台当北斗"、"移官蓬阁后,谷贵没潜夫"等句,是苏卒于中原,且在移官蓬阁即学士院后。从杜甫在蜀可以得到消息的路径来说,显然中原更便捷一些。我比较倾向苏卒于乾元二年,即杜甫西行后不久,入蜀方得确信。旧注因诗中有"谷贵没潜夫"句,《八哀诗·故秘书少监武功苏公源明》亦云其卒时"长安米万钱,凋丧尽余喘",联系《旧唐书·代宗纪》云广德二年自七月至九月,"大雨未止,京城米斗值一千文",又称"是秋,蝗食田殆尽,关辅尤甚,斗米千钱",故定前诗为广德二年作。其实,谷米价贵是战乱后数年间经常的事,不能因此而定非广德不可。

潘炎(第244页)

近年出土潘炎撰碑志,《传论》已提到《高力士墓志》。另《高力士神道碑》,《全唐文》卷九九三收阙名下,殆明清间仅见上截碑,无署名。《考古与文物》1983年第2期陶仲云、白心莹《陕西蒲城县发现高力士残碑》一文,附拓片及录文,作者署衔存"尚书驾部员外郎知制诰韩□□奉敕撰"一行,文有"臣炎不才"句,《全唐文补遗》第一辑即以作者为韩炎。按《高力士墓志》署衔为"尚书驾部员外郎、知制诰潘炎奉敕撰",可知碑、志皆潘炎所作。《全唐文补遗》第八辑收其大历八年撰《畬元仙墓志》,署"右庶子潘炎撰"。另《不空表制集》卷一存《赠金刚三藏开府及号制》一篇。

三、代宗朝学士

常衮(第248页)

常衮作文数量巨大,仅《新唐书·艺文志》载其《诏集》就有六十卷之多。《全唐文》收为十一卷,堪称丰富。另《唐文续拾》卷六补六篇,拙辑《全唐文补编》卷五二补九篇。又晏殊《类要》所引,达三十三篇,其中《全唐文》未见者有十九篇,较重要者有《敬括同州刺史制》《李构泉州刺史制》《郭子华赠官制》《加李怀仙押奚契丹两蕃使制》《宣示令狐彰遗表制》《与吐蕃盟誓文》等,详唐雯博士论文《晏殊〈类要〉研究》(上海古籍出版社,2012年)。其中《与吐蕃盟誓文》保存大历二年四月与吐蕃兴唐寺盟约制片段,尤为重要。近年新出,则有《全唐文补遗》第六册收《四镇北庭节度使马璘墓志》,撰于大历十二年六月,时常衮在相位。此外,宋人曾见而亡佚者,则有大历三年撰《承天皇帝墓文》，见《宝刻类编》卷三、《宝刻丛编》卷八。

柳伉（第259页）

《高丽藏》本《仁王护国般若波罗蜜多经》卷二附永泰元年四月二日译场列位，有"翰林学士常衮、柳枕等同崇翻译"一行（转录自池田温《中国古代写本识语集录》第309页）。柳枕为柳伉之误，与《传论》所考其时仍为学士合。

李翰（第268页）

李翰《张中丞传》，司马光《资治通鉴考异》卷一四、一五有多次征引，较长段者如引及张巡与令狐潮往还书、相里造诔张许文等。另李翰文之亡佚者，则有《金石录》卷八所录大历十三年十月撰《唐太子典膳郎郑君碑》、建中元年三月《唐立汉黄公碣》等。《秦晋豫新出墓志搜佚》572号收巴山郡丞李知敬墓志，署"侄孙翰撰"，作于天宝十三载，可资了解其家世情况。

于益（第274页）

《宝刻丛编》卷八据《京兆金石录》著录于益大历四年撰《赠郓州刺史张大询碑》，《金石录》卷八著录大历六年闰三月撰《再修信行禅师塔记》，可补充其已逸文章情况。宋张礼《游城南记》云："百塔在樱梓谷口。唐信行禅师塔院，今谓之兴教院。唐裴行俭妻库狄氏，尝读《信行集录》。及殁，迁葬于终南山鸱号堆信行塔之后。由是异信行者，往往归葬于此，今小塔累累相比，因谓之百塔。"可能就是据于益塔记摘录。

四、德宗朝学士

赵宗儒（第287页）

赵宗儒撰《德宗哀册文》，《旧唐书》本传有载，但《唐会要》卷一则云为许孟容撰。晏殊《类要》卷九引宗儒撰《德宗哀册文》云："太上皇痛缠□疚，孝极追攀。"虽甚简，但可确证宗儒亦曾撰此文，且此文为顺宗逊位后作，故特别提到太上皇的悲感。

宗儒本人墓志也已出土，寒斋藏有拓本，另《洛阳师范学院学报》2011年第10期郭茂育《唐代赵宗儒墓志研究》有全文刊布，又见《秦晋豫新出墓志搜佚》729号。墓志为郑澣撰,述宗儒先世、历官皆甚详,大体与正史所载合,且《传论》已基本理清。谨录其在翰院一段如下:"时少监府君分曹东夏,坚乞就养,遂换陆浑主簿。征拜右拾遗,充翰林学士,改屯田员外郎,近职如故。腴润皇猷,善阅清机,宥密之理,行之久可。俄丁少监府君艰,充穷疑慕,有激名教。"大和六年(832)卒,年八十七,其入院时为三十五岁,虽未必是最年轻的学士,但肯定是出院后存活岁数之最长者。

即将出版的齐运通编《洛阳新出七朝墓志》三二五号,收署"银青光禄大夫、吏部尚书赵宗儒撰"的《唐故扶风郡夫人京兆韦氏墓志铭》,即宗儒亲为其妻所撰墓志。其妻韦氏,长安县丞韦单之女,名信初,生于甲辰(764),建中元年与宗儒成婚,诞一子真龄及二女。长庆四年正月卒,年六十一。墓志显示其夫妻感情深厚,伤悼沉痛,且其执笔时已是八十老人,可谓一往情深。其中一节述其新婚与入院为同时事:"建中元年七月,余修纳彩之礼,才过亲迎。家世迁秘书少监,余蒙恩授左拾遗、充翰林学士,同日拜命,当时嗟称。谓夫人福应宜家,入门有庆。咸以此之卓异,他族所稀。"与丁记所载合,且可知入院在七月或稍后。且可知其父赵骅也同时除秘书少监。

陆贽(第296页)

欧阳修《集古录跋尾》卷八《唐贺兰夫人墓志》:"右《贺兰夫人墓志》,唐陆贽撰,或云贽书也。题曰《秘书监陆公夫人墓志铭》,而贽自称侄曾孙。此石在常州。"石为贞元七年立。因苏轼推崇陆贽之文,宋人数次刊刻、校解其集,然此志终因无人收拾而沦亡,甚可惜。

吴通微(第313页)

《传论》仅引《全唐文》所收通微文一篇。今知宋人著录及近代出土其石刻甚为丰富,略述如下。

宋人曾见者有:《金石录》卷六收其贞元六年撰《大圣真身舍利塔碑》。《宝刻丛编》卷八引《京兆金石录》:"《唐章敬寺碑》,唐吴通微撰,毛伯良书,元和七年。"盖立石在其身后。《太平寰宇记》卷二六载高陵县"龙跃宫在县西十四里,唐高祖太武皇帝龙潜旧居也。武德六年置龙跃宫,德宗改为修真观。翰林学士吴通微撰碑文,顺宗皇帝书"。所撰,《宝刻类编》卷二作《修贞宫碑》,贞元四年立,《玉海》卷一五七作《修真宫铭》。《宝刻类编》卷二载

"《纪南充县谢自然上升敕》,吴通微撰,(皇太子诵)行书,贞元十四年,京兆"。为今知吴的最后事迹。

近年出土者有:《文物》1991 年第 9 期刊拓本《故唐安公主墓志铭》,署"朝散大夫、守尚书职方郎中、翰林学士臣吴通微奉敕撰",公主为德宗长女,兴元元年十月葬。《西安碑林博物馆新藏墓志汇编》二〇一号收《大唐故永王第二男新妇河东郡夫人宇文氏墓志铭》,署"校书郎吴通微撰"。宇文氏卒于肃宗元年(762)建卯月,葬于建巳月。此较《传论》所举通微最早事迹早二十多年,故可珍视。《唐代墓志汇编续集》大历〇〇五《大唐故左威卫武威郡洪池府左果毅都尉赵府君故陇西郡李夫人墓志铭》,署"大理评事吴通微撰文并书"。志主卒于大历三年六月,可知通微其时官职。此志为其撰并书,拓本见《隋唐五代墓志汇编》陕西卷第四册,可见其书迹。《唐代墓志汇编续集》贞元〇二〇收《唐故元从朝议大夫行内侍省内常侍上柱国赐紫金鱼袋俱府君(慈顺)墓志铭》,署"尚书职方郎中、知制诰、翰林学士、赐紫金鱼袋吴通微撰",撰于贞元七年正月。

关于通微的书法,也补充一些资料。宋岳珂《宝真斋法书赞》卷七收录《吴通微临兰亭叙帖》,署"大中大夫、行尚书职方郎中、知制诰、充翰林学士、东海县开国男吴通微临书,时贞元四年岁次戊辰四月己卯朔十一日己丑记"。评其"以意临写,故独与众本不同"。所录职衔较他书为详。其书尤长于行书。宋人著录者有大历五年书《赠太尉裴冕碑》(元载撰),见《宝刻丛编》卷八引《金石录》;十一年《唐肃宗女和政公主碑》(颜真卿撰),见同上引《京兆金石录》;十二年《唐汝州刺史萧淑墓志》(裴郁撰),见同上;大历中书《唐玄宗贤妃卢氏墓志》(颜真卿撰),见同上;贞元四年《唐冬日集藏用上人院诗序》(程浩撰序,王涓诗),见同书卷七引《复斋碑录》;右其自撰《大圣舍利宝塔铭》、《观军容使鱼朝恩碑》、《楚金禅师碑》并阴,亦皆其自书,见《通志·金石略》。又书《韦器墓志》,见《墨池编》卷六,撰者不详,北宋时书迹在洛阳范雍家。此志《通志·金石略》题作《富平县尉韦器墓志》。

另《长安志》卷九载"翰林学士吴通微集书院"在靖恭坊。

吴通玄(第 320 页)

《传论》云通玄未有诗文存世。《隋唐五代墓志汇编》陕西卷第二册收

《唐故扶风县君冯氏墓志铭》,署"起居舍人、翰林学士吴通玄撰",冯氏为内侍雷彦芬妻,卒于贞元三年闰五月,葬于十月,通玄时为翰林学士。此外,《宝刻类编》卷四还著录通玄撰文之《泗州普光寺碑》。

梁肃(第347页)

梁肃为中唐文章大家,虽《全唐文》录其文一百零四篇,今人胡大浚编《梁肃文集》为六卷,散逸仍多。仅《唐文粹》卷九二崔恭《唐右补阙梁肃文集序》提到之文章而今不传者,即达近二十篇之多。我多年来广事采集,所得有《唐常州天兴寺二大德比丘尼传》,见高丽僧义天编《释苑词林》卷一九三。此碑叙玄宗初禅宗北宗与天台僧尼交集事,经密宗僧一行闻于玄宗,给以厚赐。日僧圆珍携归,但在中、日皆未得保存,而在韩国得以留传,堪称难得。另圆珍《传教大师将来台州录》尚收有《天台山智者大师别传论》、《天台山第六祖荆溪和尚碑》,《金石录》卷九载贞元十年十月撰《唐丘公夫人虞氏石表碑》,《宝刻类编》卷四载《太常卿赠吏部尚书崔忠公碑》(贞元十九年刻石,在梁肃身后),则皆不存。

郑絪(第357页)

郑絪文章,宋人所见颇多。《金石录》卷九录"《太子宾客孔述睿碑》,郑絪撰,郑余庆书。元和十一年六月"。《宝刻丛编》卷四《访碑录》:"《唐著作郎权公碑》,唐赵赞撰序,郑絪铭,郑余庆分书。元和十四年立。"今皆不存。

《宝刻丛编》卷五引《集古录目》:"《唐孔岑父碑》,唐太子少傅郑絪撰,前大理少卿柳知微书。府君名岑父,字次翁,鲁国邹人。官至著作佐郎。子戣、戡皆显贵,赠岑父司空。碑以咸通十二年立。在河阴。"欧阳修《集古录跋尾》卷九有《唐孔府君神道碑跋》:"右《孔岑父碑》,郑絪撰,柳知微书。其碑云有子五人,载、戣、戡、戢、戳。按《新唐书·宰相世系表》,岑父六子,戳之下又有戚。表据《孔氏谱》,谱其家所藏。碑文郑絪撰,絪自言与孔氏有世旧,作碑文时,戣等尚在,然则谱与碑文皆不应有失,而不同者何也?"赵明诚《金石录》卷三〇驳云:"余按韩退之为《戣墓志》云:'公之昆弟五人,载、戣、戡、戳,公于次为第二,与絪所撰碑正合。然则安得复有戚乎?盖絪与退之皆当时人,所书宜不谬,而家谱乃其后裔追书,容有差误,不足怪也。"略存此碑梗概。

另《宝刻丛编》卷一八《复斋碑录》:"《唐阴平县记》,唐郑絪撰,无书人名氏篆额。大中六年五月十八日记。"按绹卒于大和三年,此记非其作。《舆地碑记目》卷四作郭茵撰,《蜀中广记》卷九六作周茵撰,《全蜀艺文志》卷五二作周芮撰,未详孰是。

郑余庆(第363页)

《金石录》卷九录郑余庆元和五年五月撰并正书的《唐相国贾耽碑》,《宝刻丛编》卷七录此碑题作《唐赠太尉魏国元靖公贾耽碑》。以贾耽地位之崇高,必为大碑,可惜未得留存。

新见郑余庆遗文颇多。敦煌遗书斯六五三七号收有郑余庆《新定大唐吉凶书仪》,且存长序,称参议者有陆贽、韩愈、李胄等人。《旧唐书》卷一五八本传称余庆元和七年曾撰《惠昭太子哀册》,《考古与文物》1992年第4期刊惠昭太子墓出土玉册,虽残缺较甚,经拼接大致尚可读,末署"吏部尚书、上柱国、荥阳县开国(中缺)敕撰并书"。吏部尚书一职,《旧唐书·宪宗纪》载及。《洛阳新获七朝墓志》304号《唐故使持节渠州诸军事渠州刺史充本州团练守捉使崔府君夫人荥阳郑氏墓志铭》,署"表甥朝议郎、守尚书工部侍郎、知吏部选事、轻车都尉、赐绯鱼袋郑余庆撰"。郑氏名恒,为棣州刺史郑毓女,有七子五女。贞元十四年卒葬。载其官职,与《传论》所考合。

卫次公(第367页)

《宝刻丛编》卷十引《集古录目》:"唐立《卫伯玉遗爱颂》,伯玉裔孙唐陕虢观察使次公撰,河中节度使张弘靖书。伯玉,河东安邑人。晋惠帝初,以太保录尚书事为楚王玮所杀。碑以元和六年立,在安邑。"可补充其先世及遗文内容。

李程(第371页)

《秦晋豫新出墓志搜佚》760号收李程开成五年十一月撰天德军都防御使李逵墓志,此时程已七十五岁,为暮年之作。

五、宪宗朝学士

李吉甫(第409页)

吉甫著作之丰,《传论》述之已详。其文之已亡者,今得数篇。贞元十年正月撰《茶山诗述碑阴记》,徐璹正书,见《金石录》卷九。诗为袁高作,讽湖州岁贡茶事。《金石录》卷二八跋引吉甫《碑阴记》,云其述袁高所历官甚详,赵明诚以为可订唐史之误。贞元十四年正月撰《唐仙都观王阴二真君影堂碑》,储伯阳行书,见《宝刻丛编》卷一九引《金石录》。《金石录》卷九题作《唐王阴二真君碑》。元和十二年撰《唐赠太傅岐国公杜佑碑》,张弘靖书,袁滋篆额,见《宝刻丛编》卷八《京兆金石录》。数人皆贞元、元和间名臣,信为大碑,《类编长安志》卷九载元时尚存,亡佚可惜。晏殊《类要》、潘自牧《记纂渊海》略有摘句,见拙辑《全唐文补编》卷六一。

《全唐文补遗·千唐志斋新藏专辑》第261页收《唐谏议大夫裴公夫人博陵崔氏墓志铭》,署"朝请郎、前行京兆府参军李吉甫撰",为其早年之文。崔氏卒于宝应元年四月,初葬志为阎伯均撰,见同书第244页。吉甫所撰为迁祔志,未载葬期。所幸其夫裴虬墓志也见同书第268页,可知为贞元三年七月事。据志可补吉甫当时所任官职。又志云:"以吉甫忝辱婚姻之眷。"亦可参酌。另《古泉山馆金石文编》卷二录《侍郎纛题名》,有"朝议大夫、前守郴州刺史李吉甫,贞元十九年岁次癸未拾月戊寅朔贰拾四日辛丑,蒙恩除替,归赴阙"云云。是其自郴州先赴阙,复有饶州之命。

裴垍(第418页)

《金石录》卷九载《唐魏博田绪遗爱碑》分上下两号,为"裴垍撰,张弘靖正书,元和六年四月"立。同书卷二七云此碑"政和中,与柳公权所书《何进滔德政碑》俱为大名尹所毁",故不传于世。近代出土则有《唐故桂州刺史兼御史中丞孙府君故夫人范阳郡君卢氏墓志铭》,见《唐代墓志汇编》永贞〇〇六,署"裴氏甥将仕郎、守尚书考功员外郎垍撰",撰于永贞元年十月,与丁记合。自称"爰自弱岁,依于外氏,目玩高躅,心铭厚恩",对了解其外家和早年经历很重要。《长安新出墓志》第228页收《唐故朝请大夫守华州司马韦公墓志铭》,署"正议大夫、守中书门下平章事、兼集贤殿大学士、监修国史、上柱国、赐紫金鱼袋裴垍撰"。韦公名洑,卒于元和五年四月,七月葬,时裴垍适在相位。估计是因为其兄弟娶韦女,故以宰相之尊而为撰墓志。

李绛(第423页)

《传论》对李绛著作已有较详介绍。虽然《全唐文》录其文二卷,主要录自《李相国论事集》，其外仅存碑、赋各一。其实李绛尤长于碑版，宋人所见者即有元和八年十二月《襄州樊成公遗爱碑》（《金石录》卷九）、元和十三年十二月《唐左常侍李众碑》（同前）、元和十五年七月《唐太子宾客吕元膺碑》（同前），以及刻于他身后的《赠太尉检校金部郎中崔積碑》（同上卷一〇，开成三年正月）、《检校金部郎中赠太尉罗公碑》（《宝刻类编》卷四，开成二年）等。可惜近世以来，尚未见其撰文碑志出土。

崔群（第429页）

崔群文章，颇有可补述者。《郡斋读书志》卷一八云："《符载集》十四卷，集前有崔群、王湘《送符处士归觐序》，皆云载蜀人，以比司马、王、扬云。"《太平御览》卷二一五引《唐书》载其草遂王恒领彰义军节度大使制两句："能辨南阳之牍，允符东海之贤。"

出土墓志已发表者，则有以下数篇。日本《东洋大学文学部纪要史学科篇》24号刊高桥继男《洛阳出土唐代墓志四方绍介和若干考察》录崔群贞元二十一年七月撰崔積夫人太原王氏迁祔志，志主即崔群之母，对了解崔群家世和早年经历都很重要。拙辑《全唐文补编》附《全唐文又再补》卷五据以收入，拟题《崔府君夫人太原王氏迁祔记》。王氏为奉天尉王铎女，崔積继室，贞元十五年卒，年三十七，河南少尹张式为撰墓志。崔群自述己及郑氏姊为卢氏之出，荷王氏"恩育者十有七年"。《唐代墓志汇编》元和一二九录《郑氏季妹墓志铭》，署"堂兄中书侍郎、平章事群述"。志主郑珏，为群叔父崔程女，嫁河中司录参军郑造，元和十四年正月卒，五月葬，适群居相位之时。此志亦见《河阴金石考》卷一，盖清季已出。《唐代墓志汇编续集》元和〇〇五录《唐故江南西道都团练副使侍御史荥阳郑府君夫人清河崔氏权厝志铭》，署"仲弟宣义郎、守右补阙、云骑尉群纂"。志主为崔群伯姊，元和元年六月卒，年三十七，次年二月葬。志述其家事和早年经历颇详。《全唐文补遗》第四辑第104页收《唐故江南西道都团练副使侍御史内供奉郑府君合祔墓志铭》，署官衔为"正议大夫、检校刑部尚书、兼宣州刺史、御史大夫、充宣歙池等州都团练观察处置等使、上柱国、赐紫金鱼袋"。志主郑高，为群伯姊夫，贞元二十一年卒，年六十一，长于其妻逾三十岁。志则为长庆三年十月合祔时撰，时群"出镇宣城，途经洛川"。上述诸志，皆崔群为亲属所撰，也可见其平日撰文之原则。

钱徽（第454页）

《全唐诗》、《全唐文》皆未载其诗文。今略有可知者。《唐代墓志汇编》元和一〇五收《唐故朝议大夫守国子祭酒致仕上骑都尉赐紫金鱼袋赠右散骑常侍杨府君墓志铭》，署"朝散大夫、守太子右庶子、武骑尉吴兴钱徽撰"。志主杨宁，即中唐大臣杨汝士、杨虞卿、杨汉公之父，卒于元和十二年。所述钱徽官职，与两《唐书》本传合。同书残志〇二六，收《（上阙）大理司直兼殿中侍御史赐绯鱼袋弘农杨公〔墓〕志铭》，署"（上阙）歙池等州观察判官、将仕郎、监察御史里行吴兴钱徽撰"。大约撰于贞元后期，时钱徽在宣歙崔衍幕府。

张仲素（第503页）

张仲素遗文见于著录者，一是元和二年七月撰《武宁军大将新亭记》，见《金石录》卷九，为其元和初在徐州作；二是元和十四年二月撰《大圣真身舍利塔铭》，见同书卷九。另《文房四谱》卷五存其《墨池赋》，拙辑《全唐文补编》卷六三据收。《邙洛碑志三百种》收1999年5月洛阳出土《大唐故大理评事彭城刘府君（谈经）墓志》，署"前秘书省校书郎张仲素撰"，时为贞元二十年四月，可补充其早年历官，且知其与同为校书郎的白居易时为同官。

段文昌（第511页）

段文昌在中唐为一大作手，宋人所见颇多，不知是否因苏轼一言，遂至少称道者而多沦亡。今录所知，汇目如下。

贞元三年四月十五日撰《岑先生铭》，见《舆地纪胜》卷一七七《万州碑记》。

贞元十五年作《土洲耆老思旧记》，见《宝刻丛编》卷一九引《复斋碑录》。《金石录》卷九简作《土洲记》，所记元和十五年十一月为刻石时间。

贞元十七年十一月《与房式往还书》，见《金石录》卷九。《宝刻丛编》卷一九作《论土洲记往复书》。

元和三年《石泉县元山观碑铭阴题名》见《宝刻类编》卷五，在金州。

元和三年撰《刑部侍郎刘伯刍碑》，见《宝刻丛编》卷七引《京兆金石录》。

元和八年十月立《大云寺岑公石洞志》，见《宝刻丛编》卷一九引《复斋碑录》，在万州。

元和九年撰《宝园寺故临坛大德智浩律师碑》，见《宝刻类编》卷五。《金石录》卷九作《智浩律师碑》，撰时作元和九年十二月。

元和十二年撰《高崇文妻楚国夫人陈氏碑》，见《宝刻丛编》卷八引《京兆金石录》。

元和十四年撰妻《武氏墓志》，见《宝刻丛编》卷七引《京兆金石录》，男斯立正书。

元和中撰《符载墓志》，见《郡斋读书志》卷一八《符载集》解题。符载曾在西川韦皋、刘辟幕。

大和七年正月五日立《修仙都观记》，见《宝刻丛编》卷一九引《复斋碑录》，《宝刻类编》卷五云碑在忠州。

大和间撰《薛涛墓志》，见《岁华纪丽谱·笺纸谱》。时文昌再镇成都。

蓬州石泉报恩光孝观万岁通天碑碑阴留题，见《舆地纪胜》卷一九〇《蓬州碑记》。

沈传师（第517页）

《新中国出土墓志·河南贰》收《唐故元夫人墓志铭》，署"朝议大夫、守中书舍人、上柱国、赐紫金鱼袋沈传师撰"。元夫人为母命所迫，嫁处州丽水令王淮，但认为王"壅近无才能"，乃携子归娘家。传师为元之甥，则元为其母之姊妹。墓志撰于长庆二年十一月，官职与《传论》所考合。另《古刻丛钞》有其大和七年六月宜兴张公洞题壁，盖自宣歙观察使归朝途中历览所记。又《北京图书馆藏中国历代石刻拓本汇编》三〇册有其大和七年七月廿一日在栖霞寺修斋题记，自署"弟子正议大夫、吏部侍郎、赐紫金鱼袋"，盖自宜兴到金陵，且已除新职。

李肇（第533页）

李肇著《经史释题》，《玉海》卷四二节引其序云："经以《学令》为定，以《艺文志》为编；史以《史通》为准，各列其题，从而释之。"可略知其著作梗概。

《长安新出墓志》第244页收《大唐陇西李夫人墓志铭》，署"朝请郎行陕州安邑尉李肇撰"。李夫人卒于长庆元年三月，八月葬。《传论》认为宪宗时学士李肇与贞元十八年前任华州参军，且为《南柯太守传》作赞者非一人，此则更为另一人，或同时而有三李肇。

六、穆宗朝学士

李绅（第550页）

《唐文续拾》卷六收其撰《唐故博陵崔氏夫人归祔李府君坟所志文》，李、裴为绅兄嫂。志云李以"元和庚寅岁终于无锡县私第"，可证绅为无锡人。另《吴郡图经续记》卷下云绅撰张僧繇、曹不兴《画龙记》，为其佚文。

庾敬休（第559页）

《金石录》卷九："《唐李佑墓志》，庾敬休撰，王无悔八分书。大和三年十一月。"同书卷二九对此志有长跋，常见不录。李佑为淮西将，降唐而助擒吴元济者。另《考古与文物》2006年第3期刊柯卓英、岳连建《唐京兆府功曹参军庾承欢墓志考释》，载长安近年出土《唐故朝散大夫行京兆府功曹参军庾府君墓志铭》拓片，署"再从弟朝议郎、守尚书礼部郎中、骁骑尉、赐绯鱼袋、充翰林学士敬休撰"。志述北周文学家庾信为志主七代叔祖，祖为吏部侍郎庾光先，而敬休自称为从祖弟。志撰于元和十五年十一月，适敬休在院期间，自署官衔与《传论》所考合（前引文录文误"礼部"为"吏部"）。另庾承欢夫人李氏墓志亦已出，刊前刊2005年第4期，大中十年庾道滋撰。

韦处厚（第565页）

《全唐文》卷七一五收其文十一篇。同书卷七二三收韦处元《平张韶德音》，亦其所作。此文《唐大诏令集》卷一二五署韦处原，为处厚之形误，《全唐文》又音误作处元。《文苑英华》四三九据《编制》录此文，不署名。宋人校记云"《诏令》作韦处厚"，是宋刊《唐大诏令集》未误。《宝刻类编》卷七载《邠宁节度高霞寓德政碑》，"弟处厚撰"，王良容书，在邠州。"弟"为"韦"误。《宝刻丛编》卷一〇引《诸道石刻录》作"《唐邠宁节度使高霞遇德政碑》，唐韦处厚撰，王良容书"。"遇"为"寓"误，撰人则可信为韦处厚。《文博》1997年第2期刊陈根远《陕西彬县发现唐代巨碑》、《碑林集刊》第八辑刊陈跃进《唐〈司徒高公德政之碑〉碑主不是高崇文》，分别介绍此碑已经出土，可惜残泐过甚，无法释读，惟"名霞寓字"数字尚可辨识，知即此碑。霞寓长庆元年授邠宁节度使，宝历二年疽发而去职。碑撰于此前，大约也是处厚在院时作。《唐会要》卷五〇载宝历元年长安县主簿郑蔚在南郊前奏祥瑞事，"遂命翰林学士、兵部侍郎韦处厚撰记，令起居郎柳公权书石，置于井之上，以表神异，其名曰《圣瑞感应记》。"此可补其在院期间之写作情况。

另《金石录》卷九载《唐京河新开水门记》，"韦处厚撰，唐衢八分书，元和五年正月。"为其早年所撰文，不传。

柳公权（第581页）

丁记载其长庆四年出院。按敦煌遗书伯4503有其书《金刚经》拓本，末署："长庆四年四月六日，翰林侍书学士、朝议郎、行右补阙、上轻车都尉、赐绯鱼袋柳公权，为右街僧录准公书。"是出院在四月后。

蒋防（第599页）

《秦晋豫新出墓志搜佚》705号收《唐故上轻车都尉刘公墓志铭》，署"司封员外郎蒋防撰"，作于长庆二年十一月。时蒋防在院，丁记在此年十月加司封员外郎，但署衔没有提翰林职。

韦表微（第604页）

韦表微文章，稍有可补者。《舆地纪胜》卷一八六《隆庆府碑记》载："唐韦表微《剑阁铭》，刘国均石刻，在普安县报国寺灵泉。"同书卷一九二引此铭佚文云："天作梁岷，坤维之垒。发地千仞，连冈万里。双剑屹然，群峰耸峙。"《方舆胜览》卷六七所引无后二句，"梁岷"作"梁山"。

《河洛墓刻拾零》第518页存《唐故沔州刺史庐江何公墓志铭》，署"朝议郎、行尚书库部员外郎、翰林学士、上柱国、赐绯鱼袋韦表微撰"。志主何抚，卒于长庆三年十二月，葬于次年二月，表微适在院，所署官衔与丁记合。志云："以表微夙忝姻好，分同伯仲。"可知其家室情况。志末所附为七言铭文，近似歌行，也很特别。另唐人署官衔，翰林学士在职官之前或后，宋人如叶梦得《石林燕语》卷四、张世南《旧闻证误》卷四颇有讨论。就本志署衔看，是否凡在院奉敕撰，则皆以翰林学士首署，以其为代王言之官，而在私属撰文时，则或署后如本志，亦有不署者，以显公私有别。

庞严（第607页）

《传论》云庞严无诗文传世。今知《宝刻类编》卷五载其元和十二年撰《知元法师石幢记》，长庆四年撰《义成节度曹公碑》，稍存其能文之迹。

崔郾（第612页）

《书法丛刊》2009年第5期刊崔郾为著名诗人李益所撰墓志，题作《唐故银青光禄大夫守礼部尚书致仕上车都尉安城县开国伯食邑七百户赠太子太师陇西李府君墓志铭》，署"银青光禄大夫行尚书兵部侍郎上柱国武城县开国侯食邑一千户清河崔郾撰"。此为唐代一流诗人的详尽传记，对李益的文学成就颇多表彰，是显示崔郾文学能力的重要见证，值得关注。此志又见《秦晋豫新出墓志搜佚》725号。

七、敬宗、文宗朝学士

王源中（《唐翰林学士传论·晚唐卷》第1页。以下仅记页数）

《传论》已引及宋人所见其在院所作《李藏用碑》，可补者为宋叶梦得《石林燕语》卷四载此碑署衔为"中散大夫、守尚书户部侍郎、知制诰、翰林学士王源中"，与《集古录目》所载稍异。今知赵明诚尚见其所撰《何文惄碑》，《宝刻丛编》卷七《金石录》："《唐赠太子少保何文惄碑》，唐王源中撰，刘禹锡正书，陈修古篆额。大和四年八月立。"碑久佚。卢谏卿撰《何文哲墓志》已出，见《唐代墓志汇编》大和〇二〇，作于大和四年十月，可参看。此时源中在院为承旨。另《西安碑林博物馆新藏墓志汇编》263号，有《唐故内坊典内银青光禄大夫行内侍省内侍上柱国高阳郡开国公食邑二千户许公墓志铭》，署"翰林学士、中大夫、中书舍人、上柱国、赐紫金鱼袋王源中撰"，作于大和三年十一月。丁记云二年十二月加承旨，而墓志未及，待酌。

另《册府元龟》卷九三五述甘露事变后源中与令狐楚、郑覃召入内庭处决要事。《东都事略》卷三〇《窦仪传》载："唐大和九年甘露事后，数日无宰相，当时左仆射令狐楚、右仆射郑覃、刑部尚书王源中奉行制书。"《传论》已考源中此年十月自山南除刑部尚书，此可补其晚年事迹。

另上海人民美术出版社1982年10月影印上海博物馆藏宋拓本《集王

羲之书金刚经》,有翰林学士八人题赞,《全唐文》及陆心源与本人补录唐文皆失收。此拓本实即《宝刻丛编》卷八引《集古录目》所载之《唐六译金刚经》,"唐右威卫上将军知内侍省杨承和删集,杨翱撰序。初承和以分书经刻于上都兴唐寺,文宗诏取其本,使待诏唐玄度集王羲之书,翰林学士郑覃等六人为赞刻石。以大和六年春立。"《直斋书录解题》卷一二收为一卷。今检此拓本首为杨翱序和新译《金刚经》原文,次为八学士分别所撰《新集金刚经赞》,赞后署"唐大和四年正月十六日建"。再次为知内侍省事杨承和同年七月廿六日《进经状》,末为唐玄度六年春告立碑功毕之状表。此帖前人罕见者,今虽影印,而学者较少关注,且涉文宗时翰林学士之集体写作,故以下皆予揭出。源中赞云:"释尊传旨,化导迷聋。五蕴何有,万缘归空。嗤嗤凡夫,爱恶相攻。塞□欲源,摧人我峰。垢净平等,生灭同风。如如不动,乃悟真宗。"署:"翰林学士、尚书户部侍郎、知制诰、上柱国、赐紫金鱼袋王源中。"《传论》认为丁记二年十二月加承旨为三年之误,此帖署衔仍无承旨字眼,或源中赞作于十二月加承旨前,亦足证二年为误。

宋申锡(第8页)

《考古与文物》1988年第4期刊大和二年五月《大唐故文安公主墓志铭》,署"翰林学士、朝议郎、守尚书户部郎中、知制诰、上柱国、赐紫金鱼袋臣宋申锡奉敕撰"。此为其在院今存之第二篇文章。前引宋拓本《集王羲之书金刚经》中,有其作《新集金刚经赞》:"六译佛言,旨归一致。言亦是空,了奚知异。金口所说,经之奥秘。我本无著,行之则至。若观色相,讵见心地。得其秘微,错综精义。"署:"翰林学士、中书舍人、上柱国、赐紫金鱼袋宋申锡。"与丁记合,惟缺"知制诰"一职。

郑澣(第13页)

郑澣所作文,欧阳修藏有开成二年七月《阴符经序》,见《集古录跋尾》卷九,柳公权书。《宝刻丛编》卷四《集古录目》云澣时官为刑部尚书,"在西京范雍家。经已残缺,所存者数十字",石在北宋已残,所记官职与本传合。

《全唐文补遗》第七辑载有《唐故怀州录事参军清河崔府君故夫人荥阳郑氏合祔墓志铭》,署"外甥朝议郎、行尚书考功员外郎、柱国荥阳郑涵撰"。涵为澣初名。崔名释,元和十二年正月卒,至七月与郑氏合祔。所载官职与两《唐书》本传合。《唐代墓志汇编续集》大和○五三有《唐故功德使朝议大夫内侍省内常侍员外置同正员知东都内□侍□□□长□食邑二千五百户姚公墓志铭》,署"正议大夫、守河南尹、兼御史大夫、上柱国、阳武县开国男、赐紫金鱼袋郑澣撰"。姚公名存古,大和九年三月卒葬。《秦晋豫新出墓志搜佚》729号收《赵宗儒墓志》,署"正议大夫、行尚书兵部侍郎、上柱国、阳武县开国男、赐紫金鱼袋郑澣撰",大和五年二月作。

许康佐(第20页)

《唐代墓志汇编》元和一二四收《唐右金吾卫仓曹参军郑公故夫人陇西李氏墓志铭》,署"承务郎、侍御史、内供奉、赐绯鱼袋许康佐撰"。作于元和十四年二月。志称"康佐婚媾在夫人姻援之末",也与其家室有关。前引宋拓本《集王羲之书金刚经》中,有其作《新集金刚经赞》:"金仙世尊,显示妙门。无我离相,日照氛昏。筌意喻筏,入流本源。众生谁度,诸法谁论。宝乘津梁,玉毫灵根。知见信解,因文寄言。"署:"翰林学士、中散大夫、谏议大夫、赐紫鱼袋许康佐。"与丁记合。

李让夷(第26页)

前引宋拓本《集王羲之书金刚经》中,有其作《新集金刚经赞》:"佛性无著,佛言有归。猗欤此经,得归之微。外忘空相,内泯是非。乃与经义,终日不违。有能信向,或善发挥。髻珠心印,其殆庶几。"署:"翰林学士、尚书职方员外郎、赐绯鱼袋李让夷。"《旧唐书》本传云三年迁左司郎中,丁记不载,以宋拓核,丁记是。

丁公著(第37页)

陈文龙据《宋史·艺文志》知其著有《孟子手音》一卷,并引《直斋书录解题》卷三《孟子音义》,称其书"未精当"。又引孙奭《孟子音义叙》评其"稍识指归,讹谬时有"。

崔郸(第41页)

崔郸墓志已经在《书法丛刊》2009年第1期发表,令狐绹撰,志题与题衔都很长,不录。墓志述其字晋封,大中四年(850)卒,年七十一,是当生于建中元年(780)。贞元十九年在权德舆主持贡举时登第,时年二十四。其早年仕履史籍失载者,则知登第后"补秘书省正字,再调以书判入高等,授渭南县尉"。后入浙右李翛幕府为观察推官,"旋征入拜正监察,转左补阙,迁起居舍人,改司勋员外郎、刑部郎中"。杜元颖镇西川,召其为副使。大约文宗初"征为兵部郎中,转考功郎中",至大和三年入为翰林学士。崔郸入仕后历二十六年方为郎中,入院三年,后十八年遍历清要显职,足见学士一职在其仕履中之重要。关于其在院情况,墓志云:"视草之余,常以皇王大端邦国治道膺顾问。昭献深知之,以为有宰相器。公天资竞畏,且避权幸,不欲久处奥密,累拜疏乞解所职。昭献弗之强,俾出守本官,旋改工部侍郎,充集贤殿学士判院事。"是一位有识见而谨慎的官员。但他主持贡举时,则能秉持公道。"大和八年,拜礼部侍郎。选士必以文以行,不惑浮华之说。时有嬖臣用事,执政者欲昵而结之,俾公升其季于籍,奏乃以族之安危动公,公一无所惧而绌之,人服公之坚正。"在甘露之变的残酷时刻又能挺身而出:"九年仲冬,京师有变,万户恫恐。廷臣多跧伏私室。公时近钟同气之戚,方在宁令,遽命促驾,奔问朝谒。子弟谏止曰:'事未可知,且宜匿避。'公曰:'吾已为大臣矣,安有闻朝之大故而怀私耶?'比及列,则公卿至者无三四。"都能见其为人为官的一些风貌。

前引宋拓本《集王羲之书金刚经》中,有其作《新集金刚经赞》:"释氏经典,莫非真正。惟兹至言,了得佛性。义极幽隐,理归清净。如观水月,似拂尘镜。泡喻知促,色身悟病。导彼群蒙,朗然心莹。"署:"翰林学士、尚书考功郎中、知制诰、上柱国、赐紫金鱼袋崔郸。"与丁记合。

郑覃(第44页)

前引宋拓本《集王羲之书金刚经》中,有其作《新集金刚经赞》:"旷哉□说,悟彼心知。理超言象,迥出希夷。挹之莫测,迎之莫随。乘兹般若,乃达精微。涅盘真性,妙极无为。研穷至矣,□绝思议。"署:"翰林侍讲学士、银青光禄大夫、守右散骑常侍郑覃。"《旧唐书》本传作"左散骑常侍",误,丁记与宋拓合。

路群(第49页)

前引宋拓本《集王羲之书金刚经》中,有其作《新集金刚经赞》:"百千劫内,十二部中。我四句偈,实为真宗。假利喻坚,被昏开聋。能降众魔,大济群蒙。布金之地,刊石之功。昭示正法,流传无穷。"署:"翰林侍讲学士、朝议郎、守谏议大夫、上柱国、赐紫金鱼袋路群。"与丁记合。

李珏(第56页)

《全唐诗》未录其诗。五代或宋初佚名撰《灯下闲谈》卷下《升斗得仙》，说李珏大中初任淮南节度使时，杨子县有小贩姓李名珏，修道白日升仙，节度使李珏为赋诗云："金字空中见，分明列姓名。三千功若满，云鹤自来迎。要警贪悚息，将萌宠辱惊。知之如不怠，霄汉是前程。"此属小说家言，未可信从。

《金石录》卷一〇著录"《唐赠太尉李固言碑》，李珏撰。三从侄侙正书。大中六年二月。"又于卷三〇跋云："右唐《李固言碑》。按《新唐史》列传云：'固言自河东节度使，以疾为太子少师，迁东都留守。宣宗即位，还右仆射。后以太子太傅分司东都，卒。'以碑考之，其初为东都留守，九月即以本官分司，而史不书。宣宗时为仆射，再迁检校司徒、东都留守，而史亦不书。其卒也，史云年七十八，而碑云年七十六。亦当以碑为正。"碑虽不传，据赵氏所录可略知梗概。

近世以来出土李珏遗文，则有《唐代墓志汇编》大和〇五四收《吏部郎中王衮墓志》，署"承议郎守尚书库部郎中、知制诰、充翰林学士、上柱国、赐绯鱼袋李珏撰"。王衮卒于大和六年，御史中丞宇文周驰书求李珏作志，自称"吾属有纪纲事，不暇亲笔砚。子以文为官，盍志之？"这里提出御史台官不合适撰墓志的情况，似是特别的表述，不是必然规定。李珏守职翰院，与志主又曾同游，遂应允撰写。又《隋唐五代墓志汇编》陕西卷第二册收《大唐故郯王墓志铭》，署"翰林学士、朝议郎、守中书舍人、赐紫金鱼袋臣李珏撰"。郯王名经，顺宗第二子，大和八年卒葬。二志皆撰于其在院期间，一公一私，似颇可玩味。

陈夷行(第62页)

《河洛墓刻拾零》四〇〇号收《季舅唐故雅州刺史刘府君墓志铭》，署"将仕郎守尚书司封员外郎、史馆修撰、上骑都尉陈夷行撰"。志主刘熠，为唐初名臣刘仁轨之后，大和四年卒，年七十二。葬于其年十月。文撰于其入院前半年，官职与史传合。可据此补充遗文，并藉以了解其外家情况。

高重（第70页）

《传论》未及其卒葬。欧阳修《集古录跋尾》卷九有《高重碑》跋，题注云会昌四年，称"元裕撰，柳公权书"。只谈此碑书法，不涉高重生平。《宝刻丛编》卷四作《唐检校户部尚书高重碑》，侄元裕撰，柳公权正书，会昌四年十月。《宝刻类编》卷四同，但增"或云大中元年立，洛"一句。可以确信高重卒于会昌四年十月前，官至检校户部尚书。

丁居晦（第85页）

《金石录》卷一〇："《唐淮南监军韦元素碑》，丁居晦撰，柳公权正书。开成三年七月。"此碑撰于其在院期间。另《宝刻类编》卷五载其为裴度撰《宣武军节度使王公神道碑》及裴休撰《检校左仆射崔群碑文》篆额，为其长于篆书之记录。

归融（第92页）

《邙洛碑志三百种》255号收《宣歙观察使陆亘墓志》，署"内弟朝请大夫守中书舍人上柱国归融撰"。陆亘，两《唐书》皆有传。此志撰于大和八年十二月，与丁记云其九年八月以中书舍人入院合。拓本归仁绍撰《唐故光禄大夫吏部尚书长洲郡开国公食邑二千户赠左仆射归公（仁晦）墓志铭》载，"烈考赠太师公讳融，进士及第，历御史、补阙，誉否鲠切，不为偷避。拜起居、礼部员外郎，问望伟晔，后进争出门下。自中书舍人入掌内命，转工部侍郎承旨，发挥帝谟，焕有丕绩。出拜御史中丞。御史有素著丑行，为时评议者，皆斥去之。纠劾权右，无所回避，京师为之震慑。周历南宫贰卿，后判度支，键猾谪奸，国有羡资。拥节三将，皆天下清雄地，治行廉白，可为世师。历刑部、兵部尚书，拜太子少傅，竟不一持邦柄，惜哉！越国太夫人陆氏，相国贽之女，德茂识高，孝慈天钟，荐绅之家，无不仰以为式。"仁晦、仁绍皆融之子，故所叙虽或过誉，但较可信。与《传论》所据两《唐书》本传及丁记所考，大都相同，细节及评价多可补充。一是其早年任补阙，与史作拾遗不同。二是入院前曾任礼部员外郎，史传不载。史载其开成间任京兆尹，墓志未及，但可体会"京师为之震慑"即指此职。"拥节三将"，似曾三任节度使，但史仅载山南、剑南二任，原因待考。其妻为陆贽女，也前所未知。

黎埴（第96页）

《洛阳新获墓志续编》215号《唐故黎处士墓志铭》，署"第七侄孤子前监察御史里行埴撰"。处士黎烛，为黎幹第七子，大和三年八月卒葬。时黎埴正在守丧期间。

顾师邕（第98页）

按《白孔六帖》卷四七载大和九年十二月"壬申，杀左金吾卫大将军李正素、学士顾师邕"。此节记甘露事变后逐日诛杀人名，不知所出。按明王祎《大事记续编》卷六五引《大和摧凶记》载，所族者郑注、王涯、贾𫗧、舒元舆、李训、王璠、郭行余、李孝本、罗立言、韩约、李贞素、魏逢十二家，外此又有顾师邕、钱可复、卢简能、萧杰、卢弘茂皆诛死，故天复洗雪者十七家。

柳璟（第102页）

唐陈翱《卓异记》有"座主见门生知举"一则，称"座主见门生知举，犹萧（昕）、杜（黄裳）二家"，"若（杨）嗣复与（柳）璟，又是礼部侍郎。璟首及第，才十六年致仕春官，尤以为美"。璟宝历登第，会昌初再主贡举，录此可存当时嘉话。

王起（第114页）

王起著作颇多。其中《文场秀句》一卷，《日本国见在书目》载为续孟献忠书而作，日本颇存佚文，可详《文学遗产》2003年第2期所载李铭敬《日本及敦煌文献中所见〈文场秀句〉一书的考察》。另长庆中撰《澂州刺史高公德政碑》，见《金石录》卷九，同书卷二九有跋，称"高公者名承简，崇文之子，为裴度牙将，后至汾州节度，《唐史》有传"。同书卷一○又载起开成五年二月撰《赠礼部尚书罗让碑》，会昌三年十月撰《昊天观碑》，皆柳公权所书。另《全唐文补遗·千唐志斋新藏专辑》有王起长庆二年二月撰《太子宾客杨府君墓志》，署"通□□、行中书舍人、上柱国、晋阳县开国男、食邑三百户王起撰"。志云："以予从事淮海，与公尝料。"指其元和三年后在李吉甫淮南幕府，杨则"在淮南为监察御史"。

高元裕（第119页）

《传论》引《高元裕碑》，所据为《金石萃编》和《全唐文》本，错脱较严重。拙辑《全唐文补编》卷八一据《八琼室金石补正》卷七五和《洛阳名碑集释》附拓本校补,相对完整。近据《金石萃编校字记》和《唐仆尚丞郎表》据史语所藏拓部分录文,又补若干字。涉及高元裕生平可以补充的主要事实有:其高祖高峻,即《高氏小史》纂者;曾祖高迥,杭州余杭令;祖高魋(《旧唐书》本传和《新唐书·宰相世系表》字皆误),秘书省著作郎。述其在院情况云:"(郑)注败,复入为谏大夫,兼充侍讲学士,寻兼太子宾客。文宗重儒术,尊奉讲席,公发挥教化之本,依经传纳,上倾心焉。又以储闱胄筵□选为念,故有宾护之授。□公□以通经文雅任职,而操剸程济,素重朝廷。"此时太子即庄恪太子李永,卒于开成三年,为晚唐史之一大悬案。元裕任学士,似以讲席为主,又兼东宫之职,颇不一般。

另《集古录跋尾》卷九、《金石录》卷一〇,均记高元裕会昌四年十月撰《检校户部尚书赠太子少保高重碑》。碑已佚,记此可知其作文之痕迹。另《全唐诗》卷七九五仅存元裕诗二句,此诗在《登科记考》卷二二引《永乐大典》引《秋浦新志》中尚存完篇:"会昌五年,高元裕以诗简知举陈商云:'中丞为国拔英才,寒畯欣逢藻鉴开。九朵莲花秋浦隔,两枝丹桂一时开。'为江东佳话。"

八、武宗朝学士

李褒(第132页)

《隋唐五代墓志汇编》陕西第二册收《大唐故安王墓志铭》,署"翰林学士、朝议郎、守尚书库部郎中、知制诰、上柱国臣李褒奉敕撰",为李褒在院职务之作。安王名溶,穆宗第四子,开成五年八月葬。所记职衔与丁记所载合。另李褒亦能诗。《会稽掇英总集》卷六存其《宿云门香阁院》:"香阁无尘雪后天,石盆如月贮寒泉。高僧洗足南轩罢,还枕蒲团就日眠。"亦与《传论》所考他在越州期间的文学活动可印证。

周敬复(第139页)

《碑林集刊》第十一期发表《张知实墓志》,署"守右散骑常侍周敬复撰",为大中三年六月葬。《传论》未载及其此职。《秦晋豫新出墓志搜佚》753号收《唐尚书吏部郎中赵公亡妻范阳卢氏夫人墓志铭》,署"皇太子侍读、朝议郎、行尚书礼部员外郎、充史馆修撰周敬复撰"。卢氏适赵真龄,开成三年八月卒,十月葬。此适为敬复侍庄恪太子之时,而太子即卒于此月。其兼礼部员外郎、史馆修撰,前籍未载。

郑朗(第143页)

《中州冢墓遗文》收《唐荥阳郑氏女墓志铭》,志主为郑朗第五女,字子容,大中六年卒,年十七。志为郑朗撰,自署"工部尚书、同中书门下平章事",子容卒于"上都宣平第",葬于"河南府河阴县板城乡苏楼村广武原",均可略知其家居处、墓葬之地。又载《河阴金石考》卷二,跋云:"体朴拙古健,类老人书,岂朗爱女情挚,自为文而自书之,以遣悲怀。"盖清末所出者。《全唐文补遗》第四辑收作阙名,未妥。《秦晋豫新出墓志搜佚》714号收《唐故荥阳郑府君墓志》,署"堂弟朗为之词",长庆四年四月作,时初仕未久。

卢懿(第145页)

《唐代墓志汇编》大中003《唐故京兆府泾阳县尉范阳卢君墓铭》,署"四从兄朝议郎守河南少尹上柱国赐绯鱼袋懿撰"。可为卢懿补充文章。志主卢践言卒于会昌六年正月,至次年闰三月葬。与《传论》据崔嘏《授卢懿吏部郎中制》所考会昌二年后曾任河南少尹合,时间则当迟至大中初。《秦晋豫新出墓志搜佚》774号收《唐故殿中侍御史内供奉清河崔府君荥阳郑夫人墓志铭》,署"朝议大夫、守左谏议大夫上柱国卢懿撰"。郑夫人为河西主簿郑肃雍之女,嫁作者叔舅崔某,卒于大和六年十二月,葬于大中三年闰十一月。据此知卢懿在大中三年已任左谏议大夫。

崔铉(第152页)

崔铉撰左神策军碑,《金石录》记为会昌三年立,《类编长安志》卷一〇所述较详:"《唐左神策纪圣德碑》,翰林学士承旨崔铉撰,散骑常侍、集贤殿学士柳公权书。集贞直院徐方平篆。武宗幸左神策军,劳阅军士,仇士良请为碑以纪圣德。碑以会昌三年立,碑见在左军。"明以后碑亡,仅上半部拓本流传,为书家所珍。拓本载碑全题为《皇帝巡幸左神策军纪圣德碑》,署"翰林学士承旨、朝议郎、守尚书司封郎中、知制诰、上柱国、赐紫金鱼袋臣崔铉奉敕撰"。据丁记,此官职应为二年九月加承旨、赐绯以后,十一月迁中书舍人前所署。而丁记不载赐紫事。另《洛阳新获墓志续集》242号有《唐故陕州平陆县尉卢府君荥阳郑夫人合祔墓志铭》，署"子婿银青光禄大夫、守中书侍郎、同中书门下平章事、监修国史、上柱国、博陵县开国公、食邑二千户崔铉撰"。按卢府君名殷，元和八年卒，年五十。郑夫人大中四年卒，年六十七。志述"幼女适博陵崔铉"，又称"获奉爱念殆三十年"，知为其岳父母所撰志。大体可推知崔铉成婚当在长庆间。《秦晋豫新出墓志搜佚》777号收《崔镛墓志》，大中四年正月撰，作者自称堂弟，署衔为其在相位时。文长不录。

韦琮（第157页）

《全唐文》仅存其赋二篇。按宋赵明诚《金石录》卷一〇载琮大中元年正月撰《商於新驿记》，《通志·金石略》载此记在商州。《宝刻丛编》卷一〇引《集古录目》云："《唐商於新驿记》，翰林学士承旨韦琮撰，太子宾客柳公权书，秘书省校书郎李商隐篆额。"商州刺史吕公，碑不著名，移建州之新驿，碑以大中元年正月立。其官职、时间均与《传论》所考合。宋初王禹偁《小畜集》卷二〇《商於驿记后序》云："会昌中，刺史吕公领是郡，新是驿，请翰林学士承旨、户部侍郎韦琮文其记，太子宾客柳公权书其石，秘书郎李商隐篆其额，皆一时之名士也。观其文，不独记斯驿之盛，大率颂吕公之政耳。"禹偁曾在商州为官，且承命作后记，故所载此记始末最清晰。《唐刺史考全编》卷二〇四据《新唐书·艺文志》及李商隐诗，知吕公为吕述。另《全唐文补遗·千唐志斋新藏专辑》有大中二年三月二十二日《唐故监察御史陇西李公（俊素）墓志铭》，署衔为"姨弟中书侍郎兼礼部尚书、同中书门下平章事、集贤殿大学士韦琮撰"，并称"与公早依外家，节爱髫年，义固金兰，情深手足"。可知琮外家及早年生活情况。

白敏中（第164页）

《隋唐五代墓志汇编》陕西卷第二册收《唐故开府仪同三司守太傅致仕上柱国太原郡开国公食邑二千户赠太尉白公墓志铭》，即白敏中墓志，为高璩撰。可以订补的重要史实有：咸通二年七月十五日卒于凤翔，年七十，是当生于贞元八年（792）。登第后初为李听义成军从事，后随府迁转，次第与本传所述不同。居母丧后，历右拾遗、殿中侍御史二职，方入符澈邠宁幕。关于其入院为学士的情况，墓志云："武宗皇帝破回鹘，裂潞军，擒太原反者，召公承诏意。铅黄策画,进兵部员外郎,充翰林学士。寻加职方郎中、知制诰,赐紫,充承旨、中书舍人、户部、兵部侍郎。时权臣有乘时得君,谓天下可以喜怒制,而人皆销死泥下者。公横身守正,有不合理,即欲呵叱,由是明廷仪物,多士修整。"权臣指李德裕。另欧阳修曾藏有白敏中碑,《宝刻丛编》卷一〇《集古录目》:"《唐赠太尉白敏中碑》,唐中书侍郎平章事毕諴撰,中书舍人王铎书。敏中字用晦,太原人。历相宣宗、懿宗,以太傅致仕,卒赠太尉。碑以咸通三年立,在下邽。"此碑近年亦已发现,残文见《碑林集刊》第十辑刊孙芬惠《渭南发现唐〈白敏中神道碑〉》,惟残缺较甚,所叙不如墓志之完整。碑末署存"咸通三年岁在壬午八月丁酉朔十"一行,知立碑较墓志晚一年。

封敖(第 169 页)

《全唐文》卷七二八收封敖文章二十六篇,大多为在院所作之代言文。卷九四六封殷下收《乡老献贤能书赋》,亦封敖作,《唐文拾遗》卷二九已纠正,可备赋体之作。拙辑《全唐文补编》卷七五补其文三则,虽均为残篇,但较重要。其中《舆地纪胜》卷二六录其《滕王阁记》残文云:"有长江巨湖为之浸,有灵岳名山为之镇,当淮海之襟带,作吴楚荆蜀之把握。"是王勃、韩愈以后之另一记文,可惜未传。《洛阳新获墓志续编》243 号收《唐故融州司马知州事封府君墓志》,作者自称"季父山南西道节度使、检校吏部尚书敖"。志主封鲁卿,为封敖兄封载之子,卒于大中七年。《邙洛碑志三百种》266 号收《唐朝请大夫守太常丞上柱国渤海封公故夫人陈郡殷氏墓志铭》,署"银青光禄大夫、行尚书礼部侍郎、上柱国、渤海县开国子、食邑五百户封敖撰"。志主殷氏,为封敖兄封载之妻。以上二志,对了解封敖家世有一些帮助。近代以来,封氏家族墓发现较多,有待清理。又《宝刻类编》卷四录柳公权书《平卢节度封敖残碑》,立于京兆。前引陈文龙文认为"此碑在长安,不可能是德政碑,封敖当卒于平卢节度任上",可从。

徐商(第 175 页)

《舆地碑记目》卷三《襄阳府碑记》有"唐相国徐公《辞立碑表》,咸通九年立,在岘山"。所辞碑即今存之《徐襄州碑》。此碑因《文苑英华》卷八七〇引录而得存碑文,但缺立碑年份。因前条记录,可知在咸通九年,且以徐商辞表一并刻石。时徐商恰在相位。

九、宣宗朝学士

裴谂(第191页)

《全唐文补遗·千唐志斋新藏专辑》收《唐故泽州晋城县尉范阳卢府君(仲文)墓志铭》署"子婿河东裴谂",撰于大和三年。时裴度入相出将已经十多年,其子仍无官位,且所婚者也非显宦之家,值得玩味。如确即其人,则可大致知其出生大约不晚于元和五年,至广明元年被害,享年在七十以上。

萧邺(第195页)

萧邺所撰碑文,今知尚有大中五年《广成先生刘元靖神道碑》,见《宝刻类编》卷五,在潭州。晏殊《类要》卷五有引此碑。另《常谈》云:"衡岳有《广成先生碑》。先生,方士也。大中五年,萧邺撰云。武宗朝,擅权者欲以神仙绊睿思,亟言天下术士可致,不死药可求,乃命召先生除银青光禄大夫、崇元馆大学士,加紫绶,号曰广成先生,创崇元馆,铸印置吏。"稍存梗概。《宝刻丛编》卷八引《京兆金石录》:"《唐赠太尉萧俛墓志》,唐萧邺撰,大中十一年。"《长安新出墓志》第282页收赵橹《岭南节度使韦正贯墓志》:"公遗令薄葬,不请谥于太常,不用鼓吹,而请姑之孙翰林学士、中书舍人萧邺纪行于丰碑。"是韦正贯神道碑乃萧邺所撰。

宇文临(第199页)

陈文龙引《全唐文纪事》卷八三:"《汉高帝庙记》,唐节度掌书记、朝议郎、侍御史内供奉、上柱国宇文临撰。"该记会昌五年作于扬州,知其曾佐淮南李绅幕。

令狐绹(第209页)

按近年所出令狐绹撰文墓志,为数颇多。《洛阳师范学院学报》2005年第1期刊赵振华、何汉儒《唐狄兼谟墓志研究》,发表洛阳出土狄兼谟墓志。今据《洛阳新获七朝墓志》349号刊拓本,录题作《唐故银青光禄大夫检校尚书右仆射行东都尚书省事兼御史大夫□东都留守东都畿汝州都防御使上柱国汝南县开国侯食邑一千户赠司空□□□□□墓志铭》,原署存后半"翰林学士、大中大夫、〔守中书〕舍人、上柱国、彭阳县开国男、食邑三百户令狐绹撰"。墓志为大中三年撰,适令狐绹在院期间。《书法丛刊》2009 年第 1 期刊拓本《唐故淮南节度副人使知节度事管内营田观察处置等使金紫光禄大夫检校司空兼扬州大都督府长史御史大夫上柱国清河郡开国公食邑二千户赠司徒崔公墓志铭》,署"翰林学士承旨、正议大夫、权知尚书兵部侍郎、知制诰、上柱国、彭阳县开国男、食邑三百户、赐紫金鱼袋令狐绹撰"。志主崔郸,也曾任翰林学士,《传论》有述。其葬在大中四年十一月,时令狐绹已任承旨。见于《唐代墓志汇编续集》咸通〇九九收《唐故银青光禄大夫检校司空兼太子少师分司东都上柱国乐安县开国侯食邑一千户赠太师孙公墓志》署"从表侄金紫光禄大夫、守□□右仆射兼门下侍郎、同平章事、充太清宫使、弘文馆大学士、上柱国、彭阳县开国男、食邑三百户令狐绹撰"。同书宝历〇一〇重收此志,残缺较甚,作者误作令狐绹。志主孙简,历任刑部侍郎、吏部侍郎、河南尹及河中、山南西道、宣武等镇节度使,卒年八十二。原志叙年份较含糊,此书录归宝历、咸通皆误,当从尹楚兵《令狐绹年谱》(上海古籍出版社,2008 年)作大中十一年为是。上述诸墓志载官职与《传论》所考令狐绹仕历合,细节间有可补,更重要的三方墓志志主均为大中间的显宦,每方墓志内容都极其详尽,行文庄重,显示令狐绹的文学才能。若非他人代笔,则对笔记所述其不学无术之类恶评,有重新认识之必要。

郑处晦(第 226 页)

《全唐文》卷七六一仅存文两篇。其他可考知者有:《南部新书》卷壬载:"韦绶自吏侍除宣察,辟郑处晦为察判。作《谢新火状》云:'节及桐叶,恩颁银烛。'绶削之曰:'此二句非不巧,但非大臣所宜言。'"此与《传论》所考在韦温宣徽幕不同,《南部新书》误记。《宝刻类编》卷五:《僧定兰修行赞》,郑处晦撰。大中七年建,在成都。《宝刻丛编》卷七引《访碑录》:"《唐襄州刺史薛系先庙碑》,唐郑处晦撰。柳公权正书。咸通二年。"《舆地碑记》卷三《襄阳府碑记》:"《文宣王庙庭松记》,节度使令狐楚命掌书记郑处晦作。"再加上《传论》已引《直斋书录解题》卷五云其大中九年序《明皇杂录》,《太平广记》卷一九九引其撰《刘瑑碑》,则其所撰诸体文章尚颇有可观。

郑薰(第238页)

郑薰遗文,宋人著录者尚有《唐安国寺经藏院碑》,见《宝刻丛编》卷八引《京兆金石录》,安景之行书。惜未有时日。《舆地碑记》卷一载有"《祭敬亭山文》,郑薰文"。《唐代墓志汇编续集》咸通〇〇八录咸通二年十一月《杨汉公墓志》,署"正议大夫、守尚书刑部侍郎、上柱国、赐紫金鱼袋郑薰撰"。全文约三千字,是唐墓志中难得之长篇。有大量对话写入墓志,为难得之变体,录一节于下:"京兆尹始见公,谓之曰:'闻名久矣,何相见之晚也。'且曰:'邑中有滞狱,假公之平心高见,为我鞫之。'到县领狱,则邑民煞妻事。初邑民之妻以岁首归省其父母,逾期不返。邑民疑之。及归,醉而杀之。夜奔告于里尹曰:'妻风恚,自以刃断其喉死矣。'里尹执之诣县,桎梏而鞫焉,讯问百端,妻自刑无疑者。而妻之父母冤之,哭诉不已。四年狱不决。公既领事,即时客系,而去其械。间数日,引问曰:'死者首何指?'曰:'东。'又数日,引问曰:'自刑者刃之靶何向?'曰:'南。'又数日,引问曰:'死者仰耶?覆耶?'曰:'仰。'又数日,引问曰:'死者所用之手左耶?右耶?'曰:'右。'即诘之曰:'是则果非自刑也。如尔之说,即刃之靶当在北矣。'民叩头曰:'死罪,实某煞之,不敢隐。'遂以具狱,正其刑名焉。"居然将墓志写成了公案小说。《全唐文补遗·千唐志斋新藏专辑》收《皇甫铦墓志》,署"正议大夫、守尚书刑部侍郎、上柱国、赐紫金鱼袋郑薰撰",为咸通三年撰,亦是两千多字的长篇。其任刑部侍郎,严耕望《唐仆尚丞郎表》和《传论》都缺载,可据补。

其诗在《全唐诗》以外亦有可补者。《天台前集》卷中、《嘉定赤城志》卷三〇皆收其《冬暮挈家宿桐柏观》:"深山桐柏观,残雪路犹分。数里踏红叶,全家穿白云。月寒岩障晓,风远蕙兰芬。明日出云去,吹笙不可闻。"观在天台山,为其会昌末在台州刺史任上作。另席氏《唐诗百名家集》本《项斯诗集》卷首张洎序云:"宝历、开成之际,君声价籍甚,时特为水部之所知赏,故其诗格颇与水部相类,词清妙而句美丽奇绝,盖得于意表,迨非常情所及。故郑少师薰云:'项斯逢水部,谁道不关情。'又杨祭酒敬之云:'几度见诗诗总好,及观标格过于诗。平生不解藏人善,到处逢人说项斯。'"是郑薰之称扬文学后进,如逢人说项的杨敬之一起为人所道。《传论》已列举许多诗人追念郑薰的事实,于此可进一解。

毕諴(第246页)

《传论》已引及毕諴撰碑志,其中认为已佚的《白敏中碑》,前在白敏中下已引及渭南近年发现此碑,作者署名残存"朝议大夫守中书侍郎兼兵部尚书同中书门"。《宝刻丛编》卷一〇引《集古录目》:"《唐五夫人堂记》,唐邠宁节度使毕諴撰。不著书人姓氏。据记,郭令公五夫人堂,以大历五年初立。然不知所谓五夫人者为何神也。大中九年刻。"此记也不传。

萧寘(第253页)

《宝刻丛编》卷八引《京兆金石录》云:"《唐宣宗女齐国恭怀公主碑》,唐董景仁书,毛伯贞篆额,大中九年。"不著撰人。晏殊《类要》卷一〇、卷二一引萧寘《公主碑》残文,有"降嫔于某氏,皇上临送","命齐国再拜",知即前碑。拙辑《全唐文补编》附《全唐文又再补》卷五录此碑残文,可参看。

《宝刻丛编》卷八引《京兆金石录》:"《唐懿宗惠安王太后墓文》,唐萧寘撰,柳仲年正书。"

《全唐文补遗·千唐志斋新藏专辑》存《皇甫府君妻崔氏夫人墓志》,大中十二年八月二日葬,为萧寘为浙西观察使时撰。墓志述"夫人于寘为从母,尝寓居吴中。会寘廉问南徐,迎就理所"。

又《长安志》卷七"次南永乐坊",有"尚书兵部侍郎、同中书门下平章事萧寘宅"。

苏涤(第258页)

沈亚之《沈下贤文集》卷四《异梦录》载,苏涤元和十年(815)在泾原节度使李汇幕。如以此年二十岁以推其生年,当生于贞元十二年(796)前后。《传论》所推稍有出入。

《宝刻丛编》卷九引《复斋碑录》:"《唐李公夫人武功苏氏墓志》,从弟涤撰,柳公权细书。夫人,苏味道孙女,李泳妻也。"此可补苏涤撰文和家世的记录。

韦澳(第264页)

《隋唐五代墓志汇编》陕西卷第四册收《唐杜陵韦氏侧室李氏墓志铭并序》:"秘书监、分司东都韦澳之侧室李氏,号越客,其父□元为神策大校,官至兼侍御史。尔年十五,归于我。归我十二年,年廿六,咸通六年十二月十四日卒于东都嘉庆坊之第。其年十二月廿五日葬于万年县洪固乡李尹村南,东北距我正室河东县君裴夫人之茔五百步已来。性柔顺明慧,承上接下,余素多病,药膳进退、衣服寒温,必能撙节调适,用安吾身。余二男三女裴夫人所出,承顺迎奉,尽卑敬之礼。二男三女心愧其意,侍事若亲爱焉。及卒之日,一家悲惜。其为人也,斯可知矣。凡生二女四男,今其存者五人。虽尚孩孺,性颇孝谨聪惠,必能成立。吾老而被病,待汝而安。舍我长逝,痛可量哉! 聊书悯悼之诚,用志其墓。尔或有灵,知吾尽于尔也。铭曰:兰之馥兮蕵之英,虽芳而艳兮难久荣。日既落兮霜复零,永缄伤恨兮何时平。"此韦澳为其妾所撰志,涉及其生平家室者甚重要,故全录如上。另《全唐文补遗》第七辑收《唐故华州司马韦府君墓志铭》,署"堂弟翰林学士、朝散大夫、行尚书工部侍郎、知制诰、柱国澳撰"。志主韦洞为吏部侍郎韦肇孙,简州刺史韦繥子,大中八年卒葬。此皆韦澳文之可补者。

李汶儒(第 277 页)

陈文龙据吴其昱《甘棠集与刘邺传研究》(香港新亚研究所敦煌学会《敦煌学》第三辑,1976 年)和赵和平《敦煌本〈甘棠集〉研究》附录二"再谈湖南李中丞(汶儒)",推测李入院前后任湖南观察使,咸通初为承旨。

蒋伸(第 290 页)

《唐代墓志汇编》大中一二〇收大中十年天平节度使孙景商墓志,署"翰林学士承旨、通议大夫、户部侍郎、知制诰、上护军、赐紫金鱼袋蒋伸撰",撰于其任承旨时,墓志云"余重悲酸,且以相得三十年,晚岁益密",对了解其交游和文学,都很重要。《宝刻丛编》卷四引《集古录目》:"《唐淮南节度崔从碑》,唐翰林学士蒋伸撰,权知太子少傅柳公权书。从字子义,清河东武城人,官至淮南节度副大使,赠司空,谥曰贞。碑以大中八年立。"虽不传,也属大碑,知其善碑版之撰写。近见拓本《唐故四镇北庭行军泾原渭武等州节度营田观察处置等使中散大夫检校左散骑常侍使持节泾州诸军事兼泾州刺史御史大夫上柱国赐紫金鱼袋赠工部尚书吴郡陆公墓志铭》,署"翰林学士承旨、尚书兵部侍郎知制诰赐紫金鱼袋蒋伸撰",即为其任学士承旨间所作。陆公名耽,字载之,大中十一年九月卒,次年二月葬。所载官职,与丁记所载吻合。此志叙事周详,多涉陇右泾原史实,也可见蒋伸之叙事才具。

高璩(第 314 页)

前引《高元裕碑》云:"□子□一人。曰璩,李出也。进士擢第,试秘书省校书郎,文行修洁,纂服无坠。"碑立于大中六年,可据知璩释褐后之官职。《古刻丛钞》收《张公洞壁记》云:"府君同至此修谒。会昌六年六月十一日,高璩、高兰英、高望之。"此为高璩之最早记录,张公洞在宜兴。《全唐文》未载高璩文,但近年出土颇多。《长安新出墓志》第 278 页收《唐故昭义军节度判官检校尚书主客员外郎兼侍御史韦府君夫人河东薛氏墓志铭》,署"子婿乡贡进士高璩撰"。薛氏大中二年卒葬,在高璩登第前一年。志云"长女适堂外甥高璩",是为中表婚姻。《唐代墓志汇编》大中○七九收《唐故郓州寿张县尉李君墓志铭》,署"外兄孤子高璩撰",大中七年七月,正是高璩为父守丧期间,此墓志也保存高璩母李氏之家族记录。《唐代墓志汇编续集》咸通○○五收《唐故开府仪同三司守太傅致仕上柱国太原郡开国公食邑二千户赠太尉白公墓志铭》,即白敏中墓志,署"门吏、翰林学士承旨、朝议郎、守尚书□部侍郎、知制诰、柱国、赐紫金鱼袋高璩撰",全文近三千字,作于承旨任上,详尽记录白之生平事功,也可见高璩与白之特殊关系。《广卓异记》卷一三引《唐书》,有高璩贺白敏中加太子太傅状二句:"去年草檄,犹依刘表之门;今日挥毫,获叙周公之德。"也以故吏自处。是高璩之文,至少可知四篇。

一○、懿宗朝学士

李贶(第 319 页)

《西安碑林博物馆新藏墓志汇编》(线装书局,2007 年)第 314 页收李贶撰《唐故庆王墓志铭》,署"翰林学士、将仕郎、右拾遗、内供奉、赐绯鱼袋臣李贶奉敕撰"。庆王李沂为宣宗第五子,大中十四年八月一日薨,年十六,其年十月二十一日葬。墓志为贶在院所撰,时宣宗已卒而尚未改元。官衔与丁记所载大端合,仅丁记云十四年五月曾加右补阙,则未见反映。

杨收(第 330 页)

《洛阳理工学院学报》2011 年第 2 期刊张应桥《唐杨收及妻韦东真墓志

研究》，刊布洛阳民间收藏杨收夫妇墓志全文。杨收墓志为咸通十四年二月东都留守裴坦撰。墓志载收字成之，与史传作藏之不同。按收祖名藏器，其字当避讳，故作成之为是。收卒年五十五，以咸通十年（769）赐死，应生于元和十年（815）。墓志述其早年博学云："泊卅而贯通百家，旁精六艺，至于礼仪、乐律、星算、卜祝，靡不究穷舆妙。宿儒老生唇腐齿脱，泊星翁乐师辈皆见而心服，自以为不可阶。为儿时已有章句，传咏于江南。"与本传所述一致。墓志述其早年经历极其丰富，限于篇幅不录。述其入院云："除长安县令，拜吏部员外郎。未几，召入内廷为学士，兼尚书库部郎中，知制诰。迁中书舍人，旋授尚书兵部侍郎，充承旨学士，恩意日隆。"寻拜相。其为相后情况，史传多有批评，墓志较多回护，此则文体如此。其妻韦东真，为寿州刺史韦审规之女。咸通十一年十月卒于端州，即收贬所，较晚一年，且不述享年，所涉事实也不多，知因贬而多不清晰。夫妇归葬在懿宗末，张应桥分析其得以平反主要得力于韦保衡。

另《洛阳新获墓志续编》259号有咸通六年九月《唐故泗州团练判官殿中侍御史内供奉裴君夫人弘农杨氏墓铭》，志主为收兄杨发的长女，裴诰妻，志文自称"叔父特进、右仆射兼门下侍郎收识其日于贞石"，为其在相期间撰。可增补其文。

杨收夫妇墓志又收入《秦晋豫新出墓志搜佚》第1065、1067页。

路岩（第340页）

《宝刻类编》卷六著录路岩咸通三年撰《枢密院修紫兰亭记》。

刘允章（第347页）

《传论》特别提到《全唐文》卷八〇四所收刘允章《直谏书》对时政的议论，认为"能如此直言朝政，可谓尚无第二人"。按此文出《文苑英华》卷六七六，开头即自称"救国贱臣前翰林院学士刘允章谨冒死上谏皇帝陛下"，似无可怀疑。按敦煌遗书伯三六〇六收贾耽上表，开始述"救国贱臣前郑滑节度使兼右丞相贾耽冒死谨言表于皇帝陛下"，文章内容大多相同。拙著《全唐文补编》卷五八比较二文后认为，伯三六〇六同卷收僧无名书为德宗初上，贾表云："复见田承嗣媚修神道"，"臣恐酬田承嗣，目下取之，未有了日"，为代、德间时事。而刘表云"臣恐今年除一承嗣，明年又生一承嗣，天下征战,未有了期"。相隔百年,如同说前朝事。故可断为贾作,非允章文。是否刘曾以贾文献上,以借说时政,也不能排除。若其呆抄贾文而作己表进上,连百年前史实都不改,则径似笨贼了,还不至于吧。另《全唐文补遗·千唐志斋新藏专辑》咸通四年二月《皇甫煐墓志》,署"朝议郎、使持节歙州诸军事、守歙州刺史、赐绯鱼袋刘允章撰",与丁记所云出院时间有细微差别。此为刘撰文墓志之第二次发现。

独孤霖（第353页）

《传论》引《新唐书·艺文志》知霖著有《玉棠集》二十卷。按据《通志·艺文略》,集名应作《玉堂集》,玉堂即翰院之别名。另《唐代墓志汇编续集》咸通〇〇二《唐故兖海观察支使朝散大夫检校秘书省著作郎兼侍御史河南独孤府君墓志铭》,署"从父弟将仕郎守监察御史霖撰"。志主独孤骧,与霖皆出北齐临川郡王独孤永业之后,墓志多述先世事及与骧之文学交往,对了解霖入院前经历很重要。另同书咸通〇一五《故赠平原长公主墓志铭》,署"翰林学士、朝议郎、行右补阙、柱国、赐绯鱼袋臣独孤霖奉敕撰",则作于学士任上。另明曹学佺《蜀中广记》卷七五引宋岑象求《万州虚鉴真人岑公洞记》,云岑公当"隋末天下乱,公泝江逃难至南浦,爱凫岩,遂止其下,片衣粒米,悉无所营,晏坐凡二十年,兀然逝去。郡人慕之,塑像凫间,世世奉侍无懈。唐独孤霖、段文昌皆为文记公之德"。保存了独孤霖在蜀中写作的记录。

李瓒（第356页）

按丁记载李瓒咸通五年六月出院,《传论》在其任桂管观察使前未载其官守。按《淳熙三山志》卷八云:"唐咸通六年,观察使李瓒奏封龙骧侯。"卷三四:"六年,以观察使李瓒请锡号护圣禅院。"是李瓒出院次年即任福建观察使。

裴璩（第364页）

《唐代墓志汇编续集》咸通〇三一收《唐故赠魏国夫人墓志铭》,署"翰林学士、朝议郎、守尚书户部郎中、知制诰、柱国、赐紫金鱼袋臣裴璩奉敕撰"。夫人生寿安公主,咸通六年卒葬。墓志为裴璩在院所撰,所述职与丁记合。另明王直《抑庵文集后集》卷五《甘露寺兴造记》云:"唐宝历中,李德裕观察浙西,为充拓其址,增广其室庐,且造铁浮屠七级。乾符中,毁于火,镇海节度使裴璩重建焉。"

郑言（第366页）

郑言为会昌四年状元，最早见《淳熙三山志》卷二六："四年甲子，郑言榜，陈纳，诩之子，字广誉，终大同军副使。"

《传论》云其未有诗文传世，但宋人颇有著录。《金石录》卷一〇载："《唐兵部尚书王承业墓志》，郑言撰，柳仲年正书。咸通十年二月。"《嘉泰吴兴志》卷一八载碑碣："《文宣王新庙碑》，在州学。唐太宗间，浙江西道观察支使、试秘书省校书郎郑言撰并书，盖记刺史令狐绹作庙本末。记云：'西临霅溪，前横荻塘。梁堑为桥，编木为栅。'今甘棠桥文宣王庙是也。"太宗为大中之误，《宝刻丛编》卷一四引《复斋碑录》云此碑建于大中三年。所引几句，为其文之仅见者。

李鹭（第375页）

《唐代墓志汇编续集》咸通〇四五有《唐故朗宁公主墓志铭》，署"翰林学士、朝议郎、守中书舍人、上柱国、赐紫金鱼袋李鹭奉敕撰"。公主为文宗第四女，咸通八年四月葬。丁记仅述七年十月赐绯事，似漏书次年四月前赐紫事。另《宝刻丛编》卷八《京兆金石录》载鹭咸通九年撰《掖庭局丞田公远碑》，估计作于五月出院前。

另有一事在此附带讨论。《唐诗纪事》卷六六引《科名分定录》："〔李〕质字公干，襄阳人。应举无成，有亲在衡湘，往谒焉。沂流至滥城、豫章，逐师舍舟，由武宁而反。会草寇杀其宰，仓惶前去，得日观，宿东房，有酒数缸，甚美，遂携一壶，上楼酌之。因吟曰：'曾入桃溪路，仙源信少双。洞霞飘素练，藓壁画阴窗。古木愁撑月，危峰欲堕江。自吟空向寂，谁共倒秋缸？'吟毕，如有人言曰：'土主尚书寓宿在此。'质登第后二十年，廉察豫章。时大中十二年也。"《全唐诗》卷五六三据收，《唐方镇年表》卷五列其为乾符间江西观察使。《唐刺史考全编》卷一五七以为李鹭之误，可从。唯鹭家居浐阳，大中间为山南东道节度副使（在襄阳），咸通九年为江西观察使，稍有出入，盖《科名分定录》为讲荣进前定之类小说，叙事容有出入耳。

卢深（第381页）

卢深为大中元年状元，较早记载见《淳熙三山志》卷二六："大中元年丁卯卢深榜，陈镛字希声，侯官人。复应史科，终鄂州刺史。"另《唐代墓志汇编续集》咸通039有卢深咸通七年七月三十日撰《普康公主墓志》，署"翰林学士、朝议郎、行尚书兵部员外郎、柱国卢深奉敕撰"。为深文之仅见者。

郑畋（第383页）

郑畋咸通十一年出院后贬官梧州，有二事可补，皆与其崇道有关。一是《云笈七签》卷一一五《墉城集仙录》云："相国文昭郑公畋自承旨学士左迁梧州牧，师事于姑。"姑指居衡山年八十余之缑仙姑，姑曾告其"此后四海多难，人间不可久居"，已预言广明之变。二是《太平寰宇记》卷一六四述梧州苍梧县白鹤观事，云："咸通末，郑畋自翰林承旨学士谪官苍梧太守，增修观宇，临江建水阁。因题诗云：'松阴如幄水如罗，秋尽山青白鸟过。独坐阁中心正寂，数声何处《竹枝歌》？'"此诗《全唐诗》不收，可以确信为畋作。

按《传论》据他文转引郑畋《壁山寺记》，知其中和四年七月尚在世，惜未亲见原文而备考。拙辑《全唐文补编》据北京图书馆藏拓本和《蜀中名胜记》卷二五录此记，仍颇多缺文。今人龙显昭主编《巴蜀佛教碑文集成》（巴蜀书社，2004年）据道光《通江县志》卷九、道光《保宁府志》卷五九及《蜀中名胜记》所录，得以完整无阙。并云宋嘉祐间俞瑊翻刻碑今存通江文管所。原文甚长，述要则为中和三年郑畋自凤翔节度使以疾辞任，七月授检校司徒、东宫太保，其子兵部尚书郑凝绩乞郡得壁州长史，遂随行。十月辞行在，南至前到壁州。记叙父子在壁州生活情况甚详，至次年七月迁家入蜀。碑即其时撰。是两《唐书》、《通鉴》所述卒于中和二或三年之说，皆出误传。

此外，郑畋作品可考者，尚有《神仙戒》，见《宝刻丛编》卷一五引《诸道石刻录》；《大道颂》，见《宝刻类编》卷七，《全唐文》卷八一七误收郑略下，岑仲勉《读全唐文札记》已予纠订；《龙兴寺碑》，见《舆地碑记目》卷四《巴州碑记》，云"唐壁州刺史郑凝绩之父郑畋作。乾符中，郑凝绩侍养其父畋于壁时所作也"。"续"皆"绩"误，非乾符间事，亦应中和末在壁州作。《春明退朝录》卷中引《郑畋集》载"为相时汴河淀塞，请令河阳节度使于汴口开导，仍令宣武、感化节度使严帖州县封闭公私斗门"。《北京图书馆藏中国历代石刻拓本汇编》三四册收其壁山题名二则，一为中和三年十二月八日题，殆甫抵壁州时题；二为"明年孟秋念七日，与侄昭允至此访别"。是迁家入蜀后事。其时似身体尚康健,未必即卒于此年。晏殊《类要》卷二八引郑畋《玉堂集》:"清明后进湖州所出佳紫笋茶。"另《遂初堂书目》著录郑畋著作有《敕语集》《堂判集》《论事集》。其所著《凤池稿草》,宋元人见者颇多,然《永乐大典》已无引及,殆亡于元明间。

新出郑畋遗文则有《全唐文补遗》第六辑收咸通十五年十月十八日《苗绅墓志》,署"正议大夫、尚书吏部侍郎、上柱国、赐紫金鱼袋郑畋撰"。志述"畋与君联年登第,同出河东公门下,又与君俱从事河间公府幕","今年,自苍梧谪宦□□时得会君面"。对了解郑畋早年经历和自梧州归京时间,都属可贵。

韦保衡(第396页)

《金石录》卷一〇:"《唐同昌公主碑》,韦保衡撰。柳仲年正书。咸通十一年二月。"《宝刻丛编》卷八引《京兆金石录》:"《唐懿宗女卫国文懿公主碑》,唐韦保衡撰,柳仲年正书并篆额。咸通十一年二月。"二碑题名不同,实为一事。因保衡诗文全无存者,录此以存一斑。

韦蟾(第400页)

《西安碑林博物馆新藏墓志汇编》第331页收《唐故河东监军使银青光禄大夫守左监门卫将军上柱国彭城县开国伯食邑七百户赐紫金鱼袋刘公墓志铭》,署"翰林学士承旨、朝议大夫、守尚书户部侍郎、知制诰、上柱国、赐紫金鱼袋韦蟾撰"。志主刘中礼葬于咸通十四年(873)五月十五日,时韦蟾在承旨位,此志可补其在院制文无存世之缺憾。另韩国所存《十钞诗》卷中,有韦蟾佚诗七律十首,补充甚为丰富。其中纪年诗有《壬申岁寒食》:"荣名壮岁两蹉跎,到老萤窗意若何。四野杯盘争道路,千门花月暗经过。有心只欲闲浮海,无力谁能斗拔河。禁火岂关悬上客,从来曲突不黔多。"壬申为大中六年(852),为其及第前一年作品,知他当时已经壮岁,对科场蹉跎颇为失落。此外,韦蟾文章失传者尚有咸通十一年《师子院钟铭》(见《宝刻类编》卷六)、咸通十四年《安国寺钟铭》(见《宝刻丛编》卷八引《京兆金石录》)。

薛调(第411页)

《唐代墓志汇编续集》咸通〇七五《故德妃王氏墓志铭》,署"翰林学士、朝议郎、守尚书驾部郎中、柱国、赐紫金鱼袋臣薛调奉敕撰",时为咸通十二年正月。在院作,官职与《传论》所考合。调撰有传奇《无双传》,见《太平广记》卷四八六。

李溥(第418页)

唐末杜荀鹤《唐风集》卷一有《寄李溥》:"如我如君者,不妨身晚成。但从时辈笑,自得古人情。共莫更初志,俱期立后名。男儿且如此,何用叹平生。"可补充其交往,且知成名甚晚。

一一、僖宗朝学士

卢携(第423页)

《宝刻类编》卷八录成都立《松溪院正诜和尚道业记》,卢携撰,法麟行书,光化元年立。在卢携身后十八年立,且卢携未曾入蜀,似约同时另有一能文之卢携。

徐仁嗣(第438页)

《西安碑林博物馆新藏墓志汇编》340号收《唐故昭王墓志铭》,署"翰林学士、朝散大夫、守中书舍人、上柱国、赐紫金鱼袋臣徐仁嗣奉敕撰",是其在院作。昭王名汭,为宣宗第九子,卒于咸通六年四月,年十六,乾符三年十月二十日葬。《长安新出墓志》第312页收《唐故蕲州刺史韦府君妻河东县君薛(下阙)》,署"外甥翰林学士、朝散大夫、中书舍人、上柱国、赐紫金鱼袋徐(下阙)"。此亦仁嗣所撰。薛氏卒于乾符三年十二月,次年正月葬。《传论》考仁嗣乾符二年二月为司封郎中,何时出院不详。得上二志则知至少四年初仍在院,且改为中书舍人。

崔庚

《唐代墓志汇编续集》乾符〇一二收《唐故嗣陈王兼都勾当承旨墓志铭》,署"翰林学士、朝议郎、守左谏议大夫、柱国、赐绯鱼袋臣崔庚奉敕撰"。嗣陈王名行莘,乾符四年卒,年六十。崔庚,《传论》不载。丁记有崔湜,为咸通十四年十一月授,事迹别无可考。颇疑即崔庚,盖二字下半近似,录壁记者见原文有残以意录之。相差四年,或即一直在院。俟得他据再定。

王徽（第439页）

王徽遗文，宋人著录者有《唐赠特进韦德钧碑》，见《宝刻丛编》卷八《京兆金石录》，孙知诲书，广明元年立。近年出土则有《唐故昊天观周尊师墓志铭》，见《考古与文物》2007年第5期刊李举纲、贾梅《唐昊天观周尊师墓志铭考释》附拓本，原署"翰林学士承旨、银青光禄大夫、行尚书户部侍郎、知制诰、上柱国王徽撰"，时为乾符四年十月。据此，知其承旨在四年十月前，较《传论》所考稍早。

裴澈（第443页）

《唐代墓志汇编续集》乾符○一○收《唐故广王墓志铭》，署"翰林学士、朝议郎、守尚书礼部员外郎、柱国、赐绯鱼袋臣裴澈奉敕撰"。广王为宣宗十一子，咸通五年卒，乾符四年四月方迁窆。同书乾符○二六《唐故凉王墓志铭》，署"翰林学士、朝议郎、守中书舍人、柱国、赐紫金鱼袋臣裴澈奉敕撰"。凉王为懿宗第三子，乾符五年卒，次年八月葬，较前志晚二年，题衔显示其官职的变化。另陈文龙文提到《焦作日报》刊赵德才、刘凤仙《博爱酒奉发现裴滆墓志》。据他提供的网址，查到该文，知此志题作"《唐故平卢军节度副使检校国子博士兼侍御史赐绯鱼袋裴府君墓志铭》并序"，述裴滆为裴俅子，字好川，登进士第，后任河阳节度推官、试崇文馆校书，历任青州节度判官、侍御史，复转青州节度副使赐绯鱼袋。咸通十五年卒，年六十八，葬河内武德县酒奉里。并述长兄裴渥进士，时任御史赐绯；三弟裴澈亦进士第，陈许节度副使侍御史赐绯；四弟裴琼不仕。志文即裴澈撰写。此志对了解裴澈家世极其重要，希望不久可以见到全文刊布。

萧遘（第446页）

《云笈七签》卷一一九《道教灵验记·归州黄魔神峡水救船验》云："相国萧遘自拾遗左迁峡内，征还京师，峡水泛涨，舟船将没，亦见其神捧船以救之。复命修饰，加其粉绘，严其室宇，刻石为志，亦列于次焉。"《传论》已考此为咸通十一年贬黔南事，且引及袁循《修黄魔神庙记》，但未征及此则记录。

《西安碑林博物馆新藏墓志汇编》有《唐故康王墓志铭》，署"翰林学士、朝议郎、守中书舍人、柱国、赐紫金鱼袋臣萧遘奉敕撰"，为其在院时职务之作。康王名汶,宣宗第十子,咸通七年卒,年十六,乾符四年四月葬。与《传论》所考合,但可补完整职衔。

《金石录》卷一〇有中和五年正月《昭觉寺碑》,亦遘撰。

《全唐诗》卷六〇〇存遘诗三首。今可补一首,见晏殊《类要》卷二八,题作《成都寓题诗·桑落酒》:"一丈郫筒数节香,何劳瓮底卧残阳。青楼更道烧香美,贾傅松醪是柏浆。"知其在成都期间,作过系列诗题咏蜀中风俗。《全唐诗》所收《成都》:"月晓已闻花市合,江平偏见竹簰多。好教载取芳菲树,剩照岷天瑟瑟波。"也是《成都寓题诗》中的一首,惟不知小题为何。

张祎(第451页)

《传论》云张祎"卒年不详,或即在光化中"。按《旧五代史》卷六〇《苏循传》:"梁祖既受命,宴于玄德殿,举酒曰:'朕夹辅日浅,代德未隆,置朕及此者,群公推崇之意也。'杨涉、张文蔚惭惧失对,致谢而已,循与张祎、薛贻矩因盛陈梁祖之德业,应天顺人之美。"此张祎入梁之记录。《资治通鉴》卷二六六载其官为刑部尚书,且载其开平元年七月被勒令致仕。《册府元龟》卷九三八:"后梁张祎以司徒致仕。庶人友珪伪凤历元年,祎著《南郊赋》一篇来献,以金帛赐之。"是其入梁以高位致仕,至朱友珪篡位改元凤历(913),又不甘寂寞出来献赋歌颂。在末帝平友珪之乱时是否被牵连,则不得其详。

徐彦若(第460页)

《新安文献志》卷一一宋孙适皇祐六年撰《浯溪三绝堂记》,记永州浯溪刻石皇甫湜诗旁,"有徐彦若题石,水发其光,洞鉴百里"。今人整理浯溪碑石,皇甫湜诗尚存,徐彦若题已无踪迹。刻石当作于徐彦若南赴岭南途中。

乐朋龟(第465页)

《传论》提及《全唐文》所载其文六篇。拙辑《全唐文补编》卷八八据《唐大诏令集》《北梦琐言》及《道藏》补录其文达九篇之多。其中录自《唐大诏令集》者有《建王镇魏博节度制》《萧遘监修国史制》《萧遘罢判度支制》《郑畋门下侍郎平章事依前都统制》《王铎义成军节度兼中书令制》《郑畋太子少傅分司东都制》,《全唐文》均收僖宗名下。《唐大诏令集》通行文本中,四库本、《适园丛书》本和商务印书馆本在署名方面有很大出入,《全唐文》所据本大约脱落最为严重，故多不知撰者而径收皇帝名下。《崔胤鄂岳观察使制》一篇，则《全唐文》漏收。诸文所涉多重要人事处置制文，可以考索者颇多。此外，《宋高僧传》卷六《唐京兆大安国寺僧彻传》载乐朋龟曾为其撰真赞。僧彻当作僧澈，曾见载于法门寺地宫石刻，为懿、僖间内供奉之高僧，广明遇乱入蜀而死，据此可知乐与僧人之过往。

柳璧（第468页）

柳璧未有诗文存世。乾隆《广西通志》卷四四："案柳璧《元山观记》，景云初，之问左迁，爱其地清致，卜轩榭。之问殁，夫人孙氏以为观。后五十余年，夫人族弟仓部郎中成来为观察，命璧作记。"此盖节述柳记之大略，且存宋之问殁后事实。今见录桂林石刻诸书皆未述及此记。

杜让能（第471页）

《宝刻类编》卷六收杜让能撰《节度李昌言德政碑》，李郜书，在凤翔。李昌言为凤翔大将，中和元年代郑畋为凤翔节度使，光启二年与朱玫拥立襄王，事败死。此碑撰于光启二年前，应为其在学士任作。以其别无文章存世，故述此以备一端。

侯翽（第474页）

别作侯翻，《传论》以为"未能定"。我倾向以侯翽为是。再补一证，《宝刻类编》卷六收《故临坛大德元著和尚碑铭》，作"侯翽撰，男嗣昭书，中和五年立，成都"。据此可知其中和五年仍在蜀。碑虽不传，但著录出自石刻，似可从。

崔凝（第477页）

《考古》1994年第11期林集友《唐刑部尚书崔凝墓志考释》，披露洛阳出土署狄归昌撰《唐故刑部尚书崔公府君墓志》全文，叙崔凝生平甚完整：字得之，博陵人。汝州防御使崔寿子。咸通六年登进士第。入河阳崔延昭幕府为节度推官。其后历右拾遗、殿中侍御史、刑部员外、起居舍人等。广明间为洛阳令，不之任奔成都行在，除考功员外郎，迁祠部郎中、知制诰，"未周月，拜中书舍人，面赐金紫，即以本官充翰林学士，仍转户部侍郎，知制诰"。因得罪宰相萧遘，"左迁秘书监"。因"物论喧然，人情是属。遂再升翰苑，复兼版图"。是在中和、光启之际，他曾再除翰林学士。在光启二年僖宗出奔凤翔前,他已出院,因而逃过朱玫之乱。此后到昭宗即位,历任吏部侍郎、刑部及户部尚书,坐事贬合州长史,卒于贬所,年五十八,时为乾宁二年(895)八月,则当生于开成三年(838)。

《考古》1992年第11期刊《崔氏亡室李夫人墓志》,为崔凝自传自书,时在咸通八年七月。自称为"前乡贡进士",殆登第不久。据志则李氏出大郑王房,为唐宗室之远支,父李公仅为洪州都督府别驾。李氏咸通二年归崔凝,八年卒,年二十五。崔凝颇述悲痛,称"有懿美之范,挺淳至之性也如是,岂不宜克保龟鹤,永奉蒸尝。胡福善祸淫之道,茫昧如斯耶?彼苍悠悠,悼问何及"。是很沉痛的表述。崔凝文今仅见此一篇。

刘崇望(第486页)

《旧五代史》卷一《梁太祖纪》载,光启四年十二月,刘崇望曾为梁王朱全忠撰德政碑,是其在翰林院的职务行为,但在唐末应是重要事件,可惜原碑未见征引。另《全唐文补遗·千唐志斋新藏专辑》第414页收《刘夔墓志》称刘夔为蔡州府君之女,"生廿三年,以咸通十一年五月廿一日疾殁于私第,葬于万安山先茔,礼也。兄崇望既哭之恸(下略)"。此志作于其及第前两年,可以知道其家的一些情况。同书第411页且收刘崇龟撰《大唐故蔡州刺史兼御史中丞赐紫金鱼袋刘府君讳符之墓》,即崇望父之迁葬志,可惜原文除刘崇龟的职衔外,仅存"以咸通九年四月六日,迁自宋州标化里,归葬于河南故乡万安山之南原,祔于大茔,合于夫人之墓"几句,包含的内容很有限。

一二、昭宗、哀帝朝学士

崔昭纬(第496页)

《京兆翁氏族谱》第185页收《加翁郜朝散大夫河西节度使白麻》,署"唐龙纪元年四月八日翰林学士崔昭纬行"。原文虽不存唐制,但与《传论》所考崔昭纬在昭宗初任学士,大顺元年任承旨,则恰合符契,知此文不伪。荣新江教授曾据以撰《P.2672、S.6234+P.5007唐人诗集的抄本形态与作者蠡测》一文(2009年7月四川大学第三届中国俗文化国际学术研讨会论文),据此谱考证该诗集中十多首诗皆翁郜所作,可参看。

崔涓(第502页)

《传论》考涓大中四年登进士第,至大顺元年入院,光化元年草《赐许国公韩建铁券文》,已近七十,"以如此高龄入院,懿、僖两朝亦无"。前引陈文龙文认为唐后期可能有两个崔涓,或一为崔涓,一为崔涽,虽未有确证,其说可参。

崔远(第505页)

《宝真斋法书赞》卷六《送广利诗帖》收崔远《送广利大师归江东》诗:"楚山枫老楚江清,笠挂高帆浪注罂。真往本无前后际,叶舟谁问去来程。忘机每与鸥为伴,息念应怜月共明。想见家山诸弟子,盛夸新赐大师名。"后署:"中书侍郎平章事崔远。乾宁四年季夏二十九日书。"此诗即作于其拜相之次年,而对僧人远去的闲适充满羡慕之情,可补充其诗作,也可略窥其为人。

薛贻矩(第530页)

薛贻矩墓志已经出土,承王庆卫君见示拓本。志题为《梁故开府仪同三司守司□□□□□门下平章事弘文馆大学士充诸道盐铁转运等使判建昌宫事河东郡开国公食邑一千五百户食实封一百户赠侍中薛公墓志铭》,为"从叔正议大夫尚书左司侍郎上柱国赐紫金鱼袋廷珪撰"。可补充《传论》的重要内容有:一、其先世,曾祖胜,任大理□,与《新表》作左拾遗不同;父廷望,与廷珪同辈,《新表》作庭望误。三代分别婚李、韦、萧、裴诸氏。二、字熙用,不作式瞻。三、释褐秘书省校书,转鄠县□,传不载。四、其任学士,墓志云:"起居舍人、司勋员外,职史馆。旋以本官入翰林,出入再任中书舍人。"与史传有微小差别。其在院间两次被贬,《传论》已及,墓志中有"两从左迁,再□□署。□□掌丝纶之重,周旋冠侍□之荣"的记载,足以印证。五、贻矩以乾化二年(912)五月一日卒,年六十三,其生年应为宣宗大中四年(850)。其他在梁事迹及家事所载尤详,不一一。六、其归葬于"绛州稷山县甘祚乡仁义里"以"从先茔",大致可以推定其为彼地人氏。

杨钜(第536页)

前引杨收夫妇墓志,载杨钜为其次子,韦氏生。杨收被贬时应随行到端州。杨收在咸通十年被赐死,至十四年初平反,估计杨钜此时北归,且得缘登第入仕,继父而为学士。

裴廷裕(第545页)

裴廷裕撰有《圆通大师碑》,《宝刻丛编》卷一五引《访碑录》著录而不云撰,《宝刻类编》卷七云撰而名脱裕字,参《墨池编》卷六、《通志·金石略》所载,可以确定,惟具体事实则不详。另宋宋敏求《春明退朝录》卷上引裴廷裕《正陵遗事》云:"舍人上事知印,宰相当压角。"正陵即贞陵,指宣宗,宋人讳改。《新唐书·艺文志》著录令狐澄撰此书二卷,不知廷裕别有所著,或敏求所记有误。

郑璘(第550页)

《宝刻丛编》卷八引《京兆金石录》:"唐赠礼部尚书萧廪墓志。唐郑璘撰。文德元年。"文佚。《考古与文物》1983年第4期保全《唐重修内侍省碑出土记》收光化二年六月《唐重修内侍省碑》,署"翰林学士承旨、朝散大夫、守尚书右丞、知制诰、柱国、赐紫金鱼袋郑璘撰"。此碑文逾三千字,涉及唐末宦官制度及建筑规模,具有极其重大的学术价值。也可见郑璘与宦官之特殊关系。其任承旨,他书未载,可以补阙。

张玄晏(第555页)

《考古与文物》1983年第1期秦珠《唐末卢峻墓志铭》收壬寅岁张玄晏撰《卢峻墓志》,自称"再从甥司珍大夫南阳张玄晏"。壬寅为中和二年,"司珍大夫"即金部郎中,据可补玄晏早年历官。

吴融(第561页)

《宝刻丛编》卷七引《京兆金石录》:"《唐左监门卫将军宋匡业碑》,唐吴融撰,阎湘书,光化元年。"《宝刻类编》卷六"匡业"作"巨业"。《宝刻类编》卷六著录天复二年吴融撰《西平王王公建生祠堂记》,此为西蜀王建所立,司马光《资治通鉴考异》卷二五曾有称引,录其"岁在作噩之年,相国韦公奉命伐蜀","圣上即位之明年,诏大丞相韦公镇蜀,起兵属丞相,以讨不庭。寻拜公永平节度兼都指挥使"等文句,以考订蜀乱史实。

韩仪(第568页)

《传论》有关其草朱朴拜相制之议论甚是。南宋洪迈《容斋续笔》卷一一《昭宗相朱朴》一则认为:"仪者,偓之兄,所谓暗祷鬼神,明祈日月之语,必当时所授旨意也。""昭宗当王室艰难之际,无知人之名,拔朴于庶僚中,位诸公衮,以今观之,适足贻后人讥笑。"更斥昭宗之荒唐。

卢说(第571页)

《宝刻丛编》卷七引《京兆金石录》、《宝刻类编》卷六、《类编长安志》卷九均载卢说撰《唐右神策军碑》。左碑为崔铉撰,今存半部残帖。从时间来推,与乾宁翰林学士卢说恐非一人。

韩偓(第574页)

韩偓遗文,除《传论》提到《说郛》本《金銮密记》所引四篇外,南宋刘克庄《后村集》卷三五《跋东园方氏帖·韩致光帖》云,其自书《裴郡君祭文》,首书甲戌岁,衔书"前翰林学士承旨、银青光□大夫、行尚书户部侍郎、知制诰、昌黎县开国男、食邑三百户韩某"。甲戌为后梁末帝乾化四年(914),唐已亡八年,韩偓仍书唐职衔,刘克庄感慨其"贤于杨风子辈远矣"。另《宣和书谱》卷一〇有其书《仆射帖》、《芝兰帖》。

张文蔚(第583页)

《十国春秋》卷九〇云张文蔚长兴三年撰《王审知神道碑》,疑误。《文史》二八期载翁承赞撰王审知墓志,审知卒于同光三年十二月。文蔚卒于梁初,未及见审知卒。《十国春秋》误记。

王溥(第588页)

《京兆翁氏族谱》存《加翁郜朝请大夫检校尚书右仆射白麻》,末署"乾宁元年八月二十三日,翰林院学士王溥行"。《传论》考其乾宁三年入院,与此接近。虽不能据此认为他元年已入院,但至少可值得参考。同书又载"太常卿王溥"赠翁承赞归闽诗:"无辞归洛入东瓯,衔命还家足胜游。谏省已闻惟是誉,乡闾足必议归休。碧油幢下宜飞诏,红槿花间听暮秋。知是禁林声价在,䡾车应便上瀛洲。"此谱承荣新江教授见示,虽为今人所编,但采翁氏历代族谱资料,有部分可信,故为录出。

柳璨(第600页)

拙辑《全唐文补编》卷九二,补柳璨文五篇,即据《郡斋读书志》卷七补《史通析微序》残文,据《旧唐书·哀帝记》补《太清宫复为太微宫奏》,据《戏鸿堂帖》卷一补《王羲之洛神赋帖题记》，据同书卷七补《褚遂良书帝京篇题记》，据《资治通鉴》卷二六五知《全唐文》卷九四哀帝下收《放司空图归山敕》为其所撰。另《宝刻类编》卷六收其乾宁元年撰《景福三圣禅院记》，不传。其所出河东柳氏世以礼法为世所称，其若不为朱氏所用，亦一俊士，殊为可惜。

韦郊（第614页）

《传论》引《旧五代史》卷三《梁太祖纪》，云开平二年十月仍为翰林学士。按此则记载出《册府元龟》卷二〇五，为开平元年十月事。

《传论》云："韦郊未有诗文著录。"按《新唐书·艺文志》史部仪注类载袁郊《二仪实录衣服名义图》一卷、又《服饰变古元录》一卷。注："字之仪，滋子也。昭宗时翰林学士。"在此将韦郊、袁郊二人生平混杂，未能确定二书作者之归属。《崇文总目》卷三不署作者，《通志·艺文略》作袁郊，则仍沿《新唐书》之记载。我颇倾向认为乃韦郊所著。

张策（第616页）

按《通志》卷七〇《艺文略》八有"《吊梁郊赋》一卷，唐张策撰"。《崇文总目》卷五此书不著撰人。另《舆地碑记》卷三《汀州碑记》载"《唐中丞伍公墓志》，正明元年，舍人张策撰"。正明即贞明，梁末帝年号。《旧五代史》本传云策乾化二年秋卒，时在朱友珪篡逆之际，此志或刻石较晚。

2012年3月8日初稿
5月29日二稿
（收入《傅璇琮先生八十寿庆论文集》，中华书局，2012年）

石刻所见唐人著述辑考

唐人石刻研究，始于宋而盛于清。近代以来，唐石出土尤多，迄今已逾万品。其中记及唐人著述者，虽百无一二，但所载或多不见于唐宋书志，或可补传世文献之缺误，故弥足珍贵。笔者近年因辑录唐代诗文，颇留意于此，所积渐多，乃草为此编，以供谈唐世文献者参考。

本编所取，仅限于宋以来出土石刻。见于文集之碑志，唐时虽曾刊石，但其传却以印本者，皆所不取。所录略以四部为分，以书名列目，并节引石刻原文。有文献可参订者，亦附考之。凡唐宋书志不载者，即付阙如，不逐一作"唐宋书志不收"之类说明，以避冗复。作者事迹，非本文所能详叙，故仅存生卒及终官之类，余皆略。石刻篇名较长者，改用简称。其有多书载及者，仅注存文较完且常见之书。

一、经　　部

1.1　注《周易》　唐临汾陈宪（648—725，开元太子宾客）注。见《唐银青光禄大夫太子宾客岳阳县开国伯食邑五百户陈公墓志铭》（《唐代墓志汇编·开元二三七》）。卷数不详。

1.2　《周易异义》二十卷　唐会稽康子元（玄宗时秘书监）著。《康希铣神道碑》（《颜鲁公集》卷七，宋人录自石刻，石今不存）："侄秘书监集贤院侍讲学士□元撰《周易异义》二十卷。"据《新唐书》卷二〇〇，知即康子元。

1.3　《周易说卦验》三卷　后周天水王仁裕（880—956，后周太子少保）撰。见宋初李昉撰《王仁裕神道碑》（《陇右金石录·宋上》）。以上《易》类三种。

1.4　《春秋异同驳异》三卷　唐绛州王德表（620—699，武后时瀛州文安令)撰。见《大周故瀛州文安县令王府君墓志铭》(《千唐志斋藏志》四六二页)。

1.5 《三传通志》二十卷 唐临汾陈宪撰。见前引《陈宪墓志》。三传,当指《春秋》三传。以上《春秋》类二种。

1.6 《论语后传》十篇 唐颍川陈皆(730—802,贞元台州刺史)撰。《唐故中散大夫使持节台州诸军事守台州刺史上柱国赐紫金鱼袋颍川陈公墓志铭》(《千唐志斋藏志》九八五页)云:"以圣言物则纂《论语后传》十篇。"以上《论语》类一种。

1.7 注《孝经》 唐绛州王德表注。见前引《王德表墓志》。以上《孝经》类一种。

1.8 《说文字源》一卷 唐赵郡李腾(贞元检校祠部员外郎)纂。见《宝刻类编》卷四,云贾耽撰序,贞元五年刻石于滑州。《新唐书·艺文志》著录此书。贾耽序见《全唐文》卷三九四,叙纂刻始末甚详。原石已佚。

1.9 《小字说文字源》 后汉洛阳郭忠恕(宋初国子监主簿)重订。《宝刻类编》卷七云乾祐三年(950)刻石于徐州,为忠恕"取唐李腾所书《字源》,补其缺漏者七,改其音之误者一,别为小字以刻石"。《金石录》卷一〇亦著录。以上李腾原本及郭忠恕重订本皆不传,宋初僧梦英《说文偏旁字源》(见《八琼室金石补正》卷八七),亦参据李腾书,郭忠恕并附书与其讨论之,可参。

1.10 《干禄字书》一卷 唐临沂颜元孙(?—732,开元华州刺史)著。颜真卿书,刻石湖州,宋以后迭有著录,不详叙。以上小学类三种。

二、史　　部

2.1 《汉书□》十卷 唐会稽康国安(历崇文馆学士)述。颜真卿《康希铣神道碑》云:"君之先君崇文学士府君有……《汉书□》十卷。"所缺字疑为"注"字。

2.2 《后汉书注》 唐临沂颜光庭(高宗时涉县令)注。颜真卿《颜氏家庙碑》(西安碑林藏石):"光庭,注《后汉书》。"同人《颜含大宗碑》(《颜鲁公集》卷七）："光庭博学，注《后汉书》，涉令。"疑指预修章怀太子《后汉书注》。光庭为真卿从祖。以上正史类二种。

2.3 《甲子纪》七十篇　唐荥阳郑绩（672—727，开元比部郎中）著。贺知章《大唐故中散大夫尚书比部郎中郑公墓志铭》（《文博》1989年第4期）："依《春秋》作《甲子纪》七十篇。"此书殆为编年史书。

2.4 《高氏小史》六十卷　唐渤海高峻（开元前蒲州长史）纂。萧邺《高元裕神道碑》（《金石萃编》卷一一四，以《八琼室金石补正》卷七五补缺文）："高祖峻，皇朝蒲州长史，撰《小史》行于代。曾祖讳迥，杭州余杭令。"《小史》即《高氏小史》，《新唐书·艺文志》著录作一百二十卷，云"初六十卷，其子迥厘益之"。又云："峻，元和中人。"则误。峻为唐初名臣高士廉孙，元裕高祖，其生活年代不迟于开元中。《芒洛冢墓遗文续编》卷下有峻弟高嵘墓志，云嵘开元十七年卒，年六十。亦可证。《高氏小史》今佚，然宋人校订《魏书》《周书》《北齐书》时，颇参取此书，知其为节取各史而成。

2.5 《玉玺实录》一卷　唐博陵崔玄暐（638—706，神龙同中书门下三品）撰。见李乂《大唐故特进中书令博陵郡王赠幽州刺史崔公墓志铭》（《唐代墓志汇编》开元〇二六）。以上杂史类二种。

2.6 《翰林壁记》　唐河南元稹（779—831，穆宗时宰相）撰。卢韶大中十二年撰《唐故范阳卢氏荥阳郑夫人墓志铭》（《隋唐五代墓志汇编·洛阳卷一四》）："祖纲……寻加翰林学士、中书舍人，后为承旨。翰林承旨，自公始也。……今之翰林《壁记》，公为之首。"《翰苑群书》本元稹《承旨学士院记》，即以郑纲为首，知即指此。然元《记》仅迄于宝历，据上引文，似大中间尚有续记，今本不存。以上职官类一种。

2.7 《义士传》十五卷　唐博陵崔玄暐撰。详下。

2.8 《友于传》十卷　唐博陵崔玄暐撰。二书均见李乂《崔玄暐墓志》。《旧唐书·崔玄暐传》《新唐书·艺文志》均载二书，《友于传》作《友义传》，当以石刻为是。

2.9 《姓氏录》、《血脉图》　撰人不详。《周故河东柳府君（怀素）墓志》（《隋唐五代墓志汇编·洛阳卷七》）云："暨乎越古金轮圣皇帝……爰访三恪，式绍二王，府君之长子该申牒请袭。鸾台凤阁勘《姓氏录》、《血脉图》,据状历代英贤,准制合当承袭。"唐初姓氏书有多种,此不详所指。

2.10 《姓略》 唐陈郡殷寅(玄宗时永宁尉)撰。颜真卿《颜勤礼神道碑》(西安碑林藏石)云颜氏"四世为学士侍讲,事见柳芳《续卓绝》、殷寅《姓略》"。《旧唐书》卷一〇二云寅父践猷"通于族姓",寅殆承家学而为是书。以上传记类四种。

2.11 《柘州记》一卷 唐荥阳郑绩撰。贺知章《郑绩墓志》云:"诣铨庭殊等,调左金吾胄曹。无何,充吐蕃分界使,因撰《拓州记》一卷,深明长久,有识称之。""拓州"为"柘州"之误,其地适与吐蕃相邻。此书约撰于武后末至中宗时。

2.12 《古今录》二百卷 唐荥阳郑绩撰。贺知章《郑绩墓志》:"拜尚书职方员外郎。暨掌地图,撰《古今录》二百卷。凡所著书,皆宪章遂古,贻范后昆。"此书约撰于开元十年左右,当记古今地理沿革。

2.13 《渤海记》三卷 唐中山张建章(806—866,咸通摄蓟州刺史)撰。张珪《张建章墓志》(《文献》二辑):"踰年,李公入觐,弘农杨仆射受钺。星纪再周,渤海国王大彝震遣司宾卿贺守谦来聘。府选报复,议先会主,假瀛州司马朱衣使行。癸丑秋,方舟而东,海涛万里。明年秋杪,达忽汗州,州即挹娄故地。彝震重礼留之。岁换而返,□王大会,以丰货宝器名马文革以饯之。九年仲秋月复命。凡所贱启赋诗,盈滥缃帙。又著《渤海记》,备尽岛夷风俗宫殿官品,当代传之。"建章于大和七年出使渤海,历二年而返,著《渤海记》。《新唐书·艺文志》作《渤海国记》三卷。《北梦琐言》卷一三载建章使渤海途中遇水仙事,不及此书。《新唐书》卷二一九叙渤海州府、官品甚详,末云:"幽州节度府与相聘问,自营、平距京师盖八千里而远。"参前引文字,可信即据建章所记。以上地理类三种。

2.14 《西汉群臣言事章疏》十六卷 唐涉县孙绚(811—875,咸通湖南观察巡官)辑。孙球《唐故湖南观察巡官前同州郃阳县尉乐安孙府君墓志铭》(《隋唐五代墓志汇编·洛阳卷一四》):"子史诸书,抄览略遍。著《西汉群臣言事章疏》,总二百五十章,勒成一十六卷。"以上奏议类一种。

三、子　　部

3.1 《皇箴》一卷　唐陆浑毕粹（590—672，显庆德州平原丞）撰。《唐故德州平原县丞毕君墓志铭》（《唐代墓志汇编·咸亨七四》）："公之平生，每怀感激。属扩之际，造《皇箴》一篇，鉴□替于前王，成匡救于今帝。虽史鱼励节，翟黄直词，取譬往贤，兼之者矣。"

3.2 《道统》十卷　唐新安盖畅（622—697，咸亨兖州曲阜令）著。《大周故处士前兖州曲阜县令盖府君墓志铭》（《千唐志斋藏志》四五二页）："秩满归家不仕，以文史自娱，著《道统》十卷，诚千古之名作，一代之良才。"

3.3 《六官适时论》　唐博陵崔暟（632—705，武后时汝州长史）著。吴少微、富嘉谟《有唐朝散大夫守汝州长史上柱国安平县开国男赠卫尉少卿崔公墓志》（《北京图书馆藏中国历代石刻拓本汇编》二六册）："尝诫子监察御史浑、陆浑主簿沔曰：'吾之《诗》《书》《礼》《易》，皆吾先人于吴郡陆德明、鲁国孔颖达重申讨核，以传于吾，吾亦以授汝。汝能勤而行之，则不坠先训矣。'因修家记，著《六官适时论》。"

3.4 《王政》三卷　唐鼓城赵冬曦（677—750，天宝国子祭酒）撰。赵碁《唐故国子祭酒赵君圹志》（《中原文物》1986年第4期）："中复探玄象冈，精意老释……未尝以世务为心也。或曰：'全其道，含其光，怀其宝，迷其邦，独善乃可，用大则未也。'由是始起，强为著书，核王政之得失，陈理体之终始，凡十七篇。景龙中，河南黜陟使卢怀慎览而钦叹，持表上闻，天子嘉为，虚己详问，执政者党同伐异，远赏文辞而已。奏以进士试，对策甲科。"《新唐书·艺文志》收冬曦《王政》三卷，云"景龙二年上"，即此书。是书久佚，据志文可略知始末。

3.5 《中道论》　唐临汾陈宪著。详下。

3.6 《通教论》　唐临汾陈宪著。《陈宪墓志》云："惟公宅乎中庸，乐在名教……尝著《中道》《通教》二论。"宪曾注《周易》，撰《三传通志》，知此二论亦为儒家言。以上儒家类六种。

3.7 《管氏指要》二卷　唐江都李正卿（771—844，会昌绵州刺史）撰。

李褒《唐故绵州刺史江夏李公墓志铭》(《千唐志斋藏志》一〇九二页)云:"注《管氏指要》两卷。"以上法家类一种。

3.8 《中权略》四十卷　唐江都李正卿著。李褒《李正卿墓志》:"撰《中权略》四十卷。"此书当述兵机权略。

3.9 《会昌武备》三十卷　唐敦煌令狐梅(793—854,大中棣州刺史)著。令狐棠《唐故棣州刺史兼侍御史敦煌令狐公墓志铭》(《隋唐五代墓志汇编·洛阳卷一四》):"公因著兵书三十卷,号曰《会昌武备》,尽天下之要害,穷古今之玄微。以示李公,李公伏膺,披考旬日,然后旧笏致谢,且曰:'自古论兵者多矣,皆泛言大体,非急要所能用之。今则腐儒开卷,可以决胜千里,真不世之宏业也。'"李公即李德裕,梅尝为其剑南、浙西从事,过从甚密。此书之著,适当德裕用兵泽潞之际,故亟赏之。

3.10 《长城集》十三篇　唐河西周玗(785—854,大中平州刺史)著。周在中《唐故平州刺史卢龙节度留后周府君墓志铭》(《文物》1992年第9期):"十岁诵孙吴兵书数十万言,弱冠又著《长城集》十三篇,藏于家,大略集古之名将得时为长城也。"约成于元和初。以上兵家类三种。

3.11 《集内经药类》四卷　唐临汾陈宪纂。详下。

3.12 《合新旧本草》十卷　唐临汾陈宪纂。均见《陈宪墓志铭》。谓"并行于代"。

3.13 《本草音义》二卷　唐江都李含光(683—769,大历茅山道士)著。颜真卿《有唐茅山玄靖先生广陵李君碑铭》(影宋拓本):"又博览群言,长于著撰。尝以《本草》之书,精明药物,事关性命,难用因循,著《音义》两卷。"《新唐书·艺文志》著录此书。以上医家类三种。

3.14 《海涛志》一卷　唐浙东窦叔蒙(大历中处士)撰。欧阳修《集古录跋尾》卷五收此,云"其书六篇,一曰《海涛志》,二曰《涛历》,三曰《涛日时》,四曰《涛期》,五曰《朔望体象》,六曰《春秋仲月涨涛解》"。《宝刻丛编》卷一三引欧阳棐《集古录目》又云:"其说以月朓朒候涛汐之进退,并《窦氏涛日时疏》一篇,越州刺史孟简撰。"石在温州。《直斋书录解题》卷八著录作一卷;《全唐文》卷四四〇仅收第一章,题作《海涛论》。世无单行本,仅清俞思谦辑《海潮辑说》全收之。《历史研究》1978年第6期刊徐瑜文,述此书尤详。以上术数类一种。

3.15 《新文类聚》一百五十卷　唐荥阳郑绩著。贺知章《郑绩墓志》云："俄征秘书郎，深惬素意。由是讨论七阁，综核九流，或繁失旨要，或缺遗条品，乃著《新文类聚》一百五十卷。"约成于中宗时。

3.16 《累璧》十卷　唐会稽康显（中宗时修书学士）撰。见颜真卿《康希铣神道碑》。《旧唐书·经籍志》有许敬宗《累璧》四百卷，为别一书。

3.17 《干禄宝典》三十卷　唐会稽康元瓖（开元秀州长史）著。颜真卿《康希铣神道碑》云：侄"秀州长史元瓖著《干禄宝典》三十卷"。以上类书类三种。

3.18 《行己要范》一卷　唐博陵崔玄昉著。李乂《崔玄昉墓志》云："撰《玉玺实录》《行己要范》各一卷。"《旧唐书》本传、《新唐书·艺文志》均作十卷，误。

3.19 《则阳子》九篇　唐颍川陈皆著。详下。

3.20 《教子中典》三卷　唐颍川陈皆著。崔芃《陈皆墓志》云："以寓词明道，著《则阳子》九篇；以立家必子，序《教子中典》三卷。"

3.21 《解言》上下各十九章　唐吴兴沈中黄（792—858，大中大理司直）著。沈佐黄《唐故承奉郎守大理司直沈府君墓志铭》（《千唐志斋藏志》一一四三页）："为《解言》上下各十九章，设宾主问答，析辨名理，不容秋毫，则杨子《解嘲》、士衡《连珠》，未足比也。《解言》既行于世，声光震耀，卿士拭目，乡荐神州，名在殊等，贡于有司，第登甲科。"中黄开成二年登第，知此书成于大和末至开成元年间。

3.22 《代耕心镜》十卷　唐会稽康南华（玄宗时美原尉）著。颜真卿《康希铣神道碑》云："侄刑部员外郎璀男美原尉南华撰《代耕心镜》十卷，□□□□□百二十卷。"后一书不知为何。以上杂家类五种。

3.23 《续卓绝》　唐河东柳芳（大历集贤殿学士）撰。见颜真卿《颜勤礼神道碑》，云此书载及颜氏历代盛事。卷数不详。据书名，应为《卓绝》之续编。《卓绝》不详。

3.24 《入洛记》一卷　后周天水王仁裕撰。见李昉《王仁裕神道碑》。仁裕初仕前蜀，蜀亡后入洛，此当记沿途所见。《直斋书录解题》卷七著录，云"国亡入洛记行",后不传。《太平广记》引仁裕《王氏见闻录》、《玉堂闲话》颇有记及蜀亡前后事者;《说郛》卷三四引《豪异秘纂》云仁裕赋蜀主出降诗,皆与本书有关。

3.25 《南行记》 后周天水王仁裕撰。出处同前。内容不详。以上小说家类三种。

3.26 经论疏记一十三卷 唐释智该(578—639,贞观中长安灵化寺僧)撰。明浚《大唐灵化寺故大德智该法师之碑》(《考古与文物》1985年第4期):"又于京城诸寺,讲《涅槃》《维摩》《般若》等经,摄大乘《中》、《百》、唯识等论,斯乃鸠集疏记,覃思玄章,共有二十万言,勒成一十三卷,莫不词林布护,理窟深沉,隐括大小,昭显文义。"书名不详。

3.27 《辨定□正论》一卷 唐释智该撰。明浚《智该法师碑》:"然以本寂圆宗,未学方驾,南北兴鼠首之执,当见怀犹豫之疑。故复研详首□,商略异说,撰《辨定□正论》一卷,使有识知归……"书名缺字,当为"邪"。此书当属护法之著,与法琳《辨正论》相近。智该二书,均成于武德、贞观间。

3.28 译经一千三百三十八卷 唐释玄奘(600—664,高宗时三藏僧)译。刘轲《大唐三藏大遍觉法师塔铭》(《唐代墓志汇编·开成二六》)云玄奘临寂前,"命嘉尚法师具录所翻经论,合七十四部,总一千三百卅八卷"。别书于卷数尚有异说,详杨廷福《玄奘年谱》。

3.29 《慈恩疏》 唐释窥基(632—682,高宗时长安慈恩寺僧)撰。李弘庆《大慈恩寺大法师基公塔铭》(《唐代墓志汇编·开成二七》):"以师先有儒学词藻,诏讲译佛经论卅余部,草疏义一百本,大行于时,谓之《慈恩疏》。"窥基诸经论疏,宋以后中土不传。今存于《高丽藏》、《大正藏》、《卍续藏经》者,凡三十一种。

3.30 《正像住持同异论》一卷 唐释神瞻(644—686,武后时相州愿力寺僧)撰。阙名《大唐愿力寺故瞻法师影塔之铭》(《北京图书馆藏中国历代石刻拓本汇编》十七册):"又以讲诵之□,□视之暇,撰《正像住持同异论》一卷、《浮图澄法师碑文》一首、《修定琬寺□碑文》一首,更有诸余杂文数首,并事在光扬,不之繁□。"后数种皆为单文,不另列。

3.31 《〈金刚般若经〉注》 唐绛州王德表注。见薛稷《王德表墓志》。

3.32 《三阶集录》 隋释信行(541—594,文帝时相州僧)撰。田休光《大唐净域寺故大德法藏禅师塔铭》(《金石萃编》卷七一):"有隋信行禅师与在世造舟为梁,大开普敬认恶之宗,将药破病之说,撰成数十余卷,名曰《三阶集录》。禅师靡不探赜索隐,钩深致远,守而勿失,作礼奉行。"三阶教唐初屡遭禁止,信行所著,《开元释教录》收入伪目,至贞元中方入藏,今仅存若干残卷。是书虽为隋时著,然于唐代佛教影响颇巨,故附存之。

3.33 素律师新疏 唐释思恒(651—726,开元中长安荐福寺僧)参修。常东名《唐大荐福寺故大德思恒律师志文》(《古志石华》卷一〇、《金石萃编》卷七七):"年廿而登具戒,经八夏即预临坛,参修素律师新疏,讲八十余遍,弟子五千余人,以为一切诸经所以通觉路也。""素律师新疏",指玄奘门人怀素(625—698)所撰之《四分律开宗记》二十卷,为律宗东塔宗之名著,今存。思恒参修,他书未载。

3.34 《心经注》 唐郑预(天宝中人)注。见《宝刻丛编》卷一〇引《金石录》,云天宝元年四月立,又引《集古录目》,疑郑预自书。

3.35 《注金刚经》 唐玄宗李隆基(685—762)注。见《金石录》卷七,云天宝中刻。房山石经有之,稍残。

3.36 《六译金刚经》 唐杨承和(大和中知内侍省)删集。《宝刻丛编》卷八引《集古录目》云:"《唐六译金刚经》,唐右威卫上将军知内侍省杨承和删集,杨翱撰序。初,承和以分书经刻于上都兴唐寺,文宗诏取其本,使待诏唐玄度集王羲之书,翰林学士郑覃等六人为赞刻石,以大和七年(833)春立。"上海博物馆藏宋拓本,已影印。

3.37 《大藏经旨》 后汉洛阳郭忠恕撰。《金石录》卷一〇收《汉大藏经旨序》,乾祐元年(948)四月立。《宝刻丛编》卷二〇作《大藏经音》,误。以上释家类十二种。

3.38 《注道德上下经》 唐绛州王德表注。见薛稷《王德表墓志》。

3.39 《注老子道德经》 唐博陵崔沔(673—739,开元中书侍郎)注。见李邕《有唐通议大夫守太子宾客赠尚书左仆射崔公墓志》(《唐代墓志汇编》大历〇六〇)。

3.40 《注老子道德经》二卷 唐颍川陈皆注。崔芃《陈皆墓志》:"凡著书用黄老为宗,以专气致柔,注老子《道德经》两卷。"按杜光庭《道德真经广圣义序》录唐注《道德经》者数十家,无以上三家。

3.41 《黄庭内景经义》一卷　唐颍川陈皆撰。崔芃《陈皆墓志》:"以五形万灵,撰《黄庭内景经义》一卷。"

3.42 《玄元皇帝圣纪》十卷　唐长安尹文操(?—688,高宗时长安宗圣观道士)撰。员半千《大唐故宗圣观主银青光禄大夫天水尹尊师碑》(《道家金石略·唐》):"仪凤四年,上在东都,先请尊师于老君庙修功德。及上亲谒,百官咸从。上及皇后诸王公主等同见老君乘白马,左右神物,莫得名言,腾空而来,降于坛所,内外号叫,舞跃再拜,亲承圣音,得非尊师之诚感也。由是奉敕修《玄元皇帝圣纪》一部,凡十卷,总百廿篇,篇别有赞。时半千为尊师作也,纪赞异袟,缮写进之。高宗大悦,终日观省,不离玉案,乃授尊师银青光禄大夫行太常少卿。"记成书始末至详。《通志·艺文略》作《混元圣纪经》一卷,《宋史·艺文志》作《玄元圣记经》十卷,佚。今《道藏》存宋元人撰《混元圣纪》、《犹龙传》,与此书属同类之著,然未能用及尹书。

3.43 《祛惑论》四卷　唐长安尹文操撰。详下。

3.44 《消魔论》三十卷　唐长安尹文操撰。详下。

3.45 《先师传》一卷　唐长安尹文操撰。员半千《尹尊师碑》云:"文操人间地上,物里天中,所有灵明,倍百祈请,亦望二十四结,火烧而忧尽,七十二教,水炼而法成,皆见先征,以明后事,乃著《祛惑论》四卷、《消魔论》卅卷、《先师传》一卷。"《先师传》,《宋史·艺文志》作《楼观先师本行内传》一卷。唐宋道书,有引及此书者。《通志·艺文略》有尹轨、韦节等撰《楼观内传》三卷,又有《楼观内行传》一卷,后者不署作者,应即文操撰。

3.46 《修真秘旨》　唐河内司马承祯(647—735,开元中王屋山道士)撰。卫凭《大唐王屋山中岩台贞一先生庙碣》(《道家金石略·唐》):"初,隐居抄撰道书,为《登真隐诀》,其存修之道,率多阙文,尊师乃著《修真秘旨》十二篇,见行于世。"隐居,指陶弘景,其《登真隐诀》,《旧唐书·经籍志》作二十五卷,《新唐书·艺文志》作十五卷,《宋史·艺文志》作三十五卷,今《道藏》所收仅三卷。

3.47 《老子庄子周易学记》三卷　唐江都李含光(683—769,大历中茅山道士)撰。详下。

3.48 《老子庄子周易义略》三卷　唐江都李含光撰。颜真卿《茅山玄靖先生广陵李君碑铭》(《金石萃编》卷一〇〇、《江苏金石志》卷四)："又以《老》《庄》《周易》为洁净之书，著《学记》《义略》各三篇。《内学记》二篇，以续仙家之遗事，皆名实无违，词旨该博。"《新唐书·艺文志》作"道士李含光《老子庄子周易学记》三卷，又《义略》三卷"，恐即据颜《碑》，未必曾见其书。

3.49 《道志》、《道翼》五十卷　唐河东王颜(728—802，贞元虢州刺史)著。郑云逵《唐故虢州刺史王府君神道碑铭》(《永乐宫碑录》)："道儒释者，代谓三教，公皆讨论深趣，拟议损益，俱臻妙极。三而一之，心归释空，体服儒有，总而冥道，独守常名，尘垢荣利，秕糠冠冕，遐襟复瞩，如赓玄风。著《道志》《道翼》五十卷，制《黄帝铸鼎原碑》，盖导达心术，发明幽赜，补作者之缺，钩灵深之情，并著闻于代。"王颜虽兼达三教，要归于道妙，为此二书之大旨。后未传。《黄帝铸鼎原碑》，石刻今存。

3.50 《太清宫道藏经目录》　唐秦守正(大和中人)书。《宝刻类编》卷五著录，云大和二年立于京兆，秦守正书，赵盈篆额。又见《类编长安志》卷一〇。太清宫在长安大宁坊，见《唐两京城坊考》卷三。以上道家类十四种。

四、集　　部

4.1 《注驳文选异义》二十卷　唐会稽康国安撰。见颜真卿《康希铣神道碑》。

4.2 《注文馆词林策》二十卷　唐博陵崔玄暐注。见李乂《崔玄暐墓志》。许敬宗《文馆词林》凡一千卷，玄暐仅注"策"诸卷。《新唐书·艺文志》作《训注文馆词林策》二十卷。

4.3 《韵苑》十卷　唐太原王贞(629—693，武后时水衡监丞)辑。《大周故水衡监丞王君墓志铭》(《千唐志斋藏志》四一一页)："而犹剖务之隙，休沐之余，放浪词林，遨情书囿。莫不义殚玄赜，理极钩深，摭微妙于百家，缉为《韵苑》十卷，成文章之管辖，启才人之户牖。"据前后文，此书应为诗文选本或类书,姑存此。

4.4 《词苑丽则》二十卷 唐会稽康显(玄宗时修书学士)辑。颜真卿《康希铣神道碑》云:"元昆修书学士显府君文集十卷,撰《词苑丽则》二十卷、《海藏连珠》三十卷、《累璧》十卷。"《旧唐书·经籍志》作康明贞撰,当避中宗讳而以字行。《新唐书·艺文志》收康明贞《词苑丽则》二十卷,又收康显《词苑丽则》三十卷,误作二人而重收。《日本国见在书目》作庾显贞撰,亦误。

4.5 《海藏连珠》三十卷 唐会稽康显撰。详上则。两《唐志》皆著录。

4.6 唱和集数卷 唐范阳张光祚(731—776,大历殿中监)辑。《唐故殿中监张君墓志》(《文物》1981年第3期):"公之初服也,袭隐于大宁山,与山人王道、征君朱顺更相唱和,有手集数卷行于代。"约为天宝末事。唱和三人皆无诗传世。

4.7 唱和集数卷 唐河东薛坦(729—776,大历蔚州刺史)辑。《唐故金紫光禄大夫持节蔚州诸军事守蔚州刺史横野军钱监等使上柱国河东薛公墓志铭》(《隋唐五代墓志汇编·陕西卷四》):"公交必高人,游必奇士,举酒征会,援琴赋诗,悉是当时髦乂,门无杂宾,家无余产,唱和之集,凡成数卷,可传于世。"坦无诗传世。

4.8 陈氏家集二十卷 唐建安陈好古(文宗时处士)辑。黄璞《唐故福建观察使检校司徒兼御史大夫颍川郡陈府君墓志铭》(《唐代墓志汇编·景福三》):"王父讳好古,字慕□,溺□林泉,不干利禄,搜抉胜异,蔚成篇章,有家集二十卷。追赠太子舍人。"好古孙岩,唐末因乱起兵,奄有福建,授观察使。

4.9 沈氏家集二十卷 唐吴兴沈师黄(792—854,大中登封令)编。沈中黄《唐故监察御史河南府登封县令吴兴沈公墓志》(《千唐志斋藏志》一一二五页):"公年十六……作家集二十卷。"以上总集类九种。

4.10 令狐德棻集三十卷 《金石萃编》卷五七《令狐德棻碑》:"□□□卅卷,并行于时。"殆指其文集。《新唐书·艺文志》著录。德棻(583—666),敦煌人,高宗时国子祭酒。

4.11　王门一集二十卷　《隋唐五代墓志汇编·北京卷二》收李冉《王郅墓志》："五代祖隆,隋监察御史,制《兴衰论》七篇;高祖门一,皇朝谏议大夫、泾州刺史,有集廿卷;并文章风雅,行于当时。"唐初在世。

4.12　于志宁集七十卷　《唐三家碑录》引《于志宁碑》："所著文集,勒成七十卷。"两《唐志》均作四十卷。志宁(588—665),京兆三原人,高宗时宰相。

4.13　孙处约集三十卷　《唐故司成孙公墓志铭》(《考古与文物》1983年第1期):"□所著□集三十卷,见□当代。"处约(603—671),汝州郏城人,高宗乾封中少司成。

4.14　临川公主文　郭正一《大唐故临川郡长公主墓志铭》(《唐代墓志汇编》永淳〇二五):"所撰文笔及手写诸经,又画佛像等,并流行于代。"临川公主(624—682),字孟姜,太宗女。

4.15　《醉后集》三卷　唐汾阴薛元超(622—683,高宗时宰相)撰。崔融《大唐故中书令赠光禄大夫秦州都督薛公墓志铭》(廖应梁《乾陵稽古》收乾陵出土石刻):"卅一,复为东台侍郎,献《封禅书》《平东夷策》。以事复出为简州刺史。岁余,上官仪伏法,以公尝词翰往复,放于越嶲之邛都。耽味《易》象,以诗酒为事,有《醉后集》三卷行于时。"当撰成于麟德(664—665)后。杨炯《盈川集》卷一〇《中书令汾阴公薛振行状》所载稍简。《日本国见在书目》误收此集于总集类。

4.16　孙景明集十卷　《唐代墓志汇编》天授〇〇二收《孙澄墓志》:"长子景明,有才无命,时年十八,所著文集一十卷。"景明卒于天授元年以前。

4.17　王德表集五卷　见薛稷《王德表墓志》。

4.18　崔玄晔集五卷　见李乂《崔玄晔墓志》。

4.19　李適集　李季卿《摅先茔记》(西安碑林藏石,又《金石萃编》卷九四):"异时述□三百篇,永泰中,小宗伯贾公至为之叙。"贾至叙见《文苑英华》卷七〇一、《全唐文》卷三六八。《旧唐书·经籍志》作二十卷,《新唐书·艺文志》作十卷。適(663—711),京兆万年人,景云中工部侍郎。

4.20　康国安文集十卷　颜真卿《康希铣神道碑》云:"君之先君崇文

4.21　司马承祯集　卫凭《大唐王屋山中岩台贞一先生庙碣》:"若述作之奇伟,见于本集。"知承祯有集。

4.22　崔沔文集三十卷　见李邕《崔沔墓志》。《唐文粹》卷九二、《文苑英华》卷七一〇、《全唐文》卷三一五收李华撰序。

4.23　康显文集十卷　见颜真卿《康希铣神道碑》。

4.24　康希铣文集二十卷　颜真卿《康希铣神道碑》:"自述文集二十卷。"《新唐书·艺文志》亦作二十卷。《日本国见在书目》作"《庚希铣集》三(卷)","庚"为"康"之误。希铣(645—715),越州人,开元初台州刺史。

4.25　张轸集三卷　见《八琼室金石补正》卷五七丁凤《唐故河南府参军张君墓志》。轸字季心,方城人,开元二十年卒,年三十六。

4.26　陈周子杂诗及《至人无心数赋》一卷　陈齐卿《大唐故五品孙陈府君墓志铭》(《匋斋藏石记》卷二四):"其所制杂诗及《至人无心数赋》共一卷,并漆琴一张,置乎楄柎,盖尔请也。"均随葬,故皆不传。周子(724—743),颍川人,天宝初五品孙。

4.27　郑绩集五十卷　贺知章《郑绩墓志》:"重以有书一万卷藏于家,有集五十卷传于代。"

4.28　李邕集一百八卷　《隋唐五代墓志汇编·洛阳卷一二》李廓《李岐墓志》:"考邕,皇朝北海郡太守,赠秘书监,有文集一百八卷行于代,《唐书》有传。"《旧唐书》本传及《新唐书·艺文志》载邕集均作七十卷。

4.29　李霞光文集二十卷　尹深源《大唐故太子舍人李府君墓志铭》(《北京图书馆藏中国历代石刻拓本汇编》二三册):"又况乎刳心□寥□□□我,行诣禅匠,讲求真筌,新赋《道诗》廿七篇,尽狮子吼也。其余文集廿卷,并言补于世。"霞光(?—746),河朔人,名不详,字霞光,天宝太子舍人。

4.30　卢招集五卷　《唐代墓志汇编·天宝二五二》崔祐甫《卢招墓志》:"所著诗赋杂文等五卷。"招字子思,范阳人,官至冠氏尉,天宝十三载卒,年五十三。

4.31　李湍文集数卷　王玄同《大唐故袁州宜春县尉陇西李府君墓志

铭》(《千唐志斋藏志》一〇二〇页):"公祖乐寿府君以经明行修春宫上第……有文集数卷行于代。"乐寿府君即李湍(? —758),陇西人,乾元中瀛州乐寿丞,其墓志亦出,邵说撰,题作《唐故瀛州乐寿县丞陇西李公墓志铭》(《千唐志斋藏志》九二三页),仅云其"酷好寓兴,雅有风骨。时新乡尉李颀、前秀才岑参皆著盛名于世,特相友重"。不及文集事。

　　4.32　李曜卿文集十卷　李季卿《三坟记》(西安碑林藏石,又《金石萃编》卷九四):"曜卿字华……赋古乐府廿四章,左史韦良嗣为之叙,文集十卷。"曜卿,京兆万年人,天宝中长安尉。

　　4.33　李叔卿集若干卷　李季卿《三坟记》云:"□卿字万……□□□卷行于世。"岑仲勉《贞石证史·三坟记》考定此指叔卿有集若干卷。叔卿,京兆万年人,天宝金城尉。

　　4.34　李春卿文集　李季卿《三坟记》:"□卿字荣……文集一百一十二篇。"岑仲勉考知此为李春卿。春卿,京兆万年人,天宝朝邑主簿。

　　4.35　窦叔向文集七卷　羊士谔《窦叔向碑》(《金石萃编》卷一〇五、《八琼室金石补正》卷六八):"有文集七卷行于代。"《新唐书·艺文志》著录。南宋各书目均仅作一卷。叔向(? —779),京兆金城人,大历左拾遗。

　　4.36　崔祐甫集　邵说《有唐中书侍郎同中书门下平章事常山县开国子赠太傅博陵崔公墓志铭》(《唐代墓志汇编》建中〇〇四):"至于文章著述,发言吐论,又以训代轨物为可传也,为可继也,有数十百篇,未及编次,斯为不朽欤!"因以卒之当年葬,故文集尚未编次。《唐文粹》卷九一、《全唐文》卷四九三收权德舆《崔祐甫文集序》,元和中作,凡三十编,收九百二十篇。《新唐书·艺文志》著录。祐甫(721—780),京兆长安人,德宗初宰相。

　　4.37　张翊文集十二卷　张士源《唐故郴州刺史赠持节都督洪州诸军事洪州刺史张府君墓志铭》(《千唐志斋藏志》九四〇页):"既博综坟籍,兼通子史,尤精意文章,为中书舍人郤昂所许,称风雅六义复起于公。著文集十二卷。"翊(709—778),安定人,大历郴州刺史。

　　4.38　张翔文集十卷　独孤良弼《大唐故朝议郎行殿中侍御史赐绯鱼袋安定张府君墓志铭》(《千唐志斋藏志》九四一页):"有文集十卷,□当时宗范。"翔(724—779),安定人,大历殿中侍御史。

4.39　樊況文　樊宗师《大唐故朝散大夫太子左赞善大夫南阳樊府君墓志铭》(《千唐志斋藏志》九五八页)："家五十金,箧有万卷,著文凡三百篇。"恐未及结集。况(706—775),河中人,上元中青城丞。

4.40　杨茂卿集三十卷　李纫《唐故河南府河南县令赐绯鱼袋弘农杨公墓志铭》(《千唐志斋藏志》一一四一页)："考茂卿,皇进士及第,监察里行……其文好古,其书以诗,自得于天,不□□辙。时辈之中,所谓拔乎其萃也,其自负之心又愈于此矣。有集卅卷,名《□□集》,则其后可知也。"惜集名残泐,不能辨认。《文苑英华》卷七一四收顾陶《唐诗类选后序》,云茂卿文集大中间尚未传。茂卿,河南人,元和监察御史里行。

4.41　李潘集　李恭仁《唐故朝议郎使持节光州诸军事守光州刺史赐绯鱼袋李公墓志铭》(《千唐志斋藏志》一〇七四页)："又尝所著述,零落未集,必将托诸亲旧,编序而成,不负吾心,永慰幽昧。"后成集否未详。潘(791—840),赵郡人,开成光州刺史。

4.42　李正卿文四十卷　李褒《唐故绵州刺史江夏李公墓志铭》(《千唐志斋藏志》一〇九二页)："公平生所制述文章四十卷。"正卿(771—844),广陵江都人,邕孙,会昌绵州刺史。

4.43　赵珪文二十卷　赵璜《唐故进士赵君墓志铭》(《唐代墓志汇编》大中〇一一)："手抄古今书数千卷,为文章二十通。""二十通"即指二十卷,可参刘禹锡《唐故尚书礼部员外郎柳君集纪》(《刘宾客集》卷一九)。珪(806—847),平原人,会昌中进士。

4.44　《金门小集》二十卷　唐陇西李昼撰。李庾《唐故万年县尉直弘文馆李君墓志铭》(《匋斋藏石记》卷三四)："昼立性绵密,雅尚词章,常所著述文成廿卷,自目为《金门小集》。"昼(818—855),大中京兆万年尉。

4.45　赵璜诗　赵璘《唐故处州刺史赵府君墓志》(《唐代墓志汇编·咸通二一》)："君之著述及诗,余当力自编次,今略掇官昏行事,抱痛志诸石,哀病不能成文。"周勋初《赵璘考》(《古典文献研究集林》一辑)考赵璘约卒于乾符初,较璜卒迟十年,当得编次成集。璜(804—862),咸通处州刺史。

4.46　于氏诗赋　孙备《于氏墓志》(《千唐志斋藏志》一一六四页)："况夫人厥姿,天人之余,下笔成诗,皆葩目条耳。诵古诗四百篇,讽赋五十首。"皆不传。于氏(837—865),河南人,大中直弘文馆于珪女,咸通乡贡进士孙备妻。

4.47 谢观著述四十卷 谢观自撰《唐故朝请大夫慈州刺史柱国赐绯鱼袋谢观墓志铭》(《千唐志斋藏志》一一七〇页):"生世七岁,好学就傅,能文。及长,著述凡卌卷,尤攻律赋,似得楷模,前辈作者,往往称许。"《新唐书·艺文志》、《崇文总目》、《宋史·艺文志》皆载《谢观赋》八卷,《全唐文》卷七五八尚存观赋二十三篇。此载"著述",当即以律赋为主。观(793—865),寿州人,咸通慈州刺史。

4.48 张晔诗 李夷遇《唐故乡贡进士南阳郡张公墓志铭》(《千唐志斋藏志》一一七九页):"公应进士举,天下知名,著古律诗千余篇,风雅其来,莫之能上,览者靡不师服。"晔诗仅存一首。晔(816—870),南阳人,咸通乡贡进士。

4.49 孙绚文十卷 孙球《孙绚墓志》:"处词场十五年,与计偕十二举,著文百篇,编之十轴。"

4.50 《燕南笔稿》十卷 唐太原王涣撰。卢光济《唐故清海军节度掌书记太原王府君墓志铭》(岑仲勉《金石论丛·从王涣墓志解决了晚唐史一两个问题》引):"所以今标袠之内,有《燕南笔稿》一十卷,奉王公也。"指王涣中和间在王铎郑滑幕府中所作"羽檄戕奏"。涣(859—901),天复中官终清海军节度掌书记。

4.51 《西府笔稿》三卷 唐太原王涣撰。卢光济《王涣墓志》:"有《西府笔稿》三卷,遵郑公也。"指光启间郑延昌为京兆尹时,"凡所章奏,时悉委之(指王涣)"。

4.52 《从知笔稿》五卷 唐太原王涣撰。卢光济《王涣墓志》:"有《从知笔稿》五卷,乃褒梁与南海途路之次,及大明、东馆申职业也。"指王涣从徐彦若,景福中为山南西道节度推官,乾宁中充大明府留守推官,历司勋、考功员外郎,及天复中赴清源军掌书记途中所作章奏。

4.53 王涣诗文 卢光济《王涣墓志》:"自私试与呈试,共著词赋约三十首。凡寓怀触兴,月榭春台,兼名友追随,词人唱和,所赋歌什约三百篇。又庆贺之词,吊祭之作,曰戕曰启,曰诔曰铭,复约二百首。应其下笔,靡不称工。"然因乱而未及结集。《唐才子传》卷一〇谓浼"有集今传",未允,详《唐才子传校笺》。

4.54　王仁裕赋　李昉《王仁裕神道碑》云仁裕未仕时,"岁余著赋二十余首,甚得体物之妙"。作于五代初年。

4.55　《秦亭篇》　后周天水王仁裕撰。详后。此当仁裕仕蜀前在秦州一带作。

4.56　《锦江集》　后周天水王仁裕撰。详后。此应为仁裕仕前蜀后主时在成都所作。

4.57　《归山集》　后周天水王仁裕撰。李昉《王仁裕神道碑》云:"蜀亡,入朝授雄武军节度判官……职罢,归汉阳别墅,有终焉之志,著《归山集》五百首以见志。"为后唐明宗时作。

4.58　《东南行》　后周天水王仁裕撰。详后。

4.59　《紫泥集》　后周天水王仁裕撰。详后。疑为仁裕后唐清泰中为唐废帝翰林学士时作。《宋史·艺文志》作《紫泥集》十二卷,又有《紫泥后集》四十卷,后者疑为后汉时掌纶之作。

4.60　《华夷百题》　后周天水王仁裕撰。详后。

4.61　《西江集》　后周天水王仁裕撰。李昉《王仁裕神道碑》:"平生所著《秦亭篇》《锦江集》《入洛记》《归山集》《南行记》《东南行》《紫泥集》《华夷百题》《西江集》,共六百八十卷。又撰《周易说卦验》三卷、《转轮回纹金鉴铭》、《二十二样诗赋图》,并行于世。著述之多,流传之广,近代以来,乐天而已。"《旧五代史·王仁裕传》云:"有诗万余首,勒成百卷,目之曰《西江集》。"《新五代史·王仁裕传》谓"乃集其平生所作诗万余首,为百卷,号《西江集》"。均以《西江集》为仁裕诗集之总名,与碑所记不同。仁裕文集除碑所载者外,尚有《紫阁集》十一卷、《乘轺集》五卷、《紫泥后集》四十卷及所编《国风总类》五十卷(据《崇文总目》及《宋史·艺文志》),当均在六百八十卷之内。

4.62　《转轮回纹金鉴铭》　后周天水王仁裕撰。详前。《册府元龟》卷九七云:"显德二年四月,太子少保王仁裕进《回文金镜铭》,上之,赐帛百匹。"即指此。

4.63 《二十二样诗赋图》 后周天水王仁裕撰。详前。《册府元龟》卷九七：显德二年"九月，仁裕又自制诗赋，写图上进，赐银器五十两，衣著五十匹"。即指此。以上别集类五十种。

(《出土文献研究》第 4 辑,中华书局,1998 年)

《新唐书·宰相世系表》订补二则

一、江夏李氏世系订补

《新唐书》卷七二上《宰相世系表二上》(下简作《表》)录江夏李氏先世云：

> 江夏李氏：汉酒泉太守护次子昭，昭少子就，后汉会稽太守、高阳侯，徙居江夏平春。六世孙式，字景则，东晋侍中。生嶷。嶷生尚，字茂仲。生矩，字茂约，江州刺史。生充，字弘度，中书侍郎。生颙，郡举孝廉。七世孙元哲。

按自李就以上，事迹不见于前后《汉书》，无从定其是非。李式以下，则误谬颇甚。清沈炳震《唐书合抄》附《唐书宰相世系表订讹》卷四云："《晋书·李充传》'充从兄式，中兴初仕至侍中'，则式，充之从兄，非高祖。"其说是，惜未尽。《晋书》卷九二《文苑·李充传》云："李充字弘度，江夏人。父矩，江州刺史。"充"累迁中书侍郎，卒官"；"子颙，亦有文义，多所述作，郡举孝廉。充从兄式……中兴初，仕至侍中"。《表》所列李矩以下世系，即本此。《晋书》卷四六《李重传》云："李重字茂曾，江夏钟武人也。父景，秦州刺史、都亭定侯。"元康间任平阳太守，"弟嶷亡，表去官"。永康初为赵王伦相国左司马，卒。"子式，有美名，官至侍中，咸和初卒"。是李式为重子，景(当作秉)孙，嶷为重弟。《三国志·魏书》卷十八《李通传》云："李通字文达，江夏平春人也。"仕曹操，建安中卒于汝南太守。文帝即位后下诏褒扬，末云："子基虽已袭爵，未足酬其庸勋。基兄绪，前屯樊城，又有功。世笃其劳，其以基为奉义中郎将,绪平虏中郎将,以宠异焉。"裴注引王隐《晋书》云:"绪子秉,字玄胄,有俊才,为时所贵,官至秦州刺史。"又云:"秉子重,字茂曾,少知名,历位吏部郎、平阳太守。"又引《晋诸公赞》云:"重二弟,尚字茂仲,矩字茂约,永嘉中并典郡;矩至江州刺史。重子式,字景则,官至侍中。"《晋书》李景,当即李秉,唐人避李昞讳改。式字景则,是其祖不当名景。《世说新语·言语》注引《中兴书》云:"李充字弘度,江夏鄳人也。祖康、父矩,皆有美名。"同书《德行》《栖逸》《贤媛》注皆作康,均为秉误,详严可均《全晋文》卷三五李秉《家诫》注及余嘉锡《世说新语笺疏》考证。《世说新语·栖逸》载李重第五子㲄,注引《文字志》云㲄字宗子,不仕,永和中卒。综上述,可列江夏李氏先世世系如次(字、职从略):

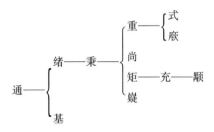

自颙至元哲七世世次,文献无征。《千唐志斋藏志》(下简作《千唐》)大历三年李昂《李邕墓志》(《中华文史论丛》1985年第二期刊周绍良《唐志丛刊》录此志全文,兹不详录)云:"烈祖恪,随晋南迁,食邑于江,数百年矣。"李恪无考。李充时已至东晋。未审恪为颙之后人,抑或李邕一系本与充、颙无涉,而后人附会之。今已难确考。

《表》录元哲后人,分为善、昉二支。先考善一支。录原文如次(原为直排方格表示,今改为横排直线表示):

元哲,徙——善,兰——邕,字泰 岐——正臣,一渐┬师谅
居广陵　台郎　　和,北海　　　　　大理卿　　├师稷——诰,字思翰——韫,字内文
　　　　　　　　　　　　太守　　　　　　　　
　　　　　　　　　　　颖┬正叔,工部员外郎——翘——谔,字德远
　　　　　　　　　　　　└正卿——公敏┬潜,字德隐
　　　　　　　　　　　　　　　　　　└沈,字映之

元哲,拓本《李岐墓志》云:"高祖赎,随连州司马;曾祖元哲,皇朝沂州

别驾。"《李翘墓志》云："曾祖元哲,皇括州括苍令。"《表》失书赎名。元哲官职分歧,今已无从确定孰是。

李善,《旧唐书》卷一八九有传,显庆中上《文选注》,历官秘书郎(即兰台郎)。"乾封中,出为经城令",又流姚州。《表》作兰台郎,举最高官职,非终职。

两《唐书·李邕传》皆未言及其子嗣。《李邕墓志》云："公之胤曰颖、曰岐、曰翘。家之窀也,而岐死矣;二孤流落,未遑窀穸。"《表》列邕仅岐、颖二子,而以翘为颖孙,显误。颖,当为颖之误。颖仕历未详。

李岐墓志有拓本,题作《唐故江夏李府君墓志铭》,为贞元六年李廓撰。文云："公讳岐,字伯道。……考邕,皇朝北海郡太守赠秘书监,有文集一百八卷行于代。……公即北海第二子也。"又提及"嗣子虔州刺史正臣"。岐卒于李邕南迁时,至是始改葬。《表》以正臣为岐子,是。《严州图经》卷一刺史题名有李正臣,"正(贞)元七年月日自虔州刺史拜",正与志合。《表》谓其官"大理卿",当为其卒官。

渐不详。师稷,曾任左司郎中,见《郎官石柱题名》。开成四年任楚州刺史,见《金石续编》卷十一《楚州使院石柱题名》。会昌二年改任浙东节度使、越州刺史,见《会稽掇英总集》卷十八。《千唐》有贞元十八年《唐故朝散大夫试大理司直兼曹州考城县令柳府君(均)灵表》,署"外孙江夏李师稷述"。文云："夫人江夏李氏,秘书郎崇贤馆学士之孙,北海郡太守之女,礼乐承训,□智□然,作嫔于公。……夫人后公十五年终于广陵郡,享寿五十四。"柳均卒于大历九年,知李氏当卒于贞元四年,生于开元二十三年,为李翘之妹。文当为师稷未仕前作,自称外孙,系就李氏关系而言。《表》录师稷为渐子、正臣孙、岐曾孙,于世系增一代,显误。颇疑师稷为正臣子,惟尚难证定。

李翘墓志亦已出土。《千唐》有元和九年《唐故大理评事赠左赞善大夫江夏李府君墓志铭并叙》,为"嗣子承奉郎前守江陵府松滋县令赐绯鱼袋正卿撰"。节录如次:

  唐大历十一年九月三日,故大理评事赠左赞善大夫江夏李府君终于新会县之官舍,享年卅有六。……公讳翘,字翘,本赵郡人也。曾祖元哲,皇括州括苍令。祖善,皇秘书郎、崇贤弘文馆学士。父邕,皇北海太守,赠秘书监。公即北海第三子。凤龄克己,端操励行,学穷百氏,文极精华,特为岭南节制尚书路公嗣恭知遇,亟经推择。初以公一子出身,奏授广州南海县丞,寻改大理评事,赞佐花府。时属兵戎之后,部内凋残,将缉流庸,必借仁德……因授广州新会县令。政成人阜,实谓良能。呜呼!……未及中岁,没于瘴岭。……元和元年,夫人(王氏)爱子正叔以文行升诸科第,以声问历于台省,故公追封赞善。……公长子增,次子觊、正叔、觊、正卿五人,皆太夫人之出也。以元和九年七月廿一日,嗣子正卿等自润州上元县启举,归于河南府河南县金谷乡泉原里,合祔先茔,礼也。

《表》不载元哲、翘之历官,均可据补。翘五子,《表》仅载正叔、正卿二人,又误二人为颖子,而以翘为正叔子,均当据墓志正补。

正卿墓志,亦收入《千唐》,为会昌四年李褒撰。题作《唐故绵州刺史江夏李公墓志铭并序》。墓志云正卿字肱生,举进士未第,入泾原节度使段祐幕府,元和间历任松滋、氾水、成都令,后任陵、阆、邛、安、□、绵六州刺史,会昌四年卒,年七十四。"子潜,有词艺声华,登进士上第"。潜字德隐,会昌三年王起知贡举时及第,见《唐摭言》卷三。《全唐诗》卷五五三有姚鹄《送李潜归绵州觐省》,即作于潜及第后。《唐诗纪事》卷五五作"宜春人",疑误。

正叔,《登科记考》卷十四列为贞元十四年进士,系据吕温《祭座主故兵部尚书顾公文》中列名有"剑南西川观察支使李正叔"而推定。吕文署时为"贞元十年"作,徐松考为元和十年之误,岑仲勉先生《唐集质疑·祭座主顾公文》考为贞元二十年作,最为可信。正叔及第,当在贞元九年、十年及十四年顾少连知举期间,确年无考。贞元末历官西川,《李翘墓志》云元和元年,为追赠翘官之时。正叔似已入朝,《表》列工部员外郎,当为其终官。

《表》所列师谅、诰、韫、谔、公敏、沆等,今并无考。师谅与师稷为昆弟,则亦为邕曾孙。《全唐诗》卷二七八有卢纶《题李沆林园》、卷二八五有李益《题从叔沆园林》,时代稍早,似非一人。《文苑英华》卷六二九收令狐楚《为人作谢子恩赐状》,《全唐文》卷五四一作"代李仆射",指李说,贞元十一年至十六年为河东节度使,楚为其从事。据状言,说子公敏,年方童幼,时在阙下。说为宗室之裔。《表》列公敏,未知是否因此而致误。

《表》云元哲"徙居广陵",《旧唐书》亦云善为"扬州江都人",《李邕墓志》则云为"烈祖恪,随晋南迁"。然就已出土的三方墓志言之,则尚存疑问。《李邕墓志》云邕卒后,"留于郓东三十里,未及归葬",后得扬州长史韦元甫之助,始与妻温氏"同穸于洛阳之北原"。《李翘墓志》云"归于河南府河南县金谷乡泉原里,合祔先茔"。《李正卿墓志》云与妻元氏"合祔于河南县金谷原"。地名稍有不同,实均指一地。是李氏虽至迟在唐初已迁居扬州,但始终以洛阳为故里。颇疑元哲之先人,本仕北朝,世居洛阳,至隋唐之际始南迁。

综上考,列可考定之李善后人世系如次:

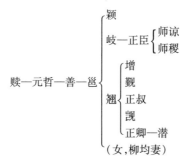

《表》列李昉一系,错误较少。先录如次(字、官从略):

宋邓名世《古今姓氏书辩证》卷二一云元哲"生善、昉",似即本之于《新表》。暄,沈炳震所见本误作"瑄"。《旧唐书》卷一五七《李郧传》云:"李郧字建侯,江夏人。北海太守邕之侄孙。父暄,官至起居舍人。……子柱,官至浙东观察使";"柱子磌,字景望,……子沇字东济,有俊才,与父同日遇害,诏赠礼部员外郎。"与《表》大致相同。《表》载暄官"起居郎",当作起居舍人。《千唐》大中九年《唐故江夏李氏室女墓志铭》,为"从祖兄乡贡进士骊撰并书"。叙其先世云:"曾祖暄,皇起居舍人,赠刑部尚书;祖郓,皇殿中侍御史、东都留守判官;父损,皇宿州蕲县令,女即蕲县公之长女也。"可证。《表》失书郓之历官,又未收损,皆可据补。柱,《表》作"拭",是,详傅璇琮等编《唐五代人物传记资料综合索引》第426页注,兹不赘。《表》录拭官为起居舍人,《旧传》作浙东观察使,皆非终官。今可知者,拭于大中二年初自京兆尹授浙东,次年十月赴阙,改镇河阳、河东,五年五月移凤翔(均据《唐方镇年表》及岑氏《正补》),疑即终于凤翔任。沆,《北梦琐言》卷七作"浣",叙事较详。并云司空图尝撰李磎行状,同书卷六有节引,惟原文不传,其世系亦无从增益。

《刘宾客文集·外集》卷九《王俊神道碑》云:"夫人江夏李氏祔焉。李门多奇材。父暄,起居舍人。暄子郿,门下侍郎平章事。高叔祖善,兰台郎、崇文馆学士,注《文选》行于时。善子邕,北海郡太守,有重名,四方之士求为碑志者倾天下。故夫人于盛宗礼范可法,累赠至江夏郡夫人。"以李善为"高叔祖",比《表》差互一世,又似应以昉为长房,善为次房。然《李邕墓志》云"扬州长史韦公遇公从子暄",《李岐墓志》署"侄将仕郎前殿中侍御史内供奉郿述",《旧传》以郿为邕之侄孙,皆与《表》合。疑刘禹锡误曾叔祖为高叔祖。李氏二房,以埶为长,亦有待其他史料的佐证。

二、上党苗氏世系订补

《新唐书》卷七五上《宰相世系表五上》仅录苗氏上古得姓始末,旋即云:"上党长子县有苗袭夔。"袭夔四子:殆庶、良璿、昭理、延嗣。良璿未录子嗣,昭理仅载子含润,殆庶、延嗣二系较详。

先考袭夔以上世系。《全唐文》卷三二一李华《唐丞相故太保赠太师韩国公苗公墓志铭》:"公讳晋卿,字元辅,上党壶关人。祖袭夔,赠太子太师;父殆庶,赠礼部尚书。"《旧唐书》卷一一三《苗晋卿传》亦作上党壶关人,均与《表》不同。检《旧唐书·地理志》,长子为汉县,壶关为"武德四年分上党置",盖《表》用唐前县名,而《墓志》《旧传》则用唐时建置,所指实一。《旧传》又云:"祖夔,高蹈不仕,追赠礼部尚书。"名夺一字。

《千唐》开元二十年《唐故泗州司马叔苗善物墓志铭》,末署"侄卫州刺史延嗣撰"。文云:

> 曾门父莳,属隋季乱离,潜行晦迹。识占乌之爱正,遇飞龙之在田。陪从义旗,发乎汾晋,竭尽忠节,辅诣咸京。唐祚攸归,光宅天下,畴庸之际,一拜正议大夫、本郡中正。俄婴疾罢职。大门父玵,海岳孕灵,器识宏远,乡党见重,牧宰推高,屡有荐扬,不敢就命。属以诸父凋逝,家累孔殷,方乃谢绝衣冠,垂训子侄。其时伯叔总有廿,不逾数岁,孝廉擢第者一十有三。……叔即大门父之季子。

文为就延嗣身份而作,故称善物之祖、父为曾门父、大门父。同书未记年月之《苗含液墓志》云:

> 故河南府法曹参军上党郡开国男,讳含液,苗氏之冢胤。曾祖□,□□县令。祖袭,洪雅县令。父延嗣,太□〔原〕少卿。

曾祖名渺,难以辨识,似亦非"玵"字。《善物志》亦不言玵曾任县令。"祖袭",疑"袭"下有脱字,恐亦非袭夒。因袭夒不仕,而袭则任洪雅县令。"袭□"可能是袭夒的兄弟辈。《善物志》谓"以诸父凋逝"、"伯叔总有廿",玵遂绝意仕宦而垂训子侄。诸父当指莳之诸子,伯叔指袭夒、袭□、善物等。苗氏家族的详细世系虽难以确考,但从唐初以来的大致状况则已可据《善物志》而考知,即莳因响应李渊起事而在地方上扩大了势力,至武后末至玄宗初期,其族人通过科举纷纷步入仕途。据上考录世系如次:

$$
莳,本郡正中\begin{cases}□,□□县令\begin{cases}袭夒,不仕—殆庶\\袭□—延嗣,洪雅县令\end{cases}\\玵,不仕—善物\begin{cases}奉倩\\蔓蒨\end{cases}\end{cases}
$$

次考袭夒、殆庶一系。《表》不列殆庶历官。《旧唐书·苗晋卿传》云:"父殆庶,官至绛州龙门县丞,早卒,以晋卿赠太子少保。"《苗氏墓志》(详下)作赠太子太师。

《表》列殆庶四子:如兰、晋卿、茂林、氾。韩愈《昌黎先生集》卷三四《河南法曹参军卢府君夫人苗氏墓志铭》云:"夫人姓苗氏,讳某,上党人。曾大父袭夔,赠礼部尚书。大父殆庶,赠太子太师。父如兰,仕至太子司议郎汝州司马。夫人年若干,嫁河南法曹卢府君讳贻。……贞元十九年四月,卒于东都敦化里,年六十有九。……其季女婿昌黎韩愈为之志。"《表》列如兰官为永王府咨议参军,当以《墓志》所载为其终官。前书卷三五《河南緱氏主簿唐充妻卢氏墓志铭》云:"父贻,卒河南法曹。法曹娶上党苗氏,太师晋卿兄女。"可证《表》列如兰为晋卿兄不误。茂林、氾均无考。

晋卿子嗣,《表》录九人:收、发、丕、坚、粲、稷、垂、向、昌。按《苗晋卿墓志》云:"嗣子发、丕、坚、粲、垂、向、吕、稷、望、咸等,并强学懿文,保家继代。"《新唐书》卷一四〇《苗晋卿传》录十子名,与之全同,殆即据李华文。与《表》相较,无收,增望、咸,昌作吕,稷位次于吕下。以下分别考之。

苗收,《文苑英华》卷五一四收其《贡士不歌鹿鸣判》,名下注:"总目作牧。"《全唐文》卷九四九列为世次无考作者。《表》列为晋卿长子,而墓志不载,当为《表》误系。

苗发,《表》云为"驾部员外郎"。《新唐书·卢纶传》《唐诗纪事》卷三〇均作"终都官员外郎"。《文苑英华》卷三九二有常衮《授苗发都官员外郎制》,大历中除。其实,发终官既非都外,也非驾外。《全唐诗》卷二七七卢纶诗有《得耿沨司法书,因叙长安故友零落,兵部苗员外发、秘省李校书端相次倾逝……》,知其终于兵部员外郎。发为大历十才子之一,《全唐诗》卷二九五仅存其诗二首。影宋本《李端诗集》卷上尚存其酬李端《山中寄苗员外》诗一首,《全唐诗》卷二八六误作李诗,题为《酬前驾部员外郎苗发》。

苗丕,《表》云"河南少尹",不录子嗣。《千唐》元和四年《杨氏墓志》首云:"孤子苗让等力微于朝,财薄于家,须存制度,抑哀尽礼,谨自叙亡妣尊夫人铭序。"中云:"我亡考吏部郎中,迁河南少尹。呜呼,大运迪化,就养无方,天道无辜,宁莫之矜,祸不灭身,灾延于上。以贞元廿一年三月十四日归祔于长安大茔之礼也。"亡考即指苗丕。据铭文,丕似死于非命。其子让,《表》失载。

《新唐书·宰相世系表》订补二则　　　　　　　　　　　　　　165

苗坚无考。苗粲,《表》云"给事中",子"眈,字毅臣"。《新唐书·苗晋卿传》附粲事迹,云"德宗时官至郎中","官终不显"。郎官柱左中、勋外、仓中有粲题名。《玉泉子》载苗耽进士登第,闲居洛中,后官至江州刺史。《太平广记》卷四九八引或作苗耽。眈、耽(耽)当为一人,但孰字为正,尚难确定。《太平广记》卷一八〇、《唐语林》卷四引刘宾客《嘉话录》谓"苗粲子缵应举",粲"心绪至切","其年缵及第"。《表》误录缵为昌子。

苗稷,《表》不录官守,有子"詹字浚源"。按《千唐》大中九年苗恪撰《唐故朝议郎守殿中少监通事舍人知馆事上柱国赐紫金鱼袋苗公墓志铭》云:

> 公讳弘本,字天锡……曾大父讳延嗣,登制举科,官至中书舍人桂管采访使。大父讳含液,进士策名,官至尚书祠部员外郎。先考讳稷,官至少府少监,赠工部尚书。尚书既孤,为从父太师所爱,因命为己子。故尚书入仕称宰相子,其甲籍荫胄,遂继太师,是以公弟兄今称曾祖殆庶,汝阴郡太守赠太师,祖晋卿,太保赠太师焉。

是稷本为含液子,后过继给晋卿。《苗含液墓志》言含液有四子,无稷,似乃晋卿复替其易名。《表》与《苗晋卿墓志》列稷在昆弟中次第不同,与此有关,当以墓志为正。稷子弘本,弘本"有子四人,曰知微、九皋、定郎、舶主",《表》皆缺收。《弘本墓志》复云弘本初游京师,"遇元兄为谒者",未知即詹否。

苗垂,《全唐诗》卷二六九耿㳘《哭苗垂》,称为"旧友",同书卷三八六又作李端诗。官守不详。苗向不详。苗昌,《表》云"户部员外郎"。《苗晋卿墓志》及《新传》皆作名"吕"。按《新传》载德宗言晋卿"名其子,皆与帝王同"。昌为文王名,吕为太公氏,似以昌为是。然晋卿又有子名望,为太公名,故在无石刻资料前,尚无从决定。郎官柱户外题名保存较完好,无苗昌或苗吕,仅有苗丕,《表》录昌官如非检校官,则很可能为苗丕之误属。昌子孙除缵为误系外,余皆无考。望、咸亦无考。

次考延嗣一系。先录《表》如次:

```
                    ┌ 含泽                        ┌ 愔,字宜之—台符,字节岩
延嗣,中书舍人、       │                            │
太原少尹           │ 含液—颍—蕃—著 ┤ 恽,字甚鲁—廷义,字子章
                    └                            └ 恪,字无悔
```

延嗣官职,与《苗含液墓志》《苗蕃墓志》《苗弘本墓志》所述基本相同,惟后者又增江南采访使一职。延嗣与殆庶为从兄弟,《表》列有误。徐铉《骑省集》卷一六《苗延禄墓志》云"延洪于我七代祖中书舍人延嗣,光大于我六代祖太师晋卿",以晋卿为延嗣子,尤误。

含泽,开元十年登进士第,见韩愈《苗蕃墓志》五百家注本。历官未详。

含液,见前引墓志。其历官为:"公由太学进士,授扬府□曹参军、睢阳郡司功、阳翊士曹掾。"终于河南府法曹参军。《苗蕃墓志》同,五百家注云为开元八年进士登第。《苗弘本墓志》谓官至祠部员外郎,疑为检校官。郎官柱祠外题名保存较完好,无其题名。

《苗含液墓志》云:"有子四人,曰颍,曰颖,曰颙,曰颢。"《表》仅录颍,当为颖之误,余三人皆缺收。《苗弘本墓志》云其父在含液卒后为晋卿收养,当即颍、颙、颢三人中的一人。

《昌黎先生集》卷二五《太原府参军苗君墓志铭》(闻此志已在洛阳出土,惜未见拓本)云:

> 君讳蕃,字陈师……曾大父延嗣,中书舍人。大父含液,举进士第,官卒河南法曹。父颖,扬州录事参军。君少丧父,受益母夫人。举进士第,佐江西使,有劳三年。使卒,后辟不肯留,独护其丧葬河南。选补太原参军。……年四十有二,元和二年六月辛巳,暴病卒。……男三人,执规、执矩、必复。

颖、蕃之历官,可据以补《表》之缺。五百家注樊汝霖曰:

> 《世系表》……颖生蕃,蕃生著,著生愔、恽、恪,愔生台符,恽生廷义。又按《登科记》,愔长庆二年,恽大和五年,恪八年,台符大中八年、廷义乾符三年,皆相踵登第。然有可疑者,《世系表》以愔、恽、恪为蕃之

孙,志谓蕃卒于元和二年,男女皆幼。自元和二年至长庆二年甫十五年,岂遂有孙登第耶? 然则《世系表》蕃之下所谓"著"者误矣。疑愔、怿、恪即蕃之子,而执规、执矩、必复者,蕃死时幼而未名,特其小字云尔,其后遂名愔、恪也。

今按,《苗仲本墓志》撰者署衔为:"侄朝议郎行尚书司勋员外郎充集贤殿学士柱国恪撰。"稷与颖为兄弟,弘本与蕃为同辈,恪自称侄,当为蕃子辈而非孙辈。《千唐》咸通十二年苗义符撰《唐故上党苗君墓中哀词》云:

> 君讳景符,字祯运,上党人也。……唐扬州录事参军讳颖,即君曾大父也。太原参军赠礼部尚书讳蕃,即君大父也。先大夫讳怿,与伯、季鳞射进士策,著大名于世。

伯指愔,季指恪,据此可证实《表》中"著"一代为误入。岑仲勉先生《翰林学士壁记注补》十一"苗恪"条,对此亦有所考证,可参看。

苗愔,郎官柱户中、度中均有其题名;娶牛僧孺女,见《樊川文集》卷七《牛僧孺墓志》;又任虞外,见《白氏长庆集》卷三三开成二年诗题。其终官似是户中。其子台符,大中八年进士。《唐摭言》卷三谓其年十七而不禄,岑仲勉先生《唐史余渖》卷三以为颇可疑。

苗怿,《苗景符哀词》云:"先大夫以疾碍步武,优诏授华州别驾。"历官仅此。同文署"长兄乡贡进士义符撰",文云怿妻刘氏生七子,景符最少,生二女一子,女名清明、上元,子名主宝藏。景符既卒,义符与"仲弟廷义"营其葬事。《表》仅列廷义,余皆缺收。廷义,前引五百家樊注作廷义,《登科记考》卷二三又作苗延,皆误。《表》不误。

恪,事迹详前引岑著《翰林学士壁记注补》,历官以咸通元年末除山南西道节度使为最后之职。恪撰《苗弘本墓志》,书者署"侄奉义郎行河南府河南县尉博书"。博当为颍、颙、顾诸人之子。

将考正后的延嗣一系世系列表如次(字、官从略):

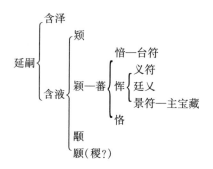

最后,附带述及延嗣叔善物的子嗣。《苗善物墓志》云:"嗣子滑州匡城县令奉倩,次子右武卫司阶蔓蒨。"蔓蒨无考。乾隆《浙江通志》卷一一二录玄宗时缙云郡太守有苗奉倩。《王右丞集笺注》卷四《送缙云苗太守》,即指奉倩,赵氏失注。《文物参考资料》1957年第2期刊西安东北郊出土的唐代银铤,上刻有:"专知官大中大夫使持节宣城诸军事守宣城郡太守上柱国臣苗奉倩,天宝十载四月二十九日。"

(《中华文史论丛》1986年第4辑)

贞石证五代史

汇录石刻以证史,始于宋人,降及有清,尤为显学,近代学者据石刻以考唐史,成绩尤著。五代向称闰唐,其时尚沿唐习,建碑埋铭,风气仍盛。清初以降,仅两《五代史》有传者之碑志,所出即达数十通,然至今尚无作系统研究者,颇为可惜。笔者近年因辑录唐文,颇留意记录,又欲重辑薛史,于此类碑志尤当宝重。兹拟先将两《五代史》有传者之碑志若干种,记述如次。限于篇幅,一般仅略述其可补史传处,未能充分揭示其价值。与传主有关人物之碑志,所涉尤多,除少数几种外,一般暂不述及。有关石刻补订五代史全面具体之考证,可另见笔者新辑本《旧五代史》。

一、葛从周

其碑在偃师,贞明二年(916)薛廷珪撰。清人毕沅、钱大昕、武亿、洪颐煊有跋,《金石萃编》卷一一九、《全唐文》卷八三七全录碑文。文残损逾半,其可订史处,清人叙之已备,大兹谓与旧史多同,而欧史颇有异,毕、武皆谓欧误,兹不赘。

二、冯行袭

其德政碑在许州,清人毕沅、武亿、洪颐煊有跋,《金石萃编》卷一一九录之,存文不足三之一,撰人名亦缺,《旧五代史》本传云为杜晓撰。《全唐文》卷八八六据收。碑叙其在许德政,前人已揭出,此不复述。

三、刘䚞

柯昌泗《语石异同评》卷一叙五代石刻云："后梁《刘䚞碑》，光绪初出山东潍县。潍人郭子嘉处士（麐）专为拓释其文，人无知者。予传钞释文，以呈罗师。"罗师谓罗振玉。此碑迄今未见披载，未知尚存否。

四、朱全忠第二夫人石氏

洛阳出土开平四年（910）胡裳吉撰《石彦辞墓志》，其人两《五代史》皆未叙及。志云："公妹即圣上第二夫人，封武威郡君，年三十四，早亡。"彦辞开平四年卒时年五十八，其妹约卒于昭宗时。《旧五代史》梁后妃传仅存寥寥数语，他书所记亦较简，此可补史缺。石氏归全忠，志载在"唐中和辛丑岁（881）"，即全忠叛黄归唐之初。石彦辞自中和五年（885）任宣武节度副使，一直为全忠亲信，梁代唐前官至飞龙监牧使，代唐后任右金吾大将军、充街使，唯唐、五代各史皆不载其事迹。

五、谢彦璋

彦璋，旧、新《五代史》皆有传，均作彦章。其墓志民初出于洛阳，罗振玉录入《芒洛冢墓遗文》卷下，前泌州军事判官张崇吉撰文，云"公讳彦璋，字光远"，作彦章恐误，字可补史缺。志述其先世不仕，其父铎，以军职至工部尚书。以丱岁为昭义节度使葛从周眷育，"侍从征行三十余载"，也与史合。其梁太祖时历官，本传仅云"事太祖为骑将"，志载其以军功"寻转右仆射充西京内直马军都指挥使"、"寻加金紫光禄大夫检校司空"，可补本传所未详。末帝即位后，本传仅云为两京马军都军使，寻领河阳节度使，志则云"就加检校司徒，除郑州刺史"；复以军功"特加检校太保，除河阳节度使"。到镇未及期年，复降敕书，充东面行营两京马军都军使。《旧五代史·梁末帝纪》载其贞明四年（918）六月移镇许州前官职，正与志合，知本传既缺郑州一任,又以两京马军都军使为河阳任前职,皆未允。又其卒年四十五,本传亦未载。

六、李克用

克用于天祐五年(908)卒,葬于雁门,其地清人记在代州柏林寺。清初克用墓旁尚存断碑二,据朱彝尊《曝书亭集》卷五〇《晋王墓二碑跋》,"其一曰《唐故左龙武军统军检校司徒赠太保陇西李公神道之碑》,文曰:'公讳国昌,字德兴,世为陇西沙陀人,伟姿容,善骑射。'"国昌即克用父,初名朱邪赤心者,其字史籍未载。"其一曰《唐故使持节代州诸军事代州刺史李公神道之碑》",朱氏考为克用弟克让碑,武亿《金石三跋》卷一则以为克柔碑,武说近是。朱氏并云"土人相传王墓上旧有碑十三,今十一已亡"。自宋代欧、赵以下,金石诸书皆不载诸碑,朱氏所见二碑,后亦不见引录,殆亦不存,殊为可惜。

1989年,山西代县出土天祐六年(909)卢汝弼撰克用墓志,题作《唐故河东节度观察处置等使开府仪同三司守太师兼中书令晋王墓志铭》。志撰于克用卒后次年,时存勖方嗣位,王业未盛,故所叙与正史所叙,颇有出入。可重视者有:一、字翼圣。二、四代祖益度,曾祖思葛,祖执仪。《新唐书·沙陀传》分别名作骨咄支、尽忠、执宜,《旧五代史·武皇纪》亦作尽忠、执宜。三、克用妻室,志云:"小君三人,长沛国夫人刘氏,无子;少魏国夫人陈氏,亦无子;次晋国太夫人曹氏……即今嗣王令公,实晋国太夫人之自出也。"《旧五代史·后妃列传》叙及三妃,曹氏以庄宗生母,后册为太后,刘为正室,仅尊为太妃,陈以年次言尚少于曹。四、志云:"嗣王之兄今昭义相公名嗣昭,乃王之元子也。嗣王之□亲弟二十三人,具名列于后:存贵、存顺、存美、存矩、存范、存霸、存规、存遂、存□、大醇、重喜、小醇、住住、神奴、常住、骨骨、乔八、外端、小惠、延受、小住、□延、小弦。"按嗣昭为克用弟克柔假子,时掌昭义军权,志尊为"王之元子",见其地位之显赫。亲弟中,前九人皆注有小名,拓片不清而未录。《旧五代史·宗室列传》列庄宗诸弟顺序为存霸、存美、存礼、存渥、存义、存确、存纪,《卢文进传》载及存矩。存礼以下,或即志中后十四人仅存小名者;存美、存霸次第显有误倒;存贵、存顺、存范、存规等数人史所失载。此志可深究者尚多,因所见拓本不甚明晰,所涉头绪又繁,暂不详述。

七、张承业

承业碑,同光元年(923)立,元至元乙酉(1285)张鼎重刻,清乾隆间武亿见之,云在交城洪柏村。然迄清一代,未见摹录,今恐元碑亦已不存。《授堂金石文字续跋》卷六有跋,云碑与《五代史》本传略同,叙其历官则稍详,并引碑文:"光启中,主邠阳军事,赐紫。入为内供奉。昭宗幸太原,以为河东监军。幸华州,就加左监门卫将军。庄宗为晋王,承制授开府仪同三司、左卫上将军、燕国公,固辞不受,但称唐官终身。"又谓碑题称"贞宪公",知史传云谥正宪,为避仁宗讳而改。

八、王　镕

其墓志,天祐十九年(922)卢质撰,清代出于正定,沈涛道光间访得,录入《常山贞石志》卷一一,附考尤详。陆心源据收入《唐文拾遗》卷四六。此志上半漫漶,下半亦残泐,仅存五百余字,约仅原志四分之一。《八琼室金石补正》卷七九所收,较陆氏多三十余字。残文可补史事者有:中和四年(884)授镇州兵马留后,次年起复真拜。文德元年(888)升太傅,此前封常山郡王。大顺元年(890)加检校太师,旋授泽潞。五年,封北平王。其余多不可通读。

九、王处直

《旧五代史》处直传,一字无存,清辑本仅以《旧唐书》本传为注。《新五代史》有传稍详。其墓志近年已出,拓本见《文物》1996年第8期,为易定节度掌书记和少微述。唯影印不甚清晰,难以全录,暂不具考。

一〇、张文宝

墓志已出,刊布于《洛阳新获墓志》,为长兴四年(933)秘书省校书郎卢价撰。《旧五代史》本传仅云文宝为昭宗朝谏议大夫张颀之子,志载其望出清河,曾祖澈任同州防御使,祖斯干任京兆少尹,父颀官为中书舍人权知贡举,《登科记考》失收。文宝初依朱友谦于河中,传仅云为从事,志作河中节度巡官,转授推官。同光朝任官,稍有可补,事细不述。其使浙舟坏遇险,志云为长兴三年冬事,传作长兴初,显误。《明宗纪》叙其三年十月自兵侍改吏侍,可证。志载其以长兴四年九月十四日卒于青州佛舍,年五十七,亦较传为详。

一一、张全义

全义自光启三年(887)为河南尹,至同光四年(926)去世,守洛阳历四十年,俨然一方诸侯。其生平事迹,两《五代史》本传叙之颇详,《洛阳缙绅旧闻记》卷二《齐王张令公外传》亦多存轶闻。卒葬偃师,清人曾见其神道碑额,武亿《偃师金石遗文记》有跋,碑志则均未见。近年洛阳出有其子继业、孙季澄、侄继升墓志,颇可补订史传。

张继业墓志,1991年出土于河南孟津,拓本见《书法丛刊》1996年第2期。同光三年(925)刻石,河南府推官唐鸿撰。志述其曾祖琔,祖诚,皆仅有赠官,与《旧史·全义传》一致。继业于天祐元年(904)入仕,累迁环卫将军、六宅使,转统军英武、天雄军使、郑州防御使、领郓宋两镇留务,丁忧后,为淄、沂二州牧,改亳州团练使,官至河阳留后。志中于全义父子,褒誉过甚,于唐末、梁及庄宗时史事,叙之颇详。继业于同光二年(924)十一月卒,即庄宗畋猎伊阙夜宿张家之次日,年五十三。明刊《册府元龟》卷九三四载其三年六月上疏,显误。

季澄墓志,与其父继业志同时出土,清泰三年(936)兵部侍郎杨凝式撰文。季澄为继业长子,官至右威卫大将军,清泰二年(935)卒,年三十七。志叙事颇详,然季澄事迹实无可称。

继升墓志,出于洛阳,拓本见《隋唐五代墓志汇编·洛阳卷》一五。其曾祖璇、祖成,与继业志同,唯诚别作成,应指一人。"先考讳全恩,累赠检校太保、守怀州刺史。"应为全义兄弟,因全义贵而赠官。继升历官大致皆虚职,天福四年(939)卒,年四十四。

上述二志皆杨凝式撰,季澄志署:"门吏中大夫尚书兵部侍郎柱国赐紫金鱼袋弘农杨凝式撰。"继升志署:"门吏大中大夫守礼部尚书柱国赐紫金鱼袋致仕弘农杨凝式撰。"凝式文名、书名皆重于当时,二志出其手,弥可珍视。署官与史传合,惟结衔可知其阶赐耳。

一二、戴思远

思远,仅《旧史》有传。1990年12月,其墓志出土于河南伊川,工部侍郎和凝撰文,应山令杨弘正书,拓本见《书法丛刊》1996年第2期。墓志可补史缺者有:一、字克宽。二、为单州砀山(今属安徽)人。三、家世:曾祖政,为砀山令;祖荣进,仅有赠官,殆未仕;父重让,"皇任银青光禄大夫、检校左散骑常侍",应为思远官显后所加之虚职。四、思远在唐末之历官:中和初,"委身戎事","以军功累迁单州刺史","又历左右羽林两统军"。《旧史》载其历官,始于开平元年(907)自右羽林统军转官。五、梁末帝后任官,墓志载及有保义、横海、镇国、宣化、天平、威胜六任,其中镇国(陕州)一任,本传不载,《五代十国方镇年表》亦失收。宣化(邓州)一任,本传载在天平(郓州)后,墓志恐误。威胜即宣化,庄宗即位后改。六、卒年七十六。其余婚娶子嗣、封爵食邑等尚详,兹不絮及。

一三、孔 谦

孔谦为庄宗时权臣,明宗即位,以聚敛罪杀之。《旧五代史》有传,然《大典》所存不足百字,清辑本据《册府元龟》补其任租庸使一段,残缺颇多。《新五代史》本传较简。《北京图书馆藏中国历代石刻拓本汇编》三十六册收山西永济出天成二年(927)萧希甫撰孔谦与夫人刘氏王氏合祔墓志,叙谦平生功业至详,为五代墓志中最具史料价值之作。希甫,两《五代史》有传,志中自称"于庄宗经纶时,为霸府从事,尽见公之竭诚耳",意在为谦洗白冤情,故叙事质直,多可补史缺。较重要有:天祐十二年(915),魏州乱后,贺德伦求援于晋,庄宗出兵援魏,为梁、晋军事形势变化之要事,志称"则皆公始预谋而致于此"。此其一。十四年(917)冬晋攻取杨留城,《通鉴》仅云"使步兵斩其鹿角,负葭苇塞堑,四面进攻,即日拔之"。志云:"先是,公言于帝,使孙岳造船为浮桥,至是将备矣,公又潜遣其兄佶,密市荆笆五百扇,搬送朝城,及庄宗次杨留,盛寒,河冰流槎,一夕冻合,乃铺荆笆进军,遂获杨留北镇。"此役亦为晋胜梁败之转机,史未及此。此其二。晋、梁战时河北之残弊,志云"魏之四十三邑,其无民而额存者,将十城,负疮痛而偷蚕垦者,才三十余县",而庄宗"只取于邺,民余无所资,唯器械而已"。于了解当时社会状况极重要。此其三。《新传》言谦于晋梁百余战,"调发供馈,未尝阙乏,所以成庄宗之业者,谦之力为多"。志于此所述尤多,如云其"必悉选良吏为令尉","守财勤以廉","不取于公家"。又称同光元年"梁将王彦章袭取我军店寨,庄宗自澶州入德胜,其粮料苫蒿,悉辇以内,向所全者,粮十五万,草十万,其余悉焚之,皆公之先储积也"。时梁、唐胜败已分,唐军储资尚如此之富,足见孔谦供馈之功。此其四。至谦字执柔,父昉为德州平原令,谦初任天雄军节度押衙右教练使,归晋后任都盐麹使、支度使、都排阵使,同光间所得荣衔及历阶,被罪及死葬事,虽亦可补史失,因仅关谦个人,尚属末事。

一四、西方邺

邺墓志,前乡贡进士王豹撰,出于洛阳,为张钫所得,今存新安千唐志斋。两《五代史》皆有邺传,志可补订处颇多。志云:"公讳邺,字德勤,青州乐安郡人也。"本传缺字,又作定州满城人。志载其"曾祖希颙,海州东海县令","祖常茂,蓟州玉田县尉",父行通,弃文从武,"终于定州都指挥使"。知其先世为官,至其父方从军。新传云"父再遇,为汴州军校",姓名、官职皆与志不同。又志云邺"年七岁始就乡学,穷小经,十八入大学,览《春秋》大义",似非全出虚构。志载其初任左千牛卫将军,次任东头供奉官检校左散骑常侍,从庄宗征讨十年,平梁后,"以功补奉义指挥使、检校尚书右仆射",两《五代史》皆作孝义指挥使,未审孰是。旧史影库本批校云:"孝义军指挥使,脱'军'字。"殿本及中华书局校点本皆据以补入,显误。邺卒于夔州,志载为天成四年(929)四月二十二日,年三十八。本传不载卒日及享年,《旧五代史·明宗纪》则云五月"丙子,以夔州节度使西方邺卒辍朝"。旋命安崇阮接任。

一五、毛　璋

毛璋,两《五代史》皆有传。其夫妇墓志,民初出于洛阳,罗振玉录入《芒洛冢墓遗文四编》卷六。志中叙及璋事迹,可补订本传者有:字玉华。曾祖让,仕唐为左神策军使;祖言,为颍州汝阴令。自梁归唐后,旧传云"历贝州、辽州刺史",志则云自贝"迁博州防御使,寻钟家祸"而去职,夺情起复任辽州刺史。其后历镇华、邠、潞三镇,入为金吾上将军,传、志记载相同。其卒,志云:"天成四年(929)己丑岁七月五日,薨于洛阳私第,享年四十八。"据本传及《明宗纪》,实为坐赃而赐死,志讳之。旧传载董璋劾其男廷赟携其书入川,又称"廷赟乃璋之假侄"。毛璋志称其有子九人,孟曰廷美,仲曰廷翰,叔曰廷诲,季曰廷鲁,其妻李氏志则云长曰庭蕴,长逝,余同毛璋志,唯廷皆作庭。廷赟未载,信非其子。

一六、李存进、孙汉韶、孙汉筠

存进本姓孙,名重进,为李克用义子而改。其碑在太原郑村,同光二年(924)幽州节度判官吕梦奇撰文,清初发现,存文颇完整,顾炎武、叶奕苞、钱大昕、严可均等均有题跋,胡聘之《山右石刻丛编》卷一〇录全文,附考尤详。《全唐文》卷八七〇亦收入。碑叙存进历官及唐末以来战守颇详,多可订史,以前贤述之已多,此不复及。

存进长子孙汉韶、五子孙汉筠墓志,也已先后出土。

汉韶,两《五代史》皆有传。其墓志出于成都,《文物》1991年第5期刊拓本,广政十八年(955)王乂撰。叙事简捷而少浮词,于汉韶一生历官叙述尤详,于后唐、后蜀史研究极为重要,在此不能详述。仅就《旧传》叙及者,可订如下。传云:"初事庄宗,为安定军使。"志叙其于光化三年(900)为李克用录充随使军将,天祐初充定海军副兵马使。传云:"迁河东牢城指挥使。"志载为庚辰即天祐十八年(921)事,其前已数转官,"迁"前应补"累"字。传述同光前进讨契丹,"以功加检校右仆射。同光中,为蔡州刺史"。志载讨叛为同光元年(923)事,加官为三年事,同时授蔡州刺史。又传叙在蜀官较简,末云"年七十余,卒于蜀"。志叙在蜀官守至详,广政十八年卒,年七十二,本传大致可信。

汉筠墓志,出于洛阳,为《千唐志斋藏志》之一,北宋开宝八年(975)张贺撰。志述其唐、晋多在内职,晋末授汜水关令使,汉时为永兴军节度副使,周初为嘉州刺史,显德中历刺磁、冀、绛三州,入宋,为和州团练使,开宝六年(973)卒,年六十七。《旧五代史》三见其名,然仅《孙汉英传》是其人,另《梁太祖纪》《葛从周传》所叙乾宁二年(895)葛从周所俘朱瑾都将孙汉筠,则为另一人。《新旧五代史人名索引》合为一人,误。

一七、罗周敬

其墓志,乾隆五十五年(1790)出于洛水侧,天福二年(937)史馆修撰殷鹏撰,仅略损十余字。钱大昕、武亿、洪颐煊有跋,《金石萃编》卷一二〇、《古志石华》卷二五、《芒洛冢墓遗文》卷下、《全唐文》卷八五二全录志文。其可订史处,清人言之已详,兹不复述。

一八、王建立、王守恩

建立墓铭清代出土于山西榆社箕城西四十里鱼头村,额曰《大晋故推诚奉义匡运致理功臣昭义军节度使泽潞辽沁等州观察处置等使开府仪同三司持节潞州诸军事行潞州刺史检校太师兼中书令食邑一千户赠尚书令琅琊王墓铭》（据《雍正山西通志》卷五七），全文见载于《光绪榆社县志》卷九，署"陈通撰"，但文中云"志鹏叨承再命，聊述徽猷"，知撰者名志鹏，作陈通误。原石及拓本皆似未传世。以《旧五代史》本传相较，可补订者有：一、字延绩。二、其祖，传名嘉，墓铭名喜。三、明宗即位后授官，传作镇州节度副使，墓铭作镇州兵马留后。四、其卒日，《晋高祖纪》作天福五年（940）五月辛卯（二十六日），墓铭作二十二日，前者为唁至朝廷日。

　　建立子守恩，两《五代史》均有传。上引建立墓铭称其少历内史，三任符竹，时为卫州刺史，为燕王周德威之婿。守恩墓志民初出于洛阳，归张钫，为千唐志斋所藏。志刻于建隆元年（960）二月，即宋代周之次月，河南府司录参军杨廷美撰。以传相较，可补者有：传云"幼为内职"，志载始授东头供奉官，次授洛苑六宅尚食等使，戊子（928）为夹侍使，寻授左羽林将军，未几授宫苑使。传云"迁怀、卫二州刺史"，志载庚寅（930）为辽州刺史，秩满授左武卫大将军，晋初为大内皇城使，出为卫州刺史。传所云怀州，志未叙及，然建立墓铭云"三任符竹"，疑志失叙。传云："后历诸卫将军"，志载其丁忧后，授右千牛卫大将军，转左屯卫、右领军卫、左骁卫大将军。传云："国初，授左卫上将军。显德初，改右金吾卫上将军，封许国公。"志载其乾祐三年（950）进爵莒国公，为右领军卫上将军；周太祖即位后，授右金吾卫上将军，进爵许国公，世宗即位，仅开府增邑而已。传云："二年冬，昇疾归洛而卒。"志云显德二年（955）十二月五日卒，年五十四。

　　又守恩母田氏墓志亦已出，见《全唐文补遗》第六册，乾祐二年进士王鹏撰。

一九、相里金

　　其碑在山西汾阳，顾炎武、朱彝尊、叶奕苞有跋，均较简。终清一代，未见录文。拓本见收于《北京图书馆藏中国历代石刻拓本汇编》三十六册，碑文十九可读。与《旧五代史》本传对读，可补订者亟多，撮要如次。一、传云字奉金，碑作字国宝。二、传作并州人，碑作汾州西河人。三、七代祖唐相州刺史遵,曾祖林不仕,祖宁为□州别驾,父福为检校刑部尚书兼御史大夫。四、年十八入李克用军。五、从李存勖于太原,自副兵马使充匡卫指挥使,转右帐前指挥使。六、同光中数历军职,从略。七、天成元年(926),充左右羽林都虞候,出为忻州刺史,传误作同光中事。八、天成四年(929),入为左神武统军;长兴二年(931),充北面行营马步都虞候。九、约于长兴四年(933)九月任陇州刺史,传作应顺元年(934)为陇州防御使,误。十、天福中归阙,四年(939)三月充左龙武统军,五年八月卒,年六十九。传云"累为诸卫上将军",又云"五年夏卒",未尽允惬。十一、碑云赠太子太师,传云赠太师,后者误。

二〇、马全节

《北京图书馆藏中国历代石刻拓本汇编》三十六册有天福六年(941)贾纬撰《马文操碑》,存文颇完整,然历代未见著录。文操即全节之父。与《旧五代史·马全节传》相较,可补订者有:一、传作魏郡元城人,碑作广晋人。二、传云"父文操,本府军校,官至检校尚书左仆射",碑云起良家子弟,初授魏州经略副使,以功累加至金紫光禄大夫检校尚书左仆射,天祐乙丑(905)为流矢所伤而卒。三、文操曾祖长荣、祖遗俊、父良佐,皆不仕。四、叙全节事迹近千言,但多用典故,少叙事实。五、全节妻齐氏,弟全罕、全铎,子令询、令威等。贾纬以史学名世,此碑存文近四千言,颇堪重视。

二一、史匡翰

匡翰与父建瑭,两《五代史》皆有传。其碑在太原,陶谷撰文,顾炎武、朱彝尊、叶奕苞、钱大昕皆有跋,《金石萃编》卷一二〇、《山右石刻丛编》卷一〇皆全录碑文,后者附考尤详。碑传比读,不难发现传即据碑文节写。可注意者有:自其曾祖怀清以下,世袭安庆九府都督。怀清史失载。传云天福六年(941)祭河后数月卒,碑云七年三月卒。传云子彦容历宫苑使及濮、单、宿三州刺史,碑云彦容为宫苑使、溱州刺史。濮,旧史影库本作湊,显为溱之误。校点本据殿本、刘本改,误甚。

二二、梁汉颙

其墓志已出,见《全唐文补遗》第五辑,天福八年(943)秘书少监刘皞撰。可补本传者有:字慕杰。曾祖璟,忻州长史,祖恩,考弘武,皆不仕。中和己亥(己亥为879年,即乾符六年)始从李克用,从平黄、蔡,后累从军伍,叙战功较详。同光二年授濮州刺史。天成元年十一月迁邠州节度使。三年,入朝,授特进、检校太傅、右威卫上将军。本传云自邓移镇许州,志不载此改官,《明宗纪》亦仅云自前邓帅致仕,知传误。天福七年八月卒,年七十三。

二三、李重俊

重俊为明宗犹子从璋之子,两《五代史》有传。其墓志出于洛阳,拓本见《隋唐五代墓志汇编·洛阳卷》十五册,开运三年(946)杨敬昆撰。志称"公讳俊",避晋少帝讳改。传云:"唐长兴、清泰中,历诸卫将军",据志,天成二年(927)任六宅副使;三年,迁绫锦使;长兴元年(930),以郊礼恩转六宅使;二年,补右捧圣第四指挥使;三年,授宫苑使;清泰元年(934),授右金吾卫将军。传云:"高祖即位,遥领池州刺史。"据志,天福二年(937)以父丧去职;三年授云麾将军,以守哀坚辞,旋起复右威卫大将军;四年,授封州刺史;五年,授池州刺史,二州皆属遥领。传云:"少帝嗣位,授虢州刺史。"据志,少帝初任博州刺史,后改虢州。又其卒,传云坐私奸及不法事赐死,志仅云为"玄穹降祸",以开运三年(946)九月二十六日卒,年三十余。凡此皆较史传为详。

二四、王廷胤

廷胤,清辑《旧五代史》作庭胤,本传注出《大典》卷一八一三一。然今存《大典》卷六八五一有其传,名作廷胤。北京图书馆藏苏畋开运二年撰墓志,亦作廷胤。传云其庄、明二朝历六州刺史,志载庄宗时充马前直都指挥使兼贝州刺史,天成元年(926)除忻州刺史,长兴二年(931)授密州刺史,四年历澶、隰二州刺史,末帝时任相州刺史。传云"少帝嗣位改沧州节度使",志则云在少帝嗣位前,检《高祖纪》,为七年正月事,知传误。志云天福八年(943)授幽州□□营右厢都指挥使,开运元年(944)授太师充北面行营□军左右厢都指挥使,旧史纪传皆失载。

二五、苏逢吉

逢吉为后汉高祖相,受顾命辅佐隐帝,周太祖起兵,隐帝败,逢吉自杀于君侧,其事迹史载较详,两《五代史》皆有传。洛阳出其墓志,《隋唐五代墓志汇编》收录拓片,但说明误为《薛逢吉墓志》。可补订史传者,有如下数端。一、字庆之。二、家世,曾祖为荆南节度使、吏部尚书苏涤(《旧唐书·宣宗纪》载其大中八年至十一年镇荆南,《元和姓纂》卷三载涤为苏冕子),祖为考功郎中苏冲(郎官柱考外有题名,《唐语林》卷四云为郑颢门人,后为信阳守,知为大中进士第),父悦,为安国军节度判官。本传仅叙悦为汉高祖从事。三、逢吉晋时仕历,本传仅云为刘知远宾佐,墓志云:"高祖历试诸难,作藩分陕,恭行聘礼,委掌军事。公起家入陕东幕府……次授许州、宋州二记室……寻改大名少尹,又授河东察判,检校正郎。"守丧后,仍为河东戎判。检《旧五代史·汉高祖纪》,知其天福元年(936)入知远陕幕,随其至许、宋、邺都、太原,最为亲信。四、卒年四十二。五、墓志述逢吉死后,"太祖皇帝知其尽节,事出奸臣,垂湛露之恩,给洛阳之第,邺孤幼也"。本传已述赐宅事。此志首二行残泐,撰人结衔可见"前渑池县令兼监察御史□昭懿奉命撰",文中亦有"今卜京兆,□有旨焉"云云,知显德二年(955)于逢吉已有宽典,因许其家人营葬事。

二六、赵 凤

《千唐志斋藏志》有显德二年刘德润撰其墓志,与《旧五代史》本传相较,可增补事迹有:字国祥。曾祖贞,祖素,皆不仕,父彦章,冀州别驾。初以童子及第,再修三传,数上不捷,晋初投镇州安铁胡(重荣),未录用,乃北投契丹,充幽州关南巡检都指挥使,转招收都指挥使,又充右羽林都指挥使。随辽伐晋,为东路都指挥使。丁忧后,起复云麾将军,复转右千牛卫大将军(本传缺云麾一职)。周初充宋、亳、宿、单、颍五州巡检使(本传作宋、亳、宿三州),广顺三年(953)十二月死,年四十一。凤出于盗莽,所至不法,墓志多赞颂之辞,为文体所限,不足凭信。

二七、宋彦筠

其墓志民国间出于洛阳,归张钫千唐志斋,显德五年(958)颍上令高弼撰。与《旧五代史》本传相较,多可订补者。举其大端:一、祖绩、父章,皆不仕。二、初入梁军,攻幽州,陷南垒,授滑州征武都头,迁左崇衙指挥使。三、与唐夹河之战,为杨留口战棹都指挥使,改夹马都指挥使,累功迁宣武军内衙都指挥使。传叙及此,较简,缺夹马一职。四、归唐,超授神捷都指挥使。从讨蜀,为前锋都指挥使。传叙二职皆从简。五、明宗时,授虢州刺史;二年,改武州刺史;清泰中,掌禁军兼和州刺史,改莱州刺史。传于此仅以"连典数郡"概述之。六、天福中汝州任后,为匡国军(同州)节度使。传缺此任,《晋高祖纪》作四年(939)四月事。七、少帝初,衔命至漳河拒契丹。开运二年(945),任北面行营诸道步军都指挥使,从杜重威拒辽军。八、显德五年(958)八月卒于伊州,年七十八。本传作四年冬卒,误。

二八、冯 晖

冯晖墓志,1992年出土于陕西彬县,拓本至今未见发表,录文见三秦出版社出版《全唐文补遗》第三册,为显德五年(958)朔方军节度掌书记刘应撰,时晖卒已六年。与《旧五代史》本传相较,知其字广照,为邺都高唐人。传作魏州人,未允,高唐唐属博州。其从李继岌伐蜀,传仅云"蜀平,授夔州刺史",志叙之颇详:"洎朝廷问罪于西蜀,王为大军先锋,独运奇谟,取小剑路入,偷下剑门关。其时迥振声名,咸推绩效。"传云:"国初,加中书令,封陈留王。"殆皆作周初事。志载:"乾祐二年(949)己酉,汉少主加兼中书令。……广顺元年(951)辛亥,周高祖降册备礼封王。"知传合二事为一。其卒,传云:"广顺三年(953)夏,病卒,年六十。"《周太祖纪》作六月辛丑卒。志云:"壬子年五月二十五日薨于公署,享寿五十九矣。"月日及享寿皆可正史误。《文物与考古》1996年曾刊文,谓志中叙及晖四子之卒,其中长子继勋卒于癸丑(953)三月,二子继朗卒于丁未(947)三月,三子继玉卒于癸丑七月,四子继洪卒于乙卯(955)七月。此文认为三子卒于晖后不久,应非正常死亡,可能为继业嗣位后杀诸兄,于父志中有意改动继勋、继玉卒年。惟仅属推测,并无别证。

又近世所出冯氏家族墓志,尚有冯继业妻墓文,太平兴国八年(983)宋白撰,见《千唐志斋藏志》第1250页;楚王夫人冯氏墓志,拓本见《书法丛刊》1996年第2期,至道三年(997)裴瑀撰。冯氏为继业女,嫁宋太宗子楚王元偁。

二九、王　饶

王饶为后周重臣,《旧五代史》有传。洛阳出土其父王柔墓志,石存洛阳古代艺术馆,拓本见《隋唐五代墓志汇编·洛阳卷》十五册,为扈载撰文,显德二年(955)夏立石。志载王柔字来远,幽国华池人,祖、考皆不仕,柔亦未官,仅因饶贵而赠太尉,天福十二年(947)卒,年七十二。志称饶官为"彰德军节度使检校太尉兼侍中",亦与史合。此志可补充王饶家世资料,于饶事迹则无所增益。

三〇、景　范

其碑在山东邹平,清初发现,顾炎武、叶奕苞、朱彝尊、武亿等均有题跋,《山左金石志》卷四、《金石萃编》卷一二一、《全唐文》卷八六〇均载碑文,虽漫漶较甚,文意大致尚明,其史料价值,前贤多已揭出。《旧五代史》本传仅存世宗时事迹,前此仕历,据碑知其曾祖闰、祖宾皆不仕,父初称太仆府君(《旧五代史·世宗纪》载初以户部郎中致仕)。范以明经登第,为吏于清阳,掾于高密郡,授范县令。周太祖时,自秋曹郎进阶朝散大夫,复以左司郎中充枢密直学士,寻转谏议大夫充职。世宗时为东京副留守,入相,以父丧去职。显德二年(955)十一月卒,年五十二。本传作"显德三年冬"卒,误,碑及《世宗纪》皆作二年。

三一、扈　载

《旧五代史》本传,《大典》缺全文,清辑本仅得三则。前引显德二年(955)夏撰《王柔墓志》,署"朝议郎秘书郎直史馆扈载文",此职史书未载。上引《景范碑》,署"翰林学士朝议郎尚书水部员外郎知制诰柱国赐绯鱼袋臣扈载奉敕撰",与本传残文合。

三二、王仁裕

《旧五代史》其传仅存残文二则,《新五代史》本传则叙述较简。今人胡文楷网罗文献,作《薛史〈王仁裕传〉辑补》,事迹大备。但《陇右金石录》存宋初李昉作《王仁裕神道碑》,胡氏未征及。碑可补新传者有:少失怙恃,由兄嫂鞠养。初辟官之秦帅,为李继崇。仕蜀初为礼部郎中。入唐复为秦州节度判官,后罢职归汉阳别墅,有终焉之志。劝王思同坚拒潞军。思同败,末帝重其为人,委以文翰。为近臣所斥,出为魏博支使,改汴州观察判官,后方入翰林。晋代历左司郎中、左谏议大夫、给事中、左散骑常侍。又碑叙其家世子嗣、所放进士及平生著述亦颇详,足资参考。

三三、韩　通

韩通为后周重臣,闻陈桥变后欲有所举,事败被害,两《五代史》未列传,《宋史》列入《周三臣传》。其夫妇墓志早年出于北邙,《芒洛冢墓遗文》收录,附述于此。可补史遗者有：通字仲达,享年五十三。父章为左龙武军大将军。天福中,从刘知远于河东,充飞骑尉。七年(942),为骁骑尉。乾祐二年(949)转雷州刺史(本传作周祖入汴后事)。广顺元年(951),充睦州防御使,其年孟冬,改永州防御使(本传误以二职互乙)。其余广顺、显德间历官全称及家室,所叙较详,此不一一。其妻董氏,显德初卒,年四十三,时通方任彰信军节度使。有子二人：守钧、守素。通志作长子钧,不及守素,盖其全家遇难,营葬时或有疏略耳。

三四、王审知

《旧五代史》中审知及其嗣袭者传,残阙颇甚,笔者曾加辑录,刊《漳州师院学报》1995 年第 1 期。天祐间于兢撰其德政碑,清初以降多有考录,《全唐文》亦收入。审知夫妇墓志,1981 年出土于福州市郊,皆翁承赞撰。《文史》二十八辑有官桂铨、官大梁录文,并有较详考证,可参看。又其碑为张文宝撰,宋人见之,云仅据承赞墓志易数字而已,见《闽中金石志》卷五。

三五、钱镠、钱元瓘、钱俶

吴越五主,有碑传世者三人：杨凝式撰钱镠神道碑、皮光业撰《武肃王庙碑》、和凝撰钱元瓘神道碑、李至撰钱俶神道碑、慎知礼撰钱俶墓志,分别藉石刻及钱氏家乘存世,前三篇《全唐文》已收,其价值前人言之已多,诸葛计等《吴越史事编年》述之尤详,兹不备述。

(《海上论丛》第 3 辑,复旦大学出版社,2000 年)

陈寅恪先生唐史研究中的石刻文献利用

陈寅恪先生作《王静安先生遗书序》，归纳王国维的治学方法有三："一曰取地下之实物与纸上之遗文互相释证"；"二曰取异族之故书与吾国之旧籍互相补证"；"三曰取外来之观念，与固有之材料互相参证。"他本人的学术研究，也可说是依循这三条而展开的。在他一生治学成就最高的唐代文史方面，"地下之实物"最重要的有两部分，一是敦煌文献，二是石刻文献。陈先生认为"敦煌学者，今日世界学术之新潮流也"，平生也"勉作敦煌学之预流"（均见《陈垣敦煌劫余录序》），他在敦煌学方面的成就，学者论述已多。但就石刻文献研究来说，他似乎涉足较少，不像另一位唐史大师岑仲勉先生那样有多种石刻研究论著，其论文集中几乎没有研究碑刻的论文。然而，只要细心寻绎他的存世著作，即不难发现，他对石刻文献的掌握和利用，涉猎极广，搜求尤勤，在石刻解读和证史方面，都有杰出的成就。

　　唐代石刻研究，始于宋代，清代成为显学。石刻的最大价值是保存了唐时文献的原始面貌，多可补订史乘的缺失。清代学者治金石成就突出，但其弊端，正如岑仲勉先生所云，一为过信石刻，凡石刻与史乘有异同处，概曰"自当以碑为正"；二为偏责史实，不明史例，但见石刻有史传不见者，即视为"史之失载"（《贞石证史》）。陈寅恪先生对石刻与史传关系的论述，更为精当：

> 自昔长于金石之学者，必为深研经史之人，非通经无以释金文，非治史无以证石刻。群经诸史，乃古史资料多数之所汇集，金文石刻则其少数脱离之片段，未有了解多数汇集之资料，而能考释少数脱离之片段不误者。（《杨树达积微居小学金石论丛续稿序》）

陈寅恪先生唐史研究中的石刻文献利用

这段话虽就杨树达之著作引发议论，实意在针砭清以降专治金石而忽视经史者。寅恪先生为学生开列治唐史的必备书目，首列两《唐书》和《资治通鉴》，次列《全唐文》和《全唐诗》，宋四大书中的《册府元龟》、《太平广记》、《唐大诏令集》，而以敦煌材料、碑刻材料和佛教材料殿末（参石泉、李涵《听寅恪师唐史课笔记一则》、杨联陞《陈寅恪先生隋唐史第一讲笔记》，均收入《追忆陈寅恪》），正足体现其治史应先重"多数汇集之资料"，次及"少数脱离之片段"的态度。他曾将传世文献归为旧材料，将"中古史部分如石刻、敦煌文书、日本藏器之类"视为新材料，进而说明运用新旧材料的方法：

> 必须对旧材料很熟悉，才能利用新材料。因为新材料是零星发现的，是片断的。旧材料熟，才能把新材料安置于适当的地位。正像一幅已残破的古画，必须知道这幅画的大致轮廓，才能将其一山一树置于适当地位，以复旧观。（《陈寅恪先生编年事辑》1935年谱）

这一态度，贯穿于他研究唐代文史的各种著作之中。虽不作专门考释石刻的文字，但如重要石刻有助于恢复"残破的古画"中一山一树面貌者，他都充分利用，决不轻忽。他在《新唐书·李德裕传》中一段批语，记录他获读李德裕家族墓志后的快意心情："唐自武宗后史料阙略，故此传末所言多误。近日洛阳李氏诸墓志出土，千年承讹之事，一旦发明，诚可快也！"藉此亦可见他对石刻文献的重视程度。

寅恪先生治史的视野和方法，均较清儒有了极大的转变和进步，但就治学的基本规范，如读书务求善本，务经手校，立说先作札记之类，则仍步武于乾嘉诸老，决不苟且。从现存的他的部分读书札记，如两《唐书》札记、《唐人小说》批语来看，他将新出石刻可与史传、说部参证者，曾作过大量札记，并记录下两者的同异。如在《旧唐书·李邕传》下，记录可资比较而当时新出的李邕祖孙墓志；在《新唐书》李戡、赵矜、韩仲卿等事迹下，注明宋祁所据的碑志材料，在突厥、回纥诸传中，记下西域新出的相关碑志。这些札记，少部分后来在他生前出版的著作中有所引申发挥，大多则仅见诸札记，可见他读书以储材备用，积累极其丰厚。

寅恪先生对石刻类著作，阅读极广。从有关著作的征引来看，从宋代欧、赵二录起，到清代的《金石萃编》《八琼室金石补正》《来斋金石刻考略》等书，乃至民国间罗振玉的《石交录》《辽居稿》《冢墓遗文》、岑仲勉的《续贞石证史》等，皆曾广泛征及。重要石刻的征引，多曾求取善拓，备校众本。如引河北隆平（今作隆尧）《光业寺碑》，既据史语所藏拓，复取同治《畿辅通志》予以参校补阙；引李德裕家室墓志，亦录自原拓；为证明《柳氏传》中天宝十二载知贡举者礼部侍郎"杨度"为"阳浚"之误，他在广征《新唐书》《唐语林》《李义山文集》《唐才子传》等书后，复取颜真卿《元结墓碑》为证，仅此碑即先录《金石萃编》《八琼室金石补正》之考录，最后请刘节查北平图书馆藏善拓颜书此碑，始得定谳，并驳正徐松校作"杨浚"之误（详《中国古籍研究》创刊号刊《〈唐人小说〉批注》）。

寅恪先生据石刻文献以治唐史，最突出的收获，有以下几个方面。

一、四裔民族史的研究。

近代以来，中外学者重视中亚民族史、交通史的研究，发现了一批重要的民族文字碑刻，并进行了广泛的研究。寅恪先生十分重视这批碑刻的价值，他告诫门人："《和林金石录》有突厥《阙特勤碑》、《九姓回纥可汗纪功碑》。沈曾植著《蒙古考古图说志》，有《暾欲谷碑》。西藏有《唐蕃会盟碑》。许多碑文都是用藏文、回纥等文写的，如无专门的语言学造诣，不小心很易出错，用此类史料必须十分谨慎。……做考据须有专门修养，不可任意为之。"（石泉、李涵《听寅恪师唐史课笔记一则》）他对中亚各种古文字的娴熟精深的把握，使他有条件准确阅读并充分利用这些极其珍贵的文献。其门人蓝文征曾记述他对上述碑文均有精当的释读：

> 俄人在外蒙发掘到三个突厥碑文，学者纷纷研究，但均莫衷一是，不懂不通，陈先生之翻译解释，各国学者毫无异辞，同声叹服。唐德宗与吐蕃之《唐蕃会盟碑》，许多学者，如法国之沙畹、伯希和等人均无法解决，陈先生之翻译也使国际学者满意。（陈哲三《陈寅恪先生轶事及其著作》，台湾《传记文学》16卷3期）

陈寅恪先生唐史研究中的石刻文献利用

突厥三碑指《阙特勤碑》《暾欲谷碑》和《毗伽可汗碑》，寅恪先生在校读两《唐书》时，多次提及三碑，并略有诠说。他对三碑所作的翻译解释，未见文本刊布，但其1945年有诗题作《余昔寓北平清华园尝取唐代突厥回纥土蕃石刻补正史事今闻时议感赋一首》，知当时确有此项工作，可惜未传。至于各国学人的反映，可能仅是传闻。有关三碑仅见的几则批语中，仍不乏精彩的论述，如释桃花石（Tolgus）即唐家，并指出《旧唐书·回纥传》中四处出现"唐家"一词，为当时俗语，《新唐书》因此而删去。这一结论，是在广泛求证后得出的。

寅恪先生在德游学时即有志研治藏学，被称为其"一生治学的纲要"（汪荣祖《陈寅恪评传》第三章）的《与妹书》已充分表述志向。他对拉萨保存的长庆《唐蕃会盟碑》极为重视，曾据艺风堂藏拓详加校订，所撰《吐蕃彝泰赞普名号年代考》，考出彝泰和可黎可足的藏文对音，所据主要即为此碑。在说明吐蕃、日本称唐为汉，建中清水盟文之唐蕃边界，《冯燕传》中的刘元鼎事迹时，还曾多次引及此碑。

二、李唐祖籍及氏族之研究。

寅恪先生撰《唐代政治史述论稿》以及《李唐氏族推测》等三文，力揭李唐冒称陇西，实为赵郡李氏破落户，且与胡族数代通婚，先世与鲜卑大野部关系密切，为其唐史研究最重要之创说之一。其中有关李唐出赵郡李氏之推断，因得引证隆平《光业寺碑》而得定案。此碑为开元十三年（725）象城尉杨晋撰，叙赵州象城县僧民为玄宗八代祖宣皇帝（即李熙，唐高祖李渊的四代祖）、七代祖光皇帝（即李天锡，李渊的曾祖）陵园修福田而重饰光业寺事。此碑流布极少（今人杨殿珣编《石刻题跋索引》即未见此碑），传拓又残缺漫漶严重，仅当地有善拓流传，部分方志有节钞。寅恪先生据史语所藏拓及《畿辅通志》，摘出下列数语："皇祖瀛州刺史宣简公谨追上尊号，谥宣皇帝。皇祖妣夫人张氏谨追上尊号，谥宣庆皇后。皇祖懿王谨追上尊号，谥光皇帝。皇祖妣妃贾氏谨追上尊号，谥光懿皇后。（中略）词曰：维王桑梓，本际城池。"提供了李唐源出赵郡的铁证。汪荣祖教授《陈寅恪评传》在分析岑仲勉对陈说的反驳时，认为岑氏于陈说所举二大"实物证据"，即赵州昭庆二陵及《光业寺碑》未能提出反证，因而无法动摇陈说，所见较确。在此还可稍作补充的是，近年《文物》杂志据当地善拓及方志所引，发表了此碑全文，对读寅恪先生的著作，不难发现他虽曾援据旧拓及方志，但读出的全碑文字可能并不太多。全碑长达近三千字，寅恪先生前引文字为仪凤间追上尊号文中文字。碑述贞观、麟德间，曾派使臣巡陵，总章间置寺赐额，仪凤间追上尊号，同年又敕二陵以建昌、延光为名，至开元间重修，则纯属民间行为，刺史略表关心而已。这些内容，寅恪先生如全文读到，是不会忽略的。

三、唐代政治史研究。

寅恪先生对初唐政治史中许多问题提出独到而又深微的见解，其中最有影响的是关陇集团与山东豪杰的关系、玄武门之变成功的原因、李武韦杨婚姻集团等。他曾多次引用《庾子山集》所收碑志和近世出土唐初石刻，证明关陇士人、山东豪杰与鲜卑胡姓的关系。他谈玄武门之变，最重视敦煌所出李义府所撰《常何墓碑》，从碑文中知常何本为隐太子旧部，故太子委以重寄而不疑，太宗得以成功，常何等人的倒戈是关键，并进而指出唐初政治斗争中控扼宫城北门之重要性。对于婚姻在初唐政治中作用的研究史料，他特别告诫门人："女系母统对后代的影响，无论在遗传因素上或政治上均极重要。即使无直接之关系，间接之影响亦不小，应加注意。墓志铭很重要，即使是妇女的或非名人的，亦可作为史料参考。"（前引石泉、李涵文）他在《唐代政治史述论稿》中分析李唐先世数代之婚姻状况，即从遗传因素上揭示其血统长期"与胡夷混杂"的事实。《记唐代之李武韦杨婚姻集团》，则揭出婚姻纽带所形成的初唐政治轴的变化。这两部分研究中虽没有广泛征引石刻，但近世以来所出石刻中，有关李唐皇室及外戚婚姻状况的记载极其丰富，许多他应曾寓目，故能据以给门人指出深入研究的文献依凭。

四、寅恪先生对中晚唐政治创说也极丰富，其中有关牛李党争的研究，依据石刻而得出许多可靠的结论。

牛李之争以牛党胜出而终，存世的史乘、笔记大多右牛而抑李，党争之间双方的诗文、奏议、碑志就显得特别珍贵。就牛党文献来说，寅恪先生十分重视存于《唐文粹》中的李珏撰《牛僧孺神道碑》、杜牧《樊川文集》中的《牛僧孺墓志》。李德裕先世、家室及贬死经过的研究，则充分利用了民国间洛阳所出的李氏家庭六方墓志，即李德裕为妾刘氏所撰《唐茅山燕洞宫大洞炼师刘氏墓志铭》(附第四男烨记),为妾徐氏撰《滑州瑶台观女真徐氏墓志》,德裕子李烨为妻撰《大唐赵郡李烨亡妻荥阳郑氏墓志》,李尚夷为德裕侄从质之女撰《唐故赵郡李氏女墓志》,李庄为德裕孙女李悬黎撰《唐故赵郡李氏女墓志》。以这些墓志与存世典籍相参证,弄清了德裕的婚姻、子嗣情况,纠补了文献记载中的错误和缺失,确知李德裕于大中三年十二月十日卒于崖州,其子李烨至大中六年夏始获准护柩北归,葬于洛阳。这些都是有关牛李党争的重要史实,解析清楚对了解会昌大中间的政局变化极重要,李商隐一些与此有关的《无题诗》,如"万里风波一叶舟"一首,也因此而获得确解。

五、唐代文学研究。

寅恪先生重视诗史互证,不管以史释诗或是以诗证史,都有众多的新解。就利用碑刻资料治文学来说,可举以下数例:作家先世研究,他据《白氏长庆集》中所存白居易父祖及外族碑志事状,证明白居易实为北齐白建之后,并指出其"先世本由淄青李氏胡化藩镇之部属归向中朝",其家风"与当日行之礼制及法典极相违戾"(《元白诗笺证稿》附论甲《白乐天之先祖及后嗣》)。又如对李白家世之质疑,亦充分利用了《李太白集》所附之碑志传序。唐小说之研究,如释《虬髯客传》中李靖事迹,引许敬宗撰《李靖碑》为证,指出太宗与李靖君臣遇合之真相及小说之虚构,又广引文献,证明剑客之虬髯,实因太宗虬髯而窜易所致。再如《莺莺传》所涉本事,既引白居易为元稹母郑氏所作《唐河南元府君夫人荥阳郑氏墓铭》,又引韩愈为元稹妻韦丛所撰《监察御史元君妻京兆韦氏夫人墓志铭》,证明元氏母、妻皆出士族,元稹极重姻族之显赫,进而揭出莺莺所出必非高门,元稹弃崔而取韦,实循世俗而重视门第之高下。对于唐代碑志文之信值,他多处指出其普遍因谀墓而不免溢美,引用应有所鉴别。在释白居易《新乐府》中《青石》一篇时,他取《秦中吟》中《立碑》一篇以为参证,指出二篇"皆讥刺时人之滥立石碣,与文士之虚为谀词者也。但《立碑》全以讥刺此种弊俗为言,而《青石》更取激发忠烈为主旨,则又是此二篇不同之点"。不仅指出白氏二诗之要旨,还指出唐代碑志的通病。在此节之末,他进而比较韩愈与白居易对碑志的不同态度:"碑志之文自古至今多是虚美之词,不独乐天当时为然。韩昌黎志在《春秋》，欲作唐一经，诛奸佞于既死，发潜德之幽光，而其撰《韩弘碑》，则殊非实录。此篇标举段颜之忠业，以助人臣之事君，若昌黎之曲为养寇自重之藩镇讳者，视之宁无愧乎？"表彰白居易志在移风匡俗，贬斥韩愈之循时媚恶，是阅读和理解二家文集和唐代碑志的读者应予充分关注的。

陈寅恪先生为学博大精深，融贯东西，视野开阔，取资闳博，石刻文献的利用和研究仅是他唐史研究中所涉文献的极小一部分。他重视石刻的价值，但也看到碑刻不免虚美的通病，在利用中有谨慎的取舍和独到的审视。他不满于清代金石家治金石而忽视经史的习尚，强调石刻的价值在于可补史乘之缺失，利用石刻可在治史中得到更可靠的佐证，在总体与局部的把握上，所见极为高远。

毋庸讳言，陈寅恪先生不是专治金石的金石学家，清代已出土的石刻研究专著，间或有未经寓目者，个别与他的论题直接有关的石刻未及引用。这里试举一例。1939年作《刘复愚遗文中年月及其不祀祖问题》一文，据刘蜕传世遗文，推定其生于长庆元年（821），排出其生平年表，为遗文作了系年，并对《北梦琐言》《唐摭言》等笔记中所述其不祭祖问题寻求解答，疑其族所出实非华夏族类。清代在陕西长安县曾出刘蜕为其母撰《先妣姚夫人权葬石表》一方，光绪间毛凤枝《关中金石文字存逸考》卷四全录之，今人编《唐代墓志汇编》亦收入。此文于姚氏家世和刘蜕早孤从学、登第及大中间仕历记述较详，叙营葬祭祀事，尤为虔诚："今者助教于太学，校理于集贤，又蹙于寒饥，故仪卫不周，衣窭俭薄，欲终大事，所未成也。且蜕犹为羁也，今故穿土周棺，丘封四尺，同于葬口。至于饰棺以辂，器用不就，表其权焉。庶先公之祀，若不即灭，委质负担，得有积资，当广坟杵，以衍其阡，克从祔礼，虽其刺奢，不敢避也。……孤蜕不获即死，岁时躬奉常事。"笔记所述传闻，看来大可怀疑。可惜寅恪先生未能见到这方墓石。

（《中山大学学报》2000年第1期）

跋王之涣祖父王德表、妻李氏墓志

李根源先生曲石精庐所藏靳能撰《王之涣墓志》，经岑仲勉先生《续贞石证史》介绍于世后，引起唐诗研究者极大的兴趣。近年傅璇琮先生又撰《靳能所作王之涣墓志铭跋》（收入《唐代诗人丛考》），据这方墓志详细考证了王之涣的家世和生平，发明颇多。然而，与《王之涣墓志》差不多同时出土，后收入张钫先生《千唐志斋藏志》的其祖父王德表、妻李氏的两方墓志，则因志文中未明确载明与王之涣的关系，以致一直未引起研究者的重视。以下拟将这两方墓志内容作一介绍，并据以略申管见。错误未允之处，幸祈方家教正。

一

《王德表墓志》收入文物出版社影印本《千唐志斋藏志》四六二页，全文长达一千二百余字，今节录如次：

> 大周故瀛州文安县令王府君墓志铭并序
> 凤阁舍人兼控鹤内供奉河东薛稷纂。第四子前河内县主簿景书。
> 公讳德表，字文甫，太原晋阳人。高祖隆，后魏行台尚书、开府仪同三司、安阳县开国伯、绛郡太守，子孙因家焉。曾祖纂，齐华州别驾、汾州刺史；祖子杰，宇文朝建威将军、徐州刺史，袭封安阳伯；父信，隋国子博士，唐安邑县令。公幼挺奇伟，聪明懿肃，年五岁，日诵《春秋》十纸。贞观十四年，郡县交荐，来宾上国。于时太学群才，天下英异，中春释菜，咸肄讨论。公以英妙见推，当仁讲序，离经辩义，独居重席。即以其年明经对策高第，左仆射梁国公房玄龄奏公学业该敏，特敕令侍徐王读

书,寻迁蜀王府参军。俄以家艰去职,庐于墓左,柴毁骨立。太夫人朝夕谕及,仅免灭性。后迁鄜州洛川县主簿、定州新乐县丞。麟德之岁,薄伐辽阳,支度使营州都督李冲寂、司庾大夫杨守讷,以公清白干能,时议佥属,乃奏公监河北一十五州转输,不绝粮道,边兵用给,卉服俄清,玺书褒慰。迁泽州端氏县令。丁内忧,如居府君之丧。服阕,迁丹州汾川县令。平迁沧州鲁城县令,秩满,授瀛州文安县令。属狂寇孙万斩等作梗燕垂,公县当冲要,途交水陆,接剧若闲,军兴是赖。既乃犬羊之党,侵国城邑,公励声抗节,誓志坚守。而孤城无援,俄陷凶威,虽白刃交临,竟无所屈。贼等惮公忠烈,不之加害,寻为俘系,幽于庑庭。潜图背逆,夕遁幽府,遂首陈谋议,唱导官军。廓清巨孽,公之力也。清边道大总管建安郡王奏公忠果特异,请加超奖,仍命军司,优以钱帛。瀛州刺史、高平郡王、神兵军大总管河内郡王等,复以公化若神君,功逾健令,咸嘉其事,时即奏闻。旋降明旨,俾令甄擢。公饬巾祇虑,解印辞荣,功成不有,乐天知命,以圣历二年三月二日寝疾,终于遵教里私第,春秋八十。公博综经史,研精翰墨,冠冕五常,被服六艺。至于释氏空相,玄门宗旨,莫不澄源抱澜,必造其极,凡所历任,皆著异能,蚕绩蟹筐,讴谣四合。初新乐之任也,太夫人遇有疮疾,公尝自吮痏,应时痊愈。司马张文琮以公孝行纯深,奏课连最,河朔之地,人知慕德。尝注《孝经》及著《春秋异同驳议》三卷,并注《道德》上下经、《金刚般若经》,有集五卷,并行于世。粤以其年岁次己亥三月景辰朔二十九日甲申,权厝于合宫县伯乐原,礼也。嫡孙之豫,次子前左台监察御史洛客、前怀州河内县主簿景、前洛州洛阳县尉昌等,咸以名才,并臻显禄。三张之敏,生事爱敬;二连之孝,死事哀戚。号纂徽业,存之铭典,用托凤阁舍人河东薛稷为其铭曰(略)。内供奉南阳张元敬镌,外孙弘农杨伋书。

按《王之涣墓志》云:"公名之涣……即后魏绛州刺史隆之五代孙。曾祖信,隋朝请大夫、著作佐郎,皇蒲州安邑县令;祖表,皇朝散大夫、阳翟丞、瀛州文安县令。父昱,皇鸿胪主簿、雍州司士、汴州浚仪县令;公即浚仪第四

跋王之涣祖父王德表、妻李氏墓志

子。"持与《王德表墓志》作一比较,可确定王德表即《王之涣墓志》所云之"祖表",后者误脱"德"字。《王德表墓志》可订正《王之涣墓志》中的一些缺误脱漏,补充王之涣的家世资料。分述如次。

一、据《王德表墓志》,王隆为王德表的高祖,应为王之涣的六世祖。《王之涣墓志》云为王隆"五代孙",误漏一代。又《千唐志斋藏志》一〇九六页《唐故处士太原王府君(翱)墓志铭》,称"九世祖讳隆"。翱为之咸的曾孙。所记世次,与《王德表墓志》合。

二、之涣五世祖纂、高祖子杰,《王之涣墓志》不载,可据《王德表墓志》考知。

三、之涣曾祖信,二方墓志所记其在隋代官守不同,可互为补充。据《王德表墓志》,王信约卒于贞观末。

四、《王之涣墓志》载王德表为"皇朝请大夫、阳翟丞、瀛州文安县令"。《王德表墓志》不云为朝请大夫,疑为追赠官;又载其仕历至为详尽,但无阳翟丞之任,疑为靳能误记。官终文安县令,二志所载一致。《王德表墓志》所云"麟德之岁,薄伐辽阳",应指龙朔间刘仁轨伐百济或乾封间李勣攻高丽事。孙万斩陷河北诸州,为万岁通天元年(696)事,时德表已七十七岁。志文中提到的高平郡王指武重规,建安郡王指武守官。德表的五种著作,历代均无著录。德表卒时,王之涣已十二岁。这位学贯三教、著述丰富的祖父,对于王之涣的成长,无疑曾起过积极的作用。

五、傅璇琮先生考证王之涣父王昱与王之咸父王景为兄弟,王之涣、王之咸为同祖不同父的堂兄弟,其说甚是。今据《王德表墓志》所载,王德表至少应有五子一女:长子某,次子洛客,景兄某,第四子景,再次子昌,女嫁杨某,生杨攸。《墓志》首记"嫡孙之豫",知嫡子已先逝,故以嫡长孙领衔。颇疑此未载及之长子,即之涣父昱。理由是:之涣为昱第四子,当德表卒时,之涣已十二岁,据推昱之年岁,当不少于四十岁,故不应不叙及。较合理的解释即是昱已先卒,故《德表墓志》未述及。景为第四子,因知其前另有一兄未叙及,疑亦早夭,今姑附洛客后。

以下据王德表、王之涣、王翱、李氏四方墓志，并参取傅璇琮先生所考，列王之涣家族世系如次：

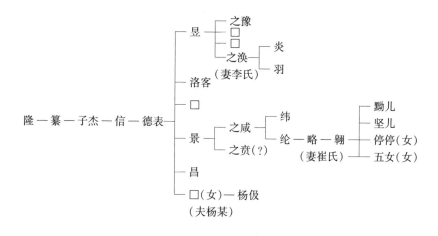

二

《千唐志斋藏志》八四二页载《李氏墓志》，全录如次：

　　唐故文安郡文安县尉太原王府君夫人勃海李氏墓志铭并序
　　夫人其先勃海人也。祖彦，皇青州司马；父涤，皇冀州衡水县令。夫人即衡水公第三女。载十八，适于王氏。时王公衡水主簿，因而结婚也。夫人凡生一子。王公天宝二载终于文安，夫人以天宝七载十一月四日遘疾终于河南县孝水里私第，春秋卅有四。惟夫人性含谦顺，德蕴贤和，惜乎！以天宝七载十一月廿四日葬于洛阳北原，礼也；盖未合也，盖从权也。嗣子羽，哀哀在疚，栾栾其棘。铭曰：佳城郁郁，春复其春，穷山苍苍，松柏愁人。泉扃一闭兮开无辰，呜呼哀哉兮思慕终身！
　　大理丞王缙撰。

　　按《王之涣墓志》云之涣"以门子调补冀州衡水主簿"，"在家十五年"后，"复补文安郡文安县尉"，卒后"葬于洛阳北原"，有"嗣子炎及羽等"，与

跋王之涣祖父王德表、妻李氏墓志

《李氏墓志》无不相合。因此,可确定李氏即王之涣之妻。

据《李氏墓志》,可补充《王之涣墓志》未述及的一些事迹。

《广韵》卷三"六止"韵载李氏有十二望,渤海为其一。墓志称李氏"其先勃(即渤)海人",指其郡望而言。李氏之祖彦、父涤,他书未见事迹。李氏卒于天宝七载(748),年四十四,当生于长安五年(705),比王之涣年轻十八岁。李氏十八岁嫁王之涣,其时应在开元十年(722)。墓志云:"父涤,皇冀州衡水县令……时王公衡水主簿,因而结婚也。"因知开元十年,王之涣正在衡水任上,时李涤任衡水令,遂将第三女嫁给之涣。又墓志云:"夫人凡生一子……嗣子羽哀哀在棘。"《王之涣墓志》则云"嗣子炎及羽等"。羽为李氏所生,炎长于羽,应为嫡子而非妾生子,据此可知之涣三十五岁娶李氏前,另有一段婚姻经历,只是具体情况已无从考索了。

《李氏墓志》云"王公天宝二载终于文安",比《王之涣墓志》迟一年。按《王之涣墓志》云:"以天宝元年二月十四日遘疾,终于官舍。……以天宝二年五月廿二日葬于洛阳北原。"唐代墓志通例,卒、葬在同一年者,述葬期均云"以其年某月某日葬"。据文意,应为《李氏墓志》误以葬年为卒年。但其中也有一可疑之处。二方墓志均称之涣为"文安郡文安县尉",而据两《唐书》及《通鉴》所载,天宝元年二月二十日改州为郡,时在之涣去世后数日。唐人在追叙死者历官时,一般均沿用原授官名,而不用其身后改用之官名。据此推测,似又以《李氏墓志》为长。故此点尚可存疑。

《李氏墓志》撰者王缙,为著名诗人王维之弟,两《唐书》均有传,但未言及其官大理丞之事,可据志补传。王维兄弟与王之涣的交往,诸书未见记载,墓志提供了有关线索。从《李氏墓志》看,之涣身后颇为萧条,以至家人无力为其夫妇合葬。王缙在当时以文词擅名,但《李氏墓志》行文则较草率,又未提及之涣之诗名,其中原因,似颇可玩味。

作者补记:

本文写完后,笔者又有幸找到了王之涣祖母薛氏的墓志,题作《瀛州文安县令王府君周故夫人薛氏墓志铭》,见《千唐志斋藏志》四三五页。墓志载薛氏家世云:"夫人姓薛氏,河东龙门人。……曾祖朗,随颍川郡太守,袭封都昌县公。……祖安，唐海州录事参军。……父卿，唐朝议大夫、眉州长史。"诸人皆不见史乘记载。薛稷为王德表撰墓志，疑薛氏与薛稷为近亲，只是具体关系尚难以考索。墓志称薛氏"傍罗艺圃，隐括书林。飞铅洒墨，触象而成篆画；艳锦图花，寓情而发词藻"，知其工书画，能诗文，多才多艺。薛氏"以万岁登封元年（696）壹月式拾式日终于洛阳遵教里之私第，春秋漆（通柒）拾"。其卒时，之涣仅八岁。王德表比薛氏晚卒三年，其墓志亦称"终于遵教里之私第"。据此推测，之涣的少年时期，很可能即住在洛阳。薛氏葬于卒后之次年，即万岁通天二年（697）二月，墓志载其子嗣有"嫡孙之豫、哀子左肃政台监察御史洛客、怀州河内县主簿景、并州太原县尉昌等"，与《王德表墓志》所载可印证。其中洛客、景之官职，《王德表墓志》均冠以"前"字，知德表卒时均已去职；昌，《王德表墓志》作"前洛州洛阳县尉"，应为自太原迁洛阳后去职。这些均可补前文之未及。

傅璇琮先生附记：

陈尚君同志从千唐志中查检到盛唐诗人王之涣祖王德表、之涣妻李氏的两方墓志，乃参稽史籍，对王之涣的家世及其若干事迹作了考证，又因我曾对之涣行迹作过一些考索，遂将这篇考证文章寄给我，使我得有先睹的机会。关于王之涣的生平事迹，过去只不过根据《唐诗纪事》《唐才子传》等书所载，不仅多有缺漏，且间有误记。自从岑仲勉先生据曲石藏志查到靳能所作墓志，介绍于世，之涣生平乃大略可稽。今陈尚君同志又从易为人所忽略的唐人墓志遗存中作了细致的考析，使这位盛唐诗人的事迹更为人所知。由此可知考史对于文学的研究实颇多助益，而文物考古与文学研究确有进一步结合的必要。过去我们的古典文学研究在如何更好地利用文物发掘和考古成果上，是注意得不够的，遂致古典文学研究未能及时而充分地利用近邻学科已经获得的成就，实在是很可惜的。

陈尚君同志查检到的这两方墓志，不仅对进一步了解王之涣有好处，而且还可帮助我们从中获知唐代前期士人的某些活动和思想线索。如王德表在贞观十四年明经登第后，由房玄龄奏荐为徐王侍读，又迁蜀王府参军。徐王当指唐高祖第十子元礼，据《旧唐书》卷六十四，元礼于"贞观六年，赐实

跋王之涣祖父王德表、妻李氏墓志

封七百户,授郑州刺史,徙封徐王,迁徐州都督。十七年,转绛州刺史"。蜀王为太宗第六子愔,贞观十年封蜀王,有传见《旧唐书》卷七十六。唐初士人初仕时往往在诸王府第中谋事,王勃、卢照邻等是如此,王德表也是如此。唐初诸王间的矛盾争斗是很厉害的,而士人也往往陷于这些纷争,有时就受到牵累而受到贬斥,王勃即是如此。这点颇可注意。又墓志载王德表的著作,有注《孝经》及著《春秋异同驳议》,此外还注有《道德上下经》及《金刚般若经》,前两种是表述儒家经典的,后两种则一道一佛,他的所著书可以说综包儒道佛三教。我们知道,唐朝统治者,从唐太宗起就提倡儒道佛并修的,从这里可以见出,三教并修,既是朝廷的政治文化政策,又是当时的社会文化思潮。这对于研究唐代的士风与文学,也足可参考。

尚君同志比较之涣及妻墓志所载之涣卒年的不同记载,以天宝元年改州为郡而致疑于靳志记载的确实性。我个人猜想,靳志所谓文安郡文安县尉,作为文安县尉,则州郡名之改异对它无甚影响,而这里所称之文安郡,恐沿古称,不一定是依天宝初改郡名的诏令。未知尚君同志以为然否?尚君同志还从群籍中辑补唐文,当可更有所获。

(《文学遗产》1987 年第 5 期)

新出高慈夫妇墓志与
唐女书家房璘妻高氏之家世

房璘妻高氏是唐代最负盛名的女书法家,可能也是唯一以书法名家而有书迹传世者。北宋欧阳修《集古录跋尾》卷六著录其开元二十九年(741)所书两碑,即《唐安公美政颂》、《唐石壁寺铁弥勒像颂》,前跋称:

> 右《安公美政颂》,房璘妻高氏书。安公者,名庭坚,其事迹非奇,而文辞亦匪佳作,惟其笔画遒丽,不类妇人所书。余所集录亦已博矣,而妇人之笔画著于金石者,高氏一人而已。然余常与蔡君谟论书,以谓书之盛,莫盛于唐,书之废,莫废于今。余之所录,如于颀、高骈,下至陈游瓌等书皆有,盖唐之武夫悍将暨楷书手辈,字皆可爱。今文儒之盛,其书屈指可数者,无三四人,非皆不能,盖忽不为尔。唐人书见于今而名不知于当时者,如张师丘、缪师愈之辈,盖不可胜数也,非余录之,则将遂泯然于后世矣。余于集古,不为无益也夫。治平元年正月十三日书。

此石宋以后罕传。清大兴方履籛编《金石萃编补正》卷一有唐残碑二种,其一"开元二十有八年秋七月十有五日"、"邑有宰焉,朝散大夫武威安公庭坚"、"簪裾代代,歌美人人"云云,可以基本确认即是《安公美政颂》之残文,但拓本今不知是否仍有存世者。

另一篇跋云:

> 右《太原府交城县石壁寺铁弥勒像颂》者,集本有"林谔撰"三字,参军房璘妻高氏书。余所集录古文,自周秦以下,讫于显德,凡为千卷,唐居其十七八。其名臣显达,下至山林幽隐之士所书,莫不皆有,而妇

人之书,惟此高氏一人尔。然其所书刻石存于今者,惟此颂与《安公美政颂》尔。二碑笔画字体,远不相类,殆非一人之书,疑模刻不同,亦不应相远如此,又疑好事者寓名以为奇也。识者当为辨之。治平元年端午日书。

此碑历代著录有序。明赵崡《石墨镌华》卷四跋云:"《唐弥勒佛颂》,此房璘妻高氏书。高氏又书《安公美政颂》,欧阳公谓字迹如出二手,而疑好事者寓名以为奇。余未见《美政颂》,此本借自东肇商观,其笔法遒劲,信足名家,而一经元祐火毁,政和间寺主道珍重勒,再经大定火毁,泰和间寺主元钊又勒,铓铩都亡,仅存形似耳。金人□苑跋语历历可证。近吾乡人有为交城广文者为言,碑今又就毁,交城人犹有旧榻本。以此观之,当亦非开元刻,乃泰和刻也。然则碑自元祐至今,凡三毁于火矣,何高氏之不幸耶!"此碑虽经宋元间几度毁刻,但所幸文本尚得流传。《金石文字记》卷四著录"今在交城县石壁山寺,末有金泰和四年跋"。《金石萃编》卷八四著录:"碑高七尺七寸三分,广三尺二寸,二十三行,行五十八字,行书,在交城县石壁山永宁寺。"首题《大唐太原府交城县石壁寺铁弥勒像颂并序》,署"前濮州鄄城县尉林谔撰"、"太原府参军房璘妻渤海高氏书"、"朝议郎太原府司录参军事常山苏倦题额"。交城邻近太原,估计高氏随夫宦迹而居太原,因得便以书碑。此碑拓本近年亦有影印者,但可能都是金元后重刻石之拓本。

欧阳修称赞高氏"惟其笔画遒丽,不类妇人所书。余所集录亦已博矣,而妇人之笔,著于金石者,高氏一人而已"。大致是恰当的评价。如分类著录唐书家碑石的南宋《宝刻类编》卷八录妇人,唐仅高氏一人,下注"太原府参军房璘妻",下录二碑。后世研究碑帖者,只能感慨:"乃妇人借书名以传后世。君子疾没世而名不称焉,宁无愧此巾帼哉!"又云:"昔人称其字画简古,笔力遒健,今石虽经翻刻,然简古遒健之致尚在。"(《庚子销夏记》卷七)对其生平家世,至今所知甚少。

承齐运通先生见示近年洛阳出土唐高慈及其夫人卢氏墓志,仔细阅读,发现二人居然是高氏的父母,这位唐代女书家的家世情况,终于可以为我们所了解，感到特别珍贵。高慈墓志全文录如下：

故宁远将军守右卫中郎将高府君墓志铭并序

君讳慈，字志睦，渤海蓨人也。昔在三皇，缅闻炎晖。天子二守，近在国高。锡土承家，郁为华族。曾祖王臣，北齐给事中、广德将军、散骑常侍、蓝田公。祖敬言，皇吏部侍郎、许州刺史。父光复，皇吏部郎中、复州刺史。并代济德声，休有时望。君英奇外发，忠信内资。学不为人，动必师古。起家孝廉擢第，授梁王府典签，迁扬州江都县丞，迁郑州司仓参军，华州司法参军。仓储委积，优裕于东藩；刑狱载清，声流于左辅。寻敕授通事舍人。敷奏有容，出纳惟允。文武之道，行藏在躬。转左卫率府郎将，又转襄州别驾。海沂之咏，江汉犹传。又迁使持节仪、庐二州诸军事仪、庐二州刺史。龚黄之政，已简于天聪；侍御之臣，尚勤于宸眷。入拜右卫中郎将。君以忧勤奉职，夙夜在公。寒暑失宜，膏肓遂遘。以今月六日景寅，终于尚贤里私第，春秋六十。呜呼哀哉。以今月廿四日甲申，迁窆于邙山旧茔侧，礼也。嗣子审，才为国宝，孝实家传。衔哀蓼莪，躬奉窆窀。永惟陵谷，志诸泉壤。其词曰：高津水曲，渤海绳理。家擅文儒，人多杞梓。烈烈祖宗，世济其美。日月其迈，令问不已。于穆令绪，允文允武。忠以奉主，孝以安亲。天不慭遗，歼我良人。存亡若此，报施何神。隐隐崇邙，悠悠清洛。古隧荒卉，新田绮错。万古千秋兮夜不明，天长地久兮今无昨。百身可赎，九原其作。

大唐开元廿二年岁次甲戌五月辛酉朔廿四日甲申。

太常寺少卿郑少微文。嗣子审书。孙揆。

仅提及其子高审而未及其女。其妻卢氏墓志全文为：

大唐故右卫中郎高府君范阳卢夫人墓志铭并序

夫人卢氏，其先范阳人也。自锡土命氏，郁为著姓；开国承家，世有明德。夫人即皇朝故邛州刺史君胤府君之曾孙，常州刺史赠幽州都督幼孙府君之孙，国子祭酒赠秦州都督瑀府君之长女也。幼而聪明，性

新出高慈夫妇墓志与唐女书家房嶙妻高氏之家世

与道合;长而淳懿,心蕴天和。手中有文,故得归我。虽奉承筐之职,犹禀公官之师。初,府君历职圣朝,分符列郡,为善之迹,在邦必闻。外则府君之贤,内实夫人之赞。及文伯先世,敬姜昼哭,铅华罢御,禅寂为心。恒诵七篇,贤女凤承于闺训;无劳三徙,爱子自禀于义方。春秋六十四,以天宝八载十一月十六日,寝疾终于河南府汜水县之私第。呜呼!即以天宝十载十一月六日,合祔于先茔,礼也。胤子审,通事舍人,英才博识,张司空之亚也。贤女,前鹿城县令房嶙妻,华精墨妙,卫夫人之俦也。珪璋特达,兰菊齐芳。玉树荣庭,叹悲风之不静;椒花作颂,思献寿之无期。泣血号旻,柴毁骨立。欲报之德,罔极何追。愿纪清芬,勒诸贞石。志之泉壤,永毕乾坤。其铭曰:恭惟夫人,班孟之伦。果行毓德,深慈厚仁。何彼秾矣,华如桃李。辞家适人,作配君子。和如鸣凤,庆比乘龙。方荣始吉,俄叹终凶。双剑只沉,孤鸾独立。孀居苦志,衔涕茹泣。母仪克著,闺训增修。令子爱女,超侪越流。冀享荣寿,遽先朝露。悲阆水之难追,痛藏舟之不固,哀哀孝子,泣血无声。遵彼周制,祔于先茔。恐陵谷迁易,慕乾永贞。勒铭翠琰,志此佳城。天宝十载十一月六日。

墓志中"贤女,前鹿城县令房嶙妻,华精墨妙,卫夫人之俦也"几句,提供了这位女书家的难得记载。此墓志没有撰书人之姓名,虽然行文中对其子女颇多称赞,但两次提及"府君"处皆换行顶格书写,已表隆重,三次提到"夫人"处皆空三或一格以表尊崇,"作配君子"之"君子"前亦空三格,与"圣朝"前之空格同。其书者,很可能是高慈夫妇的子女,当然最大的可能即是有"卫夫人"之誉的高氏。

两方墓志提供了高氏父母的家族世系和其父母生平情况。高慈"曾祖王臣,北齐给事中、广德将军、散骑常侍、蓝田公",但在《北齐书》和《北史》中均未见记载。《唐代墓志汇编》长安○四三收卢粲撰《大唐故蒲州猗氏县令□府君(隆基)墓志铭》载"高祖德政,北齐侍中、左仆射、仪同三司、冀州大中正、渤海郡王,赠太保尚书令康公,配飨高祖庙;曾祖伯坚,北齐司徒、东阁祭酒,赠海州刺史;祖王臣,北齐给事中、广德将军,袭封蓝田公"。可以补充王臣以前世系。高德政，《北齐书》卷三〇、《北史》卷三一皆有传，《魏书》卷五七且载及其祖高佑家族的详细谱系。德政辅佐高欢祖孙三代，在北齐为显宦，但因"常言宜用汉，除鲜卑"，得罪而被杀。《北齐书》称"嫡孙王臣袭焉"。北齐立国仅二十多年，而三代为显宦，知王臣袭爵时年方幼，故其子于隋无称而入唐方显。

高慈"祖敬言，皇吏部侍郎、许州刺史"。高敬言，两《唐书》无传。《太平广记》卷二二一引《定命录》云张囧藏善相，其中一节详细叙述高敬言的经历：

> 高敬言为雍州法曹，囧藏书之云："从此得刑部员外、郎中、给事中、果州刺史。经十年，即任刑部侍郎、吏部侍郎，二年患风，改虢州刺史，为某乙本部，年七十三。"及为给事中当直，则天顾问高士廉云："高敬言，卿何亲？"士廉云："是臣侄。"后则天问敬言，敬言云："臣贯山东，士廉勋贵，与臣同宗，非臣近属。"则天向士廉说之，士廉云："敬言甚无景行。臣曾嗔责，伊乃不认臣。"则天怪怒，乃出为果州刺史。士廉、公主犹在，敬言辞去，公主怒而不见，遂更不得改。经九年，公主、士廉皆亡后，朝廷知屈，追入为刑部侍郎，至吏部侍郎。忽患风，则天命与一近小州养疾，遂除虢州刺史，卒年七十三，皆如囧藏之言。

《魏郑公谏录》卷二载高敬言贞观九年（635）为刑部郎中，奏断劫贼不伤财主不应免死。《旧唐书》卷五〇《刑法志》载其永徽初任吏部侍郎，随长孙无忌参加制定唐代律令格式的工作。《唐会要》卷三九、《文苑英华》卷四六四《详定刑名制》、《唐大诏令集》卷八《颁行新律诏》皆言敬言永徽二年闰九月为吏部侍郎。都与《定命录》所载相合。但据《旧唐书》卷六五《高士廉传》载，士廉卒于贞观二十一年（647），时武后仍为太宗才人，更未立为后，何来九年前已得罪而贬事？但就基本事实来说，我认为叙述高敬言的生平应属事实，即初任雍州法曹，时间可能在武德至贞观初。贞观九年前曾任刑部员外郎，九年为刑部郎中。其任给事中，估计在贞观十年或稍后。贬出为果州刺史，应该在贞观十二年左右。《定命录》此间所云则天，当皆为太宗事。高士廉出北魏高飞雀一系，与敬言同姓而不同宗支，敬言所言为实。士廉卒后，敬言在太宗末追入，至永徽初的两三年间，历任刑部、吏部侍郎。其因患风而出居虢州，估计不会迟至永徽末，时武后虽立而未及专权。高慈墓志作许州，可能再有迁改，因亦近畿州。前引卢粲撰《高隆基墓志铭》亦载"父敬言，唐给事中、吏部侍郎、许州刺史"。下引《高惩墓志》称"祖敬言，皇朝给事中、户部侍郎、吏部侍郎，果、縠、虢、许四州刺史"。是敬言贞观间贬果州后，曾改移縠州，晚年刺虢后又改许州。估计其卒年在永徽末至显庆间。

敬言子嗣，今知有隆基，官至蒲州猗氏县令（前引卢粲撰墓志）。崇业，任洛州司兵参军（《唐代墓志汇编》长安〇四二收《大唐故潞州司士参军高君（志远）志文》）。高慈"父光复，皇吏部郎中、复州刺史"，《新唐书·宰相世系表》称其为"天官郎中"，知为高宗改官制后任，今《郎官石柱题名》吏部员外郎、吏部郎中皆有其题名，但事迹流传很少。另《唐代墓志汇编》开元三一八收《唐故银青光禄大夫行光禄少卿上柱国渤海郡开国公高府君墓志铭》，称"公讳惩，字志肃，渤海蓨人也"。"父光复，皇朝吏部员外、吏部郎中、检校复州刺史。""开元十七年岁在荒落，遘疾薨于河南之尚贤里，春秋六十有六。"知高惩为高慈之兄长。

高慈从孝廉擢第，授梁王府典签，历迁扬州江都县丞、郑州司仓参军、华州司法参军，然后授通事舍人。转左卫率府郎将，又转襄州别驾，历任仪、庐二州刺史，最后官至右卫中郎将，基本是唐代有家世荫承的世族子弟经历的从州县偏佐，担任两次州刺史，最后留内卫，没有特别值得称道的建树①。倒是其妻卢氏，出身是唐代最显耀的门第，其家虽非最强大的宗枝，但显然受过很好的教育，墓志称其"幼而聪明，性与道合；长而淳懿，心蕴天和"。在高慈去世后，她"铅华罢御，禅寂为心。恒诵七篇，贤女夙承于阃训；无劳三徙，爱子自禀于义方"。在子女教育方面尽了很大的力量。墓铭也称"母仪克著，阃训增修。令子爱女，超侪越流"。唐代并没有所谓女学，高氏得以书

---

① 《隋唐五代墓志汇编》洛阳卷十一册、《唐代墓志汇编续集》天宝〇七八有高盖撰高慈残志一种，与本文所揭高慈墓志世系近似而履历、生卒完全不同，疑有所伪造，容另文考证。

学名世,主要是在家中自习,甚至说主要得自其母亲的家庭教育和传授,虽属推测,但估计离事实不会太远。

高慈卒于开元廿二年(734),年六十。墓志为"太常寺少卿郑少微文,嗣子审书",没有提及高氏,很可能尚未及成名,甚或未及成年字人。前引欧阳修所见开元二十九年石刻,署名为"太原府参军房嶙妻渤海高氏书",是其时已经成婚随夫而居太原。卢氏卒于天宝八载,葬于十载(751),称高氏为"前鹿城县令房嶙妻",是鹿城县令为房嶙在太原府参军以后之任职,且在天宝十载时已罢此职,应处于赋闲或待选的时期,故如此称呼。此一时间,较欧阳修所见二碑晚了十年,可以知道其时高氏夫妇尚平安在世,且其书法在当世即已有声誉,不待欧阳修在三百年以后之弘扬。虽然,墓志同时称颂其兄弟高审"英才博识,张司空之亚也",我们现在找不到任何证据说明其才学可以与张华并重,对高氏之评价也不免溢美。但就全部唐代出土之上万件碑志而言,其中署书者至少在三四千件以上,而女性可以径书书者姓氏者,亦仅高氏一人。就此可以看到她在生前已经得到世人的认可和尊重。

(《碑林集刊》第十七辑,2012年)

《郑虔墓志》考释

最近十多年间,由于浙江临海郑广文纪念馆王晚霞、郑瑛中等先生的推动,郑虔研究有了充分的开展,先后出版了《郑虔研究》(浙江古籍出版社,1990年)、《郑虔研究续集》(浙江古籍出版社,1993年)、《郑虔传略》(黄山书社,1998年)和《唐·郑虔世系源流考》(天马出版有限公司,2005年)等书籍。笔者虽对地方、宗谱所存文献的可靠性颇存怀疑,但觉得郑虔毕竟还是一位值得纪念和研究的文人,因一直致力于郑虔可信文献的发掘和研究,提供给临海诸位,并撰写了《郑虔生平和著述补考》(收入《郑虔研究续集》)和《俄藏敦煌遗书中的郑虔手札》(收入《郑虔传略》)等文。由于最近《郑虔墓志》的发表,关于郑虔生平获得许多新的认识。谨撰写本文,以作考释,并藉此对于郑虔研究的一些重要问题表达看法。以前揭示的文献和前列二文,颇有错误,且流布不广,因也作了重新改写,将有价值部分保存于本文中。

一、郑虔墓志发表的意义

郑虔是盛唐时著名的文士,玄宗曾为其亲题"郑虔三绝",加上他与杜甫的特殊关系,虽然他本人留存下来论著不多,仍引起许多研究者的重视。郑虔,《旧唐书》无传,至《新唐书》卷二〇二始补其传云:

> 郑虔,郑州荥阳人。天宝初,为协律郎。集缀当世事,著书八十余篇。有窥其稿者,上书告虔私撰国史。虔苍黄焚之,坐谪十年。还京师,玄宗爱其才,欲置左右,以不事事,更为置广文馆,以虔为博士。虔闻命,不知广文曹司何在,诉宰相。宰相曰:"上增国学,置广文馆,以居

贤者,令后世言广文博士自君始,不亦美乎!"虔乃就职。久之,雨坏庑舍,有司不复修完,寓治国子馆,自是遂废。初,虔追紬故书可志者,得四十余篇,国子司业苏源明名其书为《会稡》。虔善图山水,好书,常苦无纸,于是慈恩寺贮柿叶数屋,遂往日取叶肄书,岁久殆遍。尝自写其诗并画以献,帝大署其尾曰"郑虔三绝"。迁著作郎。安禄山反,遣张通儒劫百官置东都,伪授虔水部郎中。因称风缓,求摄市令,潜以密章达灵武。贼平,与张通、王维并囚宣阳里。三人者,皆善画,崔圆使绘斋壁。虔等方悸死,即极思祈解于圆,卒免死,贬台州司户参军事,维止下迁。后数年卒。虔学长于地里,山川险易、方隅物产、兵戍众寡无不详。尝为《天宝军防录》,言典事该,诸儒服其善著书,时号郑广文。在官贫约甚,澹如也。杜甫尝赠以诗曰"才名四十年,坐客寒无毡"云。有郑相如者,自沧州来师事虔,虔未之礼。间问何所业,相如曰:"闻孔子称继周者百世可知,仆亦能知之。"虔骇然,即曰:"开元尽三十年当改元,尽十五年天下乱,贼臣僭位,公当污伪官,愿守节,可以免。"虔又问自谓云何,答曰:"相如有官三年,死衢州。"是年及进士第,调信安尉。既三年,虔询吏部,则相如果死。故虔念其言,终不附贼。

《新唐书》补传的原因,殆因其名声及其与杜甫的特殊关系。此传虽叙来头头是道,其文献来源也无法逐一揭示,但大体可以判断源自唐代国史实录的内容很少,主要是依据《封氏闻见录》、《前定录》、《尚书故实》、《唐朝名画记》等笔记小说改写,其内容值得纠弹处颇多。辛文房《唐才子传》和今人校笺,细节颇有增补,但总体还未超越《新唐书》。

郑虔墓志,近年出土于河南洛阳,为新安千唐志斋收藏。吴钢主编《全唐文补遗·千唐志斋新藏专辑》(三秦出版社,2006年)收录了该墓志。此方墓志对于郑虔生平研究提供了许多重要的线索,值得重视。谨先全录如下:

大唐故著作郎贬台州司户荥阳郑府君并夫人琅琊王氏墓志铭并序
公讳虔,字趋庭,荥阳人也。本枝自周,因国氏郑,尔来千有余年,世为著族。曾父道瑗,随朗州司法参军。大父怀节,皇澧州司马,赠卫州刺史。父镜思,皇秘书郎,赠主客郎中、秘书少监。公则秘书之次子。源长庆深,世继其美。公神冲气和,行纯体素,精心文艺,克己礼乐。弱冠举秀才,进士高第。主司拔其秀逸,翰林推其独步。又工于草隶,善于丹青,明于阴阳,邃于算术,百家诸子,如指掌焉。家国以为一宝,朝野谓之三绝。解褐补率更司主簿,二转监门卫录事参军,三改尚乘直长,四除太常寺协律郎,五授左青道率府长史,六移广文馆博士,七迁著作郎。无何,狂寇凭陵,二京失守,公奔窜不暇,遂陷身戎虏。初胁授兵部郎中,次国子司业。国家克复日,贬公台州司户。非其罪也,国之宪也。经一考,遘疾于台州官舍,终于官舍,享年六十有九,时乾元二年九月廿日也。夫人琅琊王氏,皇凤阁侍郎平章事方庆之孙,皇侍御史畯之女。承大贤之后,盛德相继。母仪母则,传在六亲;妇道妇容,闻于九族。享年廿有五,以开元十四年十一月二日,先公而殁。嗣子元老、野老、魏老。有女五人。既奉胎中之教,又承庭下之训。动乃应规,言必合则。咸以世事多故,或处遐方,唯长女、次女、幼子在焉。初,公以权厝于金陵石头山之原,夫人在王城南定鼎门之右,顷以时艰,未遑合祔。昨以询于长老,卜于龟筮,得以今年协从是礼。长女、次女相谓曰:"吾等虽伯仲未集,而吉岁罕逢,今誓将毕乎大事。"于是自江涉淮,逾河达洛,万里扶持,归于故乡。昨以六月廿五日,将启城南故窆,言归郑氏新茔。大隧既开,玄堂斯俨。盘藤绕塔,彰神理之获安;葛蔓萦棺,未精诚之必感。青乌有言曰:"地之吉,草木润。神之安,福后胤。"此其是也,必不可动。佥曰:"此其为万代柽楎,胡造次而易哉!"于是长女、次女等叹曰:"不归故乡,亦闻古礼。"遂以大历四年八月廿五日,祔于夫人故茔,崇礼经也,议不可动也。外生卢季长备闻旧德,书此贞石。铭曰:于昭我舅,道德是尊。才高位卑,天道奚论。茫茫野田,苍苍古原。凄凉对阙,冥冥双魂。陇月夜明,松风昼昏。千秋万祀,传于子孙。鼎门之右,龙门之侧。郁郁佳城,志荥阳茔域。

由于未能见到墓志拓本,可能仍有一些出入,但基本内容应该是可靠的。

二、郑虔的家族世系

郑虔先世,以往史籍失书。我在十多年前作《郑虔生平与著述补考》依据杜甫《八哀诗》"萧条阮咸在"自注云:"著作与今秘监郑君审篇翰齐价,谪江陵,故有阮咸江楼之句。"认为郑虔与郑审为叔侄关系,并根据郑审的家世,推定了郑虔是北齐名臣郑述祖的五世孙,又进而推定郑虔的世系。现在见到《郑虔墓志》,此一问题可以得到确切的论定。

《墓志》称郑虔"曾父道瑗,随朗州司法参军。大父怀节,皇澧州司马,赠卫州刺史。父镜思,皇秘书郎,赠主客郎中、秘书少监。公则秘书之次子"。所述其曾祖道瑗、祖怀节、父镜思三代,在正史中都没有留下记录。所幸近代以来出土过这个家族的几方墓志,有资于理清郑虔的家族谱系。

《千唐志斋藏志》收《大唐朝议郎行周王西阁祭酒上柱国程务忠妻郑氏墓志铭》:"曾祖叔武,银青光禄大夫、北豫州大中正、青光二州刺史,谥平简公;祖道瑗,密州高密县令、泗州下邳县丞、朗州武陵郡丞。……父怀节,绛州曲沃县令、舒州望江县令、扬州六合县令、邢州巨鹿县令。"郑氏于咸亨二年(671)四月卒,年三十四,即生于贞观十二年(638),为郑虔父亲的姐妹。

《中州冢墓遗文》收《大唐故赠博州刺史郑府君墓志》(以《隋唐五代墓志汇编·江苏山东卷》收拓本校),称其"高祖述祖,北齐侍中、开府仪同三司、尚书左仆射,谥平简公;曾祖武叔,冠军将军、太□□□。□道授,随广陵、下邳二郡守;父怀节,皇朝澧州司马,〔赠〕卫州刺史。府君即卫州之长子也,讳进思,字光启,皇朝举孝廉,〔释〕褐授韩王府典签,转梁州南郑丞、洛州河阳丞、雍□□□□州襄陵县令,赠博州刺史。"志主郑进思"以上元二年(675)二月廿□日□□于襄陵官第,享年五十"。即生于武德九年(626),为郑虔的大伯。其妻权氏至开元十年(722)去世,年八十九。墓志后半叙述进思的子嗣,残缺较甚,但可以见到已亡者有宜尊、昂、颍等,在世者有繇、云、戎、愿、游等。其中繇应即郑审之父,因此也可以确定郑虔与郑审父郑繇为同祖兄弟,与郑审是从叔侄关系。杜甫按照唐人习俗,因其同宗而以阮咸称之而已,据以坐实考证,就不妥当了。

《唐代墓志汇编》天宝二三六收《唐故淮南道采访支使河东郡河东县尉荥阳郑府君墓志铭》云:"公讳宇,荥阳人也。六代祖平简公述祖,《北齐》有传;曾祖怀节,皇朝卫州刺史;祖进思,皇朝博州刺史;父游,晋州临汾县令;公即临汾之元子也。"郑宇与郑审为同一辈。

据以上诸方墓志,再加上《太平广记》卷二八引《记闻》、《唐故江南西道都团练副使侍御史内供奉荥阳郑府君(高)合祔墓志铭》(《洛阳新获墓志》九五)、《唐故右金吾卫仓曹参军郑府君(鲁)墓志铭》(《全唐文补遗》第一辑第433页)、《唐华州潼关防御判官朝请郎殿中侍御史内供奉骁骑尉赐绯鱼袋杨汉公故夫人荥阳郑氏(本柔)墓志铭》(《全唐文补遗》第八辑第132页)以及后引《郑忠佐墓志》的记载,可以排定郑虔家族谱系如下:

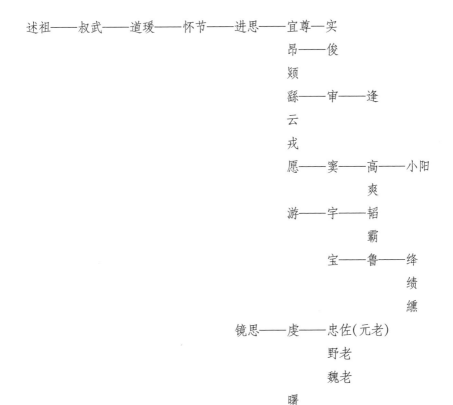

郑述祖，《北齐书》卷二十九有传，为北魏书法家郑道昭子，有名的《郑文公碑》即记其祖郑羲及其先世事迹。由此上溯，其家族谱系可以追溯到西汉的大司农郑当时。《郑虔墓志》称"源长庆深，世继其美"，符合实情。以下据《汉书》、《后汉书》、《三国志》、《魏书》、《郑文公碑》和《新唐书·宰相世系表》的记载，列郑述祖以上世系如下：

荣——当时（汉大司农）——韬——仲（汉江都守）——房——季（汉赵相）——奇（汉议郎）——穉——宾（后汉御史中丞）——兴（后汉莲勺令）——众（后汉大司农）——安世（后汉城门校尉）——綝（后汉骑都尉）——熙（后汉上计掾）——浑（魏将作大匠）——崇（晋荆州刺史）——遹——随（扶风太守）——略（赵侍中）——豁（后燕太常卿）——温——晔——羲（北魏秘书监）——道昭（北魏秘书监）——述祖（北齐吏部尚书）

当然，其远祖之世系与郑虔已经没有多大关系，所以考证过程就不作说明了。

三、郑虔的仕宦经历

《郑虔墓志》载郑虔终于台州官舍，"享年六十有九，时乾元二年（759）九月廿日也"。推算其生年应为武后天授二年（691），比杜甫年长二十一岁。杜甫诗中每以"郑老"、"吾师"（均见《醉时歌》）相称，是合适的。今人王晚霞编《郑虔年谱》①提到临海十余支《郑氏宗谱》的记载，有垂拱元年（685）、长寿元年（692）和丙寅年（666）三种说法，也指出宗谱均始编于明代，又经多次重修，所记不能直接作为史料，在与杜甫诗参证后，采信垂拱元年的说法，与墓志的记载有六年的差距。可以注意的是宗谱有长寿元年的

---

① 王晚霞《郑虔年谱》，初载《郑虔研究》，修正稿收入《郑虔研究续集》，补充修订稿收入《唐·郑虔世系源流考》。

记载,与墓志仅有一年的差别,就不知是偶然雷同,还是地方上也有相对可靠文献的残留。

《墓志》云郑虔字趋庭,历代文献中没有记载,应该是很可靠的。趋庭用孔鲤趋庭闻训的故事,与名相应。存世之唐宋文献中没有提到郑虔的字。最早的记载有以下两条:一是《辍耕录》卷八:"周待制月岩先生(仁荣)买地于府城之郑捏儿坊,创义塾,以淑后进。筑础时掘地,深才数尺,有青石,获双砚,砚有款识,乃唐郑司户虔故物。塾既成,遂名双砚堂。尔后先生之弟本道先生(仔肩)登庚申科,仕至惠州判官。虔字弱齐,俗讹为捏儿云。"《辍耕录》作者陶宗仪是天台人,其所称应该是天台当地的记录。二是清姜宸英《湛园札记》卷四引《台州志》云"郑虔字若齐",姜虽为清人,但所引《台州志》则可能辗转保存宋元旧志的遗文。明清间书画、方志一类著作称引较多,不必枚举。唐人字有两个或更多者,如张说字道济、说之之类,本不足怪。但以弱齐、若齐文字不同,又晚出,终不免有可疑处。

《墓志》称郑虔"弱冠举秀才,进士高第。主司拔其秀逸,翰林推其独步"。弱冠虽然严格说是指二十岁以内,但唐人用此词时较宽泛,只能作为二十左右的泛称。郑虔应举以及进士及第过程,在存世文献中没有记录。据唐人墓志记事一般不虚构死者履历的情况来判断,其可信应该没有问题。主司具体不知为谁,翰林则仅泛指文苑,与玄宗后期才出现的翰林院没有关系。杜甫《八哀诗》"早闻名公赏"句自注:"往者公在疾,苏公颋位尊望重,素未相识,早爱才名,躬自抚问,临以忘年之契,远迩嘉之。"是对此的具体记载。《历代名画记》卷九称"苏许公为宰相,申以忘年之契,荐为著作郎"。著作郎为郑虔天宝后期任官,时苏颋去世已久,显为误记。苏颋为相在开元四年(716)至八年(720)初,而郑虔释褐在开元八年以前,其登第很可能在开元初年,也有可能在开元四年苏颋任相前后。

《墓志》载郑虔"解褐补率更司主簿,二转监门卫录事参军,三改尚乘直长,四除太常寺协律郎,五授左青道率府长史,六移广文馆博士,七迁著作郎"。虽然简略,但将其在开元天宝间的历官完整罗列,参以其他文献,大多可以具体落实。

郑虔入仕之解褐官,《墓志》作"率更司主簿","司"应作"寺"。郑虔开元八年(720)撰《大唐故江州都昌县令荥阳郑府君(承光)墓志铭》(《唐代墓志汇编》开元一九四)时署名为："通直郎行率更寺主簿骑都尉郑虔撰"。率更寺为东宫官属之一。《旧唐书·职官志》载其职为"掌宗族秩序、礼乐、刑罚及漏刻之政令"，主簿为正九品下。

郑虔的第二任官，《墓志》作"监门卫录事参军"，而其开元十五年(727)撰《大唐故汾州崇儒府折冲郑府君(仁颖)墓志铭》(《唐代墓志汇编》开元二五九)时，署"从弟左监门录事参军虔撰"，当以后者为准确。《旧唐书·职官志》载左监门卫为十二卫之一，其职掌"宫禁门籍"，录事参军为正八品上。

郑虔第三任官为尚乘直长。《旧唐书·职官志》载，尚乘局属殿中省，"奉御掌内外闲厩之马"，直长为正七品下。郑虔任此职的具体时间没有可以参酌的记录。

在此期间郑虔留下一些行踪的记录。一是俄藏敦煌遗书10839号所存郑虔残札，最早见饶宗颐先生在《澄心论萃》(上海文艺出版社,1996年)刊布此札前半，我在次年撰《俄藏敦煌遗书中的郑虔手札》(收入《郑虔传略》，黄山书社1998年)，推定残札所云《代国公主碑》，今尚存于陕西蒲城，全称《大唐故代国长公主碑》，建于开元二十二年十二月三日。惟当时未见全篇，考证和录文均未尽准确。今据《俄藏敦煌文献》录全篇如下：

> 昨日于一处见公镌碑□，殊为」精妙。又知造《代国公主碑》，若」事了，得同东行，要何可言。虔」于江外制三碑，兼自书，二在」常州，一在湖州，便同舟往□」镌，亦是小济耳。必当定决也。」郑虔白。陈博士。」于一处得五纸拓书，并足佳作」，上不多畜拓者，所以不留，足下比求真迹大多，然未堂得佳」□□□使往所有异纵望分」□□□必不敢坠

残札后半残缺，但大致意思尚属清楚。"未堂"显为"未赏"之误。是否郑虔手书，还难决定。受书人陈博士，其身份显然是一位镌碑者。开封博物馆藏洛阳所出《唐故大中大夫使持节青州诸军事青州刺史上柱国荥阳郑公墓志

铭》,开元二十三年二月立,署"镌工陈须达",或即其人。代国公主是睿宗第四女,玄宗之仲妹,出嫁驸马都尉郑万钧。公主卒于开元二十二年六月,十二月陪葬桥陵并立碑。镌碑应该是十一月间事。郑虔似在长安邀其东行,并相约同舟往东南镌碑。《郑公墓志铭》既同属郑家所立,又相隔仅二月,因有此推测。残札两次所云"一处",指某位法名为"一"之僧人处。

二是《宝刻丛编》卷十《复斋碑录》有唐郑虔《祷华岳文》,开元二十三年四月二十三日立;又引《集古录目》云《唐华山石阙名》,"自唐开元二十三年郑虔题名为首,后二百一年,至后唐清泰二年户部侍郎杨凝式而止"。所指为同一事。此石刻全文未见拓本留传,清初叶奕苞《金石录补》卷一三节录大意云:"开元二十三年四月二十三日,荥泽郑虔、彪乡道之、智觉同登华山,回步而谢于神。"《金石萃编》卷七九所录,残缺颇甚,虽经陆增祥《八琼室金石补正》卷五五作了补校,可以辨识者仅"芝昭应不"、"十方达娄宗臣"、"如在永事"、"明神"、"主簿常冀、尉元撝,史子华刻"等残文。两者参读,大约此篇为同登华山回至华岳庙祷神而作的一篇较长的文字,时间则在前致陈博士函后数月间。

郑虔第四任官是太常寺协律郎。《旧唐书·职官志》载协律郎为正八品上。《封氏闻见记》卷十《赞成》:"天宝初,协律郎郑虔采集异闻,著书八十余卷。人有窃窥其草稿,告虔私修国史,虔闻而遽焚之。由是贬谪十余年,方从调选,授广文馆博士。"这是文献中郑虔任协律郎的最早记录,《新唐书》本传所据亦即此。《封氏闻见记》作者封演为大历、贞元间人,去郑虔时代不远,所载当有所据。但此段记载,显然有很多的传误。如果确认为天宝初事,则"贬谪十余年"显误,郑虔天宝九年已经任广文馆博士,其间还曾任左青道率府长史。如认为贬谪十余年可信,则其任协律郎有可能在开元二十五年左右,才大致恰当。此其一。郑虔"采集异闻"所著书,从《封氏闻见记》所载其后重加纂录为《会萃》,以及《北户录》所存此书佚文来看,只不过是一本编录异闻奇物的著作,内容应是近乎《酉阳杂俎》一类书,这在唐代并不犯忌讳。再者,私家修史,在唐代未禁止,如韦述著《唐春秋》六十卷、柳芳著《唐历》四十卷,都是郑虔同时代的事,何以郑虔被告而仓皇如此?若封演所记不是全出虚构,较大可能是其所著书中有触及当时政治忌讳的内容。

自开元二十五年（737）三庶人被武惠妃所诬而被杀后，朝廷政事极多诡异，郑虔可能不小心叙及某些事实，如同《会萃》佚文有述及代国公主事一样，为人所告，恐难以自解，遂焚而弃之。此事在《墓志》中没有述及，真相尚无法明了。顺便要提到的是，郑虔前任尚乘直长为正七品下，而协律郎仅为正八品上，而其后职则为正七品上。很有可能郑虔的贬职发生在任协律郎以前，并不严重，因此而并未外窜，仅是略降官阶而已。当然，此纯属推测。

郑虔第五任官职为"左青道率府长史"。左青道又称左清道，为东宫武官府之一，《旧唐书·职官志》记其职责为"掌东宫内外昼夜巡警"，长史为正七品上。《长安志》卷七载其官府在皇城东宫城内之南第二横街之北。

玄宗题"郑虔三绝"事，记载的典籍很多，真实性应该没有问题，但具体时间无法考证。我倾向于认为在天宝间广文馆设立以前，但也没有确凿的证据，就不讨论了。

郑虔第六任官就是广文馆博士。《旧唐书·职官志》载博士为正六品上。其始任时间，《唐会要》卷六六有明确记载："广文馆，天宝九年七月十三日置，领国子监进士业者，博士、助教各一人，品秩同太学。以郑虔为博士，至今呼郑虔为郑广文。"《前定录》和《历代名画记》卷九称其开元二十五年（737）任广文博士，显属误记。设馆过程，《唐语林》卷二云：

> 天宝中，国学增置广文馆，以领词藻之士。荥阳郑虔久被贬谪，是岁始还京师参选，除广文馆博士。虔茫然曰："不知广文曹司何在？"执政谓曰："广文馆新置，总领文词，故以公名贤处之，且令后代称广文博士自郑虔始，不亦美乎？"遂拜职。

同书卷五云：

> 天宝中，国学增置广文馆，在国学西北隅，与安上门相对，廊宇粗建。会十三年秋霖一百余日，多有倒塌。主司稍稍毁撤，将充他用，而广文寄在国子馆中。寻属边戈内扰，馆宇至今不立。

《唐语林校证》于此二则均云"本条不知原出何书"。《新唐书》本传曾据此改写,如将"广文馆新置"改为"上增国学,置广文馆",即依据前后文所改。值得指出的是广文馆在长安城中的确切位置。宋宋敏求《长安志》卷七记国子监在朱雀街东第二街北起第一坊务本坊之西半。广文馆在国子监西北隅,其地适与皇城东门安上门相对。安上门内,为尚书省礼部南院、吏部选院、少府监、太府寺、太常寺等官署所在,为百官出入之要冲。杜甫《醉时歌》云:"诸公衮衮登台省,广文先生官独冷。甲第纷纷厌粱肉,广文先生饭不足。先生有道出羲皇,先生有才过屈宋。德尊一代常坎轲,名垂万古知何用?"并非一般之泛写,而是清冷破败的广文馆与百官奔竞的安上门相对成趣的真实写照。

郑虔自广文馆博士改著作郎的时间,史籍没有记录,但可以推寻得知。《玉海》卷一一二引《集贤注记》:"天宝十三载八月,杨冲、綦母潜迁广文博士。"同书卷一六五引《集贤注记》:"天宝十三载八月戊申,綦母潜迁广文博士。"綦母潜是盛唐有名的诗人。广文博士之员数,《通典》卷二七、《唐会要》卷六六、《册府元龟》卷五九七均作一员,《旧唐书·职官志》作二员。《集贤注记》云杨冲、綦母潜同时迁广文博士,当以二员为是。因此,可以确定郑虔离职在天宝十三载八月或稍早,在任约四年。

天宝间郑虔与杜甫交往密切,在杜甫诗中留下大量记录。当时郑虔在长安城南有居所。元骆天骧《类编长安志》卷九载樊川有郑庄,"即郑虔郊居,在韩庄东南"。同卷有记韩庄"即韩退之《城南杂题》、又《符读书城南》之地也。……韩庄在韦曲东皇子陂南,引皇陂水为南塘"。韦曲是唐代长安城南著名风景区,今为长安县政府所在地,其距慈恩寺(今大雁塔)直线距离只有七公里。韦曲以东数里即杜陵,为杜甫郊居处。二人所居相去不远,故过往较频。杜甫《题郑十八著作丈故居》云:"第五桥东流恨水,皇陂岸北结愁亭。"即伤感往日同游之迹。第五桥在韦曲以西下杜城附近。杜甫《陪郑广文游何将军山林十首》,为二人同游时作。第三首云:"万里戎王子,何年别月支。"知此何将军确为出自昭武十姓之何国胡将。《类编长安志》卷九云:"何将军山林,今谓之塔坡。少陵原乃樊川之北原,自司马村起,至此而尽。其高三百尺,在杜城之东,韦曲之西。"今韦曲镇西北隅有上塔坡村,即其地。杜甫此组诗记及何将军山林中的西域花草,对于了解郑虔写作《会粹》《胡本草》等书的背景,颇有参考意义。

郑虔在天宝年间的最后一任官职是著作郎,《旧唐书·职官志》载其官品为从五品下,职守是掌"修撰碑志、祝文、祭文"。如果确认他从广文馆博士迁著作郎的时间在天宝十三载八月前,到十五载六月安史叛军占领长安,在职时间不到两年,也没有特别可以叙述的事迹。

郑虔官位虽然不显,但他是名士,叛军仍然愿意招揽入新朝任职。他陷伪的官职,存世文献中《历代名画记》卷九说是水部员外郎,《新唐书》本传以为"伪授虔水部郎中。因称风缓,求摄市令,潜以密章达灵武"。纯属虚构小说的《前定录》记郑相如要郑虔受污后"赤诚向国",故郑虔"心不附贼"。《墓志》则作"初胁授兵部郎中,次国子司业",与存世文献有很大不同。伪职并非光荣的经历,其家人不会因此而伪造履历。无论水部郎中或员外郎,都非要职,但兵部郎中和国子司业,则要重要得多。按照唐制,兵部郎中掌天下武官之阶品,从五品上,国子司业则为国子监副职,从四品下。虽然在伪朝时期郑虔不会有什么特殊的权势,但这些职务对于收复两京后唐廷对陷伪官员罪责的认定,则是重要的依据。杜甫《郑驸马池台喜遇郑广文同饮》一诗,应该是至德二载初在长安城中二人相见时的作品:"不谓生戎马,何知共酒杯。燃脐郿坞败,握节汉臣回。白发千茎雪,丹心一寸灰。别离经死地,披写忽登台。重对秦箫发,俱过阮宅来。留连春夜舞,泪落强裴徊。"仇兆鳌解释此诗,"燃脐郿坞败"指次年初安庆绪杀安禄山自立,"握节汉臣回"指郑虔自洛阳获许回到长安,"白发丹心,明其忧在君国",大致是可信的。郑驸马池台即指郑万钧、郑潜曜父子的园池,是承平时杜甫和郑虔经常游玩的地方,乱中相聚,特别伤怀。

四、郑虔贬官台州和归葬问题

唐廷收复两京在至德二载九月,至此年十二月对于陷伪官员作出处分,官显者如陈希烈、达奚珣等被处死,情节稍轻者则给予贬谪的处分。《太平广记》卷二一二引《明皇杂录》云:"安禄山之陷两京,王维、郑虔、张通皆处于贼庭。洎克复,俱囚于杨国忠旧宅。崔相国圆因召于私第,令画名画数壁。当时皆以圆勋贵莫二,望其救解,故运思精深,颇极能事,故皆获宽典。至于贬降,亦获善地。"此说大致可信。《安禄山事迹》卷下云降伪官多"流于徼外",而王维仅略降官阶而未离京师,郑虔虽然贬为从七品下之台州司户,但台州毕竟还是江东上州,虽远离京城,仍属富庶之区。

据《资治通鉴》所载,陷伪官员的处分是在至德二载(757)十二月,罪行严重者立即便遭处决,外贬者亦严令立即离京。杜甫当时已经从鄜州羌村回到长安,未及面别,有诗《送郑十八虔贬台州司户伤其临老陷贼之故阙为面别情见于诗》:

> 郑公樗散鬓成丝,酒后常称老画师。万里伤心严谴日,百年垂死中兴时。仓惶已就长途往,邂逅无端出饯迟。便与先生应永诀,九重泉路尽交期。

前两句写郑虔的容貌和醉态,三四句感慨国家中兴而郑虔则遭受贬官万里的严厉处分,五六句说郑虔仓惶离京以赴贬所,自己则不能亲为面别。诗中说"邂逅无端",诗题则说"伤其临老陷贼之故,阙为面别",显然是迫于形势的无可奈何。最后两句说就此永诀,再见只能是黄泉路上了,极其沉痛,但也确实预言了最后的结局。

郑虔外贬后,杜甫不断在诗中表达对老友的思念,先后写了以下两首诗。《有怀台州郑十八司户》:

> 天台隔三江,风浪无晨暮。郑公纵得归,老病不识路。昔如水上鸥,今如罝中兔。性命由他人,悲辛但狂顾。山鬼独一脚,蝮蛇长如树。呼号旁孤城,岁月谁与度?从来御魑魅,多为才名误。夫子嵇阮流,更被时俗恶。海隅微小吏,眼暗发垂素。黄帽映青袍,非供折腰具。平生一杯酒,见我故人遇。相望无所成,乾坤莽回互。

《题郑十八著作丈故居》：

> 台州地阔海冥冥，云水长和岛屿青。乱后故人双别泪，春深逐客一浮萍。酒酣懒舞谁相拽？诗罢能吟不复听。第五桥东流恨水，皇陂岸北结愁亭。贾生对鵩伤王傅，苏武看羊陷贼庭。可念此翁怀直道，也沾新国用轻刑。祢衡实恐遭江夏，方朔虚传是岁星。穷巷悄然车马绝，案头干死读书萤。

诗都作于长安，可以确定是乾元元年的作品。诗中有关郑虔在贬所的生活，都是杜甫的想象之辞，并没有确切的讯息依据。一直到乾元二年九、十月间，杜甫西行秦州期间，才得到郑虔的音讯，作《所思》：

> 郑老身仍窜，台州信始传。为农山涧曲，卧病海云边。世已疏儒素，人犹乞酒钱。徒劳望牛斗，无计屦龙泉。

诗末原注："得台州司户虔消息。"距离郑虔离开长安，已经超过一年半。诗中传达的郑虔在台州的情况十分有限，很可能也只是友人间辗转传递的消息，但在杜甫已感到极其难得。现在见到郑虔的墓志，知道郑即卒于此年的九月二十日，也就是说杜甫得到消息之日，大约正是郑虔逝世之时。

杜甫得到郑虔去世消息后，作《哭台州郑司户苏少监》：

> 故旧谁怜我？平生郑与苏。存亡不重见，丧乱独前途。豪俊何人在？文章扫地无。羁游万里阔，凶问一年俱。白日中原上，清秋大海隅。夜台当北斗，泉路著东吴。得罪台州去，时危弃硕儒。移官蓬阁后，谷贵没潜夫。流恸嗟何及？衔冤有是夫。道消诗发兴，心息酒为徒。许与才虽薄，追随迹未拘。班扬名甚盛，嵇阮逸相须。会取君臣合，宁诠品命殊。贤良不必展，廊庙偶然趋。胜决风尘际，功安造化炉。从容询旧学，惨澹閟《阴符》。摆落嫌疑久，哀伤志力输。俗依绵谷异，客对雪山孤。童稚思诸子，交期列友于。情乖清酒送，望绝抚坟呼。疟

痢飨巴水,疮痍老蜀都。飘零迷哭处,天地日榛芜。

此诗不见于宋本《杜工部集》,据蔡梦弼《杜工部草堂诗笺》卷四十和《钱注杜诗》卷十八,出于蜀中员安宇所收。自南宋黄鹤以后,各本杜集多收此诗于广德二年杜甫在严武幕府期间,并因此认为郑、苏二人均卒于该年。其实,黄鹤考定此诗作年的依据,一是此诗叙苏源明之死,有"移官蓬阁后,谷贵没潜夫"二句,二是《八哀诗·故秘书少监武功苏公源明》亦云其卒时"长安米万钱,凋丧尽余喘"云云,而《旧唐书·代宗纪》云广德二年自七月至九月,"大雨未止,京城米斗值一千文",又称"是秋,蝗食田殆尽,关辅尤甚,斗米千钱",因此坐实苏源明即死于此年。其实,自安史乱后的七八年间,几乎每年都有生计艰难、米价高悬的记录,并不仅是本年。现在知道郑虔卒于乾元二年,杜甫在蜀中得到他的噩耗,可能是次年,也可能在其后数年之上元、宝应间,似乎不会晚到五年后的广德二年。杜诗提到郑、苏二人"凶问一年俱",是说同一年得到两人辞世的消息。由于苏在长安,与蜀中的消息较方便,郑在台州,相隔遥远,又适逢战乱,消息会迟缓些。一般地推定苏可能比郑晚死一年,杜甫得到讯息的较大可能是在上元元年或二年间。

郑虔在台州的职务是司户参军,为州属六参军之一,职责为协助刺史负责地方的户籍税收事务。《赤城志》卷一二云:"唐郑虔,至德中以谪至,今州城东偏,犹以户曹名巷,有庙在焉。"同书卷二:"户曹巷,在州东一里。以唐郑虔为户曹日居此,故名。"郑虔在台州期间可以确信的事迹,是曾授绘画笔法于天台画家王默。据《历代名画记》卷十所载,"王默早年受①笔法于台州郑广文虔",后师天台处士项容,善画山水,"风颠酒狂,松石虽有高奇,流俗所好,醉后以头髻抵于绢素"。王默卒于贞元末。

明清以降,郑虔被称为台郡文教之祖,有不少事迹的记录,散见于方志、家谱和一些地方类的笔记、总集中,清姜宸英《湛园札记》卷四引《台州志》云:

---

① 受,《历代名画记》作"授",据《太平广记》卷二一四改。

> 郑虔字若齐,谪台州司户。台人初见虔衣冠言动,嫌之,时为之语曰:"一州人怪郑若齐,郑若齐怪一州人。"虔尝作诗自叹云:"著作无功千里窜,形骸违俗一州嫌。"遂选民间子弟教之,有林元籍等从之游,终于台,世为台人。孙瑾,为协律郎。虔诗不传,此二句仅见于此,故存之。

是较有代表性的一种。虽然可能源自较早的方志,估计不会早于元明间。明清以来临海郑氏宗族衍盛,支派繁多,都奉郑虔为迁台始祖。临海大田镇白石村有郑虔墓,开始见于记载大约不会早于明代初年①。

《郑虔墓志》的出土,为研究临海的郑虔遗迹提供了珍贵的记录。《墓志》云郑虔卒后:

> 经一考,遘疾于台州官舍,终于官舍,享年六十有九,时乾元二年九月廿日也。……初,公以权厝于金陵石头山之原,夫人在王城南定鼎门之右,顷以时艰,未遑合祔。昨以询于长老,卜于龟筮,得以今年协从是礼。长女、次女相谓曰:"吾等虽伯仲未集,而吉岁罕逢,今誓将毕乎大事。"于是自江涉淮,逾河达洛,万里扶持,归于故乡。昨以六月廿五日,将启城南故穸,言归郑氏新茔。……遂以大历四年八月廿五日,祔于夫人故茔,崇礼经也,议不可动也。

郑虔在至德二载十二月被贬台州,到乾元二年九月去世,总共只不过一年又九个月,如果减去从长安到台州的长途跋涉,以及在台州患病到去世的时间,在台州可以有所作为的时间不过一年有奇,而不是以往认为的五六年之久。乾元二年去世到大历四年(769)归葬洛阳,其间历经十年,墓志叙述非常清楚,即卒于台州官舍,不久即"权厝于金陵石头山之原",在今南京附近,其妻王氏则葬于洛阳王城南定鼎门之右,因为战乱未平,不及合祔。到大历四年,征询长老、龟筮之言后,于六月前自金陵启棺,"自江涉淮,逾河达洛",

---

① 王晚霞《郑虔墓考略》,收入《郑虔研究续集》,浙江古籍出版社,1993年。

于八月祔于王夫人故茔。也就是说，郑虔卒于台州后，其家人完全没有考虑留葬台州。南宋时修的《赤城志》，是现存台州最早的地方志，卷三一记南宋时有"郑户曹祠，在州东一里户曹巷，祀唐郑虔，巷盖其所居也"，是即其故居建祠，以表纪念。但流俗则"讹为兴福将军"："旧传一日里巷有悖其母者，母泣诉于庙，是子忽见神叱曰：'汝不孝当诛，但吾志在兴福，未欲降祸，更尔不贷。'明年，是子复然，一夕雷雨遂殒。此兴福之名所由始也。"陶宗仪《辍耕录》则称其所居讹误为"郑捏儿坊"，可见宋、元间地方上郑虔的影响还很有限。《赤城志》卷三八专记冢墓，也没有提到郑虔墓。可以认为，临海郑虔墓是在明代郑氏宗族在台州地方势力发展后，为纪念郑虔而设置的墓冢，不是唐代墓葬的遗存。同时还要指出，临海地方各支郑氏宗谱中，不同程度地记录了一些郑虔的事迹和作品，但核以史实，大多不可信。如楼下郑村《郑氏宗谱》卷一存郑虔上元二年九月上肃宗表，开始就直称"肃宗皇帝圣前"（转引自郑瑛中《唐上元二年进表初探》，收入《郑虔传略》），显然是明清间乡曲人物所编造。临海郑氏家族文献，对于明清时期地方宗族生存和发展的研究具有重要价值，但就郑虔研究来说，实际意义恐很有限。

五、郑虔的家室和子嗣

郑虔之父郑镜思，墓志称其官至秘书郎，其他无考。其获赠主客郎中、秘书少监，大约还是因为郑虔的缘故。撰写《郑虔墓志》者自称"外生卢季长备闻旧德"，虔子郑忠佐墓志撰者光禄寺主簿卢时荣亦称"余忝懿亲"。卢家很可能是郑虔的母族。

《墓志》叙郑虔妻室云：

> 夫人琅琊王氏，皇凤阁侍郎平章事方庆之孙，皇侍御史畯之女。承大贤之后，盛德相继。母仪母则，传在六亲；妇道妇容，闻于九族。享年廿有五，以开元十四年十一月二日，先公而殁。

王方庆，《旧唐书》卷八九有传。他是王羲之的十代从孙，家藏王氏历代二十八人法书,武后时奏进,编为《宝章集》十卷,今尚存残本,即所谓《万岁通天帖》。方庆在武后万岁登封间曾任鸾台侍郎、同凤阁鸾台平章事,但为时不长,也没有什么可以称道的建树。官至太子左庶子,封石泉公,长安二年(702)五月卒。暧为其少子,《旧唐书》称其"工书知名,尤善琴棋",是与郑虔性格相近的人物。王氏卒于开元十四年(726),年二十五,即出生于王方庆去世的那一年。她与郑虔成婚的过程不详,估计在开元五年(717)前后,时郑虔初登第,而王氏年方及笄。《封氏闻见记》卷五《图画》:"郑虔亦工山水,名亚于〔王〕维。劝善坊吏部尚书王方庆宅院有虔山水之迹,为时所重。"即因与王家成婚而留山水之迹。《全唐文补遗·千唐志斋新藏专辑》收郑虔撰《大唐故右千牛卫中郎将王府君(暧)墓志铭》,暧为方庆第六子,卒于开元十四年正月,年四十六,为其妻伯,故撰文志墓。

墓志称郑虔有"嗣子元老、野老、魏老,有女五人",共八个子女。其长子元老名忠佐,墓志也已经出土,见《全唐文补遗》第八册,题作《大唐故滑州白马县尉郑府君墓志铭》,节引如下:

> 公讳忠佐,字元老,郑州荥阳人也。曾祖怀节,唐赠卫州刺史。祖镜思,秘书少监。父虔,广文博士、著作郎。公即著作之长子。……遂为州府交辟……累迁至彭王府谘议。公以簪缨嗣世,敢坠于冠冕;每将隐逸为志,实慕于云林。遂于寿安县西公山之北,洛水之南,创卜筑焉。……由是为滑州节度贾公辟命,以前秩既弃,固返初筮,奏授瀛州河间尉。……以清白闻,改授白马尉。……以贞元十一年九月十九日,寝疾终于寿安县别业,享年六十有七。

忠佐是郑虔的长子,其生活态度大致与郑虔相近,出仕后又归隐,卜筑于洛水以南的寿安别业。再次征辟其出仕的贾公即贾耽,其镇滑州在贞元二年(786)到九年(793)间。忠佐以贞元十一年(795)九月去世,年六十七,则当生于开元十七年(729),在郑虔妻王氏去世三年以后,显然不是王氏所生。郑虔墓志没有提到郑虔续娶的情况,可以相信在王氏去世后,他仅纳妾而没有再娶妻,其妾为他至少生了三个儿子。大历四年郑虔归葬洛阳时,忠佐作为长子,有不可推卸的责任,唐人对此看得很重,他为何没有参与葬事,忠佐墓志没有提供具体的线索。郑虔墓志解释是"以世事多故,或处遐方",忠佐墓志则没有提供合适的理由,值得玩味。

特别值得注意的是,郑虔、郑忠佐的墓志,都没有郑虔有子嗣留在台州的记录。

六、郑虔的著作和书画

墓志称郑虔"又工于草隶,善于丹青,明于阴阳,邃于算术,百家诸子,如指掌焉。家国以为一宝,朝野谓之三绝",基本属实。只是郑虔阴阳、算术方面的成就,没有留下具体的记录。其书,当时评价甚高,传本尚少。传为其书的《大人赋》草书,也难以证实。有较多可靠记载的,是他的一些著作、诗文和画迹的记录。谨略作考订,以备文献。

甲、著作。可知者凡五种。

1. 佚题著作。见前引《封氏闻见录》及后文有关《会粹》的考证。此书八十多卷,被人诬告私修国史,遂焚之。但按封氏其后的叙述看,又似为《会粹》之初编。

2. 《天宝军防录》。《新唐书》本传:"虔学长于地里,山川险易,方隅物产,兵戍众寡,无不详。尝为《天宝军防录》,言典事该,诸儒服其善著书,时号郑广文。"此节来源不详,可能是当时还能见到的此书序跋一类文字。《新唐书·艺文志》三收此书于兵书类,注云"卷亡"。《崇文总目》卷二收入地理类,作一卷。此书佚文仅见一则,见《太平寰宇记》卷三十九《天德军》:

> 敬北古城在中城北四十里。郑虔《军录》曰:"时人以张仁愿河外筑三城,自古未有。敬北城周一万八百七十二步,城壕峻崄,亦古之坚守。"贾耽《古今述》曰:"以地理求之,前代九原郡城也。"

所叙为中宗时张仁愿筑受降三城事,为唐代抵御北方民族入侵的重大事件。

3. 《会粹》。此书应该是郑虔有记载的著作中最重要的一种。其书名,

《唐会要》卷八九、《文献通考》卷八作"会粹",杜甫《八哀诗》自注作"荟蕞",《北户录》所引则作"会最"。其成书及命名过程,《封氏闻见记》卷十《赞成》所叙较详细:

> 天宝初,协律郎郑虔采集异闻,著书八十余卷。人有窃窥其草稿,告虔私修国史,虔闻而遽焚之,由是贬谪十余年,方从调选,授广文馆博士。虔所焚书,既无别本,后更纂录,率多遗忘,犹成四十余卷,书未有名。及为广文博士,询于国子司业苏源明,源明请名"会粹",取《尔雅》"会粹旧说"也。西河太守卢象赠虔诗云:"书名会粹才偏逸,酒号屠苏味更醇。"即此之谓也。

天宝初著述得罪事之疑问,已见前述。但就后半之记载来看,前后实有所关联。成书约在任广文博士期间,其时杜甫与郑、苏二人交往密切,过从频繁,讨论书名,是属可能。"会粹旧说"语见《尔雅序》,故书名似应以"会粹"为正。

《会粹》之佚文,今可考见者有二十一则,分别见于唐末段公路著、崔龟图注《北户录》三卷(《十万卷楼丛书》本和《四库全书》本)及《唐会要》,今辑录如下:

> 浑夕之山,嚻水出焉。有虵,一首两身,名曰肥遗,见则大旱。(《北户录》卷一《红蛇》引《会最》)
>
> 蝾螈、蜥蜴、蝘蜓、守宫,别四名。又蝾螈,蛇医也。(《北户录》卷一《蛤蚧》引郑虔又云)
>
> 麝毛笔一管,写书直行四十张;狸毛笔一管,界行写书八百张。(《北户录》卷二《鸡毛笔》引郑公虔云。又见《尔雅翼》卷二十引郑虔云)
>
> 〔吴姁多以小儿发为柱笔〕,萧祭酒常用之。(《北户录》卷二《鸡毛笔》引郑虔云)
>
> 琴湖池桃花盐,色如桃花,随月盈缩,在张掖西北,隋开皇中常进

焉。(《北户录》卷二《红盐》引郑公虔云)

黄盐,安西城北涧中有,色如芜菁,华者成之自然,国之宝也。(《北户录》卷二《红盐》引郑公亦述)

晋宋间有一种纸,或一幅长丈余,言就船中抄之,世谓蠒纸。(《北户录》卷二《米面》引《会最》)

张载《纸铭》并称纸为䈉,纸字从糸,蔡伦作纸从巾。(《北户录》卷二《米面》引《会最》)

〔芴菁〕以子江南种,变为菘,菘子黑,芜菁子紫赤也。(《北户录》卷二《食目》引《会最》)

频那婆果,生树后,大如八石瓮。味甚甘,食之便醉,九日而苏。(《北户录》卷二《食目》引《会最》)

蕹味辛,生河西西,长二尺。塞北山谷间多孝文韭,军人食之。魏孝文帝所植。《北户录》卷二《水韭》引郑虔云)

人自来求死者,取一二叶,手挼汁出,饮之,半日死。羊食苗大肥。亦如巴豆,鼠食则肥。乃物有相伏如此者。(《北户录》卷二《蕹菜》引郑广文又曰。按此则为"陈藏器又云:蕹菜味苦平,无毒,主解胡蔓草毒。胡蔓即冶葛也"一段之注文,似为释冶葛之语。)

山胡桃无穰,实心,磨之可为印子。(《北户录》卷三《山胡桃》引郑虔又云)

越州容山有白熟杨梅。(《北户录》卷三《白杨梅》引郑公虔云)

偏桃仁,勃律国尤多,花殷红色。郎中解忠顺使安西,以萝卜插接之而生,桃仁肥大,其桃皮不堪食。(《北户录》卷三《偏核桃》引《会最》)

婆弄迦木出乌苌国,发地丛生,叶大如掌,花白而细,绝芳香。子如升大,花披之,时人即雕画瓦罐承花,候其子长满罐中,即破而取之,文彩彬焕,与画罐相类,便以献王。亦犹中国镂梅,诸国所无也。(《北户录》卷三《红梅》引郑公虔云)

沉香、青桂、鸡骨、马蹄、栈香、黄熟,同是一树,如一木五香:根檀,节沉,子鸡舌,叶藿,胶薰陆也。(《北户录》卷三《香皮纸》引《会最》)

溱川通竹，直上无节，空心也。(《北户录》卷三《方竹枝》引《会最》)

石榴花，堪作燕支。代国长公主，睿宗女也。少尝作燕支，弃子于阶，后乃丛生成树，花实敷芬。既而叹曰："人生能几？我昔初笄，尝为燕支，弃其子，今成树，阴映琐闼。人岂不老乎？"(《北户录》卷三《山花燕支》引郑公虔云。《类说》卷十三引作"郑虔云：石榴堪作胭脂。睿宗女代国公主尝为之，弃其实于禁中，丛生成林"。)

涂林花有五色：黄、碧、青、白、红，如杏花。汉东都尉于吉献一株花，杂五色，云是仙人杏。今岭中安石榴，花实相间，四时不绝，亦有绀者。(《北户录》卷三《山花燕支》引郑公虔云)

〔欧阳〕询初进蜡模，因文德皇后捻一甲迹，故钱上有捻文。(《唐会要》卷八九引郑虔《会粹》。《文献通考》卷八引郑虔《会粹》作"询初进蜡样日，文德皇后掐一甲迹，故钱上有掐文"。)

前录《会粹》佚文，以出于《北户录》者为多。《北户录》三卷，作者段公路，《新唐书·艺文志》以为段文昌孙。文昌子成式撰《酉阳杂俎》二十卷，以博学称。陆希声《北户录序》称公路"其学尤长仄僻"，颇传家学。此书为公路咸通十年（869）往高州、雷州、富州等地，记在岭南近两年经历的异闻。陆希声序称此书"采其民风土俗、饮食衣制、歌谣哀乐有异于中夏者，录而志之。至于草木、果蔬、虫鱼、羽毛之类，有瑰形异状者，亦莫不毕载"。今本仅存"草木、果蔬、虫鱼、羽毛之类"，已非全编。此书常见有三本：一为《古今说海》本，删削已失原貌；二为《四库全书》本，颇有误文；三为清季陆心源刻《十万卷楼丛书》本，最善。陆氏撰《重刻北户录序》，称所据为"汲古毛氏影宋写本，目录后有临安府太庙前尹氏书籍铺刊行一行"。此本署"万年县尉段公路纂，登仕郎前京兆府参军崔龟图注"。正文与注引书颇有相同者，知为同时所作。由于段公路仅记岭南异闻，故所采郑虔书也仅以此为限。就今存的佚文看，郑虔对于各种博物琐闻的记载抱有极其浓厚的兴趣，他的博学也可以藉此见出。吉光片羽，亦足珍惜。

4.《胡本草》七卷。《新唐书·艺文志》著录于子部医家类。杜甫《八哀诗》"药纂西极名"句自注:"公著《荟蕞》等诸书之外,又撰《胡本草》七卷。"可知主要编录西域各国药草。唐初以来,苏敬等撰《新修本草》二十一卷,开元中陈藏器又编《本草拾遗》,郑虔当继而编西域本草,以补前二书之不足。《崇文总目》以下之宋人公私实藏书目,都不著录此书。今知惟一称引《胡本草》佚文的是南宋董逌《广川画跋》卷三《书没骨花图》:

> 沈存中言,徐熙之子崇嗣创造新意,画花不墨圈,直迭色渍染,当时号没骨花,以倾黄居寀父子。余尝见驸马都尉王诜所收徐崇嗣《没骨花图》,其花则草芍药也。自其破萼散叶,蓓蕾露蕊,以至离披格侧,皆写其花,始终盛衰如此。其他见崇嗣画花不一,皆不名没骨花也。唐郑虔著《胡本草》,记芍药一名没骨花。今王晋卿所收,独名没骨,然则存中所论,岂因此图而得之邪?

佚文虽仅"芍药一名没骨花"一句,但可知此书载及花卉,又至南宋初书尚有传。明李时珍《本草纲目》卷一云:"又郑虔有《胡本草》七卷,皆胡中药物,今不传。"似乎只是根据书名所作之推测,未必有其他文献依据。该书卷十五李时珍谈到燕脂时云:

> 段公路《北户录》所谓端州山间有花丛生,叶类蓝,正月开花似蓼,土人采含苞者为燕脂粉,亦可染帛如红蓝者也。一种以山榴花汁作成者,郑虔《胡木草》中载之。

《北户录》所引"山榴花"一则称为郑公虔所云,据全书所引书来分析,应该亦出《会最》,没有别的书证可以证明出于《胡本草》。虽然同一人的著作可能同时收入相似的同一纪事,但毕竟缺乏佐证。

迄今为止,还没有证据知道郑虔有周访西域、岭南的经历。上述《会粹》、《胡本草》的纂述,很大部分可能仍是出自传闻,但在郑虔的交游中,也还有轨迹可寻。杜甫《陪郑广文游何将军山林十首》,记及这位胡将园林中的大量奇花异草。第三首云:"万里戎王子,何年别月支?异花开绝域,滋蔓匜清池。汉使徒空到,神农竟不知。露翻兼雨打,开坼渐离披。"从"神农竟不知"句看,其中有大量的胡地药草,而为《神农本草经》所不载。这无疑是郑虔撰写《胡本草》的一个重要依凭。

乙、诗文。郑虔诗文当时都有名,但传下来的很少。《全唐诗》卷二五五存其《闺情》五言绝句一首,殆据《唐诗纪事》卷二十收录。明张丑《清河书画舫》卷三下云:

> 朱太保藏郑虔《闺情诗》帖,白麻纸,真迹。其词曰:"银钥开香阁,金台点夜灯。长征君自惯,独卧妾何曾?虔呈。"真迹。此诗亦载本集。右虔书笔精墨妙,纸质如新,是唐人诗帖中铮铮者。今在王氏。

清初卞永誉《式古堂书画汇考》卷七据以收录。此真迹不知何在。与《唐诗纪事》所录比较,仅一字不同,即"金台照夜灯"之"照"作"点",可能是张丑避明讳改。

《全唐文》没有收郑虔的文章。近代以来出土郑虔撰文的墓志,已见有前引及的《郑仁颖墓志》《郑承光墓志》和《王暟墓志》三方。加上《尚书故实》载《圣善寺报慈阁大像记》残文,前引华山题名残文两段,俄藏敦煌遗书存残札,以及残札提及"于江外制三碑",今可得知其所撰文章,已经有十篇之多,也可算是很难得的了。

丙、绘画。郑虔虽称善书画,然就唐宋以后的记载来说,则有关其画迹的记载远多于其书迹。

1. 长安慈恩寺东院画壁。《历代名画记》卷三云慈恩寺"大殿东廊从北第一院,郑虔、毕宏、王维等白画"。《唐朝名画录》则称"慈恩寺东院,〔王维〕与毕庶子、郑广文各画一小壁。时号三绝"。慈恩寺在长安城南,高宗为太子时为其母长孙皇后所建。《尚书故实》云郑虔"学书而病无纸,知慈恩寺有柿叶数间屋,遂借僧房居止,日取红叶学书,岁久殆遍"。应该为其早年事,知居寺颇久。

2. 洛阳圣善寺书画。《太平广记》卷二二〇引《卢氏杂说》:"圣善、敬爱亦有古画。圣善木塔院多郑广文画并书。"《卢氏杂说》为大中间卢言撰。

圣善、敬爱二寺皆在东都洛阳。《尚书故实》载郑虔作《圣善寺报慈阁大像记》残文,为其居寺绘画的旁证。

3. 长安嘉猷观画壁。《长安志》卷八载嘉猷观在平康坊,与李林甫宅相邻,为天宝间李林甫分其宅东南隅所建,"明皇御书金字额以赐之,林甫奏女为观主。观中有精思院,王维、郑虔、吴道子皆有画壁。林甫死后,改为道士观,择道术者居之"。此李林甫女,应即李白诗中提到的庐山女道士李腾空。郑虔为其画壁,可以相信是在天宝十二载李林甫去世以前。

4. 王方庆宅院画山水,见前引《封氏闻见记》卷四。今知王氏为其岳家,为其作画就不足为奇了。

5. 崔圆宅画壁。见前引《太平广记》卷二一二引《明皇杂录》。崔圆宅在崇义里(见《太平广记》卷一七九引《集异记》),后售于窦易直,至文宗大和间画仍在。

6. 《峻岭溪桥图》等。《宣和画谱》卷五载北宋末御府所藏郑虔画迹,有八摩腾三藏像一、陶潜像一、《峻岭溪桥图》四、《杖引图》一、人物图一。其中《峻岭溪桥图》,元鲜于枢《困学斋杂录》作《溪桥峻岭图》,云乔仲山在都下见之。后归清宫。《石渠宝笈续集》收录,据说今存沈阳博物馆。

7. 《秋峦横霭图》。《元诗选三集》戊集有柯九思《题危太仆所藏荥阳郑虔〈秋峦横霭图〉》。近人项士元《寒石草堂日记》录周雪春言,1925年清点故宫文物,有郑虔《秋峦横霭图》真迹一轴,上有宋徽宗印及元人题跋(转引自王晚霞《看郑虔画流向——项士元〈寒石草堂日记摘录〉》,收入《郑虔研究续集》)。

8. 《竹溪六逸》卷。明张丑《清河书画舫》卷三下:"〔郑虔〕遗迹,传世绝少。新都黄氏藏虔《竹溪六逸》卷,纸本,浅绛色,极佳。后有苏子瞻题跋,米元章鉴定,绍兴御府等印记。渴欲一见,而不可得。近幸获观钱舜举摹本,笔趣潇洒,足供卧游,想其真迹之妙,更何如也。"后不知下落。

9. 《七贤过关图》。明陆深《俨山外集》卷十二《玉堂漫笔》中:

> 世传《七贤过关图》,或以为即竹林七贤尔。屡有人持其画来求题跋,漫无所据。观其画衣冠骑从,当是晋魏间人物意态,若将避地者,或

谓即《论语》作者七人像而为画尔。姜南宾举人云,是开元间冬雪后,张说、张九龄、李白、李华、王维、郑虔、孟浩然出蓝田关,游龙门寺,郑虔图之。虞伯生有《题孟浩然像》诗:"风雪空堂破帽温,七人图里一人存。"又有槎溪张铬诗:"二李清狂狎二张,吟鞭遥指孟襄阳。郑虔笔底春风满,摩诘图中诗兴长。"是必有所传云。

10.《山庄图》。清吴其贞《书画记》载有郑虔《山庄图》,云钤有绍兴御赏印(转引自徐三见《郑虔的书与画》,收入《郑虔研究》)。

2007年5月12日于复旦大学光华楼

附记:十月下旬到西安参加碑林920年会议,有幸见到千唐志斋博物馆前馆长赵跟喜先生,我告诉他本文即将发表,希望能同时刊出拓本。承蒙他慷慨答允,并在会后即将拓本图本寄示。同时,赵先生见示他未刊的论文《洛阳新出墓志征集简记》,述及此方墓志为其友人得于洛阳关林,他在2001年岁末得见后,收归千唐志斋。他并为确认郑虔墓地,寻访到洛阳关林镇西南李屯村北,但已没有任何参照物,"仅记得郑虔墓地在徐屯村东北约五百米、商屯村正北约八百米处"。由于本刊即将付型,我又客居香江,无法据拓本复核原文,请读者见谅。谨书数语,略存赵先生踏访的记录,并对他为此方墓志的发现所作之努力,以及答允在本文发表时首次刊布拓本,表示由衷的感谢。另张金耀博士曾代为校订文本,亦足铭感。

2007年11月2日

(《传统中国研究集刊》第三辑,上海人民出版社2007年)

《殷亮墓志》考镜*

殷亮是颜真卿的内侄,也是颜杲卿、颜真卿传记的最早作者。正史仅《新唐书》卷二〇二在叙述其父殷寅事迹后略有叙及:"(践猷)少子寅,举宏辞,为太子校书,出为永宁尉。吏侮谩甚,寅怒杀之,贬澄城丞。病且死,以母萧老,不忍决。及敛,其子亮断指剪发,置棺中,自誓事祖母如寅在。其后侍萧疾,不脱衣者数年,有白燕巢其楣。后终给事中、杭州刺史。"除终官外,主要是依据颜真卿《曹州司法参军秘书省丽正殿二学士殷君(践猷)墓碣铭》(简称《殷践猷墓碣》。本文引颜真卿文,分别据《四部丛刊》本和《三长物斋丛书》本《颜鲁公文集》。因常见,一般仅引篇名或简称,不逐一说明卷次)敷写而成。后人偶或提到他,多是因为他为颜真卿所写行状——写于颜真卿卒后第二年,且出于至亲之手,当然很珍贵。

近年殷亮墓志在洛阳出土,内容丰富,对殷亮和颜真卿研究都很重要,谨予刊布并略作考述。

一、《殷亮墓志》录文

笔者因为偶然的原因,承洛阳友人李知建先生赠示洛阳近年新出殷亮墓志拓本,对殷亮和颜真卿研究都极其重要。墓志高、宽为 60×59 厘米,在唐墓志中属于规格中等的刻石。但每行 46 字,共 46 行,每字大小仅一二厘米见方,总字数超过两千字,则为唐墓志中很少见的小楷书墓志。墓志所载内容,包括殷氏先人事迹及殷亮本人仕履,多不见存世典籍记载,颇为珍贵。

---

* 本文于 2014 年 4 月 25 日参加东吴大学举办第三届中国文献学学术研讨会,作大会宣读,承蒙台湾师范大学王基伦教授担任评议人,指正错讹,并接受他的建议补写殷亮生平简表一节。北京大学中国古代史研究中心史睿教授赐告殷仲容夫妇墓之发掘记载。谨此致谢。

谨先录全文如下,复择要加以考述。

　　唐故正议大夫使持节杭州诸军事守杭州刺史上骑都尉殷公墓志铭并序
　　　　弟朝散大夫行侍御史永述
　　公讳亮,字亢明,陈郡长平人也。成汤之后,以国命氏。汉魏王军师敬,章武太守褒,遗文余论,载美前哲。晋永嘉中,羡、敞南渡,其后有融、浩、师、康、仲文、仲堪,俱有重名于世。陈司农卿不害兄弟五人,并以孝行称,《陈书》有传。五代祖闻礼,唐中书舍人、弘文馆学士。武德中,与魏征、孔颖达等同修《五代史》。高祖令言,秘书省校书郎、淄川县令。曾祖子敬,太常博士,出为吴县令、朝散大夫。王父讳践猷,杭州参军,举文儒异等策试高第,曹州司法参军、秘书省、丽正殿二学士。开元初,与元行冲、韦述等同修王俭《七志》及《群书四录》。烈考讳寅,以文学孝友称。天宝初,宏词高等,授太子校书、永宁县尉,有文集。建中初,以公之恩锡,追赠工部郎中。
　　公即郎中之冢子也。少警悟,凡所举措,必先于礼敬。及长好学,尤明《史》《汉》及百家氏族。寻丁内外忧,哀毁骨立,每恸皆绝。亲邻感伤,不忍吊谚。初,郎中临终,以太夫人年尊,虑阙供养,哀叫累日,不忍辞诀。公默奉遗旨,铭之在心,迁袝之辰,截指断发,置于圹内,誓将此身,长奉左右。太夫人感公之诚,忘己之痛,辍哭者累旬,因以至孝闻。时陷贼中,家素贫匮,公同气四人,及从姊妹,并颜氏姑子廿余人,推厚居薄,率先励己,孜孜劝谕,无不欣从。岂童稚知方,实感公之感化也。室有白燕为巢,家有狸鸡同处。县令韦霸亲自抚之,标其间为纯孝里。贼将李归仁诫其部帅不犯乡境,因而获安者凡数百家。李太尉屯于邙山,官军失守,遂间道归阙,因上《乱臣诗》卅首,肃宗嘉之,命使于襄阳郡,节度使来瑱深加礼敬。洎登台辅,特表称焉。侍中苗晋卿欲以谏官相授,公以累世名高,筮初芸阁,固请从卑,因拜秘书省校书郎。颜鲁公节制荆南,请与从事。改寿安县尉,充节度推官。寻改夔州录事参军。初,太夫人薨于邠州,未获归袝,公自邠及洛,徒步千里,躬自营护,迁于新安。既竭纯诚,克遵先志,手植松柏,心捐宦情。

转运使刘晏雅相器重,请为判官。每谓人曰:"刀笔不足宣功,风体所以弘远,其在兹乎!"迁监察御史、殿中侍御史。转工部员外郎,判司封事。寻迁司勋员外郎。时方选集,南曹阙人,上尤慎斯举,诏丞郎已下各荐所知,佥以公为称首。相国常衮喜谓众曰:"此所谓允应公选矣。"拜吏部员外郎,判东都南曹。穷理化之源,正古今之体范。精微弘远,迥出常情,时人许以淹通,九流服其渊博。加以明于案牍,长于批判,虽驳放之人,亦甘心自愜。进阶朝散大夫,以旧府累,贬吉州司马。刘公重责,妻子播迁,人独畏避,公独如旧,信所谓能守义矣。江西节度使嗣曹王景慕高名,请摄行军司马、知观察节度留后、兼知洪州事。时李希烈猖狂汝蔡,张伯仪丧败安蕲,所在军兴,疲于赋役。江西管内,流散居多,俾公知留务,三军畏威,百姓怀惠。旬月之间,襁负而归者仅数万户。曹国频奏,事皆留中。銮舆出狩,追赴行在,迁考功郎中。吏部侍郎刘滋选补江淮,请公判南曹,远近交欢,士林相贺。事毕,迁吏部郎中。寻迁给事中,省奏驳议,抗辞竭诚,忠谠之称,蔼然而茂矣。特加正议大夫,勋上骑尉。寻知吏部东铨事。公上敷德泽,下尽群情,先收滞淹,次录书判,条例闻奏,帝皆俞之。

后因公事切直,忮于权臣,恶清名之出人,疑直道而异己,出杭州刺史。公荣既不耀,退亦无慊,澹然履顺,欣然就途。下车之日,举孝兴廉,循条秉信,官吏被服其风,悦而承流。踰月之后,阖郡清肃,远近称美焉。不幸感疾,以贞元八年八月十六日,薨于州之寝堂,春秋五十八。阖境士庶,罢市哭巷,若丧其亲者焉。洎凶问至,朝野流恸,行路失声,况于同气,以及宗亲。

呜呼!公被服儒训,优游礼法,懿兹名实,为世楷模。国程邦教,洞然明达,宜其陟台阶,登揆路,弘宣至理,光阐大猷,斯皆不及,天何可问。所制文笔,务于雅实,以情理为先,精密温畅,得古今之中。世传谱学,尤所谙练,著《家谱》二十五卷,分为五宗,美恶必书,以示惩劝。重于宗亲,急于拯恤。疏远兄弟有不能自振者,皆分宅以居之,温言教示,成其身名。群从姊妹有未婚媾者,择良士以配之。资装丰俭,悉同已女。以是多费,家常屡空,人皆不堪,公乐如也。名位既显于禁掖,服玩不异于隐居。人皆难之,公晏如也。别业东溪,卜山水之胜,栽桃植竹,为休退之所,谓之桃源,竟以出官,未就素志,痛矣。

夫人琅琊王氏,仓部郎中方泰之曾,襄垣县尉至凝之女。四德具美,先公而亡,铭志皆公自叙,今则存焉,不复重述。生五子二女。阮奴、崇德、简简、恕恕皆聪明孝顺,孩幼而亡。至小名振振,颇有志操,以掖垣之宠,补仆寺进马。闲娘适扶风窦易直,行高识远,芳年夭折。小娴方笄,性亦柔顺。长子素,次子止,并所生杨氏。素,太乐丞;止,汝州参军:并经明行修,能守风度。小子轼奴,未有所识。以明年岁在癸酉二月十二日,合祔于先茔之东北次。公先择此地,列植松柏,及兹宅兆焉。还乡,仁也;薄葬,礼也:皆承遗旨,敢不奉之。

夫铭志所以叙述世业,载扬官婚,岂在于文然后为美。近代多以财货托诸词人及显位者,褒贬既由其厚薄,美恶曾非其实录。每承论议,切所非之,故不敢违也。至如立朝之忠益,为郡之简惠,南曹之精识,东掖之谠议,闺门孝友,终始操节,留于台阁,遍于听闻,岂俟斯文,当具于神道碑矣。永无文学,无以昭于盛德。亲承至行,不敢遗其事实。衔涕叙论,岂申万一。铭曰:

于惟我祖,圣王之祚。一德咸归,三仁永慕。永嘉南迁,英贤继踵。东阳荆州,名高望重。太常叔侄,司农弟兄。陈书晋史,俱有令名。洎我亡父,学洞古今。文标翰苑,行载儒林。明明列考,世推文藻。孝重扬名,德深雅操。降生府君,孝友温恭。截指誓志,感应玄通。器称王佐,才为间生。不登公辅,竟屈专城。五教在宽,六条在察。人不忍欺,吏常奉法。容而能介,泛而能独。名则昭彰,行乃淳笃。天道宁论,景命不融。无状斯出,有道斯终。宅兆伊何?言归旧山。前依先垄,东望古关。俭实为德,谦而居正。不假高文,寔遵理命。风仪永往,岁月难追。形影谁吊?日夕长悲。泉路有期,陟岗望绝。冀立丰碑,载扬盛烈。

二、殷亮之先世

殷姓传为殷商之后,墓志亦从旧说,在此不讨论。于其汉晋时期之远祖,墓志云:"汉魏王军师敬,章武太守褒,遗文余论,载美前哲。晋永嘉中,羡、敞南渡,其后有融、浩、师、康、仲文、仲堪,俱有重名于世。"所述极其笼统。殷敬别无可考。殷褒,《太平御览》卷四〇九、《北堂书钞》卷七八、《类聚》卷一九分别引《殷氏世传》,云其字元祚,渤海府君之子,曾为荥阳令,有异政。《太平寰宇记》卷一〇云其曾穿渠入河,疏道原隰,时号殷渠。《隋书·经籍志》载有魏章武太守殷褒集一卷,《艺文类聚》卷二三则录晋殷褒《诫子书》,大约是由魏入晋之人。据《元和姓纂》记载,则殷亮一支之先世出"汉北地太守殷续始居长平。魏有褒,生昱。昱生敞,过江"。若殷褒为魏后期人,则其孙至南渡初过江,其间相去五十年,是有可能。

墓志所云"羡、敞南渡",据《晋书》卷七二《殷浩传》则羡为浩父,因浩后绝嗣,此支东晋后不显。而所谓"融、浩、师、康、仲文、仲堪",据王伊同《五朝门第》所附陈郡长平殷氏世系,可简化列表如下:

羡——浩
融——师——仲堪
　　　允
　　　茂
　　康——顗
　　　仲文
　　　叔文

其中殷师、殷仲堪一支在梁有殷钧、殷芸有名于时,允孙淳、淡《宋书》有传,入唐则均不显。且此支自汉以后即与殷亮先人分脉。殷寅、殷亮、殷永父子皆以通世族谱牒享盛名,于自家先世叙述如此,亦借他支名臣以自重耳!

叙殷氏近世祖,《殷亮墓志》云:"陈司农卿不害兄弟五人,并以孝行称,《陈书》有传。"殷不害,《陈书》卷三二、《南史》卷七四有传,前者云:"祖任,齐豫章王行参军。父高明，梁尚书中兵郎。"又载："第三兄不疑，次不占，次不齐，并早亡。不佞最小。"是梁陈之际，惟不害、不佞兄弟官显，不疑、不占、不齐皆早亡而不显。但入唐以后，不害孙殷开山一支任官较显，但与殷亮一支交集已很少。

《殷亮墓志》没有明确闻礼与不害之间的祖孙关系。《颜鲁公文集》卷一一《曹州司法参军秘书省丽正殿二学士殷君（践猷）墓碣铭》（以下简称《殷践猷墓碣》）则明确载："五代祖不害，以孝见《梁书》。高祖英童，周御正大夫、麟趾学士。曾祖闻礼，唐太子中书舍人、弘文馆学士。"以不害为闻礼祖。《元和姓纂》卷四则云："不占孙闻礼，太子中书舍人。生令名、令德、令言、令威。"以闻礼为不占孙。岑仲勉《元和姓纂四校记》认为："今《姓纂》不害别一支，而称闻礼为不占之孙，意不占中绝而由不害继之欤？"是妥协的解释，就目前文献，还无法作进一步的深究。

闻礼父英童，《殷践猷墓碣》称其任"周御正大夫、麟趾学士"。《大唐西市博物馆藏墓志》收万岁通天二年佚名撰《大周故嘉州玉津县主簿□□殷君（子慎）墓志铭》（简称《殷子慎墓志》）云"曾祖英童，周御史大夫，随益州晋熙郡守"。西安碑林藏《颜勤礼碑》云颜思鲁"娶御正中大夫殷英童女，《英童集》呼颜郎是也"。知其仕后周为御正中大夫、麟趾殿学士，入隋任益州晋熙郡守。是殷氏家人当梁、陈之际，即已分仕南北，与颜氏同。《旧唐书·经籍志》著录《殷英童集》三十卷，今仅见前碑偶称及之。唐张彦远《历代名画记》卷八称"殷英童善画兼楷隶"。书画皆未有存。《艺文类聚》卷八二录隋殷英童《咏采莲》诗："荡舟无数伴，解缆自相催。汗粉无庸拭，风裙随意开。棹移浮荇乱，船进倚荷来。藕丝牵作缕，莲叶捧成杯。"《乐府诗集》卷五〇收作乐府《采莲曲》，《古诗纪》卷一三七存录而无事迹，逯钦立《先秦汉魏晋南北朝诗·隋诗》卷七亦如此，今可略存事迹。

《殷亮墓志》云："五代祖闻礼，唐中书舍人、弘文馆学士。武德中，与魏征、孔颖达等同修《五代史》。"大体似不误，但不确切。宋敏求《唐大诏令集》卷八一《命萧瑀等修六代史诏》："中书令萧瑀、给事中王敬业、著作郎殷闻礼可修魏史。"王溥《唐会要》卷六三："绵历数载，竟不就而罢。修撰之源自德棻始，至贞观三年，于中书置秘书内省以修《五代史》。"高似孙《史略》

卷二则谓武德中初由令狐德棻建言魏、梁、陈、齐、周、隋六代史,旋下诏实行,"议者以魏有魏收、魏澹二家为已详,乃辍"。此与贞观间魏征领衔修梁、陈、齐、周、隋五代史不是一件事。武德间魏征初附窦建德,后依太子建成,没有参与修史。《殷亮墓志》所述,因殷闻礼曾参与武德间修史,而牵附贞观间修成而为世所知之正史,是很可玩味的误记。张彦远《历代名画记》卷一误以闻礼为不害子,但云:"殷闻礼,字大端。书画妙过于父。"存其表字及书画成就。《旧唐书·经籍志》著录"《殷闻礼集》十卷",为开元内府所存,后不传。

《殷亮墓志》云:"高祖令言,秘书省校书郎、淄川县令。"《元和姓纂》云闻礼"生令名、令德、令言、令威",与墓志合。令名生仲容,碑版于高宗后得盛名。岑仲勉《元和姓纂四校记》轻信《旧唐书》卷五八记载,以仲容为闻礼子,容后文再辨。令德后人,今见《殷子慎墓志》,云其官"唐右卫中郎将,太子左清道率",后世不显。令言,《元和姓纂》不叙历官,《殷亮墓志》载为"秘书省校书郎、淄川县令",《殷践猷墓碣》略同。令威之后无闻。

《殷亮墓志》云:"曾祖子敬,太常博士,出为吴县令、朝散大夫。"《殷践猷墓碣》略同。子敬事迹甚少。清黄本骥《三长物斋丛书》本《颜鲁公文集》卷一四附殷亮《颜鲁公行状》校云"《家庙碑》乃公父惟贞事,公幼孤,随母育于外祖殷子敬吴县令署,不应乏纸笔之具",是误以殷仲容事为殷子敬事,不足据。令言另有子子玄,官临黄尉,见本文末节引殷亮《殷胐墓志》。《殷践猷墓碣》云践猷开元九年因感恸子玄之丧,哀恸呕血而卒,知叔侄情深如此。

殷亮祖践猷,颜真卿撰《殷践猷墓碣》叙述甚详,本文下叙殷亮仕履时拟略述及,此不具。《墓碣》述其有三子摄、寅、克齐:"摄,大斌令;克齐,高平尉,为真卿河东覆屯军试判官,并不幸早世。寅聪达有精识,能继先父之业,有大名于天下。举宏词,太子校书,永宁尉。棰杀漫吏,贬移澄城丞。"真卿河东覆屯为天宝八载事,克齐卒于此后不久。

《殷亮墓志》云:"烈考讳寅,以文学孝友称。天宝初,宏词高等,授太子校书、永宁县尉,有文集。"亮父寅在天宝间负天下重名。《旧唐书》卷一八七下云:"赵晔(当作骅)少时与殷寅、颜真卿、柳芳、陆据、萧颖士、李华、邵轸同志友善，故天宝中语曰：'殷颜柳陆，萧李邵赵。'以其重行义、敦交道也。"所举八人后多以道德文章名天下，虽说一般齐名者以平声者居前，仄声者殿后，但殷寅居八人之首，毕竟能说他在八人中处于核心位置。李华《三贤论》亦云："陈郡殷寅直清达于名理。"又云："殷寅、源衍睦于二交之间。"可惜殷寅享年不永，尚无大成，因而名声不如其他诸位之显豁。

《文苑英华》卷一八〇收殷寅《玄元皇帝应见贺圣祚无疆》，为省试或宏词试诗；卷二五三收《铨试后征山别业寄源侍御》则为吏部铨选后作。《全唐诗》卷二五七据以收录。《登科记考》卷九以殷寅为天宝四载登进士第，依据是《玄元皇帝应见贺圣祚无疆》为本年之省试试题。然《殷践猷墓碣》《殷亮墓志》皆不载寅登进士第，仅云举宏词科，《旧唐书》卷一〇二《韦述传》亦仅云寅"应宏词举，为永宁尉"，颇疑此诗仅为宏词试题。据《册府元龟》卷五四载，崇玄馆学士陈希烈奏此年二月据太清宫道士萧从一见玄元皇帝现身三清门事因而命题，然唐进士一般冬集春榜，二月事显然不得为进士试题。若此则殷寅当在天宝四载（745）宏词及第。岑参有《崔仓曹席上送殷寅充石相判官赴淮南》："清淮无底绿江深，宿处津亭枫树林。驷马欲辞丞相府，一樽须尽故人心。"岑仲勉《读全唐诗札记》谓"淮南节度无石姓，石相乃右相之讹。右相即中书令，崔圆曾为之，罢相后出镇淮南，寅盖充圆之判官"。若然则在安史乱后，似不然。岑参为天宝三载登进士第，天宝后期多在安西北庭幕府，此诗当为天宝四载后数年内所作。永宁在河南府、蕲州、泷州皆有，澄城则在同州，属京畿县，知虽有处分而并不严重。殷寅之卒，就目前看，应该在安史乱起前。从天宝十二载殷亮撰《殷朏墓志》时没有丁忧痕迹推测，或卒在十二载或稍后。

殷寅通姓氏之学，此为其家学，《旧唐书·韦述传》称殷践猷"明班史，通于族姓"。《新唐书》卷一九九柳冲《姓系论》："唐兴，言谱者以路敬淳为宗，柳冲、韦述次之，李守素亦明姓氏，时谓肉谱者。后有李公淹、萧颖士、殷寅、孔至为世所称。"所著《姓略》，仅见《颜勤礼碑》称及："十三人四世为学士、侍读，事见柳芳《续卓绝》、殷寅著《姓略》。"《殷亮墓志》云其有文集，卷数不详。今见仅其诗二首而已。

三、颜氏姑子与殷、颜世婚

《殷亮墓志》云："时陷贼中，家素贫匮，公同气四人，及从姊妹，并颜氏姑子廿余人，推厚居薄，率先励己，孜孜劝谕，无不欣从。"所谓"同气四人"指殷亮与诸弟妹，"从姊妹"当为殷摄、殷克之子女，而"颜氏姑"，指殷寅妹而嫁颜真卿兄颜幼舆为妻者。安史乱起而殷氏族人身陷河北，应该与颜杲卿、颜真卿当时分别任常山太守、平原太守有关。在此数句中，揭示了殷、颜二家族同居的事实，而进一步追究，则知此二家族从南朝后期起，历时二百多年，长期维持姻亲关系，为中古世族一道特殊的风景，在此宜略作说明。

颜之推《颜氏家训·后娶》："思鲁等从舅殷外臣，博达之士也。有子基、谌，皆已成立，而再娶王氏。"思鲁为之推子，据此知之推妻即殷氏。外臣，梁武帝太清元年（547）任行台选郎，见《陈书》卷一《武帝纪》，是颜、殷之婚始于梁代。

颜真卿《颜勤礼碑》云："父讳思鲁……娶御正中大夫殷英童女，《英童集》呼颜郎是也。"是父子皆娶殷女为妻。

《颜勤礼碑》云："先夫人陈郡殷氏洎柳夫人，同合祔焉，礼也。"勤礼为真卿曾祖，至此已三世以殷氏为妻。

颜真卿《颜氏大宗碑》云："昭甫字周卿，少聪颖，而善工篆隶草书，与内弟殷仲容齐名，而劲利过之，特为伯父师古所赏。凡所注释，必令参定焉。"知昭甫妻为殷令名女，殷仲容姊。《颜氏家庙碑》所载同。昭甫为真卿祖，至此则四世娶殷氏为妻。

颜真卿《殷践猷墓碣》云："长妹兰陵郡太夫人，真卿先妣也。"是其父颜惟贞仍娶殷氏为妻，其人为殷子敬女，殷践猷妹。

此外，颜师古女颜颀（635—681），嫁殷令名子殷仲容（633—703），详见《考古与文物》2007年第5期陕西省文物考古研究所撰《唐殷仲容夫妇墓发掘简报》。颜昭甫之季女，即颜真卿之季姑颜真定，则嫁殷令德孙殷履直为妻，而其女复嫁颜真卿长兄颜阙疑为妻。真卿六兄颜幼舆则娶殷寅妹为妻。详参今人朱关田《颜真卿年谱》（西泠印社，2008年）之考证。这些还仅是依靠颜真卿文集为主而保存下来的记录，已经涉及二百多年间七代人之九次联姻，实际的情况应该比这还要丰富得多。

就前文所考，颜、殷缔婚最晚开始于梁代，其后殷英童仕北周，颜之推归北齐，殷不害兄弟仕陈，南北隔绝并没有中断两族之世好。至隋、唐一统，当然更有接续之必要。从历史渊源来说，这两族都属于北方世家而入南侨居者，其家族传统兼有南北文化延续之优长。唐柳芳《氏族论》（《新唐书》卷一九九引）说到汉魏旧族之文化趋向时，有"山东之人质，故尚婚娅"，"江左之人文，故尚人物"。颜、殷两族秉承山东旧族之传统，沾溉江左士风之浸染，门第、家风、姻娅均有可称者，且留下许多相互携持扶助的佳话。

殷氏世工书画，自殷不害以下，代有美誉，而唐初殷令名、殷仲容父子尤称擅场。令名有《益州长史裴镜民碑》，赵明诚《金石录》卷二三以为"笔法精妙，不减欧虞，惜不多见"。康有为《广艺舟双楫》卷三以为"吾最爱殷令名书《裴镜民碑》，血肉丰泽，马周、褚亮二碑次之矣"。卷六云："方润整朗者，当以《裴镜民碑》为第一，是碑笔兼方圆，体极匀整。"其后颜真卿所走正是此一路数。高宗、武后间，殷仲容之书尤负盛名。窦臮《述书赋》卷下谓其"奕世工书，尤善书额"，"皆精妙旷古"。宋人得见者尚有十余碑，存世则以《马周碑》和《昭陵六骏赞》著名。颜真卿虽未及见殷仲容，但其父辈多蒙其照拂并传笔法。颜真卿《颜氏家庙碑》云其祖父颜昭甫："幼而颖悟，尤明诂训。工篆、籀、草、隶书，与内弟殷仲容齐名，而劲利过之，特为伯父师古所赏重，每有著述，必令参定。"昭甫书迹不存，时人亦无类似评价，恐不免过誉，但与仲容常有研习，当可相信。真卿乾元元年四月《谢赠祖官表》："臣亡父故薛王友先臣惟贞，亡伯故濠州刺史先臣元孙等，并襁褓苴麻，孩提未识，养于舅氏殷仲容，以至成立。"《颜元孙神道碑》云："君讳元孙，字聿修，京兆长安人。少孤，养于舅殷仲容家，身长六尺二寸，聪锐绝伦，工词赋章奏，有史才，明吏事。"《颜氏家庙碑》云其父惟贞："君仁孝友悌，少孤，育舅殷仲容氏，蒙教笔法。家贫无纸笔，与兄以黄土扫壁，木石画而习之，故特以草、隶擅名。"可知颜元孙、颜惟贞皆蒙殷氏养育并"蒙教笔法"。颜真卿出生仅四岁，父即因伤恸伯姊而去世。《殷践猷墓碣》云："长妹兰陵郡太夫人，真卿先妣也，中年孀嫠，遗孤十人，未能自振。君悉心训奖，皆究恩意，故能长而有立。"可以相信他的早年生活和教育都是在舅家度过,得到殷家许多关照,包括他早年习书的经历。

回过来说到《殷亮墓志》的叙述,当安史乱起,颜杲卿、颜真卿二人因守官有责,分别举义之际,殷家似乎也分担了照顾颜氏眷属之责任。从乱平颜真卿为死难请恤的记载,颜氏子孙死难离散者十余人,但没有提及殷家人物。殷家历劫而都能平安无恙,似乎不能仅仅解释为叛军也为其族人之孝行感动,应可作别的解读。

从殷亮本人经历看,他在仕途上多蒙颜真卿提携,虽然荆南任命而未成行,但江西之行则陪侍左右。《颜鲁公行状》署"门客殷亮述",并自称"密亲懿友、动相规用以成其务者",当仁不让为颜之传人。他为颜杲卿撰写传记,为颜真卿撰写行状,记录二人之浩然正气和平生事业,留下二家世代姻亲之不朽嘉话。

四、殷亮之早年经历

殷亮是殷寅嫡长子,即墓志所谓冢子。以其贞元八年(792)卒时年五十八逆推,即当生于开元二十三年(735)。其早年经历,《墓志》云"少警悟,凡所举措,必先于礼敬。及长好学,尤明《史》《汉》及百家氏族"。今见其天宝十三载(754)撰《大唐故广平郡邯郸县主簿殷府君墓志铭》(全文见本文后录),署"从孙崇玄生亮撰"。此年他刚二十岁,身份是崇玄馆的生员。玄宗因崇奉奉道教,既封老子为玄元皇帝,又开崇玄馆,立四子学,极一时之盛。前引殷寅诗《玄元皇帝应见贺圣祚无疆》,即因崇玄馆之奏报而起。可知在他早年经历中,因应时事,曾研习玄学。从颜真卿曾撰《南岳魏夫人神坛碑》《抚州临川县井山华姑仙坛碑铭》《华盖山王郭二真君坛碑铭》《抚州南城县麻姑山仙坛记》等碑记,也足见其对神仙传说研习之深。《殷亮墓志》撰写时不提这段经历,当因释褐前之经历可以从省,也或因德宗时风习已有变化。

《殷亮墓志》称其"及长好学"后即云:"寻丁内外忧,哀毁骨立,每恸皆绝。亲邻感伤,不忍吊谚。初,郎中临终,以太夫人年尊,虑阙供养,哀叫累日,不忍辞诀。公默奉遗旨,铭之在心,迁祔之辰,截指断发,置于圹内,誓将此身,长奉左右。太夫人感公之诚,忘己之痛,辍哭者累旬,因以至孝闻。"这一段在《殷践猷墓碣》中也有相同记载,称殷亮"年未志学"而父卒,即在天宝十三载前。较大可能在其宏词登第后五年左右,即在天宝十载左右,时殷亮约十七岁,在父母亡故后,作为长子承担家族的所有责任。这时祖母萧氏已经年逾七十,殷亮截指断发向父亲铭誓,践履承诺。《殷践猷墓碣》云"(萧氏)有疾,(殷亮)不脱衣带者数年",应是乱起前事。乱后殷亮陷身河北,萧氏则随其季女婿邠州司马陆超,乾元元年随至邠州,寻卒,殷亮次年方得脱身入阙。

《殷亮墓志》云:"时陷贼中,家素贫匮,公同气四人,及从姊妹,并颜氏姑子廿余人,推厚居薄,率先励己,孜孜劝谕,无不欣从。岂童稚知方,实感公之感化也。室有白燕为巢,家有狸鸡同处。县令韦霸亲自抚之,标其间为纯孝里。贼将李归仁诫其部帅不犯乡境,因而获安者凡数百家。"前节已经略作解释。贼将李归仁,又见《资治通鉴考异》卷一八引《肃宗实录》,为安禄山派去监视颜杲卿、为颜所杀的李钦凑之兄。安禄山部属的组成情况极其复杂,既包括大批蕃将和幽州地方豪强,也包括部分原属范阳、卢龙治内地方之军政官员。《殷亮墓志》特别说到李归仁感殷氏纯孝而告诫部帅不犯其居里,因而虽身陷贼境数年,均安好无损。

五、殷亮之仕宦经历

殷亮仕宦的起点为乾元二年(759)自河北间道归阙后,这一年他二十五岁。

《殷亮墓志》云:"李太尉屯于邙山,官军失守,遂间道归阙,因上《乱臣诗》卅首,肃宗嘉之,命使于襄阳郡,节度使来瑱深加礼敬。洎登台辅,特表称焉。侍中苗晋卿欲以谏官相授,公以累世名高,筮初芸阁,固请从卑,因拜秘书省校书郎。"此节所叙应分别述之。李太尉为李光弼,所谓"屯于邙山,官军失守"为乾元二年三月九节度兵溃相州后事。时肃宗虽已归京多时,但河南河北战事久结不解。殷亮陷身河北已逾四年,至是方得脱身归阙。所上《乱臣诗》达三十首之多,估计主要还是以诗述自己陷贼期间见闻及所知叛臣情况。来瑱,《旧唐书》卷一一四有传,情况比较复杂。瑱本为伊西北庭行军司马,乱后分别镇守南阳、襄阳,为遏制安史叛军之南侵出力甚多,因此而拥有重兵,为肃、代二帝所忌惮。在肃、代交替之际,发生肃宗既已任命裴茙接镇襄阳,代宗即位又任命来瑱留镇之任命,因此发生裴、来二人之冲突,以裴败而收场。事后瑱入朝谢罪,代宗表面以兵部尚书、同中书门下平章事之高位以宠之,仅数月即因故将其逐出并赐死。《旧唐书》卷一一四《来瑱传》:"宝应二年正月,贬播州县尉员外置。翌日,赐死于鄠县,籍没其家。瑱之被刑也,门客四散,掩于坎中。校书郎殷亮后至,独哭于尸侧,货所乘驴,以备棺衾。夜诣县令长孙演,以情告之,演义而从之。亮夜葬而祭,走归京师。代宗既悟元振之诬构,积其过而配流溱州。"殷亮这件抚哭叛逆并为其成礼收葬的行为,当时应曾广泛为士林称道。《文苑英华》卷九四三收穆员《河南少尹裴公(济)墓志铭》亦载:"他日,瑱自相位获谴,已而伏诛,凡百门吏,逃难解散,公与陈郡殷亮始冒危于保卫,终毁家于葬丧,君子难之。"裴济卒于贞元八年十月,葬于次年,与《殷亮墓志》为同一年事,不知殷永何以没有叙及。来瑱入相为宝应元年(762)八月事,表荐殷亮应即其后不久事。殷亮使襄阳之始末不详,应在代宗即位前,估计因肃宗猜忌来瑱,不断命使探其情伪,殷亮虽为肃宗所命,但颇能听取来瑱之解释,因此方有瑱入相即表荐之事。苗晋卿当时为首辅,欲任殷亮为谏官,墓志所述殷亮之谦退,其实恐更多是对朝中政情诡谲的担忧,因此宁可担任较清闲之校书郎。代宗在广德元年(763)十一月宦官程元振被清除后,顺水推舟为来瑱追复官爵。

《殷亮墓志》云:"颜鲁公节制荆南,请与从事。改寿安县尉,充节度推官。寻改夔州录事参军。初,太夫人薨于邠州,未获归祔,公自邠及洛,徒步千里,躬自营护,迁于新安。既竭纯诚,克遵先志,手植松柏,心捐宦情。"殷亮《颜鲁公行状》云:"广德元年,又加金紫光禄大夫,充荆南节度使、观察处置使。迟留未行,为密近所诬,遂罢前命。"朱关田《颜真卿年谱》考为是年八月二十七日除拜,真卿且有《谢荆南节度使表》,对殷亮之召辟,为赴镇前组织幕府人员之准备,但旋除即罢,殷亮其实并未成行。所谓寿安县尉、夔州录事参军,大约都没有赴任。颜真卿《殷践猷墓碣》载,践猷妻萧氏乾元元年（758）三月卒于邠州。"亮以校书郎迁寿安尉，为真卿荆南节度推官。广德二年（764）十有二月，与弟今荥阳尉永匍匐徒步，力护双椟，合祔君、夫人于新安县之龙涧原三子茔，从理命也。"萧氏卒已六年，至是方得归葬。

宋陈舜俞《庐山记》卷五有颜真卿二则题记，其一在东林寺《耶舍禅师碑》侧："唐永泰丙午岁，真卿以罪佐吉州。夏六月壬戌，与殷亮、韦柏尼、贾镒同次于东林寺，则同憎、熙怡二公、惠秀、正义二律师，洎杨鹔存焉。仰庐阜之炉峰，想远公之遗烈，升神运殿，礼僧伽衣，睹生法师麈尾扇，谢灵运翻《涅盘经》贝多梵夹，忻慕之不足，聊寓刻于张、李二公《耶舍禅师之碑》侧。鲁郡颜真卿书记。"其二在西林寺《永禅师碑》上："唐永泰丙午岁，真卿以疏拙贬佐吉州。夏六月癸亥，与殷亮、韦柏尼、贾镒、杨鹔憩于西林寺。有法真律师深究清净毗尼之学，即律祖师志恩之上足，余内弟正义之阿阇梨也。缅怀远、现二公之遗烈，导余跻重阁，示余以张僧繇画卢舍那佛像，洎梁武帝蹙线绣钵袋，因寓题欧阳公所撰《永公碑》阴。鲁公颜真卿题。"朱关田《颜真卿年谱》考真卿于永泰二年（766）初因直谏得罪权相元载，至是年二月载以其摄职谒太庙时祭器不修，诬以罪，贬吉州别驾。真卿赴贬所途中，六月至荆州，七月至江州（壬戌、癸亥为七月八日、九日，前引朱关田书有考），殷亮当一路随行，很可能随至吉州。二则题记可知颜、殷一行畅游庐山东西二林之情景。

《殷亮墓志》云："转运使刘晏雅相器重，请为判官。每谓人曰：'刀笔不足宣功，风体所以弘远，其在兹乎！'迁监察御史、殿中侍御史。转工部员外郎，判司封事。寻迁司勋员外郎。时方选集，南曹阙人，上尤慎斯举，诏丞郎已下各荐所知，佥以公为称首。相国常衮喜谓众曰：'此所谓允应公选矣。'拜吏部员外郎，判东都南曹。穷理化之源，正古今之体范。精微弘远，迥出常情，时人许以淹通，九流服其渊博。加以明于案牍，长于批判，虽驳放之人，亦甘心自愊。进阶朝散大夫，以旧府累，贬吉州司马。刘公重责，妻子播迁，人独畏避，公独如旧，信所谓能守义矣。"刘晏为肃、代间经济名臣，《旧唐书》卷一二三有传，在广德间曾短暂入相，其时似与殷亮尚无交集。严耕望《唐仆尚丞郎表》梳理他在大历间履历为：永泰二年（766）亦即大历元年正月，以检校户部尚书领东都、河南、淮南、江南、湖南、荆南、山南东道诸道转运常平铸钱盐铁等使;四年(769)三月迁吏部尚书,领使如故;五年(770)三月,使名暂废,寻复置为盐铁使;八年(773)八月,兼知吏部三铨选事;十二年(777),任左仆射,仍知三铨兼领使;十三年(778),罢知三铨;十四年(779)五月德宗即位,次月以晏总领天下财赋;建中元年(780)正月罢使。二月出为忠州刺史,七月赐死。以殷亮之经历与刘晏之履历比读,不难发现在大历十四年间,除一段时期曾任御史台职外,大体与刘晏相始终。估计他任转运判官,应在大历前期,因转运使负责天下财赋,是时虽然刘晏与第五琦、韩滉分领,但刘晏处中心位置,责任重大而繁剧。从判司封以后,殷亮再回吏部任职。所谓"南曹阙人",是指安史乱后唐廷为应付天下之动乱变化,增加东都选和南选之责任。殷亮"拜吏部员外郎,判东都南曹",应在大历十二年(777)元载被杀、常衮主政的时期。吏部负责天下之选官,每年新晋选人集吏部铨选,通过考判等方式得以授官。殷亮"明于案牍,长于批判",是指在官员告身发授和考判铨等时,具有特别的才能,以致黜落之人亦能信服。德宗建中初因杨炎入相,蓄意为元载复仇,因此而致刘晏于死地。《旧唐书·德宗纪》云礼部侍郎令狐峘贬郴州司户,右补阙柳冕贬巴州司户,殷亮亦同时坐贬吉州司马。墓志云刘晏妻子播迁,"人独畏避,公独如旧",与来瑱死后情况一样,殷亮坚守故吏应尽的操守。另《唐百家诗选》卷七收戴叔伦《赠殷御史亮》:"日日河边见水流,伤春未已复悲秋。山中旧宅无人住,来往风尘共白头。"是殷亮任御史时的记录。《全唐文补遗·千唐志斋新藏专辑》第253页收殷亮撰《唐故摄福昌县令蒋君(伦)墓铭》,大历四年十月撰,署"监察御史殷亮撰"。《殷践猷墓碣》称大历五年殷亮官监察御史。

《殷亮墓志》云:"江西节度使嗣曹王景慕高名,请摄行军司马,知观察节度留后,兼知洪州事。时李希烈猖狂汝蔡,张伯仪丧败安蕲,所在军兴,疲于赋役。江西管内,流散居多,俾公知留务,三军畏威,百姓怀惠。旬月之间,襁负而归者仅数万户。曹国频奏,事皆留中。銮舆出狩,追赴行在,迁考功郎中。"曹王李皋,《旧唐书》卷一三一有传,为当时宗室名王。《旧唐书》卷一二《德宗纪》载建中三年(782)十月,曹王李皋自湖南移镇江西;十一月,怀宁节度使李希烈叛;四年正月,李希烈陷汝州,东都震骇,遣颜真卿前往宣慰;二月,荆南节度使张伯仪战败,李皋出军收复蕲、黄二州。墓志述殷亮在李皋江西幕,估计因其在吉州贬所,即召入江西幕府。但云当时曾"摄行军司马,知观察节度留后,兼知洪州事",即在节度使出军应敌时代行留后之职务,位置很显赫,但史籍中没有记载,前述《旧唐书·李皋传》也不载。估计为暂委留务,摄行州事,负责江西出军之后勤事务,并没有具体的任命。《殷亮墓志》写作时距此仅十年,有关诸人多在,殷永似也不至虚构。陆贽《翰苑集》一四《奉天荐袁高等状》,有"崔造、殷亮、李舟已上并任郎官"云云,为建中四年在奉天之奏状,即是殷亮到行在后事。陆贽作为特殊时期可以荐举的人物推荐,也可见殷亮之能力得到认可。

《殷亮墓志》云:"吏部侍郎刘滋选补江淮,请公判南曹,远近交欢,士林相贺。事毕,迁吏部郎中。寻迁给事中,省奏驳议,抗辞竭诚,忠谠之称,蔼然而茂矣。特加正议大夫,勋上骑尉。寻知吏部东铨事。公上敷德泽,下尽群情,先收滞淹,次录书判,条例闻奏,帝皆俞之。"刘滋为史家刘知幾孙,《旧唐书》卷一三六本传载其兴元元年(784)"改吏部侍郎,往洪州知选事"。殷亮本为吏部旧人,此时又任考功郎中,因而获任其南选之助手,并在事后晋职吏部郎中。今见《郎官石柱题名》吏部郎中有载殷亮名,考功郎中则无,当因此部分残损过甚故。《颜鲁公行状》云:"公之密亲懿友,动相规用以成其务者,即今给事中殷公亮。"行状作于贞元二年(786),即颜遇害之次年。至四年(788)重阳日应制唱和,仍在此职。

《殷亮墓志》云:"后因公事切直,忤于权臣,恶清名之出人,疑直道而异己。出杭州刺史。公荣既不耀,退亦无愠,澹然履顺,欣然就途。下车之日,举孝兴廉,循条秉信,官吏被服其风,悦而承流。踰月之后,阖郡清肃,远近称美焉。"权臣未知所指。从《新唐书·宰相世系表》所载,贞元五年(789)三月李泌去世,此后三年在相位者为窦参、董晋。《旧唐书》卷一三六《窦参传》言其"无学术,但多引用亲党,使居要职,以为耳目",似即指此。殷亮卒时,窦已败,故显斥之。殷亮在杭州政绩,在南宋临安三志中罕有记录。

殷亮去世及妻室、子嗣、丧葬始末,墓志记载详明,兹不复述。谨据前文所考,述殷亮生平简表如下。

玄宗开元二十三年(735),殷亮生。

约天宝十载(751),父殷寅卒,殷亮时年十七,天宝十三载(754),年二十,为崇玄生,撰从祖殷子慎墓志。

天宝十四载(755),年二十一。安禄山叛,殷亮陷身河北。

肃宗乾元二年(759),年二十五。自河北间道归阙。

代宗宝应元年(762)八月,来瑱入相,荐殷亮为校书郎。次年初,来瑱贬死,殷亮备棺衾收其尸。

广德元年(763),年二十九,颜真卿任荆南节度使,荐殷亮为节度推官。未行罢前命,殷亮改迁寿安尉。

广德二年(764)末,年三十,与弟殷永为祖母萧氏归葬。

永泰二年(766),年三十二,颜真卿贬吉州别驾。殷亮随行至庐山。

大历初,为转运使刘晏判官。

大历四年(769),年三十五。十月,撰蒋伦墓铭,时为监察御史。

大历五年(770),年三十六,颜真卿撰《殷践猷墓碣》,殷亮仍为监察御史。

大历十二年(777),年四十三,拜吏部员外郎,判东都南曹。

德宗建中元年(780),年四十六,刘晏罢相贬死,殷亮颇照顾其家人。

建中三年(782)十月,年四十八,曹王李皋移镇江西。寻出军讨李希烈,以殷亮摄行军司马,知观察节度留后,兼知洪州事。

建中四年(783),年四十九,至行在为郎官,翰林学士陆贽在奉天荐其可任。

兴元元年(784),年五十,为考功郎中,随吏部侍郎刘滋往洪州知选事。

贞元二年(786),年五十二,为给事中,撰《颜鲁公行状》。

贞元四年(788),年五十四,重阳日应制唱和,仍为给事中。

贞元六年(790),年五十六,出为杭州刺史。

贞元八年(792)八月十六日,卒于杭州,年五十八。

六、殷亮之著作

殷亮之著作,今知有三部。

一为《家谱》。墓志云殷亮"世传谱学,尤所谙练,著《家谱》二十五卷,分为五宗,美恶必书,以示惩劝"。此应为殷氏家谱。二十五卷是很大的篇幅,以今日之估计,大约应在二十万字以上。从"分为五宗"推测,应是自殷高明以下分宗,以不害兄弟五人为五宗,所录为此房自梁陈以来七世之人物事迹。原书虽不存,但有一参照系,即颜真卿的《颜氏大宗碑》、《颜氏家庙碑》,历记颜氏自东晋初颜含以下谱系,于颜之推以下颜氏各房,详记各代人物达百人以上,相信在颜氏之家谱,有关各人都曾有详尽的事迹记录,只是可惜殷氏未有好事者作这样的记录以遗诸后世。

二为《颜氏家传》一卷,《颜杲卿传》为其别名。《新唐书》卷五八《艺文志》著录:"殷亮《颜氏家传》一卷,杲卿。"《通志》卷六五《艺文略》作《颜公传》二卷,云"记杲卿事"。即此传专叙杲卿事迹。原传不存,仅见宋司马光《资治通鉴考异》卷一四有称引。有一节因考辨其起兵始末,引录较长,保存该传的一段佚文:

> 禄山起,杲卿计无所出,乃与长史袁履谦谒于藁城县。禄山以杲卿尝为己判官,矫制赐紫金鱼袋,使自守常山郡,以其孙诞、弟子询为质,俾崇郡刺史蒋钦凑以赵郡甲卒七千人守土门,约杲卿,将见钦凑,以私号召之。杲卿罢归途中,指其衣服而谓履谦曰:"此害身之物也。禄山虽以诛君侧为名,其实反矣。我与公世为唐臣,忝居藩翰,宁可从之作逆邪?"履谦愀然变色,感叹良久,曰:"为之奈何,唯公所命,不敢违。"杲卿乃使人告太原尹王承业以杀钦凑,俟其缓急相应,承业亦使报命。杲卿恐漏泄,示已不事事,多委政于履谦,终日不相谒,唯使男泉明往来通其言,召前真定令贾深、处士权浼、郭仲邕就履谦以谋之。适会杲卿从父弟真卿据平原,杀段子光,使杲卿妹子卢逖并以购禄山所行敕牒潜告,杲卿大悦,匿逖于家。逖之未至,杲卿先使人以私号召钦凑,至,杲卿辞之曰:"日暮,夜恐有它盗,城门闭矣,请俟诘朝相见。"因遣参军冯虔、宗室李峻、灵寿尉李栖默、郡人翟万德等,即于驿亭偶钦凑,夜久醉熟,以斧斫杀之,悉散土门兵。先是,禄山使其腹心伪金吾将军高邈征兵于范阳,路出常山,杲卿候知之。其日,邈至于满城驿,杲卿令崔安石、冯虔杀之,邈前驱数人先至,遽杀之,遂生擒邈,送于郡。遇何千年

狎至，安石于路绝行人之南者，驰至醴泉驿候千年，亦斩其人而擒之如邈。日未午，二凶偕致。

有关杲卿起兵的最早记载，司马光所见有此传及《肃宗实录》、包谞《河洛春秋》记《旧唐书》本传，记载有很大不同。《河洛春秋》云禄山兵至藁城，杲卿上书言杨国忠罪恶，且为禄山画策劝进，经包处遂、张通幽等上书劝说后，方同意举义。《肃宗实录》则不载杲卿曾受禄山矫制授官的情节。司马光考订云："按禄山初自渔阳拥数十万众南下，常山当其所出之涂，若杲卿不从命，遽以千余人拒之，则应时虀粉，安得复守故郡乎？况时禄山犹以诛杨国忠为名，未僭位号，杲卿迎于藁城，受其金紫，殆不能免矣。《肃宗实录》所云者，盖欲全忠臣之节耳。然杲卿忠直刚烈，糜躯徇国，舍生取义，自古罕俦，岂肯更上书媚悦禄山，比之汉高、魏武为之画割据并吞之策，此则粗有知识者，必知其不然也。盖包谞乃处遂之子，欲言杲卿初无讨贼立节之意，由己父上书劝成之，以大其父功耳。观所载杲卿《上禄山书》，处遂等《上杲卿书》，田承嗣《上史朝义疏》，其文体如一，足知皆谞所撰也。又张通幽兄为逆党，又教王承业夺杲卿之功，终以反复被诛，其行事如此。"除判断包处遂所引诸文之说稍嫌武断，其余分析皆客观而深切事理。故其述颜杲卿事，当多取殷传，原书虽不存，大旨应可窥见。颜杲卿自天宝十四载十二月二十二日举义，至十五载正月十日城陷被俘，前后不足二十日，其时天下大乱，故各家记载纷歧，是所难免。殷亮时方陷身河北，且可能与叛将李归仁相识，他的记载宜为司马光所尊重。

三为《颜鲁公行状》。《崇文总目辑释》卷二著录："《颜氏行状》二卷，殷仲容撰。"可知北宋内府确藏有署名殷仲容撰的《颜氏行状》。《资治通鉴考异》卷一四'饶阳太守卢全诚'下云："包谞《河洛春秋》作卢皓，今从殷仲容《颜氏行状》。"所引正在殷亮《颜鲁公行状》中，所据即误署殷仲容者。仲容为高宗、武后时人，何得记及安史乱后事？精密如司马温公，也难免偶有失察。此篇因南宋留元刚编《颜鲁公文集》十五卷附收而得完整保存。篇幅较长，为唐名臣传记之难得长篇，亦因殷亮曾长期追随颜真卿，因得详尽记录其一生行事。行状末云："公之密亲懿友，动相规用以成其务者，即今给事中殷公亮、吏部员外郎柳公冕。"知虽为殷亮执笔，当奏进朝廷之际，则或托他人名以进。

就今所知，唐人所撰行状以篇幅宏大言，当首推冥祥《大唐故三藏玄奘法师行状》（《大正藏》2052号），约逾万字，其次即殷亮此篇，约七千字。行状之体本为亲属门生所撰，提交朝廷请谥，提交史馆修传，以及给撰写墓志、神道碑者参考之著，其文体特点是侧重事迹叙述，以实录为主。殷亮为颜真卿写行状，以近亲兼门客的身份，得以就自己的所见所知，详尽地记录颜真卿一生之经历。其中尤详者，一为安史乱起在河北首倡义举之始末，凡三千余字，几占全篇之半，详细叙述在国难间颜之果决英烈，有不少细节的描写。二是颜在吉、抚、湖州从事学术编撰与文士诗酒唱和之活动，保存珍贵的记录。三是颜受诏宣抚李希烈以至最后被害过程，写出颜之义无反顾、视死如归。写其奉诏即行："朝廷诏公为淮宁军宣慰使，公乘驿驷至东京，河南尹郑叔则劝公曰：'反状已然，去必陷祸，且须后命，不亦善乎？'公曰：'君命也，焉避之？'"写李希烈以死胁迫："遂拘公于官舍，令甲卒十人守之。仍穿一坑于厅之前，以胁公。公乃直言指希烈云：'死生有定，何足多端相侮哉！但以一剑见与，公即必睹快事，无多为也。'希烈惭谢焉，自后不敢无礼于公也。"虽然为文体所限，不能做太多文学性的描述，但作为颜的传记，千年以来一直以殷亮此篇为第一。

《殷亮墓志》云："所制文笔，务于雅实，以情理为先，精密温畅，得古今之中。"殷亮能诗，但无存世者。《殷亮墓志》云肃宗时献《乱臣诗》三十首，已见前述。《旧唐书》卷一三《德宗纪》载贞元四年九月"癸丑，赐百僚宴于曲江亭，仍作《重阳赐宴》诗六韵赐之。群臣毕和，上品其优劣，以刘太真、李纾为上等，鲍防、于邵为次等，张蒙、殷亮等二十人又次之。唯李晟、马燧、李泌三宰相之诗不加优劣"。《旧唐书》卷一三七《刘太真传》则作"张蒙、殷亮等二十三人为下等"。殷亮虽有所成而品第甚差，可以认为他能诗而不甚高妙，没有传世也较合理。墓志称誉他的文笔，也是合适的评价。

宋陈思《宝刻丛编》卷一四引《诸道石刻录》载："《唐於潜县令丁明府德政颂》，唐殷亮撰并书。公名君表，字元章。麟德二年三月九日立。"宋郑樵《通志》卷七三《金石略》、宋佚名《宝刻类编》卷二皆载此碑立在杭州。估计此碑为殷亮在杭州期间撰书,宋人著录偶将丁之在职或去世时间误作立碑时间。

近代以来出土唐墓志,仅《全唐文补遗·千唐志斋新藏专辑》第253页收殷亮大历四年十月撰《唐故摄福昌县令蒋君(伦)墓铭》,已见前引。另北京大学史睿先生偶自琉璃厂在线网站下载一方墓志,录示仇鹿鸣博士,鹿鸣再示我,堪称难得,谨校录于下。

大唐故广平郡邯郸县主簿殷府君墓志铭并序
从孙崇玄生亮撰

维天宝十二载秋七月,有唐广平郡邯郸县主簿殷公归全于县之客舍,春秋五十有一。呜呼!尝闻:"皇天无亲,惟德是辅。"又曰:"积善之家,必有余庆。"始亮信之,今乃知其徒虚语也。公明德之胤,生而淳和,穆如清风,温若美玉,孝乎唯孝,友于兄弟,方冀远大,达于家邦,而竟以青云之姿,没于黄绶之位。邓攸绝嗣,叔度无儿,得不谓天道无知乎,得不令贤人兴叹乎!公讳朏,陈郡长平人。盖殷汤之后,昔随晋迁徙,寓于金陵,纷纶逶迤,奕世载德,地清门素,海内称焉。高祖英童,周御正中大夫、麟趾学士、随晋熙太守、建安子。曾祖闻礼,著作郎、弘文馆学士、太子中舍人。祖令言,淄川令。父子玄,临黄尉。自建安至临黄,四代名德雄,冠冕不高而清风弥重。公则临黄府君之第二子也。年未弱冠,丁府君忧,勤俭养亲,甘脆不阙,恂恂色貌,如恐有伤,《白华》之诗,于是乎见。服阙,补左卫翊卫。寻遭内艰,哀毁有闻,执礼无怠,而兄弟友爱,人无间言。数岁,出补广平郡邯郸主簿。下车无何,政声大洽,人吏怀惠,暄然若春。洎乎秋满告归,人吏涕泣于路,非为政以德,何以致斯。聚粮未行,遘疾而卒。悲夫!斯人斯年,时也命也。惟公孝则兼惠,仁而有礼,财产不遗于妻子,恩德尽施于六亲。追兹云亡,家唯四壁,知与不知,咸为流恸。若此之者,非厚德欤!夫人弘农杨氏,感移天之永逝,抚孤稚而朝泣。弟朓、胈、复、纪等,天伦之感既深,鹡鸰之咏斯作。息债数万,以供丧事,君子曰兄友弟悌,古之所难,殷之有之,何其美也。即以明年六月二日,安厝于洛阳之金谷原,礼也。恐天长地

久,高岸为谷,用刻贞石,彰乎厥名。爰命为文,俾扬盛业,辞不获已,惕若坠渊,哀而无文,词愧于实。铭曰:

　　差池玄鸟,载飞载翔。奉天之命,降而生商。佐尧者禼,复禹者汤。圣人之后,代有明德。白马归周,嘉声允塞。绵绵瓜蒂,至于唐国。贤哲间生,淑人不忒。猗欤邯郸,令闻不已。孝在事亲,德为润己。怡怡兄弟,穆穆乡里。曾是曾参,亦称□子。尝亦闻之,辅仁者天。天道何在?斯人斯年。幼女未识,孀妻主筵。悲夫常棣,痛矣天伦。陟岗孔怀,泪流沾巾。萧萧松风,冥冥白云。邙山之右,涧水之滨。长埋玉树,永闭芳尘。刻石泉壤,辽哉万春。

志主为殷令言次子殷子玄之第二子殷胐(703—753),按辈分为殷亮从祖,按年龄则长二十余岁。值得注意的是云其丧事为"息债数万"而举办,是唐志中少见的记录。

七、《殷亮墓志》撰文者殷永及其
对丧葬习俗之批评

《殷亮墓志》署:"弟朝散大夫、行侍御史永述。"知墓志撰文者为殷亮亲弟殷永,"朝散大夫、行侍御史"为墓志写成时即贞元九年二月之现职。权德舆《权载之文集》卷二十六《叔父故朝散郎华州司士参军府君墓志铭并序》:"夫人陈郡殷氏,皇曹州司法、丽正殿学士践猷之孙,河清尉寅之女,故给事中杭州刺史亮其兄也,今侍御史、郴州刺史永其弟也。"志主为权隼,贞元九年四月卒,十月葬。知在二月至十月间,殷永已经出为郴州刺史。《颜鲁公文集》卷一一《曹州司法参军秘书省丽正殿二学士殷君墓碣铭》云:"亮以校书郎迁寿安尉,为真卿荆南节度推官。广德二年十有二月,与弟今荥阳尉永匍匐徒步,力护双榇,合祔君夫人于新安县之龙涧原。"知殷永于代宗广德二年(764)已任荥阳尉,官位与殷亮相当。据此知兄弟二人入仕经历大体同步,其年龄略幼于亮,但不会相去太多。

殷永所撰墓志,很特殊的是在志末讲到撰述原委时,对举世厚葬风气的批评:"夫铭志所以叙述世业,载扬官婚,岂在于文然后为美。近代多以财货托诸词人及显位者,褒贬既由其厚薄,美恶曾非其实录。每承论议,切所非之,故不敢违也。至如立朝之忠益,为郡之简惠,南曹之精识,东掖之谠议,闺门孝友,终始操节,留于台阁,遍于听闻,岂俟斯文,当具于神道碑矣。永无文学,无以昭于盛德。亲承至行,不敢遗其事实。衔涕叙论,岂申万一。"所谓"每承论议",应包含与殷亮兄弟间之论议,即他们认为墓志铭的主要职能是叙述家世业绩、历官始末和婚姻子嗣,在于如实记录而不在于为文美饰。对于近代以来以财货托请著名文人及居显宦者撰写墓志之风气,表达强烈之谴责。类似的议论,在杜甫《唐故万年县君京兆杜氏墓志》(《杜甫全集校注》卷二二)中也曾提出:"甫以世之录行迹、示将来者多矣。大抵家人贿赂,词客阿谀,真伪百端,波澜一揆。"可知殷亮如此激烈的议论,并非特殊个案。就我所知,墓志署作者名,在北朝偶有所见,延续到武后时期没有大的变化,但从玄宗以后则普遍具书撰署人之姓名官守,可以看到当时风气的变化。从玄宗初年到殷永为兄撰写墓志,历时约八十年,大约可以涵括近代之所指。从现存这一时期各名家文集,包括张说、张九龄、李邕、李华、独孤及、颜真卿等,碑志均有很大比重。我前几年撰文研究贺知章之文学,特别关注向以狂放豪纵名世的四明狂客,近年出土其撰文墓志已有八方之多,因而怀疑他在恣意挥霍之同时,颇以代撰墓文为增收手段[①]。文刚发表,又从《秦晋豫墓志搜佚》和《大唐西市博物馆藏墓志》再得其撰文墓志二方。墓志作为往生者追远饰终的文体,其以饰美赞颂为职志,本无可厚非,即便以名节立世之颜真卿,又何能免俗呢?当然举世如此,为有识者所讥,也确有必要。就此言,殷永所言,不为无见。但就他本人为兄所撰墓志来说,列举远祖则排列同姓不同房之名人,述近世亦不免过度揄扬,述志主当然以正面表彰为主,列举与其兄有交集的名臣达十数人之多,亦同样不能免俗,风气所趋,也属无可奈何之事。但此篇墓志尽量避免作空泛的夸饰,尽力列举殷亮一生可以称道的主要建树,因此留下许多可贵的记录。

---

① 陈尚君《贺知章的文学世界》,《杭州师范大学学报》2012年第3期。

八、余论：殷、颜二族之家学与门风

近世以来，地下出土之唐代墓志数量巨大，总数已经接近万品。最近二十多年由于地方建设、科学考古，特别是令人发指的文物盗掘，几乎每年都有数百近千的墓志刊布或依靠公私收藏拓本为学者关注。这些墓志提供了唐代社会不同层次人们的生活经历和文化习俗，提供了唐代社会文化史研究的全新史料，形成近年唐代研究的新热点。就目前来说，学术研究远远跟不上新发表文献的速度，许多重要墓志收藏在私人手上长期秘而不宣，从拓本之汇聚影印到释文校点仍有许多工作有待完成，从个案之专题研究进而拓展学术研究的新领域也有待摸索。本人长期关注于此，特别重视以人事为中心的专题研究，希望藉由墓志之记录探索唐代重要人物之人生轨迹与文化建树。以往写过几篇，本文仍循此展开探讨。

殷亮在正史上记载极其简单，以往为学者所知是因为他写有颜真卿行状。新见墓志提供了他的完整履历和生平事业。他的先世大多其他文献也有记录，可以知道他出身在魏晋以来的旧族世家，他的仕宦经历更显示他是一位干吏，在转运判官、监察御史，特别是吏部考铨和南选等纷繁事务中有所成绩，在安史之乱和建中、兴元变乱间虽不是关键人物，但也坚持立场而有所报效。殷亮在著述上承先人余绪，有所建树，虽大多沦亡，可知者仍可称道。以上本文尽力地加以探考，希望以出土墓志与存世文献之参互比较，提供更多的历史真相。

因为释读殷亮就不可避免地要说到颜真卿，要说到殷、颜二族从梁、陈以来经历七代二百多年的婚娅联姻。因为颜真卿家世资料保存的丰富，可以知道他先世的婚姻仕履情况。从真卿父惟贞以上五世（之推、思鲁、勤礼、昭甫、惟贞）皆娶殷氏女为妻，殷、颜二族长期保持密切的家族联系，两族的学术、书画、谱学造诣也正是在这样的世代联姻与文化交替中得以延续传承、发扬光大。在一定程度上可以说，颜真卿书法的伟大成就，正是殷、颜二族长期积累传续的集大成者。从本文之考索，也可以为二族之家学门风作一适当之归纳。

殷、颜二族都是魏晋之山东旧族,东晋初南渡侨居江南,因而沾溉中原旧族与南方氏族之特点,重视婚娅与人物,重视学术文化与书画技艺,重视家族之礼法与孝道,重视家族教育与文化传承。从殷不害到殷亮,正史都以孝友而得列名。孝即后辈对先人,生则尽终养之义务,死则尽以礼归葬之责任;友则居家和睦敦亲,处友则"重行义、敦交道"。殷亮的父祖如此,他本人亦努力践行。他在父亲去世之际断指铭誓,孝养祖母,在祖母去世后将其从邠州归葬洛阳,完成父亲的遗愿。殷亮所撰《殷朏墓志》述其家人"息债数万"为其完成丧葬,也见此一家族之坚守。殷寅为八友之首,是天宝年间敦尚交道的关键人物,颜真卿也列名其间。从颜真卿一生来看,交游广泛,尤其在居守南方诸州期间,聚集地方名彦编纂大型类书《韵海镜源》,以他与皎然为中心形成《吴兴集》数十人的诗歌唱和群体,极一时之盛。敦交道的另一原则即是重交谊,感恩德,不因师长官友之升沉荣悴而改变立场。殷亮对于来瑱之哭丧收葬,对于刘晏之始终如一,即是秉于这一原则,即使有风险也在所不顾。唐末柳玭曾斥责时人"奉权幸如不及,舍信誓如反掌",表彰裴宽在魏玄同受罗织贬死岭南后,仍坚守当年承诺之婚约,终能"子孙众盛,实为名阀"(《诫子通录》卷二引《柳氏叙训》),也属类似的行为,是名门旧族恪守之原则。

礼法传家以孝友为本,家学传承即须弘扬先人之道德事功,故殷、颜二族均极重谱学。殷践猷尤专"百家氏族之说"(《殷践猷墓碣》),殷寅著有《姓略》,为通氏族之名家,殷亮更撰殷氏《家谱》达二十五卷之多。而颜真卿存世碑文如《颜氏大宗碑》、《颜氏家庙碑》以及颜、殷二族诸碑,皆历数魏晋以来家族世系,显示对谱学的高度重视。殷亮为颜杲卿、颜真卿作传,也属类似的著作。可以认为重视守家传宗,因此而重视家族传统的记录与传承,是二族共同的家学。

从梁、陈以后,颜氏以学术名家者自颜之推始,至颜师古达到巅峰,而殷家则似乎更重视书画,至殷令名、殷仲容而造其极。颜真卿幼年丧父,随母长育于殷家,而其父祖辈亦多蒙殷家照顾并传授笔法。颜真卿在学术和书法上都有极高的成就,只是因为他主持编修的《韵海镜源》等书没有存世而影响今人对他成就的认识。他的书法在继承唐初诸名家基础上登峰造极,受益最大的应是来自殷家的传授。殷亮的成就虽然没有臻于第一流,但也算完成了家族传统的守护,这是值得肯定的。

2014年3月31日于复旦大学光华楼

(2014年4月台湾东吴大学举办第三届中国文献学学术研讨会论文)

杜佑以妾为妻之真相

一、《旧唐书》之叙述

杜佑是唐代中期的名臣,担任地方官有政绩,在德、顺、宪三朝间任相亦有声誉,所著《通典》尤为汉唐典章制度史之空前巨制。史书对其不吝赞美,所可议者,即其以妾为妻的有违当时道德之行为,如《旧唐书》卷一四七《杜佑传》云:

> 佑性勤而无倦,虽位极将相,手不释卷,质明视事,接对宾客,夜则灯下读书,孜孜不息。与宾佐谈论,人惮其辩而伏其博,设有疑误,亦能质正始终,言行无所玷缺。唯在淮南时,妻梁氏亡后,升嬖妾李氏为正室,封密国夫人。亲族子弟言之不从,时论非之。

不得以妾为妻,是秦汉以来儒家道德之基本原则。如《毛诗·白华序》:"《白华》,周人刺幽后也。幽王取申女以为后,又得褒姒而黜申后,故下国化之,以妾为妻,以孽代宗,而王弗能治,周人为之作是诗也。"即认为《白华》诗为周人刺周幽王废申后而立宠姬褒姒。《春秋公羊传》僖公四年引桓公语曰:"无障谷,无贮粟,无易树子,无以妾为妻。"又七年云:"夫人何以不称姜氏,贬。曷为贬?讥以妾为妻也。"也将其作为失政之要事,且对违此者加以讥讽。《洪范五行传》云:"弃法律,逐功臣,杀太子,以妾为妻,则火不炎上。"将以妾为妻与废弃法律、贬逐功臣、诛杀太子一样地作为必然造成政事混乱的大事。自《汉书》卷二七《五行志》以下各史多引此语,《旧唐书》卷三七《五行志》亦载,隋萧吉撰《五行大义》卷一解读此段文字云:"弃法律,疏骨肉,杀忠谏,赦罪人,废適立庶,以妾为妻,则火失其性,不用则起,随风斜行,焚宗庙宫室,燎于民居,故曰火不炎上。"即认为此为有背伦理纲常之行为,不加杜绝,则必然遭致火性失据,终至焚灭。《唐律疏议》卷一三《户婚律中》引唐律:"诸以妻为妾,以婢为妾者,徒二年;以妾及客女为妻,以婢为妾者,徒一年半,各还正之。"《疏议》云:"妻者,齐也,秦晋为匹。妾通卖买,等数相悬,婢乃贱流,本非俦类。若以妻为妾,以婢为妻,违别议法,便亏夫妇之正道,黩人伦之彝则。颠倒冠履,紊乱礼经。犯此之人,即合二年徒罪。以妾及客女为妻,客女谓部曲之女,或有于他处转得,或放婢为之,以婢为妾者,皆徒一年半,各还正之,并从本色。"特别讲到妻妾身份差异,不容相混颠倒,否则必然造成人伦的错乱,造成社会之危机。在讲究嫡庶之分或士庶之别的汉唐氏族氛围中,此点尤为士人所普遍遵守。偶有违者,则常遭到舆论谴责。如《旧唐书》卷一八八《李日知传》载日知子李伊衡"以妾为妻,费散田宅,仍列讼诸兄,家风替矣"。《新唐书》卷一六七《李齐运传》载其"逮晚以妾为妻,具冕服行礼,士人蚩之"。二人均略早于杜佑,有关舆情杜佑应亦有所闻。

陈弱水先生撰《崔玄籍夫妻关系考——试谈唐代的以妾为妻与礼法问题》一文(收入氏著《隐蔽的光景——唐代的妇女文化与家庭生活》一书,广西师范大学出版社,2009年),在考察了唐代士人的此类现象后,也举到杜佑的例子,认为"男子如果与妾有深厚的感情,丧偶之后想升她为妻,应该属于人情之常",表达了现代学者的通达态度。

二、杜佑撰《大唐故密国夫人陇西李氏墓志铭》的发现

有关杜佑以妾为妻的事实,今人著作若郑鹤声《杜佑年谱》(商务印书馆,1934年)、郭锋《杜佑评传》(南京大学出版社,2004年)均有述及,但为文献所限,对具体事实尚多不甚明晰者。近期在陕西西安南郊出土李氏墓志,仇鹿鸣博士得到拓本示我,凡志盖一页,长宽为42厘米、41厘米,楷书"密国夫人李氏墓志铭"九字。墓志则长59厘米,宽60厘米,全文如下:

大唐故密国夫人陇西李氏墓志铭并序

金紫光禄大夫守司徒同中书门下平章事岐国公杜佑撰

维元和二祀岁在丁亥四月戊午朔十七日甲辰,司徒同中书门下平章事岐国公杜⌞佑妻密国夫人李氏终于上都务本里第,享年五十有二。以其年⌞五月戊子朔廿七日甲寅安厝于少陵原先茔之次,从宜也。夫人⌞六代祖世寿,交州都督、遂安公。五代祖仲远,光州刺史。高祖道和⌞,左清道率。曾祖茂初,河州刺史。〔大〕父延安,陪位出身,无禄早世。皇⌞考殷,衡州衡阳县尉。虽⌞皇室枝属,而家代陵迟。故相麟、乐安太守少知,并四从曾伯祖。夫⌞人率性温恭,居家敬顺,六姻化其雍睦,百口资其柔抚。颖悟莫比⌞,聪惠绝伦。在弱岁则孤,能备言其祖,因烈考游宦钟罚,随外氏流⌞寓南方。大历季年,佑都督容府,物论所属,遂归于我,以为继室,仅⌞三十年。佑旋更历中外,累忝藩镇,上奉⌞高堂,下修中馈,承颜顺色,动止无违。洎领淮南,岁月滋久,特⌞蒙朝恩俯及,遂有石窌之锡。立身可谓积善,享龄不登下寿⌞,哀哉!诞生四子,一儿一女,才语夭枉。今一子宪祥,河南府参军⌞,一子绍孜,国子监主簿。抚存悼往,哀恸何言。音容宛在目前,缅想遂⌞为往迹。诚世事已过,如梦幻皆空。然岂越常情,难胜沉痛。庄周放⌞达,实则未能;奉倩伤神,亦将不可。衔悲叙事,聊写素怀。铭曰⌞:

猗欤密国,聿修四德。性本惠和,生知礼则。闺门克敬,姻戚用睦。可⌞谓积善,如何不淑。二子号毁,举宗酸恻。世事如梦,物理诚然。追痛⌞冥补,常情所缠。杳冥莫究,神道难诠。荀子失中,庄生太剧。合度适⌞宜,临丧宁戚。少陵非远,终天永隔。援毫刻石,用申平昔⌞。

凡二十三行,每行写满为二十五字。其中两处"岐国公"皆写作"歧国公",今径改。"皇室枝属"和"高堂"前均换行顶书,"先茔"、"朝恩"前各空二格,"承颜顺色"之"颜"、"色"二字前均空一格。无书人姓名,若以"高堂"、"颜"、"色"皆指杜佑先人言,加以有"援毫刻石"云云,则或为杜佑本人书。今扬州尚存杜佑守淮南时题名石柱,十年前为地方无识官员遽移至所谓崔致远纪念馆前,则书迹尚可据以比较。

三、杜佑与梁氏婚姻始末

杜佑正妻梁氏，除前引《旧唐书》本传外，最具体的叙述是权德舆《权文公文集》卷二四《唐故金紫光禄大夫守太保致仕赠太傅岐国公杜公墓志铭》所述：

> 夫人安定郡梁氏，苏州常熟县令幼睦之女也。专柔淑慎，动有仪矩，先于公殁，几三十年矣。

此文又载《唐文粹》卷六八，无异文。安定为梁氏自东汉以来之郡望，在唐代梁姓并非大姓。梁氏父梁幼睦他书无载，苏州常熟县令亦非显宦。据郭锋《杜佑评传》所考，杜佑在肃、代间先任剡县丞，永泰、大历间随浙西观察使韦元甫先任润州司法参军，再随府至苏州，任幕府从事。他与梁氏的婚姻，很可能即开始于此段时间。当时杜佑刚过三十岁，梁氏年寿不详。杜佑卒于元和七年（812），墓志的叙述直接来自杜佑家人，称梁氏"先于公殁，几三十年矣"，即还不足三十年，是梁氏大约卒年的上限是德宗建中四年（783）。新见拓本李宗闵撰《唐故正议大夫使持节都督桂州诸军事守桂州刺史兼御史大夫充桂州本管都防御观察处置等使上柱国南阳县开国男食邑三百户赐紫金鱼袋赠礼部尚书京兆杜公（式方）墓铭》，载杜式方为杜佑第二子，"释褐参扬州大都督府参军。以母太夫人忧罢去，免丧后复命旧官。会太师镇淮南，换常之晋陵尉"。杜佑除淮南节度使为贞元五年十二月事，以守丧三年计，则杜式方因忧去官最晚之可能在贞元二年（786），是梁氏亦可能亡于兴元或贞元之际。她与杜佑大约共同生活了十八至二十年。

《类说》卷二七引《史遗》云："淮南节度使杜佑，先婚梁氏，儿女七人。"今可知者四人，即墓志铭所述三子："嗣子司农少卿师损，与其弟昭应县令式方、驾部员外郎从郁等"，《旧唐书》本传亦述此三人。另有一女嫁张士陵。《唐代墓志汇编》元和○一四收张士阶撰《唐故朝散大夫使持节都督邕州诸军事守邕州刺史兼御史中丞充本管经略处招讨置等使赐紫金鱼袋张公（士陵)墓志铭》云:"夫人京兆杜氏,故太傅岐国公佑之女也。夫人有柔顺婉妮之德,先公十五载而殁于杨州。"有四子二女,"长男未冠,幼女未笄"。张士陵卒于元和十一年(816),年五十四。逆推杜氏约卒于贞元十八年(802),以享年三十推,大约生于大历前期。郭锋《杜佑评传》推测此女为长女,大致可从。而杜式方至迟在贞元初已经释褐从官,若以其时十八岁计,则当生于大历三或四年。可惜前引杜式方墓志缺载其享年,无法作准确的结论。

四、杜佑纳李氏的时间

前引杜佑《大唐故密国夫人陇西李氏墓志铭》称李氏"随外氏流寓南方。大历季年,佑都督容府,物论所属,遂归于我,以为继室,仅三十年"。墓志作于元和二年(807),所谓"仅三十年",亦谓三十年不足,逆推则可能在代宗大历十二年或十三年(778)。另一定年,则为杜佑任容管经略使的时间。《旧唐书·杜佑传》云:"入为工部郎中,充江西青苗使,转抚州刺史。改御史中丞,充容管经略使。杨炎入相,征入朝,历工部、金部二郎中。"《权文公文集》卷一一《杜公淮南遗爱碑铭》云:"再为抚州刺史。以御史中丞,领容州刺史、经略使。入为金部、度支二郎中。"二者所载一致。今人郁贤皓《唐刺史考全编》卷三〇〇《岭南道·容州》考,王翃自大历五年为容管经略使,至十四年三月改知河中府事,杜佑为接其任。杨炎入相在大历十四年八月,至建中二年七月罢相,杜佑被召入京在此二年间。是李氏得事杜佑最早在大历十四年下半年,最晚在建中初年。即纳李氏时,梁氏应尚在世,李氏不可能以继室身份而归杜佑。又所谓"物论所属,遂归于我"之叙事,亦颇可玩味,其间应无正式的婚娶,"物论所属"则较近似于今人所云大家都觉得合适。可能的故事,则可举一段唐人有名故事为例:

> 李八座翺潭州席上,有舞柘枝者,匪疾而颜色忧悴。殷尧藩侍御当筵而赠诗曰:"姑苏太守青娥女,流落长沙舞柘枝。满座绣衣皆不识,可怜红脸泪双垂。"明府诘其事,乃姑苏台韦中丞爱姬所生之女也。(夏卿之胤,正卿之侄。)曰:"妾以昆弟夭丧,无以从人,委身于乐部,耻辱先

人。"言讫涕咽,情不能堪。亚相为之吁叹,且曰:"吾与韦族,其姻旧矣。"速命更其舞服,饰以袿襦,延与韩夫人相见。夫人,吏部之子,顾其言语清楚,宛有冠盖风仪,抚念如其所媵,遂于宾榻中选士而嫁之也。(《云溪友议》卷上《舞娥异》)

此云大和间李翱在湖南宴席上见乐妓,自云为贞元间苏州刺史韦夏卿爱妾所生女,李翱怜而嫁之。杜佑在容州所见李氏,也有自称家世士族的叙事,所不同者杜佑没有择士人而嫁之,乃在众人的"所属"下,纳入己门。

五、李氏自述家世之检讨

杜佑在《大唐故密国夫人陇西李氏墓志铭》中,称李氏"在弱岁则孤,能备言其祖,因烈考游宦钟罚,随外氏流寓南方"。而他记录李氏所述家族世系云:"夫人六代祖世寿,交州都督、遂安公。五代祖仲远,光州刺史。高祖道和,左清道率。曾祖茂初,河州刺史。〔大〕父延安,陪位出身,无禄早世。皇考殷,衡州衡阳县尉。虽皇室枝属,而家代陵迟。故相麟、乐安太守少知,并四从伯祖。"这里包含两重内容,一是李氏自幼所记得的家世谱系,二是证明李氏与故相李麟、乐安太守李少知是四从的亲属,作为李氏是唐宗室远裔的证据。这些说法是否可信呢?

李世寿,当为原名,贞观初太宗即位后当去"世"字。其人在两《唐书》中仅一见。《旧唐书》卷六九《卢祖尚传》:"贞观初,交州都督、遂安公寿以贪冒得罪,太宗思求良牧。"其名不见于《宗室世系表》,不详谱系。《文馆词林》卷六九一《贞观年中与干乾长敕》云:"敕交州都督府司马干乾长:交州重镇,控驭夷夏,二佐之任,不易其人。遂安公寿虽是宗室近亲,未经职务,须相匡弼,共行善道。"是其为宗室可以确定。另《太平广记》卷一三二引《冥报记》:"交州都督、遂安公李寿,贞观初罢职归京第,性好畋猎,常笼鹰数联,杀邻狗饫鹰。既而公疾,见五犬来责命。"是其因贪罢官不久就回到京师。《法苑珠林》卷八〇引《冥报记》述同一事,首云:"唐交州都督遂安公李寿,始以宗室封王。"

墓志所述其后各代,皆无文献可以印证。

李麟,《旧唐书》卷一二二有传,称其为"皇室之疏属,太宗之从孙也",《新唐书》卷一四二本传称其"裔出懿祖,于属最疏"。据《新唐书》卷七〇上《宗室世系表》,李麟出自定州刺史房,即是唐高祖叔父一枝的后人。因其父李浚在开元初历任润、虢、潞三州刺史,剑南节度按察使而稍显,李麟在肃宗奔灵武时任相,乾元二年去世。在杜佑为李氏撰墓志时,李麟去世已近五十年,其后人亦无著名者。

乐安郡即棣州,李少知其人别无所知,从官名看也应该是玄宗天宝年间的人物。

以上所考,无论李世寿或李麟,皆为李唐宗室最疏远的宗枝,现在也没有材料证明二人出自同一枝。为什么会这样呢?李氏幼年丧父,然后流落南方,她有可能这么完整地记下先世六代的名讳官位吗?李麟、李少知均应在李氏年幼时已经去世,从年龄推测也不可能与李氏有任何过结,杜佑凭什么证明他们之间有四从曾伯祖的关系呢?虽然我们无法证明这些人事关系全出杜佑编造,但以杜佑对制度、人事的熟悉,要编造也并不十分困难。至少他已经说明,这些都出自李氏的记忆,有出入很正常。他要叙述这些,无疑是要证明李氏本来就是李唐宗亲,是士族出身,具有可以与自己婚配的条件。虽然因为前辈的犯错而被贬黜,虽然从幼即随外族寄寓南方,虽然曾为人妾,只要明确了她的宗室或士族身份,就有充分的理由可以扶为正妻。

六、李氏获封密国夫人之始末

《大唐故密国夫人陇西李氏墓志铭》云:"洎领淮南,岁月滋久,特蒙朝恩俯及,遂有石窌之锡。""石窌"语出《左传·成公二年》,后世用以代指封地。《旧唐书》卷四一《职官志》在吏部司封郎中下云:"一品及国公母妻为国夫人。"杜佑时官已近使相,故妻可封为国夫人。按照唐代行政运行之规则,此类封爵之运作,皆有明确之规范,一般均为官员代家人请封,因此李氏之获封,虽属朝恩,但也是杜佑本人之意愿。

然《旧唐书》卷一二四《李正己传》附《李师古传》载,贞元"十五年

(799)正月,师古、杜佑、李栾妾媵,并为国夫人。十六年六月,与淮南节度使杜佑同制加中书门下、平章事。"李正己初名怀玉,代宗时逐淄青侯希逸,后三世有其地数十年。师古为正己孙,朝廷为加笼络,封其妾为国夫人。前引陈弱水文认为唐初"北方统治阶级在中下层礼法就颇松弛了",安史乱后更甚。杜佑以士人而同受此恩宠,及同为使相,史家在此颇有讽意。但据此可知事在贞元十五年,时杜佑在扬州已逾十年,因其主掌繁剧而得异绩,亦藉此为表彰。

对于此项恩典,目前可以看到两则具体记录。一是明刊《类说》卷二七引《史遗》云:

淮南节度使杜佑,先昏梁氏,儿女七人。梁卒,立嬖姬李氏为正嫡,封国夫人。崔英劝其追封亡妻,佑请英为表云:"以妾为妻,鲁史所禁。"又云:"岂伊身贱之时,妻同勤苦;宦达之后,妾享荣封。"梁遂追封,李亦受命。终为李氏所怨,异日公命食彘肉,为李划董而卒。

此节文字,又见《宝颜堂秘笈》本《桂苑丛谈》附《史遗》,文作:

淮南节度杜佑,先婚梁氏女。梁卒,策嬖姬李氏为正嫡,有敕封邑为国夫人。膺密劝请让追封亡妻梁氏,佑请膺为表,略云:"以妾为妻,鲁史所禁。"又云:"岂伊身贱之时,妻同勤苦;宦达之后,妾享荣封"云云。梁氏遂得追封,李亦受其命,时议美焉。其后终为李氏所怨。社日,公命食彘肉,因为李氏划董而卒。

《桂苑丛谈》,《新唐书·艺文志》三小说家类著录为一卷,题"冯翊子子休"撰。同书杂史类著录《史遗》一卷,不著作者。《类说》卷二九、卷五二分别摘录二书文字,与今本合,知今本以《史遗》附《桂苑丛谈》未必可靠。上引二节遗文,颇有差异。一是崔英、崔膺之异,当以崔膺为是。膺在贞元间先入张建封徐州幕府,性狂率,见《唐国史补》卷中及《桂苑丛谈·史遗》。亦能诗,见《唐诗纪事》卷四三。《唐百家诗选》卷一四收李涉《醉中赠崔膺》,

称"与君相逢扬子渡",在其入扬州杜佑幕时。二是后书因杜佑请追封梁氏,谓"时议美焉",与前引文献述时人看法不同。三是"社日,公命食胾肉,因为李氏划堇而卒","划堇"不知所指。二字文渊阁四库全书本《类说》作"置毒",同本《桂苑丛谈》作"置堇"。《国语·晋语》载骊姬欲害申生,乃"寘鸩于酒,置堇于肉",韦昭注:"堇,乌头也。"《神农本草经》卷四云:"乌头,味辛温有毒。""其汁煎之,名射罔,杀禽兽。"关于此药物之来源与药性,余欣教授撰《附子考——从一类药物看东西物质文化交流》(《文史》2005年第3期)有很详尽的考证。因此《国语》下文有"骊姬与犬肉,犬毙"的结果。原文"堇"为"堇"之形误,"置毒"则为"置堇"之异文。

社日习称春社,一般在农历二月初,是家族祭祀的日子,分食胾肉也是其中一项重要的环节。所谓李氏怨怼,乘春社食胾肉之际置堇,并导致某人死亡的后果,当然很严重。原文不甚清晰,似乎李氏置堇而致杜佑死亡。然今知杜佑卒在李氏后五年,李氏卒日在四月十七日,距离春社已经两个半月,死后杜佑亲为料理丧事,彼此间均似无谋害之可能。此间似有文本之传误,或《史遗》采据传闻之词,亦可能在杜佑卒后,家族因继嗣、名分等问题所引起之纠纷,有给李氏添加之丑闻,亦属可能,惜皆不能得其详。

不过就《史遗》所载崔膺请让追封亡妻梁氏的建议,应该有一定的合理性,盖杜佑熟于掌故礼制,对以妾为妻之种种可能引起的非议,必然有一定的考虑。不过梁氏是否得到追封,现在还无法确定,因为在权德舆所撰墓志中没有提到梁氏的诰封。

二为《文苑英华》卷五九一王仲周《代杜司徒谢妻封邑表》:

> 臣佑言:伏奉恩制,封臣小男母李氏密国夫人。臣某中谢。伏以礼经明文,妇人本无爵命;秦汉以降,优贤以宠闺门。固无缪及,有紊彝典。臣小男母李氏,本非主馈,若贵云因子,臣男尚自贱微;礼有从夫,臣妻又早逝殁。岂伊末品,忽被殊私,此盖陛下念臣齿发渐衰,宾祭无主,俾立家而有裕,遂开国以疏封。诗美鹊巢,惧无德而自处;礼荣翟茀,恐负乘以贻灾。瞻上天而以惧以惭,顾中闱而载荣载跃。不任荷惧屏营之至。

郭锋《杜佑评传》引此而认为杜佑拒绝了德宗的封授,是误解了原文的意思。表题中的"谢"就是"中谢"的"谢",是感谢而非拒绝。在此表中,杜佑称李氏为"小男母",称其"本非主馈",述自己在妻梁氏去世后"宾祭无主"。根据此表推测,杜佑在请封以前,李氏的身份一直是妾而非妻,在家族中没有主祭的资格,且杜佑对此并没有对朝廷有所隐瞒。但在德宗封邑后,名分就已经变了,故表题中的"妻"已指李氏,且其因此而获得家族"主馈"、"宾祭"的资格。这一年,杜佑六十五岁,李氏四十四岁。

七、杜佑身后家人拒绝对李氏之承认

虽然李氏的密国夫人封号由德宗颁赐,杜佑在《大唐故密国夫人陇西李氏墓志铭》中也庄重宣布李氏为"司徒、同中书门下平章事、岐国公杜佑妻密国夫人李氏",但在他本人身后,并没有得到他与梁氏所生诸子的认可。权德舆撰《唐故金紫光禄大夫守太保致仕赠太傅岐国公杜公墓志铭》,仅述"夫人安定郡梁氏,苏州常熟县令幼睦之女也。专柔淑慎,动有仪矩,先于公殁,几三十年矣"。完全没有提到李氏。墓志所述嗣子,也只有梁氏所生"嗣子司农少卿师损,与其弟昭应县令式方、驾部员外郎从郁等",完全不提李氏所生诸子。

其实在李氏墓志中,杜佑似乎已经留下伏笔,即完全没有叙及李氏对前妻诸子的态度,而李氏卒后,亦仅述"二子号毁,举宗酸恻",前句为实写,后句为泛说。没有说年长诸子对继母去世的态度。

同时,李吉甫撰《唐赠太傅岐国公杜佑碑》,见《宝刻丛编》卷八引《京兆金石录》著录,元和十二年刊石,当撰于元和九年李吉甫卒前。原碑已佚,宋人类书颇引残句,拙辑《全唐文补编》有辑录。另李吉甫还曾撰有《唐赠太傅岐国公杜佑先庙碑》,见《类编长安志》卷九,亦久佚。此外,虽有一些故吏门生的哀悼文字,均没有涉及其家事。

在此后从唐代官方史书中派生而出的史书,在叙及杜佑后人时,均仅提前述三子,不及宪祥、绍孜等李氏所生子。可以认为,在杜佑卒后,嫡出诸子重新获得家族的主导权,否定了李氏的继妻地位。《旧唐书》本传所谓"亲族子弟言之不从,时论非之",传达的正是嫡出诸子的立场。

八、结　　论

唐代婚姻明士庶之分,与明清时期完全不同。士族阶层对此有严格的规范,不能逾越。《唐律·户婚律》除前文已引的律文外,另亦规定:"诸杂户不得与良人为婚,违者杖一百。官户娶良人女者,亦如之。良人娶官户女者,加二等。即奴婢私嫁女与良人为妻妾者,准盗论。知情娶者,与同罪,各还正之。"所谓良贱不婚,在两方面都可能为违法之事。在唐代士人婚姻记录中,我们可以看到有仅纳妾而终身未娶妻者,如柳知微撰《唐故颍川陈氏(兰英)墓记》:

> 陈氏讳兰英,大和中,归于我。凡在柳氏十有七年,是非不言于口,喜怒不形于色,谦和处众,恭敬奉上,而又谙熟礼度,聪明干事。余以位卑禄薄,未及婚娶,家事细大,悉皆委之。尔能尽力,靡不躬亲,致使春秋祭祀,无所阙遗,微尔之助,翳不及此。无何,疾生于肺,缠绵不愈,以大中四年十二月三日终于升平里余之私第,年四十。先有一女曰婆女,五岁不育;今有一男曰貂蝉,年未成童。即以其月十一日,葬于长安县永寿乡高阳原。虑陵谷变迁,失其所在,遂书石纪事,置诸墓门云尔。朝议郎前行京兆府富平县尉柳知微记。

柳知微与其共同生活二十多年,陈为其生一儿一女,但自述因"位卑禄薄,未及婚娶"而一直未婚,直至陈氏病逝,仍为侍妾。

又柳宗元因年幼时父亲柳镇与好友杨凭的一段戏言而娶杨女,杨氏有足疾而多病,去世时柳仅二十六岁,其后二十年,他没有再娶,在书信中自述"荒陬中少士人女子,无与为婚,世亦不肯与罪大者亲昵"(《柳河东集》卷三十《寄许京兆孟容书》),其女和娘于元和五年(810)死于永州,年十岁,即生于杨氏去世两年后,称"其母微也"(同前卷一三《下殇女子墓砖记》)。而据韩愈撰《柳子厚墓志铭》(《昌黎文集》卷三三),他去世时有"子男二人,长曰周六,始四岁,季曰周七,子厚卒乃生。女子三人,皆幼。"都是在南方纳妾所生。

相比较来说,杜佑以妾为妻,是需要相当勇气的,无论面对家中前妻所生子女,面对世俗的强烈看法,他都感到巨大压力。不过杜佑之为人,既强敏于政事,日常生活态度又极其通脱放达。其在扬州的掌书记刘禹锡贬官朗州后,曾致信于他说:

> 小人自居门下,仅踰十年,未尝信宿而不侍坐,率性所履,固无遁逃,言行之间,足见真态。伏惟推心以明其迹,追往以鉴于今,苟谓其尝掩人以自售矣,尝近名以冒进矣,尝欺谩于言说矣,尝昏贪于求售矣,尝狎比其琐细矣,尝媒孽其僚友矣,尝矫激以买直矣,尝詀諞以取容矣,尝漏言于咨诹矣,尝败务以簿书矣。有一于此,虽人谓其贤,我得而刑也,岂止于弃乎。苟或反是,虽人谓其盗,我得而任也,庸可而弃乎?

所述虽是往日主官与门吏之间充分信任、无所猜忌的情态,而杜佑为人之不循世俗、不拘小节,均可以看到。虽然我们还无法判断杜佑所述李氏家世是否全部出自他的编造,但至少可以看到他为达成以李氏为妻的努力,即说明李氏本出天潢贵胄,仅因先世贬黜而寄寓南方,以其为妻具有充分的根据。杜佑的行为为当时人所惊怪,不为其嫡出诸子所接纳,正可看到他虽以礼法名家(所著《通典》中有百卷内容根据《开元礼》来叙说汉唐以来各项礼法的变化),但在具体到自己的家事时,却完全无视礼法的限制而自行其是。就现代人的认识,爱情是不应该受到国家、民族、地位、贫富等等限制的高尚行为。我们当然不必根据现代的观点去故意拔高古人,但以杜佑之家族背景、道德素养和政事能力,不为礼俗所宥,坚定执着地为爱妾争取名分,实在是很特别的行为。唐中期因为地方和下层武人势力的兴起,传统士族礼法社会逐渐解体,且强烈冲击到社会生活的一切细节。杜佑的这段个案,正是其中很值得玩味的一朵浪花。

(《文史》第 100 期,中华书局,2012 年)

《本事诗》作者孟启家世生平考

史籍中关于《本事诗》作者孟启生平的记载不多，著名学者如余嘉锡、王梦鸥均有考证，但所得甚少。不久前出版的《全唐文补遗》第八册(陕西省古籍整理办公室、洛阳市第二文物工作队编，吴钢主编，三秦出版社，2005年)收录了河南洛阳新出土的孟启家族四方墓志，为其家世生平研究提供了极其珍贵的记录。

一、孟启家族墓志的发现

这四方墓志分别是孟启撰其妻李琡墓志、其叔母萧氏墓志，其叔父孟球撰孟璘墓志，以及孟璘子孟蔚撰其侄孙孟亚孙墓志。最后一方墓志与孟启关系不大，其他三方先全录或摘录如下。

李琡墓志题作《唐孟氏冢妇陇西李夫人墓志铭并叙》，撰写于咸通十二年(871)七月，全录如下：

> 咸通十二年辛卯五月戊申，进士孟启之妻陇西李氏讳琡，字德昭，以疾没于长安通化里之私第，享年三十有五。七月壬申，葬于河南洛阳县平阴乡，祔于先舅姑之兆次，而启为之墓志云。夫人皇族，太祖景皇帝之十一代孙，明州刺史、赠礼部尚书讳谔之孙，今宗正卿名从乂之女。宗正，余之季舅，娶兰陵萧氏，生二男三女，夫人其中女也。自免怀之岁，则歧歧然。保母不勤，训导不加，渐渍诗礼，率由典法。年二十五，归于孟氏。启读书为文，举进士，久不得第，故于道艺以不试自工，常以理乱兴亡为己任，而于夫人惭材；屈指计天下事，默知心得，前睹成败，而于夫人惭明；顺考古道，乐天知命，不以贫贱丧志，而于夫人惭贤；不

受非财,不交非类,善恶是非,外顺若一,而于夫人惭德;博爱周愍,不蕲生类,而于夫人惭仁;迁善远过,亲贤容众,悔恡不作,丑声不加,而于夫人惭智;辨贤否,明是非,别亲疏,审去就,而于夫人惭识;通塞之运付之天,死生之期委诸命,而于夫人惭达。八者余外,从事于亲戚友朋,常所励勉。时遇推引,或尝自多,入对夫人,歉然如失。呜呼!学不总九流百氏之奥,德不经师友切磨之勤,而天姿卓然,踔越异等,此始可以言人矣。三十二,丁内艰。既免丧,数月得疾,日以沉顿。凡医伎异术、祷祝禳祆(《补遗》录作妖),无不为者,确然内痼,流遁膏肓,精爽丰肤,暗然如铄。众药咸试,亟犹旬时,寒温和烈,投之若一,类以卵叩石,以莛撞钟。至于劫厉舞巫,焚符媚灶,固尽为捕影矣。呜呼!天与之贤,不与其寿,庄生变化之说,释氏轮回之谭,倘或有焉,则余知其脱屣柔随,挺为贤杰者矣。惜乎!余老而未达,俾夫人之仁,不涵濡于九族;夫人之德,不布显于天下。牛钟鲋井,踠迹而终,彤笔绝芳,青简亡纪。呜呼,其命也夫![疾]将亟之前五旬有五日,舐笔和墨,以余为避。凡衾襚之具,涂刍之列,靡不毕留其制度。俭约下逼,谦戮难遵,而眷余之情,诚诀于后,辞约意恳,所不忍视。及此之时,厌生衔恨,恨不遂从之于幽漠也。夫人唯一女,既周岁逾五月,名李七。无男。呜呼!此其尤所痛悼者也。铭曰:何为而来?以德以材,而卷诸怀。何为而去?不迟不伫,如斯其遽。满谪偿期,宁兹淹度。弃厌擢迁,逝肯留顾。君没世绝,罪祸余附。兹焉其觖,长号永慕。呜呼哀哉!

《全唐文补遗》不录原志结衔,但从小传推测,署名应为"夫孟启撰"。

孟启撰萧威墓志,原题为《唐故朝请大夫京兆少尹上柱国孟府君夫人兰陵郡君萧氏墓志铭》,撰于乾符二年(875)十月,晚于李琡墓志四年,结衔为"凤翔府节度使推官、前乡贡进士孟启撰"。摘录如下:

夫人讳威,字德真,兰陵人也。……高祖讳炅,皇朝刑部尚书、兼京兆尹。……曾祖讳寔,眉州刺史。……皇考讳虔古,晋州襄陵县令。……襄陵娶京兆韦氏,父孚,晋州赵城县丞。夫人即襄陵之嫡长女。……年二十四,归于孟氏。……京兆府君由进士第佐大藩府,再领郡印,三转南宫,自尚书职方郎中迁京兆少尹,未尝忧问家事。外姻枝幼,其至如归。夫人煦覆仁濡,必殚慈力。以从爵再封郡君。岁时被礼服,朝谒于皇太后,族属以为荣。京兆府君先夫人十五年即世,夫人嫠居致毁,不期延永。训导诸子,抚视稚幼。一遵礼法,咸克成人。乾符二年三月二十三日,遘疾没于洛阳德懋里之私第,享年五十七。其年十月十二日,祔于京兆府君之兆域,礼也。夫人生五子:长表微,明经擢第,方举进士。次通微,亦克负荷。中女早亡,长季皆有闺则,而未遘入。夫人妹一人,适夏州掌记、兼大理评事韦颢。弟二人:长曰丹,前阆州奉国县主簿。季曰琢,举进士。侄启,承讣衔哀,刻于幽志,敬序族世,不敢以文。

末署:"孤子表微书并篆盖。维乾符二年岁次乙未十月庚戌十二日辛酉。"

孟璲墓志题作《唐故朝请大夫守京兆少尹上柱国孟公墓志铭》,不署撰者名,但据志文所叙,应为志主之弟孟球撰。末署"侄启书并篆盖",但孟启为何人之子不太明确,较大可能是璲、球之兄琯之子。全录如下:

公讳璲,字虞颂,平昌安丘人,宋佐命临汝公昶十一代孙也。高祖玄机,皇朝河南县丞、群书详正学士。曾祖景仁,仪凤中进士高第,历官衢州龙丘县令,赠殿中丞。祖洋,以至孝闻,明经制举,授浔阳尉,居官有能名。由监察、殿中皆带剧职,历吉、虔二州刺史,赠光禄卿。与颜鲁公善,葬常州武进原,真卿为之碑。父存性,贞肃清简,居家如在公府,懿行嘉誉,显于当时。历官至资、蜀二州刺史、抚王傅,累赠礼部尚书。有子九人,公即尚书第二子也。弱冠知名,通九经百家之言,善属文。大和初,进士擢第,累辟藩府,掌奏记。佐治仅二十年,率多善绩,略而不备。入为尚书司门员外郎,转工部郎中,邓、唐二州刺史。惠化及物,人受实惠。陟为尚书职方郎中,迁京兆少尹。性恬淡寡欲,轻财尚信,未尝言禄利,授虽抑,亦自荣之。以是搢绅之士,无不推伏其弘量也。朝廷以公当居言议之地,将授而遘疾,倾朝之士,无不日至其门。以大中十四年二月九日，终于长安善和里，享年六十七。其年四月十四日，归葬于河南府洛阳县平阴乡成村，祔龙丘府君之茔，礼也。令德之余，克昌其嗣，凡五子。夫人兰陵萧氏，刑部尚书炅之孙，临汝尉虔古之女。生蔚、彭及三女。长子曰彬，歙州婺源尉，有材干，当官必治，吏不敢犯；次曰莅，斋郎出身；曰蔚，明经及第；陹、彭尚幼，皆恭默保家之器。五女：长曰邻，适进士柳鼎；次曰师，适岐（《补遗》作"歧"）山尉姚瑱；曰成，曰斋，曰小斋，未笄，萧氏出焉。公长兄琯，有重名于时，元和五年进士擢第；公策名于大和初，其后开成、会昌中，季弟珏、球继升进士科；至大中末皆银艾，同为尚书郎、列郡刺史，时人荣之。呜呼！生有荣禄，殁有后嗣，复何恨哉！可惜者，位不称才而已。球奉季兄珏之命，泣血搏膺，录功绪志于贞石。铭曰：君子之德，人鲜克举。挈而行之，保此贞誉。君子之道，暗然而彰。静以思之，莫德而量。诗不云乎，以燕翼子。平阴之原，芭如丰水。自此茔中正北六十步曲、正东四步，至龙丘府君墓中。自茔中正南六十四步曲、正西六十九步，至尚书府君墓。自茔中正北六十步曲、正西三十六步，至随州府君墓。

由于至今没有看到孟氏家族墓地的发掘报告，《全唐文补遗》也仅有录文，没有拓本，故以上录文，均据该书，仅作了部分标点和误字的调整。

二、《本事诗》作者可确定为孟启

《本事诗》作者之名，有启、棨、綮三种说法。作"綮"仅见于文渊阁本《四库全书》本《本事诗》提要，然浙本《四库全书总目》卷一百九十五已改作启，作綮殆属误录，可不计。作"棨"首见于五代王定保《唐摭言》卷四《与恩地旧交》：

> 孟棨年长于小魏公。放榜日，棨出行曲谢。沆泣曰："先辈吾师也。"沆泣，棨亦泣。棨出入场籍三十余年。

后沿其说者有《太平广记》卷一八二引《摭言》、《梦溪笔谈》卷四、《职官分纪》卷四九、《西溪丛语》卷上、《苕溪渔隐丛话前集》卷五、《通志》卷七〇《艺文略》、袁本《郡斋读书志》卷四下、《东坡诗集注》卷一九《送鲁元翰少卿知卫州》等。《四库全书总目》以为："《新唐书·艺文志》载此书,题曰孟启,毛晋《津逮秘书》因之。然诸家称引,并作棨字,疑《唐志》误也。"对此,余嘉锡《四库提要辨证》卷二四认为：

> 案考各家刻本,皆作孟启,不独毛氏以为然。《宋史·艺文志》、《书录解题》亦皆作启,独《通志·艺文略》及《读书志》作棨耳。二字形声相近,未详孰是。

余氏举证详确,结论审慎。台湾学者王梦鸥先生《本事诗校补考释》(收入《唐人小说研究三集》,台北艺文印书馆,1974年)则认为《新唐书·艺文志》、《宋史·艺文志》、《直斋书录解题》(卷一五)、《全唐文》(卷八一七)及顾氏、毛氏刊本《本事诗》,皆署孟启,而衢本《郡斋读书志》卷二〇引五代吴处常子《续本事诗》序,"称孟启为孟初中,衡以名字相副之例,则作启者似是也"。所考颇为精当。在此可以再补充两条旁证。一是日本内山知也先生作《本事诗校勘记》(收入《隋唐小说研究》,木耳社,1978年),遍校了《本事诗》的十四种传本,确定仅有三种版本存自序,而署名没有异文,均作"启"。二是前举咸通十二年《李琡墓志》称"举进士,久不得第",而乾符二年《萧威墓志》署"前乡贡进士孟启",与《登科记考》卷二三依据《唐摭言》考证其在乾符元年登第的记载若合符契。《本事诗》作者为孟启,可以定谳。

三、孟启家族先世事迹

孟启家族先世事迹,惟前引《孟璲墓志》记载较详。志称其为"平昌安丘人,宋佐命临汝公昶十一代孙也"。《元和姓纂》卷九孟氏有平昌安丘一望,称自孟轲"居高密,置平昌郡,即为郡人",殆指远望。孟昶,晋末为刘裕亲信,义熙四年(408)以丹阳尹为中军留府事,因与卢循战败自杀。惟《晋书》、《宋书》皆无其传,事迹散见于二书纪传。《世说新语·企羡》注引《晋安帝纪》云其"字彦达,平昌人。父馥,中护军"。另《宋书》卷六六《何尚之传》载昶有弟顗,入宋官至会稽太守,有子劭尚文帝女。称平昌人,殆从郡望。《元和姓纂》卷九叙孟昶为江夏武昌人,当可信。璲为昶十一世孙,则自昶至玄机为七世。自高祖玄机至璲父存性四世,两《唐书》皆不载其事迹。玄机任"河南县丞、群书详正学士",据《旧唐书·崔行功传》载,详正学士为高宗显庆以后所置官,隶东台(即门下省),职掌为校理图书,官阶不详。曾祖景仁于仪凤中登进士第,仅历官衢州龙丘县令,亦不显。志述"祖洋,以至孝闻,明经制举,授浔阳尉,居官有能名。由监察、殿中皆带剧职,历吉、虔二州刺史,赠光禄卿。与颜鲁公善,葬常州武进原,真卿为之碑"。事迹较详。颜真卿所撰碑,不见其他记录。从其官至江南西道二州刺史,及葬常州推测,可能为颜真卿大历初任抚州刺史时所作。存性为孟启之祖,志叙其官至资、蜀二州刺史、抚王傅。抚王为顺宗第十七子李纮,《旧唐书》卷一五〇《德宗顺宗诸子传》称为贞元二十一年封,是存性有可能活到宪宗初年。存性有子九人,孟璲为第二子,志称孟琯为长兄,又称"开成、会昌中,季弟珏、球继升进士科",则珏、球当为幼子。其他诸子不详。

撰成于元和七年的《元和姓纂》,虽然叙及孟昶兄弟事迹,但并没有叙及孟洋、孟存性父子的事迹。虽然不能因此而认为墓志所叙先祖为依托,但此一家族至此尚未通显,则可据知。《孟璲墓志》云:"公长兄琯,有重名于时,元和五年进士擢第;公策名于大和初,其后开成、会昌中,季弟珏、球继升进士科;至大中末皆银艾,同为尚书郎、列郡刺史,时人荣之。"元和间孟琯登第后,其家族地位迅速提高。大和初孟璲登进士第,大中末官至京兆少尹。孟球,《唐摭言》卷三叙其在会昌三年(843)于王起第二榜登第,《旧唐书·懿宗纪》载其咸通五年(864)自晋州刺史改检校工部尚书兼徐州刺史。同书《崔慎由传》称其咸通六年(865)为徐州节度使,因南诏入侵,征调戍卒往桂林,即后酿成庞勋之变者。孟珏事迹别无表见。

就本文所考,参用四方墓志相关记载,列孟启家族世系如下:

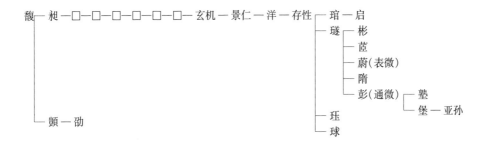

四、孟启父孟琯生平著作考略

  孟启在孟璲夫妇墓志中均自称为侄,可以确定他是孟存性之孙。但孟存性有九子,墓志并没有提供他为谁子的确凿证据。根据以下几条理由,基本可以确定他是存性长子孟琯之子。其一,孟璲为第二子,大中十四年(860)卒时年六十七,即生于贞元十年(794)。孟启在《本事诗》中有"开成中余罢梧州"的叙述,且其咸通十二年(871)在李琡墓志中已有"余老而未达"之叹,其生年应在元和前期,即开成中弱冠,咸通十二年约六十岁,为大致契合,因而不可能是孟璲诸弟之子。其二,据下文所考,孟琯在大和九年被贬为梧州司户参军,与孟启开成中在梧州的经历正相吻合。

  孟琯,两《唐书》无传,事迹散见于群书之中。最早的记载是韩愈《送孟琯秀才序》(《五百家注昌黎文集》卷二〇)云:

>   今年秋,见孟氏子琯于郴,年甚少,礼甚度,手其文一编甚钜。退披其编以读之,尽其书,无有不能,吾固心存而目识之矣。其十月,吾道于衡、潭以之荆,累累见孟氏子焉。其所与,偕尽善人长者,余益以奇之。今将去是而随举于京师,虽有不请,犹将强而授之,以就其志,况其请之烦邪!京师之进士以千数,其人靡所不有,吾常折肱焉,其要在详择而固交之。善虽不吾与,吾将强而附;不善虽不吾恶,吾将强而拒。苟如是,其于高爵,犹阶而升堂,又况其细者邪!

  此文作于永贞元年(805)十月,时韩愈在阳山遇赦北上,拟取道衡州、潭州赴任江陵,经过郴州,孟琯以文晋谒,并请序于韩愈。韩愈称其"年甚少",估计最多长于孟璲五六岁,即其时约十六七岁。其文才既见赏于韩愈,且年少即得解赴京就试。至于他为何从郴州赴举,原因不甚明了。

孟琯于元和五年(810)登进士第,见前书注引孙汝听曰:"元和五年,刑部侍郎崔枢知举,试《洪钟待撞赋》,孟琯中第。"又洪兴祖《韩子年谱》:"孟琯元和五年及第,见雁塔题名。"后徐松《登科记考》卷一八据以收入。赴举五年而登第,在唐人是很顺利的。估计孟启大约即生于次年前后。琯后为殿中侍御史,曾上言驳韦绶之谥,《旧唐书》卷一五八《韦绶传》列其事于长庆二年十月以后,又叙为"二年八月"事,未能确定是三年之误,还是大和二年而夺年号。大和三年九月,以监察御史往淮南、浙右巡察米价,见《册府元龟》卷一六二;十月,御史台奏差其便道往洪、潭存恤,见同书卷四七四;九年,甘露事变起,时为长安县令,因坐县捕贼官为京兆少尹罗立言所用,贬硖州长史,见《旧唐书》卷一六九《罗立言传》。《册府元龟》卷七〇七叙此事较详:

> 姚中立为万年县令、孟琯为长安县令。文宗大和九年十一月,两县捕贼官领其徒,受罗立言指使,内万年县捕贼官郑洪惧而诈死,令其家人丧服而哭。中立阴识之,虑其诈闻,不能免所累,以其状告之。洪藏入左神策军。洪衔中立之告,返言追集所由,皆县令指挥,故贬中立为朗州长史,琯为硖州长史;寻再贬中立为韶州司户参军,琯为梧州司户参军。

据前引《罗立言传》,立言为郑注、李训亲信,训拟诛宦官,以立言为京兆少尹,以期借用京兆吏卒。甘露变起,立言集两县吏卒欲谋举事,事败被族,郑洪向仇士良举告姚中立,孟琯受牵连而贬硖州长史,再贬梧州司户参军。

孟琯贬梧州以后的仕历不见史传。但《新唐书·艺文志》著录有"孟琯《岭南异物志》一卷",另《崇文总目》《通志·艺文略》《玉海》皆著录,知宋代此书尚存。今见有宋、明两代十多种著作中引有此书逸文约三十则,今辑录见本文附录。从此书佚文看,内容所记遍及岭南东西两道的广州、崖州、康州、韶州、循州、崖州、容州等地,应多属闻见,未必亲至其地。《太平广记》

卷四〇六所引称"梧州子城外有三四株"刺桐,当属亲见;同书卷四五八引云"开成初,沧州故将苏闰为刺史",为时间最晚的记录,苏闰所任可能就是梧州刺史。孟琯居梧州多久,无从考知,从《本事诗》语意不甚清晰的"开成中余罢梧州"一语推测,很可能即以开成间卒于贬所。

《李琡墓志》称李琡为"明州刺史、赠礼部尚书讳谓之孙,今宗正卿名从乂之女",又称"宗正,余之季舅",是孟琯当娶李谓之女、李从乂之姊为妻。

五、孟启的生平经历

孟启生年,没有明确记录。《唐摭言》称其年长于小魏公,小魏公指崔沆,但其生年并没有留下记录。前节推测当生于元和前期,大约不会相去太远。

《本事诗》"开成中余罢梧州"一语,颇为费解。从唐人表述习惯来说,"罢"无疑是指离职、去职,"余罢梧州"更像是梧州刺史去职的口气。《唐刺史考全编》卷二七八据此而列孟棨开成中为梧州刺史,即依据常理判断。以往仅知孟启光启二年(886)任司勋郎中,其职位与刺史相当,而两者相去竟达五十年之久,且亦与孟启乾符初方及第的经历不符,因颇疑此为移录他人文章编入《本事诗》而未及改尽之遗留。现在确定其父孟琯开成间确因贬官而居梧州,则其时孟启随父侍行至梧州,亦可得到证实。此句所述,可以断定是孟启自述经历。但其时孟琯在梧州仅是遭贬逐的司户参军,其子未必有什么职位。颇疑"余罢梧州"之"罢"为"居"之误。

孟启始应进士举的时间,《唐摭言》称"棨出入场籍三十余年",自乾符元年前推三十年,为会昌四年。李琡墓志亦自称"启读书为文,举进士,久不得第"。大致可以认为,孟启开成间或会昌初自梧州北上后,即参加进士举,其间并没有太多的空隔。《唐摭言》卷三载孟球于会昌三年在吏部尚书王起再知贡举时登第,孟启那时应该已经进入科场了。

前列孟启撰文的两方墓志,是我们在《本事诗》以外得以见到新的作品,非常珍贵。相比较而言,《萧威墓志》是为其叔母所撰,行文比较庄重严肃,文采稍逊,而《李琡墓志》则表达对亡妻的悼惜之情,并借此表达自己怀才不遇的失落之感,以及对亡妻的愧疚,是唐人墓志中很有特色的一篇。《全唐文》所收唐人为亡妻所撰墓志,仅有柳宗元为其妻杨氏所撰的一篇,但自清中叶以来地下所出墓志中的此类作品,至今所见已经达到八十七篇之多。且开元以前仅有十四篇,开元以后多达七十三篇,可以看到唐代文学充分发展后,文人对于夫妻之情表述的重视(详见拙文《唐代的亡妻与亡妾墓志》,《中华文史论丛》2006年第2辑)。

孟启妻李琡出身唐宗室。墓志称其是"太祖景皇帝之十一代孙,明州刺史、赠礼部尚书讳谓之孙,今宗正卿名从乂之女"。"太祖景皇帝"指高祖李渊之祖李虎。《新唐书》卷七〇上《宗室世系表》在李虎子李亮开始的大郑王房中,记李琡祖李谓为明州刺史,与墓志合,其父李从乂则记为太常卿,疑《新唐书》所记为其终官,或为其所据《天潢玉牒》一类书编纂时的官守,与墓志记其咸通十二年实任官有所不同。李琡一家在唐宗室中虽属旁枝,但其祖、父官职颇显,宗正卿为主管宗室事务的主要官员。孟启父子与李家两代为婚,关系极其密切。但宗正卿所掌毕竟又非朝政要枢,孟启能够得到来自李家的奥援恐很有限。

李琡咸通十二年(871)卒时年三十五,是生于开成二年(837),时孟启已经随父到梧州,估计夫妻之间的年龄差,在二十五岁以上。李琡二十五岁嫁于孟启,可以确定是咸通二年的事。此年孟启大约五十岁。此前有无婚娶,不甚明了。就李琡墓志的叙述,以及铭词中"君没世绝"一语来看,似乎并没有别的子嗣。

孟启在墓志中,除对其妻家世、才学、婚姻、病卒的叙述外,主要部分表述自己对妻子的愧疚之感。墓志中既自许"于道艺以不试自工,常以理乱兴亡为己任"、"屈指计天下事,默知心得,前睹成败"、"顺考古道,乐天知命,不以贫贱丧志"、"不受非财,不交非类,善恶是非,外顺若一"、"博爱周愍,不剸生类"、"迁善远过,亲贤容众,悔怅不作,丑声不加"、"辨贤否,明是非,别亲疏,审去就"、"通塞之运付之夭,死生之期委诸命",可以说集众美于一身,德识才学,几乎无所欠缺,但现实却是"举进士,久不得第"、"老而未达",命途多舛,以致妻子同受困厄,终至病亡,其德其才皆不能为世所重,自己也未为妻带来应有的荣耀。墓志连用八句以表述自己对夫人的惭疚,所列材、明、贤、德、仁、智、识、达诸端,既无愆失,然与世乖违,迄无所成,表达了极大的愤懑。凡此数句,可以看到孟启的自负,又表达对亡妻的深切愧恶,遣句独特,属意颇深。墓志后半述其妻后事处置及妻亡后的泣血之痛,感情较真挚。

《登科记考》卷二三根据《唐摭言》的记载,考定孟启于乾符元年(874)登进士第。从其次年十月所撰叔母萧威墓志,署"凤翔府节度使推官、前乡贡进士孟启撰",大致可以认为其登第后不久,即应凤翔节度使征辟为推官。《唐刺史考全编》卷五考定咸通十三年至乾符六年间,凤翔节度使均为令狐绹。可以相信孟启即应其辟召入幕。推官在幕府的主要职责是推勾狱讼,是文职幕僚中名次稍后的职位,符合登第不久的身份。

现在能够知道孟启最后的事迹,就是《本事诗序》所述的最后几句:"光启二年十一月,大驾在褒中,前司勋郎中赐紫金鱼袋孟启序。"其时距离任凤翔推官已经十二年。孟启在此十二年间的经历不可考。在这十二年间,政治形势发生了巨大的变化:先是王仙芝、黄巢起兵席卷全国,广明间入长安,僖宗被迫避地蜀中;中和返京后不久,光启二年正月又发生朱玫强拥立嗣襄王之变,僖宗再次出逃凤翔、兴元,在外逾一年。从孟启的叙述分析,其称"大驾在褒中",即指僖宗时幸兴元,而自己并未随驾任职。其称"前司勋郎中",知其此年以前任司勋郎中,而其时已经去职而又未有他授,故仅称前职。据《旧唐书·职官志》载,司勋郎中属吏部,从五品上,"掌邦国官人之勋级"。孟启登第十年而为郎中,仕途还算顺利,尽管当时他肯定已经年逾七旬了。日本学者内山知也先生《本事诗校勘记》中释此数句云:遭朱玫之变后,"文武官僚遭戮者殆半,则知孟启既失官,又不知在何处也"。是很准确的。处此变乱之中,既已去官,当得多暇,因得编纂如《本事诗》之类的闲适之书,书中亦无悲苦愤世之语,是其处境大致尚可。在《李琡墓志》中,孟启对自己的政治抱负非常自得,最后仅靠《本事诗》留存后世,就很难说是幸还是不幸了。

附录　孟琯《岭南异物志》辑存

按孟琯《岭南异物志》撰述始末及宋元书志著录情况,前文已经考及。

此书至今未有辑本,谨就宋以后文献征引,得三十则,辑录如下:

1. 风狸如猿猴而小,昼则蜷伏不能动,夜则腾跃甚疾。好食蜘蛛虫。打杀,以口向风,复活,唯破脑不复生矣。以酒浸,愈风疾。南人相传云:此兽常持一小杖,遇物则指,飞走悉不能去。人有得之者,所指必有获。夷人施罟网,既得其兽,不复见其杖。杖之数百,乃肯为人取。或云,邕州首领宁洄得之。洄资产巨万,僮伎数百,洄甚秘其事。(《太平御览》卷九〇八)

2. 南道之酋豪,多选鹅之细毛,夹以布帛,絮而为被,复纵横纳之,其温柔不下于挟纩也。俗云鹅毛柔暖而性冷,偏宜覆小儿而辟惊痫也。(《太平御览》卷九一九。《本草纲目》卷四七作"邕州蛮人选鹅腹毳毛,为衣被絮,柔暖而性冷,婴儿尤宜之,能辟惊痫。"殆有所改写。)

3. 广州洽浰县金池黄家,有养鹅鸭池。尝于鸭粪中见有麸金片,遂多收掏之,日得一两,缘此而致富,其子孙皆为使府剧职。三世后,池即无金,黄氏力殚矣。(《太平御览》卷九一九)

4. 五岭溪山深处,有大鸟,如鸧鹳,常吐蚊子,辄从口中飞去,谓之吐蚊鸟。(《太平御览》卷九二八。《本草纲目》卷四七作"吐蚊鸟大如青鹢,大嘴食鱼"。)

5. 南方尝晴望海中,二山如黛。海人云,去岸两厢各六百里,一旦暴风雷旦,雾露皆腥,杂以泥涎,七日方已。属有人从山来,说云:大鱼因鸣吼吹沫,其一鳃挂山巅七日,山为之折,不能去,鸣声为雷,气为风,涎沫为雾。(《太平御览》卷九三六。《事类赋》卷二九所引稍简。)

6. 海中所生鱼蜄,置阴处,有光,初见之,以为怪异。土人常推其义,盖咸水所生。海中水遇阴物,波如燃火满海,以物击之,迸散如星火,有月即不复见。木玄虚《海赋》云:"阴火退然。"岂谓此乎!(《太平广记》卷四六六。《太平御览》卷九三六稍简,"鱼蜄"作"鱼唇","海中水"作"海水中"。)

7. 尝有行海得洲渚,林木甚茂,乃维舟登岸,爨于水傍。半炊而林没于水,遽断其缆,乃得去。详视之,大蟹也。(《太平御览》卷九四二)

8. 南海有虾,须长四五十尺。(《太平御览》卷九四三)

9. 岭表有树如冬青,实在枝间,形如枇杷子。每熟,即拆裂,蚊子群飞,唯皮壳而已,土人谓之蚊子树。(《太平御览》卷九四五,"生"作"在","土人"作"士人",均据《太平广记》卷四〇七改。)

10. 珠崖人每晴明,见海中远山罗列,皆如翠屏,而东西不定,悉吴公也。(《太平御览》卷九四六、《尔雅翼》卷二六)

11. 容州有虫如守宫,身圆而颈长,头有冠帻,一日中随时变色,青黄赤白黑,未尝定。土人不能名,呼为十二时虫,噬人不可疗。(《太平御览》卷九五〇)

12. 南方有虫,大如守宫,足长身青,肉鬣赤色。其首随十二时变,子时鼠,丑时牛,亥时猪,性不伤人,名曰避役,见者有喜庆。(《太平御览》卷九五〇。《本草纲目》卷四三所引甚简。)

13. 南方梅,繁如北杏,十二月开。(《太平御览》卷九七〇)

14. 南土无霜雪,生物不复凋枯。种茄子,十年不死,生子,人皆攀缘摘之,树高至二丈。(《太平御览》卷九七七)

15. 儋崖种瓠成实,率皆石余。(《太平御览》卷九七九)

16. 五岭春夏率皆霪水,沾日既少,涉秋入冬方止。凡物皆易蠹败,萌胶毡罽无逾年者。尝买芥菜,置壁下,忘食数日,皆生四足,有首尾,能行走,大如螳螂,但腰身细长耳。(《太平广记》卷四一六。"尝买"句,《太平御览》卷九八〇作"唐孟琯尝于岭表买芥菜",殆经改写。)

17. 南土芥高者五六尺,子如鸡卵。广州人以巨芥为咸菹,埋地中,有三十年者。贵尚,亲宾以相饷遗。(《太平御览》卷九八〇、《尔雅翼》卷七。《太平广记》卷四一一"巨芥"作"巨菜"。)

南土芥高五六尺,子大如鸡子,芥极多心,嫩者为芥蓝。又有一种花,芥叶多刻缺,如萝卜英。冬月食者,俗呼腊菜;春月食者,俗呼春菜。(《农政全书》卷二八引刘恂《岭南异物志》。"芥心"二句,《施注苏诗》卷三六《雨后行菜》引作"芥心嫩苔谓之芥蓝"。)

18. 岭南兔,尝有郡牧得其皮,使工人削笔,醉失之,大惧,因剪己须为笔,甚善。更使为之,工者辞焉。诘其由,因实对,遂下令使一户输人须,或不能致,辄责其直。(《太平广记》卷二〇九)

19. 自广南际海十数州,多不立文宣王庙。有刺史不知礼,将释奠,即署一胥吏为文宣王亚圣,鞠躬候于门外。或进止不如仪,即判云:"文宣亚圣

决若干下。"(《太平广记》卷二六一)

20. 苍桐,不知所谓,盖南人以桐为苍桐,因以名郡。刺桐,南海至福州皆有之,丛生繁茂,不如福建。梧州子城外有三四株,憔悴不荣,未尝见花,反用名郡,亦未喻也。(《太平广记》卷四○六)

21. 循、海之间,每构屋,即令民踏木于江中,短长细大,唯所取,率松材也。彼俗常用,不知古之何人断截,埋泥砂中,既不朽蠹,又多如是,事可异者。(《太平广记》卷四○七)

22. 南中花多红赤,亦彼之方色也,唯踯躅为胜。岭北时有不如南之繁多也。山谷间悉生,二月发时,照耀如火,月余不歇。(《太平广记》卷○)

23. 岭南红槿,自正月迄十二月常开,秋冬差少耳。(《太平广记》卷四○九)

24. 昔有人泊渚登岸,忽见芦苇间有十余昆仑偃卧,手足皆动。惊报舟人,舟人有常行海中者,识之,菌也。往视之,首皆连地,割取食之。菌但无七窍。《抱朴子》云:肉芝如人形,产于地。亦此类也,何足怪哉!(《太平广记》卷四一三)

25. 韶州多两头蛇,为蚁封以避水。蚁封者,蚁子聚土为台也。苍梧亦多两头蛇,长不过一二尺,或云蚯蚓所化。(《太平广记》卷四五六)

26. 俗传有媪妪者,嬴秦时,常得异鱼,放于康州悦城江中,后稍大如龙。妪汲澣于江,龙辄来妪边,率为常。他日,妪治鱼,龙又来,以刀戏之,误断其尾。妪死,龙拥沙石,坟其墓上,人呼为掘尾,为立祠宇千余年。大和末,有职祠者,欲神其事以惑人,取群小蛇,术禁之,藏祠下,目为龙子。遵令饮酒,置巾箱中,持诣城市。越人好鬼怪,争遗之。职祠者辄收其半。开成初,沧州故将苏闰为刺史,心知其非,且利其财,益神之,得金帛,用修佛寺官舍。他日,军吏为蛇啮,闰不使治,乃整簪笏,命走语妪所,啮者俄顷死,乃云慢神罚也。愚民遽唱其事,信之益坚。尝有杀其一蛇,干于火,藏之。已而祠中蛇逾多,迄今犹然。(《太平广记》卷四五八)

27. 元和初,韦执谊贬崖州司户参军。刺史李甲怜其羁旅,乃举牒云:"前件官,久在相庭,颇谙公事,幸期佐理,勿惮縻贤。事须请摄军事衙推。"(《太平广记》卷四九七)

28. 广州法性寺佛殿前,有四五十株,子极小而味不涩,皆是六路。每岁州贡,只以此寺者。寺有古井,木根蘸水,水味不咸。每子熟时,有佳客至,则院僧煎汤以延之。其法用新摘诃子五枚,甘草一寸,皆碎破,汲木下井水同煎,色若新茶。今其寺谓之乾明,旧木犹有六七株,古井亦在。南海风俗,尚贵此汤,然煎之不必尽如昔时之法也。(《经史证类备急本草》卷一四、《本草纲目》卷三五下)

29. 南方多温,腊月桃李花尽坼,他物皆先时而荣,唯菊花十一月开,盖此物须寒乃发。寒晚,故发亦迟。(《百菊集谱》卷五)

30. 有人浮南海,见蛱蝶,大如蒲帆,称肉得八十斤,噉之极肥美。(《本草纲目》卷四〇)

(《新国学》第六卷,巴蜀书社,2006年)

《才调集》编选者韦縠家世考

唐人选唐诗今存十来种,今人最重视殷璠《河岳英灵集》,殆据以可以了解盛唐人对盛唐诗的认识。前人研究较多的,则是韦縠《才调集》,今知清冯舒、冯班《二冯评点才调集》十卷,有清初刻本;清纪昀《删正二冯评阅才调集》二卷,辑入纪氏《镜烟堂十种》;清殷元勋笺注、清宋邦绥补注《才调集补注》十卷,有清乾隆五十八年(1793)思补堂刻本。至于清吴兆宜笺注《才调集笺注》十卷,有清吴惠叔抄本;清周桢《才调集集注》十卷,仅存稿本,均不甚为人所知。

韦縠生平资料很少,可以相信的是他自己所作的《才调集叙》,署"蜀监察御史韦縠集",叙云:

> 余少博群言,常所得志,虽秋萤之照不远,而雕虫之见自佳。古人云:"自听之谓聪,内视之谓明也。"又安可受诮于愚卤,取讥于书厨者哉!暇日因阅李杜集、元白诗,其间大海混茫,风流挺特,遂采摭奥妙,并诸贤达章句,不可备录,各有编次。或闲窗展卷,或月榭行吟,韵高而桂魄争光,词丽而春色斗美,但贵自乐所好,岂敢垂诸后昆。今纂诸家歌诗,共一千首,每一百首成卷,分之为十,目曰《才调集》。庶几来者,不谓多言;他代有人,无嗤薄鉴云尔。

主要叙述编选的过程和原则,具体仕历、年代都没有交代。后人认为韦縠是后蜀人,一是《唐诗纪事》卷六一称为"伪蜀韦縠",二是南宋陈振孙《直斋书录解题》卷十五载:"《才调集》十卷,后蜀韦縠集唐人诗。"大致可信。此外,郑樵《通志·艺文略》记:"《才调集》、《天归集》十卷,唐韦縠集。"似乎韦縠另选有《天归集》十卷,考虑到《通志·艺文略》错讹较多,还是存疑为是。

《才调集》编选者韦縠家世考　　287

清初吴任臣《十国春秋》卷五十六有其传云："韦縠少有文藻。梦中得软罗缬巾，由是才思益进。仕高祖父子，累迁监察御史，已又升□部尚书。縠常辑唐人诗千首为《才调集》十卷，其书盛行当世。"似乎头头是道。但其实仔细分析，"少有文藻"和辑《才调集》当然是依据其自叙，"梦中"和"已又升□部尚书"二事，均据明徐应秋《玉芝堂谈荟》卷二十六《奇宝雷公琐》云："李濬《松窗杂录》记物之异闻，有雷公琐、辟尘犀……韦縠尚书梦中所得软罗缬巾、西蜀织成《兰亭》、罽宾国黄金衣、笔管上镂卢思道《燕歌行》……"但覆按今本《松窗杂录》，此段列《物之异闻》二十一物，其一即"韦悫尚书梦中所得软罗缬巾"。韦悫，《旧唐书》卷一七七有传附其子保衡下，是大和初进士，大中四年拜礼部侍郎，后历任郑滑、鄂岳观察使（据《唐刺史考全编》卷五七、卷一六四），大约卒于宣宗后期。《松窗杂录》大约成书于懿宗咸通间，作者李濬为名臣李绅之子。无论韦悫还是李濬，其生活年代都远早于前后蜀时期，吴任臣误采传讹的文本，据以拼凑韦縠事迹，实在不足为训。至于"仕高祖父子"一句，不知是有所本，还是出于猜度。后蜀只有高祖父子两代，此句没有太多实际意义，也无法证明韦縠广政间的出处情况。

今检巴蜀书社2005年出版四川省文物管理局编《四川文物志》三册，其中《石刻碑志卷》第四章《五代石刻碑志》，收入近年成都市东郊出土的韦縠弟韦毅夫妇墓志，为了解韦縠家世生平提供了极其珍贵的资料。韦毅墓志题作《□□故蜀州新津县令韦府君墓志铭》，其妻墓志题作《清河郡夫人张氏墓志》，均为侄婿彭州九陇县令罗济撰。原文较长，在此仅摘录韦毅墓志中与韦縠生平有关的部分：

> 韦之氏出颛顼大彭之后……至玄孙贤为汉丞相，始居京兆之杜陵。……府君讳毅，字致文。曾祖讳式，皇任晋州洪洞县令，累赠尚书户部侍郎。祖讳宗武，皇任复州刺史，赠右谏议大夫。父讳贻范，皇任尚书户部侍郎、同中书门下平章事、诸道盐铁转运等使，判度支。相国道在致君，才推命世，文章可以经纬天地，器局可以苞括古今，负周召之雄图，蕴房杜之远略，屡平多难，亟拯横流，方济殷周，重安汉鼎，克盟带砺，载耀旗常。相国有子六人、女二人，遭家不造，执亲之丧，四海未宁，

中原多事，遂扶持先国太夫人孔氏入蜀。认鹿头之王气，出鹑首之危邦。王先主早托洪钧，曲回青眼，优容厚礼，改馆加笾。旋属正位金行，开基玉垒，盛簪裾于霸国，选名器于相门。长兄栾，皇任东川节度副使。仲兄縠①，皇任侍御史。次兄毂，起家授简州金水县、广都县，赐绯鱼袋，训转守礼部郎中兼太常博士，赐紫金鱼袋。今朝先皇帝镇临之初，首蒙拔擢，云霄路稳，羽翮风高，践履清华，便蕃贵盛。今上弥隆倚注，迥降丝纶，乃自大仪兼领彭郡，久悬众望，即副具瞻。次弟宏，皇任源州观风判官。季弟毅，前守陵州录事参军。长姊归御史大夫刘公，封扶风郡夫人；次妹归丞相赵国张公，封燕国夫人。府君即相国第四子也。……起家授邛州蒲江县令。……嘉王太师……奏请充镇江军节度掌书记、检校尚书水部员外郎，赐绯鱼袋。……次任汉州绵竹县令，吏畏严明，民感弘恕。次任阆州南部县令。……今朝文皇帝差摄蜀州新津县令。……次任阆州阆中县令，次任录事参军，……次任眉州洪雅县令，次再任新津县令。……广政十九年丙辰八月二十四日寝疾，终于绵州履善里私第，春秋七十二。……夫人清河张氏，先府君即世。有三子四女。长子令均，次曰令弼，次曰令彬。长女嫁岳池主簿王崿，次女嫁前铜山县令王延昭，并先殒逝。三女未字，四女嫁董氏。……二十一年戊午岁七月二十七日，自左绵扶护，归就华阳县星桥乡清泉里，祔于先夫人之茔，礼也。彭牧尚书以手足凋零，肝心殒裂，津济丧事，畛恤诸孤。……

此外，张氏墓志记张氏卒于广政十七年九月，年五十九，记三子述及官职及婚配，季子名作令恭，稍有不同。

墓志提到韦縠的地方虽然只有一句话，但可资考证的线索则极其丰富。

墓志述韦氏为京兆杜陵人，这是唐代最有影响的家族。韦縠为昭宗时宰相韦昭范之子，这是以前没有记载的。关于韦昭范的家世，《新唐书》卷七

---

① 《四川文物志》此处误录作"索殳"，殆因不识或排版时一时无"縠"字，随取左右两形近字来代替。此墓志拓本未见发表，但此处为"縠"字则可确认，殆韦氏兄弟六人，四人皆以"殳"旁字为名。

十四上《宰相世系表》所记为(字及官职均从省):

```
宗立——式——匡范
        昭范
        昌范——用晦——縠
        贻范
```

据墓志则应为:

```
式——宗武——贻范——栾
                毅
                嘏
              毅——令均
                  令弼
                  令彬(恭?)
              宏
              縠
```

虽然《新唐书》以父祖辈错置有误,以縠为昌范孙,但知贻范先人名式,又以"宗"字为名,知縠为此家族后人,知所据仍有文献为依凭。贻范先人官职不显,史书中没有留下记录。《新唐书》卷一八二以贻范传附于卢光启传后:

> 初,光启执政,韦贻范、苏检相继为宰相。贻范字垂宪,以龙州刺史贬通州,检为洋州刺史,二人奔行在,贻范迁给事中。用李茂贞荐,阅旬为工部侍郎、同中书门下平章事、判度支。倚权臣,恣骜不恭。会母丧免,踰月夺服。不数月卒。检初拜中书舍人,贻范荐于茂贞,即拜工部侍郎、同中书门下平章事。茂贞与朱全忠通好,乃求尚主,取检女为景王妃以固恩。帝还京师,检长流环州,光启赐死。

《新唐书·宰相表》记录了贻范入相的具体过程:天复元年(901)正月丁卯,以给事中为工部侍郎、同中书门下平章事,判度支。五月庚午,以母丧罢。

八月己亥,起复守户部侍郎、同中书门下平章事,依前充诸道盐铁转运等使,判度支。十一月丙辰,薨。在相位实际只有七八个月。贻范入相的背景,是天复元年(901)依附朱全忠的宰相崔胤谋诛宦官,宦官韩全晦乃劫持昭宗到凤翔,投奔李茂贞。韦贻范是在投奔凤翔行在后,依靠李茂贞的推荐,仅两个月不到,就从通州刺史拜给事中,随即拜相。他在相位期间,因为朱全忠起兵讨逆,围困凤翔,实际上不可能有所作为。墓志极力夸大他的能力和成就,不足信。《资治通鉴》卷二六三载韦受贿卖官,守母丧去职后为债家所逼,乃求宦官和李茂贞进言起复,以致当值的翰林学士韩偓拒绝草制,有"吾腕可断,此制不可草"的愤言(《通鉴》所据当为韩《金銮密记》)。可见其为人之不堪。到天复三年(903)春,李茂贞杀诸宦官与朱全忠和解,凤翔期间的诸权臣也分别被杀或被贬。贻范虽然此前已经死去,估计他的家人虽然没有被诛杀,但也受到牵连,因此其六子二女扶持其妻孔氏,合家入蜀投奔当时已经拥有全蜀的王建。韦贻范曾先后在蜀中为官,其为相期间蜀、岐关系密切。所谓"王先主早托洪钧",就透露了其间关系。

韦縠的生年不详。但从韦縠广政十九年(956)卒,年七十二,即生于光启元年(885)来推测,韦縠的出生最迟也应在广明、中和间(880—884),到韦贻范去世、全家奔蜀时,大约已经二十岁。其后三十来年,他应该在前蜀的治下生活或为官。《才调集》署"监察御史",应该是编集时的实际官守。墓志称"皇任侍御史",可能是最后的官职。《旧唐书·职官志》载御史台下设监察御史十人,正八品上,"掌分察巡按郡县、屯田、铸钱、岭南选补、知太府、司农出纳,监决囚徒";侍御史四人,"掌纠举百僚,推鞫狱讼"。蜀承唐制,品级和职掌大约不会有太大的变化。韦縠去世时,韦縠应该已经超过七十五岁。墓志中没有特别提到他的行为,特别是提到韦瑕对于韦縠丧事的津济,但没有说及韦縠,很可能他已经不在人世。再从墓志称"今朝先皇帝镇临之初",指后蜀开国皇帝孟知祥入蜀事,前此似指前蜀事,即不能排除韦縠编选《才调集》和官至侍御史都在前蜀的可能性。

最后还应考察韦縠家族在前后蜀的发展情况。贻范六子二女入蜀后,六子都先后任官,其中长子官至东川节度副使,地位较高。三子韦瑕受知于孟知祥,后主孟昶时从礼部尚书兼领彭州。后蜀都成都,彭州为成都北边的重镇,非常重要。以前其事迹只有一则记录,见宋马永易《实宾录》卷一:"伪蜀韦瑕,唐相贻范之子,仕孟昶时,历御史中丞。性多依违,时号为'软饼中丞'。"《十国春秋》卷五三据以列传。今据墓志可以补其事迹甚多。韦縠先后任县令七次,入幕府两次。嘉王太师为前蜀王建义子王宗寿。据张氏墓志十六岁在镇江军幕府中嫁给韦縠,其时在前蜀永平元年(911)。韦宏、韦縠官皆不显。二女中,长女所嫁御史大夫刘公,其人不详,但大夫官至正三品,故得封扶风郡夫人;次女嫁"丞相赵国张公",前蜀任相者有张格,后蜀前期任相或使相有张业、张公铎、张虔钊,未详孰是。韦縠夫妇所葬"华阳县星桥乡清泉里",可能为韦氏入蜀后的家族墓地。韦氏为关中显族,文化传承极其丰厚。韦縠一族虽避难入蜀,但很快与前后蜀的军人政权建立密切的政治和婚姻联系,取得较稳定的社会地位。韦縠在《才调集叙》中所表达的"或闲窗展卷,或月榭行吟,韵高而桂魄争光,词丽而春色斗美"优游生活情景,并有从容的心境来遴选诗作,也是与其家族的生存状态分不开的。

(收入《罗宗强先生八十寿辰纪念文集》,中华书局,2009年)

石刻所见唐代诗人资料零札

笔者近年披览历代金石著作，颇注意于从石刻文字中搜辑唐代文学史料。间有所得，或签出于别纸，或随得而作札记。积以岁月，所得渐多，但欲作全面董理，则尚未有暇。今先将有关唐代诗人事迹而世人注意尚少者，抄出若干条发表，以供治唐诗者参考。大致以世次先后为序，行文体例则不求划一。错误未允处，恳望鸿识者教正之。

一、明　解

《考古与文物》1985年第4期录贞观十三年立《大唐灵化寺故大德智该法师之碑》，为"弘福寺明浚法师制文，普光寺沙门明解书"。《全唐诗》卷八六四收明解《遗画工诗》，出《续高僧传》卷三五。《续高僧传》仅载其龙朔以后事迹，不记享年。今据石刻知其贞观中已入普光寺为僧。

二、张敬之

《襄阳冢墓遗文》录《唐将仕郎张君墓志铭》云：

> 君讳敬之，字叔謇，功曹府君之第五子也。耿介不群，文藻贯世。年十一，中书舍人王德本闻其俊材，当时有制举天下奇佚，召与相见。赋《城上乌》，勒"归""飞"二字，仍遣七步成篇。君借书于手，不盈跬息。其诗曰："灵台自可依，爱止竟何归？只由城上冷，故向日轮飞。"王公嗟昧，乃推为举首。文昌以其年幼，第不入科。以门荫补成均生，高第，授将仕郎，非其好也。遂与诸生细校经史，专以述作为务。唐咸亨

四年七月十六日卒于家,春秋廿五。(下略)

此志已收入《唐文拾遗》卷五二,故不全录。敬之《城上乌》诗,《全唐诗》及《外编》皆未收,可据补。敬之为张柬之弟,其世系详岑仲勉先生《贞石证史·张柬之世系纠谬》。功曹府君即玄弼,仕至益州大都督府功曹参军,志亦出,为柬之撰,收入《八琼室金石补正》卷四十。《敬之志》末云:"执奠惟弟,纪德乃兄。"敬之兄可考知者有柬之、景之、庆之三人。未详为谁作。

三、严识玄

《全唐诗》卷七六八以识玄为世次失考作者。收其《班婕妤》一首,"一作严武诗"。拙文《〈班婕妤〉非严武作》(《中华文史论丛》1985年第1辑)考定此诗为识玄作,钩稽识玄事迹亦颇详。近阅《考古》1985年第2期刊镇江新出土的《唐故冯翊严氏二子权厝墓文》,颇可补拙文之未及。全录如次:

严氏子昆〔曰冗,弟〕曰房,皇益州新繁县尉仁楷之曾孙,皇尚书兵部郎中识玄之孙,郑州长史迪之子。早践义方,□蕴经术。天宝十年,大人自济源令黜官,二子随侍□辰,风波辛勤,死生契阔。呜呼!疾厉不诫,冗以十二年四月二十八日,房以十三年九月二十八日,俱□弱冠,相次夭于睦州官舍。十四年,大人承恩移江宁丞,双旐北迁,遂寄于延陵祖坊。属中原未平,乡路修阻,羁魂湮□,返葬何期?爰卜从宜,权瘗于丹徒蒜山之南面,以□他日归殡先茔。聊□子丹□尉树。乾元二年岁次己亥。

据文意,为严迪另一子所撰,名不详。从墓文中可考知严识玄的郡望为冯翊,与严武为同宗。其父仁楷,不见于史传。子迪,为开元十四年状元,与储光羲、崔国辅、綦母潜为同年,详《登科记考》卷七。《全唐文》卷四〇三录其一判,传云"天宝时擢书判拔萃科",似误。文称识玄为"皇尚书兵部郎中",与《赵上真墓记》同,为其终职。其卒年应在开元中期。

四、崔　融

《关中石刻文字存逸考》卷八《大唐清河房忠公（仁裕）神道之碑》，署"清河县开国子崔融撰"。碑仅存其半。

五、赵不为

《陕西金石志》卷十二收《泗州刺史王同人墓志》，署"朝散大夫行考功员外郎赵不为撰"。同人卒于开元十六年，次年葬。岑仲勉先生《郎官石柱题名新考订》录郎官柱考外题名在严挺之（开元十六年任）后有"赵不□"，末字缺。劳格未收，另《补遗》有赵不疑。岑先生谓"时序可相接，但末一字似非'疑'字而已"。今据知所缺即"为"字。《全唐诗补逸》卷三仅云不为为"武后、中宗时人"，可据补。《全唐文》卷四〇一云"开元时擢书判拔萃科"，似误。

六、丁仙芝

《千唐志斋藏志》收《唐故随州司法参军陆府君墓志铭》，因"年号纪年不详"而殿于唐志之末。按墓志署"前国子进士丁仙芝撰"。仙芝为开元中诗人，《登科记考》卷七据储光羲《贻丁主簿仙芝别》诗定仙芝为开元十三年进士登第。储诗注又云"同为太学诸生"，知仙芝确为国子进士登第。志文有云："维岁大荒落十一月甲午终于陕州之魏□，明年献春正月乙酉归葬于东都北山。"大荒落为巳年，应即开元十七年，志当作于次年即十八年初。仙芝自十三年登第，至此已历五年，尚称"前国子进士"，知尚未授官。《全唐文》不收仙芝文，此志亦为仅见者。《全唐诗》卷一一四云其名"仙一作先"，据此亦可定谳。拙文《殷璠〈丹阳集〉辑考》（《唐代文学论丛》第八辑），考仙芝事迹未及此志，应予补入。

七、韦希损

《大唐故朝议郎京兆府功曹上柱国韦君墓志铭》云："诏除京兆府功曹，士叹后时也。尝应制和蔡孚《偃松篇》曰：'大厦已成无所用，唯将献寿答尧心。'作者称之，深以为遗贤雅刺矣。"此诗《全唐诗》及《外编》皆未收。《匋斋藏石记》卷二二、《八琼室金石补正》卷五一录文缺字较多，《唐文拾遗》卷一八及《关中石刻文字存逸考》卷一所录较完好。因较易见，不另录文。

八、苏广文

计有功《唐诗纪事》卷二三录苏广文三诗：《自商山宿陶令隐居》、《夜归华川因寄幕府》、《春日过田明府遇焦山人》，未录事迹，当据《又玄集》卷上迻录。《全唐诗》卷七八三收入，与辛学士、卢尚书、郑仆射、郑中丞等并收一卷，无小传，当以广文为官名，与郑虔官广文博士而称郑广文相类。今检《千唐志斋藏志》第793页刘锽撰《唐故壮武将军判左威卫将军上柱国平陵县开国男东都留守苏公墓志铭》，志末署："犹子前弘文馆学生广文书。"墓志云："公讳咸，字虚舟，其先京兆武功人也。即随车骑将□□同三司巴东郡公虎之曾孙，皇秦州都督孝充之□□，皇户部尚书太子宾客珦之季子也。……春秋六十一，以开元廿九年岁次辛巳六月廿四日癸卯因疾薨于公第，命也。"知咸为虎曾孙，孝充孙，珦之季子。《元和姓纂》卷三苏氏："蓝田，称自武功徙焉。刑部尚书苏洵，生晋、瞻。瞻，驾部郎中，生端、平、宁昶。端，比部郎中，四代入省，生弘。"岑仲勉先生《四校记》考定洵为珦之误。今知珦子嗣仅晋、瞻、咸三人，广文于咸称犹子，瞻之子嗣较清楚，广文很可能为晋之子。苏晋为开元时著名诗人，与李白等并称饮中八仙，两《唐书》皆附珦传。《唐诗纪事》以广文与高适、孟浩然、岑参收入同一卷，视为开、天间作者，与其志末自署"前弘文馆学生"正为契合。

九、苏源明

《文物》1983年第3期刊洛阳近年发现的《大唐故福州刺史管府君(元惠)之碑》,署"右拾遗内供奉东周苏预纂,河南府伊阙县尉、集贤院直学士杜陵史惟则书并篆",为天宝元年建。现存洛阳关林古代石刻艺术馆。撰文介绍此碑者对史惟则的书法极为推崇,而对纂者苏预则云两《唐书》无传而未作介绍。今按苏预即盛唐著名文学家苏源明,晚年因避代宗讳而改名,《新唐书》卷二○二有其传甚详。其天宝元年官右拾遗事,不见于史籍记载。而据此可证其登第年代当在开元末,徐松《登科记考》卷二七误读《新唐书》文句作"天宝间及进士第",未允。唐时源明文誉甚高,韩愈《送孟东野序》以其与陈子昂、李白、杜甫并列为唐之能鸣者。但因文集失传,诗仅存二首,文亦仅余二篇(《全唐文》卷三七三收《元包》三文,为道士苏元明文误入)。《管元惠碑》长达一千二百余字,文字完整无缺,对研究苏氏生平和文学成就,十分珍贵。《文物》缩印拓片,文字颇有模糊不清处,兹不备录。

十、郑虔

《千唐志斋藏志》收开元十五年《大唐故汾州崇儒府折冲荥阳郑府君(仁颖)墓志铭》,为"从弟左监门录事参军虔撰"。《全唐文》不收郑虔文章,此志为仅见的郑氏佚文。又叶奕苞《金石录补》载虔华山题名:"开元二十三年四月二十三日荥泽郑虔彪乡道之智觉同登华山回步而谢于神。"据叶氏云原文为四六排偶,凡一百五十余字,但未全录。毕沅、王昶等所见,前文已无,仅得三十余残字。郑虔为杜甫挚友,从上录二刻推测,其年岁比杜甫当长十岁以上。

十一、李颀、岑参

《千唐志斋藏志》大历四年邵说撰《唐故瀛州乐寿县丞李公(湍)墓志

铭》："公始以经术擢第,署滑州匡城尉,次补瀛州乐寿丞,理尚刚简,盖肃如也。酷好寓兴,雅有风骨。时新乡尉李顾、前秀才岑参,皆著盛名于世,特相友重。"乾元元年卒。称岑参为"前秀才",当为天宝三载岑登第后不久之事。李顾官新乡尉时间难以确定,如湍与二人同时相交,则亦可能在天宝初期。二人诗中皆未提及李湍。

十二、卢 纶

《金石萃编》卷七九录华岳题名有："大历六年二月二日纶赴（中缺）,前华州参军陆（陆字原缺,据《华岳志》补）渐、前王屋县令陆永、前同官主簿陆涓、将仕郎守阌乡县尉卢纶、前国子进士赵鄼。"原刻为左行,《华岳志》卷四从赵鄼录起,颠倒了次序。题名有残缺,内容应为送卢纶赴官阌乡而题。《新唐书》云卢纶因元载赏识而补尉阌乡,与此合,据此可考知其任职阌乡的时间。

《金石录》卷十目录第一千九百十有"《唐兵部尚书卢纶碑》,卢言撰,崔倬正书,大中十三年七月"。顾校本于兵部尚书上补"赠"字,是。纶因诸子官高而得赠官。撰者卢言,即《卢氏杂说》的作者。

十三、焦 郁

清毛凤枝《关中石刻文字存逸考》卷六录唐人残碑,题存"唐故云麾将军守左神威大将军知军事兼御史",下缺,作者署衔存"从弟登仕郎京兆府泾阳县尉",下缺。毛凤枝据《宝刻类编》卷四记载,考知为焦祑碑,"从弟郁撰,朱献任行书,贞元十八年七月"。《全唐诗》卷五〇五云"焦郁,元和间人"。未知何据。据碑应为贞元中泾阳尉。残碑中述焦祑先世及墓葬,对了解焦郁行事亦有帮助,节录如次："公讳祑,字（下缺）。曾祖𫘪,孝廉登科,终衢（下缺）。父伯瑜,开府仪同三司检校右散骑常侍兼右龙武军大（下缺）长子也。""十八年二月十八日寝疾薨于神威之军舍（缺）十九日葬于咸阳原。"

十四、韩愈、柳宗元、孟郊、李翱

《四部丛刊》影元本《朱文公校昌黎先生集》末附《长安慈恩塔题名》："韩愈退之、李翱翔之、孟郊东野、柳宗元子厚、石洪濬川同登。"注云"已下并方本所载"，但检方崧卿《韩集举正》却未见。按此题名当出慈恩寺石刻，宋人曾磨拓为《雁塔唐贤题名》帖，方氏当即据以征录。此帖今仅存残卷，上列题名不存。由于题名中无确切的纪年文字，故各家年谱皆未考及。今按，检诸人行实，可大致推定五人同登的年代。《李文公集》卷一《感知己赋》："贞元九年，翱始就州府之贡举人事。"知翱至贞元九年始入京。此可据为上限。孟郊卒于元和九年。柳宗元自永贞元年南贬，至元和十年方得返京，是同登之事，不在元和之际。韩愈贞元十九年南迁阳山，元和初始放回，时柳已贬永，因可更向前推。据今人华忱之《孟郊年谱》考证，孟郊于贞元十二年进士登第后即东归，曾小住和州，寄寓汴州，于洛阳选尉溧阳，即迎母南下，至元和元年始回长安。韩愈于贞元十二年起，入佐汴、徐军幕，中间虽曾数次入京，但为时甚暂。据此推测，五人同登的下限当不迟于贞元十二年。在九年至十二年的三年间，又以九年的可能性最大。此年李翱贡举入京，柳宗元登第，韩愈方应宏词试，孟郊试而未第，正月五日有独游雁塔题名。以上推测，对这几位文学家的研究颇有意义。韩柳相交，今人各家著作均以为贞元末事，据此可提前。柳与孟、李相交记载较少，据此可获得新的线索。李翱初字翔之，习之为后改，也可获得证明。而中唐文学集团的活动，这次雁塔同登也应是较早而且颇具规模的一次盛会，只可惜未留下更具体的记录。

又柳宗元《先君石表阴先友记》以韩愈为其父友。前人多仅及柳镇与韩会关系，而对韩愈则未作解释。今按：柳宗元《先侍御史府君神道表》云："吏部命为太常博士，先君固曰：有尊老孤弱在吴，愿为宣城令。三辞而后获，徙为宣城。四年，作阌乡令。"据前后文意考察，此中的"四年"，即指建中四年，知其令宣城约在建中二、三、四年间。韩愈十二岁时兄丧南方，归葬河阳后，适逢世乱，即旅食江南，寄家宣城，其时约在建中初。以此推测，柳镇作令之时，适为韩愈已移家宣城之际。柳镇给予故友的遗孀孤弟以较多的关怀照顾,当是情理中事。今知宗元在父官鄂岳时随侍,而柳镇既以"尊老孤弱在吴"为理由求选宣城,宗元随侍的可能性较大。如有他证佐定之,则韩、柳尚得为孩提之交。

十五、李商隐

《金石录》卷十目录第一千八百十九:"《唐太仓箴》,李商隐撰。行书,无姓名。大和七年十月。"第一千九百二十九:"唐李商隐《佛颂》,吴华篆书,广明元年十月。"吴华疑当作吴子华,即吴融。二文今均不传。《千唐志斋藏志》会昌三年八月杨宇撰《唐故京兆杜氏夫人墓铭》,末署:"陇西李义山篆。"《文物》1961年第8期刊宋拓《雁塔唐贤题名》:"侍御史令狐绪、右拾遗令狐绹、前进士蔡京、前进士令狐纬(注:改名□),前进士李商隐,大和九年四月一日。"《登科记考》卷二一载蔡京开成元年进士登第、商隐二年登第,大致皆无问题。题名却大和九年已称前进士,颇值得注意。

十六、张又新

《雁塔唐贤题名》:"景胤、汉公、简休、又新,元和八年四月十六日。"景胤,苏景胤;汉公,杨汉公;简休,庾简休;又新,张又新。四人皆中唐名宦,而又新诗名尤著。

十七、祝元膺、丘上卿

安徽潜山石牛洞有李德修等题名:"赵郡李德修、博陵崔确、河东裴寀、陇西李夷中、鲁郡祝元膺、吴兴丘上卿、太原王磻、彭城刘洪、高阳齐余、汝南周逊、范阳卢寻、高阳齐知退、鲁郡祝元庆,宝历二年二月廿七日题。"德修为德裕弟,傅璇琮先生《李德裕年谱》考知德修于宝历元年出刺舒州,此题名当即与从官同游时题。《唐诗纪事》卷五六:"元膺,句曲人,与段成式同时。"《全唐诗》卷五四六因之。今可据补其仕历。鲁郡当为其郡望,元庆疑为其昆弟。《函海》本《诗人主客图》作"无膺",误。日僧圆仁《入唐新求圣教目录》载有《祝无膺诗集》一卷,亦即元膺。其集中土未见著录。大江维时《千载佳句》录其句,河世宁已辑出。上卿,会昌三年进士,见《唐摭言》卷三。今据题名可补其籍贯。宝历间已从游,知及第时已颇具年纪。

十八、于 渍

《八琼室金石补正》卷七四录《唐故河中府永乐县丞韦府君妻陇西李夫人墓志铭》,署"乡贡进士于渍撰"。李氏卒于开成四年,会昌五年葬。"时祈外兄郑茂卿,请识墓于京兆于渍,渍于郑之亲,亦郑于韦之类也。"今据以可知渍之籍贯及亲属关系。《唐才子传》卷八谓渍为咸通二年进士。据志知其会昌间已为乡贡进士,盘桓科场,几近二十年方得一第,诗中抑郁不平之气,确实是事出有因的。

十九、刘 蜕

清代在长安县曾出土刘蜕为其母所作石表一方,表文不见于传本《文泉子》,《全唐文》及陆氏《拾遗》、《续拾》皆失收,闵齐伋序蜕事迹、陈寅恪先生为蜕文系年,亦未引及此文。而此文中蜕自述家事、仕历甚详,为研究其生平提供了不少值得重视的线索。以下据台湾文海出版社影印清光绪间毛凤枝《关中金石文字存逸考》手定底稿本卷四全录如次。

先妣□夫人权葬石表

姚为得姓其源,神灵为帝,孝友绵绵,爵土弗绝。其后有卫将军以城抗贼,战于云中而死,讳节;生秘书郎,救其姊丧,因溺死汴渠,讳璟;生饶州长史,讳洽,是为皇考也。太夫人归刘氏,生一子,始稚孺,坐于膝,手持《孝经》,点句以教之。既长,揉揳不纵戏惰,令从师学古文。既壮,为达者所称,以其往往夭得远蹊绝迹。太夫人喜曰:"吾之子斯足矣,万钟岂厌吾心乎!"所谓"无能则怜之"是也。蜕不天,进士及第初从寿州宾币,遇其守凱戾无足倚,未五月自引去。其后选补校书郎,不得视朝夕,未踰月又罢去。自从官与丐游,未尝逾三时,虽疴痒食齐,皆在其侧,所悔者受禄未尝得半年,月费未尝满二万,故生不得极煎和潞逋之养,华缛园第之虞,不孝不敬,罪死宜天不赦。今者助教于大学,校理于集贤,又屦于寒饥,故仪卫不周,衣廄俭薄,欲终大事,□所未成也,且蜕犹为羁也。今故穿土周棺,丘封四尺,同于葬□。至于饰棺以䌈,器用不就,表其权焉。庶先公之祀,若不即灭,委质负担,得有积资,当广玫梓,以衍其阡,克从祔礼。虽其刺奢,不敢避也。大中十一年二月甲午,弃其孤于长安宣平里之寓舍,五月庚申,权奉于城南毕原,春秋七十二。孤蜕不获即死,岁时躬奉常事,无旁亲诸孙幼复起自省具。或曰须铭,乃号而记方石以表墓,亦不铭也。

将仕郎秘书省正字李坤书。

同出之石盖,刻"唐姚夫人权葬石表"九字。今原石不详存于何处,仅见毛凤枝曾录出。另《陕西金石志》卷十八据《存逸考》著录此石刻,未录文。此文好用奇字,造句拗涩,与存世蜕文风格一致。毛凤枝跋对文中奇字、古语作了训释,但文中仍有意思不能明白处,只能存疑待考了。

石表对考察刘蜕生平,提供了以下几方面资料。

(一)家室情况。表中对其母世系记载较详,似为由武职而入文官的家庭。表云姚为古姓,但中古之世,羌族姚姓为大族,故不能排除其母为汉化羌人的可能性。从表文看,刘氏一门"无旁亲诸孙",蜕亦为孤子,其父似在其少年时即去世,主要由其母抚养成人。这一状况,与其《与京西幕府书》云"居家甚困",《上礼部裴侍郎书》云"四海无强大之亲",是一致的。

(二)早年教育。石表记录了其母课读《孝经》及令其从师学古文的情况。应该说主要受的是儒家经典的教育。《玉泉子》录其对裴休云"某幼专丘明之书",与石表相合。

(三)可据以考知其大中四年至十一年间的仕历。陈寅恪先生《刘复愚遗文中年月及其不祀祖问题》对这段时期未作考证。今可知其在这几年中曾任寿州从官,因对刺史的行为有所不满,在职不到五个月即离去。后又得除校书郎,又因故辞去。大中十一年时任太学助教、集贤校理。在这七年中,仕宦时间尚不足半年。

(四)石表中所表现的刘蜕对其母葬事的安排及希塑待有积资后扩大坟阡、"克从袝礼"的考虑,"岁时躬奉常事"的虔诚态度,与《北梦琐言》卷三所载刘蜕及其父不祭祀先祖的行为,显然是有所牴牾。对此,尚有待作深入的研究。

又郎官柱户部郎中题名有刘蜕。其前一人为豆卢琢,据《旧唐书》本传,为咸通末年任。其后一人为崔彦融,据《旧唐书·僖宗纪》,乾符二年三月自户部郎中出为长安令。因知刘蜕任户中,当在咸通末至乾符元年之际。蜕卒于商州刺史任,其时间当不早于乾符中期。

二十、张　晔

《千唐志斋藏志》中有咸通十一年李夷遇撰《张晔墓志》,纯为一诗人之传记,为唐人墓志中罕见之品,特全录于次。

唐故乡贡进士南阳郡张公墓志铭
前乡贡进士李夷遇撰

公讳晔,字日章,其先南阳人也。叶茂当时,代称其美,举文衡则汉有平子,论博识则晋有茂先,清波长澜,备载简册。大历中齐州长史兼侍御史讳瞻,公之曾王父;元和初陪军副尉守左武卫将军讳泚,公之王父;大中时郓州长史兼监察讳季戎,公之烈考。并徽懿盛才,昭振前哲。公即长史之元子也。含晨象之秀德,体河岳之上灵,气蕴风云,身负日月,原而能恭,宽而以栗,言不宿诺,行不苟从,率身克己,服道崇德,闺门穆如,乡党恂如也。若夫学广如江海之渺渺,文华并天星之焕烂,高谈则龙飞豹变,下笔则烟霏雾凝,穷八体于毫端,搜六义于怀抱,千古阙文,前哲遗韵,尽为公之所录。公应进士举,天下知名。著古律诗千余篇,风雅其来,莫之能上,览者靡不师服。于是乎今鄂州观察判官卢端公庠,顷为河南府掾充考试官,公因就试,遂投一轴。卢公谓诸僚友曰:

"张子之文,自梁宋已来,未之有也。"复课一诗送公赴举云:"一直照千曲,一雅肃群俗。如君一轴诗,把出奸妖服。"又云:"乃知诗日月,曈曈照平地。"又今尚书右司郎中杨戴为淮安太守时,制一叙奖公之文曰:"张氏子用古调诗应进士举,大中十三年余为监察御史,自台暮归,门者执一轴,曰张某文也。阅于灯下,第二篇云《寄征衣》:'开箱整霞绮,欲制万里衣。愁剪鸳鸯破,恐为相背飞。'余遂矍然掩卷,不知所以为激叹之词。乃自疚曰:'余为诗未尝有此一句,中第二纪,为明时御史,张子尚困于尘坌,犹是相校,得无愧于心乎!'"凡公知游,莫非重得廊庙之器也。苟非其道,虽王公大人终不屈从。所不成名者,气高使之然也。盖闻有大才而无贵仕者,固不虚语耳。呜呼!方谓拂羽乔树,缅升烟霄,而遭命大过,栋挠而殒。春秋五十有五,咸通十一年七月廿二日寝疾薨于上善里之第。先娶天水赵氏,早卒。有子滔,博学不倦,出言有章,孝行可称,文质俱茂。女曰珊珊,始孩。并衔荼茹蓼,殆不胜丧。弟旭,志若松筠,行同颜闵,其言也成范,其行也可模。公先世松槚在雒北平乐乡杜翟村之东原。是岁十一月十二日,与赵氏小君合葬于先茔之左,礼也。夷遇与公密契金兰,习敦履行,孝思所请,焉敢让诸?刊石显徽,乃为铭曰:

英英夫子,既哲能贤。河目海口,虬须虎颜。应期诞德,绝后光前。贞兮瑞玉,芳兮春兰。玉贞斯折,兰芳斯摧。呜呼府君,逝矣不回。

撰者李夷遇,据《三水小牍》卷下云:"咸通丁亥岁,陇西李夷遇为邠州从事。有仆曰李约,乃夷遇登第时所使也。"丁亥为咸通八年。至十一年尚称"前乡贡进士",当因从事非朝廷除授之官。

张晔及其先人,皆不见史传记载。志云张晔"天下知名",但在《全唐诗》《全唐文》中均未收其作品,在同时人诗文中,也未见提及他。志文称赞他所作古律诗千余篇,为"风雅其来,莫之能上","自梁宋已来,未之有也",恐不免过誉。晔诗仅存志中所录的一首,要据以判断其成就,是不够的。值得注意的是,志文用一半篇幅叙述其作诗情况及时人的评价,诗歌在唐人心目中位置之重要,可以想见。志中提及的二人,卢庠无考,其诗不见于《全唐诗》;杨戴,《新唐书·宰相世系表》杨氏越公房云:"戴字赞业,江西观察使。"其父即以"处处逢人说项斯"著名的杨敬之。喜奖掖后进,可说是父子一贯的作风。《郎官石柱题名考》卷十二征引戴事五则,《登科记考》卷二一以戴为开成二年进士,注云"一作载",《唐方镇年表》卷五谓其咸通十二年任江西观察使。今据志可补充其事迹数端:其一,徐松据《唐阙史》推定其及第年。今据志大中十三年云登第已二纪,逆推应在开成元年。但二纪为约数,与徐氏所推大致相合。"一作载"可定误。其二,《东观奏记》卷下云戴大中十二年任监察御史,今知次年尚在任。其三,《旧唐书·懿宗纪》云戴咸通十年为刑部侍郎,沈炳震《合抄》疑侍郎当作员外郎。今据志知其十一年任右司郎中(从五品上),前一年不可能已任正四品下的刑侍,沈疑是。其四,戴任淮安太守(即楚州刺史),不见他书记载,应为咸通初任。志中所录戴奖张晔之文,为《全唐文》所未收。文中叙唐人行卷的情况及受卷者阅卷后的感触,十分具体,为研究唐人行卷及其与文学关系提供了极为珍贵的记载,值得重视。

二十一、杨茂卿、杨牢、杨宇

《全唐诗》卷五六四杨牢小传云:"杨牢,字松年,弘农人。父从田弘正,死于赵军,牢走常山二千里,号伏叛垒,求尸归葬,衔哀雨血,时称孝童。年十八,登大中二年进士第,最有诗名。"系据《新唐书·李甘传》、《唐诗纪事》卷五三修成,其实缺误颇多。《千唐志斋藏志》有《唐故〔河〕南府河南县令赐绯鱼袋弘农杨公墓志〔铭〕》,为李辀撰,志主即杨牢,摘要如次:

大中十二年正月二日,河南县令弘农杨公□□□府□善里之私第,享年五十有七。……公讳牢,字松年,弘农人。著于国谍,源流可征。国朝秘书监博物之五代孙,〔曾祖〕括,皇钟离令。祖稷,皇乡贡进士。考茂卿,皇进士及第,□□□才名震于时。不幸□难,护丧之礼,公能独出,古人虽出死入生之□□时安□也。往时侍御史陇西李甘已具论之矣。二年□□□□以家,廿进士□可不□。始自乡荐,便归人望,数年而得之甲科也。……有集卅卷，名□□集，则其后可知也。学深《左传》，尤博史书，百家诸子，咸在于口，儒流硕学，莫不□□公为济时之器。及从时解褐，初授崇文馆校书，次任广文馆助教，次授大理评事充兖海观察推官，又奏监察里行，□职于平卢节度，岁满□□殿中侍御史充岭南节度使掌记……入朝一为著作郎，一为国子博士，由是列两转班行，擢授河南县令。

此志漫漶较严重，讳下一字较模糊，文物出版社说明仅取其字而不具名。今检同书会昌元年《郑琼墓志》，署"夫兖海沂密等州观察推官文林郎试大理评事杨牢撰"，可证前志即牢志。讳下牢字，尚依稀可辨。字松年，也与《李甘传》一致。据志可了解杨牢生平的基本情况。大中十二年卒时年五十七，生年当为贞元十八年。其先世情况及护丧归葬事，容后讨论。其登第年代，《唐诗纪事》作"年十八中第"，"登大中二年进士第"。按前考，其年十八当在元和十四年，大中二年时已四十七岁，《纪事》误。《登科记考》卷二二亦沿误。按《郑琼志》，杨牢在会昌元年已任兖海观察推官，为解褐后三转官职，其及第当在其前若干年。据《杨牢志》文字揣测，当为年二十乡举进士，试之"数年而得之甲科"。其及第之年，疑应在大和二年，牢时年二十七岁。《纪事》或误以大和为大中，二十七岁或作二十八岁再误为十八岁。自大和二年至会昌元年为十三年，与其历官亦大致相合。此点尚俟他证定之。杨牢仕历，墓志述之甚详，足补《全唐诗》之缺遗。另大中五年《杨宇志》署"兄朝议郎行京兆府户曹参军牢述"，为《牢志》未及。

《唐诗纪事》云："大中时，顾陶作《唐诗类选》，去取甚严。其序云：删定之初，如杨牢等十数公时犹在世。及稍稍沦谢，一篇一咏，未称所录，若续有所得，当列为卷轴，庶无遗恨。"录文出《唐诗类选后序》，但《文苑英华》卷七一四、《全唐文》卷七六五所录顾序，均仅提及杨茂卿而未及杨牢。计氏所录文字，出自顾氏原书，当可信。如原文确为杨牢，则可知《后序》当作于大中十二年后数年间。顾氏二序涉及唐代诗人事迹甚多。其前序作于大中十年，后序约为其后四五年间作。

《才调集》卷九收杨宇《别舍弟》一首。《全唐诗》收入杨牢名下，殆因牢、宇形近而宇不甚著名,遂作一人收入。今按,宇为牢弟,《千唐志斋藏志》中有牢所作之墓志,题作《唐故文林郎国子助教杨君墓志铭》,节引如次:

> 君讳宇,字子庶,弘农华阴人。曾祖讳犯德宗庙讳,官至河南府福昌令。王父讳稷,文行高于时而困于不遇。皇考讳茂卿,字士蕤(疑即蕤字),元和六年登进士科,天不福文,故位不称德,止于监察御史,仍带职宾诸侯。君幼以孝谨闻,先公比诸子尤爱,及弱冠好学,敏于文义⋯⋯当时文士如李甘、来择辈,咸推尚之。时李公名汉(二字似当互乙)称最重,一见所作,遂心许不可破。明年为礼部主司果擢上第,年方廿八。⋯⋯凡入仕一十八年,方至国子助教。大中五年夏五月被疾,日不减,八月丁巳终于长安宣平里之旅舍,时年四十有五。

推其生年,当在元和二年,比杨牢幼五岁。其登第在大和八年,岑仲勉先生《登科记考订补》已收入。来择即师皇甫湜古文并传之孙樵的来无择,李汉为韩愈婿,知杨宇颇为韩愈后学所器重。《千唐志斋藏志》有会昌三年《唐故京兆杜氏夫人墓铭》,署"夫文林郎守左金吾卫兵曹参军杨宇述并书"。杜氏名绚,宰相杜黄裳之孙女。杨宇著作,存世者仅上列一诗一文。

杨牢、杨宇之父茂卿,亦当时著名文士。其《过华山下作》句"河势昆仑远,山形菡萏秋",刘禹锡赞为"佳句",见《刘宾客嘉话录》(《唐语林》卷二引),后《云溪友议》卷中、《唐诗纪事》卷三九、《增修诗话总龟》卷十三引《诗史》皆引录之。杨巨源有《送从弟茂卿》诗(《全唐诗》卷三三三),以王维、杜甫相期。姚合有《寄杨茂卿校书》诗,从诗意看,时茂卿方出使滑州。据上引资料,知茂卿于元和六年进士及第,曾任校书郎,后以监察御史入成德军幕。前引杨巨源诗有注:"时欲北游。"即其时卒。李甘《荐杨牢书》(《新唐书·李甘传》引)云:"父茂卿从田氏府,赵军反,杀田氏,茂卿死。"时在长庆元年。杨牢北行求父尸归葬并被誉为孝童,为其后不久之事。时牢年二十。

茂卿先世,综前引二志,可大致清楚,官职稍有错互,已难以究明。其上

三世,皆不见史传,或不仕,或仅为低官,并非显达之家。牢尚有兄蜀,见李甘书。牢、宇子嗣,前引二志亦有载。列其家世系如下:

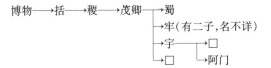

(《唐代文学论丛》第一辑,山西人民出版社,1988 年)

贞石偶得

法宣其人

原笺仅据《唐诗纪事》及《全唐诗》录其事，极简。按唐道宣《续高僧传》（碛砂藏本）卷一二《隋丹阳彭城寺释慧隆传》云慧隆卒于隋文帝仁寿元年（601），"后依遗命，仍树高碑，寺沙门法宣为文"。是法宣初住丹阳彭城寺。同书卷一〇《隋丹阳摄山释慧旷传》云慧旷大业九年（613）卒，同年"树碑纪德，常州沙门法宣为文"。知其炀帝时已至常州。同书卷一二《唐常州弘业寺释道庆传》云道庆武德九年（626）卒，寻葬，"同寺沙门法宣"为撰短铭。知其住常州弘业寺。同书卷一四《唐苏州通玄寺释慧頵传》云慧頵贞观四年卒，五年（631）树碑，"常州沙门法宣"撰铭。同书卷一九《唐天台山国清寺释灌顶传》，云灌顶贞观六年（632）卒，寻建碑，"常州弘善寺沙门法宣为文，其词甚丽"。灌顶为天台宗二祖，天台僧远邀法宣撰文，可见其文名。此碑曾由日僧最澄携归，其《传教大师将来越州录》所载《章安大师碑文》即是。《续高僧传》卷一四《唐苏州武丘山释法恭传》云："贞观十一年，下敕赴洛，常州法宣同时被召。亦既来仪，深降恩礼，对扬帷扆，辩说纷纶。明象教之兴灭，证遗法之嘱付，入侍谦筵，既摘雅什，田衣作咏，仍即赐缣。有感圣衷，深见颜色，特诏留住，传送京师，四事资给，务令优厚。"是法宣贞观十一年（637）被召赴洛，后又居京。关于此次被召，唐慧立、彦悰《大慈恩寺三藏法师传》（中华书局标点本）卷七所载有异："二十二年，驾幸洛阳宫，时苏州道恭法师、常州慧宣法师并有高行，学该内外，为朝野所称。帝召之。既至，引入坐言讫，时二僧各披一衲，是梁武帝施其先师，相承共宝。既来谒龙颜，故取披服。帝哂其不工，取衲令示，仍遣赋诗以咏。（下略）"与《续高僧传》所载不同者,一为二僧入洛之时间,一为二僧之法名。关于前者,宋碛砂藏本《三藏法师传》"二十二年"作"往十二年",是。该卷卷首即述二十二年夏六月事,中间不应再重叙。此节述二十二年七月太宗赐玄奘衲袈裟事,追叙前此太宗不赐二僧事,以显示玄奘之荣宠。《续高僧传》载法恭贞观十四年卒,亦不可能二十二年入洛也。太宗幸洛,《旧唐书》卷三《太宗纪》载为十一年三月至洛阳,七月返京,足证《续高僧传》所记不误。宋本《三藏法师传》所云十二年,殆随驾入京后事。又二僧姓名,《三藏法师传》作道恭、慧宣,实皆误,殆因此传为玄奘弟子作,于二僧行事殊陌生,恐仅得传闻,故二名皆有误,惟恭、宣二字尚不误。《广弘明集》卷三〇下收"唐释僧宣"《奉和窦使君同恭法师咏高僧二首》,即指法宣、法恭。《全唐诗》卷八〇八以慧宣、法宣分列为二人,另列道恭条,皆误。慧宣、僧宣均即法宣,道恭应作法恭,均应改正。

(《唐才子传校笺补正》,中华书局,1995年)

《陆让碑》撰人

陕西三原县存《陆让碑》,为唐初名碑。今人杨震方《碑帖叙录》称此碑"为唐碑中有数之作",其文亦"可补史之逸"。明以前未著录此碑,至清初发现时,已残泐殆半,今存字更少,撰者官衔仅存"洗马"二字。清王昶《金石萃编》卷四六所载此碑撰书人署衔为:"太子洗马艹陵□□撰,太原郭俨书。"清孙星衍《寰宇访碑录》卷三作"陈□□撰",陆增祥《八琼室金石补正》卷三四已指出孙氏殆将"陵"字误读为"陈"字,并谓"□陵"应为撰人之里贯。陆说甚是。□陵之类地名甚多,所幸王昶将"陵"上一字尚存之"艹"头录出,较易推定。隋唐间人所谓里贯,多指郡望,其地望虽多,与此相合者,只有"兰陵"。而兰陵郡望最著名者,即是齐、梁二代为帝之萧氏。故此碑撰人姓萧,可无疑问。

唐初萧氏显宦颇多,撰者为谁?今检唐僧道宣《续高僧传》卷二二《唐京师普光寺释玄琬传》载,玄琬于贞观十年末卒后,"东宫洗马兰陵萧钧制铭,宗正卿李百药制碑,立于塔所,时为冠绝"。东宫洗马即太子洗马。据此可知《陆让碑》亦萧钧撰。

萧钧,《旧唐书》卷六三有传,附于其叔父萧瑀传末。钧为瑀兄珣之子,博学有才望。贞观中累迁中书舍人,甚为房玄龄、魏征所重。高宗永徽二年,历迁谏议大夫,兼弘文馆学士,官至太子率更令,兼崇贤馆学士,显庆中卒。撰有《韵旨》二十卷、文集三十卷,皆不存。其贞观十一年至十七年间任太子洗马事,本传不载,殆因早年历官而史书从省。《全唐文》卷一四八仅存其文一篇。卷九九二收《陆让碑》于阙名下,应移归萧钧下。另《初学记》卷一八存萧钧《晚春游泛怀友诗》,《全唐诗》亦失收。前人或作梁时诗,实误,详拙作《全唐诗续拾》卷三。

(《中华文史论丛》第八十九辑,2008年)

唐诗人二李昂

昂,开元二年王丘下状元及第。

《唐才子传校笺》卷一云:"李昂,籍贯、字号、年岁皆不详。"《芒洛冢墓遗文》卷中《大唐故吉州刺史陇西李府君墓志铭》云:"君讳昊,字守贤,陇西成纪人也。道德有后,模楷相承,蔚能文为世家,茂清阀为士族。曾祖和州刺史纲,大父绛州别驾寿,烈考左羽林卫长上令终。……府君即羽林之第二子也。与季弟考功员外、吏部郎中昂,幼差肩学诗,寻比迹入仕。考功以文词著称,而府君兼忠信知名。……万岁登封年,以门子宿兰锜。……至德元年,除黄州刺史,又除吉州刺史。自一尉八徙官,历十数年,致二千石,得为不达矣夫。春秋七十有三,以至德二年闰八月,考终于浔阳县客舍。……以乾元元年岁次戊戌八月庚子朔廿一日庚申,安厝于河南县伊洛乡之南原。"志主李昊,即李昂之仲兄,志中所述,对考察李昂生平裨益至多。以下分别述之。

家世。据志可知李昂曾祖为和州刺史李纲,祖父为绛州别驾李寿,父为左羽林卫长上李令终。《新唐书·地理志》载和州为上州,刺史为从三品;绛州为雄州,别驾为从四品下;《新唐书·职官志》云十六卫长上为从九品下。可知李昂家世,自唐初以来,已渐衰微。笺引及都水使者李睒子,为另一人,详后。

生年。志载昊为令终第二子,昂为其季弟,二人"幼差肩学诗",知年龄相差,当仅在三五岁之内。昊于至德二年(757)卒,年七十三,其生年应为武后垂拱元年(685)。昂以年幼五岁计,则应生于载初元年(690)。昂于开元二年(714)登进士第,时约二十五岁。

仕历。志称"季弟考功员外、吏部郎中昂",又称"考功以文词著称",知昂官至吏部郎中,而历官以考功一职最著名。昂开元二十四年以考功员外郎知举事,为唐代科举史之转折点,唐人屡有称及,与此合。至昂任吏部郎中之时间,亦大致可考。今陕西西安碑林存《郎官石柱题名》,"吏部郎中"栏有"李昂",其前一人为孙逖,后一人为韦述。《旧唐书》卷一一三《苗晋卿传》载,孙逖于开元二十四年自吏部郎中拜中书舍人,卷一〇二《韦述传》云述自开元十八年后,历任屯田员外郎及职方、吏部郎中、集贤院学士,二十七年转国子司业。学士一般为兼职,故知二十七年时,述方任吏部郎中。李昂任吏部郎中之时间,应即在二十四年(736)至二十七年(739)之间。其卒年,疑即在开元末至天宝初。

在此拟讨论与考功李昂同时之另一李昂的情况。敦煌遗书伯二五六七、伯二五五二为同一卷之前后两段,伯二五六七首为李昂《戚夫人楚舞歌》之后半,其后二诗不署作者,而伯二五五二卷末《驯鸽篇》下署为李昂,其后之《塞上听弹胡笳作》仅存残序。王重民《补全唐诗》将以上诗并收于李昂名下。今检《塞上听弹胡笳作序》云:"故天子命我柱史韦公,括□□□,监统□籴。韦公谓我不忝,奏充判官。天宝七载十月一日,次于赤水军,将计□□。时有若尚书郎苏公,专交兵使,处于别馆。是日也,余因从韦公相与谒诣,既尽筹画,且〔开〕樽俎。"前考李昂开元二十四年为考功员外郎,二十七年前为吏部郎中,岂至于十年以后,以六十之年,忝充监籴判官,远赴赤水军,且如此恭敬地"谒诣""尚书郎苏公",其作者为另一人,至为明白。今按此序及《驯鸽篇》作者既为李昂,应即为与考功李昂同时而年辈稍迟之仓部李昂。其生平可考者有:赵郡人,祖许王府参军李敬中,父都水使者李睒。

大历三年(768)任著作郎,作《李邕墓志》。官至仓部员外郎。以文章家法为世祖尚。事见《新唐书·宰相世系表》及《千唐志斋藏志》收大历三年《李邕墓志》、《唐代墓志汇编》收元和九年《李方乂墓志》。顺便说及,此李昂与大历诗人李端之父为兄弟。

籍贯。《李昊墓志》末有铭辞,首云:"长河东直,滑台孤峙。世有明德,及于君子。""长河"当指黄河。首句云黄河东流,而"滑台孤峙",下即云其地有明德而及于君子,故可确定李昊、李昂兄弟为滑台人。《元和郡县图志》卷八《滑州·白马县》云:"黄河,去外城二十步。州城,即古滑台城。……相传云卫灵公所筑小城,昔滑氏为垒,后人增以为城,甚高峻坚险,临河亦有台。"知滑台濒临黄河,地在滑州白马县(今河南滑县),昂即其地人。

按李昂《戚夫人楚舞歌》,《才调集》卷三、《唐诗纪事》卷一七、《全唐诗》卷一二〇,皆收此歌。敦煌遗书伯二五六七卷首即此歌,仅存后半,然较前引诸书,增出四句:"且矜容色长自持,且遇乘舆恩幸时。香罗侍寝双龙殿,玉辇看花百子池。"

(《唐才子传校笺补正》,中华书局,1995年)

韦应物一家墓志的学术价值

今年稍早时候,唐代杰出诗人韦应物一家墓志在陕西长安韦曲出土。西安碑林博物馆马骥先生从友人处借得拓本后,作了仔细录文和初步研究。我得到消息后,立即与他联系,希望尽快公之于世,以便学者研究。自清末以来,新发现唐代墓志超过八千方,但就对于唐代文学的研究来说,这批墓志无疑是极其难得的珍贵文献,称为百年来唐代石刻文献最重要的收获之一,也不为过。

我有幸先期见到墓志拓本和录文,确信其学术价值有以下几端。

一是提供了韦应物生平的基本线索。两《唐书》没有为韦应物立传,从南宋沈作喆作《补韦应物传》开始,到今人孙望撰《韦应物事迹考述》、罗联添撰《韦应物年谱》、傅璇琮撰《韦应物系年考证》,依据韦应物诗歌中提供的线索,努力探究韦应物的生平事迹,但因史料欠缺,仍不免多有缺漏和分歧。如韦应物到底死于何年,就有贞元七年、九年、十一年几种说法。墓志记载韦应物字义博,他在三卫时的具体官职,历官十三任的经历,都是以前不见记载的。虽然丘丹没有记载他的具体死亡日期和享年,但终于官舍,贞元七年十一月归葬,则是可以确定的。以往学者都认为他去世时已经罢苏州刺史职,有他《寓居永定精舍》诗"政拙忝罢守,闲居初理生"为证,墓志则显为死于任上。墓志记韦应物平生所著诗赋、议论、铭颂、记序六百多篇,但传世的《韦苏州集》只收诗近六百首,其他各体文章都失传了。

二是韦妻元苹墓志,为韦应物亲自撰文并书写,抒写了对于亡妻的深切悼念,且留下了诗人的书迹。在韦应物诗集中,有十九首悼亡诗,历来为学者所重视,认为是潘岳《悼亡诗》以后最真切的追忆亡妻的作品。但存世文献中没有关于韦妻家世生平以及与其婚姻始末的具体记载。元苹墓志以平实细腻的文笔写出妻亡后的悲痛心情,是唐人墓志中难得的抒情佳作,与其悼亡诸诗颇可印证,可以进一步解读的内容很丰富。

三是提供了唐代士族文化传承的珍贵个案。韦应物出生于京兆韦氏逍遥公房,是唐代最为显赫的士族之一。北周以来这个家族世代显宦,势倾中外,记载很丰富,墓志可以补充一些细节。墓志中比较珍贵的记载,是女性文学素养及其在家庭教育中所担负的传承文化的责任。韦庆复墓志分别摘录了志主伯姊和夫人的哀词,是唐墓志中体例特殊的写法,可以见出两位女子的文学才华。元苹曾为五岁的女儿"手教书札,口授《千文》",韦退之则自述能够"以明经换进士第,受业皆不出门内",即他的教育完全来自其母亲裴棣。此外,撰写韦庆复墓志的韦应物外孙杨敬之,曾以"平生不解藏人善,到处逢人说项斯"的名句留下唐人荐贤的佳话,也是应该提到的。

唐代墓志的大量出土,提供了研究唐代家族文化、社会民俗、道德信仰、宗法礼仪、婚姻继承、族聚迁徙等方面的丰富信息,形成了近年学术研究的新热点。谨因韦应物一家墓志的发表,略述所见,希望引起更多学者的关注。

(《文汇报》2007年11月4日)

《安禄山事迹》的成书年代

唐人记载安史之乱的专书,《新唐书·艺文志》著录有姚汝能《安禄山事迹》三卷、包谞《河洛春秋》二卷等,《资治通鉴考异》引有佚名《蓟门纪乱》等,但留存至今者,仅《安禄山事迹》一种。此书今本署"华阴尉姚汝能撰",不言时代。《新唐书·艺文志》仅云"华阴尉",殆据原署。缪荃孙刊入《藕香零拾》时跋此书,引《直斋书录解题》云:"里居未详"(今本《解题》无此语),以为"宋时已无可考矣"。上海古籍出版社1983年出版曾贻芬校点本,《点校说明》云:汝能"距安史之乱发生的时间相去未远",终嫌宽泛。陕西师大古籍所编《古代文献研究集林》二集刊毛双民《〈安禄山事迹〉考述》,据书中提及德宗,知撰于德宗后,又据司天台所在之地记述,推测"绝不会在光化二年以后"。较前人所考更为细致,但前后范围达九十年,仍显宽泛。

今据《隋唐五代墓志汇编·陕西卷二》,有西安出土《唐故试右内率府长史军器使推官天水郡赵府君墓志铭》(石藏西安小雁塔保管所),署"乡贡进士姚汝能撰"。赵府君名文信,会昌五年(845)三月卒,年八十三,六年(846)二月葬,志即其时撰,末云:"汝能芜浅,不足以揄扬德风,事贵熟闻,不敢牢让,备诸陵谷,复可辞焉。"仅为志铭套语。汝能时为乡贡进士,殆无可疑。其为华阴尉,当在此后若干年,不得早于大中(847—859)中期。

《文苑英华》卷二六五、《全唐诗》卷七一三收喻坦之《寄华阴姚少府》云:

> 泰华当公署,为官兴可知。砚和青霭冻,帘对白雪垂。峻掌光浮日,危莲影入池。料于三考内,应惜德音移。

《唐摭言》卷一〇记坦之为咸通十哲之一,《唐才子传》卷九云其"咸通中举进士不第",《唐才子传校笺》卷九考其诗均作于大中、咸通间。此"华阴姚少府",可确定即姚汝能。另《全唐诗》卷五八八有李频《鳌屋居寄姚少府》,姚少府也可能即姚汝能。

据上所考,知姚汝能为会昌末乡贡进士,大中后为华阴尉,及与喻坦之游。《安禄山事迹》为其任华阴尉时撰,时距安史之乱已百年左右。

(《中华文史论丛》第九十辑,2008年)

郑嵎家世

《千唐志斋藏志》有大中九年李述撰《唐故颍州颍上县令李府君夫人荥阳郑氏合祔玄堂志》,郑氏为郑嵎之姊。此志为考察郑嵎生平提供了诸多线索。

《玄堂志》云:"太夫人讳琯,其先祖于周得姓,述以不见谱籍,莫究其裔,但略而记焉。其祖讳寰,不知官序。烈考杭州唐山县令府君讳弘敏,早精儒业,以明经上第,释褐补苏州华亭尉,次任宣州宣城尉,皆著□邑之能。旋授唐山令,议狱守调,咸称其理。"据此可知嵎祖、父之名讳及历官。

《玄堂志》云:"孤子述罪衅无状,不孝不死,以大中八年岁次甲戌十一月壬午朔廿二日癸卯,钟我先妣太夫人荥阳郑氏酷罚于汝州郏城县大名里之私第,享年六十有四。"荥阳为郑氏郡望,郏城私第为李家所居,皆无助于嵎占籍之考知。惟郑氏卒于大中八年(854),年六十四,是当生于贞元七年(791)。嵎之生年,当在其后若干年。嵎《津阳门诗序》云:"开成中,嵎常得群书,下帷于石瓮僧院。"如以开成元年(836)年二十计,则应生于元和十二年(817),此可为嵎生年之下限。

《玄堂志》云:"有弟曰嵎,少耽经史,长而能文,举进士高第,历名使幕杨(当作"扬")州大都(此下原缺"督"字)府参军;堂叔碣,亦以进士擢第,殿中侍御史,累佐盛府,并为时彦,必振大名。"知嵎登第后,任扬州大都督府参军,大中九年尚在世。郑碣,历任浙西团练判官、司勋员外郎、户部郎中,见《郎官石柱题名考》卷八。

郑氏之夫李公度墓志亦已出,《千唐志斋藏志》亦收,薛耽撰文。

(《唐才子传校笺补正》,中华书局,1995年)

王仁裕碑

王仁裕平生作诗万余首,时称"诗窖子",在五代时无人可匹。只可惜诗作大多佚失,今人或不以大家视之,两《五代史》皆有其传,但《旧五代史》本传已失全篇,仅存二则残简。《新五代史》本传虽完,但叙事较简。胡文楷先生撰《薛史〈王仁裕传〉辑补》(《中华文史论丛》1980年第3辑),采掇甚广,虽所录并非薛史旧文,而仁裕生平,历历考明,足为知人论文之助。

王仁裕神道碑清代已出土于甘肃天水,后收入《陇右金石录·宋》卷上,胡文楷先生未及征引,颇可惜。碑文长达二千余字,在此不备录,仅摘其中可补史文之缺者,略加说明,以供治五代文学者参考。

此碑立于宋太宗雍熙三年(986),为仁裕卒后三十年,其孙永锡请仁裕门人李昉所撰,碑首题《周故通奉大夫守太子少保上柱国太原县开国公食邑七百户赐紫金鱼袋赠太子少师王公神道碑铭》(以下简称《碑》)。

《碑》述仁裕祖籍云:"其先太原人,后世徙家秦陇,今为天水人也。"后"归葬于秦州长道县"先茔。两《五代史》仅云"天水人",不及此详。

《碑》记仁裕先世为:曾祖洋州录事参军约,祖成州军事判官义甫,父阶州军事判官实,母元氏。自其祖以下,皆有封赠,不备录。有二兄:秦州观察推官仁温、秦州仓曹参军仁鲁。自曾祖以下,皆为秦陇间诸州之州佐官。

仁裕早年经历,《新五代史》云:"少不知书,以狗马弹射为乐。"《碑》所载较详:"当童稚之年,失怙恃之爱,兄嫂所鞠,至于成人。唐季乱离,关右斯盛,俎豆之事,蔑无闻焉。既乏师友之规,但以畋游为事。"知因父母早亡,又适逢乱世,故惟事畋游。仁裕生于僖宗乾符六年(879),年二十五前正当唐季大乱。

《碑》、史皆云仁裕年二十五感梦而能文,时应在昭宗天复三年(903)。《碑》复云:"岁余著赋二十余首,甚得体物之妙。繇是乡里远近,悉推重之。"此为史所缺载。

仁裕以文辞知名后,史云"秦帅辟为秦州节度判官",不载秦帅姓名及召辟之年。《碑》云:"秦帅陇西公继崇闻之,以书币之礼,辟为从事。"李继崇为岐帅李茂贞犹子。继崇帅秦,不知始于何年。天祐中,秦帅为李继勋,见《通鉴·天祐元年》。《旧五代史·刘知俊传》云知俊于梁太祖乾化初寓居岐下时,继崇为秦帅。仁裕受辟,当在入梁后,可能即在乾化初。乾化五年(915),继崇以秦州降蜀,仁裕因此入成都。

《碑》云仁裕归蜀后,"连佐大藩"。又云其任翰林学士后,"蜀后主衍好文工诗,偏所亲狎,宴游和答,殆无虚日,后主昏湎日甚,政教大隳,公屡陈谠言,颇尽忠节"。此处恐有夸饰之词。《太平广记》卷二四一引仁裕《王氏闻见记》,录其随王衍宴游和答诗,并无规诫之意。但他将蒲禹卿谏表全文录入,可见其于蜀亡后对后主为政之态度。

蜀亡后,仁裕复为秦州节度判官。《碑》云:"职罢,归汉阳别墅,有终焉之志,著《归山集》五百首以见其志。"此"汉阳别墅"当亦在秦州至梁州间。

仁裕复起事兴元帅王思同及降唐末帝事,史载甚简,《碑》叙尤详,录如次:

> 无何,南梁主帅王公思同以旧知之故,逼而起之,密奏授兴元节度判官。不获已而受命,非其志也。洎居守镐京,复参赞留务。时岐帅潞王据有坚城,将图义举,阴遣间使,会兵于王公。王公依违之间,可否未绝,犹豫方甚,召公谋之。公曰:"事君尽忠,事父尽孝之道,奈何弃之。"王公勃然而起曰:"吾其效死于王室矣。"于是戮岐阳之使,驰驿上奏。忠规正论,闻者义之。俄而王师倒戈,奉潞王为主,王公果死于难,虽寮吏悉罹其祸。潞王下命军中曰:"获王某者不得杀"。遂生致于麾下。潞王素闻公名,喜见公,而文翰之职一以委之。公自陈曰:"府主渝盟,臣所赞也,请就鼎镬,速死为幸。"词直色厉,潞王壮之。

《旧五代史》有《王思同传》,其镇兴元(山南西道)在明宗长兴二年(931)三月。仁裕若此年入幕,距蜀亡已六年。思同于三年八月复为西京留后,仁裕随至长安。"参赞留务"。潞王即后唐末帝李从珂,明宗义子。长兴四年(933)明宗卒,子从厚嗣位,即闵帝。从珂时镇凤翔,因遭闵帝猜忌,遂举兵向阙,于应顺元年四月入洛阳,即位,闵帝被杀。当潞王起兵时,曾致书关陇诸帅。思同依违之际，仁裕劝其效忠闵帝。思同兵败过程，《旧五代史》载之甚详，但未及仁裕之言。

仁裕从末帝入京后，《碑》云："旋为近臣排斥，出为魏博支使，改汴州观察判官，数月征拜尚书都官郎中，召入翰林充学士。"其后事迹史载较详，不一一。

《碑》载仁裕妻室子嗣颇详：前夫人为弘农杨氏，后夫人为渤海郡夫人欧阳氏，皆先仁裕而亡。有二子：成州军事判官传珪、秦州长道县令传璞。三女，分适校书郎党崇俊、殿中丞刘湘、河东薛昇。二孙：绵州西昌令全禧、秘书郎永锡。

《碑》载仁裕著作有：《秦亭篇》（疑为李继崇幕下作）、《锦江集》（应为仕蜀时作）、《入洛记》（蜀亡入洛时作）、《归山集》（退归汉阳别墅时作）、《南行记》、《东南行》（应为出使荆南时作）、《紫泥集》（应为任翰林学士后作）、《华夷百题》、《西江集》（《新五代史》仅举此集），共六百八十五卷。又撰《周易说卦验》三卷、《转纹回轮金鉴铭》、《二十二样诗赋图》等。《碑》所未载者，今知尚有《开元天宝遗事》、《玉堂闲话》、《王氏闻见录》、《国风总类》等。《碑》云"著述之多，流传之广，近代以来，乐天而已"，并非虚词。可惜仁裕生逢乱世，所著大多佚亡。专书仅存《开元天宝遗事》一种，诗文存者，仅及白居易之百一。另《玉堂闲话》、《王氏闻见录》二书，《太平广记》、《类说》、《分门古今类事》等书中引录尚多，可辑以成编。

（《铁道师院学报》1993年第4期，为《唐诗人李昂、綦毋潜、王仁裕生平补考》中之一节）

《集古录》及跋尾之成书

《集古录》一千卷 佚。其目多数仍存。

《居士集》卷四四《六一居士传》云："吾……集录三代以来遗文一千卷。"《居士外集》卷一九《与蔡君谟求书〈集古录序〉书》云："曩在河朔，不能自闲，尝集录前世金石之遗文，自三代以来古文奇字，莫不皆有。……自庆历乙酉逮嘉祐壬寅,十有八年而得千卷。"乙酉为庆历五年(1045),时在河北。欧所藏碑拓有早年所得者,但决意搜罗辑录,则始于是年,其跋《魏刘熹学生冢碑》《唐孔子庙堂碑》等文有较详交代。壬寅为嘉祐七年(1062),序同年作。周必大曾得见千卷之目,分注《跋尾》各卷后。如《华岳题名》,一碑编为十卷,《何进滔德政碑》编为六卷,而《古敦铭》等四铭仅占一卷,可知千卷并非共得千种。此书于嘉祐七年结集后续有所得,或未编卷次,如《王质神道碑》《鹡鸰颂》等,或附入他卷,如《千文后虞世南书》等。总其所得,在千卷以上。欧殁后,此书藏于其家。其散出时间,南宋人多以为在南渡后,然故宫旧藏《汉西岳华山庙碑》《汉杨君碑》《陆文学传》《平泉山居草木记》四跋真迹,拖尾有赵明诚崇宁五年及政和丙申、戊戌、宣和壬寅四次题名,知南渡前已有散出者。周必大尝获睹多卷,《省斋文稿》《平园续稿》存题跋多篇,《集古录后序》亦备记原卷帙之形制,兹不备引。千卷之中,今存跋尾者凡三百八十三卷。后人辑本欧阳棐《集古录目》,其中《跋尾》不载之碑约四百余。二者合计今存目者当在八百卷之上。

《集古录跋尾》十卷 存。收入《欧集》。

《书简》卷五《与刘侍读原父》第二函(嘉祐四年作)述作跋尾缘起甚详:"愚家所藏《集古录》,尝得故许子春(元)为余言,集聚多且久,无不散亡,此物理也。不若举其要著为一书,谓可传久。余深以其言为然。昨在汝阴居闲,遂为《集古录目》,方得八九十篇,不徒如许之说,又因得与史传相参验,证见史家阙失甚多。其后来京师,遂不复作。"与许元相见,为庆历八年(1048)在扬州事。"汝阴居闲",指皇祐末守丧居颍州。此书初名应作《集古录目》,欧自序即题作《集古录目序》。《跋尾》为后改名。现存诸跋,以卷十《跋郭忠恕书〈阴符经〉》最早,署为"嘉祐六年(1061)九月"。无署皇祐间作者。卷一《跋前汉雁足灯铭》最迟,熙宁五年(1072)四月作,距其卒仅四个月。多数则为嘉祐八年(1063)夏至次年即治平元年秋之间作。今本经周必大等校定,分注"集本"、"真迹"于其下。《事迹》《行状》等录《集古录跋尾》十卷,《晁志》《陈录》皆著录,当即所谓"集本"。南宋方崧卿取欧阳修亲书《集古录》跋二百四十余篇刻于吉州,赵希弁《郡斋读书附志》法帖类著录,周必大《集古录后序》亦言及,即所谓"真迹"。周氏刊定时,多取真迹,无真迹时始取集本,差异较大者则并录,周必大谓"疑真迹一时所书,集本后或改定"。所说是。以并录诸本看,真迹文字似未经整理,皆署明书写年月日,集本皆削去书写年月,显然经过增删润饰,故多较真迹为优。综前述,欧阳修于皇祐间所作八九十篇,当为最初稿,今多不存,嘉祐、治平间所作,尚非定稿;集本各篇,为最后写定本,写定的时间,当在治平以后。

欧阳修所作跋尾篇数,周必大谓其自云有四百余篇,欧阳棐熙宁二年作《集古录目记》录其父自述则为二百九十六篇,《陈录》卷八则云为三百五十余跋,历来著录者未能确断。今检《欧集》所存,共有跋尾四百二十篇,计真迹二百六十二篇,集本一百二十五篇,得自绵本《拾遗》者二十一篇,别本附出者十一篇,来历不明一篇。其中异文并录者三十五篇,一碑二跋者四篇。现存跋尾,分属三百八十一篇碑铭。周必大疑欧阳棐所述"二百"为"三百"之误,当得其实。故宫旧藏四跋真迹,有三跋为周必大未曾参校者。欧跋可能有所阙失,但数量不会很多。

附考:《集古录目》十卷,修子欧阳棐撰。序附《集古录跋尾》卷首,称承父嘱而撰,"各取其书撰之人、事迹之始终、所立之时世而著之文,为一十卷,以附于跋尾之后"。《陈录》卷八作二十卷,原书久佚。宋季陈思《宝刻丛编》几全部收入,清人黄本骥据以辑得五百余篇,编为五卷,然阙漏尚多。民初缪荃孙重辑为十卷,并附原目一卷,刊入《云自在龛丛书》,最为完备。

(为《欧阳修著述考》中之二节,《复旦学报》1985年第3期)

正定巨碑考实

河北正定发现五代巨碑的消息,一年多前就听到了,但直到最近,才得到北京大学考古学系齐东方教授的具体介绍,又承他寄示石碑及同时发现的赑屃、石柱的照片,以及石家庄市文史专家梁勇先生撰写的《正定巨碑刻立年代及被毁原因考证》(刊《石家庄日报·正定版》2000年8月16日第三版),始对正定巨碑的情况有了较详细的了解。虽然我还未能见到正定巨碑残存的全部文字,但从梁勇先生大作所引的部分残文,以及他广引文献所作的研究来看,我以为巨碑是后晋天福间安重荣任成德节度使期间所立的说法,已可完全确定,不会有任何疑义了,但因有关该碑的一些原始文献,至今尚未得揭出,以致其刻立年份、性质、碑名、碑文作者及兴毁始末,还有一些问题值得作进一步的研究。以下谨就所知,略申管见,以就教于梁勇先生及对此碑有兴趣的各位读者。

宋代四大书中篇幅最大的《册府元龟》卷八二〇中,有如下一条记事:

> 晋安重荣为成德军节度使。天福二年,副使朱崇节奏,镇州军府将吏、僧道、父老诣阙,请立重荣德政碑。高祖敕:"重荣功宣缔构,寄重藩维,善布诏条,克除民瘼,遂致僚吏僧道,诣阙上章,求勒贞珉,以扬异政,既观勤功,宜示允俞。"其碑文仍令太子宾客任赞撰进。

《册府元龟》全书一千卷,编成于北宋真宗时,当时距唐五代甚近,参与编书者又是杨亿等当时最称博学的学者,因此保存了大量其他书中所没有的珍贵记载,其中唐五代部分因引用了大量今已失传的唐五代实录而尤为学者所重视。上引这条,虽未注所据书,但可确知是出自后周太祖广顺元年(951)成书的《晋高祖实录》。《晋高祖实录》三十卷,由窦贞固监修,贾纬等编修,诸人都是后晋的旧臣,又得以利用史馆积存的大量原始记录,所录十分可靠。宋元的多种书目著录有《晋高祖实录》,明以后失传。

下面试对上引文字略作考释。天福二年为公元937年,是晋高祖石敬瑭称帝的第二年,安重荣就在这一年的正月第一天被任为成德节度使(见《资治通鉴》卷二八一),立碑是同年内之事。奏请立碑的副使朱崇节,其职守是安重荣的副职,他的经历无从查考,仅在《旧五代史·晋少帝纪》中,记他于天福七年(942)晋少帝即位后,以判四方馆事的身份出使契丹,《辽史》中也有相关记载,事在安重荣叛乱平定后,可知他没有受到牵连,不能视为安重荣的党羽。镇州军府将吏、僧道、父老请立的安重荣德政碑,应该就是现在所发现的巨碑。梁勇先生大作将此碑拟题为"纪功碑",大致恰当,现在揭出《册府元龟》的记录,可确定碑题可简称为《安重荣德政碑》。唐五代地方官借用地方乡绅的名义,为自己建立德政碑,是很常见的事,但一般均应上奏朝廷并获得批准者方能兴建。安重荣建德政碑也是如此，是得到晋高祖石敬瑭同意后才建立的。应该说，此碑形制过大，超过一般的规模，当时即曾引起轰动和异议（详后），但当时安重荣到任不久，碑文又是晋高祖请任赞写就，应该说和安重荣后来的叛乱没有什么必然的关系。晋高祖敕文中说"重荣功宣缔构"，是指在他起兵反唐后，被唐末帝所派大将张敬达的大军所困，安重荣从代北为他招募了大批骑军，对局势转变起了重要作用。"寄重藩维"，当时的镇州是北边重镇，安重荣的责任关系到国家的安危。"善布诏条，克除民瘼"二句，则是称赞安重荣的施政有方，关心民生疾苦。虽有夸张，但安重荣为政似乎也确实有些办法。《旧五代史》安重荣本传有一则小故事很能说明他的断事能力："尝有夫妇共讼其子不孝者，重荣面加诘责，抽剑令自杀之。其父泣曰：'不忍也。'其母诟詈仗剑逐之。重荣疑而问之，乃其继母也，因叱出，自后射之，一箭而毙，闻者莫不快意。由此境内以为强明，大得民情。"后来的《折狱龟鉴》也据此收录。

《安重荣德政碑》的撰文者"太子宾客任赞"，新旧《五代史》都没有为之立传，其事迹散见于《旧五代史》和《册府元龟》各卷中，他梁初举进士，历官翰林学士。初仕后梁，梁亡归唐，贬为房州司马。明宗天成元年（926），自太子左庶子改任工部侍郎。四年（929），任左散骑常侍、判大理卿事。长兴四年（933），任户部侍郎、刑部侍郎，又改兵部侍郎，同时担任元帅府判官，受命辅佐最有希望继任皇位的秦王李从荣。但仅过月余，秦王就因担心明宗病危而提前行动，兵败被杀，任赞也因此牵累而贬流武州。后晋时，除了任太子宾客外，天福四年（739）还曾任工部侍郎、兵部侍郎。任赞有一则故事很有名。一次下朝，他与同僚见到冯道，开玩笑地说："若急行，必遗下《兔园策》。"冯道对他讲了一番大道理，反使他大觉惭愧。任赞曾任翰林学士，应长于诗文，可惜存留下来的并不多。《全唐文》、《唐文拾遗》各收了他的一篇文章，但没有什文学价值。《全唐诗》没有收他的诗，只有宋人曾慥《类说》中，收有他在梁代所作的一首发牢骚的诗："数年叨内署，衫色俨然倾。任赞字希度，知君是火精。"也无可称道。《安重荣德政碑》是一篇大文章，虽仅存残文，仍有很重要的价值。

顺便还应指出，梁勇先生大作所引残文中，有"伪庭失德群盗挺起"、

"骥岂让夷吾金如粟而马"等句,梁勇先生认为"显然是夸耀镇州金银如粟一样多、马匹强壮,岂能畏惧契丹蛮夷。这种反抗北夷的情绪,在五代时期的成德军节度使中,唯有安重荣最为突出"。在文意的理解上恐尚有待酌处。我以为,前两句中的"伪庭",并不是指契丹,而是指后唐末帝李从珂的清泰朝廷。李从珂是明宗的义子,即位后试图削夺当时任太原节度使的明宗女婿石敬瑭的军权,终至激起石敬瑭北结契丹而谋自帝。唐末帝李从珂兵败自杀后,石敬瑭建立的后晋王朝一直视清泰朝为伪,一直到后周时才承认其正统地位。天福二年石敬瑭与契丹关系正密,安重荣的反契丹行为也还未露端倪,根本不可能立碑骂契丹为伪庭。至于后句,梁勇先生断为"骥岂让夷!吾金如粟,而马",我则以为当断作"骥岂让夷吾。金如粟而马","夷吾"指春秋时齐国名臣管仲,字夷吾,以善理财治国而名重后世,此处用以比况安重荣的为政,当然是极力加以夸扬的文句。

《安重荣德政碑》建立及废毁的情况,在宋初名僧赞宁所撰专记唐五代僧人事迹的《宋高僧传》卷二二《汉洛阳告成县狂僧传》的附传中,有很具体的记载:

> 又镇州释曹和尚者,恒阳人也。不常居处,言语纠纷,败襦穿屦,垢面黯肤,号风狂散逸之伦也。齐、赵人皆不测,而多重贶。或召食,食毕默然而去,其状犹不醉而怒欤。府帅安重荣作镇数年,讽军吏州民例请朝廷立德政碑。碑将树之日,其状屹然,曹和尚指之大笑曰:"立不得,立不得。"人皆相目失色,主者驱逐,曹犹口不绝声焉。至重荣潜萌不轨,秣马利兵,垂将作逆,朝廷讨灭,碑寻毁之,凡所指斥,犹响答声也。后不测所终。

曹和尚的法名别无可考。镇州在唐末五代是临济宗的发祥地,曹和尚或亦属禅僧。当时这种居无定处、风狂而不拘行为的异僧颇多,常称能知未来之事。此处称"安重荣作镇数年"才立碑,与《册府元龟》的记载不同。赞宁是吴越僧,其所记或出传说,似不及《册府元龟》据实录的可靠,当然也可能是天福二年请立碑,因采石刻碑而至数年后方树立。"其状屹然"一句,极写巨碑的高大，是很生动的描写。如果剔去其中的神秘色彩，此碑逾越规制，已显露安重荣的野心，曹和尚因此而发出"立不得"的预言，也是情理中事。"朝廷讨灭，碑寻毁之"二句，留下了安重荣败亡后巨碑即被毁弃的直接记录，现存断碑即是当时毁弃的孑遗物。

综上所考，可知正定五代巨碑因正名作《安重荣德政碑》，是天福二年晋高祖敕准建立，由太子宾客任赞撰文。立碑之时，颇为轰动，当时即有曹和尚指斥"立不得"。安重荣败亡后，碑旋遭毁断。

(2001年写，未刊)

《钓矶立谈》作者考

《钓矶立谈》成书于宋初，专记南唐史事。时去南唐未久，所记又翔实具体，故颇为治南唐历史、文学者所重。此书宋代公私书目不著录，至元人修《宋史·艺文志》时，方于子部小说家类记云："史虚白《钓矶立谈记》一卷。"明末发现此书南宋临安太学前尹氏书籍铺刊本，《读书敏求记》卷二著录，云"不著名氏"，曹寅刻入《楝亭十二种》时，径题史虚白撰。鲍廷博刻《知不足斋丛书》时，跋云："予以自序及他书考之，盖虚白仲子之笔也。虚白在烈祖时，曾为校书郎，故序称先校书；又龙衮《江南野史》云：虚白二子，长早卒，次举进士。孙温，咸平中擢第。今序有云：使小子温成诵于口。知其出仲氏矣。"后《四库全书总目》卷六六大致沿用鲍说，文繁不录，《唐文拾遗》卷五二即收此书序于史□名下，并云："其为仲子所著无疑，惜其名不可考耳。"

今按虚白仲子之名，可以考知，然谓此书为其所撰，则大可怀疑。《全宋文》卷三六三据江西九江文管所藏拓片，收宋真宗乾兴元年（1022）祖士衡撰《宋故赠大理评事武昌史府君墓志铭》云："府君讳壸字元奥……烈考处士讳虚白……有才子三人，仲曰光世，季曰杰，府君即其孟也，生于建业。……以至道元年七月十六日，寝疾而逝，享年五十有五。"是虚白仲子名光世，其事迹虽无可考，然从其兄生平可考知一二。史壸至道元年（995）卒，年五十五，知生于后晋高祖天福六年（941），光世当生于其后数年。然《钓矶立谈序》云:"叟山东一无闻人也,清泰年中随先校书避地江表。"清泰(934—936)为后唐末帝年号,在史壶出生前数年,然此时"叟"已从山东避地江表,即便时方髫龄,也较史壶年长十余岁。可知"叟"并非史虚白仲子,也不是虚白三子中的一人。"叟"终身未仕,《陆氏南唐书》卷七云虚白二子出仕,即指光世与杰,亦可证。史壶出生于建业,在虚白南迁后。

《钓矶立谈》序云:"叟山东一无闻人也,清泰年中随先校书避地江表,始营钓矶于江渚。割江之后,先校书不禄,叟嗣守弊庐,颇窥先志,不复以进取为念。会王师吊伐,李氏挈宗以朝,湖海表里,俱为王人……叟独何者而私自怫郁,如有怀旧之思。追惟江表自建国以来,烈祖、元宗其所以抚奄斯人,盖有不可忘者,时移事往,将就芜没。叟身非朝行,口不食禄,固无预于史事,顾耳目之所及……随意所商,聊复书之于纸,仅得百二十许条,总而题之曰《钓矶立谈》。使小子温成诵于口,粗以存其梗概云。"序作者为"小子温",即史壶子史温。"叟"之辈分,低于虚白,似较史壶兄弟为尊,疑应为虚白之弟侄辈,故史温尊为"叟",自称"小子"。叟之名不可考。其行事据序及该书,大致可知:生于山东,清泰中南奔,始营钓矶,常随虚白游。后主时,虚白卒,守旧业不仕。南唐亡,追忆旧事而成此书。其著书之直接原因,书中云因闻徐铉、汤悦著《江南录》,恐不尽其实,故书所知于纸,时当在宋太宗中后期。而此书之写成者,则为史温。书中记事部分,当即书于纸者,而各事之后,均以低一格列叟之议论,或径作"叟曰"云云,或叙叟之行事感慨,如云:"叟尝壮西平此举,以为近世未有成功之速如此。"此类议论叙事,约占全书之半,即所谓"小子温成诵于口,粗以存其梗概"者,出自史温手笔。

唐宋说部中,颇有门生故吏或子侄辈述故主先人言行以成书,如韦绚《刘宾客嘉话录》、黄鉴《杨文公谈苑》、苏象先《魏公谭训》、苏籀《栾城遗言》等,皆以录言成书者为作者。《钓矶立谈》与此相似,其中一部分虽可能为叟之遗稿,而编次成书,并将叟之议论记录成文者,则应为史温。

史温生平可考者如下:温,虚白之孙,壶之子。母为宣城夏氏。四岁,夏氏授以《孝经》《论语》,复使临昔贤书帖(均见《史府君墓志铭》)。真宗咸平中,擢进士第(《江南野史》卷八)。累官桃林尉(《钜鹿东观集》卷一〇《寄赠桃林尉史温》)。大中祥符中知闽清县(《宋诗纪事补遗》卷六)。寻以国子博士知封州。乾兴元年(1022)，丁内忧，葬父母于江州(均见《史府君墓志铭》)。仁宗天圣中，为虞部员外郎，献《史虚白文集》。仁宗爱之，追号虚白冲靖先生(《陆氏南唐书》卷七《史虚白传》)。其后事迹不祥。

(《文史》第四十四辑，中华书局，1998年)

述《篆云楼金石文编》

　　复旦大学图书馆藏《篆云楼金石文编》一百卷，凡八函八十册，清季佚名撰。民国间为吴兴庞青城百柜楼旧藏，四十年代散出，初归同济大学文学院，五十年代初归复旦大学图书馆。我在二十多年前为辑录唐人佚文曾通检该书，凡分地域记录自上古至蒙元时期之金石篇目，无论存佚，均予采信。所据自宋代欧赵二家以降，尤详采明清金石家之题跋，取资地方文献者尤为珍贵。前清自乾嘉间金石学勃兴，访碑之记录以孙星衍《寰宇访碑录》，吴式芬《舆地金石目》、《贞石待访录》、《金石汇目分编》最称浩博，然皆仅记碑名、作者、时间，而不涉金石内容，此为《篆云楼金石文编》所独胜处。此书采孙书而不取吴书，大约亦如吴书之成于咸丰前后，惜作者之名不传。全书逾百万字，逾半已经写定，如江南诸卷尚多涂改剪贴之迹，殆未最后完成之本。其中多引今已亡佚之书，如载畿辅石刻之《古林金石表》等。所载各地石刻细目，亦较他书为丰富。如大名府下载龙纪元年公乘亿撰《罗让碑》，我曾据明《弘治大名府志》录文颇备，据此书则清中叶尚有记录。友生仇鹿鸣博士近年就此碑研究唐末魏博政治，访知此碑今尚兀存，惜当年未对检本书记录。本书江宁府下录南朝石刻逾百种，也是目前可知最完整之记录。就此可认为该书为清季记录全国金石存佚之集大成著作，与前引孙、吴二家可鼎立为三，其于往迹录存，金石寻访，意义颇为重大，幸无因作者不详、稿本未刊而埋没不彰也。

(2014年写，未刊)

石刻文献述要

"人生忽如寄,寿无金石固。"古人感到生命短暂,常将重要的事件、著作和死者的生平铭诸金石,从而形成丰富的金石文献。一般来说,金银器上的铭文均较简短,铜器铭文则盛于商周时期,汉以后可资研究的仅有铜镜铭文等。石刻文献则兴于汉,盛于唐,历宋、元、明、清而不衰,存世文献为数极巨,为研究古代历史文化提供了大量记载,也为研究古典文学者所宝重。

古代石刻的分类

古代石刻品类众多,举其大端,可分以下几类。

一、墓志铭。多为正方形石刻,置于死者墓穴中,记载死者生平事迹。始于汉,盛于北朝和隋唐时期,宋以后仍相沿成习。南朝禁止埋铭,故甚罕见。近代以来,出土尤多。因深埋地下,所存文字多清晰而完整。

二、墓碑。也称神道碑,是置于墓道前记载死者生平事迹的长方形巨大石碑。旧时王公大臣方得立碑记德,故所载多为历史上有影响的人物。但因其突立于地表,历经日晒雨淋,人为破坏,石刻多断裂残坏,磨蚀漫漶,不易卒读。

三、刻经。可分儒、释两大类。儒家经典的刊刻多由官方主持,目的是为士人提供准确可信的经典文本。历史上有七次大规模的刻经,即东汉熹平间、曹魏正始间、唐开成间、后蜀广政间、北宋嘉祐间、南宋绍兴间、清乾隆间。今仅开成、乾隆保存完整,其余仅存残石。佛教刻经又可分为两类。一类是僧人恐遭逢法难,经籍失传,因而刻石收存,以备不虞。最著名的是房山石经,始于隋,历唐、辽、金、元而不衰,现存有一万五千多石。二是刻经以求福祐,如唐代经幢刻《尊胜陀罗尼经》,成为一时风气。

四、造像记。佛教最多，道教稍少。受佛教净土宗佛陀信仰的影响，信佛的士庶僧人多喜造佛像以积功德，大者连山开龛，小者仅可握于掌间。造像记记载造像缘由，一般均较简短，仅记时间、像主姓名及所求之福祐庇荫，文辞多较程式，虽可借以了解风俗世情，但有文学价值的很少。

五、题名。即是古人"到此一游"的记录。多存于山川名胜，且多出于名臣、文士之手，虽较简短，于考事究文，弥足珍贵。如长安慈恩寺题名："韩愈退之、李翱翔之、孟郊东野、柳宗元子厚、石洪濬川同。"钟山题名："乾道乙酉七月四日，笠泽陆务观，冒大雨，独游定林。"均至简，但前者可考知韩柳交游之始，知李翱另一表字，后者可见陆游之风神。

六、诗词。唐以前仅一二见，以云峰山郑道昭诗刻最著名。唐代始盛，宋以后尤多。诗词刻石以摩崖和诗碑两种形式为多见。许多重要作家都有石刻诗词留存。

七、杂刻。指上述六类以外的各种石刻。凡建桥立庙、兴学建祠、劝善颂德、序事记游等，皆可立石以记，所涉范围至广。

此外，还有石刻丛帖，为汇聚名家法书上石，以供人观赏临习，其文献价值与上述各种石刻有所不同，兹不赘述。

从石刻到拓本、帖本

石刻为古人当时所刻，所记为当时事，史料价值很高；所录文章亦得存原貌，不似刊本之迭经传刻，多鱼鲁豕亥之误，故前代学者考史论文，尤重石刻。然而石刻或依山摩崖，或形制巨大，散在各地，多远处荒山僻野，即便最优秀的金石学家，也不可能全部亲见原石。学者援据，主要是石刻拓本。

拓本是由拓工将宣纸受湿后，蒙于碑刻之上，加以捶椎，使宣纸呈凹凸状，再蘸墨拓成。同一石刻之拓本，因传拓时间之早晚及拓技精粗之不同，而常有很大不同。一般来说，早期拓本因石刻保存完好，文字存留较多，晚近所拓，则因石刻剥蚀，存字较少。如昭陵诸碑，今存碑石存字已无多，远不及《金石萃编》之录文；而罗振玉《昭陵碑录》据早期精拓录文，录文约倍于《金石萃编》。即使同一时期所拓，也常因拓工之拓技与态度而有所不同。

如永州浯溪所存唐李谅《湘中纪行》诗，王昶据书贾所售拓本录入《金石萃编》，有十余处缺文讹误，稍后瞿中溶亲至浯溪，督工精拓，乃精好无损（详《古泉山馆金石文编》卷三）。至于帖贾为牟利而或草率摩拓，或仅拓一部分，甚或窜改文字，以唐宋冒魏晋，则更等而下之了。

拓本均存碑石原状，大者可长丈余，宽数尺，铺展盈屋，不便研习。旧时藏家为便临习，将拓本逐行剪开，重加裱帖，装成册页，便成帖本。帖本便于阅读临摹，但经剪接重拼，已不存原碑形貌。而在拼帖时，遇原拓空缺或残损处，常剪去不取，以致帖本文字常不可卒读。原石、原拓失传，仅靠拓本保存下来石刻文献，不是太多，较著名的有唐代崔铉撰文而由柳公权书写的《神策军碑》。唐初著名的《信行禅师碑》，即因剪割过甚，通篇难以卒读。

现存最早的石刻拓本，大约是见于敦煌遗书中的唐太宗《温泉铭》和欧阳询《化度寺碑》。宋以后的各种善拓、精拓本，因流布不广，传本又少，故藏家视同拱璧，书贾索价高昂。近现代影印技术的普及，使碑帖得以大批刊布，许多稀见的拓本，也得以大批缩印汇编出版，给学者以极大方便。影响较大者有《汉魏南北朝墓志集释》（赵万里编，科学出版社，1953 年）、《千唐志斋藏志》（张钫藏，文物出版社，1985 年）、《曲石精庐藏唐墓志》（李希泌藏，齐鲁书社，1987 年）《北京图书馆藏历代石刻拓本汇编》（中州古籍出版社，1989 年）、《隋唐五代墓志汇编》（天津古籍出版社，1991 年）。重要的石刻拓本，在上述诸书中均能找到。

宋代的石刻研究及重要著作

南北朝至唐代，已有学者注意记载碑刻，据以订史证文，但有系统地加以搜集研究，并使之成为专学，则始于宋代。首倡者则为北宋文学宗匠欧阳修。

欧阳修自宋仁宗庆历五年（1045）开始裒聚金石拓本，历十八年，"集录三代以来遗文一千卷"（《六一居士传》），编为《集古录》，其中秦汉至唐五代的石刻约占全书的十分之九。参政之暇，欧阳修为其中三百八十多篇碑铭写了跋尾，对石刻文献的史料价值作了全面的阐释。其大端为：一、可见政事之修废。二、可订史书之阙失。三、可观书体之妍丑。四、可见文风之转变。五、可订诗文传本之讹误。六、可据以辑录遗文。这些见解,可说为后代金石学的研究奠定了基础。录一则如下：

> 右《德州长寿寺舍利碑》,不著书撰人名氏。碑,武德中建,而所述乃隋事也。其事迹文辞皆无取,独录其书尔。余屡叹文章至陈隋不胜其弊,而怪唐家能臻致治之盛,而不能遽革文弊,以谓积习成俗,难于骤变。及读斯碑有云："浮云共岭松张盖,明月与岩桂分丛。"乃知王勃云："落霞与孤鹜齐飞,秋水共长天一色。"当时士无贤愚,以为警绝,岂非其余习乎！

《集古录》原书已不传。欧阳修的题跋编为《集古录跋尾》十卷,收入其文集,单行本或题《六一题跋》。其子欧阳棐有《集古录目》,为逐卷撰写提要,今存清人黄本骥和缪荃荪的两种辑本,后者较完备。

北宋末赵明诚辑《金石录》三十卷,沿欧阳修之旧规而有出蓝之色。明诚出身显宦,又得贤妻之助,穷二十年之力,所得达二千卷之富,倍于欧阳修所藏。其书前十卷逐篇著录二千卷金石拓本之篇题、撰书者姓名及年月,其中唐以前五百余品,其余均为唐代石刻。后二十卷为明诚所撰题跋,凡五百零二篇。赵跋不同于欧阳修之好发议论,更注重于考订史实,纠正前贤和典籍中的误说,并录存重要史料,考订也更为细密周详。《金石录》版本很多,以南宋龙舒本为最佳,中华书局已影印。另有今人金文明校点本。

南宋治石刻学者甚众,如《京兆金石录》《复斋碑录》《天下碑录》《诸道石刻录》等,颇具规模,惜均不存。存世者以下列诸书最为重要。

洪适(音 kuò)《隶释》二十七卷、《隶续》二十一卷,前者录汉魏碑碣一百八十九种,后者已残,尚存录一百二十余品。二书均全录碑碣文字,并加以考释,保存了大量汉代文献,许多碑文仅赖此二书以存。

陈思《宝刻丛编》二十卷,传本缺三卷。此书汇录两宋十余家石刻专书,分地域著录石刻,附存题跋,保存史料十分丰富。

佚名《宝刻类编》八卷,清人辑自《永乐大典》。此书以时代为序,以书篆者立目,记录石刻篇名、作者、年代及所在地,间存他书不见之石刻。

另郑樵《通志》中有《金石略》一卷,王象之《舆地纪胜》于每一州府下均有《碑记》一门,也有大量珍贵的记录。后者明人曾辑出单行,题作《舆地碑记目》。

宋人去唐未远,搜罗又勤,所得汉唐石刻见于上述各书记载的约有四五千品。欧、赵诸人已有聚之难而散之易的感慨,赵明诚当南奔之际仍尽携而行,但除汉碑文字因洪适辑录而得保存较多外,唐人石刻存留到后世的仅约十之二三,十之七八已失传。幸赖上述诸书的记载,使今人仍能略知一二,其中有裨文学研究的记载至为丰富。如唐末词人温庭筠的卒年,史书不载。《宝刻类编》载有:"唐国子助教温庭筠墓志,弟庭皓撰,咸通七年。"因可据以论定。再如盛唐文学家李邕,当时极负文名,《全唐文》录其文仅五十余篇。据上述宋人记载,另可考知其所撰文三十余篇之篇名及梗概,对研究其一生的文学活动十分重要。

清代的石刻研究及重要著作

元明两代是石刻研究的中衰时期,可称者仅有三五种:陶宗仪辑《古刻丛钞》仅录所见,篇幅不大;都穆《金薤琳琅》,录存汉唐石刻五十多种;赵崡《石墨镌华》存二百五十多种石刻题跋,"多欧、赵所未收者"(《四库提要》)。

清代经史之学发达,石刻研究也盛极一时。清初重要的著作有顾炎武《金石文字记》、叶奕苞《金石录补》、朱彝尊《金石文字跋尾》。三书虽仍沿欧、赵旧规,但所录多前人未经见者,考订亦时有创获。至乾隆间,因朴学之兴,学者日益重视石刻文献,史学大家如钱大昕、阮元、毕沅等均有石刻研究专著。全录石刻文字的专著也迭有刊布,自乾隆后期至嘉庆初的十多年间,即有翁方纲《两汉金石记》、《粤东金石略》,吴玉搢《金石存》,赵绍祖《金石文钞》、《续钞》等十余种专著行世。在这种风气下,王昶于嘉庆十年(1805)编成堪称清代金石学集大成的《金石萃编》一百六十卷。

王昶自称有感于洪适、都穆、吴玉搢三书存文太少,"爱博者颇以为憾",

自弱冠之年起，"前后垂五十年"，始得成编。其书兼载金、石，但录自器铭者仅当全书百之二三，其余均出石刻。所录始于周宣王时的《石鼓文》，迄于金代，凡一千五百多种。其中汉代十八卷，魏晋南北朝十五卷，隋代三卷，唐五代八十二卷，宋代三十卷，辽金七卷。各种石刻无论完残，均照录原文，务求忠实准确。遇有篆、隶字体，或照录原字形。原石残缺之处，或以方框标识，或备记所缺字数，遇残字也予保存。又备载"碑制之长短宽博"和"行字之数"，"使读者一展卷而宛见古物焉"（引文均见《金石萃编序》）。同时，王昶又广搜宋代以来学者的著录题跋，附载于各石刻录文之次，其本人也逐篇撰写考按，附于篇末。《金石萃编》搜罗广博，录文忠实，附存文献丰富，代表了乾嘉时期石刻研究的最高水平。

王昶以个人力量广搜石刻，难免有所遗漏，其录文多据得见之拓本，未必尽善。其书刊布后，大受学界欢迎，为其续补订正之著，也陆续行世，较重要的有陆耀遹《金石续编》二十一卷、王言《金石萃编补遗》二卷等。至光绪初年，陆增祥撰成《八琼室金石补正》一百三十卷，规模与学术质量均堪与王书齐价。陆书体例仍沿王书，凡王书已录之石刻，不复重录。王书录文不全或有误者，陆氏援据善拓，加以补订，一般仅录补文。这部分分量较大，因陆氏多见善拓，录文精审，对王书的纠订多可信从。此外，陆书补录王书未收的石刻也多达二千余通。

清代学者肆力于地方石刻的搜录整理，也有可观的成绩。录一省石刻而为世所称者，有阮元《山左金石志》二十四卷（山东）、《两浙金石志》十八卷（浙江）、谢启昆《粤西金石略》十五卷（广西）、胡聘之《山右石刻丛编》四十卷（山西）、刘喜海《金石苑》六卷（四川）等。录一州一县石刻而重要者有武亿《安阳县金石录》十二卷、沈涛《常山贞石志》二十四卷、陆心源《吴兴金石记》十六卷等。

近现代的石刻文献要籍

近代以来，因学术风气的转变，汉唐石刻研究不及清代之盛。但由于各地大规模的基建工程和现代科学田野考古的实施，地下出土石刻的总数已大大超越清代以前八百年间发现的石刻数量。大批石刻得以汇集出版,给学者以方便。

端方《匋斋藏石记》四十四卷,是清季最有分量的专著。端方其人虽不足称道,但该书收罗宏富,题跋又多出李详、缪荃荪等名家之手,颇多精见。另一位大节可议的学者罗振玉,于古代文献的搜集刊布尤多建树。其石刻方面的专著多达二十余种,《昭陵碑录》和《冢墓遗文》(包括芒洛、广陵、东都、山左、襄阳等十多种)以录文精确、收罗闳富而为世所称。

三十年代,由于陇海路的施工,洛阳北邙一带出土魏、唐墓志尤众。其大宗石刻分别为于右任鸳鸯七志斋、张钫千唐志斋和李根源曲石精庐收存。于氏所收以北魏志石为主,张、李以唐代为主。其中张氏所得达一千二百多方,原石存其故里河南新安铁门镇,民国间曾以拓本售于各高校及研究机构,近年已影印行世。其中对唐代文学研究有关系者颇众。曲石所得仅九十多方,但多精品,王之涣墓志最为著名。

民国间由于各省组织学者编纂省志,也连带完成了一批石刻专著。其中曾单独刊行而流通较广者,有《江苏金石志》二十四卷、《陕西金石志》三十二卷、《安徽通志金石古物考稿》十六卷,均颇可观。

五十年代,赵万里辑《汉魏南北朝墓志集释》,收汉至隋代墓志六百五十九方,均据善拓影印,又附历代学者对这些墓志的考释文字,编纂方法上较前人所著有很大进步,是研究唐前历史、文学的重要参考书。

最近十多年间,学术研究空前繁荣,前述自宋以降的许多著作都曾影印或整理出版。今人纂辑的著作,以下列几种最为重要。

《北京图书馆藏历代石刻拓本汇编》,收录了北图五十年代以前入藏的所有石刻拓本,全部影印,甚便读者。不足处是一些大碑拓本缩印后,文字多不易辨识。

陈垣《道家金石略》,收录汉至元代与道教有关的石刻文字,于宋元道教研究尤为有用。

周绍良主编《唐代墓志汇编》,收录1984年以前出土或发表的唐代墓志三千七百多方,其中四分之三为《全唐文》等书所失收,可视作唐文的补编。

赵超编《汉魏南北朝墓志汇编》,据前述赵万里书录文,但不收隋志,补收了1986年以前的大量新出石刻。

《隋唐五代墓志汇编》,据出土地区影印墓志拓本约五千方,以洛阳为最多,约占全书之半,陕西、河南、山西、北京等地次之。其中包括了大批近四十年间新出土的墓志,不见于上述各书者逾一千五百方。

(《古典文学知识》1996年第2期)

影印清吴式芬稿本《舆地金石目》《贞石待访录》解题

《舆地金石目》《贞石待访录》稿本二种,清吴式芬著。

吴式芬(1796—1856),字子苾,号诵孙,室名陶嘉书屋、双虞壶斋,山东海丰(今山东无棣)人。道光二年(1822)顺天乡试举人,十五年(1835)以殿试二甲第三十七名成进士,时年四十岁,授翰林院庶吉士,次年充国史馆协修。十八年,以勤学受到道光皇帝召见,补江西南安府知府。其后十多年,历任广西右江道、河南按察使、直隶布政使、贵州布政使、陕西布政使等职,官至浙江学政,补授内阁学士兼礼部侍郎衔。咸丰六年卒,享年六十一岁。生平事迹见《续碑传集》卷十七收彭蕴章《内阁学士兼礼部侍郎衔吴公墓志铭》及无棣文博网收孙才顺、于长銮《吴式芬年谱》。

金石学兴起于北宋,欧阳修《集古录》、赵明诚《金石录》确立了据金石作品存文献、考书迹、订史籍的学术传统,到南宋时期达到高峰,出现了专录汉碑的洪适《隶释》、备录全国石刻目录的王象之《舆地纪胜·碑记》(明人辑出另编为《舆地碑记》)、陈思《宝刻丛编》,以及偏于记录书家石刻的郑樵《通志·金石略》、题朱长文《墨池编》、佚名《宝刻类编》等。经过元明时期的相对沉寂,入清以后经过朱彝尊、钱大昕、王昶、阮元、毕沅、孙星衍等著名学者的倡导,到嘉庆、道光间成为显学。吴式芬开始学术研究之初,即受到此一风气的影响,他在登进士第后不久所作《陶嘉书屋钟鼎彝器款识目录序》中自述:"余自庚寅以后游京师,获交当代好古诸家,每遇古器,必手自摹拓,而四方同好亦各以所藏拓赠,所获寖多。爰荟萃墨本,汰其赝者,装册为玩,以是随其所得付装,故不次时代先后,亦不类分其器。续有所收,则别自为册,盖取其多而未已,用六一居士《集古录目》例也。"庚寅为道光十年(1830),式芬时年三十五岁,虽还在为科第奔忙,但主要精力显然已经在与当代好古诸家及四方同好搜集研究金石文本。在已经有以王昶《金石萃编》为代表的集大成著作以后，吴式芬一生主要的工作是对于历代金石存逸目录的搜集和编录。其子吴重周、吴重憙合撰《行述》云：

> 幼年即酷好金石文字，所积既多，因以《寰宇访碑录》为稿本，补其未备，删其讹复，复增入三代秦汉以来吉金，各注某氏家藏，如孙《录》收砖瓦之例。惟不载玺印泉币，以各有专书也。镜铭只载有年月者，以多不胜收也。孙《录》未详碑额，亦并补之，书曰十六卷，名《捃古录》。又复荟萃金石目录，分州县编之。其存者则列为已见；未见者则注明见某书，列为待访。凡古今金石诸书，无不备采。复取历代史籍及诸家文集说部以益之。惟墓志非可访求，必以曾出土著录者为断，而不采文集；钟鼎砖瓦流传本无定所，亦不收载地里未详者，别附于后以俟参考，名《金石汇目分编》，约四十卷。其已见者与《捃古录》相表里而加详。各省稿本粗备，待访者犹未尽编成。于款识古文、研究六书多所考释；于穹碑巨制、阙文误字，博访旧本，多所补正。凡所著述，随时改订，细字蝇头，丹黄交错，均未付刊。尚冀博雅君子详览而增益之，集为成书，付之剞劂，以传后世。（转引自孙才顺、于长銮《吴式芬年谱》）

可以说是对吴式芬一生金石研究成就的概述。孙星衍《寰宇访碑录》十二卷，记录上古到元代的存世石刻八九千件，以时间先后编序，每件下再分别记录所在省县，可以说是清中叶以前最大规模的全国石刻目录。此书刊行于嘉庆七年（1802），吴式芬时年方七岁，当于若干年后得见，并以此为其金石研究之起点。他在《金石汇目分编序》中自述：

> 窃见记录金石之书，自郦元、欧、赵，代不乏人，而国朝著作，尤为繁富。其间荟萃诸家，总为目录者，惟孙伯渊《寰宇录》一书最为大备。惜乎条目重复，厘剔未能净尽，时、地不免舛讹，且以编年为体，欲求一地之碑，检寻不易，而其间石刻遗漏复多。暇日因取其书，分地为编，删其重复，正其舛误，凡有新获，辄为增益，视原书十溢七八。

可知他对孙书的不满,一是搜求未备,二是时、地多误,三是编年体不方便各地寻访石刻。吴式芬的工作以孙书为基础展开,金石兼搜,存佚并采,石刻目录并考虑以时间先后编次与分地域编次的两种不同著述方式,以适应各种不同研究者的需要。

吴式芬搜访金石目录的成绩,在他生前身后刊行的著作主要有:一、《捃古录金文》三卷,共考释商周至元代有铭文的钟鼎彝器凡一千三百二十九件。二、《捃古录》二十卷,收录自商周至元代存世金石文一万八千一百二十八种,均以时代先后编次,并记录所在地,其中三代至元金文一千七百八十一种,石文一万五千二百三十种,砖瓦文一千一百零五种,木刻六种,玉文四种,磁文二种。凡金文皆著录字数、收藏者姓名或见于某书;凡石刻皆著录字体,并录碑额,原石已佚而据拓本者,则著录收藏者姓名。三、《金石汇目分编》二十卷(其中五卷又各分为二至四卷不等),各卷后又有其子重憙的补遗。此书分地域记录全国各省、府、州、县的金石目录,各县下先记见存者,次录待访者,每种金石下都备记文献来源、作者、书者、时间和所在地。全书著录存佚的金石近三万种,是清代最大的一部金石目录。此外,吴式芬还与潍县陈介祺合撰《封泥考略》十卷,著录了两家所藏的秦汉官私封泥八百四十九枚,逐枚考释,是封泥的最早发现者和研究者。又有《陶嘉书屋钟鼎彝器款识》《双虞壶斋日记八种》《海丰吴氏双虞壶斋印存》等著作。这些著作,奠定了其清代一流金石学家的地位。

吴式芬的未刊书稿,在其殁后,归其子吴重憙收藏。《贞石待访录》稿本十六册有重憙识语:"此一册是唐至德至宝历原稿,已缮入全稿,存查。甲申三月三日,重憙谨识。"甲申为光绪十年(1884),为式芬逝后二十八年。各册且有重憙为先人图书所刻藏印:"山东海丰吴氏珍藏世泽图书。"1918年重憙去世后,其藏书渐散出。民国学者伦明《辛亥以来藏书纪事诗》记载,到1934年秋,全部为书贩李子珍所得。伦明因居住与吴宅相邻,曾翻阅此批书一过,见到其中金石类有吴式芬校本《平津馆读碑记》和"稿本《贞石待访录》十八巨册",欲购而"谐价未就"。此后,《捃古录》残稿本三册、《金石汇目分编》稿本二十六册、《金石目录分编》五卷四册、《江西金石存佚总目》二册,辗转归中国国家图书馆(见《北京图书馆古籍善本书目·史部1金石类》），而《舆地金石目》《贞石待访录》等则终归上海图书馆。

《舆地金石目》五册，不分卷，分地域记录各地的存世金石，以温、良、恭、俭、让编次。温为直隶、河南，良为山东，恭为山西、陕西、甘肃，俭为江苏、安徽、江西、浙江、福建，让为湖北、湖南、广东、广西、四川、云南。大致涵盖了全国范围的金石，而以山东记录最为丰富。各省之下，以各州县立目，各县下按照时代先后备录金石篇名、作者、书者、年代和具体所在位置。所录金石以见存者为限，不录已佚者。

以《舆地金石目》与吴式芬的另一部著作《金石汇目分编》比读，不难发现二者之间的内在联系。我比较倾向于认为前者是后者的初稿，后者在付梓前，又在各州县下增加了待访一栏，另吴重憙又增补了许多吴式芬身后方发现的金石资料。因此，就分地域收录金石的完备程度来说，《舆地金石目》显然不及《金石汇目分编》。但《舆地金石目》也有其独立存在的价值。最重要的是书稿保存了吴氏一生搜罗金石的真实过程。前录《行状》云"各省稿本粗备，待访者犹未尽编成。于款识古文、研究六书多所考释；于穹碑巨制、阙文误字，博访旧本，多所补正。凡所著述，随时改订，细字蝇头，丹黄交错，均未付刊"。所指即此部书稿。全稿最初是楷体录金石之题，加注书撰年月及所在，其后显然有多次增订删改的痕迹，许多书页旁注、夹注、眉注添加至密，真实地反映出其长期不遗余力搜访的过程。如海丰县最初仅录六种元代碑石，复添入《唐幽州节度押衙敬延祚墓志》，称"石近出宛平"，又插入更后得之《宋庄叟墓志残石》。宁阳县下，原录石门房山造像二十九种，吴式芬眉批："《山右金石志》以石门房山入临朐，《访碑录》误入宁阳，宜改正。"可见其初据《寰宇访碑录》及后订正的依据。掖县《光州刺史宇文公碑》，稿本原注"亚禄山顶"，复批："侯□□云在城西斧山，云西禄山。"又批："志误。"又删却《云居馆郑述德题铭》，批"即前碑重出"，删去《唐仲烈墓志铭》，批"即王无竞志"。同时，稿本也可以纠正《金石汇目分编》刊刻时的讹误。海丰县录元《无棣尹韩佑碑》之阴"列子女等名凡三列"，此句《金石汇目分编》作"列女子等名"；而《张琪碑阴》"列名三层，亦皆磨灭"二句，刊本无。掖县《唐贞休德政碑》，稿本作"开元七年七月"，刊本作开元十年七月，检《金石续编》卷六及《八琼室金石补正》卷五一，以作七年为是。稿本保存

《金石汇目分编》删除或漏刊的内容也颇多。如掖县题下注："大基山，或作大箕，以山形名也。"平度州末增《宋皇化寺僧咸肇灰骨龛记石幢》，注："邱松正书，大中祥符六年三月十八日。"刊本均缺。高密县《唐郑公碑阴记》，刊本也无。昌邑县著录金长生子《遇仙园诗刻》，末题云："题'遇仙园'三大字，阴刻七律一首，云长生子作也。其诗曰：'仙人坟墓在其中，里面约栽数百松。雨过西南开雪浪，云收东北看青峰。春来槛外赏苑柳，秋后萤前对月风。万物凋零松不变，这些幽景乐无穷。'甚俚鄙也。"刊本未录，检今人编《全金诗》也未收此诗。

　　《贞石待访录》稿本十八册，上海图书馆入藏时仅存十七册，书名已经失去，编目时拟题为《待访碑目》。今检伦明《辛亥以来藏书纪事诗》记载：吴式芬子吴重憙"殁于辛亥后，遗书渐散，至去岁（一九三四年）九十月间，出尤亟，日见打鼓贩趋其门。最后，山涧口书贩李子珍以千二百金全有之，载数十车。人皆以为弃余物，不之顾。余翻阅半夕，得佳本数十种。其金石类有子苾校本《平津读碑记》、子苾稿本《贞石待访录》十八巨册，谐价未就，而吴氏之书，从此尽矣"。伦明自称所居去吴宅不百步，稿本为其亲见。《贞石待访录》的书名与本书内容完全贴切，仅十八册与十七册稍有不同，可能是其后亡失一册。稿本不分卷，每册分题时代，第一册为"三代、秦、汉、三国、晋"，第二册为"北汉"至"隋"，即含十六国、南北朝及隋代，第三册至第七册为唐，第八册为"后五代"，即五代十国时期；第九册至至十一册为宋，第十二、十三册为辽、金、元三朝，第十四册为"未详时代"者。第十五册为《临桂县碑目》，分为两部分：前一部分为唐宋时期碑目，唐代按时序编列，宋代则按石刻所在岩洞编录；后一部分题作"今将所拓各处碑帖开单呈阅"，末题："共计大小陆百叁拾玖张。实用纸壹千贰百壹拾伍张，通共银叁拾陆两肆钱伍分，已领过银贰拾贰两肆钱叁分，下应给银壹拾肆两零贰分。刻字匠贺广文呈单。"疑为式芬任广西右江道期间，委托刻字匠贺广文拓录桂林石刻，贺在完成后的呈报单。第十六册内容为唐代至德至宝历间碑目，内容均已包含在第五册中。此册有式芬子重憙光绪十年手记，已见前引。第十七册为湖南各县碑目，仅湘阴、湘乡、茶陵州、华容、平江、慈利、邵阳、衡山、耒阳、鄙县、武陵、沅江、道州、宁远、郴州、永兴、桂阳州等十七州县有一二则或三五则碑目,其余五十八州县仅题州县名,未录石刻,殆为式芬编《舆地金石目》作湖南部分的初稿,因故中辍,身故后家人以先人手泽而仍予保留。

吴式芬的已刊著作中,《捃古录》仅著录存世金石,《金石汇目分编》则分地域记录金石,存佚兼收。《贞石待访录》则按照时代先后著录未见存世的历代石刻,与前二书适可互补,即与《捃古录》为存佚石刻之双璧,与《金石汇目分编》则在著录体例方面可以互参。其中部分待访石刻在《金石汇目分编》各州县的待访部分中也有记录,但《贞石待访录》所记则更为完备丰富,各待访石刻的存录内容也更为周详。

书稿中有大量仅注一二字作者姓氏或书名简称的出处,并在简称上加朱圈以示醒目。第一册末,有引书简称说明两纸:

郑　郑樵通志

郦　水经注

赵　金石录

欧　集古录

朱　墨池编

丛编　宝刻丛编

类编　宝刻类编

王　舆地碑目

陶　古刻丛钞

于　天下金石志

娄　汉隶字源

洪　隶释

可知郑指南宋郑樵《通志·金石略》,郦指北魏郦道元《水经注》,赵指宋赵明诚《金石录》,欧指北宋欧阳修《集古录跋尾》,朱指宋朱长文《墨池编》,丛编指南宋陈思《宝刻丛编》,类编指南宋佚名《宝刻类编》,王指南宋王象之《舆地纪胜·碑目》(明人另录出为《舆地碑目》),陶指元陶宗仪《古刻丛钞》,于指命于奕正《天下金石志》,娄指南宋娄机《汉隶字源》,洪指南宋洪适《隶释》。此外,书稿中用简称的还有顾、黄、都、曹、翁等,顾指清顾炎武《金石文字记》,黄指清黄立猷《石刻名汇》,翁指清翁方纲《两汉金石记》,都指明都穆《金薤琳琅》，曹疑指明曹学佺《天下名胜记》。以上诸书，为《待访录》采集碑目最基本的著作。此外，吴氏还广泛地从历代史书、总集、别集、地方志、笔记、杂史以及石刻题跋类著作中，收集各地石刻的线索。由于吴氏采集范围大大超迈前贤，再加上他多年潜心于此，细心排比，反复推证，在记录的完备和准确方面都达到了很高的水平。

吴式芬的系列著作提供了清中期以前金石文献的存佚、所在、内容等方面的极其丰富的资讯，对于学者调查寻访有关金石的下落和流传过程，对于今人从事历代文史和文物研究，都具有极其重要的参考价值。今谨据上海图书馆藏稿本影印。原稿分册仍予保留，并统一新编了反映全书内容的目录。书稿中有一些浮签，影印时附于有关当页之次。《贞石待访录》第十五册《临桂县碑目》，内容已经全见于吴式芬《金石汇目分编》卷十八《桂林府·临桂县》，第十六册内容均已包含在第五册中，第十七册显为编《舆地金石目》湖南部分的初稿，仅开头而没有继续，没有特别的价值。以上三册，本次不再影印，特此说明。

2007年2月5日于复旦大学光华楼

（收入《上海图书馆藏明清未刊稿本丛书》，复旦大学出版社，2008年）

影印清王仁俊稿本《金石三编》解题

《金石三编》稿本八册，不分卷，清末王仁俊编。

王仁俊（1866—1913），字捍郑，一字感莼，号籀许，江苏吴县东洞庭人。早年受业于著名学者俞樾，喜治经学、小学。光绪十四年（1888），黄彭年建学古堂于苏州，聘仁俊授经家塾。十七年（1891），乡试举人中式。十八年（1892）中壬辰科进士，授翰林庶吉士，二十年（1894）散馆授吏部主事。时中日战败，仁俊忧切时事，乃创《实学报》于上海。二十三年（1897），张之洞招其以报馆至武昌。二十五年（1899），以知府分发湖北，曾预办唐才常案。二十九年（1903），赴日本考察学务。三十一年（1905）署任宜昌知府。次年改黄州知府。时张之洞办存古学堂，以仁俊为教务长。三十三年（1907），之洞入军机督管学部，调仁俊为京师大学堂教习、学部编译图书局副局长、学部右丞等职。辛亥南归，居上海。1913年病卒于北京，年四十八。生平事迹见《玉函山房辑佚书续编三种》附阙铎《吴县王捍郑先生传略》。

王仁俊长于经史文献之学，著述颇多。其生前刊行者有《格致古微》六卷、《群经讲义》三卷、《辽文萃》七卷、《西夏文缀》二卷等二十四种，成稿而未及刊行者，阙铎《吴县王捍郑先生传略》所列有五十六种之多。1989年上海古籍出版社影印其《玉函山房辑佚书续编三种》，即《玉函山房辑佚书续编》《玉函山房辑佚书补编》《经籍佚文》，并附《十三经汉注四十种辑佚书》，其中阙铎仅列《玉函山房续编》一目，知所举尚不完整。

《金石三编》稿本卷首有仁俊自署"《金石三编》二十四卷、《通考》六卷"，又有自题一页："龙集辛丑夏五校理编目讫工，可缮写，王仁俊手录于楚旅。"辛丑为光绪二十七年（1901），知本书写定于该年夏，时仁俊为湖北知府，故称'楚旅'。今存稿本中，《通考》六卷未见，或已散逸。稿本各册均题《金石三编》，以时代前后为序，未分卷，盖当时即未及编竣。引用书目颇有后补者,目录与正编也颇有不一致者,且多有增补者,殆辛丑后续有添补,且未能最后定稿。书前列有三种引用书目,均作《金石萃编补跋》。查阆铎《吴县王捍郑先生传略》录仁俊"属草已定或尚待理董"之著作,有《金石萃编补跋》《金石续编补跋》《金石萃编三续》及《金石通考》,疑即指其辛丑编定之书。疑其著书之初,以"金石萃编补跋"为书名,后有所改变,或即将原拟之《金石萃编补跋》《金石续编补跋》《金石萃编三续》三书合订为本书。

金石学兴起于宋代,经过元明的沉寂,清初学者如顾炎武、叶弈苞、朱彝尊等颇究心于此,到乾嘉后期出现新的高潮。嘉庆间王昶《金石萃编》的出版,对于此前的金石学研究作了集大成的总结。这一风气延续到清末民初,有一批学者肆力于此,出版了数量极其丰富的研究著作,成为当时的主流学问之一。这一风气也影响了当时的学界,一些学者虽不专门于此,或研究旁及,或兴会所至,或幸遇珍品,或偶得传闻,无不形诸文字,留下记录。这些资料散在群书,常不易引起学者的特别关注,收录成一编,集腋成裘,其价值自不容轻视。王仁俊编录本书,大致即出于此一考虑。

书称《金石三编》,以示绍续王昶《金石萃编》、陆耀遹《金石续编》二书之意。但在体例上,《金石三编》与前二书稍有不同。《金石萃编》录上古到元代的金石文字,一般都仅录存世金石,记录其尺寸和所在地,全录原文,并备录各家题跋考释文字。《金石续编》基本遵循此一体例。另陆增祥《八琼室金石补正》及其《续编》也沿此例而以校订增补《萃编》为职责。《三编》所收均据群籍采录金石题跋,所涉金石既不分存佚,一般也不录金石原文,与王、陆诸书有很大不同。

本书卷首有引用书目三种,其中《金石萃编补跋引别集书目》列六十二种,大多说明所据版本,其中宋集仅李之仪《姑溪居士文集》一种,元集两种,即赵孟頫《松雪斋全集》、郝经《陵川文集》,明集两种,为徐渭《文长(稿本误作'长文')集》、王鏊《震泽全集》,其他五十七种均为清人别集。《金石萃编补跋引总集书目》列四种,均为清人编,《金石萃编补跋引群籍书目》录书一百十六种,以笔记、杂著为主,其中宋元明著作十多种,其余均为清人所著,作者如胡玉缙、缪荃孙、陈汉章、罗振玉等均为仁俊同时学者,还包括王仁俊自著《籀许类稿》稿本。合计三种书目,引书达一百七十多种。其中如吴熙载别集缺集名，《午亭文编》作者姓陈而未填其名（应为陈廷敬），《辛卯侍行记》作者姓陶而未填其名（应为陶保廉），缺作者有《花间笑语》（应为署釀花使者著）、《识小录》（应为姚莹撰）等。在别集、群籍之末均有后来追加的记录，知辛丑编定后仍不断有所增补。

书稿均钞录在书口题"籀鄦諝扞郑纂述类稿"的王仁俊专用文稿上，每半页九行，每行约二十二字。全书所涉金石凡六百余件，始于上古，迄于明末，末附域外金石十种，大致以时代先后为序编次。谨就以上诸书录出考释金石之文字加以编录，不以《金石萃编》及《金石续编》之有无以作选择。尽管就王仁俊采集的书目来看，绝大多数著作今都有传本，但能够如此广泛地抄录汇聚于一编，对学者还是很有用的资料。

所录诸家金石题跋，包括大批嘉庆以后陆续出土的石刻，如汉《三老碑》、唐《阙特勤碑》、襄阳张氏诸志等。也有许多前人有记录而嘉庆后罕见拓本录文者，其中有相当部分金石文字，虽然清人尚及得见且留下记录，但原石已经无存，这些记录就显得特别珍贵。如武德某年《跋唐残碑柱国并州都督□公碑》、《唐元宗西岳华山碑残字跋》，即属此类。据张恕《南兰文集》卷六录唐昙噩《金仙寺舍田记碑》，为道光初慈溪出土，其内容应与万齐融《阿育王寺常住田碑》相近，是有关寺庙田产的记录。可惜昙噩之碑没有存留下其他记录，仅赖此稍存梗概。清初王士禛曾见五代《石敬瑭家庙碑》，朱彝尊曾见《唐朱邪府君墓铭石盖记》，并分别在《池北偶谈》卷十八和《曝书亭集》卷六七留下记录，此后即寂无所闻。有些石刻虽然没有留存，但因及时作了记录，文字得以保存。如据金武祥《粟香五笔》卷三收唐大和三年陈庚首墓砖，据叶廷琯《吹网录》卷三录大中十一年王项撰《守海盐县主簿王项妻墓志铭》，今人编《唐代墓志汇编》及其《续集》皆未及见，当因清代地方出土而没有引起特别注意。后一方为王项为其亡妻所作墓志，笔者近年研究唐代亡妻墓志，采集已逾百种，此志则前所未见。

有石刻拓本或前人录文留存的石刻，因取资不同，也可资校订文字。如桐君厓下大历唐人题名，录自袁昶《桐溪耆隐集》，与拙著《全唐文补编》录自复旦大学图书馆藏拓本之题名颇有不同，又多出"桐庐县令独孤勉、前左金吾兵曹薛造、处士崔浚、桐庐县尉程济□□□□□大历□年十月□四日题"一段。再如唐姚勖等题名,《粟香五笔》卷三录自宜兴善卷洞,与《江苏金石志》卷六所录对校,有二字不同,即"裴子通"作"裴子逸","四日"作"六日"。

本书虽别称《金石萃编补跋》,但《金石萃编》已收而本书补跋者数量并不太多,偶补也有价值。如北魏《刁遵墓志》,《金石萃编》卷二八录五跋,本书增录吴熙载跋,其后赵万里《汉魏南北朝墓志集释》录十六跋,仍无此篇。更多的是《金石萃编》以外的金石,其中很大一部分也见于《金石续编》和《八琼室金石补正》,并增补了不少考释的题跋。唐《孟法师碑》,《金石续编》卷四收而未采前人题跋,本书录王世贞、王世懋和成亲王三跋;北魏《刘懿墓志》,《八琼室金石补正》仅录瞿中溶一跋,本书则采录了陆心源和王仁俊自己的二跋,其后赵万里《汉魏南北朝墓志集释》录八则题跋,仍没有陆、王二跋。

本书卷首王仁俊题签虽称全书已经于辛丑年编竣,但从稿本中不难发现,其后他还不断从各类书籍中采录金石题跋,在引用书目中追加了许多后见的书名,在目录的行间和眉端,不断地增补后得的篇目。即便如此,目录与正文之间,仍很难完全相接。偶或有目录有而正文缺如的题跋,很可能是初录而后删却,较多的情况则是正文有而目录缺收,则可以肯定是后得而未及编入目录。

由于王氏随得随录,且没有最后完成全书的编次定稿,因此书稿中内容重复、编次粗疏、甄择未精的地方时有所见。如据武亿《授堂文钞》录《书白鹤观碑后》,同样的内容抄录了两份。录自缪荃孙《艺风堂文集》卷六的《唐陈立行墓志跋》,缪氏已经考订此志为大中十一年刻,王氏加注为仪凤二年,未免有误。如著名的《好太王碑》录了两篇跋,罗振玉题跋附在东晋,而陆心源的跋则收在书末外国卷。至于甄择未精者,如据《墨池编》录唐崔备《壁书飞白萧字记》,其内容既无关金石,且早为唐张彦远《法书要录》卷三收录,为书史最习见之文字,自无必要采录。再如据《湘烟录》录《集古录目》之《公昉碑》一则,其实乃欧阳修《集古录跋尾》卷二《后汉公昉碑》之前半段。录自同书的《海陵王墓铭跋》,王氏特意附题云:"俊按缪氏辑本无之。"指缪荃孙《云自在龛丛书》辑本《集古录目》无此篇。其实此篇见《集古录跋尾》卷四，是欧阳修的文字。凡此之类，自无采录之必要。所采偶亦有据伪作题跋者，如据孙志祖《读书脞录》卷六《家谱载唐敕》录孙氏钞谱存《唐大将军孙岳敕》，孙氏也疑不可信，但录出自也不是全无价值。此外，也不免贪多务得的通病。如《匋斋藏石记》为石刻专书，规模颇大，本书选录了不少，即无必要。

本次影印时，依据作者手定目录和题跋的内容，于原稿本的顺序有少量的调整。删除了重出的《书白鹤观碑后》一篇。为方便读者使用，特新编了全书目录。新编目录均以稿本正文为序。同一篇金石而有数篇题跋者，分别有题目者则分别标目，数篇合一题者不另外列目。原目录有而稿本缺者，仍予以存目，加注缺字。

2007年2月5日于复旦大学光华楼

（收入《上海图书馆藏明清未刊稿本丛书》，复旦大学出版社，2008年）

评张沛《昭陵碑石》

唐太宗倡功臣懿戚陪陵制度，以示恩宠，昭陵赐茔者人数极众，从醴泉东北九嵕山向南呈扇形展开，形成周回六十公里的广大陵区。昭陵赐葬者的人数，《唐会要》卷二一《陪陵名位》载为一百五十五人，宋敏求《长安志》卷一六记录为一百六十六人，都还只是直接赐茔的人数。如果加上妻从其夫、驸马从公主、子从其父、孙从其祖及陪葬宫人等，陪葬墓当不少于两百座，陪葬者可能超过三百人，称其为中国历史上陪葬墓最多的帝王陵园，当可无疑。这些陪葬墓当时均曾树碑埋铭，撰文书丹者多为一时隽选，所记事主又皆唐初名臣，从北宋时起，昭陵诸碑向为金石学家所器重，研究著录者代不乏人。但经千余年的日晒雨淋，人为破坏，诸碑多扑灭湮残，存者亦漫漶严重。宋人所见，尚得八十八碑（据罗振玉《昭陵碑录·校录札记》），至清末存原碑或拓本者，即便加上不属陪陵功臣而因茔域在陵区内的乙速孤神庆、行俨父子二碑，亦仅得三十三碑。清代校录碑文者有王昶《金石萃编》、孙三锡《昭陵碑考》、陆增祥《八琼室金石补正》等，但或所据拓本未善，或校录未精，残缺错讹均极严重。罗振玉从光绪丁未年（1907）始校录诸碑，"博采旧拓善本"，"一本率校以六七本，或十余本"，始得写定，于次年编成《昭陵碑录》三卷（前引文见此书序），收石刻二十八种，包括碑二十七种，墓志一种，宣统元年（1909）刊入《晨风阁丛书》。其后数年间，罗氏续收得程知节、越国太妃燕氏、房仁裕、宇文士及、周道务五碑，另编为《昭陵碑录补》一卷，又增校了前录的姜遐、房玄龄等碑，至民国三年（1914）一并重刊于《宸翰楼丛书》。罗氏汇校各种善拓，精心校录，遇残损之字，亦照样直录，一笔不苟，诸碑录文字数大大超过前此诸家，录文又皆精确可信，堪称清代昭陵碑石校录的集大成著作。

1949年以后，昭陵陵区的管理得到各方重视，至七十年代中期筹建昭陵碑林、1978年成立昭陵博物馆时，所得碑已达四十二种，嗣后又经多次科学发掘与抢救性清理，出土了大批陪葬墓志。在以上大量工作的基础上编纂而成的本书，汇聚了到九十年代前期为止的昭陵碑刻发掘整理和校录研究的成就，提供了唐初文史研究的大量弥足珍贵的文献，是二十世纪唐代石刻研究的一项重大收获。

《昭陵碑石》（张沛编著，三秦出版社，1993年）正文分为图版和录文两部分，另有三种附录。图版部分影印石刻拓本一百零九种（碑阴、志盖不另计），包括碑三十七种（其中一种无字，五种有碑阴）、墓志四十二种（四十种有志盖）、仅存碑首三种、仅存志盖二种、像座题名六种、镇墓石一种、塔铭二种、诏书二种、经幢二种、宋以后有关石刻十二种，另韦珪、李思摩、唐嘉会三碑、定襄县主李氏、常乐县君贺若氏二墓志及阿史那顺题名六种，因无字或残破而未印，仅作附存。录文部分共收九十四种石刻文字（其中三种无图版），录文后分别有案语考证。附录一为1964年所摄部分墓碑照片，二为《现存昭陵诸碑著录及录文一览表》，三为《佚碑存目》。

与《昭陵碑录》作一比较，不难看出，《昭陵碑石》最突出的学术优长是以昭陵博物馆所存碑志原石为依据，充分展示了几十年来昭陵文物考古工作的成绩，在许多方面都较前人有很大拓展。

首先是收存石刻数量，大大增加。其中墓志四十六种，皆为五十年代后新出土者。碑四十三种，有十二种不见于《昭陵碑录》，其中周护、李孟常、吴黑闼、李承乾四碑碑文相当完好，豆卢仁业碑存文近半，皆极珍贵，另姜简、梁仁裕、李贞三碑仅存碑首，魏征、长乐公主、韦珪、唐嘉会四碑已残泐无文，但诸人多为唐初重要人物，残碑影本亦皆首次发表，其价值亦不容忽视。

其次，清人已见碑刻，获得许多珍贵的补充。如《姜遐碑》，明代已折断，上半截湮失，明清人所见均仅为下半截，《昭陵碑录》所存亦不足九百字。1974年此碑上半截重新出土，存字相当完整，经拼接，存字已将近一千九百字。再如《越国太妃燕氏碑》，罗氏所见碑拓上端已断失，故每行缺十余字至四五字，《碑石》得补出上端二百三十五字，虽裂缝处仍有残损，较前已大为增加。又如《程知节碑》，清拓下端断失，《碑石》补出近年所得残石一块，补出三十六字。更为可贵的是，昭陵博物馆将诸碑移入碑室时，有条件将诸碑支架清洗,逐字摩认,得以辨认出许多前人阙录或误录的碑字,匡正前人仅据拓本辨识校录的缺憾。因此而新增百字以上的,即有《温彦博碑》补一百三十字、《李勣碑》补一百七十一字、《房仁裕碑》补一百零五字、《崔敦礼碑》补一百十八字、《高士廉茔兆记》补一百零七字,其他各碑增加数字至数十字不等,皆弥足珍贵。

再次,《碑石》录文审慎严谨,校正了许多前人的误录,于《碑录》亦订正近二百误字。如《乙速孤行俨碑》载碑主妻贺若氏之亡,《碑录》录为"证圣元年八月五日亡于万年官舍",《碑石》录为"亡于万州官舍"。碑文前已载碑主于证圣元年除万州刺史,贺若氏当随夫赴任,卒于官舍。如卒于万年,则不当云官舍。《碑石》另录《贺若氏墓志》残石,有云"以证圣元年八月五日春秋五十有一□于□州□□",《碑录》"万年"之误,可得确证。又《碑录》所据拓本,颇有残损,又间为剪裱本,虽努力试图恢复原碑面目,于残缺处尽量注明所缺字数,但为条件所限,不能始终如一,于不能确知处,仅注明"下缺""上缺""缺"等字样。《碑石》全据原碑,标出行款字数,于残泐处,均一一标明所缺字数,足以考信。

《昭陵碑录》所载诸碑的史料价值,前人于诸碑均有大量题跋,考释较详。近年陕西师范大学历史系焦杰撰《〈昭陵碑录〉的史料价值》(《古籍整理与研究》第七辑,又收入陕西师范大学出版社出版《中国古代史论集》),分"碑史互异""碑有史无""以碑证史"三部分,于诸碑价值已阐说得很充分。《碑石》于上述诸碑文字的订补,虽大多属细节出入,亦有可补充重要史实者。在此仅举二例。《李勣碑》叙其曾祖官守,《碑录》仅残存"郡守"两字,《碑石》则补出为"曾祖元□,后魏大中大夫、□昌郡守",可订补世系,并纠正《新唐书·宰相世系表》之传误。《许洛仁碑》叙唐初起兵一段,《碑录》录作"文皇昔在龙潜,密招英杰(缺)孙□□□□郡□□□□都尉□威擅士马之强,总甲兵之富,俱迷天命,莫悟真主。文皇引公等数人密图讨击,二凶授首,三军告庆"。《碑石》于"英杰"以下残损部分,录作"(缺十五字)孙□□晋阳郡丞高君雅、都尉王威擅士马之强",虽仍有缺文,得补出七字,文意已较显豁,所涉史实也可与《大唐创业起居注》互参。

《碑录》无而《碑石》新揭出的诸碑志,其史料价值绝不低于《碑录》已见诸碑。在新见的近五十种存文较完整的碑志中，最堪重视的有以下几类。一、昭陵旧存诸碑，文字多有残损。《碑石》收录地下出土的碑主墓志，有牛进达、唐俭、尉迟敬德、程知节、李勣、越国太妃燕氏、阿史那忠七种，存文均十分完整，不仅补充了新的文献，对诸碑校补亦足可参考。其中唐俭碑为开元中补立，而墓志则为显庆初营葬事时所埋，尤堪重视。二、太宗近戚碑志，《碑录》仅存纪国陆妃、越国燕妃二妃，兰陵、清河二公主及巢王元吉女文安县主的五种碑志，《碑石》则增加了太宗乳母刘娘子、贵妃韦珪、昭容韦尼子、女长乐公主、临川公主、子赵王李福及妃宇文修多罗、越王李贞、废太子愍山王李承乾及遂安公主驸马王大礼十种碑志，均极为珍贵。三、新见昭陵陪葬名臣碑志，有杨恭仁、王君愕、薛颐、李思摩、张士贵、周护、郑仁泰、李孟常、吴黑闼、斛斯政则、安元寿十一种，其中杨恭仁为宗室，唐高祖、太宗两朝为相，王君愕为征辽战死将领，薛颐为天文学家，李思摩为突厥归降将领，其余七人皆为太宗时重要将领，其中李孟常、吴黑闼、安元寿皆为玄武门之变立功之人，李孟常曾长期掌禁卫之职，碑志所涉众多史实，可补充史书、有资研究唐初史事者，极为丰富。四、《碑录》无妻从夫葬的碑志，子孙从葬者亦仅有姜遐一碑。《碑石》所存，有妻从夫葬墓志九种，子孙从葬碑志四种（即李勣子李震、唐俭子唐嘉会、豆卢宽子豆卢仁业、执失思力侄执失善光）。这些碑志，不仅对了解这些家族的家室世系有重要价值，对昭陵陪陵的从葬制度研究，也很有意义。其中李震夫妇即是在扬州起兵反武的李敬业的父母，李震墓志较完整，《碑石》案语疑为中宗复辟后追刻，近是。其妻定国夫人王氏墓志已碎成多块，当即武后下令"剖坟斫棺"时所为。五、保存了一批唐初碑版遗文，其中新见碑志中有唐初许敬宗、令狐德棻、李安期、刘祎之、崔行功、郭正一等著名文人的文章，很可重视。刘祎之、郭正一两人，高宗时以文辞知名，与孟利贞、高智周有"刘孟高郭"之并称，刘为北门学士之一，两人于武后时均曾入相，又先后获罪而死，文集不传，《全唐文》仅存郭正一对策一篇，刘文无传。《碑石》存有刘祎之撰《李勣墓志铭》，郭正一撰《临川长公主墓志铭》、《安元寿墓志铭》，均为长篇志文，且保存完好，对初唐文学研究颇有裨益。昭陵存许敬宗撰文碑极多，也颇堪珍视。六、新出碑志在书法上之价值，可谈者很多，在此就不作申述了。

综上所述,《碑石》汇聚了昭陵博物馆和陕西省文物考古工作者数十年发掘研究的成果,又加上编著者张沛先生的认真录校,仔细推考,足可代表当代唐代石刻研究的水平,此书所保存的丰富文献,也将受到唐代文史研究工作者长期的重视。

《碑石》是一部八开精印、有很高学术和艺术追求的装帧讲究的著作,编著者程功巨大,出版规格上也颇见特色,可以肯定地说,本书的学术水平是和出版追求完全相称,毫不逊色的。也正有鉴于此,如以更高一些或近乎苛责的要求来审视本书,我们以为可提出以下几点。

一、本书所收墓志,影印十分清晰,因其原大一般在一平方米左右,每页影印一方,每方为20厘米见方,尚不影响阅读。但昭陵诸碑均极高大,连碑首一般均高三至四米,高士廉、李靖、尉迟敬德碑均超过四米,李勣碑高达570厘米,最为高耸。《碑石》影印时拘于每页一石,诸碑拓本缩得很小,如李勣碑印出来高仅28.5厘米,仅当原石的二十分之一,碑石原已漫漶严重,缩印以后,碑上文字已完全无从辨读,研究者不可能以图版与录文对读,影印拓本的意义显然有所减损。如影印时能将存字完整诸碑分幅印出,或如《北京图书馆藏中国历代石刻拓本汇编》那样遇大碑采用八开三折叶影印的方法,当可更方便读者。

二、《碑石》图版和录文,一律以原石存世者为限,足见编著者的治学严谨。但于近代尚有石刻或拓本存留、原石湮失不存者,皆视作佚碑,则似尚可斟酌。因此而未收《汝南公主墓志铭》《文安县主墓志》《周道务碑》《乙速孤神庆碑》四种石刻的拓本与录文,不能不认为是一个遗憾。除《周道务碑》外,其余三种的拓本或帖本应不难寻觅。即使据《昭陵碑录》将四种石刻文字录入附存,也可为读者提供尽可能完全的昭陵石文。

三、昭陵诸碑兀立地表,早期存字较多,以后逐渐残损,今碑字数多不及明清人曾见到者,传世拓本因其传拓时间的早晚和拓录态度的精粗,差异较大。《碑石》似较拘泥于以原石为据,用了一些拓本,但未充分利用存世善拓和前人录文,录文中又未逐石说明所据原石、拓本及相关文献的情况,以致在录文中仍留下不少缺憾。以《碑录》相校,《碑石》录文有不少缺误之处。如《姜遐碑》"□□正以静退自守",两空格《碑录》作"性坚";《乙速孤行俨碑》"□□在永州也",可据《碑录》补"公之"两字;《张胤碑》"早蒙光□",缺字《碑录》为"宠"。以上三例为缺文可补者。《姜遐碑》"四为匠作少将",《碑录》作"四为将作少匠","将作少匠"为官名(此恐为排误失校);同碑"□诏九成,□□铿锵之韵",《碑录》"诏"作"韶",联系下文,以作"韶"为是;同碑"诣微索隐,搴枝叶于玄珪;原始要终,求圣贤于黄卷",《碑录》录"珪"为"经",上下文相联系,唯作"经"文意方通。以上三则为录字有误者。此外,依原石照录而未能细究文意而致误者,如《张胤碑》"史猾虻浇",《碑录》作"吏猾虻浇","吏猾""虻浇"为并列关系,作"史猾"则无法说通。又如《高士廉茔兆记》"既而三台复构,紫柏生榛",《碑录》作"紫陌生榛",甚是。同碑"假黄铖",《碑录》为"假黄钺",作"铖"显误。《马周碑》"既而神凝物表,久抗梁甫之吟;运拒□来,恩效扶摇之举","恩"应从《碑录》作"思"。《阿史那忠碑》"善丧能毁,藁貌悲于行路;夺礼即戎,紫形怆于朝序","紫"应从《碑录》作"柴"。又如"剿玄菟之游魂,复黄龙之巨孽","复",《碑录》作"覆",甚是。同碑"辛氏皆将帅之风,陈扉无聊长之□","聊"显误,应从《碑录》作"卿"。《兰陵长公主李淑碑》"婴则望重四京,融乃名高东汉","四"应从《碑录》作"西"。再如《乙速孤行俨碑》"秦之强也,起、翦、括、贲用其兵","括"应从《碑录》作"恬",白起、王翦、王贲、蒙恬均为秦国名将。同碑"属时谷不登,士人多馁,罄食储而罕赡,捃山谷而无资","食",《碑录》作"仓","瞻",《碑录》作"赡",应为"罄仓储而罕赡",句意方通畅。这种因形近而误录的例子,《李靖碑》《李勣碑》等均有,不另举。前人校碑,于碑别字或误字,多随文改正,罗氏诸书皆可见此例。《碑录》录文相当严谨,《碑石》如能充分利用,当可减少不少出入,即如原碑有误者照录,亦当加按语说明。此外,清代其他各家录文,虽相对错误多些,但亦非全无可采。如《全唐文》曾用内府旧拓,王昶、陆增祥、陆耀遹均曾见到较佳拓本,逐字比校,偶亦有可校补者。存世文献中,亦偶存碑文,如《宝刻丛编》卷九录《阿史那忠碑》:"出光四镇,入掌六师,属东户之昌辰,处北军之重任,一居轩禁,四十八年。"《碑石》录此段仅存十三字,可据补十五字。

(与黄清发合撰,《唐研究》第六卷,北京大学出版社,2000年)

评吴钢主编《全唐文补遗》一、二辑

数年前,我在《述〈全唐文〉成书经过》(《复旦学报》1995年第3期)一文中写道:"自清季以来,秘籍善本之面世,海外遗书之回归,敦煌遗书之刊布,石刻碑版之出土,各种释藏之印行,《道藏》研究之深入,加上方志谱牒中材料,今可获见而为《全唐文》失收的唐人文章,当不下万品。将这些遗文汇录成书,于唐代文学研究必然大有裨益。"不久即获悉三秦出版社出版了《全唐文补遗》(以下简称《补遗》),很感高兴,先后邮购了该书已出的一、二两辑。细读之下,感到此书将散见于各书刊,或仅有拓本刊布的石刻文献,予以汇录整理,确有裨于学者,但从收录范围、编纂体例、编校质量等方面来说,也颇多可议之处。

《补遗》收录"《全唐文》、《唐文拾遗》、《唐文续拾》未收之唐、五代石刻文献资料",仅录石刻,不涉其他文献,收录面较窄。于《全唐文》体例,也多有变动。如全书"不另分卷",不便读者引用,好在书后附有索引,检索尚便。再如全书编次,"均按以人从文原则归纳处理,次序以《文苑英华》体例分类,即先为署名文章,次为阙名文章;文章按文体排列,同类文体按时间先后排列,撰者亦以时间先后为序"(以上引文均见该书《编辑凡例》)。在以撰者先后或是按文体排列上,讲得不太清楚,细检全书,更多依违。全书计划拟出五至六辑,从已出两册看,似有随得随录之感。第一辑存文五百九十七篇,作者可知者五百四十八篇,作者四百九十九人,阙名者四十九篇;从文体来说,凡制诏六篇,书状三篇,记序七篇,神道碑十三篇,杂碑三篇,铭赞等九篇,其余五百五十六篇皆为墓志。第二辑皆墓志,凡九百四十二篇,作者可知者仅九十四篇,作者九十三人。两辑之间,并无统一的体例。第一辑首列诏书,以为诏书或出臣僚代笔,既不作阙名,也不以诸帝列目,颇显唐突。其次作者,先列白居易、达奚珣、僧贞干、李德裕、罗佳胤、孟诜、令狐楚等,全不按世次先后，可能是循按文体排列的原则。再次，《全唐文》一律不注所出，颇遭后人诟病，陆心源二书，均逐篇加注，学者称善。《补遗》仍一概不注所据，不便读者复核原书或原拓，也非善例。其实，据《编辑说明》，该书诸文主要录自《千唐志斋藏志》《曲石精庐藏唐墓志》《西安郊区隋唐墓》《唐长安城郊隋唐墓》《北京图书馆藏中国历代石刻拓本汇编》《隋唐五代墓志汇编》及《昭陵碑石》等书所收唐石拓本，还利用了各种考古刊物，加注本不困难。

《补遗》前二辑录文一千五百三十八篇，其中墓志为一千四百九十八篇，占全书百分之九十七点三。与数年前出版的《唐代墓志汇编》（周绍良主编，上海古籍出版社，1992年）比较，两书重见的墓志超过一千二百篇。虽说两书体例不同（《唐代墓志汇编》不以《全唐文》收否为取舍），但因后书出版在前，又编有极详密的索引，流通又较广，故《补遗》中这部分的史料价值，可暂不讨论。此外三百多篇，绝大部分皆是陕西近十多年间所出石刻，具有极高的史料价值。虽然墓志之大部分均已见于天津古籍出版社印行的《隋唐五代墓志汇编·陕西卷》，昭陵所出碑志又见于《昭陵碑石》，但前者仅有拓本而无录文，全套定价昂贵，一般读者不易见到，后者收录则仅限于昭陵所出。何况拓本辨识不易，个别影印模糊，更难通读。《补遗》编校者有条件利用关中石刻的原石或原拓，故所录文字，较为优胜。如昭陵早年所出《程知节碑》《越国太妃燕氏碑》《纪国先妃陆氏碑》《宇文士及碑》《周道务碑》，《补遗》录文远胜于《昭陵碑录》《陕西金石志》的录文，近年所出《周护碑》、《李孟常碑》、《吴广碑》、《姜遐碑》上截及泰陵所出《高力士碑》，录文也较八十年代初在《考古与文物》、《书法丛刊》等刊物披载者，更为完整准确。笔者前此未见，而初见于《补遗》之石刻，约有五六十品，如《金城县主墓志》载定州刺史房世系及其以宗女嫁吐谷浑王，王叔简《吴卓墓志》记志主在李晟幕中事迹，《尼真如柩文》记高昌王后裔情况，《阿史那勿施墓志》述及隋时李渊一家与突厥处逻可汗部的密切关系，无疑皆具有很高的史料价值。陕西省古籍整理办公室在近十年间，组织全省考古文物工作者对陕西省自先秦至近代的金石文献，分地域、有系统地加以汇录整理，其中部分成果，也体现在本书中。

《补遗》所录昭陵碑志及陕西各地近年出土墓志的史料价值，最值得重视。昭陵碑志中,有太宗乳母刘娘子的墓志,妃韦珪、陆氏、燕氏的碑志,子女则有赵王李福、长乐公主、临川公主的墓志,驸马王大礼墓志,均可借以了解太宗的生活、子嗣情况。如《赵王李福墓志》载其母为杨贵妃,即初为齐王妃者,文中所透露的消息,值得玩味。唐初功臣而史书载事迹较少者,如周护、吴广、李孟常、斛斯政则、薛赜、张士贵、王君愕等,碑志提供了较为详细的传记。牛秀、唐俭、阿史那忠、程知节等人,墓碑久为世知,但残泐较甚,而新出墓志,则均较完整,足与残碑互参。尤可玩味者,为李震夫妇墓志,其子李敬业举兵反武后,武后下令毁震夫妇墓。现所见李震墓志显为中宗时重刻,其妻王氏志则仅存若干残石,正为毁斫之余。陕西其他地方所出碑志,也多具研究意义。如卢谏卿《何文哲墓志》于敬宗时平定张韶之乱和刘克明之乱,记载较详;阙名《贺兰敏之墓志》、苏颋《武懿宗墓志》,对了解武后时政事也极重要;韦承庆《韦仁约墓志》、韦述《韦济墓志》等,皆有裨于唐诗研究,如今人即曾据《韦济墓志》重新确定了杜甫《奉赠韦左丞丈二十二韵》的作年。至于为众多文人补充了遗作,更披卷可见,无须辞费。

　　《补遗》的校录工作,总的来说是相当认真的,这在书首所载史念海序与吴钢《编辑说明》中,均已有交代和表扬,我通检全书,也有同感,即编校力求忠实于石刻拓本,不轻易改字,有疑问处尽量出校,以备读者斟酌;对石刻拓本中的碑别字、残损字、行草字等,也皆能仔细辨识,尽量避免主观武断。同时,此书之校对相当仔细,也是应予指出的。

　　《补遗》在录文与作者归属方面,也稍有可议之处。从录文来说,大多似仅据一拓,未能广征善拓或前人录文。如《姜遐碑》,上半截录文比《考古与文物》1980年第1期孙迟录文有所增益,也更为精确,但下半截录文,则未能充分利用从《全唐文》至《昭陵碑录》之录文,至少尚可补数十字。录自《千唐志斋藏志》之《杨松年墓志》,讳下一字空缺,而据笔者所见该套丛拓之拓本,讳下一字可辨识,为"牢"字。罗佳胤《□□□灯台赞》,首行"至□溟森,浑茫徽穷于烦□之中"句中,实脱去一行,据《考古通讯》1957年第5期、1958年第2期刊此石录文,此句应作:"至溟穷森森,□□□测其涯;穹旻攸攸,何窥管睹其际。大善寂力,浑茫微穷,于烦□□浊中。"

　　《补遗》录文虽大都忠实,连石刻后之书、刻、建者题名,也大都备录,但颇令人不解者,原石中之撰者署衔,却全未照录,而一律改写于小传中,作"撰此志时署前国子明经"之类。从全书来看,有相当一些作者之归属不是据署衔而是据文意推知者,署衔中也有称撰、述、纪、作及仅存官职、姓名之不同。这样处理,显然不便于读者复按原文。书中一些作者归属有误,也颇与此有关。如收冯堪纪《蔡氏墓志》,原署为"长乐冯堪纪上",作者应为冯堪;《刘致柔墓志》收归致柔,传称其"生前曾自撰志文",未细察文中有"余三册正司,五秉旄钺"、"以余南迁"云云,文末附《第四男烨志》称"先卫公自制志文",殆致柔为李德裕妻,志为德裕撰,《补遗》误读。□寄下收《唐王夫人墓志铭》,推其所据,殆为文中"长男曰寄……前任汴州司马兼殿中侍御史"、"以殿中之贤而无隐公之褒,可乎"两段记载,其实细读上录文字,可确知寄并非作者。类似之例还有王光义《周故仆射王进威墓志铭》,传称"为父撰此志,时署孟州长史"。但查《千唐志斋藏志》第1229页此志拓本,志末第一行署"维大周广顺元年岁次辛亥九月庚申朔十三日壬申志"。次为题名,首为"故仆射王进威",即志主,空三格为"亡男摄孟州长史光义",再次为家人题名。可知进威埋铭时,光义已前卒,安能为亡父撰志?类似误读的例子还有李羽《陶英夫人张氏墓志》,传称"墓主义侄,撰并书此志时署文林郎、试太常寺协律郎、成公",检《千唐志斋藏志》第984页,原署"义侄文林郎试太常寺协律郎成公羽撰并书",可知作者复姓成公,名羽,《补遗》误以成公为封爵,又作李姓,似误牵志中"夫人贤妹家于陇西,李公职寄殊方"一段,将张氏孤甥与义侄相混,其实成公羽仅为张氏子陶泛的义弟,志文云"羽忝为义侄,每沐周仁,与泛兄义若天伦,情同骨血",讲得很清楚。再如田绚谬《唐齐州司马冯翙鱼君故夫人荥阳(下缺)》一篇,传云"撰此志时署平卢军节度掌书记、承奉郎、监察御史里行"。查此志出《西安郊区隋唐墓》,署衔有残,于上列官职后,仅存一"田"字,幸志中有"绚谬以书奏从荥阳公府"一句,可知作者名"绚","谬"为自谦语,《补遗》误作名"绚谬"。有些作者,只要稍觅他证,本可确定。如收苏颋《卢行毅墓志》,传称"生平不详,撰此志时署洺州来庭县尉"。此志见《千唐志斋藏志》第489页,原为隶书,作者名不甚清晰,但如仔细识读,再以其他文献参证,可知为苏颋作。再如李庾,传云"与《全唐文》所载是否为一人,待考",参证两《唐书》有关记载,也不难确定(详《中国文学家大辞典·唐五代卷》第317页)。再如崔□晦《郑纪墓志》,应作崔居晦,见《千唐志斋藏志》第1152页;殷仲□《张㑺志铭》,可断为殷仲宣,《补遗》另收其《曹庆墓志》,职官皆为"试左武卫兵曹参军",仅散阶有所不同。

总之,《补遗》收录了大量近二十年来新出土的珍贵石刻文献,校录也大都忠实可信,应予重视,唯体例未尽臻善,未能逐篇说明出处,细节处理也稍有出入,读者利用时应有所注意。

(《唐研究》第三卷,北京大学出版社,1997年)

评吴钢主编《全唐文补遗·千唐志斋新藏专辑》

今年五月在北京见到千唐志斋主人张钫先生的外孙女李鸣女士,她因为与我是大学同年级同学,因此谈得很投机,给我看了有关张钫先生家族的许多珍贵资料,还谈到河南文物部门准备纪念张先生的安排,最后说到千唐志斋近十多年来广征石刻碑志,数量多达五六百方,有许多珍贵的发现,而且不久有出版的可能,引起我更大的兴趣。我始终认为二十世纪唐代石刻文献的大宗发现,极大地改变了唐代文史研究的格局,造成了全新的气象。其中最重要的部分,就是三十年代张钫千唐志斋的一千二百多方藏品。近二十多年新发表的大批唐代碑志,其中超过一半发现于洛阳一带。以千唐志斋的地位和影响,新藏品肯定有极高的文献价值,十分值得期待。承西安碑林博物馆王庆卫先生告知,我得以见到这批新志的目录,不久又得见全书。披览所及,深感此批墓志是最近二十多年来洛阳地区新发表墓志中分量最大的一批,其中涉及唐代政治、社会、文化、民族等方面的记载极其丰富,且绝大多数为首次刊布,具有极其重大的学术研究价值,是唐代石刻文献的又一次重要收获。

《全唐文补遗·千唐志斋藏志专辑》(后文径称《专辑》,引录时仅注页码),三秦出版社2006年出版,署吴钢主编,王京阳、赵跟喜、张建华副主编,点校者除三位副主编外,还有陈忠凯、袁宪、马驰三位,其中赵跟喜为洛阳千唐志斋博物馆馆长,《前言》由其撰写;马驰为中国唐史学会副会长,可以说是文物学者与唐史学者合作整理的成果,达到了很高的学术水准。全书收入墓志共五百八十九篇,唐以前三十五篇,宋以后三十三篇,唐五代墓志凡五百二十一篇,其中极少数为旧志,如《元显儁墓志》。个别墓志在他处也曾发表,如崔颢《唐故太子洗马荥阳郑府君(齐望)墓志铭》也见于赵君平《邙洛碑志三百种》，绝大多数为近十多年出土而为千唐志斋收集，并在《专辑》中首次发表，显得特别珍贵。

《专辑》承《全唐文补遗》的一贯体例，因收入千唐志斋近年所得全部墓志而稍作变通，将唐以前和宋以后墓志六十多方，作为附录收入，是妥当的处置。这些墓志中，确有一些很重要的文献。唐前所出弘农杨氏的多方墓志，王庆卫先生已经另作文考释。李清臣撰范仲淹妻张氏墓志，涉及范氏家室生平关系至大，就不必我再费辞言了。范杲（小传作范景，恐误，杲为宋初名臣范质子）撰刘温叟墓志，对于五代史研究关系至大。我先前作《旧五代史新辑会证》未能利用，是很可惜的。其中关于刘岳家世和温叟知贡举始末的记录，尤其珍贵。

当然，《专辑》在体例、标点、作者等方面，仍有一些细节出入。如因为全部唐墓志均按照时间先后编次，以致卢载、崔从、崔沆、柳雍门等有二篇之作者，均两次列目，有失《全唐文》作者归一的原则。标点之出入，如第244页《崔氏墓志》"以山越叛，换裴君实施于戎事，以疆场之近，而夫人不获乎偕行"，"换"当作"涣"，应连上句读，"疆场"应作"疆埸"。未见拓本，可能是原本如此。再如第358页《唐故巨鹿魏府君墓志铭》"曾祖知南府，皇守侍中、户部尚书、同中书门下三品"，以其下文求之，知为玄宗相魏知古，"南府"二字不可解，可能属于误录而失校。第182页《崔氏墓志铭》"父神基"保存了"基"字末笔的阙笔，也没有必要。以上诸点均属细节出入，并不影响全书的基本质量。

石刻文献多数都属于私家文献，但因为写于特定时地，为特定原因写作，与史书之为官方史家系统整理成史者有很大不同。墓志当然是为死者盖棺而作的作品，具有不可避免的掩瑕颂德的目的，即使称为谀墓也不为过。但若学者善于综合分析，去伪存真，也可以发现许多可以补充史实的重大记录。现在的墓志考释类文章大多是将墓志所述与史书比读，以资解读墓志，若有与史书不同或者史书不载者，就认为可以订补史书。这种方法不能算错，但史书不能备载一个时代的所有鸡毛蒜皮的事情，墓志有而史书不载者非常正常，不必指责史书。对此，岑仲勉先生在《贞石证史》中已经有过经典的论述。本文即拟秉持此一立场，重点揭示本书中所包含的有资唐代文史研究的重要信息。

《专辑》提供了大量唐代著名文人的文章,可以提到的很多,在此仅举两个具体的例子。杜甫《壮游》诗云:"斯文崔魏徒,以我似班扬。"自注:"崔郑州尚,魏豫州启心。"魏启心的诗文一直没有存世者。本书收入开元二十一年太子中舍魏启心撰《唐故冀州刺史姚府君夫人弘农郡君杨氏墓志铭》,颇有文采,对于研究杜甫早期生平很重要。顺便提到,崔尚的墓志也已经在《洛阳新出土墓志释录》发表,可知崔曾为杜甫祖父杜审言赏识,诗歌也颇负时名。中唐著名诗僧清江,今存诗一卷,其生平详《宋高僧传》卷一五本传,但无文章传世。本书收其撰《唐故安国寺清源律师墓志》,志主即《宋高僧传》所称之"与同学清源从守直和尚下为弟子"之清源,守直则应从《文苑英华》卷七八六皎然《唐杭州灵隐山天竺寺故大和尚塔铭》作守真。此篇可以见到清江的文章才能,见到他与清源的同学深情,在僧文中颇罕见。同时,墓志提到清源是严挺之孙,严武子,而前引《宋高僧传》和皎然文均称其为越州人,对于了解严武一家的实际占籍,也提供了重要线索。

《专辑》收录有诗篇传世者之墓志,即有邵炅(第146页姚重贶《唐故朝请大夫行尚书考功员外郎上柱国魏郡安阳邵府君墓志铭》)、张锡(第152页邢巨《唐故银青光禄大夫工部尚书绛州刺史上柱国平原郡开国公张府君墓志铭》)、许景先(第160页韩休《大唐故吏部侍郎高阳许公墓志铭》)、郑虔(详下)、崔备(第324页张惟素《唐故谏议大夫清河崔府君墓志铭》)、徐放(第327页元佑《唐故朝散大夫守衢州刺史上柱国徐君墓志铭》)、贺兰遂(第341页许丰《唐故河南贺兰府君墓志铭》)、卢载(第376页卢载自撰《唐朝议郎守太子宾客分司东都上柱国赐紫金鱼袋卢载墓志铭》)、裴夷直(第397页李景让《唐故朝散大夫守左散骑常侍赠工部尚书裴公墓铭》)。墓志提供了这些作家研究的完整资料。如贺兰遂,《日本国见在书目》中有其集二卷,《千载佳句》中存其诗十多联,但其生平一直无从考索。友人孙猛方作《日本国见在书目》的笺证,苦无资料,我告知此墓志已出,很感兴奋。自撰墓志,《专辑》中有两篇,卢载自撰墓志是很有特色的一篇。卢载不按当时的习俗备载家世阀阅,而是自称"性灵疏愚,言语方质,才知耸善,未及有方",并引与友人书,以为"身不登神仙,道不济天下,过此以往,则皆略同,便当处山",可见其自负之高。墓志中引到他自认为得意的文章,有"《建中德音述》一篇,是兴起德宗皇帝终美之意;《文定》一首,是伸陈伯玉微婉被谤之由",另有为魏博节帅起草的文书,可以见到他道济天下的努力。遗憾的是,虽然官至兵部侍郎,但仅存《元德秀诔》一文和写于南岳的两句诗。此篇墓志的发现,让我们有机会了解一位傲兀文人的自负和追求。日本京都大学川合康三教授曾著《中国的自传文学》(中央编译出版社1999年出版蔡毅中译本),着力研究有个性士人在自传中的个人描述。卢载此篇与《全唐文补遗》第八辑收梁宁《唐故尚书水部员外郎以著作郎致仕彭城刘府君墓志文》所引刘复自叙,是近年发现文献中最有特色的两篇自传,值得向川合教授作介绍。刘复有文集三十卷,凡五百多篇,今存诗十多首,较卢载稍微幸运一些。

《专辑》中墓志的文学史料也极其丰富。樊宗师《樊凑墓志》(第278页),是继《千唐志斋藏志》收录其《樊涚墓志》后再次发现的遗文。这位以文章怪奇名世、但被韩愈许为"文从字顺各识职"的文章家,再次让世人看到其为文平易顺畅的一面,证明韩愈的评价确非虚誉。陈翃《唐故朝散大夫检校尚书驾部郎中兼同州长史郭公(湜)墓志铭》(第271页)记墓主"著书数十卷",今存惟《高力士外传》一种,是研究开元天宝轶事的重要著作,墓志提供了作者的完整传记。陈翃撰有《郭汾阳家传》,虽然已经亡逸,但宋人引用尚多。本志是其撰文墓志第二次出土。裴虔余《唐故秀才河东裴府君(岩)墓志铭》云:"数年之间,遂博通群籍,能效古为歌诗,迥出时辈,多诵于人口。前辈有李白、李贺,皆名工,时人以此方之。"裴岩没有诗传世,时人的评价恐不免夸张,但以李白与李贺并提,这是很早的例证,当为文学史家注意。本书第315页收前试大理评事王建撰《李仲昌墓志》,作者是否诗人王建,还有待查考。

崔朏《刘元贞墓志》(第196页,题长不录)是体例很特殊的一篇墓志,志主为玄宗天宝间的宿卫将领,任职三十五年,卒于任。作者始称"君子则尔哭,小人则尔歌。小人歌公德,君子哭公恒"。又云"君子必哭也,小人必歌也",在墓志末则附歌一首:"面松岳兮小有阳,东望溟兮饮太行。夹河洛兮地一藏,奉天劳兮憩北邙。奄歺奄兮不重光,大贤邮兮物感伤。甫奇谷兮三畛强,永为古兮从此张。"体式还是墓志中常见的骚体,但称为歌,值得注意。在墓志中引诗作,《专辑》中只有一例,即卢蕃《唐故越州剡县尉卢府君(广)夫人陇西李氏合祔墓志铭》引录卢广赴剡县任时,吟诗云:"挂席日千里,长江乘便风。无心羡鸾凤,自若腾虚空。"《全唐诗》没有收录卢广的诗。附带说到,《洛阳新出土墓志释录》收《崔尚墓志》,收录崔尚所献《温泉诗》和贾升颂美崔尚诗的断句,为石刻存诗的最近例证。

就文学研究来说,《专辑》发表墓志中学术价值最高的无疑是郑虔墓志。关于此篇墓志的价值,我将另文详细考释。在此先述要点。十多年前作《郑虔生平与著述补考》(收入《郑虔研究续集》,浙江古籍出版社,1993年),依据杜甫《八哀诗》注,认为郑虔与郑审为叔侄,并据郑审家世推定为郑述祖五世孙。现据此志及其他郑氏家族墓志,知前述推论并不错,但郑审仅是郑虔从侄,为虔父镜思兄进思之孙。郑虔生年,临海郑广文纪念馆考证为685年,并于去年举办了其诞辰1320周年的纪念活动。据本志,则郑虔生卒年应为691年至759年,可见据诗文和宗谱考证之难以精密。郑虔曾登进士第,以往记载中都没有述及,可以补《登科记考》之阙。郑虔七次仕历的经过,也大致可以得到印证。郑虔妻为武后相王方庆孙女,属显宦世族之家。《专辑》另收郑虔撰文之《大唐故右千牛卫中郎将王府君(暟)墓志铭》,为洛阳发现的第三方郑虔撰文的墓志,暟为方庆第六子,为虔奉妻族命而作。郑虔陷伪的任官,史书作水部郎中,墓志作兵部郎中,又多国子司业一职。郑虔至德二年冬贬台州司户,到乾元二年九月去世,包括赴台州路途,一共不足两年。以往根据杜甫诗和宋人杜诗注,认为郑虔亡于广德二年,显然差距很大。事实是杜甫在秦州一带生活时,郑虔即已经去世,由于相隔太远,消息不通,杜甫在数年后方得知郑虔噩耗。墓志对于杜甫一系列诗歌的解读,也都有意义。郑虔的丧葬和子嗣,墓志都交待得很清楚。大约在台州病故后不久,即权殡于金陵,到大历四年归葬洛阳,时距去世已经十年。现在临海有郑虔墓,似乎需要重新检讨。郑虔入祔夫人王氏故茔,有些特殊,故墓志有详细说明。但在已见唐代墓志中,也有类似情况。郑虔的子嗣,墓志提到元老、野老、魏老三子,并云营葬时,二子在遐方。郑虔长子元老墓志也已经出土,见《全唐文补遗》第八辑第103页,名忠佐,字元老,贞元十一年卒,年六十七。其父子墓志都没有留居台州的记录,今临海有大量郑虔遗裔,各支谱系出入很大,也有重新审视的必要。

就艺术史研究来说,包佶《大唐故朝请大夫盛王府司马诸王侍书上护军范阳张公(怀瓘)墓志铭》(第236页),对于唐代著名书学理论家张怀瓘的家世、生平研究极其重要。今人薛龙春著《张怀瓘书学著作考论》(天津人民美术出版社,2005年)对怀瓘生平考证已详,本志称张家"侨居于广陵",与《述书赋》称张氏为海陵人虽有细节出入,大体近是。志没有叙及为张华之后,薛著认为怀瓘曾孙《张中立墓志》称华后疑出依托,可得佐证。墓志云:"曾祖礼。祖隆,唐太子左司御率。父绍宗,赠宜春郡太守。"可以考知其家世系。薛著依据《新唐书·宰相世系表》疑与张说为同一支,但其祖隆与张氏迁河东之祖张隆名同,恐非其后人。墓志述其曾祖礼与父绍宗皆无官职(《张绍宗墓志》称绍宗为邵州武冈令),绍宗赠官当因其二子位达之故。又称怀瓘为绍宗第五子,天宝十四载卒,年六十四,可据以推知怀瓘约生于垂拱前后。

就唐代家庭社会史研究而言,《专辑》也提供了一批非常珍贵的资料。笔者不久前发表《唐代的亡妻与亡妾墓志》,分析唐代男性为其妻、妾所作墓志及其感情和家庭生活的状况,所得亡妻墓志凡八十七篇、亡妾墓志十九篇。据本书则可以再补充亡妻墓志十二篇,即刘肱《大唐前同州澄城县主簿南阳刘肱妻河东裴氏墓志》(第174页)、薛襄《大唐前陈留郡陈留县尉薛襄故夫人王氏墓志铭》(第193页)、郭湜《大理司直郭湜故妻陇西李夫人墓志铭》(第248页)、卢士瑀《大唐范阳卢公故夫人清河崔氏墓志铭》(第285页)、高锡《唐高氏故夫人夫人河东裴氏墓志铭》(第294页)、卢载《唐前黔中观察推官试太常寺协律郎卢载妻郑氏墓志铭》(第308页)、卢士琼《唐东都留守推官试大理评事卢君故夫人荥阳郑氏墓志铭》(第314页)、郭文应《唐安州都督法曹参军郭文应亡妻范阳卢氏墓志铭》(第330页)、崔彦崇《唐故荥阳郑夫人墓志铭》(第340页)、皇甫弘《唐泾原节度掌书记试太常寺协律郎皇甫弘妻博陵崔氏夫人墓志铭》(第343页)、张淡《和州乌江县令敦煌张公故夫人范阳卢氏墓志铭》(第369页)、崔镇《唐乡贡进士崔镇亡妻荥阳郑氏墓志铭》(第396页),加上《书法丛刊》2005年第4期刊出的李岘为妻撰墓志,使今存唐亡妻墓志达到了百篇,确是很可观的珍贵记录。亡妾墓志也可以增加一篇,即孙绿《王氏墓志铭》。此志整理者加括注云"孙绿妻",不太准确。墓志中云:"余年十七,命尔为箒妾,逮今仅纪矣。"王氏的身份确为妾而非妻。此批墓志包含的研究信息非常丰富。比方《王氏墓志铭》中,孙绿云:"余湎于酒,尔能排之;余不好书,尔能励之。每言及是,不觉垂涕良久。余自叹曰:'为男子身,束身冕首,不能行世间美事,反惰其业,为酒所惑,使儿女子勉诫,得不悲乎!'遂掷瓢命秩(疑当作帙),贯览坟典,不三二岁,且有所补。一日,朋友俳余曰:'孙氏子可谓道长矣。'余思之,乃尔之力也。"这一段,几乎就是《李娃传》后半浪子回头故事的减缩版。墓志记王氏临终所言:"余父冢长安中,苟终,愿归窆于其侧。"也是值得玩味的。虽然孙绿解释此语为"殁则侍父以孝",并以子女祭奠为由没有遵从其遗言,仍窆于孙氏墓地,而此点因关涉唐代出嫁妇女与其本家的关系,以及妾在葬制中的选择,特别值得重视。

《专辑》收录洛阳出土唐代世家大族墓志之重要,赵跟喜馆长在《前言》中已经说道:"这批新收墓志大多出于洛北邙山、洛南万安山、龙门西山及偃师、关林等地,其价值弥足珍贵,如万安山出土的李、卢、姚、范官僚家族墓志,龙门张沟一带出土的多与皇亲国戚有关联的人物墓志等,其中人物事件或见诸史册,或补缺拾遗,皆可印证唐史之一斑。"全书可以补充唐史或者考订唐代世家谱系的资料实在太丰富,本文难以一一遍举,可留待学者今后进一步的研究。在此仅举皇甫氏一例。郑薰《唐故中散大夫守给事中柱国赐紫金鱼袋赠刑部侍郎皇甫公(鈢)墓志铭》云:"其先自宋戴公之子充石字皇父,为宋司徒。生仲,仲生发,发以王父字为族。汉兴,改父为甫,因氏焉。至武帝初,雍州牧鸾始自鲁国迁茂陵,故起鸾为始祖。鸾生哀,举至孝,为彭城相,北徙安定,家三水。哀生僑,东汉复为安定都尉。僑生棱,渡辽将军,以永平初徙居安定朝那,为郡著姓。棱有八子,为八祖,坟墓皆在安定郡城之西石虎谷口。八祖之后,皆出安定,关中谓之望族,故世为安定人。公即渡辽第六子旗之后也。"虽然皇甫氏的得姓原委,在《元和姓纂》卷五和《新唐书·宰相世系表》中都有所述及,但都没有此节详尽。有关皇甫氏占郡安定的始末,以及八祖坟墓地点的记录,尤其珍贵。其材料来源显然是郑薰得自皇甫家人提供的谱牒记录,虽汉前事实的记载可能会有出入,但对于了解汉唐间世族发展历史和皇甫氏家族的重要性,相信会引起学者的兴趣。

又梁涉《大唐故中散大夫襄阳郡别驾上柱国李府君(庭芝)墓志铭》云:"十一代祖暠,晋凉武昭王。天宝中,主上感肇霸之初,载兴王之业,有制册为兴圣皇帝。俾四公之后,咸属籍于宗正焉。"《新唐书·宗室世系表》云开元二十三年以姑臧、绛郡、武阳(一作陵)、南阳四房复附属籍,与此作天宝中不同。庭芝为义琛孙,出姑臧大房,可以知道当时恢复宗室属籍的具体情况。

至于文学世家的材料,可以举著名诗人王之涣家族为例。曲石藏王之涣墓志,曾为学者反复研究。其实在《千唐志斋藏志》中,还有此一家族的四方墓志,我在二十年前曾撰文介绍(《文学遗产》1987 年第 5 期《跋王之涣祖父王德表、妻李氏墓志》)。近年香港中文大学文物馆藏《王洛客墓志》发表(《书法丛刊》2002 年第 3 期,又见北京大学图书馆、香港中文大学文物馆编《中国古代碑帖拓本》),详细记载了其一生的文学活动。本书又收入之涣堂弟王之咸墓志(第 229 页)及之咸子王绾墓志(第 280 页),为此一文学家族研究增加了新资料。

唐代海运史研究资料历来很少。《专辑》第 169 页徐安贞《朱淑墓志》云:"父玄泰,幽州大都督府司马、摄侍御史、兼河北道海运使。楼船鲸飞,辎车隼击。"第 208 页李涓《大唐故北海郡千乘县令卢府君(均方)墓志》云:"调补洺州平恩县丞。秩满,海运使朱玄泰奏君押运。越海有连樯之漕,安边有如京之防。且溟渤穷乎天壤,通波亘于万□。舳舻电逝,委输云集。君皆饰躬履险,率先启行,昭宣国章,敷惠边土,使我东夏,保大定功。"所叙都是开元年间由朱玄泰实际领导、卢均方参与的从江南通过海路向河北运输粮食物资的实际情形,对于了解唐代经济史,以及安史之乱发生的原因和睢阳保卫战对于阻厄乱军夺取江南的意义,也有参考意义。朱玄泰在两《唐书》中未见述及。

有关唐代交通史的资料,可以举出一例。华良夫《唐故殿中侍御史李公(举)墓志铭》云:"满岁,调授京兆鏊屋尉。县居剑南东西川谷口,中使、节制郎吏、西南夷宣诏使暨迁客,入者于是乎整驾,出者于是乎税息,亭传马牛之损毙不绝日,府为病而难其任。"所述长安往两川经过盩厔时的境况,是很难得的记录。

有关民族史和中外文化交流史的资料,《专辑》也极其丰富。我认为史料价值最高的,一是韦承庆撰《大周故镇军大将军行左金吾卫大将军赠幽州都督上柱国柳城郡开国公高公(质)墓志铭》(第79页),二是缺名《唐故右领军中郎将使持节招抚仆罗大使天水赵府君(臣礼)志文》(第210页)。高质为高丽贵族,墓志记其十九代祖后汉末封王赐姓并得赐铁券文云:"宜令高密子孙,代代承袭,自非乌头白,鸭绿竭,承袭不绝。"又载质"曾祖前,本蕃三品位头大兄;祖式,二品莫离支,独知国政及兵马事;父量,三品栅城都督、位头大兄兼大相"。对于研究高丽史极其重要。墓志记高质总章间归唐后,历任军职,万岁通天二年任泸河道讨击大使、充清边东军总管,在与契丹叛军作战中,困守孤城,城陷被俘而遇害于磨米城。上世纪初洛阳曾出土高质子高慈墓志,罗振玉收入《唐代海东藩阀志存》,有关其先世及父子战死的内容,与本篇记载一致,可以参看,相信会引起学者较多的注意。赵臣礼一生除曾贬官琼州的一段经历外,在武后时期经历了西域的多次边疆冲突和招抚出使,更曾两次担任招慰仆罗使,后在归途中卒于武威。墓志以其与张博望(骞)相比,可以见到其经历的特殊。

最后,特别想指出的是,最近几年发表的唐代墓志数量极其巨大,为唐代文史研究提供了空前丰富的资料,造成了近年石刻文献研究的学术热点。1997年,日本学者气贺泽保规编《唐代墓志所在总合目录》时,所得凡五千四百八十二件;2004年此书出版新版时,达到六千四百五十九件,除增加了《全唐文》收录的文献保存的一部分外,多数为新发表者。2004年以来,新发表的成批墓志,除本书外,还有《全唐文补遗》第八册、《邙洛碑志三百种》、《洛阳新出土墓志释录》等,总数约达到一千五百方。此外,另行发表而特别重要者,我以为还可以举出魏烜《裴怀古墓志》(《中原文物》2005年第5期戴霖文)、《王洛客墓志》(《书法丛刊》2002年第3期)、崔至《崔翘墓志》(《书法丛刊》2006年第2期)、徐浩《李岘墓志》(荣宝斋刊拓本,又见《书法丛刊》2005年第4辑)、令狐绹撰《狄兼谟墓志》(《洛阳师范学院学报》2005年第1期赵振华等文)、房凝《支谟墓志》(《洛阳大学学报》2006年第 1 期董延寿等文)等。此外,如陆邳《杨良瑶神道碑》(《咸阳师范学院学报》2005 年第 3 期张世民文)、智严《珪禅师纪德幢》(《敦煌研究》2004 年第 6 期李文生文)等,也有重要史料价值。赵跟喜馆长在本书《前言》中说到,二十世纪八十年代以来洛阳出土的墓志,"主要有千唐志斋六百余方,洛阳文物二队四百余方,洛阳师范学院三百余方,洛阳宋氏、刘氏、王氏等五百余方,其他散存于市县文物单位,流散外地者几近千方。"除《专辑》外,洛阳师范学院藏品部分发表于《洛阳新出土墓志释录》,洛阳民间私人藏品部分收入赵君平《邙洛碑志三百种》,洛阳文物工作队藏品收入《洛阳出土历代墓志辑绳》和《洛阳新获墓志》者约有一千方。估计已经出土而至今未曾发表者,仍有一千多方。千唐志斋秉着学术为天下公器的态度,及时完整地发表全部藏品,提供学术界作进一步的研究,实在是一件造福学林、功德无量的善事。十分期待有关藏家也能及时发表藏品,共同开创唐代石刻研究的新局面,并由此为唐代文史研究带来新气象。

(《碑林集刊》第 12 辑,陕西人民美术出版社,2006 年)

气贺泽保规《新版唐代墓志所在总合目录》出版以来新发表唐代墓志述评

2004年,日本汲古书院出版气贺泽保规《新版唐代墓志所在总合目录》,收录唐代墓志六千八百二十八品(部分仅存志盖),对于宋代以来出土唐代墓志作了全面的总结。在此以后至今的三年多内,中国各种著作和刊物发表唐代墓志超过两千种,接近此前一千年为世人所知唐代墓志的三分之一,无论就数量或质量来说,都是很空前的,应该引起研究唐代文史的学者充分的注意。谨就披览所及,述其精华,略作考释,以享同好。

一

日本明治大学气贺泽保规教授《唐代墓志所在总合目录》,为《明治大学东洋史资料丛刊》之一,初版于1997年,汲古书院出版,按照时间顺序著录唐代墓志,凡收录十书,为《石刻题跋索引》(可据以检索民初以前的石刻诸书)、《北京图书馆藏中国历代石刻拓本汇编》、《唐代墓志铭汇编附考》、《千唐志斋藏志》、《唐宋墓志:远东学院藏拓本汇录》、《隋唐五代墓志汇编》、《曲石精庐藏唐墓志》、《洛阳出土历代墓志辑绳》、《唐代墓志汇编》、《新中国出土墓志·河南(壹)》,资料截止于1994年,凡著录唐代墓志五千四百八十二品,另志盖三百四十四品。此书逐品著录墓志名和埋石年月,记录十书所在的册页,很便学者。2004年新版除仍存以上十书外,新增了《洛阳新获墓志》、《唐代墓志汇编续集》、《新中国出土墓志》(河南贰、陕西壹贰、北京壹、重庆卷)、《全唐文新编》、《全唐文补遗》(一至七册)、《西安碑林全集》、《吐鲁番出土砖志集注》、《咸阳碑石》、《高陵碑石》、《安康碑石》、《昭陵碑石》、《唐代墓志》等十多种著作,资料截止于2003年。出处仍分十栏,排版改为横排,但包含的内容则大为丰富了。可以说,气贺泽保规此书是迄今为止收录唐代墓志最完备的工具书。

2004 年以来,中国较大宗发表的唐代墓志,有以下各书。

赵君平《邙洛碑志三百种》(中华书局,2004 年),收录作者在洛阳一带收集的墓志三百零六种,其中唐代墓志二百三十三种。

杨作龙、赵水森等编著《洛阳新出土墓志释录》(北京图书馆出版社,2004 年),所收为洛阳师范学院图书馆自 2000 年起征集到的墓志四十七种,此外,该书还附有新出土墓志目录,其中唐代一百四十八种,但除前列四十七种外,均未录文。

《新中国出土墓志·河北卷》(文物出版社,2004 年)、《江苏常熟卷》(文物出版社,2007 年)。前者存唐五代墓志一百又六种,半数左右为首次发表;后者存唐五代墓志二十多方。

同书《河南卷三·千唐志斋一》,收录唐五代墓志三百三十六方。

吴钢主编,王京阳、乔栋、周铮、李献奇副主编的《全唐文补遗》第八辑(三秦出版社,2005 年),收录唐文五百四十三篇,其中墓志以外文体二十篇,五代墓志十六篇,凡收唐代墓志五百零七篇。其中包含《偃师杏园唐墓》《榆林碑石》《咸阳碑石》等书已收墓志,绝大多数为近年出土。

吴钢主编,王京阳、赵跟喜、张建华副主编的《全唐文补遗·千唐志斋新藏专辑》(三秦出版社,2006 年),收录墓志五百八十四种,其中含唐以前三十五种,五代及其后墓志三十二种,收录唐代墓志五百十七种,其中绝大部分是新安千唐志斋最近十多年在洛阳一带通过各种途径收集而得。

吴钢主编,吴敏霞、张先堂、刘进宝副主编的《全唐文补遗》第九辑(三秦出版社,2007 年),虽以辑录敦煌遗文为主,附录部分也收录了一百三十五篇墓志,除包括一些刊物和《洛阳新出土墓志释录》已经发表者外,首次发表者有山东淄博拿云博物馆的藏品四十八方,其中较重要的有王翰《杜拯墓志》、崔尚《郑融灵志文》、崔至《崔翘墓志》、申光逊《张继达墓志》等。

陈忠凯、王其祎、李举纲、岳绍辉编《西安碑林博物馆藏碑刻总目提要》(线装书局,2005 年),附录西安碑林 2005 年入藏碑志一百种,其中新见九十六种(其中二十一种为志盖),均未录文。2007 年 10 月,在西安碑林纪念九百二十周年华诞举办的国际研讨会期间,《西安碑林博物馆新藏墓志汇编》一书由线装书局出版,凡收墓志三百八十一多方,其中唐五代墓志多达三百五十三多方,其中约半数为山西长治地区出土,且多数为首次发表,值得重视。

赵君平、赵文成编《河洛墓刻拾零》(北京图书馆出版社,2007年),收录洛阳一带近年出土历代碑志五百零九种,其中唐五代碑志四百三十三种,包括大量私人收藏的石刻,大多亦属首次发表。

洛阳市第二文物工作队乔栋、李献奇、史家珍编《洛阳新获墓志续编》(科学出版社,2008年),收录唐五代墓志二百六十九方。

另如周剑曙等《偃师碑志精选》(湖北美术出版社,2004年),陕西省社科院、陕西省文物局编《陕西碑石精华》(三秦出版社,2006年)等书中,也有一些新发表的唐代墓志。陈尚君《全唐文补编》(中华书局,2005年)虽确定体例不收新见墓志,以免与相关诸书重复,但历代典籍和海外专书中采得而为气贺泽保规《目录》未收者,仍有逾百种之多。

还特别要提到的是,在各种文物、书法杂志和地方类学报中,近年也有数量可观而具有极其重要学术价值的墓志发表。其中特别重要的是《文物》《碑林集刊》《书法丛刊》《唐研究》以及洛阳一带的多种大专学报。

此外,据千唐志斋博物馆赵跟喜馆长在《全唐文补遗·千唐志斋新藏专辑》前言中提到,二十世纪八十年代以来洛阳出土的墓志,"主要有千唐志斋六百余方,洛阳文物二队四百余方,洛阳师范学院三百余方,洛阳宋氏、刘氏、王氏等五百余方,其他散存于市县文物单位,流散外地者几近千方"。其中洛阳师范学院藏品部分发表于《洛阳新出土墓志释录》,洛阳民间私人藏品部分收入赵君平《邙洛碑志三百种》,洛阳文物工作队藏品收入《洛阳出土历代墓志辑绳》和《洛阳新获墓志》者约有一千方。估计已经出土而至今未曾发表者,仍有一千多方。这还仅就洛阳一带而言,全国各地已经出土而未发表者到底有多少,至今仍无确凿的统计数字。

顺便说到,新刊墓志绝大多数经过专家鉴别,有拓片刊布,作了认真录文,值得信任。但偶然也有误收者。如《邙洛碑志三百种》246号《大和蟠龙山寿圣寺住持古庵和尚塔铭》,编者按语谓"据首题'大和',知葬于唐文宗大和年间"。按塔铭有云："至正之末,天下板荡,即隐居伏牛山数年。"则可以确定是元末甚至明初的塔铭,不是唐石。该书50号《武安君六国丞相苏公墓》,字体绝不类唐刻,但干支和萧瑀姓名、官职皆不误,怀疑是后代的翻刻。至于著录时在志主、撰书者及埋铭年代等方面的细节出入,值得推敲者亦多。如《河洛墓刻拾零》以乾符六年(879)刊刻的《支谟墓志》误为后晋天福四年(939)石刻,整整错了六十年,就有些匪夷所思了。

二

近年新发现的墓志,提供了唐代文学和历史研究多方面的珍贵线索,值得学者的重视。先谈与文学研究有关的资料。

首先应该介绍唐代诗人墓志的新发现。今有诗篇传世者之墓志,即有邵炅(《全唐文补遗·千唐志斋新藏专辑》第146页姚重晠《唐故朝请大夫行尚书考功员外郎上柱国魏郡安阳邵府君墓志铭》)、张锡(同前第152页邢巨《唐故银青光禄大夫工部尚书绛州刺史上柱国平原郡开国公张府君墓志铭》)、许景先(同前第160页韩休《大唐故吏部侍郎高阳许公墓志铭》)、郑虔(同前第249页卢季长《大唐故著作郎贬台州司户荥阳郑府君并夫人琅琊王氏墓志铭》)、崔备(同前第324页张惟素《唐故谏议大夫清河崔府君墓志铭》)、徐放(同前第327页元佑《唐故朝散大夫守衢州刺史上柱国徐君墓志铭》)、贺兰遂(同前第341页许丰《唐故河南贺兰府君墓志铭》)、卢载(同前第376页卢载自撰《唐朝议郎守太子宾客分司东都上柱国赐紫金鱼袋卢载墓志铭》)、裴夷直(同前第397页李景让《唐故朝散大夫守左散骑常侍赠工部尚书裴公墓铭》)、陆亘(《邙洛碑志三百种》第255号归融《唐故宣歙池等州都团练观察处置等使通议大夫宣州刺史兼御史大夫上柱国赐紫金鱼袋赠礼部尚书陆府君墓志铭》)、李收(《洛阳新出土墓志释录》第136页李纾《唐故中散大夫给事中太子中允赞皇县开国男赵郡李府君墓志铭》)、苑咸(《洛阳新出土墓志释录》第156页苑论《唐故中书舍人集贤院学士安陆郡太守苑公墓志铭》)、崔尚(《洛阳新出土墓志释录》第156页崔翘《唐故陈王府长史崔君志文》)、皇甫澈(《全唐文补遗》第八辑第108页王良士《唐故剑南西川节度副使检校尚书吏部郎中兼御史中丞安定皇甫公墓志铭》)、刘复(同前第98页梁宁《唐故尚书水部员外郎以著作郎致仕彭城刘府君墓志文》)、卢殷(同前第183页崔铉《唐故陕州平陆县尉荥阳郑夫人合祔墓志》)、李郃(同前第165页李鄂《唐故贺州刺史李府君墓志铭》)、裴筠(同前第235页裴皞《梁故朝散大夫权知给事中柱国河东裴公墓志铭》)、崔翘(《书法丛刊》2006年第2期崔至《唐故银青光禄大夫礼部尚书上柱国清河郡开国男赠江陵郡大都督谥曰成崔府君墓志铭》)、李岘(《书法丛刊》2005年第4辑刊徐浩《唐故光禄大夫检校兵部尚书兼衢州刺史充本州团练使赠太子少师上柱国梁国公李公墓志铭》，又荣宝斋刊拓本)、泰钦(《文博》2002年第6期刊省乾《故唐右街石城清凉大道场法灯禅师墓志铭》)等约二十多人。墓志提供了这些作家研究的完整资料。如苑咸，是盛唐时一位通晓梵文的奇士，王维曾有《苑舍人能书梵字兼达梵音皆曲尽其妙戏为之赠》诗相赠，咸亦作诗相答，但两《唐书》无其传，生平记载很零散。出土墓志中记录了他的家世生平，包括天宝间的许多文坛事实，如云："每接曲江论文章体要，亦尝代为之文。洎王维、卢象、崔国辅、郑审偏相属和，当时文士，望风不暇，则文学可知也。"他初入张九龄门下，后为李林甫记室多年，是李门下重要文士，与盛唐文坛关系极大。又如贺兰遂，《日本国见在书目》中有其集二卷，《千载佳句》中存其诗十多联，但其生平一直无从考索。日本早稻田大学孙猛教授作《日本国见在书目》的笺证，这是很重要的补充。再如裴夷直、裴虔余、裴筠，《全唐诗》中有三人诗，但以前并不知道为祖孙三代。再如泰钦，有《古镜歌》和《拟寒山》十首存世，以前仅《景德传灯录》卷二五有其语录，墓志提供了他在南唐传法的情况。

唐代诗人墓志最重要的收获，是2007年夏天在陕西长安韦曲发现的著名诗人韦应物一家墓志，据说同时出土有韦应物及其父、子三夫妇的六方墓志。西安碑林博物馆马骥先生得到韦应物夫妇及其子韦庆复夫妇的四方墓志，并撰文作了初步研究。我在得知此一消息后，深感意义重大，鼓励尽快发表，终于11月4日全部刊发于上海《文汇报·学林》版，同时我也撰文介绍此组墓志，认为"自清末以来，新发现唐代墓志超过八千方，但就对于唐代文学的研究来说，这批墓志无疑是极其难得的珍贵文献，称为百年来唐代石刻文献最重要的收获之一,也不为过"。

相信此组墓志的发表,会引起更多学者的关注和讨论。

著名诗人的亲属墓志,可以提到的有姚合之子姚潜夫妇墓志(《全唐文补遗》第八辑第 204 页常鋮《唐故摄河东节度推官前试大理评事吴兴姚公墓志铭》、第 194 页姚潜《唐姚氏故夫人扶风马氏墓志铭》),这是继姚合妹姚品墓志(《隋唐五代墓志汇编·北京大学卷》二)后,姚合家族墓志的新发现。

诗人撰写之墓志,对于了解诗人的文章写作,考订其生平交游,都有重要价值。著名诗人崔颢天宝九载撰《大唐故太子洗马荥阳郑府君(齐望)墓志铭》(《邙洛碑志三百种》第 181 号),署"朝散郎试太子司议郎摄监察御史崔颢撰",是首次发现其撰文墓志。所任官职,也不见于他书记载。中唐著名诗僧清江,今存诗一卷,其生平详《宋高僧传》卷一五本传,但无文章传世。其撰《唐故安国寺清源律师墓志》,志主即《宋高僧传》所称之"与同学清源从守直和尚下为弟子"之清源,守直则应从《文苑英华》卷七八六皎然《唐杭州灵隐山天竺寺故大和尚塔铭》作守真。此篇可以见到清江的文章才能,见到他与清源的同学深情,在僧文中颇罕见。同时,墓志提到清源是严挺之孙,严武子,而前引《宋高僧传》和皎然文均称其为越州人,对于了解严武一家的实际占籍,也提供了重要线索。

一些墓志中的记录有资于一些文学细节的研究。李林宗大和九年《卢处约墓志》(《全唐文补编》第 154 页)云:"曾祖胐,年十七擢进士上第。著《龙门篇》,播于洛中。"我很怀疑此《龙门篇》即敦煌遗书中署名河南县尉卢竨撰之《龙门赋》。裴虔余《唐故秀才河东裴府君(岩)墓志铭》(《全唐文补遗·千唐志斋新藏专辑》第 394 页)云:"数年之间,遂博通群籍,能效古为歌诗,迥出时辈,多诵于人口。前辈有李白、李贺,皆名工,时人以此方之。"裴岩没有诗传世,时人的评价恐不免夸张,但以李白与李贺并提,这是很早的例证,当为文学史家注意。再如前举《卢殷墓志》云:"祖先之,河南府氾水县丞。开元中登进士第,有文学,尤长篇□。尝赋《铜爵妓》诗,为时人所称。"卢先之也没有作品留存。又如《全唐诗》卷七七四收卢羽客诗一首,《乐府诗集》则作虞羽客,难以确定是非。九十年代初陕西长安县韦曲出土

《卢绶墓志》，称"青州府君四世至冯翊韩城令讳羽客，以五言诗光融当时"（《全唐文补遗》第三辑第154页）。知以卢羽客为是，其人是诗人卢纶的五世祖。

一些小诗人，可以补充其生平经历。如沈宇，《国秀集》存其诗一首，署其官为太子洗马，殆天宝三载前任职。《八琼室金石补正续编》卷二八存其开元十年撰《大唐京兆府新丰县通灵寺碑》，署"朝议郎行同州司士参军沈宇撰"。《全唐文补遗》第八册收开元二十五年《大唐故雍州明堂县尉陇西李府君墓志铭》，署"朝请大夫行青州司马上柱国吴兴沈宇撰"。

再如吴大江，《全唐诗》卷七七四录其《捣衣》诗一首，列入"世次爵里俱无考"作者。今按此诗源出《唐诗纪事》卷一三，不录作者事迹，但按照该书各卷次第，大约在初、盛唐之交。明吴琯录入《唐诗纪·初唐》卷五九，殆即据此推测。《邙洛碑志三百种》第九一号收武周圣历元年（698）六月《大周太原王夫人墓志铭》，署"通直郎试通事舍人吴大江撰"，当即此人。据此亦可知《唐诗纪事》虽未录事迹，其收录卷次之位置，亦当别有所据。又如安雅，敦煌遗书伯2555号《王昭君》五言长诗一首，署"安雅"，伯2567号仅作"安雅词"。饶宗颐先生在《法藏敦煌书苑菁华》第五册解说中，认为"'雅'者犹乐府'雅歌曲辞'之'雅'，'安'者或谓指安国，唐贞观时十部乐之一。'安雅'者，犹言安国之乐府"。徐俊《敦煌诗集残卷辑考》参校诸卷，以安雅为作者，但因无从证明，因引饶说以为"可备一说"。今按《全唐文补遗》第七辑第49页有天宝二载（743）《大唐故定远将军右威卫朔府左郎将上柱国罗公墓志铭》，署"前国子进士、集贤殿待制临淄安雅述"，与《王昭君》诗之作者应为同一人。

唐人自撰墓志，最著名的是王绩、杜牧所作，白居易所作则颇有疑问。日本京都大学川合康三教授著《中国的自传文学》（中央编译出版社1999年出版蔡毅中译本），着力研究有个性士人在自传中的个人描述，阐发颇多。新见墓志中可以补充几篇，其中卢载自撰墓志是很有特色的一篇。卢载不按当时的习俗备载家世阀阅，而是自称"性灵疏愚，言语方质，才知耸善，未及有方"，并引与友人书，以为"身不登神仙，道不济天下，过此以往，则皆略同，便当处山"，可见其自负之高。墓志中引到他自认为得意的文章，有

"《建中德音述》一篇,是兴起德宗皇帝终美之意;《文定》一首,是伸陈伯玉微婉被谤之由",另有为魏博节帅起草的文书,可以见到他道济天下的努力。遗憾的是,虽然官至兵部侍郎,但仅存《元德秀诔》一文和写于南岳的两句诗。此篇墓志的发现,让我们有机会了解一位傲兀文人的自负和追求。此外,《全唐文补遗》第八辑收梁宁《唐故尚书水部员外郎以著作郎致仕彭城刘府君墓志文》虽然不是刘复自撰,但主体部分则是墓主撰于死前一年的自叙。刘复的诗曾收入令狐楚编《御览诗》,《全唐诗》卷三〇五存其诗十六首,有几篇属误收。刘复在自叙中称早年求学:"性好图画及道书,鄙于疏注及诸经谶纬。见《经典释文》,知学徒无师授矣;见《切韵》,知《说文》古篆不行矣;观时文,知雅颂国风废矣。"可以看到当时学术风气之变化。天宝间转而攻文学,得与李白、王昌龄交往,并录王昌龄的称赏:"后来主文者,子矣。"在这里,可以见到王昌龄的指点主文者的自负和刘复得到前辈赞许的得意。自叙中刘复反复叙述自己对于儒、释、道三教的喜爱,以及漫游名山的乐趣和感受:"长好山水,游无远近。尝登天台石门,以观沧海。后诣庐山东林,独游虎溪。山多修竹巨木,每聆幽风湍濑之声,云霞出没之状,则忘寝与食。夜行幽阴之中,若睹群灵之仿佛焉。后游广陵、宣城,从有道者居。性朴略,不善俗人。同事有枉而问访,则致酒炮炙,为之笑语,以免薄俗之责。及遭世故,思树功名、享茅土,而历聘不遇,碌碌于人间。时逢故老,多蒙金帛之赐。"他到过的地方,大致李白也都游赏过,他的经历具有一定的代表性。但在安史乱后,持出世态度的诗人多转而持用世之心,也是一时之风气。

至于文学世家的材料,可以举著名诗人王之涣家族为例。李根源曲石精庐藏王之涣墓志,曾为学者反复研究。其实在《千唐志斋藏志》中,还有此一家族的四方墓志,其中王之涣妻李氏、祖父王德表、祖母薛氏墓志,我在二十年前曾撰文介绍(《文学遗产》1987年第5期《跋王之涣祖父王德表、妻李氏墓志》)。近年香港中文大学文物馆藏《王洛客墓志》发表(《书法丛刊》2002年第3期,又见北京大学图书馆、香港中文大学文物馆编《中国古代碑帖拓本》),详细记载了其一生的文学活动。《全唐文补遗·千唐志斋新藏专辑》收入之涣堂弟王之咸墓志(第229页)及之咸子王绾墓志(第280页),为此一文学家族研究增加了新资料。这些墓志还涉及此家族有关之人物,如王勃、薛稷、王缙等。如《王洛客墓志》云:"时有同郡王子安者,文场之宗匠也。力拔今古,气罩诗学。吮其润者,浮天而涸流;闻其风者,抟扶而飙起。君常与其朋游焉,不应州郡宾命,乃同隐于黄颊山谷,后又游白鹿山。每以松壑逦云,樵歌扪月,□行山溜乳精,苏门长啸,有松石意,无宦游情。"

王勃家族也有一方墓志出土,志主为王勃从弟王劼,其中一节叙述王通的一段特别重要:"祖通,随蜀郡司户书佐。自后无宦情,与弟东皋子俱放怀远物。大业中,与著作佐郎,辟不至。著书六部,凡七十余万言,自比礼正乐正,元经易赞。谥曰文中子。高尚其道,从素也。父福祚,皇豫州上蔡县令。"(《邙洛碑志三百种》第 153 号《故南顿县令王公墓志》)

唐代著名文人的文章,可以提到的很多。仅举两个例子。杜甫《壮游》诗云:"斯文崔魏徒,以我似班扬。"自注:"崔郑州尚,魏豫州启心。"魏启心的诗文一直没有存世者,其生平也很少为人所知。开元二十一年太子中舍魏启心撰《唐故冀州刺史姚府君夫人弘农郡君杨氏墓志铭》,颇有文采,对于研究杜甫早期生平很重要。顺便提到,前文提到崔尚墓志中述及崔曾为杜甫祖父杜审言赏识,诗歌也颇负时名,可以推知其赏识杜甫的原委。

樊宗师文章怪奇,但韩愈称其"文从字顺各识职"(《樊绍述墓志铭》),引起后人非议。《千唐志斋藏志》收录其《樊況墓志》,文风平浅,并不险怪。千唐志斋近年又收得其撰文的《樊凑墓志》(《全唐文补遗·千唐志斋新藏专辑》第 278 页),再次让世人看到其为文平易顺畅的一面,证明韩愈的评价确非虚誉。

唐代专书作者墓志,有陈翃《唐故朝散大夫检校尚书驾部郎中兼同州长史郭公(湜)墓志铭》(《全唐文补遗·千唐志斋新藏专辑》第 271 页)记墓主"著书数十卷",今存惟《高力士外传》一种,是研究开元天宝轶事的重要著作,墓志提供了作者的完整传记。陈翃撰有《郭汾阳家传》,虽然已经亡逸,但宋人引用尚多。本志是其撰文墓志第二次出土。

就文学研究来说,近年新发表墓志中学术价值最高的无疑是郑虔墓志和孟启家族墓志,我已经分别撰文作了考释。谨述主要结论如下。先述郑虔墓志的价值。一是郑虔字趋庭,不是元明以来流传的字弱齐或若齐。二是郑虔的家世,我以前根据杜甫《八哀诗》"萧条阮咸在"自注:"著作与今秘监郑君审篇翰齐价,谪江陵,故有阮咸江楼之句。"认为郑虔与郑审为叔侄关系,并根据郑审的家世,推定了郑虔是北齐名臣郑述祖的五世孙。现据此志及其他郑氏家族墓志,知郑审仅是郑虔从侄,为虔父镜思兄进思之孙。三是郑虔生卒年,今人考证为685年至764年,而据墓志应为691年至759年。四是郑虔曾登进士第,以往记载中都没有述及,可以补《登科记考》之阙。五是郑虔开元、天宝七次仕历的经过,大多可以得到文献印证,也有以前不了解者,如三任尚乘直长、五授左青道率府长史皆是。六是郑虔陷伪的任官,史书作水部郎中,墓志作兵部郎中,又多国子司业一职。七是从贬官台州司户到去世,仅一年又九个月,较以前根据杜甫诗推测他去世的时间早了近五年,对于了解郑虔在台州的行事及解读杜诗,都很重要。八是知道郑虔妻为武后相王方庆孙女,属显宦而有书艺渊源的世家。同时也已出土郑虔为王方庆第六子王暟撰文的墓志,和文献中郑虔为王家画壁的记载可以印证。最后可能也是最重要的是关于郑虔的丧葬和子嗣,墓志都交待得很清楚。大约在台州病故后不久,即权殡于金陵,到大历四年归葬洛阳,时距去世已经十年。郑虔长子元老墓志也已经出土,见《全唐文补遗》第八辑第103页,名忠佐,字元老,贞元十一年卒,年六十七。其父子墓志都没有留居台州的记录。现在临海有郑虔墓,有大量郑虔遗裔,各支谱系出入很大,也有重新审视的必要(详拙文《〈郑虔墓志〉考释》,《传统中国研究集刊》第三辑)。

《本事诗》作者之名,有启、荣、綮三说,今人多从荣字,王梦鸥《本事诗校补考释》(收入《唐人小说研究三集》,台北艺文印书馆,1974年)和内山知也《本事诗校勘记》(收入《隋唐小说研究》,木耳社,1978年)均考定应作启,王氏并谓《郡斋读书志》卷二〇引五代吴处常子《续本事诗》序,"称孟启为孟初中,衡以名字相副之例,则作启者似是也",堪成定论。《全唐文补遗》第八辑收录孟氏家族墓志四方,其中包括孟启撰文的其妻《唐孟氏冢妇陇西李夫人(琡)墓志铭并叙》和其叔母《唐故朝请大夫京兆少尹上柱国孟府君夫人兰陵郡君萧氏(威)墓志铭》,以及孟球撰孟璲墓志题作《唐故朝请大夫守京兆少尹上柱国孟公墓志铭》。这批墓志提供了弄清其家族世系的可靠材料。其自称为晋末孟昶后人。孟启父为孟琯,早年受知于韩愈,元和间考取进士,其兄弟数人后皆登科第,为名宦。孟琯在甘露事变后受牵连,自长安县令贬为梧州司户参军。《本事诗》所云"开成中余罢梧州",即指随父居梧州的经历。其妻李俶卒于咸通十二年(871),正是孟启久困科场不得志之时。墓志中孟启自述:"启读书为文,举进士,久不得第,故于道艺以不试自工,常以理乱兴亡为己任,而于夫人惭材;屈指计天下事,默知心得,前睹成败,而于夫人惭明;顺考古道,乐天知命,不以贫贱丧志,而于夫人惭贤;不受非财,不交非类,善恶是非,外顺若一,而于夫人惭德;博爱周愍,不薄生类,而于夫人惭仁;迁善远过,亲贤容众,悔悋不作,丑声不加,而于夫人惭智;辨贤否,明是非,别亲疏,审去就,而于夫人惭识;通塞之运付之天,死生之期委诸命,而于夫人惭达。八者余外,从事于亲戚友朋,常所励勉。时遇推引,或尝自多,入对夫人,歉然如失。呜呼!学不总九流百氏之奥,德不经师友切磨之勤,而天姿卓然,踔越异等,此始可以言人矣。"表达的虽是对亡妻的愧意,但也倾诉了他的胸中郁闷和自负,是值得体会的文字(详拙文《〈本事诗〉作者孟启家世生平考》,《新国学》第六卷,巴蜀书社,2006年11月)。

墓志新见到的唐代诗歌,有卢广赴剡县任时所吟云:"挂席日千里,长江乘便风。无心羡鸾凤,自若腾虚空。"(卢蕃《唐故越州剡县尉卢府君(广)夫人陇西李氏合祔墓志铭》)《全唐诗》没有收录卢广的诗。《洛阳新出土墓志释录》收崔翘《唐故陈王府长史崔君(尚)志文》摘录了崔尚几次诗事:"君国子进士高第,中书令燕国公张说在考功员外郎时,深加赏叹。调补秘书省著作局校书郎。校理无阙,鱼鲁则分。作《初入著作局》诗十韵,深为文公所赏。时有知音京兆杜审言、中山刘宪、吴兴沈佺期赞美焉。"文公指诗人崔融,所及诸人都是当时名家。"俄补右补阙。会驾幸温泉宫,猎骑张皇,杂以尘雾,君上疏直谏,诏赐帛及彩九十匹。献《温泉诗》,其略曰:'形胜乾坤造,光辉日月临。愿将涓滴助,长此沃尧心。'帝嘉其旨意,赍杂彩三十匹。时录诗者多,咸称纸贵。补衮之职,非君而谁?"盛唐人咏温泉宫者有张说、卢僎、蔡希周、徐安贞、李白、岑参等著名诗人,崔尚诗前此未见。"无何,外转竟陵郡太守。俗好堕胎,境多暴虎,下车未几,虎去风移。时金部郎贾升廉问,作诗颂美,略云:'育子变颓俗,渡兽旌深恩。'其从政有如此者。"贾升别无诗流传。崔胐《刘元贞墓志》(第196页,题长不录)是体例很特殊的一篇墓志,志主为玄宗天宝间的宿卫将领,任职三十五年,卒于任。作者始称"君子则尔哭,小人则尔歌。小人歌公德,君子哭公恒"。又云"君子必哭也,小人必歌也",在墓志末则附歌一首:"面松岳兮小有阳,东望溟兮饮太行。夹河洛兮地一藏,奉天劳兮憩北邙。奄岁奄兮不重光,大贤邮兮物感伤。甫奇谷兮三畛强,永为古兮从此张。"体式还是墓志中常见的骚体,但称为歌,值得注意。

在此说到近期关注到的诗歌应用的一个实例。《西安碑林博物馆藏碑志总目提要》收录2005年度入藏碑志百余方,其中五种墓志盖上有题诗:开元二十三年《李神及妻郭氏墓志》盖题:"剑镜匣晴春,哀歌踏路尘。名镌秋石上,夜月照孤坟。"咸通十二年《张国清及妻杜氏墓志》盖题:"孤坟月明里,阴风吹□阳。苍苍度秋水,车马却归城。"龙纪元年《郑宝贵墓志》盖题:"人生渝若风,暂有的归空。生死罕相逢,苦月夜朦胧。"年代不详《唐故府君夫人墓志》盖:"篆石记文清,悲风落泪温。哀哀传孝道,故显万年名。"《大唐故夫人墓志之铭》盖题:"阴风吹黄蒿,挽歌渡西水。孤坟明月里,车马却归城。"另《三晋石刻总目·长治市卷》录沁县出土《唐故清河郡张府君夫人武威郡石氏墓志铭》志盖题:"阴风吹黄蒿,苍苍渡春水。贯哭痛哀声,孤坟月明□。"同书录沁县出土中和三年《唐故张府君墓志铭》志盖题:"《哀歌》:'片玉琢琼文,用旌亡者神。云埋千陌冢,松巢九泉人。'"又录长治县出土乾祐二年《大汉董府君墓志铭》志盖:"初冬渐以寒,□遭霜百□。□色无分别,千秋万余春。"二十多年前我作《全唐诗补编》时,仅见一二例,没有往这方面努力,估计还能采集到很多。我比较倾向于认为这些诗作其实是雕刻墓志的工匠,根据他们掌握的哀挽诗的范本,拼凑出来的作品,因此"孤坟月明里""苍苍度秋水""苍苍渡春水""车马却归城"等句子可以反复地在诗的不同位置出现。这种现象,在汉镜铭中也很多见。

顺便提到,日本岛根大学教授户崎哲彦近年潜心考察和挖掘桂林地区石刻,经过极其艰辛的探索,在桂林兴安县乳洞岩中,新发现一批唐宋人的石刻,其中有唐代残诗二首。其一是会昌五年八月十日高州员外掾高□《题全义乳洞》:"□□□□过湘川,访古行吟问洞天。石玉菖蒲皆九节,云龙葛藟已千年。双双乳笋锼□穴,□□神鱼□潋泉。□□逐臣有□限,梦□□□

符真仙。"二是唐代著名文士韦瓘《游三乳洞》诗，原署"桂□观察使兼御史中丞韦□"撰，存诗为："尝闻三乳洞，地远□容□。□□造化□，完与人世殊。偶此□颁诏，因兹契□图。邃□窥水府，莹静□仙都。□□□寒气，石床迸碎珠。□□□□□，淅沥坠珊瑚。□□□□□，神□怪异□。兴□□□□，薄暮势称扶。□缚如初□，蒸烦得暂苏。终当辞□□，犹□侣樵夫。"（《中国乳洞岩石刻の研究》，白帝社，2007年）

三

新见墓志也提供了唐代政治、社会、文化各方面研究的新资料。以下分别举一些例子。

就唐代政治史来说，出土了一批重要人物的墓志，如魏烜撰《裴怀古墓志》（《中原文物》2005年第5期戴霖文）、令狐绚撰《狄兼谟墓志》（《洛阳师范学院学报》2005年第1期赵振华等文），都具有重要价值。这里仅举唐高祖子汉王元昌墓志（《考古与文物》2006年第1期樊波《新见唐李元昌墓志考略》）为例。元昌是唐高祖第七子，贞观十七年因参与太子承乾谋反事而被杀。墓志提供了其生平许多详于史书的细节，我特别关注的是他死时年二十五的记录，即他的生卒年是公元619至643年，可以得到两点线索。一是《旧唐书》卷六四高祖子列传者二十二人，较年长者自五子楚王智云以上，太原起兵时都已成年或接近成年，六子荆王元景生年不详，元昌以下十六人皆生于高祖称帝后，可以作为史书称高祖即位后耽于逸乐的证明。二是元昌与太子承乾虽称叔侄，其实年岁相当，卷入太宗朝权力斗争也就不奇怪。

就艺术史研究来说，著名书法家颜真卿和徐浩书法作品发现，是最激动人心的。自《文物》2000年第10期刊布颜真卿天宝九载书《郭虚己墓志》后，近年又发现了他开元二十九年书《王琳墓志》，将其最早书作的年代推前了十多年。徐浩的作品则有《李岘墓志》、《独孤峻墓志》（荣宝斋刊拓本，又见《书法丛刊》2005年第4辑）等四五种之多。

包佶《大唐故朝请大夫盛王府司马诸王侍书上护军范阳张公（怀瓘）墓志铭》（第236页），对于唐代著名书学理论家张怀瓘的家世、生平研究，极其重要。今人薛龙春著《张怀瓘书学著作考论》(天津人民美术出版社,2005年)对怀瓘生平考证已详,本志称张家"侨居于广陵",与《述书赋》称张氏为海陵人虽有细节出入,大体近是。志没有叙及其为张华之后,薛著认为怀瓌曾孙《张中立墓志》称华后疑出依托,可得佐证。墓志云:"曾祖礼。祖隆,唐太子左司御率。父绍宗,赠宜春郡太守。"可以考知其家世系。薛著依据《新唐书·宰相世系表》疑与张说为同一支,但其祖隆与张氏迁河东之祖张隆名同,恐非其后人。墓志述其曾祖礼与父绍宗皆无官职(《张绍宗墓志》称绍宗为邵州武冈令),绍宗赠官当因其二子位达之故。又称怀瓌为绍宗第五子,天宝十四载卒,年六十四,可据以推知怀瓘约生于垂拱前后。

就宗教史研究来说,可以提到智严《珪禅师纪德幢》(《敦煌研究》2004年第6期李文生《读禅宗大师〈珪禅师纪德幢〉书后——禅宗史上又一个"六祖"和"七祖"》)。此幢较详细地记录了高宗到玄宗初年洛阳一带禅宗活动的情况,特别提到"自达摩入魏,首传惠可,可传粲,粲传信,信传忍,忍传如,至和尚,凡历七代,皆为法主,异世一时",提出禅宗自弘忍以下的另一个传法谱系,也是法如门下禅法的珍贵记录。

就唐代家庭社会史研究而言,新见墓志中也有一批非常珍贵的资料。笔者不久前发表《唐代的亡妻与亡妾墓志》①,分析唐代男性为其妻、妾所作墓志及其感情和家庭生活的状况。该文2003年初撰写,所得亡妻墓志凡八十篇、亡妾墓志十九篇。去年将刊出前,据《全唐文补遗》第八辑补录亡妻墓志七篇,刊出后又得见《全唐文补遗·千唐志斋新藏专辑》,可以再补充亡妻墓志十二篇,即刘肱《大唐前同州澄城县主簿南阳刘肱妻河东裴氏墓志》(第174页)、薛襄《大唐前陈留郡陈留县尉薛襄故夫人王氏墓志铭》(第193页)、郭湜《大理司直郭湜故妻陇西李夫人墓志铭》(第248页)、卢士瑀《大唐范阳卢公故夫人清河崔氏墓志铭》(第285页)、高锡《唐高氏故夫人夫人河东裴氏墓志铭》(第294页)、卢载《唐前黔中观察推官试太常寺协律郎卢载妻郑氏墓志铭》(第308页)、卢士琼《唐东都留守推官试大理评事卢君故夫人荥阳郑氏墓志铭》(第314页)、郭文应《唐安州都督法曹参军郭文应亡

---

① 《中华文史论丛》2006年第2辑。

妻范阳卢氏墓志铭》(第330页)、崔彦崇《唐故荥阳郑夫人墓志铭》(第340页)、皇甫弘《唐泾原节度掌书记试太常寺协律郎皇甫弘妻博陵崔氏夫人墓志铭》(第343页)、张淡《和州乌江县令敦煌张公故夫人范阳卢氏墓志铭》(第369页)、崔镇《唐乡贡进士崔镇亡妻荥阳郑氏墓志铭》(第396页),加上《书法丛刊》2005年第4期刊出的李岘为妻独孤峻撰墓志,上海图书馆藏清末王仁俊稿本《金石三编》据叶廷琯《吹网录》卷三录大中十一年王顼撰《守海盐县主簿王顼妻墓志铭》,使今存唐亡妻墓志达到了百篇。《全唐文》录传世文献中得唐代亡妻亡妾墓志,仅数篇而已,现在能够见到如此丰富的作品,确是很珍贵的记录。

亡妾墓志则可以提到孙绰《王氏墓志铭》①。此志整理者加括注云"孙绰妻",不太准确。墓志中云:"余年十七,命尔为箒妾,逮今仅纪矣。"王氏的身份确为妾而非妻。此志中孙绰自述:"余湎于酒,尔能排之;余不好书,尔能励之。每言及是,不觉垂涕良久。余自叹曰:'为男子身,束身冕首,不能行世间美事,反惰其业,为酒所惑,使儿女子勉诫,得不悲乎!'遂掷瓢命袟(疑当作帙),贯览坟典,不三二岁,且有所补。一日,朋友俳余曰:'孙氏子可谓道长矣。'余思之,乃尔之力也。"这一段,几乎就是《李娃传》后半浪子回头故事的缩减版。墓志记王氏临终所言:"余父冢长安中,苟终,愿归窆于其侧。"也是值得玩味的。虽然孙绰解释此语为"殁则侍父以孝",并以子女祭奠为由没有遵从其遗言,仍窆于孙氏墓地,而此点因关涉唐代出嫁妇女与其本家的关系,以及妾在葬制中的选择,特别值得重视。

近年新见墓志中的绝大部分出土于河南洛阳一带,这里是汉唐时期世家大族墓葬的聚集地,所出墓志很大部分为名门望族墓志,显得特别重要。千唐志斋博物馆赵跟喜馆长在《全唐文补遗·千唐志斋新藏专辑》前言中说到:"这批新收墓志大多出于洛北邙山、洛南万安山、龙门西山及偃师、关林等地,其价值弥足珍贵,如万安山出土的李、卢、姚、范官僚家族墓志,龙门张沟一带出土的多与皇亲国戚有关联的人物墓志等,其中人物事件或见诸史册,或补缺拾遗,皆可印证唐史之一斑。"其中可以补充正史或者考订世家谱

---

① 《全唐文补遗·千唐志斋新藏专辑》,三秦出版社,2006年。

系的资料实在太丰富,难以一一遍举,留待学者今后进一步的研究。在此仅举皇甫氏一例。郑薰《唐故中散大夫守给事中柱国赐紫金鱼袋赠刑部侍郎皇甫公(鈨)墓志铭》云:"其先自宋戴公之子充石字皇父,为宋司徒。生仲,仲生发,发以王父字为族。汉兴,改父为甫,因氏焉。至武帝初,雍州牧鸾始自鲁国迁茂陵,故起鸾为始祖。鸾生哀,举至孝,为彭城相,北徙安定,家三水。哀生偶,东汉复为安定都尉。偶生棱,渡辽将军,以永平初徙居安定朝那,为郡著姓。棱有八子,为八祖,坟墓皆在安定郡城之西石虎谷口。八祖之后,皆出安定,关中谓之望族,故世为安定人。公即渡辽第六子旗之后也。"虽然皇甫氏的得姓原委,在《元和姓纂》卷五和《新唐书·宰相世系表》中都有所述及,但都没有此节详尽。有关皇甫氏占郡安定的始末,以及八祖坟墓地点的记录,尤其珍贵。其材料来源显然是郑薰得自皇甫家人提供的谱牒记录,虽汉前事实的记载可能会有出入,但对于了解汉唐间世族发展历史和皇甫氏家族的重要性,相信会引起学者的兴趣。

又梁涉《大唐故中散大夫襄阳郡别驾上柱国李府君(庭芝)墓志铭》云:"十一代祖暠,晋凉武昭王。天宝中,主上感肇霸之初,载兴王之业,有制册为兴圣皇帝。俾四公之后,咸属籍于宗正焉。"《新唐书·宗室世系表》云开元二十三年以姑臧、绛郡、武阳(一作陵)、南阳四房复附属籍,与此作天宝中不同。庭芝为义琛孙,出姑臧大房,可以知道当时恢复宗室属籍的具体情况。

中外文化交流史方面最重要的发现,当然是 2004 年西安东郊发现的开元二十二年(734)日本留学生井真成墓志,全文如下:

赠尚衣奉御井公墓志文并序

公姓井,字真成,国号日本,才称天纵。故能□命远邦,驰骋上国,蹈礼乐,袭衣冠,束带□朝,难与俦矣。岂图强学不倦,问道未终,□遇移舟,隙逢奔驷,以开元廿二年正月□日,乃终于官弟,春秋卅六。皇上□伤,追崇有典,诏赠尚衣奉御,葬令官□。即以其年二月四日,窆于万年县浐水原,礼也。呜呼!素车晓引,丹旐行哀,嗟远□兮颓暮日,指穷郊兮悲夜台。其辞曰:□乃天常,哀兹远方。形既埋于异土,魂庶归于故乡。

讨论文章很多,日本学者对其所属家族和到唐的过程作了探讨,还曾经到日本爱知世博会展出,天皇夫妇到现场参观,引起极大的轰动。特别有趣的是有的论著提出该墓志首次在实物上出现了日本的国名,但这一看法很快被否定。《台大中文学报》第七期刊出叶国良教授《唐代墓志考释八则》,发表在台北某古玩店所见杜维骥先天二年(713)撰《杜嗣先墓志》,其中提到"又属皇明远被,日本来庭,有敕令公与李怀远、豆卢钦望、祝钦明等宾于蕃使,共其话语",较《井真成墓志》更早二十多年。据说原石在台湾售出,拓本未见流传,希望今后仍有刊布的机会。

陆邠《杨良瑶神道碑》(《咸阳师范学院学报》2005年第3期张世民《杨良瑶:中国最早航海下西洋的外交使节》):"贞元初,既靖寇难,天下乂安,四海无波,九泽入觐。昔使绝域,西汉难其选;今通区外,皇上思其人。比才类能,非公莫可。以贞元元年四月赐绯鱼袋,充聘国使于黑衣大食,备判官内,傔受国信诏书。奉命遂行,不畏乎远,届乎南海,舍陆登舟。遐迩无惮险之容,凛然有必济之色。义激左右,忠感鬼神。公于是剪发祭波,指日誓众,遂得阳侯敛浪,屏翳调风,挂帆凌汗漫之空,举棹乘灏淼之气。黑夜则神灯表路,白昼乃仙兽前驱。星霜再周,经过万国,播皇风于异俗,备声教于无垠。德返如期,成命不坠,斯又我公仗忠信之明效也。"杨为德宗时宦官。贞元元年内乱平定后,德宗派其出使阿拉伯半岛上的黑衣大食。他从广州乘船出发,历经艰苦,终于能够完成使命,前后达两年多时间,是现知最早由海路往返大食的使者。阙名《唐故右领军中郎将使持节招抚仆罗大使天水赵府君(臣礼)志文》(《全唐文补遗·千唐志斋新藏专辑》第210页)记载赵臣礼在武后时期经历了西域的多次边疆冲突和招抚出使,更曾两次担任招慰仆罗使,后在归途中卒于武威。墓志以其与张博望(骞)相比,可以见到其经历的特殊。

有关唐代交通史的资料,可以举出一例。华良夫《唐故殿中侍御史李公(举)墓志铭》云:"满岁,调授京兆鏊屋尉。县居剑南东西川谷口,中使、节制郎吏、西南夷宣诏使暨迁客,入者于是乎整驾,出者于是乎税息,亭传马牛之损毙不绝日,府为病而难其任。"所述长安往两川经过嶅屋时的境况,是很难得的记录。

唐代海运史研究资料历来很少。《全唐文补遗·千唐志斋新藏专辑》第169页徐安贞《朱淑墓志》云:"父玄泰,幽州大都督府司马、摄侍御史、兼河北道海运使。楼船鲸飞,轺车隼击。"第208页李涓《大唐故北海郡千乘县令卢府君(均方)墓志》云:"调补洺州平恩县丞。秩满,海运使朱玄泰奏君押运。越海有连樯之漕,安边有如京之防。且溟渤穷乎天壤,通波亘于万□。舳舻电逝,委输云集。君皆饰躬履险,率先启行,昭宣国章,敷惠边土,使我东夏,保大定功。"所叙都是开元年间由朱玄泰实际领导、卢均方参与的从江南通过海路向河北运输粮食物资的实际情形,对于了解唐代经济史,以及安史之乱发生的原因和睢阳保卫战对于阻厄乱军夺取江南的意义,也有参考意义。朱玄泰在两《唐书》中未见述及。

最后还想谈到五代十国时期的出土墓志。笔者辑《旧五代史新辑会证》(复旦大学出版社,2005年),凡《旧五代史》有传人物之碑志已经发表者,则予全录,所录约三十多篇;凡与正史人物相关者之墓志,则摘录可以补充史实者,所采亦多。近年发表之五代十国重要墓志,一是陕西凤翔秦王李茂贞夫妇墓志,为研究唐末五代初年割据秦陇一带的李氏政权提供了重要资料。二是南汉刘氏开国者刘隐德陵和刘岩康陵发掘简报,后者出土有卢应撰文的《高祖天皇大帝哀册文》,对于南汉史研究极其重要。更特别的是,在德陵中发现排列有序的青瓷罐和釉陶罐,为数多达二百七十二件,非常特殊。在康陵中则发现二十四件玻璃器。早年日本学者曾撰文推测南汉刘氏很可能出自在广州之波斯胡人之裔,三十多年前在福州发掘的闽王王延钧妻刘华(刘隐之女)墓,随葬有大量波斯琉璃器。南汉二陵中的情况,有资于此一问题的深入探讨。三是后唐末帝李从珂子李重吉墓志(《书法丛刊》2006年第5期)。四是范杲(小传作范景,恐误,杲为宋初名臣范质子)撰刘温叟墓志,温叟父刘岳,《旧五代史》有传,因讥冯道落下《兔园策》而有名。墓志记温叟显德间知贡举始末,足补史缺。五是后梁名将牛存节墓志的出土,见《河洛碑刻拾零》第480号。但最重要的,则是房凝《支谟墓志》(《洛阳大学学报》2006年第1期董延寿、赵振华《唐代支谟及其家族墓志研究》)2004年出土于河南孟津,全文长达三千一百六十二字,为唐志字数最多的墓志之一。此志最重要的价值是叙述乾符四年至六年间,支谟先后任河东节度副使,移大同宣谕,与杀害云州防御使段文楚后割据云朔之沙陀李国昌、李克用父子周旋争战年余,并最终病死云州的过程。沙陀李氏起家事实,由于文献记载紊乱,司马光撰《资治通鉴》时即作过详尽讨论,但仍有许多事实无法理清。此志撰写于广明元年七月,即黄巢攻陷长安的前夕,其时李氏父子因兵败逃入吐浑赫连部。墓志没有受到后来李氏河东政权建立后的影响,所叙李氏父子当时的作为和时人评价,具有重要价值。对唐末割据局面和五代沙陀集团的形成,此志都提供了极其重要的线索。

2007 年 5 月 30 日　初稿
2007 年 10 月 31 日　增订
2008 年 10 月 10 日　三稿

(台湾中兴大学 2007 年举办"新材料、新问题、新潮流——第八届唐代文化国际学术研讨会"论文。收入《金波涌处晓云开——庆祝顾易生教授八十五华诞文集》,复旦大学出版社,2010 年)

《洛阳新获七朝墓志》新见文献述评

"驱车上东门,遥望郭北墓。白杨何萧萧,松柏夹广路。下有陈死人,杳杳即长暮。潜寐黄泉下,千载永不寤。浩浩阴阳移,年命如朝露。人生忽如寄,寿无金石固。万岁更相送,圣贤莫能度。服食求神仙,多为药所误。不如饮美酒,被服纨与素。"《古诗十九首》中这首家喻户晓的名篇,是东汉无名氏看到洛阳北郭外难以计数的士人墓冢,引发的人生感慨:时光流逝,生命短暂,感到莫大的悲哀。作者的结论当然是珍惜现世,享受人生,但也遗憾于肉体远不如金石之坚韧长久。从东汉以后的八九百年间,虽然朝代如走马灯样地更迭,但中国社会的主体则是士族社会,洛阳始终占据政治文化的中心位置,洛阳北郭外的北邙群山,也成为士族墓群的最大聚集地。享乐现世并珍惜后世声名的士人,重视建碑埋铭的丧葬文化,到北魏、隋唐发展到极致,为后世留下数量巨大的碑石贞珉。

近代以来,由于大规模基础建设的展开,科学考古的实施,以及极其令人痛心的盗掘古墓猖獗,洛阳一带出土了数量空前的汉唐碑志。较早期因为陇海线经途洛北,出土墓志的主体,分别归于右任、张钫、李根源,构成鸳鸯七志斋、千唐志斋、曲石精庐的丰富典藏,加上罗振玉从拓贾那里收集的新旧石拓而编成的《芒洛冢墓遗文》五编,仅此一时期新见魏唐墓志就超过两千种。最近六十年间,较前期刊布的有《隋唐五代墓志汇编·洛阳卷》十五册、《洛阳新获墓志》等,最近几年则有杨作龙等《洛阳新出土墓志释录》(北京图书馆出版社,2004年)、赵君平《邙洛碑志三百种》(中华书局,2004年)、赵君平等《河洛墓刻拾零》(北京图书馆出版社,2007年)、乔栋等《洛阳新获墓志续编》(科学出版社,2008年)、千唐志斋博物馆《新中国出土墓志·河南三·千唐志斋壹》(文物出版社,2008年)等,引起学术界的广泛关注和研究热点。许多墓志散在民间,搜辑不易,不加编录,很快就会渺无踪迹,这引起洛阳当地许多有识之士的重视。本书编者齐运通先生长期在洛阳工作,感恸于文物流失,乃发愿就个人之所见所得加以收集,积累数年,所获渐丰,乃选取精品,编为本书。

本书所收,皆最近数年内在河南洛阳一带出土之墓志,凡东汉七件、西晋一件、北魏三十一件(含东魏四件)、北齐四件、隋二十一件、唐三百七十一件(含武周二十四件、伪燕四件、后唐三件)、宋七件、年代不详者二件,总三百九十件。因以"洛阳新获七朝墓志"为书名,其中十之八九为首次发表。各朝墓志都有特殊的价值。如汉之数件,多属刑徒砖。北魏墓志中,较重要的有罗宗、元泛略、元渊、辛穆、源延伯、穆景相、邸珍等人墓志。元渊,《魏书》卷一八有传;辛穆,《魏书》卷四五有传;源延伯,《魏书》卷四一有传;邸珍,《北史》卷八七有传。墓志对史传可以补充的内容很多。隋志中,大业三年(607)《隋高善德墓志》(第55页)可补北齐建昌长公主的事迹;大业九年(613)《大隋处士刘君(度)墓志铭》(第61页)志主为讨杨玄感之叛而战死者;大业十二年(616)《隋故汝阴郡丞齐府君(士干)墓志铭》(第64页)叙及仁寿四年太原叛乱后的河阳之战,称大业后期"寇盗充斥,民不聊生",也很重要。宋志虽不多,但其中《宋宗室故西头供奉官墓志铭》(第388页),署"宣义郎试起居舍人兼权中书舍人赐紫金鱼袋臣张邦昌撰",即后来依附金人称大齐皇帝的那位著名汉奸。因为唐代最为大宗,以下主要就其价值略作介绍。

本书收入唐五代正史有传的几位重要历史人物的墓志,一是武宗平泽潞时名臣王宰的墓志。宰,《旧唐书》作晏宰,卷一五六附其父《王智兴传》,较简单:"晏宰,于昆仲间最称伟器。大中后,历上党、太原节度使,扞回鹘、党项,屡立边功。"《新唐书》卷一七二附传较详。其墓志题作《大唐故检校司空太子少傅赠司空太原王公府君墓志铭并序》(第363页),大中十一年(857)汝州刺史冯图撰。除详述其家世仕历外,以较详篇幅叙述他在平泽潞一役中的军功:

会昌三年,武宗皇帝潜运宸算,问罪壶关。以公勋贤嗣,韬钤妙密,忠厚可倚,用武之地,推诚付嘱。复检校工部尚书,充忠武军节度陈、许、蔡等州观察等使。其秋,诏以本官兼充河阳行营诸军攻讨使。先是,潞帅刘从谏死,其子稹握父众,求代其位,扬兵四境。武宗赫怒,天讨龚行。河阳节度使王茂元屯兵天井下,连战不捷,疾悸求解。天井下临覃怀,势逼河洛,衣冠士庶,莫不惶骇。奸谋讹言,亟生惆动。诏以公为攻讨使,代茂元之任。公拜诏之日,引兵渡河,环洛居人,室家相贺。师之所历,秋毫不犯。屯于万善砦下,贼垒皆哭。天井关在太行山顶上,寇堞星联,建瓴之势,万夫莫仰。贼恃险凭固,聚食持久。坐待师老,冀缓灵诛。公掩其不备,夜遣马步都虞候董佐元、黄头先锋将赵峰、赫连权等,引锐师直上太行山巅。夜走七十里,公引大旆继进。九战拔天井关,贼众宵溃,惊蹂自投山谷,死者不可胜计。杀伤略尽,翌日告捷。武宗大悦,诏加兵部尚书,依前攻讨使。天井下临高平郡,俯视如蚁走尘,炊烟无所逃隐,贼众游骑投砾可及。自是狡穴妖巢,不复自守。明年,诸城尽降,贼稹传首关下,公函献之,上党平。诏加紫金光禄大夫、检校尚书左仆射,全师凯旋。于平泽潞之役,公实元勋,谦默自持,未尝言战。初,公以陈、许等军屯天井,石雄以河中等军屯冀氏。朝廷责功于二帅。公连战拔天井关,威名大振。贼党传刘稹首,先诣公营。诏公引天井军合冀氏军入其巢穴,公按军徐进,以示不竞,功名之际,美同羊祜,策勋未称,天下贤之。

虽不免有所夸饰,但与《资治通鉴》卷二五〇所述此战过程(主要依据《武宗实录》和李德裕撰《献替记》《伐叛集》)来看,大体尚属实录,可以补充旧史的许多漏略。另述大中三年收复河湟后河东的形势,也很重要:

今上初收河陇,西羌别种,屯聚临险,劫夺行人,抄略运路。上临轩叹息,思得统将。台臣等惶恐,以公名闻,即日诏以公守本官领河东。先差兵士并沙陁及诸蕃部落子弟等,充招讨党项使,兼指挥振武、天德、灵盐、邠宁、夏绥、鄜延等州,同讨党项兵马事。其所诏昭义、易定、河阳、宣武、沧景、陈许、郑滑、天平、平卢、兖海、浙西、宣歙等道,赴夏州塞门行营士马,并令权取。公指挥其属左右神策、京西京北诸镇有控临党项处,缓急要兵,犄角相应。便行文牒,指使推毂,委重之任,古今无伦。公受命奋发,蓬首即路,引兵进战,直入塞门。属路阻艰,军食不继。数以饿卒,邀战不整。朝廷以老师费财,诏省戍卒。

以上内容,《资治通鉴》几乎没有载及,大约因为武宗后文献缺落故,就此也足见本志史料价值之重要。

二是狄兼谟,是名臣狄仁杰的曾侄孙,元和间入仕,因其家族而广受士林称引,宪宗也为表彰直臣,超授左拾遗。在文、武、宣三朝累任显职,两《唐书》皆以其附《狄仁杰传》。本志由名臣令狐绹撰写(第349页),篇幅宏大,所涉史实极其丰富,可惜原石漫漶较甚,约有五分之一无法读出。今人赵振华、何汉儒曾撰《唐狄兼谟墓志研究》(《洛阳师范学院学报》2005年第1期),可参看。

三是文宗末年宰相崔郸墓志(第352页),亦令狐绹所撰。郸,《旧唐书》卷一五五、《新唐书》卷一六三皆有传附兄崔郾传后,缺漏颇多。本志叙事周详,可以补充史传的内容很多,其中最具史料价值的,一是他在甘露事变后的经历:"九年仲冬,京师有变,万户恫恐。廷臣多跣伏私室。公时近钟同气之戚,方在宁令,遽命促驾,奔问朝谒。子弟谏止曰:'事未可知,且宜匿避。'公曰:'吾已为大臣矣,安有闻朝之大故而怀私耶?'比及列,则公卿至者无三四。"虽然表彰志主,容有夸张,但事变后臣寮之恐惧,宜为实录。二是宣州茶法之实施:"宣之氓以茶为业。时茶法甫归郡县,其法茶户率就官造茶,官给帖出卖,或有贫民赍铢两、无公帖者,皆被刑严刻,如是人不聊生。然而悬赏以给捕吏税,有余则长吏已降赍于家,长吏往往至合入二千万钱于私。公一缗不受,乃为废捕吏,绁旧禁,贡上无乏,编户遂安。"所谓茶法归于郡县,及由此而造成之社会问题,官吏之侵剥,皆极其珍贵。三是郸治蜀之政:"公之治蜀,政令明具,宽而有制,仁而必断。蜀之税法,皆征见缗,百姓至有破业以供赋者。公乃上请更其法,杂以他货,减其缗泉,蜀人便而谣之。抚驭两蕃,使之畏信,不敢窥境。前帅溺于巫祝,广置淫祠,窃帅之权,倾蜀奔奉,多因而有得,聚货如山。公皆发撤潴坏,戮辱窜弃,蜀人然后益敬公之德,知公之政矣。"《唐刺史考全编》卷二二二考郸帅蜀前三人为段文昌、杨嗣复、李固言，多牛党人物。令狐绹能如此评述，颇为不易。

四是五代崔协夫妇墓志（第380、381页）。协，《旧五代史》卷五八有传较详。二方墓志可以补充其家世、家室及仕历方面许多细节。

本书涉及唐代政治史方面的文献极其丰富，在此略举数例。一是广明元年（880）房凝撰《唐故大同军都防御营田供军等使朝请大夫检校右散骑常侍使持节都督云州诸军事云州刺史御史中丞柱国赐紫金鱼袋赠工部尚书琅耶支公墓志铭并序》（第378页），是晚唐文字最多的墓志之一。志主支谟在乾符间任职代北，主持对沙陀叛军的军事行动，墓志对此叙述较详：

> 于时沙陁恃带微功，常难姑息，逞其骄暴，肆毒北方。朱耶克用屠防御使，一门率鹽，迫川万户。其父但谋家计，靡顾国章。啸聚犬羊，虔刘边鄙。太原屡陈警急，雁门不足堤防。公遂守本官，加检校左散骑常侍、充河东节度副使，仍便指挥制置。征途逮半，节□驰归，军府空虚，凡百无序。于是权其宜而设其备，声其武而晔其文。羽檄媿鲁连之书，犒师侔郑贾之计。人谋鬼佐，阴闭阳开，狂狄惊疑，稍相引退。缅惟并部，王业攸基，命帅匪良，久孤人望。息肩之寄，咸谓繫公。那期晋政多门，曹翔作伯，移公于大同宣谕，寻有后敕，讨除二凶。时也俘剽剿僇之余，公私悬罄，遂弥缝整缉，瘥死医伤。激劝赫连铎弟兄，优其礼秩；抚吐谷浑部落，真彼腹心。孤军寝安，邻镇皆协。克用桀逆有素，倜顽叵当，统平日逐之师，欲为天柱之举。轻骑诡道，次于平阳，北都巨防，莫敢支碍。公乘间得广粮缮，申训励，魏貅南结常山，东通燕蓟，冀因机便，一展神奇。而朝廷茭或邪谋，竟无接助。直至年支常赐，亦所在驻程。赖天诱其衷，罪人斯得。五年十二月，克用乘图南之气，回薄云中。虎搏鹰扬，摩垒挑战。公示之以怯，悄若无人。贼乃略地言旋，不为后虑，公即命铁马尾袭，抵其私庄。丛弧射之，洞臆而毙。克用勇工骑射，国昌号之万人敌，恃此陆梁，暨兹舆尸，阖族丧气。恐四方乘虚深入，乃取一瞎房年貌相类者，诈人云克用存焉。时宠赂上流，诡谲胶固，内外叶附，持此死房，以胁国家。公前后奏陈，终不听信。六年夏，任遵谟入奏，固称克用身在，大言于朝。遂除蔚、朔、云三州节度使，輂毂喧骇，华

夷震惊。但穹苍转高，阊闾逾密。云州噍类，悉隶凶残。冤号动天，何路闻达。仍转公左散骑常侍、司农卿。蕃锡宠征，欲以魏郡之人，甘心于狄。于是三军九姓之士，排阁云集，仆面拊膺，云国昌父子怨当军勤王，俾渠不得其志。今朝庭已将赤子委豺虎，常侍宁忍弃我辈性命，徇一官宠荣。公悯而谕之，信宿方解。居数日，反复筹策，求其适归。尝独言曰：去则违众，犯水火之怒；止则招谤，贻骨肉之忧。既不能作李矩之背同盟，又不能如马超之损百口。□兹入地，即是升仙。十一月下旬告疾，十二月一日薨位，享年五十一。

由于唐末文献散失，有关史实记载很不完整，存世各史关于李克用代北起兵的记载，主要来源是后唐时编纂的三祖《纪年录》，对于真相有许多的掩饰与歪曲。司马光著《资治通鉴》时，在涉及李克用始叛时间以及广明归附以前的事迹，即颇感抉择困难。本志写于广明元年(880)七月，当时黄巢尚未攻入长安，李克用虽经朝廷起用但还未坐大，作者又以极其仇恨沙陀的态度撰写，因而保存了很难得的史料。较重要的内容，一是记载在李克用乾符三年袭杀云州防御使段文楚后，支谟先为河东节度副使，于太原守备沙陀南侵，再被命为大同宣谕，负责对沙陀的军事行动。支谟所作经营，包括激劝赫连铎弟兄，优抚吐谷浑部落，协调与成德、范阳诸镇的军事防备，并广粮储，申训励，在李克用以轻骑南侵平阳时，得以保境不失。乾符五年十二月，李克用又回军袭云中，支谟初示以怯，诱敌深入，又以奇兵袭其私，据信射死了李克用。虽然可以相信传闻有误，但此役沙陀肯定遭到重创。史籍没有记载这次战事，显然因后唐史官有所忌讳所致。墓志一再记载在支谟经营代北过程中，朝廷持见分歧，加上权臣受贿，没有给以有力支持。而李克用任蔚、朔、云三州节度使，也即大同节度使的时间和过程，《旧五代史·武皇纪》作乾符五年黄巢渡江后事，《资治通鉴》卷二五三则作五年三月事，均据黄渡江时间推定，失之过早。本志则叙为乾符六年夏因任遵谟入奏，乃以三州相授，可以纠订史籍之误。从沙陀受命、支谟除司农卿至其病卒，大约还有半年时间，墓志叙其去留之两难，而三军九姓所云"今朝庭已将赤子委豺虎，常侍宁忍弃我辈性命"之语，大约可见军民对沙陀之厌恶，也可以理解支谟不赴京之考虑。以上记载，是沙陀初起时的最早记录，史料价值非常珍贵。

本书所收《大燕赠魏州都督严府君（复）墓志铭并序》（第271页），是继《严希庄墓志》（见张忱石《〈大燕严希庄墓志〉考释》，《中华文史论丛》2008年第3辑）以后发现的另一方安禄山叛乱主谋严庄家人的墓志，也是迄今为止关于安史叛方文献中最重要的文字。早时得到此方墓志的仇鹿鸣博士已经撰文《五星会聚与安史起兵的政治宣传——新发现燕〈严复墓志〉考》刊于《复旦学报》今年第二期，特别关注墓志中以下一节叙述："天宝中，公见四星聚尾，乃阴诫其子今御史大夫、冯翊郡王庄曰：'此帝王易姓之符，汉祖入关之应。尾为燕分，其下必有王者。天事恒象，尔其志之。'既而太上皇蓄初九潜龙之姿，启有二事殷之业。为国藩辅，镇于北垂，功纪华戎，望倾海内。收揽英隽，而冯翊在焉。目以人杰，谓之天授。及十四年，义旗南指，奄有东周，鞭笞群凶，遂帝天下。"认为这是叛军"利用传统的五德终始学说建构其政权的合法性"。而墓志中充斥着大量"遇非常之主"、"迈伊吕之勋"、"孟津始会"、"昊穹有命，命燕革唐"之类歌颂新朝的极端词语，更显示安禄山叛乱时的自身定位。此篇作者署"宣义郎守中书舍人襄陵县开国男赵骅撰"，此人两《唐书》皆有传，《新唐书》且列入《忠义传》，仅云其自陈留支使被挟迫从叛，乱平后贬晋江尉。《唐文粹》卷一五下载李华长诗《寄赵七侍御自余干溪行经弋阳至上饶山川幽丽思与云卿同游邈不可得因叙畴年之素寄怀于篇》，叙二人"世故坠横流，与君哀路穷。相顾无死节，蒙恩逐殊封。天波洗其瑕，朱衣备朝容"。注云："逆胡陷两京，华与赵受辱贼中。"甚为轻描淡写。同人《三贤论》（《唐摭言》卷七）更称赵"才美行纯"。本志则显示赵出任叛军要职中书舍人，且充满激情地为叛军歌颂，这些真相在追究陷伪官员时似乎都被隐瞒了。此外，本志书者署"朝议郎守太子左赞善大夫彭城县开国男刘秦书"，《法书要录》收窦臮《述书赋》两次提及此人，称其"安西兰亭，貌夺真迹"。就本志书法言，确属唐志中难得之精品。

袁仁敬是唐玄宗时一位著名的廉吏。《唐会要》卷六六载："（开元）二十一年七月，大理卿袁仁敬暴卒。系囚闻之，皆恸哭悲歌曰：'天不恤冤人兮，何夺我慈亲兮。有理无由申兮，痛哉要诉陈兮。'"可惜正史没有为他立传，有关生平资料也很少。本书所收《大唐故大理卿上柱国袁府君墓志铭并序》(第207页),详细记载他的家世经历:字道周,陈郡阳夏人也。为刘宋太尉袁淑六代孙,但其后历代官职不显,他"天授年从国子进士应养志丘园科举对策高第",历任仓部、司勋二员外,刑部、左司、兵、吏部四郎中,大理少卿,杭州刺史。复为大理少卿、御史中丞、尚书左丞,官至大理正卿。墓志也称道他"郁然宠光,允是名器,议者方之古人张释之、于定国,而近则东海徐有功。其权戚难犯,冤诬未达,浃辰之间,太阿能割,所谓道之行也,时之用也。五行不滥而万人斯活,人道可纪,天道何欺"。认为是可以与汉代张释之、唐代徐有功齐名的循吏,可知《唐会要》所载正反映当时一般民众对他的认可。本书另收仁敬孙袁杰墓志(第303页),叙及其在安史之乱和建中战乱时的经历。

墓志中有关王朝称指的一些表达也值得关注。《唐李夫人吉氏墓志》(第134页)"以大周神龙元年正月十一日,遘疾终于福善里第,春秋廿有七"。到同月廿八日埋铭时,仍复如此。而叙其先世云"祖谦,唐右卫将军,河、兰二州刺史,永宁县子。父文惎,皇朝归、忠、易三州刺史,汾川县男"。是视唐与皇朝有所不同。此外,郭万墓志(第137页)志主葬期为神龙元年十一月三十日,但志题署"后唐故板授汝州刺史郭府君墓志铭",则又以中宗中兴为"后唐"。这些虽然不是官方立场,但可以见到民间的态度。另外一个有趣的记载,则是后唐礼部尚书崔协同光三年(925)为其妻卢氏所撰墓志(第380页),既称"属中原多事未定"、"及后唐未振",又称"时后唐同光三年",是至今称沙陀李氏朝廷为"后唐"的最早记载,值得玩味。

家族、婚姻、妇女等问题是当代学术的热点,本书也包含许多珍贵的记录。

本书所收墓志,多出土于洛阳北郊,其中包括唐代最著名的大家族如陇西李氏、范阳卢氏、博陵崔氏、弘农杨氏、荥阳郑氏等家族的系列墓志,对于了解这些家族的文化传承、政治影响和世系关系,都有很重要的影响。如李景庄咸通九年(868)《唐故仓部郎中郑公卢夫人合祔墓志铭并序》(第371页):"郎中夫人范阳卢氏,得姓于齐,为世著姓北祖大房,汉侍中讳植、晋侍中讳广、魏吏中尚书讳阳乌之后,昭彰图谍,郁为鼎族。语曰:'卢阳乌,郑述祖,非斯二家,孰曰门户。'其阀阅可知矣。"即是关于卢、郑二姓最大一房影响的说明。许多大姓墓志,也很喜欢夸说家族盛事。如崔彦昭为其母所撰墓志《唐故秦国太夫人赠晋国太夫人郑夫人合祔墓志》(第376页),即是崔、郑二姓结合而使家族兴旺的详尽说明:

太夫人号太素,不字不名,所以厚流俗也。受氏之始,为荥阳开封人。厥后济以道德,显以轩裳,故族望之盛,首出诸姓。曾祖长裕,皇颍川郡太守。祖申,皇婺州金华县丞。烈考式瞻,皇衢州刺史。文学刚正,高谢辈流,由朝班出守,时谓甚塞。太夫人即衢州府君之第五女也。夙钟惠晤,天资孝爱。端庄之色,四德必全;动止之仪,六姻取则。将笄之一年,归于司空府君。出于郑氏,生于李氏,从于崔氏,秦晋之盛,中外罕匹。崔氏世以清约相遗,行义相荐。力耕桑以给其衣食,富文史以窥其禄仕。虽捷科等,应弓诠退,必屏居郊墅,不复以荣进在念,故宦甚卑而家甚贫。司空府君以纯孝致养,坚苦植操,前后历职名藩,从公大府,俸廪之余,一无私蓄。以是太夫人妆奁时阙于脂泽,盘飧或绝于盐酪,视之晏如也,唯恐奉上之不及,抚下之不至。闺壸之誉,表率他姓。而内则竭勤敬于夙夜,外则悬恋慕于晨昏。涉旬违养,仅废寝食,暂远庭闱,涕泗横坠。以外祖母之高明严肃,色不逮下,而钟爱于太夫人也特异。即恭孝之道,于斯可知矣。太夫人凡执妇礼者十五年,调琴瑟者向将二纪。择邻训子,以及成立;策名升朝,洎于将相。俾其承颜色、奉旨甘者,垂三十载。始封荥阳县君,次封荥阳郡太君,次封荥阳郡太夫人,次封魏国太夫人,次封齐国太夫人,次封秦国太夫人。凡三更郡邑,三易国号。显荣庆盛,重迭辉赫,求诸古今,鲜有伦拟。生子男四人,长曰元范,清茂规行,推重搢绅,由拔萃科聘诸侯府,升宪台,为监察御史,不幸短折,士林痛之。有胤曰兢,今春中太常第,咸谓其善人之报也。次子彦回,举进士,历拾遗、补阙、工部员外郎、金、刑、考功郎中,佐丞相令狐凤翔府幕,职居副倅,累授检校左庶子兼御史中丞,赐紫金鱼袋,而素婴痨冷,痢泄不禁,至是穷极,遂不胜丧。以二月廿七日,终于道光之里第,零丁孤残,彼苍孰问。次子彦辞,前晋州刺史兼御史中丞,赐紫金鱼袋。次子彦昭,前尚书右仆射兼门下侍郎,同中书门下平章事,弘文馆大学士,太清宫使,判度支。生女二人。长女嫁陇西李元瑀,志慕前烈,操凌秋霜。以元瑀抱宿沉下位,郁郁不乐。及良人即世,冤哀昼夜,誓不独存,竟后于元瑀两月捐馆,闻者嗟而义之。次女嫁太原王凝。凝名士也,擢词科,历清级,入则掌纶綍,司贡籍,出则分符竹,总藩翰。今圣嗣位之明年,彦昭自北门诏追为兵部侍郎、判盐铁。无何,以本官复主邦计,而凝时亦为兵部侍郎。遂代彦昭领使务。并列戎曹,又分绾剧职,高堂拜庆,多士美谈。以至幼子荷殊渥,膺大任。太夫人深怀兢惧,辄不自满,谦弘之量,人皆敬服。内外孙及曾孙存殁,向世人不可备列。每当节序献贺,充塞户庭,全福具美,无以加也。太夫人慈于物,周于施。姻戚之内,凡生育疾恙,忧患窭贫,下及臧获佣隶,有是苦者,宵旦必经于心,轸于虑,随力而赡济之,故荷恩德者不一。其为阴报,宜何如哉!(下略)

郑氏以乾符三年卒,年八十一,堪称高寿。此文几乎涉及唐代所有最显赫的家族,所谓"秦晋之盛,中外罕匹",很具有典型意义。墓志述及郑氏的封赠、子女及婚嫁、持家方略及恩德,也是很完整而难得的记录。崔彦昭、王凝二人在广明之乱前后身居高位,两《唐书》皆有传。长子元范,即《云溪友议》卷上《钱歌序》所载离浙东赴京作诗"独向柏台为老吏",不意入京即卒而诗竟成谶者。

大历十三年(778)郑闻《大唐故朝散大夫太子典膳郎荥阳郑府君故夫人陇西县君李氏墓志铭并叙》(第279页)则叙述其母李氏为陇西名族,十七岁嫁入郑家,七十六岁卒,在郑家六十年,守寡三十一年,但"主奉蒸尝,示训遗嗣,有典有则,礼度克修。男遂官婚,女皆有适"。并叙述其本人和姐妹婚姻云:"男闻,历常州江阴、扬州海陵、润州句容三县令,娶夫人堂伯判吏部侍郎元恭第九子陈州宛丘县尉诵之女。长女适河南府济源县尉范阳卢夷,二女适同州白水县丞琅琊王日云,三女适徐州萧县令赵郡李倕,四女适江陵府石首县令陇西李清,五女适赵州宁晋县令陇西李为式,六女适泉州刺史陇西李构,皆衣冠大族,人望所称。内外子孙凡五十人。处置婚嫁,亦已向毕。可谓婚姻之盛者也。"像这样记载家族婚姻的墓志,似乎也并不多见。

此外，本书收有许多唐初显宦家族后人的墓志，也留下关于各自发展繁衍的记录。就所见有柳亨、来恒、虞世南、窦德玄、贾敦实、李义琰、公孙武达、秦叔宝、张大安、温彦将、黄君汉等之后人。

九年前我曾关注唐人为亡妻所撰墓志，惊讶于在《全唐文》所见仅三五篇，而墓志所得竟已超过八十篇。而关于唐人婚姻和家庭生活之实况，尤以此类夫妻间的第一手记录最为珍贵。于是撰《唐代的亡妻与亡妾墓志》，发表于《中华文史论丛》2006年第2辑。近年来续有所得，已经达到一百二十篇。就在本书中，也可以指出以下几篇：窦时英《有唐都水监丞窦时英亡妻京兆韦氏权安厝墓志铭并序》（第240页）、李行简《大唐乡贡进士李行简妻宇文氏墓志铭并序》（第310页）、赵宗儒《唐故扶风郡夫人京兆韦氏墓志铭并序》（第325页）、颜标《唐琅邪颜夫人阳平路氏墓铭并序》（第372页）、郑韫辞《唐乡贡进士郑君夫人墓志铭并序》（第373页）、崔协《崔氏范阳卢夫人墓志之铭并序》（第380页），共六篇。其中赵宗儒，《旧唐书》卷一六七有传，贞元间宰相，卒于文宗时，享年八十七，似为唐宰相最长寿者。为其夫人撰志时，已经八十一岁，记韦氏"性唯柔嬹，特禀聪情。能诵诗书，尤妙毫翰。好录文集，盈于箱囊"。又称"历兹四镇，皆承宠渥。出车同往，旋驾同归。提携幼稚，涉于途路。时逢春序，便若胜游。或有淹止，皆同探赏"。又云："方期偕老，忽此悼亡。岂余忝幸踯涯，灾延我室。言音犹在耳，行止犹在目。瞻顾不见，室宇廓然。岂谓残暮，婴此伤苦。"可称伉俪情深，至老不变。韦氏卒年六十，约比赵年少二十岁。颜标曾有一段有名故事，见于《唐摭言》卷八："郑侍郎薰主文，误谓颜标乃鲁公之后。时徐方未宁，志在激劝忠烈，即以标为状元。谢恩日，从容问及庙院。标曰：'标寒进也，未尝有庙院。'薰始大悟，塞默而已。寻为无名子所嘲曰：'主司头脑太冬烘，错认颜标作鲁公。'"所谓徐方未宁指庞勋之变，为咸通九年事。今见颜标为妻撰墓志为咸通十年事，署衔为"朝议郎使持节池州诸军事守池州刺史上柱国赐绯鱼袋颜标撰并书"，又述其妻为宰相路岩之堂妹，婚于大中十年，看来《唐摭言》的说法未必靠得住。崔协在后唐天成间为相，为其妻撰墓志则在同光三年（925），即后唐平梁之第三年。崔协叙卢氏"元适清河小房崔氏谦"，于其为亲姨妹。二人于唐庚子岁成婚，仅共同生活七八年，卢氏即"与协先妣太君，同权事河中府临吾县北上王村"。其后崔协仕朱梁,河中则属沙陀李氏境,以致"中原多事未定,道路杳隔",夫妻分别四十年,再未聚会。墓志没有叙卢氏之卒年及享寿,估计没有留下具体的记录,而崔协则自述"天不我福,俾余一生孤飞",没有再娶。这是唐末五代乱离间的家庭悲剧。另几方墓志夫之职位较低,如郑韫辞夸妻善于女工:"尤长殊巧,益擅奇功。文绣若烟花焕烂,不可穷其妙;彩画若云霞飞动,不可状其功。"窦时英称妻"业业生事,强明有余;堂堂令仪,秀丽无等"。都是一般叙述中的个性记录。

卢凝大中十年(856)撰《唐故柳州刺史赵郡李府君(璞)墓志铭并序》(第361页):"公未婚,有爱妾任氏,生一子曰崔九,方在襁褓间。公之仲弟曰义挹,任昭应尉,先公而殁,有子曰隙,继公之嗣。"己之妾生子不能为嗣,而以弟子为嗣,可以见到唐人重嫡庶之分的实景。

万岁登封元年(695)《唐故使持节泉州诸军事泉州刺史上柱国河东薛府君夫人张氏墓志铭并序》(第119页)也是一篇特殊的墓志,据载为"男朝请大夫、祠部员外郎颖自撰序铭,未就而颖亡",由"左补阙判天官员外郎殷徽征"足成之,但基本内容仍保存薛颖自述的口气,是唐代母教的一篇生动文字:

先妣年十六,门中以地兼惟梓,家偶世潘,中馈所归,齐大斯可。爰膺礼择,聿厘阃政。十八首育愚昧,廿一诞第四弟顗,廿七诞第五弟文休,廿九诞第六弟谦光。颖韶龀在辰,躬授小学,十岁而后,方从外傅,每至假暇归休,仍课问所业,微涉謇滞,未尝宽舍。先君以为资地有在,何虑不出身,而自苦苦之,一至于此。对曰:"长便扦垎,幼乃迷昏,习而成性,唯中间耳。急之尚恐其缓,况缓之邪?"且颖刚烈,故裁抑之,顗柔和,故容假之。求退由兼,此其所以异也,非有偏也。乾封中,颖丁艰阕,选为齐州祝阿县令。□未经吏,颇多纵诞,先妣导以情白,勖以公方。居才半年,谬为八县最,州将以折节之速,访而知之。由是盛称母仪,遂以清介公方荐。既而部内奴犯十恶,主以他故匿之,颖念清介之名,不可私身为利。因举正其犯,谢病去官。然家道素贫,颇营计校,养羊酤酪,灌园鬻蔬,八九年中,遂至丰赡。内顾既是,无复进仕之心。先妣劝诱不行,因泣而垂责曰:"汝父临亡,特以经史法律付汝,汝今但殖货利,亦何殊于商农邪,且汝外有谢病之名,而内无贞隐之实。求之出处,竟欲何从?汝往日谢官,吾曲成汝志,今吾念汝仕,而独此违吾,为人子而母言不听,大事去矣。"颖奉感激深重,遂复选为乌江县令。尔后十年,七应清白孝悌举,累入朝散大夫,除台郎,仍直麟台,并待制观正殿。先妣喜曰:"成汝父言,以慰吾意,好不?"时文休、谦光亦以廉平著称,而俱拜五品。每笑谓诸妇曰:"我分前了,未知汝辈何如?"又诫诸孙曰:"《女仪》《女诫》及《列女传》,虽不可不读,要于时事未周。吾别令于《曲礼》中撰出数篇,目为女则,其于言行,靡有不举,汝等若能行之,子妇之道备矣。"又大门及大门殷太夫人并薨在随代,先妣不及展箕箒之礼,然于斋忌祠祀,恒矜严若存。虽古人之事生,不是过也。尝称妇人有四可重、四可恶、二不急为,亦宜深慎,词多不复具录。

通篇几乎用白话写成,包括其母出嫁、生育以及自己从初学到从宦、经商、再从宦过程中所得母亲之教导,以及其母对诸妇、诸孙之要求,乃至要自编女则,提出妇人的行为原则,皆不烦辞费地一一道来,确实是研究唐代女性教育和母子关系的一篇难得文献。

本书所收开元九年《唐故义门任府君墓志铭并序》(第176页)和天宝七载《大唐故义门任府君七代祖孙墓志铭并序》(第254页)是两篇在表彰孝义环境中出现的很特殊的文献。前者记载潞州襄垣县人任进及其堂从弟惠、寿、亮、敬,其先世数代受到表彰,至此五人分别享寿八十七、八十、六十九、六十八、六十三,"前后老卒于私第",乃与惠故夫人李氏、寿夫人侯氏,"合葬于祖父墓茔内"。而后者则更以七代祖孙二十六灵同祔于八十步坟茔之内。这确是丧葬文化的一个特例,可以见到在朝廷屡屡表彰数代同居不析产大家庭的氛围下,要将此一生活坚持到冥间的某种尝试,在我所见唐前碑志中,似乎还没有见到此类情况,值得学者关注。

有诗歌传世诗人的墓志,本书至少收有三方。刘宪是武后、中宗时的著名诗人,《全唐诗》卷七一收其诗一卷,《旧唐书》卷一九〇中《文苑传》也有他的传。本书收其墓志,题作《大唐故正议大夫守太子詹事兼修国史崇文馆学士赠使持节都督兖州诸军事兖州刺史上柱国中山刘府君墓志铭》(第151页),撰者为著名文士岑羲,也即诗人岑参的祖父。以墓志与史传比较,可以知道他字元度,补充其父思立以上的谱系,了解他早年的仕历;确定他任侍御史在武后天授元年以后,纠正《旧唐书》本传作高宗时的错误;知道他在武后后期到中宗时的任官细节;确认其卒于景云二年(711)正月十一日,享年五十七岁,即生于高宗永徽六年(655);他的文集有四十卷,与本传作三十卷不同。这些,对于阅读他的诗作,了解他的生平,都很重要。另一位诗人樊骧,存世诗作只有《唐摭言》卷三所收武宗会昌三年登第后贺主司王起的一首七律。本书所收庾崇撰墓志(第374页),详细叙述了他的仕历,以前典籍全无披载。其中说到他得到著名诗人李绅的赏识:"后值扬帅李公绅以文学自任,秋荐贡士,必以艺求。令主试者,五考词赋,乃升有司。同就研席之徒,皆矗矗潜遁。公独擅场,词旨迥出,意气坚锐。李公奇之,俾获首送。"李绅帅淮南在开成五年九月到会昌二年间(见《旧唐书·武宗纪》),樊骧得首荐一二年后及第。墓志中有一段有趣的记录:"公有堂女兄适郑氏,姻联贵戚,乃宣宗皇帝后族也。上敦重外氏,欲求堪备游侍之臣者。公已登科,声问四驰。上知之,必居内职。公曰:'稚卯苦学,不自媒进,幸忝科第,无愧于人。岂可亏志节,而为国戚之选乎!'乃隐名逃迹,不趋禄仕。"可见时重科第之风气,也见樊之为人。樊卒于咸通十一年(870),年六十,官至仓部员外郎。

  本书所载赵骅《唐故检校仓部员外郎赵郡李府君墓志铭并叙》(第282页)、王颜《唐故仓部员外郎赵郡李公夫人京兆韦氏墓志铭并序》(第294页),证实了我在二十多年前提出的开元、天宝间有两位诗人李昂,且其诗曾钞写于一件已经分拆为二的敦煌写卷上的推测。为此,徐俊先生在看到以上两件拓本后,已撰文《唐仓部李昂续考》(收入《中国唐代文学学会第十五届年会暨唐代文学研究国际研讨会论文集》,天津南开大学,2010年),作了详尽分析,可参看。

  盛唐著名诗人卢象家世以往罕为人知,本书所收开元廿二年(734)《范阳卢夫人墓志》(第208页),署"兄象序",为其自叙家世,尤可珍贵。节录如下:

吾与汝执亲之丧,汝以柴毁迈疾膏肓之内,物有凭焉,和、扁之流无能为也。(中略)汝以元年而生,以此年而殁,人间则木成一世为里,复何时更来。(中略)吾之曾王父巨宝,皇朝散大夫;王父延庆,皇莱州司仓参军;先府君季瑷,处士。积世淳德,惟仁与孝,汝即府君之季女也。天属之重,爱汝特深,未卒哭而汝云逝。君子以为因丧以殒,是行孝于地下。呜呼哀哉。以开元廿二年五月二日而终,十二日权殡于洛阳东原,礼也。

其父祖以上三代并无显宦。卢氏为季女,生于开元元年。若卢象较其年长五到十岁,大约生于武后末年到中宗时。此墓志为卢象作序,卢氏夫裴周南撰铭,感情深厚,是唐人墓志中的动情之作。

本书有几方墓志引及唐人佚诗。阳润天宝四载(745)撰《唐故工部员外郎阳府君(修己)墓志铭》(第245页)云:

　　始交辟于五府,终擅美于一台。加以器识清通,机神颖拔。见义而勇,闻斯行诸。临财则廉,不贪为宝。采兰能竭其子道,常棣实归于伦爱。兼博综技艺,贯穿坟籍。悬帐推工,下帷无倦,凡所交结,一时才良。至如清河崔融、琅琊王方损、长乐冯元凯、安陆郝懿,并相友善。尝遗笔于崔,并赠诗曰:"秋豪(毫)调且利,霜管贞而直。赠子嗣芳音,揽搁时相忆。"崔还答云:"绿豪(毫)欣有赠,白凤耻非才。况乃相思夕,疑是梦中来。"词人吟绎,以为双美。而王、郝、冯公,俱有临池之妙,公与书札来往,翰墨盈积。

所录阳修己与崔融赠答诗,《全唐诗》诸书均未载。与他交往之王、郝、冯诸人,他书亦未言及。另贞元元年(785)梁宁撰《有唐故蓝田县尉王君(素)墓志铭》(第288页)亦载:"君筮仕河南府参军,尔后多于东洛,与河南元志有中外之旧,复性情颇同,优游晤言,余在其间。比君避地襄汉,而元公时为河南少尹,君有《陆浑即事》诗云:'一夜山中雪,无人见落时。'元公每咏此清句,与余思人。今元公既殁,君又次之,逝川不息,何痛如是。"也增加一段唐人轶事和佚诗。顺便说到,此志撰者梁宁,以前出土过他撰文的《唐故尚书水部员外郎以著作郎致仕彭城刘府君墓志文》(收入《全唐文补遗》第八册),主体几乎全录诗人刘复的自传,其中提到"江宁县丞王昌龄、剑南李白、天水赵象、琅耶王偃,多所器异。江宁云:'后来主文者,子矣。'"似乎过于自负。但读张祜《叙诗》(《张承吉文集》卷一〇)云:"陈隋后诸子,往往沙可披。拾遗昔陈公,强立制颓萎。英华自沈宋,律唱互相维。其间岂无长,声病为深宜。江宁王昌龄,名贵人可垂。波澜到李杜,碧海东狝狝。曲江兼在才,善奏珠累累。四面近刘复,远与何相追。趁来韦苏州,气韵甚怡怡。伶伦管尚在,此律谁能吹?"也认为刘复是李杜后集大成的诗人,可惜其诗存诗仅十多首,无法诠释以上的结论。诗史上许多重要诗人湮没不闻,这正是我们利用出土文献应努力加以发掘的环节。郑鲂是元白均曾称赏的诗人,可惜未有诗作传世。本书收有他的两方墓志,其中李景庄咸通九年(868)《唐故仓部郎中郑公卢夫人合祔墓志铭并序》(第371页)云:"元和七年,兵部侍郎许公孟容下升进士第,其首故相国李公固言,得人之盛,至今称之。公业古诗,寒苦不易。词人孟郊、李贺,为酬唱侣。言进士者,巨人词客从之游。谚曰:'不识郑嘉鱼,不名为进士。'公其人也,正直不回,人多忌之。"可惜郑鲂本人诗没有流传。

《本事诗》作者孟启家世,因为陆续有其家族四方墓志的出土而得以廓清,笔者多年前已撰文作了考证(《〈本事诗〉作者孟启家世生平考》,《新国学》第五辑)。收入本书的孟球撰《唐故朝散大夫使持节都督寿州诸军事守寿州刺史充本州团练使兼御史中丞柱国赐紫金鱼袋孟公(珏)墓志铭》(第368页),是这一家族出土的第五方墓志,可以补充的家族资料也最为丰富。其中较重要的一是孟启祖父之名,前此据《孟璲墓志》载"父存性贞肃清简",以为名"存性",今据此志,知"性"字应连下句读,名仅作"存"。其妻刘氏为名相刘晏侄孙,前志也未载。关于孟珏及其兄弟仕历,本志记载也很详尽,特别是载孟启父亲孟琯历任"度支、职方二员外,朗、随二州刺史",足补拙文未及。而拙文所考孟琯甘露事变时任长安县令,坐贬梧州司户,此墓志则未载。

名家文章,本书收有贺知章、徐坚、韦述、李邕、穆员、王缙等著名文士的作品，也有如陆揩、周彦昭、徐隐秦、樊衡、崔洒、张鼎、韦夏卿、韦执中、贾棱、陈商、裴次元等当时颇有文名而后世不显文士的作品。如陆揩，事迹仅见《吴郡志》卷二一引《大业杂记》："陆揩，字士绅，吴郡人。祖映，梁侍中。父陟，谘议参军，世有文集。揩不坠家声。仁寿中，召补春宫学士。大业中，为燕王记室。唐贞观中，授朝散大夫、魏王府文学。"因日传唐卷子《翰林学士集》中存其诗而渐为学者注意。本书收其大业十二年撰《隋故汝阴郡丞齐府君墓志铭》（第64页），署"燕王府记室吴郡陆揩撰"，保存了他在隋的遗文，也证明《吴郡志》所记之可靠。再如贾棱，为贞元八年龙虎榜的状元，也就是说当年韩愈名次还在他之后。本书收入他贞元十二年撰《唐故河南府缑氏县尉河东裴君墓志铭》（第301页）并序，称赞志主裴绛退归后，"时有宾至，则携酒一器，赋诗数章，陶陶不知轩冕钱刀之为贵富也"。当时他的职务是京兆府参军。本书所收令狐绹撰文的狄兼谟、崔郸二篇名宦墓志，都是篇幅宏大的作品，加上《唐代墓志汇编续集》咸通〇九九所收孙简墓志（另同书宝历〇一〇重收，作者误作令狐绹）也是长篇，可见这位宰相还不是如温庭筠所讥"中书堂内坐将军"（《北梦琐言》卷四）那样不学，在唐末碑版文中尚足名家。

　　本书所载墓志也涉及一些唐代著作者。六朝史专著《建康实录》作者许嵩家世生平，一直没有弄清楚。收入本书的贺知章撰《许临墓志》（第158页），载其"有子嵩、崑、岗、嶷、岸、欽、巘、岌等"。许临曾祖许胤为陈秘书监、隋蜀王师，祖叔牙为太宗时修文、崇贤两馆学士，父子入高宗时官至吏部侍郎，正史皆有记载。许临开元三年卒时年五十三，许嵩居长而下有七弟，估计年龄应近三十。《建康实录》叙事止于肃宗至德间，知成书时应已年过七旬。李虚中是唐代有名的《命书》作者，他的生平已具韩愈为其所撰墓志。本书所收元和六年（811）《唐故河中府户曹元府君夫人陇西李氏墓志铭》（第314页），署"弟守监察御史虚中撰"，是虚中为其姊所撰墓志，其中对家世的叙述，比韩文更为清晰，值得重视。大中三年（849）《唐故朝散大夫司农寺丞上柱国李府君（藻文）墓志铭》（第348页），署"三从弟乡贡进士匡文撰"，此作者应即余嘉锡《四库提要辨证》基本考清的《资暇录》一书作者李匡文。墓志载李藻文"五代祖郑惠王元懿，高祖嗣郑王敬，曾祖银青光禄大夫、岐州刺史,赠左仆射择言,祖汴州尉氏县尉劝,父河南府法曹参军,妣京兆田氏"。大约从曾祖以上,即匡文之先世。此志凡叙亡者及先人名讳,一律缺末笔,在唐志中较少见。

就书法史来说,本书包含大量著名书家书写的墓志,可以列举的有徐峤之、徐浩、胡霈然、刘秦、李阳冰、孙藏器等。如开元二十八年《大唐故太中大夫使持节同州诸军事守同州刺史上柱国张府君墓志铭》(第230页)并序,署"范阳卢之翰书",之翰为诗人卢纶之父,也可玩味。

有关著名书家之家世史料,特别重要的有萧诚、褚庭诲和房嶙妻高氏三位。

萧诚是玄宗时很负盛名的书家,《书薮》称其擅真行,"如舞鹤交影,腾猿在空",名列李邕、徐浩等前。今人朱关田在《唐代书法家年谱》中特列专章考述其生平和书迹,惜于家世所知尚少。本书收开元廿三年(735)"大唐故袁州萍乡县令萧府君讳元祚字元祚墓志铭并序"(第211页),署"次子前司勋员外郎诚撰。幼子主爵员外郎谅书",知元祚为萧诚父,书者则为其幼弟萧谅。墓志称元祚为"梁长沙王讳懿五世孙。长沙王生后主讳渊明,后主生高唐王讳盾,高唐王生高邑公讳岱,高邑公生湖州司马讳憬,先君即司马翁第五子也"。萧渊明在台城变后曾自立,徐陵曾为其书记,故此以"后主"呼之。萧盾称王,则或渊明所封。墓志称元祚"学穷百氏,才弹六艺"。"年廿,以门荫补鲁王府祭酒。转舒王府主簿。府废,左迁播州罗蒙县令。"又历衡州攸县令、茶陵县令,中宗初为袁州萍乡县令,神龙二年七月卒官,年六十七。墓志述"诚、谅不克,负荷无能",大约长兄已亡,仅兄弟二人尚存。《书小史》载谅亦"善书,世谓诚真谅草"。此志为楷体而颇存行书笔法,为萧谅难得之书迹。

褚庭诲是玄宗时著名书家,曾临《兰亭序》,黄庭坚评其"所临极肥"(《山谷外集》卷九《书王右军兰亭草后》),又有书迹收入《淳化阁帖》。传仅见宋朱长文《墨池编》卷三:"唐褚庭诲,钱塘人。左散骑常侍无量之侄也。正书精熟可慕,见之于《玄览法师碑》。开元中,位至谏议大夫。"甚简略。本书收天宝七载(748)《唐故正议大夫行历阳郡太守上柱国舒国公褚府君墓志铭》(第255页),署"弟京兆少尹庭诲撰",甚为可贵,摘录如下:

公讳庭诲,字立节。余之先曰微子,封于宋。其后恭公少子子石,始掌褚师之官,因官命氏,遂为著姓。衣冠南渡,爰处盐官。从宦西京,便居帝里,故今为万年人也。曾祖范,隋豫章郡丞、既阳令。祖义宗,皇赠和州刺史。考无量,银青光禄大夫、右散骑常侍,兼国子祭酒、崇文馆学士、舒国公,赠礼部尚书。公即尚书府君元子也。(略)年十六,国子明经擢第。解褐授门下省典仪。(略)居一岁,承恩改左金吾胄曹,试剧程才。出摄扬州江都县丞,入为河南府渑池县主簿。丁尚书府君忧,哀毁过礼,人所不及。服阕,授万年县尉。(略)改太常博士、著作佐郎。高步礼司,雍容文闱。转太子司议郎。公以俊茂之才,骤登华省。历虞部员外郎、屯田郎中、驾部郎中。累历三曹,弥纶十载。迁国子司业。先君曾居此任,父子相继,时论荣之。公有牧人之术,愿从出守,果得雄藩。遂除常山郡太守,兼恒阳军使。设教敷政,风化大行。每受范阳节度,乃喟然而叹曰:"俎豆之事则尝闻之,军旅之事未之学也。"忽忽不乐,幸而代之。换鲁郡太守。(略)除历阳郡太守,从轻贬也。庭诲因而谢恩。手制答曰:"卿之先父,尝为朕师,宥贤之心,况其子胤。是用特申宽典,以彰追眷之恩,亦欲使朝廷知朕不忘旧也。"恩宠至矣,朝廷懿之。(略)以天宝七载三月十七日,薨于郡之官舍,春秋六十有六。夏四月迁柩于洛阳行修里之私第。冬十一月十八日,窆于龙门乡之原,礼也。(下略)

据此可知庭诲为无量次子而非侄。其先世虽南居盐官(邻近杭州),但因宦已作万年人。褚庭诲天宝七载卒时年六十六,即生于武后长寿二年(693),庭诲如年幼五到十岁,约生于长安间。其天宝七载为京兆少尹,则知《墨池编》"开元中位至谏议大夫"之说尤误。今知其天宝五载曾书《唐康公夫人许氏墓志》,见《宝刻丛编》卷一三引《复斋碑录》(《嘉泰会稽志》卷一六作六载),可与墓志互参。

房璘妻高氏是唐代最负盛名的女书家。欧阳修《集古录》卷六著录其开元二十九年所书《唐安公美政颂》《唐石壁寺铁弥勒像颂》,称赞"惟其笔画遒丽,不类妇人所书。余所集录亦已博矣,而妇人之笔,著于金石者,高氏一人而已"。后世研究碑帖者,对其生平所知甚少,只能感慨:"乃妇人借书名以传后世。君子疾没世而名不称焉,宁无愧此巾帼哉!"(《庚子销夏记》卷七)本书第260页《唐高慈夫人卢氏墓志》云:"贤女,前鹿城县令房嶙妻,华精墨妙,卫夫人之俦也。"提供了这位女书家的难得记载。其父高慈墓志也收入本书,题作《故宁远将军守右卫中郎将高府君墓志铭》(第209页),载其"曾祖王臣,北齐给事中,广德将军,散骑常侍,蓝田公。祖敬言,皇吏部侍郎,许州刺史。父光复,皇吏部郎中,复州刺史"。高慈本人则曾任仪、庐二州刺史,官至"右卫中郎"。开元廿二年(734)卒,年六十。墓志为"太常寺少卿郑少微文,嗣子审书",没有提及高氏,很可能尚未及成名。卢氏家世官宦,为范阳世族,天宝八载卒,年六十四。墓志称其"恒诵七篇,贤女夙承于闺训","母仪克著,闺训增修。令子爱女,超侪越流"。高氏以书名,多得其母之家庭教育。《唐石壁寺铁弥勒像颂》拓片今存,署"太原参军房嶙妻高氏书",立于开元二十九年六月。至天宝十载,称"前鹿城县令房嶙妻",是其夫天宝间职位有变。《安公美政颂》,清末王言《金石萃编补略》曾录残石,是否有拓本传世,待查。本志不署书者,是否亦高氏书,比较书迹后应可推定。

披览所及,述所见如上,挂一漏万,评述偏颇,恐在所难免。谨就正于齐运通先生及海内方家。

2011年8月20日于复旦大学光华楼

(《洛阳师范学院学报》2011年第12期,题作《〈洛阳新获七朝墓志〉新史料评述》。此为齐运通编《洛阳新获七朝墓志》前言,中华书局,2012年)

《大唐西市博物馆藏墓志》初读述感

一

胡戟、荣新江二教授主编《大唐西市博物馆藏墓志》(北京大学出版社,2012年)一书,在近年众多汇编中古墓志的出版物中,具有独特而鲜明的优势。一是该书所藏五百方墓志,全部是大唐西市博物馆所藏,并据原石拓本影印,不同于其他诸书大多以汇编拓本出版。二是本书整理工作主持单位为西安大唐西市博物馆理事会、北京大学中国古代史研究中心,参编单位则有中国社会科学院历史研究所、中国人民大学国学院、中国人民大学历史学院、中央民族大学历史文化学院、首都师范大学历史学院、中国国家图书馆古籍馆,列名主编、编委及整理名单者有数十人,集中了当代中古史研究的一大批前沿学者。这么多学者参与整理,保证了全书的学术质量。三是本书出版前的前期研究成果极其丰富,书末附有《大唐西市博物馆藏墓志研究文献索引》,罗列利用本书提供的新资料,前期发表的学术论文四十多篇,涉及墓志四十三方,且大多刊于国内一流刊物,显示了此批墓志极其难得的学术研究价值。

本书采取影印墓志拓本(部分附录志盖及四缘纹饰),再附加录文的方式,每篇墓志皆有较明晰得体的解题。解题体例统一,第一节说明志主之生卒、里籍、葬地,第二节说明墓志之形制、行款、纹饰、撰书人以及入藏情况。第三节略叙志主之家世、仕历及同出墓志情况,曾与史传略有参酌补充。这些解题对于读者利用这些墓志文献,无疑是很有意义的。

由于众多专业学者参与,本书录文及标点堪称优秀,可以为读者信任。我因为要写书评,通读全书,刻意求疵,也算找到几处可商榷的地方(见本文最后一节)。大端可以信任,则无疑问。

因为本书整理者主要为中古史学工作者,他们利用此批墓志已经发表的前期论文,主要集中在唐代民族、政治、家族、经济、都市等方面,可待进一步阐发的剩义仍有不少,尤其在文学方面,即拟以此作为本文论述之中心。

二

本书包含数量可观的显宦及其家人墓志,保存了唐史研究的重要记录。

由于近百年唐代墓志发现,无论科学考古、建筑施工还是盗墓私掘,经常都有一个家族墓群的系列发现,本书也多此例。其中较突出的,一是郭子仪家族墓志。以往已经看到郭晞夫妇墓志出土的消息,本书又有郭子仪弟郭幼儒(712—773)、郭幼明(719—773)、郭幼冲(734—788)、郭幼明妻苏氏(732—791)以及郭晞女郭佩(761—801)墓志的发现,为郭氏家族研究提供了很丰富的记录。另一为长城徐氏家族墓志的发现。这一家族最著名的人物,一是太宗徐贤妃,有文才而时进谠议,两《唐书》破例在《后妃传》中为她修传;二是徐坚,为玄宗时的著名文士,尤因主修《初学记》而为世所知,两《唐书》亦有传。徐坚父徐齐聃,则因张说撰神道碑而得大体保存履历。本书五九号徐德墓志,题作《大唐故使持节沂果二州诸军事沂果二州刺史徐府君墓志铭》,未署作者名,但叙事则甚详尽。德字孝德,为徐贤妃之生父。墓志记载从梁徐文整以下其家四代官宦的经历,徐德则解巾巴西尉,又为伊阙丞,丁忧后为太子右卫长史,又自将作监丞为礼部员外郎。从太宗征辽,迁水部郎中。永徽二年,为沂州刺史,在职六年,有善政。显庆二年除果州刺史,甫到任即卒,年六十一。墓志所载可注意者,一是家族文史传统的延续,自其祖起即"衣冠礼乐,标映人伦",其父则"博游文艺,玄览幽赜",至徐德则更突出:"虽迹缨簪绂,而性偶山林,丘壑琴书,盖生平之好也。笃志于学,孜孜不倦。凡所撰述,且数万言。"且曾编集十五卷,可惜未传。二是墓志中完全没有提其女入宫服勤太宗之事,不知是否在武后刚立之际,有意识地加以回避。八九号徐齐聃墓志,署"子令坚述",无疑即徐坚撰。与张说撰碑比较,一是篇幅弘大,长达两千三百多字,为初唐少见的大墓志,二是叙事详备,因为毕竟是子叙父事,颇多精彩。如记徐齐聃年十余即受诏赋诗,得太宗赏赐;叙其高宗初入东宫为参军,后长期在潞王(改沛王,即章怀太子李贤)府任职,累除西台舍人。墓志云其"纶诰之美,海内推雄,议者以有国以来,罕有此例",虽不免溢美,但也可传达大体的时誉。又云:"太宗贤妃,先君之姊也,文词绮艳,标冠前修。贤妃挟左芬之才,先君韫太冲之笔。"并称其有集三十卷和《经典至言》二卷。此文撰于上元三年,是年约二十多岁,也据以可知其早年的文学才能。本书一九二号又收徐坚撰《窦思仁墓志》,则为其七十以后文。

关于唐初史实,本书有一些重要的史料补充。如六九号《李实墓志》云:"于时刘武周鸱张朔野,作梗汾川,窃据偏方,隐如敌国。武帝以公威能制寇,雄略克宣,诏从齐王,委以裨将。"以武德二年在并州榆次战死。由于太宗时的史官有意识地减削其兄弟在建唐过程中的作用,此方墓志记其从齐王元吉与刘武周战死的事实,堪足珍贵。又若三六号《胡演墓志》,载其在隋任北地郡丞。"义宁初,率郡归国,授左光禄大夫,封归义县公,拜北地郡太守。于时国步未康,妖氛尚梗,公招怀安集,境宇清夷。属薛举称兵,王师问罪,粮饩斯重,转运为劳。公倾私廪以犒军,率轻赍而赴敌。朝廷嘉美,玺书廷劳。"北地郡即坊州,是长安以北的要地。胡演以北地归唐,又为与西秦薛举的战事积极提供后勤保证,也是重要的史实。再如四〇号《贺拔亮墓志》,载其隋末乱中占据洮阳城,击败羌人的攻围,拒绝薛举的重聘,以洮、迭、旭、宕四州归唐,也具史料意义。

三〇八号《陈守礼墓志》,详载其自安史乱起到朱泚乱平之间三十年的一系列战功,如"辅敦煌王为和国史,得回纥五千帐赴难",代宗董戎时"亲入筩幕",即位时"凌霄门册立"功臣,吐蕃入长安时从銮幸陕,"及还宫也,命总六军兵五百人,搜僻行幸所止"。又"大历八祀,袄贼海藏徒伴二百余人,恣为幻化,扇惑间阎。承制追捕,罔有遗逸,京邑清"。都很重要。更重要的是其因冤下狱,"本军元从将军王罗俊等一千余人诣阙自耻",在获释后又平泾州刘文喜之叛。此墓志涉及史实甚丰富,从附录文章目录知已有人撰文而未刊,希望尽早刊出。

另如一五九号《召弘安墓志》涉及武后时期迭州、姚州战事细节,也很重要。

至于涉及皇眷者,也颇有可述。二八号《莫贵嫔墓志》,载莫卒于武德元年十一月,十二月葬,是目前所知唐最早之嫔妃墓志。数年前见高祖第五子汉王元昌墓志发表,载其卒于贞观十七年,年二十五,是当生于武德二年,而当时高祖前四子均已成年,能领兵打仗,由此推测高祖在称帝后广置嫔妃、热衷造人的事实。得此方墓志,可以增一旁证。二二七号《高婕妤墓志》,志主为玄宗婕妤,载其生颍王及昌乐公主,也与《旧唐书》卷一〇七《玄宗诸子传》载"高婕妤生颍王璬"记载吻合。墓志载高为玄宗在春闱时纳入,即位后封才人,进婕妤。墓志未载高之先人官位,疑为玄宗早年在民间所纳女子。所载昌乐公主婚嫁事,也可补《新唐书·诸帝公主传》之未详。

本书所收五代宋初墓志仅七方,但有两位是两《五代史》皆有传的人物,一是四九一号牛存节墓志,毛阳光教授已经与邓盼合作撰文《洛阳新出五代〈牛存节墓志〉考释》(《洛阳师范学院学报》2010 年第 6 期)加以研究,在此从略。另一方为赵莹墓志,其人《旧五代史》卷八九有传,本书可以补充的事实极其丰富。一载其字光图,与史载字玄辉不同。二载其家华阴及自曾祖以下谱系,较史为详,也可证史籍曾参据其家状,大端可信。三是史载其梁时在康延孝幕下为从事,墓志不载,或因康在后唐被指为叛逆,有意回避。四是赵莹入石敬瑭陕、并诸镇幕府十年,并成为拥立其在契丹扶持下即位的主要功臣,及在晋高祖、少帝二朝的仕宦经历,墓志均较史传为详,但也可证史乘大致准确。五是记述从开运兵败到契丹入汴过程中赵莹的作为和处境,多可补史书所未及,是该墓志最有价值的部分。在晋少帝命杜重威率军抵御契丹,墓志述赵莹"知杜威非千夫长,无万人敌,有魏绛和戎之志,寡樊哙请行之言,必不能开八阵以摧凶,奋六奇而决胜,别举良将,用灭匈奴。上不纳极言,罔追前制。公退朝而论曰:'统军旅之事,非社稷之臣,邦家之危亡无日矣。'"《旧五代史》本传仅云其曾私下议论,不及在朝的谏议,但提到他推荐的主军人选为李守贞。墓志叙其在契丹陷汴北归,胁迫赵莹北行云:"公履此危时,终能远害,罢黄枢之贵,从紫盖而行。一陷龙沙,五更凤历,马如羊而不入厩,金如粟而不入怀。胡王诏赴幽都,将期大用,赐以良田广宅,玉帛子女,皆辞让不受,即秉心可知也。""公耻于去国,遂遘沉疴。"以广顺元年六月十五日卒于幽州。《旧五代史》本传载其入蕃后事迹,主要是录广顺初田敏使契丹间的见闻,墓志明确载其卒日,可补史缺。关于其归葬后事,也多有可参。

三

本书收有一批特殊人物,即以往墓志中很少见到人物的墓志,值得研究墓志文学之学者关注。在此可以指出的有以下数例。

甲、书吏。三六二号《王公素墓志》:"王公素,洪州人也。年二十八,元和十年正月廿日,卒于东都归仁里。翌日,窆于城东七里伊川乡阳魏村。噫!公素本以书吏求进,不幸遇疾,绵绵累月,医巫针艾,亦已备矣。骨肉在远,唯从舅熊良时来省之。命矣夫!嗟之叹之,聊记片石。"王公素的身份是书吏,即在公署中负责文件抄写的文吏,大约属于官府中文人地位最低的一位。他原欲以此求进,但因病卒于洛阳,亲人都在远方,只有从舅熊良时加关心。从死到葬,仅为隔天的事情,也是到现在为止所知唐墓志中,死、葬时间最仓促的一位。墓志无书撰人,可能就是从舅熊良代为操办。今之下层白领好自称屌丝,这位王君也可算一个。

乙、智障者。三七八号郑朗撰《唐故荥阳郑府君墓记》云:"小字玉俊,如于岐嶷,忽怳忽忽,虽立不瘳。曾祖皇颍川郡太守长裕,大父赠□散骑常侍谅,父皇秘书少监咸悦,先夫人范阳卢氏。我叔父博约文德,儒室是馨。呜呼!有子若此,孰旌其善?春秋卅有六,长庆四年正月五日,卒于东午桥。四月十八日,墓于西于午桥。生不知其生,死不知其死。悲夫!堂弟朗为之词。"这是我所见第二方唐智障人墓志。撰者郑朗,两《唐书》有传。荥阳郑氏是唐名门。墓志说郑玉俊小时候也曾聪慧过,但突然恍惚无知,可能属于后天意外伤害造成的智障,到三十以后也未见痊愈,一直过着生死都不自知的生活。郑朗感叹其叔父以文儒名家,无奈生子如此,有善不得报的感叹。但我们也可知在此大家族中,毕竟为此智障者提供了三十六年的生活关照,且殁葬尽礼，可以见到唐代社会之一斑。

丙、私家奴婢。三九一号《唐大和六年七月廿二日江南西道观察支使试太子正字杨彤志王绾墓》，是很难得的家奴墓志，也记述了很少见的主仆之情。墓志较长，且赵振华先生已经撰文发表，故不全录，略述基本事实。王绾本字宜来，是杨彤祖父天宝间官太府寺丞时的书童。杨家牵连杨慎矜案贬谪康州，宜来服勤杨彤祖母南行。及归，祖母为其娶百姓李氏为妻。杨彤父为宜来改名绾，妻号如愿藏。杨彤生于上元元年（760），但不久家中再遭大故，估计是在肃宗末其父贬死，直到朱泚乱起，二十多年未归葬。但在此兵荒马乱、家族倾危之间，王绾夫妇为抚育少主杨彤成长，为杨家先人归葬，尽了最大的努力，并先后于贞元九年、十三年亡逝。到大和六年（832），杨彤年七十三岁，终于得到官职后，感叹："沉痛既愈，唯绾是赍，绾其未安，岂暇宁息！"坚持为已经亡故超过三十五年的故仆办理葬事。这方墓志记载了唐代私家奴仆的真实状况，也留下主仆相知的难得记录。

丁、爱宠。四二三号轩辕嗣撰《宣义郎试左监门卫兵曹参君张公故爱宠段氏墓志铭》，以"爱宠"称段氏之身份，在我所见唐墓志中，似前所未有。墓志略云："巨唐故段氏者，简号懿全，籍饶州浮梁县，袭而居焉。其来京国，私有因矣。君幼丧二亲，长无弟妹，托迹外族，亡传内谱。故以派沿裔基，靡可陈也。代有其三，今憺其二。考讳俊，皇不仕。志闲溪谷，性习风云，慕玄微至道之源，舍缘情恩爱之累，是以懿君免仪而自寓也。君生而多慧，成性有方，周仁克备，柔德必全，百行承欢，一纪逾□。悲夫！有子其四，有女其二。因感清河公重而仰□，配若偶也。其寓也如此，胡然盛哉！"段氏卒于大中五年（851），年三十余。墓志叙述常恍惚其词，欲言又止，有关段氏家世、身份都不甚明白，我很怀疑其家为商人或道士，所谓"简号懿全"，即指道号，其父又"慕玄微至道之源"，不顾家事，且饶州浮梁县即商旅云集之处，白居易《琵琶行》"前年浮梁买茶去"可证。墓志既称其"幼丧二亲"，又称其父舍尘累而不管她，也透露某些信息。她与张公之结合，时间超过十二年，且为其生下四子二女，原因仅是"因感清河公重而仰□"，即感张之恩德或情好，因以身相许。所谓"配若偶也"，是说类似成婚而事实并未成婚。志题称

"宠爱",应该是张公与作者商定的表述,即表二人仅因爱而共同生活,但并没有世俗之名分。我曾在多年前撰文谈到唐代妾之称呼,有"侧室""别室""女母""儿母""美人""妓人"等①,此段氏墓志提供了新的案例。

四

至于墓志内容特殊或形制比较特殊者,也可以介绍三方。

一是三六八号刘伯刍墓志,其前半为刘伯刍自撰墓志,后半则为其子刘宽夫在其卒后新撰墓志。将两文合为一文,已属奇特,且刘自度将死,自撰墓志后,居然又活了十八年,且宦途起伏,终荣历显职。其子在主持其丧事后,居然又将其早年自撰墓志先刻,不仅因为先人手泽,更因墓志可见刘伯刍之读书为人态度。谨将其自撰部分录如下:

□□□□者,广平刘伯刍之志。广平刘氏出汉景帝,其世德爵位,史牒详焉,略而不叙。病故也。六岁识字,十岁耽书,□□□□涵之间,未尝释手,于今一百九十八甲子矣。该所阅书,殆逾万卷,其意在通性命、乐黄尧而已。初不务记闻,□□□□,好属辞而不敢苟,短章小述,必稽义正。所著文二百廿三篇,编成十三卷。州举进士,一上登丙科,人不曰幸□□□□□事。十年至御史,自以为优。以疾去职,寓居苏州开元寺北。居数月,遘疠疾,凡九日,疾且亟,仰而呼曰:"老彭□□□□□归,虫臂鼠肝,于我何有?"遽命纸札,口占斯铭,时贞元十五年十二月日。铭曰:□□□□□□此者,或生于彼。达士谓之春秋,隶人悲其生死。妻子环哭,兄弟聚泣。物反其真,曾何嗟及!

稍有残缺,意思都还清楚。此年刘伯刍四十三岁,在登第十年后官至御史,仕途通顺之时,既因病去职居苏州,复因疠疾九日而至病危,故方有此口授墓志之自理后事。墓志自述读书经历,有两点尤应揭出,一是"□□□□

---

① 陈尚君《唐代的亡妻与亡妾墓志》,《中华文史论丛》2006年第2辑。

涺之间,未尝释手",比欧阳修的三上读书早了二百多年;二是其读书目的"在通性命、乐黄尧而已",是中唐学风转变的重要记录。

二是二六七号赵楚宾撰《大唐赠靖德太子哀册文》,刻作墓志,亦与前此所见作玉册者不同。

三是一一一号《焦海智墓志》,末述记告身十四通云:"三品孙告身一,翊卫告身二,副队正告身一,队正告身一,旅帅告身一,校尉告身一道,果毅告身二,典军告身二道,中郎告身一,率告身一道,率加阶告身一,建节告身一,上轻军告身一,括苍县开国男告身一道。"凡载十七道告身,应该是在入葬时,将一生所有告身一并附葬的记录,其形式应与浙江武义近年发现南宋徐渭礼墓随葬平生官告文书意义相同。唯不知此墓志出土时,此批文告是否还保存完好。若得发现,则属唐初官制研究的珍贵文献。

五

本书收唐代有诗存世诗人的墓志,有三方可以提出讨论。

一是三六八号刘伯刍墓志。《全唐诗》未收刘伯刍诗,但唐褚藏言编《窦氏联珠集》中,有署名"金州员外司马刘伯翁"的《奉酬窦三中丞见赠》一首:"多幸尝陪侍玉墀,俄惊负谴阻天涯。今日相逢问荣悴,更嗟年鬓飒然衰。"唐未见刘伯翁其人。岑仲勉《唐人行第录》及《文史》三一辑刊陶敏文,皆认为其人应即刘伯刍。翁、刍二字,行草很相近,可以信从,但毕竟缺乏铁证。拙辑《全唐诗续拾》卷二二收录时,仍以刘伯翁立目。本书收三六八号刘伯刍自撰墓志及附刘宽夫补撰墓志,为此一考证提供了确证:其在德宗末因直言贬虔州司户参军后,"顺宗御宇,移信州司马。今皇帝嗣位,转金州长史"。虽官称细节有差异,信为一人则无疑。因得此方墓志,参酌史传,可以为刘写定较准确完整的小传:"刘伯刍(757—817),字素芝,洺州广平(今属河北)人。应进士试时撰文二百二十三篇,编为十三卷。登进士第。贞元五年,为淮南节度使杜佑从事。历十年至监察御史,以疾去职,居苏州开元寺北。十五年,自以为将不起,自撰墓志。十九年,召为右补阙,迁主客员外郎。寻为韦执谊所谮,贬虔州司户参军。顺宗时,移信州司马。元和初,转金州长史。未几,征为国子博士,除考功员外郎。请吏部考试《开元礼》等科目,迁考功郎中。三年,迁考功郎中。充集贤殿学士,判院事。转给事中。六年,预译《大乘本生心地观音经》。七年,出为虢州刺史。十年,擢刑部侍郎。十一年,知吏部选事。十二年四月卒,年六十一。工书,有《后集》十二卷。《新唐书·艺文志》著录《刘伯刍集》三十卷,又录其预集《元和格敕》三十卷,今并佚。"

二是李朋夫妇墓志。《唐诗纪事》卷五三录李朋诗,题作《绵州中丞以江山小图远垂赐及兼寄诗云》:"巴江与雪山,井邑共回环。图写丹青内,分明烟霭间。移君名郡兴,助我小斋闲。日想登临处,高踪不可攀。"并注:"朋为尚书郎,和于兴宗诗。"《全唐诗》卷五六四题作《奉酬绵州中丞以江山小图远垂赐及兼寄诗》,小传仅云:"朋,刑部员外郎。诗一首。"目前为止关于唐一般诗人生平叙述最详备的《中国文学家大辞典·唐五代卷》"李朋"由吴在庆教授撰写,补充《樊川文集》卷一七《李朋除刑部员外郎制》、郑谷《云台编序》等记载,知其大中间由侍御史内供奉授刑部员外郎,后转吏部员外郎。官至河南尹。朋好奖掖后学,诗人郑谷年少时颇获其称赏。仍稍简略。本书四五〇号杨知温撰《唐故正议大夫守河南尹赐紫金鱼袋赠礼部尚书武阳李公墓志铭》、四五一号杨知远撰《唐故河南尹赠礼部尚书武阳李公夫人弘农郡君杨氏墓志铭》,提供了李朋完整的履历和家族关系。据此可以为李朋补写传记:"李朋(804—865),字子言,武阳人。虞乡令李宁子。文宗开成元年登进士第,为西川节度巡官。补秘书省校书郎,选为华州参军。历判镇国军事、光禄寺主簿、陕虢防御判官、山南东道节度掌书记,转观察判官。入为殿中侍御史,转侍御史,迁刑部员外郎。宣宗大中六年,由侍御史内供奉授刑部员外郎。后转吏部员外郎、郎中。咸通初,任右谏议大夫、给事中、工部侍郎,历户部侍郎。官至河南尹。六年卒,年六十二。"

三是崔岐。《全唐诗》不收其诗,杜牧《樊川文集》卷九收弟杜顗墓志云,杜顗年二十四"草阙下献书、与裴丞相度书,指言时事,书成,合数千字,不半岁遍传天下。进士崔岐有文学,峭涩不许可人,诣门赠君诗曰:'贾、马死来生杜顗,中间寥落一千年。'"因为杜牧的欣赏而存此二句。但除此以外,仅《新唐书》卷七二下《宰相世系表》二下载其出南祖房,为将作监丞崔照之子,后官江阴主簿。本书四〇三号收其撰《亡妻荥阳郑氏墓志》,署"前常州江阴县主簿崔岐自撰并书",保存了这位独特文人的佚文与书迹,且可知《新表》载官之可靠,知其妻为广德县主簿郑迥女,大和四年成婚,开成二年卒,成婚八年,育四子,唯存一女。而这位自视甚高的诗人,日常的生活则"居贫京洛,常歉衣食",为一介贫士。

就保存唐诗来说,本书四四一元璐撰《唐故乡贡进士博陵崔君墓志铭》保存了《全唐诗》未见的诗人崔文龟的两则诗,一是他临终前带有谶言意味的两句诗:"大中十二年冬,君始被疾,不果与计偕。明年三月□极,四日谓璐曰:'予之疾不可为也,前十一月时,赋咏题诗云:'惆怅春烟暮,流波亦暗随。'是日壳血,盖有征焉。又曰:'予平生为文,匪一筐矣,没后为我编辑之,用此为记。'后三日,启足于长安新昌里儆第,年二十七。"另一首则写其因二女弟先后夭殁,因而耽读佛典,作诗自咏以表达对人生短暂的感悟:"君女弟二人,往岁其长卒于洛,始闻其疾也,衣不解带,马不解鞍,自京师才数夕而至。前年,其季又已焉,昼不安食,夜不安寐,视药膳者八十日,未不由而进耳。人或知也,惟璐见之。因而读浮图书,雅得其奥。每自咏曰:'莲花虽在水,元不湿莲花。但使存真性,何须厌俗家。'旨哉斯言,可以味于人矣。"虽然可能二诗都非完篇,但毕竟提供了唐人新的佚诗,值得重视。崔氏生平,也可据墓志摘要如下:崔文龟(833—859),字昌九,郡望博陵。处州刺史崔周衡子。大中丙子始为进士,屡试不第。十三年卒,年二十七。著古文七十首、赋十首、歌诗八百二十首、书启文志杂述五十三首,又作《玄居志》十八篇、拟诗人之讽十篇,未完成。

至于唐前诗人文献,也略有可补,试以殷英童为例。逯钦立先生编《先秦汉魏晋南北朝诗·隋诗》卷七录其诗一首,不载事迹。今知可据《元和姓纂》卷四和碑林藏颜真卿《颜勤礼碑》略补事实。本书一三六号《殷子慎墓志》载:"曾祖英童,周御史大夫,隋益州晋熙郡守。爰自江表,来仕关中,声第籍甚,见重当代。"大致可推知其在梁陈之间归北,仕北周至御史大夫,在隋则稍有贬谪。

六

本书所收著名文士文章数量巨大，可举者有吕向、徐彦伯、张鼎、裴漼、吴兢、徐隐泰、员俶、郭密之、程浩、常衮、卢杞、任公叔、韦夏卿、郑余庆、杜兼、韩皋、苏特、王枢、杨巨源、吕让等，不能一一枚举。仅揭示一些重要而有特殊意义作者之文章，略述其价值。

郑绩是一位不见史传的学者。《文博》1989年第4期刊出拓本贺知章撰其墓志，记载其著有述唐蕃分界的《柘州记》一卷，类书《新文类聚》一百五十卷，依《春秋》作《甲子纪》七十篇，掌地图撰《古今录》二百卷，贺知章评为"宪章遂古，贻范后昆"。可惜郑绩的著作全无存世。本书一九七号收郑绩撰《柳氏墓志》，是今得见郑氏唯一文章，弥足珍贵。

本书所载二〇二号贺知章撰《王内则墓志》，是我见到贺知章撰文的第九篇墓志。去年我曾刊文《贺知章的文学世界》[①]，根据已见八方贺撰文墓志，推测其平生撰文墓志当超过五十篇，相信还会有陆续出土。本书立即提供了支持。

汝阳郡王李琎是玄宗大哥李宪之子，是唐宗室中一位禀赋特殊、曾有许多造诣的人物。杜甫晚年在夔州撰《八哀诗》，所哀八人为王思礼、李光弼、严武、汝阳郡王琎、李邕、苏源明、郑虔、张九龄，八人之事功差异很大，部分是国之勋臣，更多则是杜甫的朋友。其中就数汝阳郡王琎事迹最不显。杜甫诗中说他像太宗："汝阳让帝子，眉宇真天人。虬须似太宗，色映塞外春。"又说他好客而多才艺："晚年务置醴，门引申白宾。""挥翰绮绣扬，篇什若有神。"隐约间似乎说因其特殊身份反而阻碍其成就。本书二三八号《让皇帝第十一男瑁母夫人韦氏墓志铭》，署"兄昆孤子光禄大夫前行秘书监上柱国汝阳郡王琎"，很难得地保存了他的佚文。志主是其父亲的妾，但内容则涉及其家室的诸多秘辛，颇值得玩味。

三四九号《石解墓志》撰者石洪，是与韩愈交谊密切的一位特立独行者，

[①] 陈尚君《贺知章的文学世界》，《杭州师范大学学报》2012年第3期。

欧阳修《集古录跋尾》即收其贞元二十年撰《总悟上人钟山林下集序》,可惜存世文字极少。此墓志不仅述其家先世事迹,且本身具有很高的文学趣味。一述石解义救名士郑丹事:"初,吴房令郑丹为当时闻人,假贾畜家钱百万,没其生业不能以偿。辩于官司,治之遭迫,移禁中牟狱。行贾视公善马,曰:'郑囚得马,吾当代输五十万。'丹先不知公,或言公乃效马,贾者义之,焚券免责。"在墓志中叙述有趣故事,韩愈多好此,石洪亦为之,知为韩门同人之同好。《中兴间气集》载郑丹撰玄宗、肃宗挽歌二首,据此墓志则可知其贞元初为吴房令。

三六一号《崔成务及夫人李氏墓志》,署"从祖弟儒林郎守京兆府蓝田县丞立之撰"。崔立之是韩愈的亲密朋友,韩有《赠崔立之评事》《寄崔二十六立之》《赠崔立之》等诗相赠,在他任蓝田县丞期间则有《酬蓝田崔丞立之咏雪见寄》,并为其撰《蓝田县丞厅壁记》。此方墓志对韩愈诗文研究皆有价值。

《因话录》卷三:"进士李为作《泪赋》及《轻》《薄》《暗》《小》四赋,李贺作乐府,多属意花草蜂蝶之间。二子竟不远大。"这位当年与李贺并称的赋家,以往未见文章传世。本书三六四号收《故朝议郎守丰陵台令程公墓志》,署"前乡贡进士李为撰",撰于元和十年(815),时李贺尚在世,知即其人。

杨复恭是唐昭宗时的权宦,《旧唐书》卷一八四有传,前此也曾有他撰文碑志的发表,是宦官中的一位才士。本书四四七号收其撰《王彦真墓志》,是他为同为宦官的朋友撰写的墓志,篇幅弘大,文词华丽,可以见到他的才能。更重要的是此志撰写于咸通六年(865),在他在政治上大展拳脚前十多年,故尤可珍惜。

唐小说集《博异记》撰者郑还古,以往所知事迹甚少。本书三七五号收《唐故荥阳郑夫人墓志铭》,署"侄朝散郎前行河南府参军云骑尉还古撰"。据此不仅可以补充郑还古的佚文,还可据知其家世生平的许多线索。一是可知其高祖为太常卿郑果,曾祖为金吾将军郑放,祖为洛阳主簿郑镇。二可补充其长庆三年前为河南府参军。三是知其当时多病,且感念其姑早年的抚育之恩:"还古残骸多病,笔砚久荒,永唯襁褓之年,蒙被煦育,置之膝上,分吐哺之慈;扶于掌中,窃似珠之爱。"虽然墓志缺载郑氏的卒年及享寿,但大致知其长庆三年前已经归嫁卢沐四十多年,可知郑还古的出生当不晚于贞元前期。四是墓志中有大段关于自己与姑姑一家之密切来往,见其对女师、处友、进退之态度,文长不录。

七

有关唐代制度史、社会史、文化史方面的重要文献,在此亦略摘数则。

三五五号权璩撰《张瑜墓志》,述张瑜举明经过冠不及第后云:"国家每岁第明经百余人,其间非儿则氓,举世贱明经四十年矣。吾得之不可期,可期不足荣吾亲。吾家世以干戈弧矢事君,忠有余,未尝大成,大成庶几在小子。"乃弃而改应武举。张瑜卒于元和七年,年四十一,其武举及第当在贞元十五年左右。其云"举世贱明经四十年",大约转折点可以回溯到天宝末。所谓"非儿则氓",则似指某些善于背诵的孩童及出身低微者常据此出身。今人多据《唐摭言》卷一引"三十老明经,五十少进士"语知唐人轻明经而重进士,但其间的转折点则未见明载。

四六四号《唐故太子洗马杨府君夫人宝应县主陇西夫人墓志铭》,志主为代宗子郇王第八女,文宗时"敦睦宗枝"而得封宝应县主。因其夫早世,二子年幼,故生计颇艰难。至懿宗时,每元正"朝会诸亲",宗室"有以无衣而求赉者,有以求耕□庇风雨者",县主独无所求,懿宗因而见问。墓志录了一段县主与懿宗的对话,较重要的一段是县主进词云:"妾连帝枝,蒙降良配。不幸夫族家焰疢灭。今一农室,尚能绪班,亡夫遗嗣二子,少而提育,粗闻诗礼,今已逾冠,无路仕进。幸帝哀奖,越例超赐,及妾□视,睹其敛板是固,不敢他求。久不发者,心难之也。"懿宗赞其"不利一时而欲大夫族",乃授其二子官。此方墓志涉及唐代宗室之生存状态,即唐代自玄肃以后,以十六子百孙院将皇家子孙禁锢起来,出嫁之公主、县主则随夫家生活,这种方式形成了唐后期弱宗枝的状况。如本墓志所述,有些已经沦落殆近农家,为衣食田亩小事还要在见到皇帝时提出要求,而在家族衰落后,县主之子也"无路仕进"。

四七五号赵玭《祁振墓志》,是一篇商人的墓志,写其"三造礼部"皆不捷，乃退归，"十数年间，致猗顿之富"。遭遇唐末大乱，"家业不散，守道自固"，但却意外遭盗而亡："不幸俨然在忧服之内，值群盗犯其家，昏黑苍惶，误抵锋刃，举家莫救，哀号动天。"

四二九号范邻撰《段宏墓志》，作者与志主皆无足称述，但墓志中录了一大段段宏对求宦建功的自述，则颇为难得："恬默静处，不竞于时，吟啸自怡，琴书为友。常叹曰：'丈夫生于世，登科第，由清途，或处谏垣，或由宪府，历枢辖而升台辅。处谏垣，则规天子之得失；由宪府，则行王者之纪纲；历枢辖，则端总百揆，铨擢人才；升台辅，则调燮阴阳，镇抚风俗。致一人如尧舜，俾九土之清平，乃丈夫之上志也。次不由科名，不历显贵，则封侯万里，立功三边，旌幢前驱，貔貅后拥，形模麟阁，铭勒燕然，威震于紫塞之中，名书于青史之上，亦乃丈夫之次显也。今我年仅强仕，未窥一途，尚以常调求一级一资。屑屑于红尘之中，碌碌于青衫之下，非大丈夫之所为也。'"后应召入浙右节度使丁公著幕府，"丁公曰：'文武之道未坠于地，亦贤者见机而作矣。公能掷手版，佩金章，发迹于江镇之间，立功于边陲之上，直取富贵而可乎？'公私谓友曰：'我之昔论，岂非契乎？'"于是在浙幕逾二十年，幕职升至衙都，但因江表无事，迄无所成。墓志所书仍为入幕前官"文敬太子庙令"。此节段宏关于大丈夫立世所为之大议论，文气很像韩愈有名的文章《送李愿归盘谷序》，而其所虑之实质，则为走文官常调之路，还是入幕走军职之别途，可以说是中晚唐间许多士人反复思考的问题。段宏的议论，是研究唐后期士风的难得而直率的表达，故应予提出。

本书中有夫为妻撰写的墓志十七方，内容极其丰富，其中一〇七号《卢舍卫墓志》撰于高宗永隆二年（681），是今知最早的亡妻墓志之一，撰文者为于志宁之孙。这部分对唐代家庭、婚姻、妇女史研究极其重要，非本文能尽，暂从略。

八

墓志是丧挽文学的记录，其内容受到体例的限制，对死者以称颂为主，这应是可以理解的。墓志的价值在于保存了唐代社会各阶层各种人物的生平履历,提供了今人研究唐代文史的极其丰富的新史料。学者若能善于运用各类文献,适当采信墓志提供的文献,参比研究,必有可观的收获。以下试举一个与本书所收墓志有关的有趣故事,说明墓志文献之可贵,以作本文之结束。

《太平广记》卷二五八引《朝野佥载》:"周夏官侍郎侯知一,年老敕放致仕,上表不伏,于朝堂踊跃驰走,以示轻便。"时台中语有"侯知一不伏致仕"云。本书一六五号收《侯知一墓志》,详载其生平,太极元年(712)卒,年八十三,是当生于贞观四年(630),其任夏官侍郎,墓志云:"转兵部侍郎,加遂成县子。丁内艰去职。(略)天后圣帝封中岳礼毕,加银青光禄大夫,授上柱国,进封永乐县侯。服阕,西京留守,除华州刺史。"武后封中岳在万岁登封元年(696)初,侯知一任兵部即夏官侍郎,当在此前一二年,其时年约六十五六岁,未过悬车之年。知《朝野佥载》所记有误。其致仕在神龙初,时年已过七十五。估计其不肯致仕,或有其事,但不在夏官侍郎任上。至于墓志云其"屡请悬车,方延锡杖",则不免虚誉。据此可知笔记记载与墓志互参之重要。

九

录文可商者,三三号《陆士季墓志》"嗣膺朱邱"句,邱为清代后造字,拓本字形似邱,但就前后文看,显然为"邸"之异写。又如三〇三号《郭雄夫人李氏墓志》"夫人顿丘李太子舍人瀚之女",瀚,拓本显为"澣"字。另如四八六号《冯二铢墓志》,名似很特别,仔细看拓本,似乎"二"字仅为石刻凿痕之误识。再如四五二号《刘真仪墓志》,作者署"外兄乡贡进士陈松撰","松"字上加方框,显示原石有残损,我仔细辨认,倾向认为其名似为"枕"字。标点可商者,如四三六号《李氏墓志》:"何论《孝经》,古赋之类,讽诵无阙,用此为娱乐。""何论"应指何晏注《论语》,为唐代通行之书,此处应点作"何《论》、《孝经》、古赋之类"。三九一号《王绾墓志》:"彤生上元元年,生未三月,家有大故,旋遇长安朱泚兵乱(下略)。"上元元年到朱泚兵乱,相隔逾二十年,故"家有大故"下之逗号应改句号。同志"命第二侄洙备,时服棺椁",

"备"下逗号应删。

2013 年 4 月 17 日于复旦大学光华楼

（收入吕建中、胡戟主编《大唐西市博物馆藏墓志研究续一》，陕西师范大学出版社，2013 年）

户崎哲彦教授桂林石刻
研究著作两种评价

我于2000年秋因蒋寅教授之介绍认识当时还任职于滋贺大学的户崎哲彦教授，知道他完成柳宗元永州诗文之实地研究，并出版《柳宗元永州山水游记考》（京都，中文出版社，1996年），已经转入桂林石刻的调查和研究。我当时觉得，桂林石刻在宋代已经备受关注，清时颇有遍拓石刻成套出售者（详吴式芬《待访碑目》册十五《临桂县碑目》、《舆地金石目》册五"临珪县"，《上海图书馆藏明清未刊稿本》第29册第173页、第24册第388页，复旦大学出版社，2008年），近代罗香林教授曾系统调查桂林佛教造像，上世纪六七十年代桂林市文管会曾组织人力全面调查，有三大册《桂林石刻》内部刊行。就我的印象，似乎再要深入调查，剩义已经不多。此后数年，每年无论冬夏假期，他都到桂林作实地调查，偶尔路过上海，匆匆约我见面，兴奋地谈到他的新发现，我才觉得原先感受的未尽妥当。这么多年的努力，最终结集为下述两书，并承户崎教授见赠，让我有机会及时了解他的成绩，确信在桂林唐代石刻的发掘、校订和研究方面，他都在完整吸取前人成就基础上，取得了可喜的收获。

《桂林唐代石刻の研究》（白帝社，2005年，1—425页，14 286日元）分别载录虞山、铁封山、叠彩山、宝积山、独秀峰、伏波山、七星山、西山、隐山、开元寺、象鼻山、南溪山等十二处所存唐代石刻，存佚皆载，所录共六十六品，其中今存者三十七品，已佚者十七品，存佚未能确认者十二品。此前录石刻最完备的《桂林石刻》所收仅四十四品。就对唐代石刻记录的丰富程度来说，可以认为超过以前的各种著作。各处石刻之首，一般先叙位置，即其地之今址，次述沿革，即唐以后的有关记录，再叙石刻，即该处所存历代石刻的总况。其次则分别对每一例唐代石刻详加考查研究。存世石刻一般分为资料（该款石刻的古今记录、录文和研究目录）、现状（今存石刻面貌、照片及录文）、校勘（根据现状及各种前人录文详尽校勘文本）、复原（根据校勘成果重新校录文本，力求恢复石刻的完整面貌）、解读（标点石刻文本）、考察（有关该石刻的详尽研究）等各部分。本书的这一体例，既按照《金石萃编》以后石刻研究注意汇总前代研究的传统，也依循日本书志学研究中特别关注文本现状描述记录的做法，更强调近现代金石学专题考释研究中充分展开、穷尽探讨的求深求细的追求，是较完备精密的体例。

  石刻文本校勘是本书用力甚勤的工作，由于全面占有文献，反复斟酌文本，再加上对前代拓本和石刻现状的认真考察，取得很可观的成绩。比方七星山乾宁元年张浚、刘崇龟唱和"杜鹃花"诗并序，石刻现状残泐极其严重，仅存如下文字："山居洞前得杜鹃花走笔偶成□□/桂帅仆射□寄呈/广州仆射刘公/河间张浚/□中筹策知无□洞里□花别有/春独酌高吟问山水到头幽景□/□人/伏蒙/仆射□公□□□□和杜鹃花诗□/□□石□□乏□□□□/绝唱□□□□□□□唐突□/爱□□□□□□□□次用□/□寄呈/桂州□□/前□□□□□□□□□□□上/碧□红□合洪钧桂树林前□□春/莫□花时好风景/□溪不是钓鱼人/乾宁元年三月廿七日□仕□前守监察御史张□书/"但这次唱和诗，从明黄佐《广西通志》以下，先后有过十四五次详略不同的录文，户崎经反复校勘，最后复原的文本如下（标点是我所加）：

  山居洞前得杜鹃花走笔偶成以简桂帅仆射兼寄呈广州仆射刘公
  河间张浚
  幄中筹策知无暇，洞里观花别有春。独酌高吟问山水，到头幽景属何人。
  伏蒙仆射相公许崇龟攀和杜鹃花诗勒诸岩石伏以崇龟本乏成章矧恐绝唱徒荷发扬之赐终流唐突之爱将厕廷觐先叨荣被谨次用韵兼寄呈桂州仆射
  前岭南东道节度使检校右仆射刘崇龟上。
  碧幢红苑合洪钧，桂树林前信得春。莫恋花时好风景，磻溪不是钓鱼人。

乾宁元年三月廿七日将仕郎前守监察御史张岩书。

两相比读，可以看出差别之大。顺便应该提到的是，《全唐诗》卷七一五仅收刘诗而不收张诗，孙望《全唐诗补逸》卷一二据《金石续编》卷一二录补，又据《八琼室金石补正》卷七七校勘，拙辑《全唐诗续拾》卷三四因《全唐诗》录刘诗仅题作《寄桂帅》，录诗有五字误，因而据《桂林石刻》重录。现在检对户崎校订文本，仍有六七处误录。

有关已经亡佚的桂林唐代石刻的考索，也是户崎教授着力探讨的部分工作。如开元寺《善兴寺舍利函记》，清人多有录文，但原石乾隆后遗失，已无从追踪，罗香林录桂林佛教造像，也以此为憾。中国国家图书馆藏顾千里旧藏拓本，八十年代曾影印，嘉庆间徐荣拓本也于2001年3月10日在《桂林日报》经赵平撰文披露。户崎根据清人载录和有关拓本，对此石有仔细校勘，另撰写数篇考察，探究唐代善兴寺和舍利塔的由来和位置，分析石刻及其流传拓本的存留轨迹，并纠正认为此石与褚遂良有关的误传。

有关颜真卿书"逍遥楼"的考证，大约是最能显示作者文献考辨能力和深度的一节。在大历五年颜真卿书"逍遥楼"下，有《唐桂州城逍遥楼和颜真卿》《颜真卿书"逍遥楼"异本五种的相互关系》《玄宗作〈登逍遥楼〉诗和颜真卿书〈请御书碑额表〉》《落款"大历五年""大历丁巳之关系"》《颜真卿书"逍遥楼"之真伪》《颜真卿书"逍遥楼"刻石和湘南楼》《伪颜真卿书"逍遥楼"的出现》诸节，长达三万多字，基本厘清了伪刻的渊源及其产生的过程。作者首先引录清代王昶、今人朱关田的怀疑意见，再追溯文献，根据宋之问《桂州陪王都督晦日宴逍遥楼》《登逍遥楼》等诗，知道唐初桂州即有逍遥楼在，从《太平寰宇记》以降，历代地志均有所记录。但颜真卿平生行迹，则未到桂州，似无缘题榜。进而清理历代流传的颜书记录，发现有五种异本，从所出来说，蜀中有剑州本和梓潼本的流传，桂林本也有三种不同文本存世。从落款和字形来说，亦有五种异本，时间有大历五年、大历丁巳、大历六年的不同，"年"字和"遥"字字形也有差异。全面清理文献，户崎认为根据《集古录目》的记载，玄宗早年曾作《登逍遥楼》诗，到乾元间，颜真卿和王玙先后任蒲州刺史，王玙在蒲州重刻玄宗诗，并请肃宗书碑额，奏表请颜真卿书写，因此歧传为蜀中和桂林分别有颜书的记录。而"逍遥楼"伪刻的出现，则因北宋后期在桂林建有湘南楼，到南宋时经改建后，易题逍遥楼，以印合唐代的记载，到元明间数度移建，并以伪颜书题楼。虽然伪颜书出现的准确时间还有待落实，但就户崎教授所作考释来说，无疑已经非常充分了。

其他如伏波山石刻佚名造像题记下，有《桂林石佛和千佛岩立像二尊》《虞山摩崖佛"千年观音"和桂林早期佛教之关系》的论列；七星岩元和元年孟简等题名下，考索桂林期间孟简和马祖派僧侣的交游，也都是很有兴味的研究。再如七星山元和十二年怀信诗的校录后，提到拙辑《全唐诗补编》所收怀信诗的补说，指出拙辑根据《桂林石刻》收录怀信五言诗拟题《题桂林七星岩栖霞洞》之不妥。当时我仅根据南溪山元和十二年题名考知此怀信之年代，并认为与《宋高僧传》卷十九有传之扬州西灵塔寺僧怀信不能确定为同一人。户崎则进一步列举柳宗元元和九年作《南岳大明寺律和尚碑》有惠开弟子怀信，可以补充事迹。

《中国乳洞岩石刻の研究》（白帝社，2007年，1—315页，9 800日元）专录广西兴安县董田村乳洞岩内所存唐宋石刻。该洞距离桂林市区六十五公里，今存唐宋石刻三十八品。宋以后渐不为人所知，明末徐霞客曾造访并记录该洞经历。清代谢启昆《粤西金石略》对该洞石刻有所记录，至民国手抄本林半觉《广西石刻志稿》、今人张子模《桂林文物古迹》（文物出版社，1993年）、曾有云等《桂林旅游大典》（漓江出版社，1993年）、刘涛等《桂林旅游资源》（漓江出版社，1999年）等有部分介绍，但远非完整。本书是第一部完整系统地调查记录乳洞岩三洞石刻的专著。其中有两则首次发现的石刻，一是元约题名："僧元约，大和八年游。"因为这则石刻的发现，可以纠正前人认为乳洞岩石刻始于会昌四年的说法。二是高州员外掾赵□《题全义乳洞》：

题全义乳洞　　高州员外掾赵□
　□□□□过湘川，访古行吟问洞天。石玉菖蒲皆九节，云龙葛蘲已千年。双双乳笋镂□穴,□□神鱼□潆泉。□□逐臣有□限,梦□□□符真仙。会昌五年八月十日题。

虽然缺文颇多,但文意大致尚能明晓,非常珍贵。

另外几则石刻,虽然在前举户崎以前的一些桂林地方图书已经有所披露,但不为一般学者所知,我借此拟一并录出,以便读者引用。一是元籙题名:"元籙。会四七月十九日。""会四"为会昌四年的略称。户崎考证元籙是官至淄王傅而与韦应物、杨凌等都有过从的文士元锡之子,我还要补充的是元籙曾参加大中末在襄阳与徐商、段成式、温庭筠等人的诗歌唱和,但因《唐诗纪事》将其名误记为周籙而不为人所知,今人陶敏有较详考证。二是卢贞题记:"前广州刺史卢贞,会昌四年七月廿日北归过此,男縫从行。"今人郁贤皓《唐刺史考全编》卷二五七据《新唐书·王博武传》和《舆地纪胜》卷八九知卢贞任广州刺史,据《光绪广州府志》卷一七定在会昌五年至六年在任。而据本则题记,知其在会昌四年七月已从广州去职,其任职应在会昌四年上任的崔龟从前一任。三是元晦题记:"检校左散骑常侍、越州刺史元晦,会昌五年八月廿日,自此州移镇会稽,辄辍暮程,遂权探赏。"《唐刺史考全编》卷一四二据《会稽掇英总集》卷一八定元晦"五年七月自桂管观察使授",据此刻则七月改除,到八月廿日方离桂林,虽属细节,也颇可玩味。卢贞、元晦二人的传记记载较多,在此不拟列举。四是唐代著名文士韦瓘《游三乳洞》:

游三乳洞 五月廿日桂□观察使兼御史中丞韦□
尝闻三乳洞,地远□容□。□□造化□,完与人世殊。偶此□颁诏,因兹契□图。邃□窥水府,莹静□仙都。□□□寒气,石床迸碎珠。□□□□□,浙沥坠珊瑚。□□□□□,神□怪异。兴□□□□,薄暮势称扶。□缚如初□,蒸烦得暂苏。终当辞□□,犹□侣樵夫。

此诗和前录赵某诗,《全唐诗》和《全唐诗补编》都没有收,可以补录。

《中国乳洞岩石刻の研究》的主体部分是对洞内三十二则宋人题刻的校

录考订,其中张孝祥、范成大、方信孺、刘克庄、李曾伯等名家的遗迹,这里就不作一一介绍了。

两书总体精详周密,细节偶有出入。如《桂林唐代石刻の研究》第340页五代楚天成二年马宾建《金刚经》碑记,石刻录文作"静江军节度桂管□□处置等使开府仪同三司□□太尉兼□书令使持节都督军事守桂州□史□□□□兴郡王食邑五千户马寶建",据各本及史籍校勘后,复原文本作"静江军节度桂管观察处置等使开府仪同三司检校太师兼中书令使持节都督军事守桂州刺史上柱国扶风郡王食邑五千户马宾建",凡补足十字,大抵可信,而改动三字,则稍有可议者。一是原石刻无年月,户崎根据《旧五代史》卷三一《庄宗纪》和卷三七《明宗纪》改"太尉"为"太师",按五代官制迁转无常,不能遽断"太尉"为误。尤其改"马寶"为"马宾",最为不妥。今知《粤西金石略》卷二、《八琼室金石补正》卷八一以及《桂林石刻》录文皆作"马寶"。此人在《旧五代史》中凡三见,熊氏影库本卷三一《庄宗纪》作"马寶",卷三七、卷四二《明宗纪》则作"马宾",中华书局点校本已将二处"马宾"校改为"马寶",所据版本和文献有刘氏嘉业堂本、彭元瑞校本、《新五代史》卷六六《楚世家》、《新唐书》卷一九〇《刘建锋传》、《册府元龟》卷七一八以及前引《庄宗纪》,另《十国春秋》卷七一有《马寶传》,今人罗庆康《马楚史》(湖南人民出版社,2004年)第八章对马寶生平也有所论列。可以认为,桂林石刻可以作为中华书局点校本的改动的佐证,而不应该据误本再改回。同书第175页考察显庆四年佚名题"玄玄栖霞之洞",所列"玄玄栖霞洞"和"玄元棲霞洞"之关系,引及七星岩内存南宋人尹穑《仙迹记》和《铭并序》所载郑冠卿入洞遇日华月华君之故事,甚是,但应补充尹穑《仙迹记》是摘录五代人著《灯下闲谈》卷下《代民纳税》一节,并非自己写作,只有"穑闻而铭之"以下为尹氏所作。

户崎教授的桂林石刻二书,承继中国历代金石学的基本规则,秉持日本书志学注重古本现状记录分析和文本精确描述的治学态度,充分利用现代田野考察和文本复制的便利,详尽占有古今有关桂林石刻的研究成就,在石刻校录和文本考证方面,都努力追求完美准确,堪称桂林石刻研究之集大成著作,值得向学者推荐。

2009 年 10 月 11 日

(《海外汉学研究通讯》创刊号,中华书局,2010 年)

李鸣《回忆张钫先生文选集》序

同窗李鸣女士几年前退休后,矢志搜辑和研究她外祖张钫将军的文献,毋分寒暑昼夜,奔走南北,且动员了她在台湾的诸多表亲,建立了专题博客,所得甚丰,先就前贤今德回忆文字,编辑为本书。嘱序于我,无论公私,我都不能推托。

我最初知道张钫,是在三十五年前读唐史学家岑仲勉先生之著作时,但凡考证唐代人事史迹而真相难明者,每引千唐石刻为证,剖疑析纷,举证确凿。稍后方知所谓千唐石刻是民国间河南张钫搜辑石刻的总称,三四十年代曾以成套拓片传播,许多省市和大学图书馆都有藏,我所任教的复旦大学也有一套,但拓片毕竟检读不便。1985年文物出版社据说因为统战的原因(张钫后人、部属在台湾军政界颇有任要职者),出版了《千唐志斋藏志》两巨册,定价一百六十元,大约是我当时两个月的薪水,还是毫不犹豫地在书店九折的时候买下,并立即据以撰文考订《新唐书·宰相世系表》。详读这两册大书,在我个人的学术研究,是在基本典籍以外得以把握20世纪上半叶出土唐代石刻,提升了研究水平(当时据石刻考史还未成风气,和现在不同),对于藏者张钫,得知他是民国金石三老之一,另两位是于右任、李根源。

三老都是辛亥元老。李根源是云南腾越人,云南新军起义时任军政府军政总长。于右任是陕西三原人,是唐代最著名的文化家族三原于氏的后人,最著名的当然是他的草书,但更重要的经历则是他为早期同盟会成员,以办报著称,民国间历任显职。张钫则为河南新安人,但他的辛亥勋绩则是在陕西建立——他以陕西新军混成协炮兵营右队队官参加张凤翙领导的新军起义,苦战三昼夜光复西安,寻任秦陇复汉军东征大都督,次年授陆军中将衔,时年二十五岁。三人的革命经历各异,但共同的文化爱好促成了他们共同的兴趣:搜辑北魏唐代墓志,其间的核心人物则是张钫。据《名人传记》1996年第10期王小伟《民国金石三老——张钫、于右任、李根源掠影》的介绍,张钫与于右任交往始于1915年,其后因陕西军政事务而过往更密。1930年前后,张钫先后任河南省交通厅长、民政厅长、省主席兼二十路军总指挥等职务,其间他注意到吴佩孚驻军洛阳时大兴土木,加上陇海线途经北邙山的施工,许多古墓被发掘,墓志石刻因笨重而不为藏家所重,多遭遗弃,乃发愿加以收藏。他饬令部下凡得见墓志即上报登记,上交司令部,然后运往老家新安铁门镇。据说一段时间里挂着二十路军军用物资旗帜而装载石刻的军车曾络绎于洛阳、新安之间。他又委托洛阳碑贾郭玉堂代为收购,所得也不少。大约当时洛阳所出石刻,大半为张钫所得。于右任得知张钫的雅好,两人又是莫逆之交,遂与之相商,确定北魏墓志归于收购。李根源知道后,也托张钫代为收购。所以三老核心是张钫。于右任得北魏墓志逾百方,其中有七对夫妇墓志,因题作《鸳鸯七志斋藏石》,印出目录。李根源所得携归苏州,藏曲石精庐,凡唐墓志九十三方,数量不多,但颇有精品,尤以王之涣、泉男生、黑齿常之等志著名。张钫所得超过一千四百方,其中唐墓志一千一百九十三件,乃在铁门镇私邸西侧建千唐志斋收藏。经历世事剧变,三老所藏最后都归国家所有:于右任所藏全部捐给西安碑林,李根源所藏在苏州沦陷前沉入所居池中得无损失,后来捐归苏州文管会,改藏南京博物院(王之涣墓志遗失),张钫在1949年以后将故居和藏石全部捐归国家,现在称千唐志斋博物馆。三老在战乱年月为保存国宝文物所作努力,当为世人永远铭记。三老的全部收藏也都已影印出版,为学者所珍惜。今日凡治隋唐文史者,若不知千唐曲石,是不能认为已入门了的。

　　2005年9月复旦百年校庆,见到多年未见的老同学李鸣,虽然毕业悬隔二十多年,她依然活泼豪气,闲谈间得知她是张钫外孙女,更让我觉得意外。此后到北京,她给我展示家族回河南聚会的照片,并说临近退休,有意做张钫研究,我亟表支持。她希望我给她提供建议,我虽然对民国史事毫无研究,仅凭文史研究一般方法提供建议,并挖掘早年读文史资料的积累略说一二,我想对她也不会有太多实质的帮助。但她退休后,居然摆脱一切的俗务,倾全力于此。她因为我是同学中不多的在线学人,不免常与我联系讨论,我也就所知提供一些建议。就我所知,她查阅了各省市的许多文史资料，搜辑张钫旧友亲朋的回忆；到张钫曾经任职的地方查阅档案，复制有关张钫的史料文档；她与在台湾的张钫子女，也就是她的舅姑及其后人保持密切联络，请他们复制台湾的文档和回忆录。她每有重要的收获，都愿意与我分享，也很快在博客中公布。因为这些缘故，我得以一直知道她的工作，也因她而对张钫这位民国大佬有了全新的认识。特别是阅读本书以及张钫所著《风雨漫漫四十年》（中国文史出版社，1986年），感受更为强烈。

张钫一生经历，很富传奇色彩。张钫十八岁进陕西陆军小学，二十一岁进保定陆军速成学堂，在清末开始军旅生涯，也因此参与秘密反清活动。武昌首义后他立即参与陕西起事，在光复西安和东征争夺潼关血战中功勋卓著。袁政府时期他被委以军职，但因不肯同流合污而渐赋闲，又因参加讨袁计划而遭告密逮捕，押送北京军法处，所幸得友人帮助，袁不久死亡，方逃过劫难。1917年张勋复辟，张钫参加陕西讨逆军声讨。1918年，他协助于右任在陕西组织靖国军，呼应孙中山的革命主张，分任正副总司令，历时五年，是当时北方革命的重镇。1920年他为父居丧归新安，又被驻节洛阳的直系军阀吴佩孚邀请为客卿，参与了直奉战争的一些协调联络事宜。他又与冯玉祥过从密切，参与冯反奉的密谈，参与冯争夺河南、陕西地盘的筹划，因此而遭张宗昌部的追缉，被冯玉祥委以要职。但在蒋冯阎大战中，他则转而支持蒋，被任命为河南省代主席，因为试图游说孙殿英反冯，遭冯追杀，为孙软禁，但都化险为夷，平安脱险。此后他追随蒋，也曾剿共，也曾赈灾，到抗日军起，他以十二军团军团长兼陆军七十六师长参加淞沪会战，直到主力战尽，部队番号撤销。此后他在国民政府虽也历任要职，几乎不曾再带兵。到1949年蒋政权崩溃之际，他已经撤到台湾，但因蒋认为他在陕西、河南有广泛人脉，被委以豫陕鄂边区绥靖公署主任返回。在随二十兵团败守郫县时，他以一套攻、守、走皆已不可能，杀身成仁也无意义的讲说，说服兵团司令陈克非通电起义。1951年他移居北京，担任全国政协委员、中央文史馆副馆长，直到1966年"文革"前一月去世。简单回顾张钫的一生，不难发现他经历了从清末以来几乎所有重要的军政活动，数次履险而得平安，又参与各次军政活动而能保持自己的原则，在大时代的惊涛骇浪间能不断地随时代进步。这样丰富的人生经历，在近代人物中是不多见的。

张钫一生虽然迭有沉浮,但他始终不逾地重视实业与教育,关心袍泽,热心桑梓,关切民生,服务社会,一直尽其所能地为生民造福。在本书所提供的诸多回忆录中,有许多感人的例子。

张钫的主要经历当然是带兵和从政,但他在个人精神上,则似乎文人学者气更重一些。现在提供的家族资料足以证实,他的伯祖张宗泰(1750—1832),名成元,号鲁岩,是河南大儒武亿的门人,嘉庆丁卯科举人,历任河南府学教授等职,平生长于论史考史和文献校勘,所著《鲁岩所学集》十五卷为阮元所称道,所作诗被陈衍推许"诗格在靖节、香山间"(《石遗室诗话续编》卷六),即能学陶渊明、白居易诗而自成面貌。张钫很为这位先伯祖而自豪,于1931年、1936年两度刻印其著作,遍赠海内名宿,传为佳话。他的父亲张清和也以儒学名世,章太炎为其撰墓志有所赞誉。张钫虽然早年为救国而从事戎伍,但始终热爱文史,喜欢诗文,行军余暇,偶有所作,也颇具气象,可惜没有结集。他的书法也很有根底,现在千唐志斋中还有他自书一联:"百二关山严凤阙,五千道德跨龙门。"是很厚重的汉隶书体。他为陕西辛亥革命一周年亲书的碑文,则为很流丽的行书,可见他早年对右军书体有很好掌握。家学传承再加本人喜爱,使他一直有儒将的名声,海内外文人儒士也乐于与其交游。他在身处战乱、戎务繁忙之际,得以倾力搜辑出土墓志,完成汇聚碑刻大成的壮举,正是发自内心地对此感到欢喜。六十年代初,在周总理号召政协耆老撰写回忆录的感召下,他以八十高龄,在助手协助下,完成二十六万言的回忆录《风雨漫漫四十年》,详尽叙述了从陕西新军起义到川中归诚期间,自己所经历的事实真相。我很仔细地阅读了这本书,感到他是以很充沛的情感和细腻的感受,记录自己经历的重大事件,叙述自己熟悉的民国重要人物的真实面貌。在数量巨大的现代文史回忆录中,是很难得的既富有文学色彩、又真实可靠的史料实录。其中最精彩的,一是对陕西新军起义几位主要领袖和烈士的记录,如张凤翙、井勿幕、钱鼎、万炳南、王天纵等,都极力写出他们的性格、建树和遭际,可以当很好的人物传记来读。比如《张凤翙事略》,既写他领导陕西起义的功绩,也写他退隐后的许多轶事,比如他拒绝为冯玉祥入陕筹饷,说:"关中连年战祸不断,百姓苦透了,冯玉祥带着饥兵来陕与民争食,我无力援救关中父老,已感惭愧,还能忍心替他从人民的干骨头上再榨取油水吗？"可见其风骨凛然。张钫说民初各省都督，他是参加人民政权的唯一一人。他对北洋时期在河南长期主政的赵倜，在陕西主政的陈树藩，对于最大的军阀吴佩孚、冯玉祥，乃至蒋介石，也都有很细腻的描写。因为接触密切，观察细致，态度客观，有很高的价值，许多也足可备谈资。比如他对赵、陈二人观感极坏，但说陈在华北陷敌后随难民徒步南行，归乡告祖坟"决不当汉奸"，加以肯定。他写吴佩孚的起居作风极其详尽，说他生活俭朴，没有姨太太，讲究礼仪，喜欢读书，不吸烟，不赌博，推崇孔孟，轻视西方科学文化。可能因为个人的恩怨，他对冯玉祥似乎好感较少，也留下与当今主流看法不同的记录。张钫参与了民国前期许多重大事件的内幕，一生交往极其广阔，因此这部著作无疑是现代史研究的珍贵记录。

去年九月初曾有幸到洛阳开会，在文物专家齐渊先生和年轻的中国史学家仇鹿鸣博士陪同下参观千唐志斋和张钫故居，仔细观察他当年搜辑的一千多方墓志，更增加对这位前辈的敬意。离开的时候，再看到他的故居题写的两句箴言："谁非过客，花是主人。"油然对人生有了新的感悟。在永恒的自然面前，人是那样的渺小，百年匆匆，花开花落。但若能以个人的力量奉献于民族文化建设，致力于国家民生发展，则生命的光芒当如金石永固，精神长留。

（李鸣编《回忆张钫先生文选集》，时代文献出版社，2012年。又刊《河洛春秋》2012年第4期）

长沙窑唐诗书后

我最初知道长沙近郊唐窑遗址所出瓷器上存有大量唐人遗诗,是在1980年代初。当时方从事唐诗的补遗和考订,见到《考古学报》1980年第4期所刊发掘报告后附存的二十多首诗,很感新鲜和珍贵。后来即一直非常注意有关的报道。1985年末陪同王运熙先生去扬州师院参加论文答辩,又承任半塘先生见示香港《大公报》上有关的报道,得以补录了几首遗诗。为条件所限,拙辑《全唐诗续拾》仅录得三十首左右,鉴别上亦偶有小误。自1980年代末至最近一两年,国内诸多新闻媒体对此迭有报道,但多为传闻之辞,如称唐窑发现为近期之事,又称共存诗三百多首,均不见于《全唐诗》云云,未可信据。

1992年7月,我与湘潭师院陶敏教授受《全唐五代诗》编委会之托,专程至湖南省博物馆,拜访了这一重大考古发掘项目的主持者周世荣研究员。周先生向我们介绍了长沙窑的三次发掘过程,并向我们展示了部分瓷器。关于长沙窑的名称,周先生认为以前称为铜官窑有失允当,据唐人记载及窑址位置,应正名为石渚窑。瓷器上所见唐诗之篇数,周先生谓外间所传有三百首纯属误传,较精确的统计约为六十多首,另有若干警句及残片。为鉴别考订这些唐诗,他曾将《全唐诗》从头至尾通检了一遍,确知有十首已见于《全唐诗》,并非逸诗,但文字上有许多不同。我们向周先生介绍了《全唐五代诗》的编纂计划,并请其允许我们收录长沙窑唐诗。周先生十分支持我们的工作,很快将全部遗诗抄录给我们,以供发表。

由于这些唐诗大多作者不详,《全唐五代诗》只能收录于书末之无名氏专卷下,从全书编纂进度来说,这些诗要与读者见面,大约尚需五年时间。而学界与读者对这批诗属望颇殷,都希望早些得见全貌。有虑于此,我分别与周世荣先生及《中国诗学》主编蒋寅、张伯伟先生联系,希望将这批诗先期全部发表,得到了他们的一致支持。周先生还另写了《唐五代长沙窑瓷题诗概说》,介绍发掘经过及题诗的价值。遗诗录存部分,周先生原稿按《全唐五代诗》体例采用夹注方式,此次发表时,由我据原稿作了一些技术处理,并复核了《全唐诗》及《外编》的录文,补写了若干校记,并增写了一段辑录体例的说明。以上处理如有失误处,自应由我负责。

长沙窑唐诗的发表,为研究唐代民间诗歌和古代诗学提供了十分珍贵的资料。诚如周先生所介绍,长沙窑是唐代外销瓷主要产地之一,各种瓷器以民间实用为主,流通量较大,在我国和亚非各国均有出土,这就为唐代诗歌在民间的广泛传诵提供了实物证明。因为瓷器生产是一种商业行为,在瓷器上题诗以作装饰,正说明这种形式的产品在民间很受欢迎。从题诗的内容和形式看,也反映了唐代民间的思想情感和艺术好尚。各诗形式短小,语言也大多通俗浅显,在朴拙中充满韵味,具有典型的唐调风采。从一定程度上来说,长沙窑唐诗可作为唐代民间最流行的诗歌选本来读。其中很大一部分当出于民间文士之手,少部分则据名家之作改写。其中又以离别相思、饮酒感怀、训世开悟等内容居多,表现的是民间最日常的生活和情感。即从诗歌形式上来说,这些诗无疑可视为南朝乐府民歌的延续,可与敦煌遗书中的民间诗钞参比并读。其中如"牵牛石上过,不见有啼恨"之谐音双关,在前代诗歌中迭有所见;"天明日月䎃"、"单乔亦是乔"之类离合诗,前人也多有试作,但这两首确很有特色;至如"远送还通达"一首全用走之底字语成诗,另一首残诗全用山字头字成诗,此前似未见过,宋人笔记中偶有称及,很觉新奇,但不见唐人已有此类似作品;"春水春池满"一首,每句嵌二"春"字,写得很活泼,无呆滞之病,前代也不多见。至如"明月家家有,黄金何处无"、"家中无学子,官从何处来"、"主人居好宅,日日斗黄金"等诗中表达的世俗情志,直言无隐,在传世的唐诗中是不容易读到的。

长沙窑唐诗也为研究唐诗的流布情况提供了珍贵的记录。在亚非各国出土的长沙窑瓷中,不知是否有题诗之器,若有,对研究唐代中外文学交流情况弥足珍贵。著名文士的诗歌在题诗中迭有发现,可借以考察流传中产生的变化和改动。这种改动似可分为三类情况。

一是基本保持原作之面貌。如"万里人南去"①、"主人不相识"②二首,虽有较多异文,但有的可能是抄误(如"三春雁不飞"之"不"应作"北"字),有的还可能保存一些原作之文字。

二是作了较大改写以适应民间欣赏趣味。如改写白居易诗的那一首,将"晚来天欲雪,能饮一杯无",改成"今朝天色好,能饮一杯无",虽减弱了原诗的文人雅趣,但明白晓畅,适用面也可更宽些。

三是据原诗割截部分诗句以成篇。刘长卿的那首《苕溪酬梁耿别后见寄》,原作为六言八句,题诗仅截取中间四句,成为一篇清新平和的写景诗,和原作之送别凄伤主题完全不同了。

另外几首见于《全唐诗》或《外编》之诗,或有本事可考,但经与长沙窑诗比对研究,大致可以相信这些诗本为唐代民间流传之作,至唐末或宋代附会到有名诗人身上,并敷衍成有趣的故事。分述如下。

"去岁无田种"一首,元赵道一《历世真仙体道通鉴》卷四十载为唐玄宗天宝四载尸解的道士张氲的三首遗诗之一。张氲事迹可上溯到宋陈葆光《三洞群仙录》卷七引《高道传》。其仙事不见于唐人记载,诗未必为其作。

"海鸟浮还没"一首,《全唐诗》作贾岛联句,现知最早的出处为《苕溪渔隐丛话前集》卷十九引《今是堂手录》:

> 高丽使过海,有诗云:"水鸟浮还没,山云断复连。"时贾岛诈为梢人,联下句云:"棹穿波底月,船压水中天。"高丽使嘉叹久之,自此不复言诗。

此事可断定出于宋人之附会。贾岛时高丽尚未复国,何来使者。得长沙窑诗,知此事即据民间流行诗附会而来。

---

① "万里人南去"一诗,《文苑英华》卷三二八、《唐诗纪事》卷九、《万首唐人绝句》卷十一作韦承庆《南中咏雁》诗,《国秀集》卷下则作于季子《南行别弟》诗,《全唐诗》两存之。今人佟培基《全唐诗重出误收考》以为《国秀集》传本此诗前适有缺页,因误置于季子诗题下,诗应为韦承庆作。

② "主人不相识"一首,为贺知章作,《国秀集》卷上、《万首唐人绝句》卷十一题作《偶游主人园》,《文苑英华》卷三一八题作《题袁氏别业》。

"岁岁长为客"一首之后两句"见他桃李树,思忆后园花",本事见《唐摭言》卷一三:

> 元和中,长安有沙门(不记名氏),善病人文章,尤能捉语意相合处。张水部颇恚之,冥搜愈切。因得句曰:"长因送人处,忆得别家时。"径往夸扬,乃曰:"此应不合前辈意也。"僧微笑曰:"此有人道了也。"籍曰:"向有何人?"僧乃吟曰:"见他桃李树,思得后园春。"籍因抚掌大笑。

据长沙窑诗,知此二句在唐时流传至为普及,故当僧人举以证明张籍诗意相犯时,张为之抚掌大笑。《全唐诗续补遗》将此二句录入,以缺名僧列目,未尽允当。

长沙窑诗至少有二则可与敦煌遗诗互参。其一为"自入长信宫"一首,伯3812 于"高适在哥舒大夫幕下请辞退托兴奉诗"一诗后,钞了五首《闺情》诗,此诗列于末。王重民先生《补全唐诗》以为"好像是妓女的歌辞",于高适下附存。其二为断句"忍辱成端政",伯2718 王梵志诗中有此诗之全篇:"忍辱成端正,多嗔作毒蛇。若人不佇恶,必得上三车。"敦煌遗书中的王梵志诗有几种结集系统,相互之间绝不重出,与传世文献记载也无相重者。此句疑为当时之俗语,匠人取以题于瓷器,王梵志也援以入诗。

最后还想提及长沙窑题诗瓷器在唐代殉葬、五代时出土的珍贵记录。"一双青鸟子"一首,《全唐诗》收入谶记卷,题作《涟水古冢瓶文》,其本事源出《太平广记》卷三九〇引南唐徐铉《稽神录》:

> 周显德乙卯岁,伪涟水军使秦进崇修城,发一古冢,棺椁皆腐,得古钱破铜镜数枚。复得一瓶,中更有一瓶,黄质黑文,成隶字云:"一双青鸟子,飞来五两头。借问船轻重,寄信到扬州。"其明年,周师伐吴,进崇死之。

乙卯为周世宗显德二年(955)。秦进崇修城所见古冢,当为相隔百年左右的唐墓,古钱、铜镜、诗瓶均属殉葬物。录诗与长沙窑瓷器题诗仅一字之异(寄作附)。从周先生提供的此题诗之器看,为黄褐釉彩之宽口长颈壶,习惯上也可称作瓶,墨书题诗略存隶意。大致可推知涟水古冢瓶应即长沙窑瓷器,传至楚州涟水,主人并用以殉葬,五代时发墓见之。此条记载提供了长沙窑瓷器流传的重要线索,十分珍贵。

(《中国诗学》第五辑,南京大学出版社,1997年)

从长沙窑瓷器题诗看唐诗在唐代下层社会的流行

一、长沙窑瓷器题诗的发现和整理

从1957年开始,湖南省文管会、湖南省博物馆等单位开始对湖南长沙望城县铜官镇至石渚湖的唐代窑址展开调查,初步确认该地为古代瓷器釉下彩的发源地①。至1974年、1978年间,又两次较大规模地展开发掘,获得近两千件器物。1980年,长沙市文化局文物组《唐代长沙铜官窑遗址调查》在《考古学报》该年第1期发表,就窑址的分布及特点、出土遗物、器物分期、器物纹饰以及器物墨书文字等方面,作了详尽介绍,并首次披露了见于出土器物上的墨书题诗二十三首以及一些谚语俗语。该文根据出土器物的形体特征以及题书的纪年文字,将器物分为唐初至元和为第一期,元和至大中为第二期,大中以后为第三期。有题诗的器物大都属于二三期。

我从1982年开始辑录唐诗,见到这些题诗,感到很难得,也很可靠,除个别已见《全唐诗》者外,得唐人佚诗超过二十首。1985年夏陪同王运熙老师到扬州参加王小盾博士论文答辩,任半塘先生知道我在辑录唐诗,示我以香港《大公报》1985年10月26日刊傅举有《长沙窑新发现的唐诗》一文,较前略有增补。其后见上海某出版社出版《长沙铜官窑》大型画册,提到有诗瓷器超过百件,但没有全录,很感遗憾。1992年7月,我与湘潭师院陶敏教授为编纂唐诗之需要,专程到湖南省文物考古工作队,拜访主持有关发掘工

---

① 《文物》1960年第3期刊湖南省博物馆《长沙瓦碴坪唐代窑址调查记》、冯先铭《从两次调查长沙铜官窑得到的几点收获》。

作的周世荣先生,得到证实已出土器物上的题诗大约七十首左右,并承诺可以全部整理发表。直到1995年冬,周先生将全部诗歌录文寄我,并写了初步考释文章,由我稍作整理后,在《中国诗学》第五期(南京大学出版社,1997年)发表,我也在同期发表《长沙窑唐诗书后》,表述校读后的看法。

从九十年代以来,长沙窑陆续又有不少新的发现,地方收藏家所藏器物也陆续发表,其中比较重要的有李效伟《长沙窑——大唐文化辉煌之焦点》(湖南美术出版社,2003年)、长沙窑编辑委员会编《长沙窑》(湖南美术出版社,2004年)和刘美观《解读长沙窑》(文物出版社,2006年)等,且均附有大量图版,便于学者比读校勘。金程宇博士撰论文《新见唐五代出土文物所载诗歌辑校》,将前述周世荣录诗以外的诗歌辑录成编,所得凡三十七篇[①]。

到目前已经发现的长沙窑瓷器题诗,总数已经超过一百篇,均见本文附录一《长沙窑瓷器题诗汇录》。原则上以曾刊原器照片或题诗图录者为优先。为便于称引,分为五言、六言、七言及对语俗语四部分,每部分下均以首字音序排列,逐首编号。下文引录时,仅在引诗后在括号注明该诗在《汇录》中的编号。

二、长沙窑瓷器的特点、年代和地域分布

长沙窑最突出的技术创新是釉下彩的广泛运用。所谓釉下彩,是指"在胎体上用彩色的釉汁绘制图案和文字,再在上面罩上一层透明的青釉,而后一起进窑烧结",得以"色泽永固,经久不衰"[②]。

长沙窑瓷器从品类来说,有杯、碗、壶、盂、钵、勺、罐、缸、枕头、盒、香炉、灯具、笔洗、镇纸、砚台、烛台、算盘珠、扑满、铃铛、水滴、鼓架、埙、腰鼓、笛子,以及人物、独角兽等,可谓应有尽有,满足唐人日常生活的所有需要。器物一般以青黄蓝褐为主色,配有各种不同风格的图案。其中既有白釉绿彩

---

① 金程宇《新见唐五代出土文物所载诗歌辑校》,2007年9月参加浙江工商大学举办"东亚文化交流的源流"暨纪念遣隋使、遣唐使1400周年国际研讨会提交论文,收入《稀见唐宋文献丛考》,中华书局,2008年。

② 刘美观《解读长沙窑》,文物出版社,2006年,第2页。

具有大写意特征的山水画，也有具体入微的各种动植物造型。题诗的器物多数见于壶上，应与唐人品茶饮酒的风气有关，且茶酒是日常生活中最具有文化品位的饮食。以诗题壶，正适应了社会上此方面的需求。

上世纪七十年代长沙窑发掘时，发现了有元和三年（808）、大中九年（855）、大中十年（856）纪年文字的器物，基本确定了出土物的年代。1983年又发掘八个地方的窑炉十座，出土器物七千多件，其中有会昌六年（846）、大中二年（848）、大中五年（851）模具。湖南省博物馆在当地的收集品有贞明六年（920）双鸾枕、天成四年（929）碾槽，此外宁波1975年发掘砖石墓出土有大中二年鸟纹碗、1977年出土有乾宁五年（898）鱼纹壶，日本东京国立博物馆收藏有开平三年（909）花枕。因此认为长沙窑的绝对年代最早不晚于元和三年，最迟约稍晚于天成四年，是合理的推断。五代中期以后，长沙窑完全衰落，衡山窑逐渐取代其地位，并在宋代持续发展①。因此，凡长沙窑所出器物上的题诗，除个别据六朝诗歌改写的作品外，一般都可以视为唐诗。

长沙窑瓷器的出土记录，最早可以追溯到五代南唐。《太平广记》卷三九〇引《稽神录》："周显德乙卯岁，伪涟水军使秦进崇修城，发一古冢，棺椁皆腐，得古钱、破铜镜数枚，复得一瓶，中更有一瓶，黄质黑文，成隶字云：'一双青鸟子，飞来五两头。借问船轻重，寄信到扬州。'其明年，周师伐吴，进崇死之。"《全唐诗》卷八七五据收，题作《涟水古冢瓶文》。此诗在出土器物中也有发现（74）。笔者1996年撰《长沙窑唐诗书后》曾指出："乙卯为周世宗显德二年（955）。秦进崇所见古冢，当为相隔百年左右的唐墓，古钱、铜镜、诗瓶均属殉葬物。录诗与长沙窑题诗仅一字之异（寄作附）。"②今见长沙窑题此诗者为黄褐釉彩之宽口长颈壶，习惯上也可称作瓶，墨书题字也略存隶意。

由于长沙窑瓷器以青色釉下多彩为主要特色，与其他地方所出瓷器有显著差别，在全国乃至世界范围内都曾有出土的记录。据长沙窑课题组编

---

① 此段据长沙窑课题组编《长沙窑》第三章《国内出土和收藏的长沙窑产品》、第六章第四节《长沙窑的年代问题》，紫禁城出版社，1996年。

② 陈尚君《长沙窑唐诗书后》，刊《中国诗学》第五辑，南京大学出版社，1997年。

《长沙窑》第四章《国内出土和收藏的长沙窑产品》、第五章《国外出土的长沙窑产品》所载①，国内曾出土长沙窑器物的有江苏、浙江、上海、安徽、广东、广西、陕西、河南、河北、江西、湖北、湖南十二个省区，其中广东曾发现题有"孤竹生南岭，安根本自危。每蒙东日照，常怨北风吹"（21）的瓷壶②。惟其来源包括广东出土和在海关扣留者，若在广东出土，则其内容正与岭南风物相合。长沙窑瓷器在海外的发现，目前所知在韩国、日本、印尼、泰国、菲律宾、斯里兰卡、巴基斯坦、阿曼、沙特阿拉伯、伊朗、伊拉克、肯尼亚、坦桑尼亚等国都有出土，但没有汉文题诗的记录。估计外销部分在形制内容方面都根据要求而有所不同③。1999年德国某打捞公司在印度尼西亚海域打捞出一艘唐代驶往阿拉伯的沉船，其中有长沙窑瓷器五万多件，其形制多数为青釉褐彩，包括大量有阿拉伯文字和《古兰经》内容的器物，点彩装饰也具有典型的伊斯兰风格，应该是按照阿拉伯世界订货方的要求特别制作④。

三、长沙窑瓷器题诗与敦煌吐鲁番学郎诗的趋同性分析

我们特别关注到，长沙窑瓷器题诗已经发表的逾百篇诗作，与敦煌吐鲁番文献中学郎抄写的诗作有许多相同或相近的作品。长沙窑地处湖南湘江流域，已经发现流传到敦煌和西域的器物并不太多，而偏处西边的敦煌、吐鲁番的少年学郎在日常杂写中居然有许多诗篇，与长沙窑题诗交叠，则是很特别的文学流布现象，应该引起学者的关注。

敦煌、吐鲁番写卷中有不少抄书学子抄录的诗作，较早引起关注的如《论语郑氏注》末卜天寿抄诗曾引起郭沫若的关注，以后发现较多，引起较多学者的关注。李正宇《敦煌学郎题记辑注》（《敦煌学辑刊》1987年第1期）

---

① 长沙窑课题组编《长沙窑》，紫禁城出版社，1996年。
② 详长沙窑课题组编《长沙窑》第162页。
③ 详长沙窑课题组编《长沙窑》第五章《国外出土的长沙窑产品》。
④ 据李效伟《长沙窑——大唐文化辉煌之焦点·长沙窑与伊斯兰教文化的渊源》，湖南美术出版社，2003年。

作了较完备的辑录,达一百四十四则,其中有录诗约二十多首。徐俊《敦煌学郎诗作者问题考略》(《文献》1994年第4期)不赞同一些学者认为这些诗是学郎随兴而作的推测,认为同一首诗既出现在不同时代的各种敦煌卷子中,又出现在吐鲁番文献中,在遥远的长沙窑瓷器题诗中也有类似作品,从而确认学郎只是抄录者而非作者。唐代下层社会流行诗的研究,同人另一篇论文《唐五代长沙窑瓷器题诗校证——以敦煌吐鲁番写本诗歌参校》(《唐研究》第四卷,北京大学出版社,1998年),则从另一立场对相关文献加以校订。

以下参照徐俊二文以及金程宇《新见唐五代出土文物所载诗歌辑校》(收入《稀见唐宋文献辑考》,中华书局,2008年),将有关诗歌的关系罗列如下:

1. 长沙窑瓷器题诗:"春水春池满,春时春草生。春人饮春酒,春鸟咔春声。"(8)敦煌写卷P.3597:"春日春风动,春来春草生。春人饮春酒,春鸟咔春声。"又中国书店藏本略同。三井文库藏敦煌文书103:"春日春风动,春来春草生。春人饮春酒,春棒打春牛。"

2. 长沙窑瓷器题诗:"自从君去后,常守旧时心。洛阳来路远,凡用几黄金。"(86)俄藏敦煌写卷Дx2430:"自从军(君)去后,常守旧时心。洛阳来路远,凡用几黄金。"

3. 长沙窑瓷器题诗:"念念催年促,由如少水鱼。劝诸行过众,修学至无余。"(45)敦煌写卷S.236:"念念催年促,犹如少水鱼。劝诸行过众,劝学至无余。"P.2722:"念念摧(催)年促,犹如少水鱼。劝诸礼佛众,修斋至无余。"

4. 长沙窑瓷器题诗:"君生我未生,我生君已老。君恨我生迟,我恨君生早。"(32)敦煌写卷S.2165:"身生智未生,智生身已老。身恨智生迟,智恨身生早。(下略)"

5. 长沙窑瓷器题诗:"一日三场战,离家数十年。将军马上坐,将士雪中眠。"(73)敦煌写卷P.2622:"日日三长(场)战,离家数十年。将军马上前,百姓霜中恋。"

6. 长沙窑瓷器题诗:"竹林青付付,鸿雁向北飞。今日是假日,早放学郎归。"（83）敦煌写卷P.2622："竹林清郁郁,百鸟取天飞。今照（朝）是假日,且放学郎归。"吐鲁番所出卜天寿《论语郑玄注》写本末题诗："写书今日了,先生莫咸池（嫌迟）。明朝是贾（假）日,早放学生归。"

7. 长沙窑瓷器题诗："天地平如水,王道自然开。家中无学子,官从何处来。"（61）敦煌写卷北玉91："高门出贵子,好木出良在（材）。丈夫不学闻（问）,观（官）从何处来。""天地平如水,王道自然开。家中无学子,官从何处来。"吐鲁番所出卜天寿《论语郑玄注》写本末题诗："高门出己子,好木出良才。交□（儿）学敏（问）去,三公何处来。"

8. 长沙窑瓷器题诗："夕夕多长夜,一一二更初。田心思远路,门口问征夫。"（67A）敦煌写卷P.3597："日日昌楼望,山山出没云。田心思远客,门口问贞人。"

9. 长沙窑瓷器题诗："白玉非为宝,千金我不须,忆念千张纸,心藏万卷书。"（2）敦煌写卷P.3441："白玉虽未（为）宝,黄金我未虽。心在千章至（张纸）,意在万卷书。"P.2622："白玉非为宝,黄金我不□。□竟千张数,心存万卷书。"

10. 长沙窑瓷器题诗："忽起自长呼,何名大丈夫。心中万事有,不愁手中无。"（24）敦煌写卷P.3578："忽起气肠嘘,何名大丈夫。心□万事有,不那手中无。"

11. 长沙窑瓷器题诗："自入长信宫,每对孤灯泣。闺门镇不开,梦从何处入。"（89）敦煌写卷P.3812："自处长信宫,每向孤灯泣。闺门镇不开,梦从何处入。"

12. 长沙窑瓷器题诗："海鸟浮还没,山云断更连。棹穿波上月,船压水中天。"（22）敦煌写卷P.2622："海鸟无还没,山云收（下缺）。"

在长沙窑题诗的百余首作品中,居然有十二首与远在西边的敦煌吐鲁番学童抄书之际随意抄写或凭记忆写出的诗歌,有那么多篇与之重复,这是很值得关注的文学传播现象。我们可以认为,在唐代社会最下层,最日常流传、最家喻户晓的诗歌,其实就是这两批作品所涵盖的范围。具体文本的细节出入,当然可以作进一步的校勘,更重要的则是可以看到在如此广大的地域中,在民间社会中流传的诗歌则具有一些共同的特征。

四、长沙窑瓷器题诗所见唐代下层社会的文学趣尚

长沙窑瓷器是唐代中下层社会日常生活所需的商品,其制作器物的形制、用途和装饰,都必然要考虑到购买者的实际需求和鉴赏趣味。在瓷器这类日常商品中大量题写诗歌,正说明一般唐代民众对于诗歌的欣赏和喜爱。而所写诗篇的内容,也在一定程度上迎合了民间的阅读心理。这些诗中表达的劝学、惜时、送别、怀人、思乡、羡官羡富等世俗情趣,也可理解民间对文学需求的一般趣味。

如果将全部长沙窑题诗作分类研究,不难发现饮酒、送别、思乡、怀人等类所占比例很大,这与一般文人诗创作的主题是一致的。这些诗中当然有许多值得关注的现象。如饮酒诗大约有十来首,但没有出现饮茶诗,尽管在长沙窑瓷器中已经出土有大量茶具,可知饮茶还没有成为诗人吟咏的重要话题。男女爱情诗主要是诉说分别后的相思,如:"自从君去后,日夜苦相思。不见来经岁,肠断泪沾衣。"(87)"孤雁南天远,寒风切切惊。妾思江外客,早晚到边亭。"(20)"忽忆边庭事,狂夫未得归。有书无寄处,空羡雁南飞。"(25)"君去远秦川,无心恋管弦。空房对明月,心在白云边。"(33)相比较来说,风情诗出现较少,可以举到的有:"二八谁家女,临河洗旧妆。水流红粉尽,风送绮罗香。"(15)"君弄从君弄,拟弄恐君嗔。空房闲日久,政要解愁人。"(31)后首金程宇提到可与《游仙窟》载十娘诗"昔日曾经自弄他,今朝并悉从他弄"参读。这可能与长沙窑诗大多题于日常用具上有关,情爱毕竟是比较私密的事。思乡诗如:"岁岁长为客,年年不在家。见他桃李树,思忆后园花。"(60)从后文所引《唐摭言》来说,此诗流传很广,也有较高的造诣。述怀诗如:"男儿大丈夫,何用本乡居。明月家家有,黄金何处无。"(43)也颇为豪迈。上述这些诗歌,就内容和成就虽然没有新的突破,但大致可以看作从南朝乐府以来民间俗歌之总汇,具有特别的意义。

岁时节庆当然是民间生活的重要内容,长沙窑题诗中至少有四首与此有关。一首是贺春的作品,前文已引,据梁元帝诗改写。此首春意盎然,诗

意欢快,在敦煌文书中也曾多次出现,应该是唐代民间传播极广的诗歌。"寒食元无火,青松自有烟。鸟啼新柳上,人拜古坟前。"(23)此首在文化史上应具有很重要的意义。从宋人所编《古今岁时杂咏》所收寒食、清明诗可以看到,唐前期仍偏重寒食,但中期开始逐渐变化,即从寒食禁火转而更为重视清明之祭扫先人茔墓。此诗提到寒食,但后二句既写鸟啼新柳之春景,而"人拜古坟前"更突出了节俗转变的迹像。"今岁今宵尽,明年明日开。寒随今夜走,春至主人来。"(30)是一首除夕诗。论者或认为源自张说《钦州守岁》"故岁今宵尽,新年明旦来。愁日随斗柄,东北望春回"(《张燕公集》卷九),或有可能,但就二诗比较,不难发现长沙窑诗可以认为是较成功的再创作,不仅前二句的"今岁今宵"、"明年明日"更为谐和晓畅,后二句更表达除旧布新的喜悦之情,与张说诗困守南方的悒郁情怀完全不同。另一首"改岁迎新岁,新天接旧天。元和十六载,长庆一千年"(17)。是长庆改元的贺岁诗。宪宗卒于元和十五年初,穆宗继位,到第二年岁旦方改元。估计改元诏书到湖南地方,已经在元日后多日,因此诗中有"元和十六载,长庆一千年"的表达。

咏史类的只有一首:"去去关山远,行行胡地深。早知今日苦,多与画师金。"(50)此首当然是吟咏王昭君故事的。前两句说她远嫁胡地,道路艰难。后两句"早知今日苦,多与画师金",可能在历代歌咏王昭君的诗歌中,立意是最为卑下的,但却符合下层民众的生活逻辑:他们没有宏伟的政治抱负和人文关怀,在日常生活中习惯逆来顺受,因此设想王昭君远嫁单于,一定后悔当初没有厚贿画师。

写到商业活动的有一首:"买人心惆怅,卖人心不安。题诗安瓶上,将与买人看。"(40)能够从买卖双方的心理,来说明题诗瓶上的缘由,对了解瓷器题诗有所助益。

劝学类的诗歌,在长沙窑诗歌和敦煌吐鲁番学郎诗中都较多,这是唐代蒙学教育社会化所留下的一些痕迹。从先秦两汉以来,在儒学为主导的社会秩序中,进学为官就是学子始终追求的目标。长沙窑诗如"天地平如水,王道自然开。家中无学子,官从何处来"(61),就是这一思想的表达。"白玉非为宝,千金我不须。意念千张纸,心存万卷书。"(2)其实就是汉代韦贤

"遗子黄金满籝,不如教子一经"(《艺文类聚》卷八三)的诗化表达。另二首诗:"念念催年促,由如少水鱼。劝诸行过众,修学至无余。"(45)强调修学是一生生死以之的责任。"上有千年鸟,下有百年人。丈夫具纸笔,一世不求人。"(56)强调男子通书达文是立身处世之必须具备的能力,立意均甚好。

劝善是民间诗歌的另一主题,长沙窑诗歌此类内容很丰富,留下一些值得注意的社会记录。"东家种桃李,一半向西邻。幸有余光在,因何不与人。"(13)此首表达了邻里之间和睦相处的原则。东家种树,西邻也得其余荫,自己的善业,余光可与别人分享,利人而不损己,何乐而不为呢?"客来莫直入,直入主人嗔。扣门三五下,自有出来人。"(34)此首讲主客关系,说客人造访,不要径直入内,而应先扣门三五下,主人自会出来迎接。虽是小事,也强调了主客互相尊敬的道理。"有僧长寄书,无信长相忆。莫作瓶落井,一去无消息。"(76)"来时为作客,去后不身陈。无物将为信,留语赠主人。"(35)两诗都讲人际交往的基本道理。前诗说分别后要及时来信,不要瓶落井中般绝无消息,以致让亲朋担心。后诗说即使没有礼物,留几句话也就可以了。"凡人莫偷盗,行坐饱酒食。不用说东西,汝亦自绦直。"(16)"剑缺那堪用,瑕珠不值钱。芙蓉一点污,囗人那堪怜。"(26)前诗教人不要偷盗,后诗强调德行之重要,小节之出入也是人生的缺憾。"衣裳不知洁,人前满面羞。行时无风彩,坐在下行头。"(75)则说衣如其人,如果衣裳不整洁,在外没有风彩,见人羞愧难当,必然影响社会地位。上述这些诗歌,从各种不同角度劝人向善向美,强调日常社交细节之重要,是唐代民间教化的真实记录,也是传统伦理社会的普遍原则。在传世唐诗中,类似作品很少,因而尤可珍惜。

长沙窑瓷器中包括很大一部分人生格言,部分可以看作两句的诗句。其中强调得比较多的,一是忍,如"悬钓之鱼,悔不忍饥"(113)、"罗网之鸟,悔不高飞"(105)、"人生误斗,悔不三思"(109)、"行满天下无怨恶"(133)、"言满天下无口过"(134)等。诗中也多类似内容。如:"忍辱成端政,多嗔作毒蛇。若人不逞恶,必得上三车。"(53)讲忍辱而事业能有所成,多嗔易怒是人生之毒蛇。"自从与客来,是事皆隐忍。若有平山路,崎岖何人尽。"(88)说作客他乡,必然道路崎岖艰险,只能事事隐忍。二是感恩。如"羊申跪乳之志"(130)、"慈乌反哺之念"(126)、"牛怀舔犊之恩"(127)、"古人车马不谢,今时寸草须酬"(131)等。存诗如"频频来作客,扰乱主人多。未有黄金赠,空留一量靴。"(47)"作客来多日,烦烦主人深。未有黄金赠,空留一片心。"(91)也是同一主旨。三是对社会势利的认识。如"为君报此训,世上求名利"(124)、"有钱水亦热,无钱火亦寒"(125)等。存诗如:"男儿爱花□,徒劳费心力。有钱则见面,无钱不相识。"(42)但友情超越金钱的界限,也不断被歌颂:"从来不相识,相识便成亲。相识满天下,知心能几人。"(9)"小水通大河,山高鸟宿多。主人看客好,曲路也相过。"(69)

  从诗歌形式来说,长沙窑题诗几乎包括了中古民间诗歌的各种法门。"春水春池满,春时春草生。春人饮春酒,春鸟咔春声。"(8)每句用二"春"字,前文已作分析。离合诗如"夕夕多长夜,一一二更初。田心思远客,门口问征夫"(67A),是比较有特色的一首。"冬日多长夜,一天二更初。问心思逐客,门口问经夫。"(67B)是该诗的变体。从诗意来说,我更倾向认为后一首是前一首的初作。迭字诗如"日日思前路,朝朝别主人。行行山水上,处处鸟啼新"。(54)也差可称道。拆字诗如"单乔亦是乔,着木亦成桥。除却乔边木,着女便成娇"(10)。其实就是介绍了乔、桥、娇三个字的构成方式,虽然没有太多诗意,但对于学郎识字来说,则不能不说是富有启发的做法。另一首诗"天明日月奇,立月已三龙。言身一寸谢,千里重金锺"。(62)首句"天明"二字组成第五字,中间重复"日月"二字,末句则先述"千里"为"重",再配"金"为"锺"。另二句则前四字都是最后一字的分解。虽然诗意稍逊,也足以启迪童蒙。六朝乐府民歌的最常见的双关手法,长沙窑诗中也有一例:"道别即须分,何劳说苦辛。牵牛石上过,不见有蹄痕。"(11)此处以蹄痕谐音啼痕。六朝民歌《读曲歌》中也有一例:"奈何不可言。朝看莫牛迹,知是宿蹄痕。"是同一用例①。

  全诗用同一偏傍的诗组成,是宋人喜欢的技巧,在存世唐代以前诗歌中,并不多见。在长沙窑诗中有两首。如"远送还通达,逍遥近道边。遇逢

---

① 参王运熙师《论吴声西曲与谐音双关语》,收入《乐府诗述论》,上海古籍出版社,1996年。

遐迩过,进退随遛连"。(79)尚能略备诗意。另一首由全部"山"傍组成的诗(95),残缺已甚,且从残文来分析,毫无诗意可言,就是一种文字游戏罢了。

五、长沙窑题诗对文人诗之改写

在长沙窑瓷器上保留的百余首诗中,今知大约有十二首取自有名诗人的诗篇,但都曾作适当修改。

1. 长沙窑题诗云:"有僧长寄书,无信长相忆。莫作瓶落井,一去无消息。"(76)案唐僧皎然《诗式》卷五录宋孝武帝刘骏《客行乐》:"有使数寄书,无信心相忆。莫作瓶落井,一去无消息。"即为此诗的原形。逯钦立《先秦汉魏晋南北朝诗》未收此诗,可补入。

2. 长沙窑题诗云:"春水春池满,春时春草生。春人饮春酒,春鸟咔春声。"(8)敦煌遗书 P.3597 存诗:"春日春风动,春来春草生。春人饮春酒,春鸟咔春声。"日本三井文库藏敦煌文书 103:"春日春风动,春来春草生。春人饮春酒,春棒打春牛。"按诸诗皆据梁元帝《春日诗》演变而来。梁元帝诗见《艺文类聚》卷三:"春还春节美,春日春风过。春心日日异,春情处处多。处处春芳动,日日春禽变。春意春已繁,春人春不见。不见怀春人,徒望春光新。春愁春自结,春结讵能申。欲道春园趣,复忆春时人。春人竟何在,空爽上春期。独念春花落,还似昔春时。"每句皆用春字,首二句及中间三句每句两见春字。前列三件唐人诗,即据以改写,集中表达春日风情,应该是唐人贺春的常用诗句。

3. 长沙窑题诗:"有僧长寄书,无信长相忆。莫作瓶落井,一去无消息。"(76)按此直接用南朝西曲歌《估客乐》:"有客数寄书,无信心相忆。莫作瓶落井,一去无消息。"改动不多。

4. 据白居易诗改写。《白氏长庆集》卷一七《问刘十九》:"绿蚁新醅酒,红泥小火炉。晚来天欲雪,能饮一杯无?"是白诗之名篇。此首在长沙窑中有两个文本。其一云:"八月新丰酒,红泥小火炉。晚来天色好,能饮一杯无?"(1A)另一云:"二月春丰酒,红泥小火炉。今朝天色好,能饮一杯无?"

(1B)二诗一、三两句不同,首句可能因为不同时令制售的器物,会有叙述之不同,第三句则可以见到据白诗逐渐改写的痕迹。问题在于白居易本来情怀蕴藉的邀约友人会聚饮宴的诗篇,被改成了通俗而缺乏韵味的作品。如果说首句"绿蚁新醅酒"是因为文辞稍微艰深,可能一般读者无法理解,而第三句"晚来天欲雪"则叙述约友人的特定环境,即将晚欲雪,剧寒即至,因此而请友人在和暖而温馨的气氛中欢聚,更衬托彼此情谊之真切。改后的文本,无论"晚来天色好"还是"今朝天色好",都韵味全无,从中可以窥见民间对白居易诗的理解和接受程度。

5. 长沙窑题诗:"借问东园柳,枯来得几年。自无枝叶茂,莫怨太阳偏。"(28)在传世文献中首见《云溪友议》卷下《艳阳词》所叙元稹在浙东节度使任上遇歌女刘采春,"采春所唱一百二十首,皆当代才子所作。其词五六七言,皆可和者。词云:'不喜秦淮水,生憎江上船。载儿夫婿去,经岁又经年。'一。'借问东园柳,枯来得几年?自无枝叶分,莫怨太阳偏。'二。'莫作商人妇,金钗当卜钱。朝朝江口望,错认几人船。'三。'那年离别日,只道往桐庐。桐庐人不见,今得广州书。'四。'昨日胜今日,今年老去年。黄河清有日,白发黑无缘。'五。'闷向江头采白苹,尝随女伴祭江神。众中羞不分明语,暗掷金钗卜远人。'六。'昨夜北风寒,牵船浦里安。潮来打缆断,摇橹始知难。'七。采春一唱是曲,闺妇行人莫不涟泣,且以藁砧尚在,不可夺焉。"此七首诗,《云溪友议》说明是"当代才子所作",后人仅据《万首唐人绝句》卷三六知道七言一首为唐于鹄《江南意》,另六首作者不详。《全唐诗》卷八〇二收六首五言诗于刘采春名下,未当。今可知刘所歌诸篇,也如同长沙窑瓷器题诗那样,是民间传诵颇广的作品,至其作者,则可能因辗转传写,无从究诘了。

6. 长沙窑题诗:"主人不相识,独坐对林泉。莫慢愁酤酒,怀中自有钱。"(84)《文苑英华》卷三一八贺知章《题袁氏别业》:"主人不相识,偶坐为林泉。莫谩愁沽酒,囊中自有钱。"对原作改动甚少。宋岳珂《宝真斋法书赞》卷八有唐人草书《青峰诗帖》:"野人不相识,偶坐为林泉。莫漫愁沽酒,囊中自有钱。回瞻林下路,已在翠微间。时见云林外,青峰一点圆。"末题云:"近见崔法曹书此诗,爱之,不觉下笔也。"书者不知为谁,从末题看,决非作者。大历、贞元间与戴叔伦、陆羽、权德舆等来往密切的崔法曹即崔载华，若即此人，则书者亦得为中唐以前人。《青峰诗帖》诗意完整，很可能即为贺知章原诗，而后来流传的四句诗则为节引。

7. 长沙窑题诗："自入新丰市，唯闻旧酒香。抱琴酣一醉，尽日卧弯汤。"（90）此为朱彬《丹阳作》诗，见《唐诗纪事》卷三九、《全唐诗》卷三一一："暂入新丰市，犹闻旧酒香。抱琴酣一醉，尽日卧垂杨。"《唐诗纪事》称朱彬为"大历、贞元间诗人"，事迹别无可考。《全唐诗》卷三一一又作陈存诗，误。

8. 长沙窑题诗："破镜不重照，落花难上枝。行到水穷处，坐看云起时。"（46）后二句为王维名句，原诗《河岳英灵集》卷上、《唐文粹》卷一六上、《文苑英华》卷二五〇题作《入山寄城中故人》，《国秀集》卷中题作《初至山中》，各本王集则题作《终南别业》，全诗云："中岁颇好道，晚家南山陲。兴来每独往，胜事空自知。行到水穷处，坐看云起时。偶然值林叟，谈笑无还期。"李肇《国史补》卷上称"维有诗名，然好取人句。'行到水穷处，坐看云起时。'《英华集》中诗也。"此《英华集》指萧统编《古今诗苑英华》或唐初慧净编《续古今诗苑英华》。以往学者多重视李肇的揭发，但没有具体的证据。瓷器题诗提供了一个新的文本。但就此四句诗具体分析来说，前两句将镜破不能再照面，花落难以再上树枝，是事过无法恢复的基本道理。后二句则为另一情调。显然是一种民间的拼合，似乎相关，其实没有内在的生活逻辑或情感联系。王维的诗写山中感受，充满禅机和感悟。即便二句为前人成句，在他的诗里也已经点铁成金了。

9. 长沙窑题诗："万里人南去，三秋雁北飞。不知何岁月，得共汝同归。"（63）也是唐诗中的名篇。此即初唐韦承庆《南中咏雁》，见《文苑英华》卷三二八、《唐诗纪事》卷九、《万首唐人绝句》卷一一、《全唐诗》卷四六。《全唐诗》卷八〇又作于季子诗，殆因《国秀集》卷下传本之缺页而致误。本诗在瓷器题诗上一字不改，可见当时影响之大。

10. 长沙窑题诗："公子求贤□□真，却将毛遂等常伦。当时不及三千客，今日何如十九人。"（98）为高拯《及第后赠试官》："公子求贤未识真，欲将毛遂比常伦。当时不及三千客，今日何如十九人。"见《唐诗纪事》卷三

九、《全唐诗》卷二八一。拯为大历十三年进士,诗写其及第后感恩之情。

11. "鸟飞平无远近,人随流水东西。白云千里万里,明月前溪后溪。"(96)此即刘长卿《刘随州集》卷八《苕溪酬梁耿别后见寄》中四句,原诗为:"清川永路何极,落日孤舟解携。鸟向平芜远近,人随流水东西。白云千里万里,明月前溪后溪。惆怅长沙谪去,江潭芳草萋萋。"唐末康骈《剧谈录》卷下谓唐人演此诗为《谪仙怨》词,元杨士弘《唐音》卷六将此诗分割为六言二首。而瓷器题诗取中四句单独成篇,应该说是最有韵味的部分。

12. 长沙窑题诗:"今岁今宵尽,明年明日开。寒随今夜走,春至主人来。"(30)前文已经说到可能参酌张说《钦州守岁》,若然,则优于原作。我认为当别有所本。

就本节之分析,我觉得可以谈到以下两点。

唐代堪称一流诗人之作品,为题诗采据者,其实只有白居易、王维、刘长卿三人,且都有删改,使之更为通俗化。虽然白居易诗有妇孺能解的说法,但就长沙窑工匠看来,还有必要作更通俗化的处理。李白、杜甫、韩愈、柳宗元、刘禹锡、杜牧、李贺、李商隐等一流诗人作品,几乎没有进入这个圈子,是在民间的影响力尚有欠缺。从另一个角度来看,上述除李白外的几家,甚至在整个敦煌遗书中都没有出现他们的作品,更是值得玩味。民间对诗歌的最基本要求是通俗易懂,一流大家的追求则在诗歌史上的开拓创造,取径不同,结果自异,不能因此而认为杜甫等人在唐代缺乏影响力。

在长沙窑工匠的认识中,这些诗是谁所作,原题如何,都没有表达的必要,因此所有题诗都没有作者和题目。当然,也不必考虑忠实原文,部分作品可以视为再创作了。在这方面,我特别要提到敦煌文献中的一个例子。P.4660 收《故李教授和尚赞》,署"释门法将善来述",赞末附诗:"凤植怀真智,髫年厌世华。不求朱紫贵,高谢帝王家。削发清尘境,被缁蹑海涯。苍生已度尽,寂默入莲花。"同一首诗又见 P.3720 署"龙支圣明福德寺僧惠苑述"之《前敦煌郡毖尼藏主始平阴律伯真仪赞》末,且题作"小人敢赠和尚五言诗一首",内容几乎全同,末增"愿为同初会,诸佛遍恒沙"二句;P.3726《故前释门都法律京兆杜和尚写真赞》,署"释门大蕃瓜沙境大行军衙知两国蜜遣判官智照撰",末附诗略同善来。虽然分别自称"述"或"撰",如分别写作不可能如此相同。较合理的判断只能出一人之手,很可能三人都是照抄旧文,都不是原作者。下层作者并没有很清晰的著作权之认识。如敦煌书仪之大量存在,正给这些下层文士依样画葫芦的方便。

上述诸诗,大多具有一定的诗意和可读性,在民间受到一定程度的欢迎,因此而得入工匠们的选择。

六、附述民间诗歌回流为文人诗

今人每见敦煌吐鲁番文献中有无名氏诗而见于《全唐诗》者,即据后者以考订该诗之作者。其实从唐诗流传的立场来加以研究,结论可能正好相反。本节拟即结合长沙窑与敦煌吐鲁番文献所见唐诗,略申所见。

长沙窑瓷器题诗有:"海鸟浮还没,山云断更连。棹穿波上月,船压水中天。"(22)敦煌遗书P.2622有残诗,存"海鸟无还没,山云收"八字,应为同一诗,知其流传甚广。《苕溪渔隐丛话前集》卷一九引《今是堂手录》:"高丽使过海,有诗云:'水鸟浮还没,山云断复连。'时贾岛诈为梢人,联下句云:'棹穿波底月,船压水中天。'丽使嘉叹久之,不复言诗矣。"《全唐诗》卷七九一即收贾岛下,题作《过海联句》。按《今是堂手录》在《苕溪渔隐丛话》中引录三则,另二则皆叙北宋中期事,大致为北宋后期之著作。此事不见更早记录,且贾岛诈为高丽使过海梢人,尤涉荒唐,显属后人据唐时流行诗附会。

长沙窑题诗:"去岁无田种,今春乏酒财。恐他花鸟笑,佯醉卧池台。"(51)《全唐诗》卷八五二为张氲《醉吟三首》之一:"去岁无田种,今春乏酒材。从他花鸟笑,佯醉卧池台。"考张氲事最早见《新唐书》卷五九《艺文志》著录张说《洪崖先生传》一卷,注:"张氲先生,唐初人。"窦臮《述书赋》卷下云田琦曾"写洪崖子张氲云楼并雪木,行于世"。较早的传记则为《三洞群仙录》卷七引《高道传》,仅记唐玄宗问其尧舜许由事。唐人虽屡称及,如《太平广记》卷五四引《仙传拾遗》韩湘称师为洪崖先生,《国史补》卷上记李泌称"今夜洪崖先生来宿",《因话录》卷四李寰"求得一洪崖先生初得仙时幞头",其人皆在虚无缥缈间,难以决其有无。传为其所作之《醉吟三首》,则一见于洪迈《万首唐人绝句》卷二一,再收于元赵道一《历世真仙体道通鉴》卷四一。与其认为张氲诗流传民间，我更愿意相信是后人采民间诗附会于张氲仙事。

长沙窑题诗："岁岁长为客，年年不在家。见他桃李树，思忆后园花。"(60)后二句曾有一则有名之故事。《唐摭言》卷一三："元和中，长安有沙门（不记名氏），善病人文章，尤能捉语意相合处。张水部颇恚之，冥搜愈切，因得句曰：'长因送人处，忆得别家时。'径往夸扬。乃曰：'此应不合前辈意也。'僧微笑曰：'此有人道了也。'籍曰：'向有何人？'僧乃吟曰：'见他桃李树，思忆后园春。'籍因抚掌大笑。"张籍二句见其作《蓟北旅思》："日日望乡国，空歌白纻词。长因送人处，忆得别家时。失意还独语，多愁只自知。客亭门外柳，折尽向南枝。"(《张司业集》卷三)《唐摭言》所述未必实事，但颇可玩味。以往学者于此颇不得要解，如洪迈《容斋五笔》卷七《东坡不随人后》举此认为东坡之善创新意，"与夫用'见他桃李树，思忆后园春'之意，以为'长因送人处，忆得别家时'，为一僧所哂者，有间矣"。因为长沙窑题诗之发现，可知此二句诗全诗文本原貌，且知为民间流传最广之作品，几乎人人皆知，故张籍刻意所作诗被沙门以此相嘲，可谓颜面尽失。

类似情况还可以举敦煌文献和传世文献中的例子。

《全唐诗》卷七六八收曾麻几《放猿》诗，源出宋吴曾《能改斋漫录》卷一一："吉水与敝邑接境。有曾庶几者，隐士也。五代时，中朝累有聘召，不起。故老有能记其《放猿》绝句云：'孤猿锁槛岁年深，放出城南百丈林。绿水任君连臂饮，青山不用断肠吟。'"以及《诗话总龟》卷二〇引《雅言杂载》："曾庶几，吉州人。一猿诗甚切云：'孤猿锁槛岁年深，放出城南百丈林。绿水任从联臂饮，青山不用断肠吟。'"曾麻几显然是曾庶几之误。《雅言杂载》为北宋前期张靓著，原书不存。按敦煌文书 P.3654《张义潮变文》末录诗八首，其二云：'孤猿被禁岁年深，放出城南百丈林。渌水任君连臂饮，青山休作断长吟。'显然与曾作为同一诗。《张义潮变文》抄写时间应在唐亡以前，其时距离南唐建立尚有数十年，在敦煌流传的诗作居然附会到南唐隐士名下，当然是很有趣的现象，值得关注。

敦煌遗书 P.3322："明招游上远，火急报春知。花须莲夜发，莫伐晓风吹。"错字较多。《广卓异记》卷二引《唐书》："则天天授二年腊，卿相等耻辅女君,欲谋弑。则天诈称花发,请幸上苑,许之。寻疑有异图,乃遣使宣诏曰:'明朝游上苑,火急报春知。花须连夜发,莫待晓风吹。'于是凌晨名花瑞草,布苑而开,群臣咸服其异焉。"《全唐诗》卷五收则天皇后下,题作《腊日宣诏游上苑》。然《广卓异记》所述,迹近传奇,且卿相欲谋弑亦非事实,所据未必即唐国史。是此诗是否武后所作,尚可斟酌。

敦煌遗书 P.3666:"直上青山望八都,白云飞尽月轮孤。荒荒宇宙人无数,几个男儿是丈夫。"《全唐诗》卷八五八吕岩《绝句三十二首》之十四:"独上高楼望八都,黑云散后月还孤。茫茫宇宙人无数,几个男儿是丈夫。"《弘治黄州府志》卷七收白居易《东山寺》:"直上青霄望八都,白云影里月轮孤。茫茫宇宙人无数,几个男儿是丈夫。"《五灯会元》卷二〇录宋尼无著语:"茫茫宇宙人无数,几个男儿是丈夫。"也是一诗而敷衍为多人所作之范例。

敦煌遗书 S.4358《李相公叹真身》:"三皇掩质皆归土,五帝藏形化作尘。夫子域中称是圣,老君世上也言真。埋躯只见空坟冢,何处留形示后人。唯有吾师金骨在,曾经百炼色长新。"宋释志磐《佛祖统纪》卷四五引宋仁宗赞宣律师佛牙云:"三皇掩质皆归土,五帝潜形已化尘。夫子域中夸是圣,老君世上亦言真。埋躯只见空遗冢,何处将身示后人。唯有吾师金骨在,曾经百炼色长新。"虽然有六七个字不同,基本可以确信是同一诗。敦煌藏经洞封存于仁宗成年以前,原诗作者是否李相公还别无确证,但非仁宗所作则可确认。

再如《五代史补》卷五《江为临刑赋诗》:"江为,建州人。工于诗。乾祐中,福州王氏国乱,有故人任福州官属,恐祸及,一旦亡去。将奔江南,乃间道谒为。经数日,为且与草投江南表。其人未出境,遭边吏所擒,仍于囊中得所撰表章。于是收为,与奔者俱械而送。为临刑,词色不挠,且曰:'嵇康之将死也,顾日影而弹琴。吾今琴则不暇弹,赋一篇可矣。'乃索笔赋诗曰:"衔鼓侵人急,西倾日欲斜。黄泉无旅店,今夜宿谁家?"闻者莫不伤之。"历来都视此为江为的创作,故《全唐诗》卷七四一据以收入。旅日韩国学者金文京撰文指出日本 8 世纪诗集《怀风藻》录大津皇子临终诗作:"金乌临西舍,鼓声催短命。泉路无宾主,此夕谁家向?"唐僧智光《净名玄论略述》引陈后主诗："鼓声推命役,日光向西斜。泉路无宾主,今夜向谁家?"①二书成书都早于江为约二百年,即或江为临刑所赋即为前人诗,或其事本即为好事者所附会,甚至包括大津皇子或陈后主的故事,也不过是据民间流传诗歌附会而来。

诗歌的民间传播是非常复杂的问题,敦煌吐鲁番遗诗和长沙窑瓷器题诗所揭示的上述现象,其学术意义远比补录一些作品来得更为重要,应该引起学者更多的关注。

2010 年 12 月 12 日于复旦大学光华楼
2011 年 3 月 27 日改定

附录一　长沙窑瓷器题诗汇录

说明:

一、根据图版优先的原则录诗。

二、分体后按照首字音序排列,并统一编号,以便引录。

三、题诗原本有错误者,以改正字为正文,将原诗文字附注于后。不能决断者加注疑作某字。一诗而见于多器而文字有异者,亦加注说明。各家录诗有误认者,不作逐一说明。

四、出处皆用简称,具体如下:

焦点:李效伟《长沙窑——大唐文化辉煌之焦点》,湖南美术出版社,2003 年。

解读:刘美观《解读长沙窑》,文物出版社,2006 年。

紫禁城图版:长沙窑课题组编《长沙窑》卷末所附图版,紫禁城出版社,1996 年。

紫禁城图:长沙窑课题组编《长沙窑》书内线描图,紫禁城出版社,1996 年。

---

① 详京都大学《东方学报》第七十三册刊金文京《大津皇子〈临终一绝〉和陈后主〈临行诗〉》。

文字：长沙窑课题组编《长沙窑》第三章第六节《文字》，紫禁城出版社，1996年。

湖南图版：长沙窑编辑委员会《长沙窑》所附图版，湖南美术出版社，2004年。

综述：长沙窑编辑委员会《长沙窑》综述录诗，湖南美术出版社，2004年。

珍图：李效伟《长沙窑珍品新考》，湖南科学技术出版社，1999年。

周录：周世荣《长沙窑唐诗录存》，《中国诗学》第五辑，南京大学出版社，1997年。

安徽：李广宁、张勇《安徽省出土的长沙窑瓷器》，《中国古陶瓷研究》第九辑，紫禁城出版社，2003年。

五、各题诗器物所存数，据长沙窑课题组编《长沙窑》第三章第六节《文字》，仅能反映当时情况。

一、五言诗

1A. 八月新丰（原作风）酒，红泥小火炉。晚来天色好，能饮一杯无？（焦点284）

1B. 二月春丰酒，红泥小火炉。今朝天色好，能饮一杯无？（紫禁城图版194、图442。此器两件）

2. 白玉非为宝，千金我不须，意念千张纸，心存万卷书。（紫禁城图版177）

3. □□行来久，寻常暖寄衣。今寒□莫送，来急自言归。（湖南图版98）

4. 避（原作备）酒还逢酒，逃杯又被杯。今朝酒即醉，满满酌将来。（紫禁城图443）

5. 不短复不长，宜素复宜妆。酒添红粉色，杯染口脂香。（湖南图版107）

6. 不意多离别，临分痕泪难。愁容生白发，相送出长安。（文字28。此器两件）

7. 春来花自笑，春去叶生愁。千金（原作今）乍可得，年年枉为流。（湖

8. 春水春池满,春时春草生。春人饮春酒,春鸟哢春声。(文字48)

9. 从来不相识,相识便成亲。相识满天下,知心能几人。(湖南图版94)

10. 单乔亦是乔,着木亦成桥(原作乔)。除却乔边木,着女便成娇。(紫禁城图版205)

11. 道别即须分,何劳说苦辛(原作新)。牵牛石上过,不见有蹄痕(原作啼恨)。(紫禁城图版210)

12. 东阁多添酒,西关下玉阑。不须愁日夜,明月送君还。(焦点286、湖南图版170)

13. 东家种桃李,一半向西邻。幸有余光在,因何不与人。(紫禁城图版212)

14. 地接吾城近,闻君遇夕杨(疑当作阳)。白云留不住,万里独归乡。(湖南图版82)

15. 二八谁家女,临河洗旧妆。水流红粉尽,风送绮罗香。(紫禁城图版201)

16. 凡人莫偷盗,行坐饱酒食。不用说东西,汝亦自绦直。(紫禁城图版204)

17. 改岁迎新岁,新天接旧天。元和十六载,长庆一千年。(焦点180)

18. 古人皆有别,此别泪痕多。送客城南酒,愁令听楚歌。(解读62)

19. 古人皆有别,此别泪恨多。去后看明月,风光处处过。(紫禁城文字15。此器三件。参上则及只愁啼鸟别一则)

20. 孤雁南天远,寒风切切惊。妾思江外客,早晚到边亭(原作停)。(湖南图版547。为黑石号沉船器物)

21. 孤竹生南岭(图版作街),安根本自危。每蒙东日照,常恐(图版作被、广东所出作怨)北风吹。(解读35、焦点200、紫禁城图版196)

22. 海鸟浮还没,山云断更连。棹穿(图版192作川)波上月,船压水中天。(紫禁城图438、图版192。此器两件)

23. 寒食元无火,青松自有烟。鸟啼新柳上,人拜古坟前。(紫禁城图

24. 忽起自长呼,何名大丈夫。心中万事有,不愁手中无。(焦点页 11)

25. 忽忆边庭事,狂夫未得归。有书无寄处,空羡雁南飞。(收藏快报 2005 年 9 月 14 日刊罗平章藏瓷器。转录自金程宇校录)

26. 剑缺那堪用,瑕(原作霞)珠不值钱。芙蓉一点污,□人那堪怜。(文字 30)

27. 街下满梅树,春来画不成。腹中花易发,萌处苦难生。(紫禁城图版 195)

28. 借问东园柳,枯来得几年。自无枝叶茂,莫怨太阳偏。(湖南图版 101、焦点 197)

29. 近入新丰市,唯闻旧酒香。抱琴酤一醉,终日卧垂杨。(紫禁城图 420)

30. 今岁今宵尽,明年明日开。寒随今夜走,春至主人来。(湖南总录页 102。见黑石号沉船瓷器)

31. 君弄从君弄,拟弄恐君嗔。空房闲日久,政要解愁人。(湖南总录页 103)

32. 君生我未生,我生君已老。君恨我生迟,我恨君生早。(紫禁城图 427、428。按此器十四件)

33. 君去远秦川,无心恋管弦。空房对明月,心在白云边。(焦点 196、湖南图版 95)

34. 客来莫直入,直入主人嗔。扣(紫禁城图版 181 作打)门三五下,自有出来人。(解读 36、焦点 190、紫禁城图 426。按此器七件)

35. 来时为作客,去后不身陈。无物将为信,留(原作流)语赠主人。(焦点 188、湖南图版 62)

36. 龙门多贵客,出户是贤宾。今日归家去,无言谢主人(文字 22 别作将与买人看)。(焦点 189、紫禁城图 434)

37. 澧河青石水,安居湖里边。有心相(疑当作想)故家,将书待客来。(湖南图版 92)

38. 岭上平看月,山头坐唤风。心中一片气,不与女人同。(湖南图

版173）

39. 柳色何曾见（原作具），人心尽不同。但看桃李树,花发自（原作白）然红。（焦点191、湖南图版105）

40. 买人心惆怅,卖人心不安。题诗安瓶上,将与买人看。（焦点185）

41. 那日君大醉,昨日始自醒（原作星）。今日与君饮,明日用斗量。（湖南图版18）

42. 男儿爱花□,徒劳费心力。有钱则见面,无钱不相识。（湖南图版39）

43. 男儿大丈夫,何用本乡居。明月家家有,黄金何处无。（湖南图版182。按此器有三件）

44. 年年同闻阁,天天下欢笔。□□□□□,□□□□□。（综述）

45. 念念催年促,由如少水鱼。劝诸行过众,修学至无余。（紫禁城图457）

46. 破镜不重照,落花难上枝（原作支）。行到水穷处,坐看云起时。（湖南图版108）

47. 频频来作客,扰乱主人多。未有黄金赠,空留一量靴。（焦点186、湖南图版63）

48. 千里人归（一作人归千里）去,心画一杯中。莫虑（一作道）前途远,开帆（原作坑）逐便风。（周录）

49. 青骢饮渌水,双吸复双呼。影里蹄相踏,波中鬐对□（或录作焉）。（湖南图版103）

50. 去去关山远,行行胡（原作湖）地深。早知今日苦,多与画师金。（紫禁城图版191。此器八件）

51. 去岁无田种,今春乏酒财。恐他花鸟笑,佯醉卧池台。（紫禁城图版190。此器三件）

52. 人归万里外,意在一杯中。只（文字12别作莫）虑前程（图版211作逞。文字12别作途）远,开帆待好（文字12别作坑逐便）风。（紫禁城图版211、文字12。此器两件）

53. 忍辱成端政,多嗔作毒蛇。若人不逞恶,必得上三车。（综述）

54. 日日思前路,朝朝别主人。行行山水上,处处(图414作夜夜)鸟啼新。(紫禁城图版178、图144。按此器有二十三件)

55. 入池先弄水,岸上拂轻沙。林里惊飞鸟,蓖中扫落花。(湖南图版90)

56. 上有千年鸟,下有百年人。丈夫具纸笔,一世不求人。(焦点198)

57. 上有东流水,下有好山林。主人去(图431作居)此(图版188作有好)宅,可以(图431、图版188作日日)斗量金。(解读35、紫禁城图版188、图431)

58. 圣水出温泉,新阳万里传。常居安乐国,多报未来缘。(焦点25)

59. 世人皆有别,此别泪痕多。送客溅南酒,□吟听楚歌。(紫禁城文字31)

60. 岁岁长为(图441作与)客,年年不在家。见他桃李树,思忆后(图441作故)园花。(紫禁城图版193、图439、440、441)

61. 天地平如水,王道自然开。家中无学子,官从何处来。(紫禁城图版180。此器三件)

62. 天明日月奭,立月已三龙。言身一寸谢,千里重金锤。(图版189。此器九件)

63. 万里人南去,三秋(图435作春)雁北飞。不知何岁月,得共汝同归。(紫禁城图版185。此器两件)

64. 闻流不见水,有石复无山。金瓶成碎玉,挂在树枝(文字26别作木)间。(紫禁城图版207。此器两件)

65. 我有方寸心,无人堪共说。遭风吹却去(图179作云),语向天边月。(紫禁城图版184、图179、210。按此器三件)

66. 无事来江外,求福不得福。眼看黄叶落,谁为送寒衣。(湖南图版106)

67A. 夕夕多长夜,一一二更初。田心思远客,门口问征(焦点作经、安徽作贞)夫。(湖南图版102、焦点195、安徽)

67B. 冬日多长夜,一天二更初。问心思逐客,门口问经夫。(珍图179)

68. 新妇家家有,新郎何处无。论情好果报,嫁取可怜夫。(解读63)

69. 小水通大河,山高(图417、418作深)鸟宿(焦点作兽)多。主人看客好(文字7又作主人居此宅),曲路也(图417、418作亦)相过。(紫禁城图版184、焦点183。按此器有二十件)

70. 小小竹林子,还生小小枝。将来作笔(原作必)管,书得五言诗。(解读5、焦点202、湖南图版99)

71. 夜夜携长剑(文字53作钩),朝朝望楚楼。可怜孤(一作今)夜月,偏照客心愁。(解读135二件、焦点201、文字53)

72. 一别行千(一作万)里(文字9引堆子山所作八千里),来时未有期。月中三十日,无夜(图424作日)不相思。(解读122、紫禁城图421、422、423、424。按此器二十一件)

73. 一日三场战,离家数十年(文字60别作曾无赏罚为)。将军马上(文字60别作前)坐,将士雪中眠。(紫禁城图446)

74. 一双青鸟子,飞来五两头。借问船轻重,附信到扬州。(紫禁城图版202)

75. 衣裳不知洁,人前满面羞(原作修)。行时无风彩,坐在下行头。(紫禁城图版198)

76. 有僧长寄书,无信长相忆。莫作瓶落井,一去无消息。(紫禁城图版203)

77. 幼小深闺眷,昨宵(原作霄)春睡重。□□□□,□□□□。(文字37)

78. 欲到求仙所,王母少时开。卜人舡上坐,合眼见如来。(湖南图版84、86、87)

79. 远送还通达,逍遥近道边。遇逢逶迤过,进退随遛连。(周录)

80. 终日池边走,无有水云深。看花摘不得,屈作采莲人。(焦点194、湖南图版89)

81. 终日醉如泥,看东不辨西。为存酒家令,心里不曾迷。(紫禁城图版200、焦点140)

82. 只愁啼鸟别,恨送古人多。去后看明月,风光处处过。(紫禁城图

版187)

83. 竹林青付付(疑作郁郁),鸿雁北向飞。今日是假日,早放学郎归。(紫禁城图版66)

84. 主人不相识,独坐对林泉(原作全)。莫慢愁酤酒,怀中自有钱。(周录)

85. 住在渌(原作录)池边,朝朝学采莲。水深偏责就,莲尽更移舡。(湖南图版169)

86. 自从君去后,常守旧时心。洛阳来路远,凡用几黄金。(紫禁城图版206、图425。此器七件)

87. 自从君去后,日夜苦相思。不见来经岁,肠断泪沾衣。(湖南图版37)

88. 自从与客来,是事皆隐忍。辜负(文字34作忍)平生心(一作若有平山路),崎岖向人尽。(解读41)

89. 自入长信宫,每对孤灯泣。闺门镇不开,梦从何处入。(紫禁城图版199)

90. 自(图420作近)入新丰(原作峰)市,唯闻旧酒香。抱琴酤一醉,尽(图420作终)日钓(文字8又作卧)垂杨。(紫禁城图460、420。此器三件)

91. 作客来多日,烦烦主人深。未有黄金赠,空留一片心。(焦点186、湖南图版58、60)

92. 作客来多日,常怀一肚愁。路逢千丈木,堪作望乡楼。(紫禁城图版197)

93. 昨夜垂花宿,今朝荡路归。面上无花色,满怀将与谁?(解读125)

94. □□□家日,□途柳色新。□前辞父母,洒泪别尊亲。(解读63)

95. □□□□岩,□□□砚础。□□蔺㴋㵽,□□□礣磋。(文字36。据周世荣录残文,有䂮䃭二字,应亦属此器)

二、六言诗

96. 鸟飞平无远近,人随流水东西。白云千里万里,明月前溪后溪。(紫禁城图版113)

97. 三伏不曾摇扇,时看涧下树阴。脱帽露顶拆腹,时来清风醒心。

（解读 127）

三、七言诗

98. 公子求贤□□真,却将毛遂等常伦。当时不及三千客,今日何如十九人。(焦点)

99. 离国离家整日愁,一朝白尽少年头。为转亲故知何处,南海南边第一州。(解读 132)

100. 日红衫子合罗裙,尽日看花不厌春。更向妆台重注口,无那萧郎铿煞人。(紫禁城图版 146)

101. 熟练轻容软似绵,短衫披帛不纵缠。萧郎恶卧衣裳乱,往往天明在花前。(文字 50)

102. 七贤第一祖：须饮三杯万事(原作士)休,眼前花撩四枝柔(原作桑)。不知酒是龙泉剑,吃入肠(原作伤)中别何愁。(紫禁城图版 103)

103. 一暑寒梅南北枝,每年花发不同时。南枝昨夜花开尽,北内梅花犹未知。(紫禁城图 413)

104. 造得家书经两月,无人为我送将归。欲凭鸿雁寄将去,雪重天寒雁不飞。(解读 130)

四、俗语警句

甲、四言句

105. 罗网之鸟,悔不高飞。(紫禁城图版 216、图 449。此器五件)

106. 蓬生麻中,不扶自直。(紫禁城图版 215。此用荀子语)

107. 人非珠玉,谈者为贵(焦点下有精字)。(紫禁城图版 218,焦点 215)

108. 人能弘道,非道弘人。(焦点 204)

109. 人生误斗,悔不三思。(焦点 213)

110. 人生壹世,草生壹秋。(焦点 216)

111. 人须济急,付一滴如。(解读 44。解读以为当补作人须济急〔难〕,付一滴如〔泉〕)

112. 屋漏不盖,损其梁柱。(焦点 210)

113. 悬钓之鱼,悔不忍饥。(焦点 211、解读 34。此器四件)

乙、五言句

114. 好酒无深巷。（紫禁城图版71）

115. 一别行千里。（周录）

116. 幼小深闺养。（周录）

117. 不知何处在,惆怅望东西。（紫禁城图版222）

118. 不知春早晚,折取柳条看。（解读120）

119. 君子喻于义,小人喻于利。（图版221）

120. 流水何年尽,青山老几人。（焦点207,解读36）

121. 富从升合起,贫从不计来。（周录）

122. 仁义礼智信。（紫禁城图版92,焦点208）

123. 上有千年树,下有百年人。（周录）

124. 为君报此训,世上求名利。（周录）

125. 有钱水亦热,无钱火亦寒。（周录）

丙、六言句

126. 慈乌反哺之念。（紫禁城图版214、图448。此器四件）

127. 牛怀舔犊之恩。（周录）

128. 惟有行刘之次。（周录）

129. 言满天成端政。（焦点219）

130. 羊申跪乳之志。（焦点218）

131. 古人车马不谢,今时寸草须酬。（紫禁城图版69）

132. 小人之浅志短,道者君之深识。（周录）

丁、七言句

133. 行满天下无怨恶。（焦点206）

134. 言满天下无口过。（解读36,紫禁城图版213、图447。此器三件）

戊、杂言句

135. 日月升明,不照覆盆之下。（紫禁城图450）

另据周世荣介绍,瓷器碎片中还有"酒处处""地心""深识""画詹""郎娘""不恋""言戒""垠从"等文字,紫禁城版《长沙窑·文字》提到有"不平息""夜雨""上柳"等文字,皆疑为题诗器物之残片。

附录二　长沙窑题诗研究论著存目

李知晏《唐代瓷窑概况与唐瓷的分期》,《文物》1972年第3期。

长沙市文化局文物组《唐代长沙铜官窑址调查》,《考古学报》1980年第1期。

傅举有《长沙窑新发现的唐诗》,香港《大公报》1985年10月26日。

长沙窑课题组编《长沙窑》,紫禁城出版社,1996年。

周世荣《长沙窑唐诗录存》,《中国诗学》第五辑,南京大学出版社,1997年。

周世荣《唐五代长沙窑瓷器题诗概说》,《中国诗学》第五辑,南京大学出版社,1997年。

陈尚君《长沙窑唐诗书后》,《中国诗学》第五辑,南京大学出版社,1997年。

徐俊《唐五代长沙窑瓷器题诗校证——以敦煌吐鲁番写本诗歌参校》,《唐研究》第四卷,北京大学出版社,1998年。

李效伟《长沙窑珍品新考》,湖南科学技术出版社,1999年。

蒋寅《读长沙窑瓷器所题唐俗语诗札记》,《咸宁师专学报》1999年第4期。

萧湘《唐诗的弃儿》,中国文联出版社,2000年。

周世荣《长沙窑彩瓷》,福建美术出版社,2002年。

李效伟《长沙窑——大唐文化辉煌之焦点》,湖南美术出版社,2003年。

《湖南望城县长沙窑1999年发掘简报》,《考古》2003年第5期。

李广宁、张勇《安徽省出土的长沙窑瓷器》,《中国古陶瓷研究》第九辑,紫禁城出版社,2003年。

长沙窑编辑委员会《长沙窑》,湖南美术出版社,2004年

周世荣《长沙窑作品集》,湖北美术出版社,2004年。

刘美观《长沙窑咏叹调》,湖南美术出版社,2004年。

周世荣《湖南古墓与古窑址》,岳麓书社,2004年。

成琢《世俗的真率与民间的丰富——长沙窑书法赏读》,《书法杂志》2005年第2期。

刘美观《长沙窑诗书杂记》,《书法杂志》2005年第2期。

刘美观《解读长沙窑》,文物出版社,2006年。

萧湘、李建毛《瓷器上的诗文与绘画》,湖南美术出版社,2006年。

金程宇《新见唐五代出土文物所载诗歌辑校》,收入《稀见唐宋文献丛考》,中华书局,2008年。

(2010年12月台湾清华大学唐代物质文化研究学术研讨会论文,收入张学松主编《流寓文化与雷州半岛流寓文人研究》,中国社会科学出版社,2013年)

图书在版编目(CIP)数据

贞石诠唐/陈尚君著.—上海:复旦大学出版社,2016.4(2022.6重印)
(复旦中文学术丛刊)
ISBN 978-7-309-11996-1

Ⅰ.贞… Ⅱ.陈… Ⅲ.石刻-文献学-中国-唐代-文集 Ⅳ.①K877.4-53②G256-53

中国版本图书馆 CIP 数据核字(2015)第 288877 号

贞石诠唐
陈尚君 著
封面题签/徐 俊
责任编辑/宋文涛
复旦大学出版社有限公司出版发行
上海市国权路 579 号 邮编:200433
网址:fupnet@fudanpress.com http://www.fudanpress.com
门市零售:86-21-65102580 团体订购:86-21-65104505
出版部电话:86-21-65642845
浙江新华数码印务有限公司

开本 787×960 1/16 印张 29.75 字数 420 千
2022 年 6 月第 1 版第 3 次印刷

ISBN 978-7-309-11996-1/K·559
定价:88.00 元

如有印装质量问题,请向复旦大学出版社有限公司出版部调换。
版权所有 侵权必究